深圳教育年鉴

SHENZHEN EDUCATION YEARBOOK

总第 5 卷

深圳市教育局 编

创于1897　商务印书馆　The Commercial Press

编辑说明

一、《深圳教育年鉴》是由深圳市教育局编纂的资料性工具书，按年度连续出版。《深圳教育年鉴2019》为首卷，由商务印书馆出版，《深圳教育年鉴2023》为第五卷。

二、《深圳教育年鉴2023》以马克思列宁主义、毛泽东思想、邓小平理论、"三个代表"重要思想、科学发展观、习近平新时代中国特色社会主义思想为指导，坚持辩证唯物主义和历史唯物主义立场、观点和方法，客观记载2022年深圳市教育事业发展情况。

三、《深圳教育年鉴2023》设数说教育、图见教育、特载、年度报告、大事记、总述、各级各类教育、区域教育、学校选介、人物选介和荣誉名录、媒体聚"教"、文件选编、教育统计等共13个类目。

四、《深圳教育年鉴2023》采用分类编辑法。主体内容包含类目、分目、条目三级结构层次，部分分目下设子分目，以条目为主要载体。不同层次的标题通过字体、字号和版式加以区分；条目标题统一用黑鱼尾括号【 】标示。为便于检索，卷首设中英文目录，卷末设主题索引。

五、《深圳教育年鉴2023》记述时限为2022年1月1日至2022年12月31日。

六、《深圳教育年鉴2023》所收录内容均由各级教育行政部门和各级各类学校专人提供，并经部门和单位主要负责人审核。

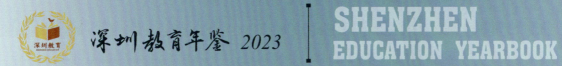

目 录

各级各类教育 Education at Different Levels and Types

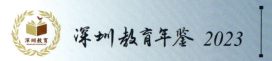

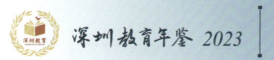

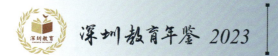

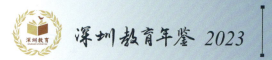

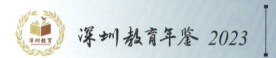

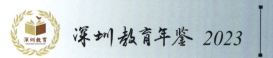

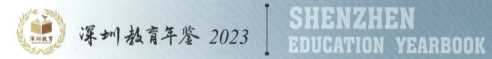

Contents

Contents

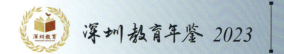
Introduction of Selected People and Honor List ··········348

Media Focus on Education ·······417

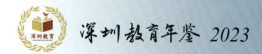

数说 教育（2022）

Education in Numbers (2022)

- ◆ 各级各类学校：2862所

  公办学校：1565所

  民办学校：1297所

- ◆ 各级各类学校毕业生：59.62万人

  公办学校毕业生：38.09万人

  民办学校毕业生：21.53万人

- ◆ 各级各类学校招生：70.32万人

  公办学校招生：49.76万人

  民办学校招生：20.56万人

- ◆ 各级各类学校在校生：266.21万人

  公办学校在校生：181.13万人

  民办学校在校生：85.08万人

- ◆ 各级各类学校教职工：26.35万人

  公办学校教职工：17.44万人

  民办学校教职工：8.91万人

◆ 各级各类学校专任教师：17.55万人

　　公办学校专任教师：12.12万人

　　民办学校专任教师：5.43万人

◆ 中小学、幼儿园非户籍生：120.98万人

◆ 义务教育阶段进城务工人员随迁子女就读人数：63.11万人

（深圳市教育局　供）

图见 教育（2022）

Education in Pictures (2022)

2022年1月1日，深圳市首批小小普法员亮相全国首个民法主题公园——深圳民法公园

（龙华区教育局　供）

2022年1月16日，广东新安职业技术学院—深港产学研基地创新创业人才培养基地揭牌仪式举行

（广东新安职业技术学院　供）

2022年1月20日，光明区人民政府与深圳中学举行合作办学签约仪式

（光明区教育局　供）

2022年1月25日，龙岗区人民政府与深圳北理莫斯科大学战略合作框架协议签约仪式举行

（龙岗区教育局　供）

2月16日，罗湖区教育局召开2022年春季学期开学疫情防控工作部署会议

（罗湖区教育局　供）

2022年2月21日，深圳市符合条件的高三学生正式返校，小学四年级及以上学段开展在线教学

（深圳市教育局　供）

2022年2月21日开始，深圳大学城先后组织8轮三校师生及工作人员全员核酸检测，累计采样人数逾2万人次。图为大学城核酸检测现场

（深圳市教育局　供）

2022年2月22日，北京大学深圳研究生院与中交一公局集团有限公司联合组建"生态环境与资源效率研究实验室"

（北京大学深圳研究生院　供）

2022年2月24日，深圳开放大学邀请辖区桂园街道社康中心副主任、学校兼职卫生副校长庄洁明，以线上线下相结合的混合教学模式为全校师生作疫情防控及疫情下心理疏导专题讲座

（深圳开放大学　供）

2022年3月7日，深圳职业技术学院青年战疫突击队117名师生迅速集结，按照市里统一部署，首批17名突击队员于当日上午9点奔赴一线，以实际行动支援南山街道抗疫行动

（深圳市教育局　供）

2022年3月8日，罗湖区教育局召开线上教学专题工作会

（罗湖区教育局　供）

2022年3月31日，教育部—瑞士GF智能制造创新实践基地建设启动会在线上召开

（深圳技术大学　供）

2022年4月27日，深圳信息职业技术学院校长王晖、副校长许志良参加金砖国家职业教育联盟成立大会

（深圳信息职业技术学院　供）

2022年4月28日，广东省副省长王曦到深圳大学考察调研

（庞审　摄）

2022年4月28日，哈尔滨工业大学（深圳）机电工程与自动化学院空间电源创新团队获"广东青年五四奖章"

［哈尔滨工业大学（深圳）　供］

2022年5月12日，深圳职业技术学院与中国质量认证中心签订战略合作协议，碳中和技术研究院揭牌成立

（深圳职业技术学院　供）

2022年5月13日，光明区举行"科学城之声"——光明区"三校一体"特色示范性社区教育工程暨"全国家庭教育宣传周"启动仪式

（光明区教育局　供）

2022年5月13日，深圳市政协本年度首场"委员讲堂"在深圳第二外国语学校开讲

（深圳第二外国语学校　供）

2022年5月26日，RoboMaster机甲大师高校人工智能挑战赛（RMUA）在深圳闭幕，哈尔滨工业大学（深圳）Critical HIT机器人队在本次比赛中成功卫冕

［哈尔滨工业大学（深圳）　供］

2022年5月31日，深圳大学青年科学家联谊会揭牌成立

（庞审 摄）

5—6月，深圳市教育局参加"深蓝—2022"攻防演练并被"深蓝"攻防演练组织机构评为"优秀防守单位"（市直单位第一名）

（深圳市教育局 供）

2022年6月1日，深圳北理莫斯科大学承办"上合组织青年科技创新论坛青年创新合作平行论坛"

（深圳北理莫斯科大学　供）

2022年6月16日，坪山区"大师课堂"开启仪式暨郑泉水院士开讲第一课在坪山高级中学音乐厅举行

（坪山区教育局　供）

2022年6月18日至7月4日，世界游泳锦标赛在匈牙利布达佩斯举行。在女子200米自由泳比赛中，来自深圳大学体育学院运动训练专业学生杨浚瑄、汤慕涵摘金夺铜，这是中国游泳队此届世锦赛首金

（深圳市教育局　供）

2022年6月23日，比亚迪股份有限公司—深圳中学"新能源汽车创新体验中心"正式签约揭牌

（深圳中学　供）

2022年6月30日，深圳北理莫斯科大学与圣彼得堡列宾美术学院签署谅解备忘录

（深圳北理莫斯科大学　供）

2022年7月8—10日，清华大学深圳国际研究生院承办深圳国际石墨烯论坛

（清华大学深圳国际研究生院　供）

2022年7月8日，深圳职业技术学院成立全市首个高校社会科学界联合会

（深圳职业技术学院　供）

2022年7月10日，深圳技术大学集成电路与光电芯片学院正式揭牌成立

（深圳技术大学　供）

　　2022年7月13日，光明区高级中学学生发明了一款便携式疫情防控智能雾化手部消毒仪——"疫伴智消"，专供一线核酸检测采样人员使用，该仪器只需3秒即可完成手部全覆盖消毒，快速高效且无接触

（深圳市教育局　供）

　　2022年8月8日，在广东省第十三届中学生运动会上，深圳代表团获得金牌31枚、银牌29枚、铜牌38枚

（深圳市教育局　供）

8月19日，深圳市教育局副局长邱成瑜受邀在GSE2022全球智慧教育大会区域智慧教育新生态论坛上作主题报告

（深圳市教育局　供）

2022年8月22日，代表广东省深圳市出战的深圳市第二实验学校足球队六战全胜，以进40球失4球战绩获得全国五人制足球锦标赛（U15组别）总冠军

（深圳市教育局　供）

　　2022年8月23日，南方科技大学校长薛其坤院士线上出席菲列兹·伦敦奖颁奖典礼并受邀作专题报告

（南方科技大学　供）

　　2022年8月26日，在深圳市基础教育系统"年度教师"现场评选总决赛中，来自红岭中学的曾坤获评深圳市基础教育系统"年度教师"

（福田区教育局　供）

2022年8月29日，中巴职业技术教育合作发展研讨会暨中巴职业技术教育交流合作系列活动启动仪式在巴基斯坦驻华大使馆举行。深圳信息职业技术学院与巴基斯坦政府及院校五方签署合作协议，共同推动中巴职教合作

（深圳信息职业技术学院　供）

2022年9月2日，香港中文大学（深圳）第五所书院——道扬书院成立典礼举行，同月迎来首批学子

［香港中文大学（深圳）　供］

2022年9月21日，首场"龙华文化大讲堂"暨"中国曲艺传承教育基地"授牌仪式举行。龙华区6所学校获授中国曲艺传承教育基地

（龙华区教育局　供）

2022年10月13日，香港中文大学与香港中文大学（深圳）合办首个"2+2"双主修课程

［香港中文大学（深圳）　供］

2022年10月21日，深圳市委常委、统战部部长王强到深圳职业技术学院调研市委教育工委统战工作，考察学校办学情况

（深圳职业技术学院　供）

央视《新闻联播》聚焦党的二十大胜利闭幕专栏在各地各界干部群众中引起强烈反响。2022年10月24日，深圳大学反响登上《新闻联播》，深圳大学校长毛军发院士接受央视记者采访

（深圳大学　供）

2022年11月9日，龙华区在全市首创师德师风监督员聘任制，聘请1018位人士为龙华区教育系统师德师风监督员并举行聘任仪式暨师德师风专题培训

（龙华区教育局　供）

2022年11月16日，2006年诺贝尔化学奖得主、斯坦福大学结构生物学教授、世界顶尖科学家协会主席罗杰·科恩伯格（Roger Kornberg）莅临深圳中学大讲堂

（深圳中学　供）

2022年11月16日，深港澳青少年成长峰会科技创新圆桌论坛在深圳香港培侨书院龙华信义学校举办

（龙华区教育局　供）

2022年11月17日，教育部中外人文交流中心与深圳市南山区教育局举行共建青少年中外人文交流教育特色区启动仪式

（南山区教育局　供）

2022年11月25日，清华大学深圳国际研究生院与新加坡国立大学签署水合物法二氧化碳捕获与海底长期封存项目合作备忘录

（清华大学深圳国际研究生院　供）

2022年12月2日，深圳市委常委、宣传部部长张玲一行莅临暨南大学深圳校区调研指导工作

（暨南大学深圳校区　供）

　　2022年12月14日，深圳市全民终身学习活动周开幕式在龙华高级中学教育集团高中部
举行

（龙华区教育局　供）

　　2022年12月14日，龙华区教育局、区教育科学研究院在深圳市格致中学举办深港澳青
少年成长峰会"菁华讲坛名家科普活动"——中国梦·航天梦

（龙华区教育局　供）

12月19日，光明区教育局举办"向光而行　教育光明"——2022光明教育回眸活动
（光明区教育局　供）

2022年12月31日，"海雅之声"深圳大学2023新年晚会暨40周年校庆启动仪式在深圳大学粤海校区元平体育馆举行

（庞审　摄）

深圳市教育局2022年工作要点

2022年，全市教育工作的总体思路是：以习近平新时代中国特色社会主义思想为指导，认真贯彻党的十九大和历次全会精神，落实全国、全省和全市教育工作会议精神，牢记先行示范区教育工作"幼有善育、学有优教"定位，突出问题导向，以教育评价改革为牵引，以完善教育经费保障、校长教师发展、教育教学研究、监测评价督导"四个体系"为支撑，一手抓扩量、一手抓提质，积极推动我市各级各类教育高质量发展，办人民满意的教育，为深圳建设中国特色社会主义先行示范区做出更大贡献。

一、加强党对教育工作的全面领导

（一）用习近平新时代中国特色社会主义思想铸魂育人

把深入学习贯彻习近平新时代中国特色社会主义思想作为首要政治任务，组织带领广大师生深刻领会"两个确立"的决定性意义，在全市教育系统增强"四个意识"、坚定"四个自信"、做到"两个维护"。巩固拓展党史学习教育成果，完善"我为群众办实事"长效机制。

（二）全面推进党建创优提质增效

出台基层党组织建设三年行动计划重点任务清

单。全面加强高校基层党组织建设，推动中外合作办学高校党建"提质增效"。加快落实中小学党组织领导的校长负责制，推动民办学校党建"达标创优"。推进教育党建"标准＋质量＋示范"建设。

（三）积极构建思政教育新格局

出台深化新时代学校思想政治教育改革创新的若干措施，建立健全思政教育工作新机制。大力推动中小学思政教育队伍专职化、专业化，高校按要求配齐专职思政课教师。编写小学、高中版《深圳的光荣与使命》思政教材。开发"走读深圳"系列课程、线路。持续推出"圳少年"系列宣传活动。推进"思政课程＋课程思政"建设，常态化落实三级讲授思政课机制，加快打造大中小学一体化思政教育联盟，建设中小学思政教育研究中心。

（四）狠抓党风廉政建设

持续加大全面从严治党力度，深入开展理想信念教育和廉政警示教育，落实"一把手"讲廉政专题党课制度。加强内审机制建设，持续开展作风整治。深化教育乱收费、中小学有偿补课和教师违规收受礼品和礼金专项治理工作。完善典型案例通报制度，坚决查处违纪违规行为。

二、加大教育先行示范保障力度

（五）加快推动教育改革和立法工作

制订深圳教育发展"十四五"规划、教育部基础教育综合改革实验区建设实施方案。落实 2021 年部省联席会议工作备忘。出台深化新时代教育评价改革实施方案。积极推动第二批综改试点项目申报。加快推动学前教育、职业教育、高等教育等立法，深入推动依法治教。

（六）加快构建教育经费保障体系

出台《深圳市教育经费保障体系建设实施方案》，确保落实"两个只增不减"。联合财政部门研究制定基础教育生均拨款标准，完成教育费附加管理办法修订。联合发改部门调研非义务教育阶段学费（保教费）标准，逐步建立收费标准动态调整机制。分类梳理教育基金会，加快制定教育基金会管理办法，做大做强教育基金。举办首届深圳市教育慈善大会，畅通社会力量捐资助学通道，鼓励引导社会力量支持教育发展。优化教育经费使用结构，加强转移支付，保障基础教育学位建设、高等教育重点学科等教育教学改革投入。强化经费绩效管理，逐步建立与办学效益绩效评价结果挂钩的高校经费保障制度。

（七）加快构建校长教师发展体系

出台《深圳市校长教师发展体系建设实施方案》。召开全市师德师风建设工作会议，完善师德师风建设长效机制。完善教师职前培养与引进机制，积极与知名师范大学联合培养教师，鼓励支持非师范类名校毕业生补齐师范类课程，探索师范教育"深圳路径"。优化教师结构。优化教师在职培养培训体制机制，健全教师专业发展支持体系，加大名优校长教师培养力度，落实 5 年一周期教师全员培训等制度。深化教师管理体制机制改革，深入推动职称评聘改革、校长教师轮岗交流，完善学前教育教师和职业教育"双师型"队伍建设管理机制，加大名优校长、教师培养、引进力度。健全教师激励保障和考核评价体制机制，选优配强校长队伍。建立健全中小学教师工资待遇长效保障机制。

（八）加快构建教育教学研究体系

出台《深圳市基础教育教研体系建设实施方案》。落实教研服务学校教育教学、教师专业成长、学生全面发展和教育管理决策"四个服务"职责。加强市、区教研机构建设，提升教科研机构整体实力，建立上下

联动、横向贯通、内外协同的三级教研体系，健全市、区、校教研协同机制。加强专兼职教研队伍建设，逐步配齐所有学科专职教研员，力争 2022 年全市专职教研员比例达到 4.5‰。出台学科教研员考核办法，建立"旋转门"制度，提升市、区两级教育科研机构整体实力。创新教研工作方式，构建云端智慧教研新模式。

（九）加快构建监测评价督导体系

出台《深圳市教育监测评价督导体系建设实施方案》。研究完善区域教育、学校发展、学生发展、教师发展等方面的质量标准和指标体系。完善教育督导体制机制，加强教育督导机构和监测评价督导智慧平台建设。逐步配齐配强督学队伍，研究吸收人大代表、政协委员担任督学。强化监测评价督导及结果应用，利用信息化手段开展监测，精准分析和评价教育质量，根据监测数据开展精准督导，将督导结果及整改情况作为考核的重要依据。深入推进考试评价改革，深化考试命题改革，加强考试数据分析，稳步推进学生综合素质评价。研究建立基础教育阶段从小学到高中的学生增值评价体系。

（十）充分发挥 4 个咨询委员会作用

积极发挥学校规划与建设专家咨询委员会作用，优化完善深圳市学校建设标准规范，提升学校规划设计与建设水平。加快组建高等教育、职业教育、基础教育 3 个专家咨询委员会，加强对教育先行示范的智力支撑。

三、构建基础教育高质量发展新格局

（十一）全力推进大规模学校建设

全面落实百万学位建设攻坚计划，2022 年新改扩建中小学校、幼儿园 178 所，龙岗、坪山、光明 3 所高中园全面竣工并投入使用，新增基础教育学位 20 万个。用好学校建设数字化平台，统筹全学段建设项目、投资进度和转移支付，高质量完成年度固定资产投资任务。推动建立学位建设联合审查制度，开展学位配套建设专项督导检查。

（十二）推动学前教育普惠优质发展

推动出台《深圳经济特区学前教育条例》。巩固"5080"成果，稳步提升公办园和普惠园在园儿童占比。支持国有企事业单位、高校举办公办幼儿园。出台公办园岗位设置、保教人员管理、师资队伍建设和薪酬体系等系列文件。深入推动学前教育集团化、学

区化管理，创建"国家学前教育普及普惠区"。出台幼儿园课程指导意见和幼儿园课程指引，建设地方课程资源库，全面提高幼儿园保教质量。

（十三）推动义务教育优质均衡发展

出台推进公办中小学集团化办学实施方案，立项建设30个中小学教育集团。出台全面深化区域内义务教育学校校长教师交流轮岗的指导意见。指导各区优化积分入学政策。深化教学改革，提高课堂教学质量。积极创建"全国义务教育优质均衡发展区"。启动第三期特殊教育提升计划，加强市、区特殊教育资源中心建设。成立专门教育指导委员会，加强专门学校建设。

（十四）推动高中教育多元特色发展

落实教育部《普通高中学校办学质量评价指南》，全面规范高中办学行为、提升育人质量。确保3所高中园投入使用。落实《深圳市普通高中特色学校建设实施方案》，培育、评审、认定一批特色高中。加快建设教育部普通高中新课程新教材实施国家级示范区，打造"深圳样板"。加强普职融通，探索推进职高和普高课程互选、学分互修、资源互通。

（十五）加强民办学校规范管理

开展民办学校分类登记试点，深入推进"公参民"学校规范治理。完善民办学校综合信息监管系统，加大民办中小学教师培训力度。

（十六）打造智慧教育、创新教育城市样板

深入开展全国新型教与学模式实验区和智慧教育示范区创建工作。完善教育管理公共服务平台，扎实推进一网统管。建设初中理化生实验考试、学校食堂管理、校园安全等6个方面的数字化应用场景。持续优化教育资源平台，扩大优质数字资源覆盖面。加快建设云端学校，探索利用信息化手段推进义务教育优质均衡发展新路径。出台中小学科技创新教育行动计划，开展科普学分制试点工作。探索校外机构监管、学前教育普及普惠和民办教育规范提质等信息化治理路径。实施智慧教育领航人才培养工程。

四、推动高等教育高水平特色化发展

（十七）加快建设一流大学、一流学科

制订实施深圳市高水平大学建设方案，支持深圳大学创建高水平综合性大学，支持南方科技大学创建世界一流研究型大学，支持深圳技术大学建设一流应用技术型大学，支持市内其他高校高水平特色化发展。围绕市委、市政府"四链协同"重点工作，制定实施加快高等学校学科专业建设实施意见，启动学科专业"强链补链"计划，重点建设一批"高峰"学科。

（十八）加快推进新高校筹建工作

成立海洋大学筹建工作专班，加快推进规划建设工作，实现年内开工。开工建设理工大学、创新创意设计学院、音乐学院，引进高水平人才，加快推进办学筹备各项工作。加强高校固定资产投资统筹，积极推进高校新基建。

（十九）深化高校办学体制改革

推进深圳零一学院、科创学院建设，探索建立健全管理体制和运营机制，探索建立拔尖创新人才培养新模式。推动西丽湖科教城片区5所大学实现学分互认、课程互修、师资互聘、资源共享。加强高校经费统筹，制定实施高校高层次人才科研启动经费管理办法，建立健全高校部门预算管理制度。组织高校参与国家工程硕士、博士培养改革试点。探索开展高校办学绩效评价。

（二十）加强空间布局及科研攻关统筹

对接西丽湖国际科教城建设方案，完善大学城空间规划，加大学生及教师公寓保障力度。深化科教融合，积极推动大科学装置、大科研平台与高校融合发展。完善高校科研平台开放共享机制，推动高校承接国家重大项目、龙头企业"卡脖子"项目，联合开展重大科研攻关，转化重大科技成果，建立完善高校科研平台开放共享机制，推动产学研深度融合，提升高等教育服务国家战略和区域发展能力。

五、加快建设职业教育创新发展高地

（二十一）加强职业教育发展统筹

召开全市职业教育大会，出台深圳市推进职业教育高质量发展实施意见，高质量推进落实部省共建职业教育创新高地各项任务。加快推进职业教育立法。

（二十二）加快完善职业教育体系

持续推进高职院校"双高"建设，推动职业教育产教融合高端化发展、争创一流。推动2所高职院校升本。加快建设中—高职教育集团，大力推动高水平中职学校建设。大力发展中国特色"学徒制"，培养高素质技术技能人才。推动高职院校对接元平学校开设特殊职业教育专业。加强职业院校校长和"双师型"教师队伍培养培训。规范管理校外公共实训基地。

（二十三）提高终身教育水平

深入推进"粤菜师傅""广东技工""南粤家政"工程。办好深圳开放大学。建强"深ⅰ学"全民终身学习平台，打造"人工智能＋灵活教育"先锋阵地。规范成人教育培训机构管理，持续推进"学习型城市"建设。

六、创新推进"五育并举"与"双减"

（二十四）深入推进"五育并举"

编制发布《深圳市小学生文明礼仪守则绘本》，建立全市中小学德育管理平台，创建、评审一批德育示范校，探索开展"德育巡礼"活动。大力推进体教融合，举办全市体育工作大会，出台加强和改进新时代学校体育工作实施意见。构建班、校、区、市4级竞赛体系，开展30项校园体育赛事，组织开展大沙河皮划艇赛，做到班班有活动、周周有比赛、月月有颁奖。持续促进学校和社会体育场馆双向开放。力争2022年学生体质健康优良率超过60%。打造美育之城，大力创建艺术教育特色学校和中华优秀文化传承学校，面向全体学生开展系列艺术活动、比赛，建设艺术特色人才培养基地学校。探索引入优秀艺术家、运动员担任专兼职教师。落实《关于进一步加强大中小学劳动教育的实施意见》，创建一批劳动教育示范学校，加快建设中小学生劳动教育基地和综合实践基地。加快建设思政教育、爱国主义教育、生态文明教育、安全教育等基地预约平台。

（二十五）持续打好"双减"攻坚战

出台《进一步减轻义务教育阶段学生作业负担和校外培训负担的若干措施》。依法依规开展校外培训机构审批登记。常态化开展联合执法检查，加大对"隐形变异"培训行为的查处力度。扎实做好学科类培训机构资金监管和服务类别鉴定工作。出台义务教育阶段学校减负提质实施方案，全面推进"五项管理"，完善义务教育阶段学生作业研究、布置与管理机制，全面提升课后服务质量。推进"双减"背景下考试改革，全面加强考试管理，完善初中学考制度及高中录取政策。

（二十六）进一步完善学生心理健康教育

出台深圳市学生心理健康教育与服务体系建设实施意见。完善防护链条，建立健全学生心理健康教育、服务和危急事件应急处置机制。加快建立学校服务内环和社会服务外环高效协同的心理健康教育与服务模式，建立学生心理健康监测、筛查、干预、治疗与教育长效机制。按要求配齐配强专职心理教师，开足开齐心理健康课，加快提升校园心理健康教育与服务水平。建设集治疗、康复、学习、生活于一体的学生心理教育基地。

七、积极构建教育开放新格局

（二十七）推进粤港澳教育深度合作

加快建设粤港澳大湾区国际教育示范区，积极推进香港大学（深圳）筹建，深化粤港澳大湾区职业教育合作。办好第11届深港校长论坛和2022年粤港澳姊妹学校中华经典美文诵读比赛等活动。推动成立深港澳学校体育、艺术联盟，深化深港澳青年常态化交流。

（二十八）积极推进教育对外开放

积极搭建教育开放交流平台，扩大"一带一路"教育合作"朋友圈"。推动联合国教科文组织"职业教育数字化"教席等国际教育组织建设。推动有关高校加强国际组织人才培养，扩大职业学校参与国际合作路径。支持深圳教育"走出去"，讲好"中国故事"。

（二十九）高质量开展教育帮扶

高质量完成东西部教育协作和对口援疆援藏工作，全口径融入并开展省内基础教育帮扶。大力开展教育信息化帮扶，深化职业教育帮扶，全方位提升受援地教育发展水平。

八、毫不松懈做好安全稳定和疫情防控工作

（三十）持续加强安全稳定工作

以迎接党的二十大胜利召开为主线，全面排查各类隐患，建立台账、落实责任，确保教育系统安全。

（三十一）持续筑牢校园安全防线

制定学校安全管理责任清单，完善校园安全管控体系，强化校园及周边治安综合治理，全力抓好校园安全风险排查整治。全面加强校园安防体系建设，强化智慧型平安校园建设。深入推进中小学安全教育课程开发，多形式开展安全教育。持续深入开展学校食堂管理专项整治，建设食堂智慧管理平台。

（三十二）慎终如始做好校园疫情防控工作

不折不扣落实国家和省、市新冠病毒感染疫情防控工作要求，进一步压实"四方责任"，扎实做好常态化校园疫情防控工作。常态化开展应急处置演练和自查自改。加快推进3—11岁人群疫苗接种和学生常见病防控工作。定期开展疫情防控督导检查。

深圳市教育局2022年工作总结

2022年，全市教育系统深入贯彻习近平新时代中国特色社会主义思想，在市委、市政府的正确领导下，坚定不移扩规模、提质量、推改革，各项工作取得新的成绩，在广东省对各市政府履行教育职责评价中，我市得分连续4年居珠三角城市第一。

一、教育系统党的建设不断加强

在全市教育系统掀起学习宣传贯彻党的二十大精神热潮，通过多种形式举办"学习党的二十大精神专题培训班""主题党日""宣讲团进校园"等活动，实现全市教育系统党员干部师生全覆盖。全市11个区（大鹏新区、深汕特别合作区）全部成立党委教育工作领导小组。出台中小学校领导体制改革"1+5"文件，推进中小学校党组织领导的校长负责制改革。公办高校教师党支部书记"双带头人"比例达100%，全市大中学校100%将党建工作写入学校章程，教育系统社会组织党建覆盖率达到100%。累计31个学校党组织立项建设省级以上党建示范校、党建标杆院系和样板支部。出台《关于深化新时代深圳市学校思想政治教育改革创新的若干措施（2022—2025年）》，编写出版深圳特色系列思政教材，遴选42节"思政金课"，探索新时代青少年学生思政教育新路径。

二、教育改革创新实现新突破

教育部基础教育综合实验区、普通高中新课程新教材实施国家级示范区、国家信息化教学实验区、国家智慧教育示范区建设和教师队伍建设等形成多项经验并在国家级会议上分享。出台《深圳市教育发展"十四五"规划》和教育经费保障、校长教师发展、教育教学研究、监测评价督导"四个体系"建设方案，成立由国内外知名专家组成的高等教育、基础教育、职业教育3个专家咨询委员会，进一步强化教育先行示范的保障支撑。

三、百万学位建设攻坚计划成效显著

新改扩建中小学校、幼儿园182所，新增基础教育学位20.6万座，再创历史新高。自2020年百万学位攻坚计划实施以来，已累计新增基础教育学位43.7万座。公办幼儿园在园儿童占比达54.7%，普惠园在园儿童占比达88.6%。在国内首创高中园模式，3所高中园投入使用，2022年新增公办普高18所，全市普高录取率达到70%，公办普高录取率达53.8%，比大规模学校建设前分别提高近8个、10个百分点。

四、各级各类教育发展取得新进步

（一）基础教育发展迈上新台阶

颁布实施《深圳经济特区学前教育条例》，推进学前教育步入法治化发展轨道。印发《深圳市公办中小学集团化办学实施方案》，立项建设30个优质基础教育集团，推动新建学校集团化办学全覆盖。出台《深圳市中小学科技创新教育行动计划》，强化深圳创新教育特色。

（二）高等教育保持快速发展态势

南方科技大学入选国家"双一流"建设计划，深圳大学深圳南特金融科技学院获批设立，深圳音乐学院、深圳理工大学、天津大学佐治亚理工深圳学院永久校区开工建设。深圳零一学院揭牌并正式招生，海洋大学筹建方案获市政府审批通过。成立西丽湖国际科教城X9高校院所联盟，探索区域内高校院所紧密合作、资源共享新机制。

（三）职业教育创新高地建设顺利推进

部省共建深圳职业教育全国创新发展高地任务完成率达95%。组建深圳东、西部职业教育集团，在全国首创了中高本一体化协同发展新模式。在2022年全国职业院校技能大赛中成绩突出，获一等奖18个，位居广东省前列。

（四）"五育并举"与"双减"深入推进

深化体教融合，全年共举办28个项目35场市级比赛，初步实现校园体育活动赛事"班班有活动、周周有比赛、月月有颁奖"，在广东省第十三届中学生运动会上深圳代表团获团体总分一等奖，公办中小学校体育场馆实现100%向社会开放。出台《深圳市学生心理健康教育与服务体系建设方案》《关于进一步加强大中小学劳动教育的实施意见》。印发《深圳市义务教育阶段学校减负提质实施方案》，义务教育学校100%开展课后服务，义务教育阶段学科类校外培训机构100%登记为非营利性机构，被教育部评为全国"双减"工作优秀案例。

（五）教师队伍建设机制不断完善

印发《深圳市深化中小学教师职称制度改革实施方案》，畅通校领导、非在编教师参与职称评审渠道。印发《深圳市校长教师交流轮岗指导意见》，推动基础教育师资均衡配置。新建218个市级名校（园）长、名教师工作室和34个教育科研专家工作室，覆盖约3000名骨干校长、教科研专家、教师。创新性教学成果丰硕，74项基础教育教学成果获广东省基础教育教学成果奖，全市教育系统获省教学成果奖特等奖10项，占全省的1/5。

五、教育对外开放和治理现代化水平进一步提升

成功举办第十一届"深港校长论坛""深港澳青少年庆祝香港回归25周年暨携手同学行动成果展"等活动，成立粤港澳大湾区特色职教园区。出台《深圳市基础教育信息化"十四五"规划》《深圳市智慧教育领航人才培养工程实施方案》，云端学校创新实践入选教育部智慧教育优秀案例、2022年度深圳市20项优秀改革案例。织密织牢校园新冠疫情防护网，全市校园没有发生大规模聚集性疫情。对全市2800多所学校（幼儿园）全覆盖开展安全检查，维护教育系统安全稳定。对口帮扶5个省、10个市、40个县（区），与302所学校建立"一对一"帮扶关系，构建从幼儿园到高中全覆盖式学校结对帮扶机制。讲好"深圳教育故事"，推出"圳少年""圳青年"系列宣传报道20期，全网流量超3亿，"深圳教育"官微被评为"深圳年度优秀政务新媒体"。

努力办好人民满意的教育

——深圳市教育改革发展成果展示（2022年）

深圳市教育局

一、把准红色"定星盘"，深入学习宣传贯彻党的二十大精神

出台《全市教育系统学习宣传贯彻党的二十大精神工作方案》，在全市教育系统掀起学习宣传贯彻党的二十大精神热潮。

线上线下联动，举办"学习党的二十大精神专题培训班"，实现全市教育系统干部师生全覆盖。

出台《关于深化新时代深圳市学校思想政治教育改革创新的若干措施（2022—2025年）》，努力探索新时代深圳思政工作新路径。

传承赓续、汲取能量，激活党建发展"红色引擎"。

夯实党建基础，汇聚新动力。公办高校教师党支部书记"双带头人"比例达100%；全市大中学校100%将党建工作写入学校章程，教育社会组织党建覆盖率达到100%；实施党建品牌建设工程，3个高校党组织立项国家级样板党支部。

新冠疫情期间累计上万名教育系统党员干部下沉社区抗疫，充分彰显深圳教育人的使命担当。

策划推出"圳少年""圳青年"系列宣传报道，"12岁射手王练昱彤""攀岩男孩""考研女保安"等正面人物故事火速"出圈",传递青春正能量;上好行走的思政课,深圳学子在"深寻携手 青春向未来"主题活动中,开启一场探寻"中国式现代化"的少年实践。

二、多项经验获分享,全力书写教育先行示范"深圳样本"

出台《深圳市教育发展"十四五"规划》和教育经费保障、校长教师发展、教育教学研究、监测评价督导"四个体系"建设方案,明确教育先行示范的实施路径和保障措施。

打造"智慧大脑",成立由国内外知名专家担任委员的高等教育、基础教育、职业教育专家咨询委员会,与学校规划与建设专家咨询委员会共同保障教育重大决策的科学化、民主化。

教育部基础教育综合实验区、国家级信息化教学实验区、国家智慧教育示范区建设和教师队伍改革等形成多项典型经验并在全国教育系统会议上分享。

三、学位建设扩容提质,学位建设驶入"快车道"

学位建设有力度,新改扩建中小学校、幼儿园182所,新增基础教育学位20.6万座。自2020年"百万学位攻坚计划"实施以来,已累计新改扩建中小学校、幼儿园467所,新增43.7万个学位。国内首创建设高中园,今年新建公办普高18所,着力打造高中教育高质量发展。

提高公办幼儿园比例,让学前教育普惠阳光温暖每个孩子。深圳公办幼儿园在园儿童占比跃升到55%,普惠园在园儿童占比达到88.56%。

全力保障随迁子女入学需求,全市义务教育学校51.5%的学位提供给了非深户籍子女,比例在一线城市中最高。

四、基础教育"阔步向前",让优质教育的阳光照亮鹏城

立法护航萌娃"上好学",出台《深圳经济特区学前教育条例》,推进学前教育步入法治化、规范化发展轨道。

不断扩大优质教育资源覆盖面,依托优质学校建设30个公办中小学集团,实现市属优质学校到各区办学全覆盖。

探索创新教育始终在路上。印发《深圳市中小学科技创新教育行动计划(2022—2025年)》,构建多层次、全方位的中小学科技创新教育体系;不断激活

学子的"创新基因",第八届中国国际"互联网+"大学生创新创业大赛全国总决赛萌芽赛道项目中深圳学生再获4金。

开启智慧教育"加速度",出台《深圳市基础教育信息化"十四五"规划》,发布《深圳市智慧教育领航人才培养工程实施方案(2022—2025年)》,致力于打造国内领先的智慧教育示范区,全面推进国家级信息化"双区"建设经验成果入选全国典型案例。

五、高等教育创新发展,大学与城市同频共"圳"

全力推动高校高水平建设,南方科技大学入选国家"双一流"建设计划,实现我市"双一流"零的突破。

新高校筹建步伐"圳"向前,深圳音乐学院、深圳理工大学、天津大学佐治亚理工深圳学院永久校区开工建设,深圳零一学院正式招生,海洋大学筹建方案获市政府审批通过。

强强联合,共建共享共进。成立深圳西丽湖国际科教城X9高校院所联盟,探索区域内高校院所紧密合作、资源共享新机制。

开辟职业教育发展"试验田",不断探索发展新路。部省共建深圳职业教育创新发展高地顺利推进,多项举措助力高质量发展。

敢闯敢试,在"新路"上勇探索。印发《深圳市中—高职教育集团建设方案》,以深圳职业技术学院、深圳信息职业技术学院为依托,组建深圳东、西部职业教育集团,在全国首创了中高本一体化协同发展新模式。

谱好校企协同育人"交响曲",产教融合培养"大国工匠"。职业院校与世界500强或行业龙头企业紧密合作,筹建31个特色产业学院,探索具有深圳特色的"双元"育人模式。

职业教育国际化步伐加快,成立联合国教科文组织发展中国家职业教育创新中心、粤港澳大湾区特色职教园区,深圳职业技术学院获评联合国教科文组织"职业技术教育数字化"教席。

六、"五育"并举齐赋能,育人方式"圳"改变

中小学课后服务开展有声有色,义务教育学校100%开展课后服务,各校提质减负有"实招";义务教育阶段学科类校外培训机构100%登记为非营利性

机构，我市校外培训规范治理做法被教育部评为全国"双减"工作优秀案例。

体教融合"圳"推进，活力满满答新卷。成功举办西丽湖国际科教城 X9 高校院所联盟第一届赛艇联赛；全年举办 28 个项目 35 场市级比赛，实现校园体育活动赛事"班班有活动，周周有比赛，月月有颁奖"；公办中小学校体育场馆实现 100% 向社会开放。

劳动赋能，向阳成长。举办深圳首届劳动教育巡礼暨广东省中小学劳动教育现场观摩研讨活动，各校劳动教育硕果累累。

搭建家校沟通"桥梁"，成立深圳市专门教育指导委员会，家庭教育大讲坛获评"2022 感动深圳十佳创意项目"。

七、构筑人才"蓄水池"，完善教师队伍建设机制

深化中小学教师职称改革，印发《深圳市深化中小学教师职称制度改革实施方案》。

让优秀教师流动起来，发挥名师"传、帮、带"作用。印发《全面深化义务教育学校校长教师交流轮岗指导意见》，推动基础教育师资均衡配置。

名师工作室"遍地开花"，多个"智囊团"齐发展。新建 218 个市级名校（园）长、名教师工作室，34 个教育科研专家工作室，覆盖约 3000 名骨干校长、教科研专家、教师。

八、深化教育合作交流，播洒鹏城"教育之光"

集智聚力，成功举办第十一届深港校长论坛、"深港澳青少年庆祝香港回归 25 周年暨携手同学行动成果展"，成立深圳市粤港澳大湾区学校体育艺术联盟，促进深港澳教育合作交流进一步深化。

对口帮扶 5 省 10 市 40 县（区），与 302 所学校建立"一对一"帮扶关系，建立了从幼儿园到高中的全覆盖式学校结对帮扶机制，在帮扶地区"点亮"教育之光，携手开启教育新篇。

过去的 365 天里，"深圳教育"与大家共同"成长"了一岁，未来，我们将继续走创新教育发展之路，步履坚定，奋勇向前，续写"幼有善育，学有优教"的美好答卷！

2022 年 3 月，针对新一轮奥密克戎病毒感染人数 14 岁以下儿童占比高的特点，深圳市教育局就疫情防控发出致广大家长的倡议书，组织各区校召开疫情防控主题线上家长会暨班会，严格要求学生居家学习和生活

（深圳市教育局　供）

2022年深圳市教育改革与发展报告

深圳市教育局

　　2022年，全市教育系统以习近平新时代中国特色社会主义思想和习近平总书记关于教育工作的重要论述为指导，在市委、市政府的坚强领导下，认真贯彻落实国家、省、市关于教育发展的决策部署，积极推动我市各级各类教育高质量发展，不断推动全市教育事业取得新进展、新成果。

一、深圳市教育发展基本概况

（一）全市教育经费投入情况

1. 全市教育经费投入总体情况

　　2022年，全市教育经费总投入1359.25亿元，比2021年的1383.01亿元减少23.76亿元，降幅为1.72%。其中，公共财政预算安排的教育经费1104.68

表1　　　　　　　　　　　2022年深圳市教育经费投入情况

教育经费投入来源	2021年总投入（亿元）	2022年总投入（亿元）	2022年比2021年	
			增长金额（亿元）	增长比率（%）
全市教育经费总投入	1383.01	1359.25	−23.76	−1.72
一、国家财政性教育经费	1142.96	1117.08	−25.88	−2.26
1.公共财政预算安排的教育经费	1107.05	1104.68	−2.37	−0.21
（1）公共财政教育经费	951.70	929.11	−22.59	−2.37
①教育事业费	629.28	602.93	−26.35	−4.19
②基本建设经费	255.83	242.99	−12.84	−5.02
③教育费附加	66.59	83.19	16.60	24.93
（2）其他公共财政预算安排的教育经费	155.35	175.56	20.21	13.01
①科研经费	30.71	35.42	4.71	15.36

（续表）

教育经费投入来源	2021年总投入（亿元）	2022年总投入（亿元）	2022年比2021年	
			增长金额（亿元）	增长比率（%）
②其他	46.65	51.84	5.19	11.13
2.政府性基金预算安排的教育经费	9.54	11.40	1.86	19.50
其中：彩票公益金	64.62	73.60	8.98	13.89
3.企业办学中的企业拨款	3.83	3.31	−0.52	−13.77
4.校办产业和社会服务收入用于教育的经费	35.81	10.66	−25.15	−70.24
5.其他属于国家财政性教育经费	0.59	0.82	0.23	37.88
二、民办学校中举办者投入	0.00	0.00	0.00	0.00
三、捐赠收入	0.03	0.00	−0.03	−95.93
其中：港澳台及海外捐赠	0.07	1.75	1.68	2260.14
四、事业收入	3.69	2.12	−1.57	−42.50
其中：学费	1.78	1.81	0.03	1.98
五、其他教育经费	0.00	0.00	0.00	0.00
附：公共财政预算安排的基本建设总经费	221.55	221.76	0.21	0.10

数据来源：深圳市教育局发展规划与财务处

亿元，比 2021 年的 1107.05 亿元减少 2.37 亿元，降幅为 0.21%。见表 1。

2．"两个比例"和"三个增长"情况

（1）"两个比例"情况

2022 年，全市国家财政性教育经费占地方生产总值比例为 3.45%，比上年略有下降，减少 0.28 个百分点；全市一般公共预算教育经费占一般公共预算支出的比例为 18.59%，比上年减少 2.23 个百分点。见表 2。

（2）"三个增长"情况

表2　　　　　　　　2022年深圳市教育经费"两个比例"落实情况

省（区、市、县）	国家财政性教育经费占地方生产总值的比例			一般公共预算教育经费占一般公共预算支出的比例		
	2021年（%）	2022年（%）	增减（百分点）	2021年（%）	2022年（%）	增减（百分点）
深圳市	3.73	3.45	−0.28	20.82	18.59	−2.23
深圳市本级				14.44	12.54	−1.90
罗湖区	2.46	2.53	0.06	27.53	26.94	−0.59
福田区	1.74	1.67	−0.07	26.97	25.8	−1.17
南山区	1.19	1.18	−0.01	26.16	26.16	0.00
宝安区	3.34	2.96	−0.37	25.22	25.39	0.17
龙岗区	3.59	3.06	−0.53	36.55	28.87	−7.68
盐田区	2.42	2.00	−0.42	21.43	16.29	−5.14
龙华区	3.01	3.06	0.05	26.6	24.02	−2.58
坪山区	6.28	4.64	−1.65	26.41	24.32	−2.09
光明区	4.11	3.76	−0.35	26.23	26.28	0.05
大鹏新区	3.86	4.44	0.58	18.43	16.41	−2.02

数据来源：深圳市教育局发展规划与财务处

表3 　　　　　　　　2022年深圳市一般公共预算教育经费与财政经常性收入增长情况

区域	一般公共预算教育经费			财政经常性收入			一般公共预算教育经费增长高于财政经常性收入增长（百分点）
	2021年（千元）	2022年（千元）	增长（%）	2021年（千元）	2022年（千元）	增长（%）	
深圳市	95168502.74	92911255.32	−2.37	383892190.00	347332870.00	−9.52	7.15
深圳市本级	29658381.34	27717955.34	−6.54	242165150.00	210332970.00	−13.14	6.60
罗湖区	5044363.84	5528043.05	9.59	9118927.00	6636494.60	−27.22	36.81
福田区	7991728.22	8008938.58	0.22	17120670.00	14033970.00	−18.03	18.25
南山区	7698173.83	7713290.89	0.20	19391950.00	19408120.00	0.08	0.12
宝安区	11401846.67	12093660.26	6.07	27213240.00	25066070.00	−7.89	13.96
龙岗区	13915264.95	12114397.33	−12.94	26927270.00	24577460.00	−8.73	−4.21
盐田区	1453487.58	1286405.56	−11.50	3301370.00	3073390.00	−6.91	−4.59
龙华区	7775391.99	7956691.63	2.33	17384432.44	21633791.63	24.44	−22.11
坪山区	4169191.94	4262162.45	2.23	5986260.00	4955920.00	−17.21	19.44
光明区	4784584.61	4701291.53	−1.74	5511400.00	7555990.00	37.10	−38.84
大鹏新区	1276087.76	1528418.69	19.77	1989098.00	1973310.00	−0.79	20.56

数据来源：深圳市教育局发展规划与财务处

第一，2022年，全市财政经常性收入为3473.32亿元，比上年降低9.52%；一般公共预算教育经费929.11亿元，比上年降低2.37%；一般公共预算教育经费增长高于财政经常性收入增长7.15个百分点。见表3。

第二，2022年，全市幼儿园的生均一般公共预算教育事业费支出比上年有所增长，增幅为3.38%；普通高等学校、中等职业学校、普通高中、普通初中和小学的生均一般公共预算教育事业费支出均比上年有所降低，其中降幅最大的是普通高等学校，达16.26%。见表4。

第三，2022年，全市中等职业学校、普通高中、普通初中和小学的生均一般公共预算公用经费均比上年有所增长，其中增幅最大的是普通高中，达

表4 　　　　　　　　2022年生均一般公共预算教育事业费支出增长情况

学校类型	2021年（元/生）	2022年（元/生）	比上年增长（%）
普通高等学校	81748.21	68453.22	−16.26
中等职业学校	37322.08	35697.19	−4.35
普通高中	44694.24	40362.86	−9.69
普通初中	32931.97	28243.43	−14.24
普通小学	26388.55	22696.93	−13.99
幼儿园	27253.13	28175.31	3.38

数据来源：深圳市教育局发展规划与财务处

31.48%；普通高等学校、幼儿园的生均一般公共预算公用经费比上年有所减少，其中普通高等学校降幅达28.62%。见表5。

（二）全市各级各类教育事业发展情况

1. 全市教育规模

2022年，全市教育规模进一步扩大，各级各类学校共有2862所（含幼儿园1935所），比2021年新增96所，增长3.47%。其中：公办学校1565所，比2021年增长7.41%；民办学校1297所，比2021年下降0.92%。2022年，各级各类学校在校生266.21万人，比2021年增加10万人，增长3.9%；各级各类学校教职工26.35万人，比2021年增加1.16万人，增长4.6%。见表6。

2. 高等教育规模

2022年，全市共有普通高等学校14所、成人高等学校1所。在校生共计19.59万人，比2021年增加1.62万人（普通高等学校在校生增加1万余人，成人高等学校在校生增加6121人），增长9.02%。见表7。

3. 中等职业教育规模

2022年，全市中等职业学校27所，在校生8.87万人，比2021年增加2619人，增长3.04%。其中：中等职业学校在校生4.18万人，比2021年增加1643

表5　2022年深圳市生均一般公共预算公用经费支出增长情况

学校类型	2021年（元/生）	2022年（元/生）	比上年增长（%）
普通高等学校	45616.57	32561.00	−28.62
中等职业学校	14877.45	17307.83	16.34
普通高中	13236.22	17403.00	31.48
普通初中	10033.01	10562.84	5.28
普通小学	8363.14	8890.21	6.30
幼儿园	9775.06	9626.98	−1.51

数据来源：深圳市教育局发展规划与财务处

表6　2022年深圳市各级各类学校总数与在校生总数

年度	学校数（所）	在校生数（人）	教职工数（人）
2021	2766	2562113	251874
2022	2862	2662124	263471
2022年比2021年增加	96	100011	11597

数据来源：《深圳市教育事业统计手册（2017—2022年）》P8—9、P14—15、P16—17

表7　2022年深圳市全日制普通高等教育学校数与在校生数

年度	学校数（所）	在校生数（人）			
		合计	研究生	本科	专科
2021	14	145181	28702	56943	59536
2022	14	155264	33724	61493	60101
2022年比2021年增加	0	10083	5022	4496	565

数据来源：《深圳市教育事业统计手册（2017—2022年）》P8—9、P14—15

表8　2022年深圳市中等职业教育学校数与在校生数

年度	学校数（所）	在校生数（人）
2021	26	86053
2022	27	88672
2022年比2021年增加	1	2619

数据来源：《深圳市教育事业统计手册（2017—2022年）》P8—9、P14—15

人，增长4.09%；技工院校在校生数4.68万人，比2021年增加976人，增长2.13%。见表8。

4.普通高中规模

2022年，全市普通高中125所（其中高级中学55所、完全中学25所、十二年一贯制学校45所），比2021年增加20所；在校生数19.47万人，比2021年增加2.52万人，增长14.87%。见表9。

5.义务教育规模

2022年，全市共有义务教育阶段学校749所，其中小学353所、初中396所（初级中学56所、九年一贯制学校340所）；义务教育阶段学校在校生

158.84万人，小学在校生116.69万人，初中在校生42.16万人。见表10。

6.学前教育规模

2022年，全市共有幼儿园1935所，比2021年增加幼儿园39所。在园儿童59.17万人，比2021年减少5878人，下降0.98%。见表11。

7.民办教育规模

2022年，全市民办学校共有1297所，占全部学校的45.32%。有在校生85.08万人，占全部在校生的31.96%。与2021年相比，各级各类民办学校减少12所，减少0.92%；在校生减少3.22万人，减少3.64%。

表9　　　　　　　　　　　**2022年深圳市普通高中学校数与在校生数**

年度	学校数（所）	在校生数（人）
2021	105	169533
2022	125	194735
2022年比2021年增加	20	25202

数据来源：《深圳市教育事业统计手册（2017—2022年）》P8—9、P14—15

表10　　　　　　　　　　**2022年深圳市义务教育阶段学校数与在校生数**

年度	小学		初中	
	学校数（所）	在校生数（人）	学校数（所）	在校生数（人）
2021	343	1133041	370	393641
2022	353	1166852	396	421585
2022年比2021年增加	10	33811	26	27944

数据来源：《深圳市教育事业统计手册（2017—2022年）》P8—9、P14—15

表11　　　　　　　　　　**2022年深圳市学前教育幼儿园数与在园儿童数**

年度	幼儿园数（所）	在园儿童数（人）
2021	1896	597569
2022	1935	591691
2022年比2021年增加	39	−5878

数据来源：《深圳市教育事业统计手册（2017—2022年）》P8—9、P14—15

表12　　　　　　　　　　**2022年深圳市民办学校数与在校生数**

年度	学校数（所）	在校生数（人）
2021	1309	882995
2022	1297	850823
2022年比2021年增加数	−12	−32172

数据来源：《深圳市教育事业统计手册（2017—2022年）》P22—23、P28—29

表13　　　　　　　　　　　2022年深圳市各级各类学校专任教师情况

各级各类学校		年份			
		2021年	2022年	2022年比2021年	
				增加数（人）	增长率（%）
普通高等学校		8426	8840	414	4.91
成人高等学校		228	240	12	5.26
中等职业教育		4771	4849	78	1.63
普通高中		14344	16568	2224	15.50
义务教育阶段	普通初中	31526	33840	2314	7.34
	普通小学	63640	66513	2873	4.51
学前教育		42408	43597	1189	2.80
特殊教育学校		828	1003	175	21.14
专门学校		26	24	-2	-7.69
各类学校总计		166197	175474	9277	5.58

数据来源：《深圳市教育事业统计手册（2017—2022年）》P30—31、P32—33

见表12。

8.教师队伍规模

2022年，全市各级各类学校教职工人数进一步增长，共有26.35万人（其中专任教师17.55万人），比上年增加1.16万人，增长4.6%。其中，特殊教育学校教职工增长率继续保持最高，达19.46%。2022年专任教师情况详见表13。

二、2022年深圳市教育改革与发展成就

2022年，全市教育系统深入贯彻习近平新时代中国特色社会主义思想，在市委、市政府的正确领导下，坚定不移扩规模、提质量、推改革，各项工作取得新的成绩，在广东省对各市政府履行教育职责评价中，我市得分连续四年排名珠三角城市第一。

（一）党对教育工作的全面领导不断加强

2022年，坚持用习近平新时代中国特色社会主义思想铸魂育人，出台《全市教育系统学习宣传贯彻党的二十大精神工作方案》，在全市教育系统掀起学习宣传贯彻党的二十大精神热潮。线上、线下相结合，以多种形式举办"学习党的二十大精神专题培训班""主题党日""宣讲团进校园"等活动，实现全市教育系统干部师生全覆盖。加强党组织建设，全市11个区（新区、特别合作区）全部成立党委教育工作领导小组。激活党建发展"红色引擎"，全面加强高校

基层党组织建设，公办高校教师党支部书记"双带头人"比例达100%，全市大中学校100%将党建工作写入学校章程，教育社会组织党建覆盖率达到100%。出台中小学校领导体制改革"1+5"文件，加快落实中小学党组织领导的校长负责制。推进教育党建"标准＋质量＋示范"建设，累计31个学校党组织立项建设省级以上党建示范校、党建标杆院系和样板支部。积极探索新时代思政工作新路径，出台《关于深化新时代深圳市学校思想政治教育改革创新的若干措施（2022—2025年）》，出版深圳特色系列思政教材。上好行走的思政课，深圳学子在"深寻携手　青春向未来"主题活动中开启一场探寻"中国式现代化"的少年实践。

（二）深圳教育先行示范取得新突破

出台《深圳市教育发展"十四五"规划》，印发《深圳市教育经费保障体系建设方案》《深圳市校长教师发展体系建设方案》《深圳市教育教学研究体系建设方案》《深圳市教育质量监测评价督导体系建设方案》，明确了教育先行示范的实施路径和保障措施，全面助力深圳教育在高质量发展方面先行示范。教育部基础教育综合实验区、国家级信息化教学实验区、国家智慧教育示范区建设、普通高中新课程新教材实施国家级示范区和教师队伍改革等形成多项典型经验

并在全国教育系统会议上分享。打造深圳教育"智慧大脑"，成立由国内外知名专家担任委员的高等教育、基础教育、职业教育专家咨询委员会，与学校规划与建设专家咨询委员会，共同保障教育重大决策的科学化、民主化，进一步完善深圳教育先行示范的智力保障。

（三）基础教育高质量发展全面推进

学位建设扩容提质，新改扩建中小学校、幼儿园182所，新增基础教育学位20.6万座。全市义务教育学校51.5%的学位提供给了非深户籍子女，比例在一线城市中最高。深圳公办幼儿园在园儿童占比跃升至55%，普惠园在园儿童占比达88.56%。国内首创建设高中园，新建公办普高18所，着力打造高中教育高质量发展。出台《深圳市公办中小学集团化办学实施方案》，不断扩大优质教育资源覆盖面，依托优质学校建设30个公办中小学集团，实现市属优质学校到各区办学全覆盖。印发《深圳市义务教育阶段学校减负提质实施方案》，义务教育学校100%开展课后服务，义务教育阶段学科类校外培训机构100%登记为非营利性机构，被教育部评为全国"双减"工作优秀案例。出台《深圳市学生心理健康教育与服务体系建设方案》《关于进一步加强大中小学劳动教育的实施意见》，举办深圳首届劳动教育巡礼暨广东省中小学劳动教育现场观摩研讨活动。成功举办西丽湖国际科教城X9高校院所联盟第一届赛艇联赛；全年举办28个项目30余场市级比赛，实现校园体育活动赛事"班班有活动，周周有比赛，月月有颁奖"；在广东省第十三届中学生运动会上，深圳代表团获团体总分一等奖，公办中小学校体育场馆实现100%向社会开放。印发《深圳市中小学科技创新教育行动计划（2022—2025年）》，构建多层次、全方位的中小学科技创新教育体系，第八届中国国际"互联网+"大学生创新创业大赛全国总决赛萌芽赛道项目中深圳学生再获4金。成立深圳市专门教育指导委员会，家庭教育大讲坛获评"2022感动深圳十佳创意项目"。

（四）高等和职业教育高质量发展步伐持续加快

全力推动高校高水平建设，南方科技大学入选国家"双一流"建设计划，实现我市"双一流"零的突破。新高校筹建步伐"圳"向前，深圳音乐学院、深圳理工大学、天津大学佐治亚理工深圳学院永久校区

开工建设，深圳零一学院正式招生，海洋大学筹建方案获市政府审批通过。成立深圳西丽湖国际科教城X9高校院所联盟，探索区域内高校院所紧密合作、资源共享新机制。部省共建深圳职业教育创新发展高地顺利推进，成立粤港澳大湾区特色职教园区。印发《深圳市中—高职教育集团建设方案》，以深圳职业技术学院、深圳信息职业技术学院为依托，组建深圳东、西部职业教育集团，在全国首创了中高本一体化协同发展新模式。职业院校与世界500强或行业龙头企业紧密合作，筹建31个特色产业学院，探索了具有深圳特色的"双元"育人模式。成立联合国教科文组织发展中国家职业教育创新中心、粤港澳大湾区特色职教园区，深圳职业技术学院获评联合国教科文组织"职业技术教育数字化"教席。在2022年全国职业院校技能大赛中成绩突出，获一等奖18个，位居广东省前列。

（五）教师队伍高质量发展再上新台阶

持续深化中小学教师职称改革，出台《深圳市深化中小学教师职称制度改革实施方案》，畅通了校领导、非在编教师参与职称评审渠道。出台《深圳市智慧教育领航人才培养工程实施方案》，促进全市中小学教师主动适应信息技术、人工智能等新技术的变革，贯彻新发展理念，构建新发展格局，赋能深圳教育高质量发展。完善教师队伍交流机制，出台实施《全面深化义务教育学校校长教师交流轮岗指导意见》，让优秀教师流动起来，发挥名师"传帮带"作用，大力推动基础教育师资均衡配置。"名师工程"建设成效显著，新建218个市级名校（园）长、名教师工作室，39个教育科研专家工作室，覆盖约3000余名骨干校长、教科研专家、教师。创新性教学成果丰硕，74项基础教育教学成果获广东省基础教育教学成果奖，全市教育系统获省教学成果奖特等奖10项，占全省的1/5。

（六）教育治理现代化水平进一步提升

出台《深圳经济特区学前教育条例》，推进学前教育步入法治化、规范化发展轨道。开启智慧教育"加速度"，出台《深圳市基础教育信息化"十四五"规划》，致力于打造国内领先的智慧教育示范区，全面推进国家级信息化"双区"建设经验成果入选全国典型案例。云端学校创新实践入选教育部智慧教育优秀案例、2022年度深圳市20项优秀改革案例。成功

举办第十一届深港校长论坛、"深港澳青少年庆祝香港回归25周年暨携手同学行动成果展",成立深圳市粤港澳大湾区学校体育艺术联盟,促进深港澳教育合作交流进一步深化。对口帮扶5省10市40县(区),与302所学校建立"一对一"帮扶关系,建立了从幼儿园到高中的全覆盖式学校结对帮扶机制,在帮扶地区"点亮"教育之光。讲好"深圳教育故事",推出"圳少年""圳青年"系列宣传报道20期,全网流量超3亿,"深圳教育"官微被评为"深圳年度优秀政务新媒体"。

三、2023年深圳教育高质量发展思路

2023年,坚持以习近平新时代中国特色社会主义思想为指导,全面系统深入学习贯彻党的二十大精神和习近平总书记关于教育的重要论述,认真落实全国、全省教育工作会议精神和市委七届六次全会精神以及市政府工作报告部署,坚定不移走好中国式现代化的深圳教育高质量发展之路,大力推进深圳教育先行示范,办好人民满意的教育。

(一)加强党对教育工作的全面领导

全面贯彻党的教育方针,全面系统深入学习贯彻党的二十大精神,引导全市教育系统坚定拥护"两个确立"、坚决做到"两个维护",强化市、区党委教育工作领导小组统筹协调作用,坚持和完善高校党委领导下的校长负责制,加强民办学校党的建设,加快推进中小学校党组织领导的校长负责制。实施高校党建"对标争先"计划,深入开展中小学校党建示范校建设,完善思政课三级领导授课制度。落实《关于深化新时代深圳市学校思想政治教育改革创新的若干措施》,组建深圳市教材委员会,发展壮大思政教育骨干团队。加强政治监督和纪检监察,深入开展廉洁文化进校园活动。持续深入纠正"四风",加强对巡视、巡察、审计等工作整改落实情况的监督,加大对师德违规等违法违纪问题的查处力度。树牢底线意识,扎实开展教育领域安全稳定工作,抓好扫黑除恶、预防学生溺水、实验室危化品管理、校园食品安全、交通安全、自然灾害天气防御等校园安全工作,强化安全宣传教育和应急演练,确保全市教育系统安全稳定。

(二)全面深入推进基础教育优质均衡发展

继续实施年度大规模学校建设计划,2023年新改扩建中小学、幼儿园182所,新增基础教育学位20万座以上,建成深汕高中园。研制出台《深圳市"十四五"学前教育发展提升行动计划》,推动1—2个区创建全国学前教育普及普惠区。深入推进基础教育集团化办学,稳步推进"大学区制"改革,2023年新组建25个基础教育集团,推动1—2个区创建全国义务教育优质均衡发展区。研制出台《深圳市特色普通高中创建实施方案》,创建10所以上国内一流的特色高中。强化民办中小学规范办学监管,稳慎有序推进分类管理改革,开展民办中小学特色学校创建工作。加快推进区级特殊教育学校达标建设和特殊教育资源中心建设。全面落实《深圳市义务教育学校减负提质实施方案》,打造一批中小学德育示范校,办好第二届家庭教育巡礼。深入推进体教融合,推动优秀退役运动员进校园,力争全市大中小学生体质健康优良率超过70%。推进卫教深度融合,探索建立"小胖墩、小眼镜"防治长效机制。完善学生心理健康教育、服务和应急处置机制,推动学校心理辅导室标准化建设达标率超90%、专职心理教师配比达标率达到100%。研制出台《关于全面加强和改进新时代学校美育工作的实施意见》,建立学校美育工作联席会议制度。完善大中小学劳动教育体系,打造市、区、校劳动教育品牌活动。整合全市创新资源,深入推进科创教育。加强课后服务保障,持续深入开展校外培训治理。

(三)推动高等和职业教育高水平特色化发展

实施高等教育卓越工程,出台深圳大学等8所高校高水平大学建设方案。加快新高校筹建,开工建设香港中文大学(深圳)医学院、深圳创新创意设计学院、音乐学院,加快建设天津大学佐治亚理工深圳学院,一体化推进深圳海洋大学、深海科考中心、海洋博物馆建设。推动成立深圳西丽湖国际科教城X9高校院所联盟各专项委员会,深入推进高校课程互享、学分互认工作,推动资源共享和人才联合培养。召开全市职业教育大会,出台加快推动深圳现代职业教育高质量发展的意见。推动深圳职业技术学院获批升本、深圳信息职业技术学院达到本科层次职业学校设置标准,加快推进深职院深汕特别合作区校区建设。推动中—高职教育集团在国内引领示范,支持指导中职学校建设省高水平中职学校和专业群。探索建设各类教育衔接贯通的终身教育资历框架制度,规范成人

教育培训机构监管。出台优化调整高等教育学科专业指导意见，实施学科专业强链补链计划。推动高校科研与行业龙头企业双向对接，联合举办芯片制造学院、工业软件学院等，解决产业"卡脖子"难题。建立健全高校科研平台开放共享机制，建设一批高校高端智库，加快促进高校科研成果转化。支持校企共建高水平专业、开发课程标准、打造师资团队、设立研发中心，培育一批产教融合企业，建设一批特色产业学院。深入推进"粤菜师傅""广东技工""南粤家政"工程建设。办好零一学院，支持高校实施高层次人才培养专项计划。

（四）高水平建设智慧教育示范区

全面落实教育部教育数字化转型战略行动，扎实推进教育信息化"双区"建设，高质量做好教育部考核验收迎检工作。完善智慧教育公共服务管理平台，加大"一网通办、一网统管、一网协同"建设力度。做大做强数字资源平台，进一步探索"依效付费""资源找人"等创新性服务模式，打造开放、融合、优质的数字化教育资源服务体系。办好云端学校，开展课堂、研训、评价、资源等方面的智能应用试点，探索智能时代教育教学模式变革，做好初中实验考试的信息化支撑。开展智慧教育领航系列校长、专家、教研员和专业能手教师的培育工作，持续开展先锋教师、混合式教学能手等研修培训，提升智能教学融合应用能力。

（五）推进高水平教育对外开放和合作

深化粤港澳教育深度合作，举办深港、深澳教育局工作联席会议，扩大香港中文大学（深圳）办学规模，加快推进粤港澳大湾区特色职业教育园区建设，共建大湾区专职人才教育培训中心，设立粤港澳大湾区学生实习实训基地，深化深港职业院校学分、学历、学位和技能等级互通互认。举办第十二届深港校长论坛，支持设立优质港人子弟学校、外籍人员子女学校。深入开展高水平合作办学，支持南方科技大学伦敦国王学院联合医学院建设。支持职业院校在"一带一路"沿线国家开展职业技能培训，持续办好"一带一路"职业教育国际研讨会等高水平国际教育论坛和会议，推动国际教育组织落户深圳。开展5省11市教育对口支援帮扶和2省3市教育对口合作工作，稳步推进教育东西部协作工作和革命老区重点城市教育帮扶合作工作，积极开展省内全口径全方位融入式基础教育高质量发展帮扶工作，深入推进深赣职业教育合作和深哈教育合作。

（六）进一步强化教育体制机制改革

积极推进《深圳经济特区职业教育条例》《深圳经济特区外籍人员子女学校管理条例》等教育立法工作，稳步推进专门教育立法。指导各区各学校开展深化新时代教育评价改革试点工作，稳步推进高中阶段学校考试招生制度改革。完善教育经费保障体系，加快构建义务教育投入足额保障、非义务教育成本合理分担、规范鼓励支持社会力量投资办学的教育投入体制。完善校长教师发展体系，深入实施"优秀校长培养工程""未来教育家培养工程""名师工程"等，推进广东省"新强师工程"项目落地。完善教育教学研究体系，构建云端智慧教研新模式，分学段配齐配强学科专职教研员，建立教研员"旋转门"制度，出台《深圳市教科研人员交流轮岗实施方案》。完善监测评价督导体系，深化教育督导体制机制改革，建立健全政府、学校、教师、学生评价机制，完善学生综合素养和学业考评制度。

（深圳市教育科学研究院：贾建国
深圳市龙华区龙飞小学：王敬芬）

2022年深圳市中等职业教育改革与发展报告

深圳市教育局

2022年，一系列重要职业教育法律法规和政策举措陆续出台，为优化职业教育类型定位提供了重要支撑。这些文件包括：3月18日，人力资源和社会保障部发布《关于健全完善新时代技能人才职业技能等级制度的意见（试行）》；5月，新修订的《中华人民共和国职业教育法》正式施行；8月12日，人力资源和社会保障部职业能力建设司发布《关于公布31个专业国家技能人才培养工学一体化课程标准和课程设置方案（试用）的通知》（人社职司便函〔2022〕43号）；9月20日，教育部办公厅发布《关于进一步加强全国职业院校教师教学创新团队建设的通知》（教师厅函〔2022〕21号）；9月27日，人力资源和社会保障部正式发布了新修订的《中华人民共和国职业分类大典》；11月2日，教育部等五部门发布《职业学校办学条件达标工程实施方案》的通知（教职成〔2022〕5号）；12月，中共中央办公厅、国务院办公厅印发《关于深化现代职业教育体系建设改革的意见》。是年，"国家职业教育智慧教育平台"上线。深圳市深入学习贯彻党的二十大精神，积极推动中等职业教育事业取得新进步，各项工作取得新成效，中等职业教育面貌发生新变化。

一、中等职业教育改革与发展的现状和成绩

（一）高中阶段教育职普比

2022年，深圳市中等职业教育在校学生人数和招生人数大幅增加。全市高中在校生28.34万人。其中：中等职业教育在校生8.87万人，比2021增加2000多人；普通高中教育在校生19.47万人，比2021年增加2.5万人。在校生职普比为31.29∶68.71（2021年在校生职普比33.67∶66.33）。高中教育招生10.67万人。其中：中等职业教育招生3.12万人，比2021年增加600多人；普通高中教育招生7.55万人，比2021年增加10000多人。招生职普比为29.24∶70.76（2021年招生职普比32.11∶67.89）。中等职业教育

在校生人数、招生人数都有增加，但在校生占比、招生占比，均下降较多。主要原因是全市普通高中学校新建扩建较快，高中园陆续落成，而中等职业学校新建扩建较慢。全市中等职业教育招生职普比、在校生职普比远低于全国比例，2022年全国高中阶段教育学校招生职普比为40.72∶59.28，在校生职普比为39.67∶60.33。

（二）中等职业教育规模

2022年，全市举办中等职业教育的学校有30所，其中，教育部门主管的学校有19所（包括市属公办学校8所、区属公办学校9所、民办学校2所）、人社部门主管的中等职业学校有11所，其中，公办学校2所、民办学校9所。全市有国家中等职业教育改革发展示范学校5所，国家级重点中等职业学校8所（其中技工学校3所），省级以上重点校16所（其中技工学校5所）。广东省高水平中职学校建设项目学校8所。为了简化行文，举办中等职业教育的学校都统称中等职业学校，教育系统主管的中等职业学校简称中职学校，人社部门主管的中等职业学校简称技工院校。

2022年，30所中等职业学校在校生8.87万人，比2021年增加2582人。其中非深圳户籍学生6.94万人，占78.31%（中职学校占70.26%，技工院校占85.52%）。全市中职学校在校生4.18万人，比2021年增加1606人；校均2201人。有6所学校在3000人以上，深圳市奋达职业技术学校在校生最多，有4510人。少于1200人的学校有5所，均为体育、艺术、美术类学校，新开设的学校和非独立法人学校。见图1。

全市11所技工院校在校生56843人，比2021年增加10976人；校均4258人，比2021年增加88人。有4所技工学校在校生超过5000人，比2021年减少1所。见图2。

2022年，全市中等职业学校计划招生3.06万

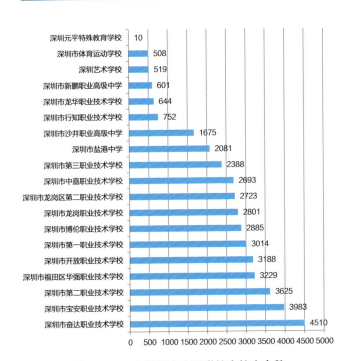

图1　2022年深圳市中职学校在校生人数

数据来源：深圳市教育局职业与终身教育处《2022—2023学年深圳市职业院校基本情况表》

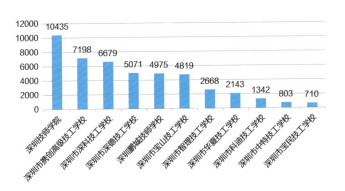

图2　2022年深圳市技工院校在校生人数

数据来源：深圳市教育局职业与终身教育处《2022—2023学年深圳市职业院校基本情况表》

人，实际招生3.12万人，比2021年增加653人，增幅2.13%。中职学校计划招生1.58万人，实际招生1.55万人，比2021年增加1363人，增幅9.63%。中职学校招录初中应届生的占96%，其中17所学校100%招录应届初中毕业生，仅有2所招录非应届毕业生。技工院校计划招生1.48万人，实际招生1.57万人，比2021年减少710人，减幅4.32%。技工院校95%招录的是应届初中（高中）毕业生，其中9所学校100%招录应届毕业生，仅有2所招录的非应届毕业生。

（三）专业建设

2022年，深圳市中职学校专业主要以智能制造和现代服务业为主。有专业65个，专业点161个，当年招生专业54个。深圳市第一职业技术学校、深圳市第二职业技术学校专业最多，均有15个。深圳市福田区华强职业技术学校、深圳市宝安职业技术学校各有13个专业，深圳市龙岗职业技术学校、深圳市中嘉职业技术学校各有12个专业。专业涉及15个大类，电子与信息大类有11个专业，装备制造类有9个专业，文化艺术大类有9个专业，旅游大类有6个专业，财经商贸大类有5个专业。会计事务专业有13所学校开设，电子商务有11所学校开设，艺术设计与制作有10所学校开设。

2022年，深圳市技工院校专业以高端制造业、现代服务业为主，招生专业84个，专业点159个。深圳技师学院有33个专业，深圳市携创高级技工学校有19个专业，深圳鹏城技师学院有18个专业，深圳市深德技工学校、深圳市深科技工学校各有17个专业。各校专业主要涉及智能制造、创意设计、新一代信息技术、现代服务、生物医药、汽车技术服务等6个专业群，开设学校较多的专业有汽车维修与营销（10所）、电子商务（10所）、幼儿教育（9所）、计算机网络应用（7所）、计算机动画制作（5所）、烹饪（5所）。

（四）教学资源

2022年，全市中等职业学校占地面积228.73万平方米（含非产权用地），生均25.80平方米；建筑面积285.21万平方米，生均32.16平方米；固定资产总值56.98亿元（其中教学、实习仪器设备资产值合计18.07亿元，生均2.04万元；纸质图书246.2万册，生均27.76册；计算机5.1万台，生均0.58台，生师比18.29∶1。

2022年，中职学校校舍建筑面积、教学仪器设备值、计算机、专任教师配备等指标都高于国家标准。占地面积133.46万平方米（含非产权用地），生均31.91平方米。建筑面积124.21万平方米，生均29.69平方米。固定资产总值31.63亿元，其中教学、实习仪器设备资产值合计10.33亿元，生均2.47万元。纸质图书135.17万册，生均32册。计算机3.01万台，生均0.72台。占地面积在7万平方米以上的学校有8

表1　　　　　　　　　　2022年深圳市中职学校生均教学资源

年度	生均占地面积（平方米）	生均校舍建筑面积（平方米）	生均教学仪器设备值（元）	生均纸质图书（册）	生均计算机（台）	生师比
2022年	31.91	29.69	24707	32	0.72	14.12：1
国家标准	33	20	3000	30	0.15	≤20：1

国家标准来源：《教育部关于印发〈中等职业学校设置标准〉的通知》（教职成〔2010〕12号）

所，建筑面积在7万平方米以上的学校有9所。有12所学校计算机数量在1000台以上，其中2000台以上的学校有6所。生均教学资源见表1。

2022年，全市技工院校占地面积合计95.27万平方米，生均20.34平方米。建筑面积合计161万平方米，生均34.37平方米。固定资产总值25.36亿元（其中教学、实习仪器设备资产值合计7.73亿元，生均1.65万元）。纸质图书合计111.02万册，生均23.70册。计算机合计2.09万台，生均0.45台。深圳技师学院办学条件较好，各项指标都符合技师学院设置标准。深圳鹏城技师学院占地面积6.93万平方米，未达到10万平方米的技师学院设置标准。有1所技工学校建筑面积未达到1.8万平方米的设置标准，有2所技工学校占地面积未达到3万平方米的设置标准。全市技工院校生师比24.82：1，高于技师学院18：1的设置标准，高于技工学校、高级技工学校20：1的设置标准。

（五）师资队伍

2022年，深圳市中等职业教育着重打造一支师德高尚、业务精良、充满活力的师资队伍。全市中等职业学校教职工7210人，专任教师4849人。专业、实习指导教师2899人，占专任教师的59.78%。"双师型"教师1954人，占专业教师的67.40%。副高及以上职称1000人，占专任教师的20.62%；中级职称1666人，占专任教师的34.36%。硕士研究生及以上1209人，占专任教师的24.93%。

2022年，全市中职学校有教职工4282人，专任教师2962人，占教职工总数的69.17%。专业、实习指导课教师1484人，占专任教师总数的50.10%。"双师型"教师1144人，占专业教师的77.08%。专任教师中，本科及以上学历2883人（占97.33%）。其中：研究生及以上人数765人，占25.83%；本科学历2118人，占71.51%。高级职称人数707人，占

23.87%；中级职称1073人，占36.23%。中职学校教师参加全国职业院校技能大赛，获一等奖1项、二等奖3项、三等奖3项；参加2022年全国职业院校技能大赛班主任能力比赛，获一等奖2项、三等奖2项。全市中职学校有"全国技术能手"16人，来自7所学校。见表2。

2022年，全市11所技工院校有教职工2928人。专任教师1887人，占教职工总数的64.44%。技术理论课教师和实习指导教师1415人，占专任教师的74.98%。"双师型"教师810人，占57.24%。专任教师本科及以上学历1710人，占90.62%。其中硕士研究生及以上学历444人，占23.52%。专任教师中级及以上职称886人，占46.95%。其中高级职称293人，占15.52%。深圳技师学院师资力量雄厚，有博士学历、博士后经历教师66人，国家级技能大师1人，"全国技术能手"20人，"广东省技术能手"29人，"深圳市技术能手"59人，深圳市高层次人才30人，深圳市"鹏城工匠"3人，深圳市"技

表2　　2022年深圳市中职学校
　　　　　"全国技术能手"统计表

序号	学校	人数
1	深圳市龙岗职业技术学校	5
2	深圳市第二职业技术学校	3
3	深圳市博伦职业技术学校	3
4	深圳市宝安职业技术学校	2
5	深圳市沙井职业高级中学	1
6	深圳市第一职业技术学校	1
7	深圳市龙岗区第二职业技术学校	1
	总计	16

数据来源：表中数据由各校教务部门提供

能菁英"6人，全校"双师型"教师占90%。2022年，广东省激光设备安装调试职业技能竞赛职工组深圳技师学院包揽前四名。教师叶海仙获得第一名，并获"广东省技术能手"称号；教师杨勇获"2022缪斯设计奖"金奖；教师张逸获广东省技工院校教师职业能力大赛"文化艺术综合类"第一名；教师黄承俊获德国红点奖机构主办的"2022当代好设计"金奖。

（六）培养质量

2022年，从培养质量检测和满意度调查中发现，中职学校学生对全市中等职业教育满意度较高。全市中职学校在校生文化课合格率91.75%，比2021年下降1.21%。专业技能合格率93.93%，比2021年提高0.06%。体质测评合格率为87.1%，比2021年下降1.09%。15所独立法人中职学校参加广东省教育厅组织的中职学校线上满意度调查，调查3.04万名在校学生，满意度为93.83%。其中课堂育人满意度98.47%、课外育人满意度98.26%、思想政治课教学满意度98.39%、公共基础课（不含思想政治课）教学满意度98.45%、专业课教学满意度98.58%，单项指标满意度均超过98%。毕业生满意度92.53%。其中，应届毕业生满意度91.77%、毕业三年内毕业生满意度92.27%。

各校积极组织学生参加国内外技能竞赛，取得优异成绩。2022年，深圳技师学院选手陈新源、罗凯、欧阳婉青代表中国参加2022年世界技能大赛特别赛，分别获得云计算项目金牌、3D数字游戏艺术项目金牌、平面设计技术项目优胜奖；陈宇婷获第十五届"中国之星设计奖"银奖；朱宗盛获"2022澳大利亚全球技能挑战赛"平面设计技术项目银牌；杨梓华获"第四届香港大学生当代设计奖"铜奖；陈冰仪、林晓静获"2022年第二十届亚洲设计学年奖"铜奖；柯双双参加2022年广东省激光设备安装调试职业技能竞赛，获得第一名。深圳鹏城技师学院陈垿参加2022年金砖国家职业技能大赛（决赛），获人工智能计算机视觉赛项国内一等奖。深圳市中职学校参加职业院校技能大赛共获国家级奖项31项，其中一等奖7项、二等奖16项、三等奖8项；获省级奖项220项，其中一等奖72项、二等奖87项、三等奖61项。深圳艺术学校参加国际赛事，获一等奖3项、二等奖3项、

表3 2022年中职学校毕业生升学统计表

序号	指标	数值
1	毕业生人数（人）	12464
2	升学总人数（人）	11078
	其中：通过贯通培养升学人数	674
	通过五年一贯制培养升学人数	177
	通过职教高考升学人数	9166
	通过技能竞赛等其他途径升学人数	1061
3	升学人数占比（%）	88.88
4	升入职业本科人数（人）	154
5	升入职业本科人数占比（%）	1.39
6	升入普通本科人数	994
7	升入普通本科人数占比（%）	8.98
8	升入专科人数（人）	8530
9	升入专科人数占比（%）	77

数据来源：深圳市教育局职业与终身教育处《2022年中职教育质量数据表》

三等奖6项。

（七）就业质量

2022年，深圳市中职学校毕业生以升学为主。2022年，深圳市15所独立法人中职学校毕业生1.25万人，升学就业率96.42%。升学1.11万人，占88.88%。其中，升入职业本科154人、升入普通本科994人、升入专科8530人。直接就业939人，占毕业生总数的7.54%。其中服务第三产业920人，占97.98%。见表3。

2022年，全市技工院校毕业生1.3万人，就业率98%，就业企业包括比亚迪、华星光电、华大基因等行业领先企业及其生态链企业，实现高质量就业。深圳技师学院毕业生就业质量持续上升，呈现初次就业率高、初次就业薪酬高、毕业生就业满意度高、用人单位满意度高、毕业生自主创业比例高、扶贫生就业质量高的"六高"特点。据第三方机构调查数据显示，该校2022届毕业生就业率达97.7%，初次就业平均月薪5770元，显著高于同期全国高职院校、广

表4　　　　　　　　　　　深圳技师学院2022届毕业生就业数据对照表

项目指标	深圳技师学院	广东省高职院校	全国高职院校
就业去向落实率	97.7%	89.2%	87.7%
毕业生月收入	5770元	4875元	4595元
工作与专业相关度	69%	66%	63%
就业满意度	84%	78%	75%
就业服务工作满意度	90%	89%	91%
学院生活服务满意度	92%	89%	92%

数据来源：麦可思（北京）数据有限公司

东省高职院校的就业率和初次就业平均月薪。见表4。深圳鹏城技师学院毕业生供不应求，毕业生与岗位的供需比高达1∶6，其中先进制造学院的供需比高达1∶9。近年来，该校学生就业率始终保持在98%以上，2022年应届毕业生就业率呈现逆势上扬态势，就业率达98.7%。

（八）社会服务

2022年，新冠疫情反复。各校克服困难，努力开展社会服务。全市中职学校累计举办校内职业培训班181个，培训6814人次，培训1.89万个学时；送教上门和企业培训16个班，培训1962人次，累计培训3496学时；提供技术咨询11次；组织社区服务34次，学校累计1631人次参加，参与群众7484人。通过送教上门、校长挂职、教学交流与研讨、物资帮扶等多种方式对口支援新疆喀什、西藏林芝、广西百色和河池、江西赣州以及省内有关地区。深圳技师学院在全国首创"新型学徒制"智力扶贫模式，常态化做好技能扶贫工作，积极完成人社部定点西藏、新疆、广西、江西帮扶支教任务。深圳鹏城技师学院对口帮扶广西百色，深圳市携创高级技工学校继续实施"雨露直通车"技能帮扶项目，培训贵州、甘肃、江西、陕西、广西等"老少边穷"地区贫困学生。深圳市宝山技工学校为省内贫困劳动力开展"粤菜师傅"培训。

二、主要举措

（一）强化党建引领

深圳市深入学习贯彻党的二十大精神，加强党建引领，强化职业教育为党育人、为国育才的使命担当。各中等职业学校深入学习贯彻习近平新时代中国特色社会主义思想，以"办好人民满意的教育"为目标，将党的教育方针融入办学治校全领域，将学校发展融入民族复兴大格局，将人才培养融入"双区"建设大战略，将工匠精神融入教育教学全过程，努力培养"应用型、复合型、创新型和数字化、国际化"技术技能人才。5月，深圳市教育局在坂田华为总部组织召开学习贯彻新修订的《中华人民共和国职业教育法》精神座谈会，听取职业教育研究机构、职业院校、企业等职教专家的观点建议，并就如何借新修订的《中华人民共和国职业教育法》东风与华为等知名企业合作打造高质量职业教育高地进行深入交流。加强党对学校工作的全面领导，全面加强学校基层党组织建设和党员队伍建设，开展规范化、标准化建设工作。定期开展党史学习教育，常态化学习《习近平新时代中国特色社会主义思想学习问答》、《中国共产党简史》、《习近平谈治国理政》（第三卷）、《习近平谈治国理政》（第四卷）等原文原著，真正学懂弄通落实习近平新时代中国特色社会主义思想。把思想政治建设与党建活动深度结合，把课程思政与学校党建工作结合起来。学校书记、校长带头上党课，通过线下面对面教学和现场直播的方式，授课对象覆盖全校师生。广大党员不忘教育初心，在教育教学一线、疫情防控一线、教育帮扶等方面发挥先锋模范作用。例如，深圳市第一职业技术学校党委实施"党建+'一支部一特色'培养建设工程"，将党建工作与学科发展、专业建设、人才培养等深度结合。

（二）保障财政投入

2022年，深圳市职业教育财政投入70.23亿元，比2021年增长2.64亿元，增幅3.91%。其中，中等职业教育财政投入23.51亿元，比2021年投入减少

表5　　2020—2022年深圳市职业教育
财政投入情况

年度	职业教育投入（亿元）	中等职业教育投入（亿元）	占比（%）
2022年	70.23	23.51	33.48
2021年	67.59	34.09	50.31
2020年	68.40	31.99	46.77

10.58亿元，减幅31.04%。见表5。

深圳中等职业教育学校数量比较少，经费是有保障的。2022年，深圳市继续执行公办中职学校生均拨款标准1.7万元，国家级示范校生均拨款标准1.87万元，技工院校生均拨款标准2万元。持续推进中等职业教育免学费政策，实施紧缺专业助学金"助优"与国家助学金"扶困"资助相结合的助学模式，精准落实"按需申请、应助尽助"的中等职业教育资助政策。中等职业教育免学费政策已覆盖全体本市户籍和符合深圳市就读条件的非深户籍中职学校在校生。2022年，政府免学费5.92万人次，财政投入1.26亿元；国家助学金1.04万人次，财政投入1043.8万元；国家奖学金57人，财政投入34.2万元。市、区财政助力加快推进8所广东省高水平中职学校建设单位落实各项建设任务，加大奖补资金支持力度，不断改善中职学校办学条件，支持骨干教师参加国家级省级培训、"1+X"证书制度试点教师培训和企业实践，吸引高技能人才从教，优化教师队伍结构，支持中职学校优先进入国家级优质中职学校队列。

（三）落实立德树人

各校以培育和践行社会主义核心价值观为使命，坚定落实立德树人理念，大力弘扬劳模精神、劳动精神、工匠精神，与社会、行业、企业、家庭多方协同育人，形成知行合一、教学做合一、理实一体等延伸性学生成长模式。认真落实《中等职业学校思想政治课程标准（2020年版）》，开足开齐思想政治课程，组织《习近平新时代中国特色社会主义思想读本》授课教师全员岗前培训，"课程思政"与"思政课程"同向同行。深圳市教育科学研究院举办深圳市中等职业学校劳动教育优秀案例征集评比展示交流活动，引导学校积极探索具有深圳特色、职业学校特色的劳动教育模式。积极组织学生参加全国职业院校技能大赛、

职业院校"技能成才　强国有我"主题教育活动、"劳模工匠进校园"等全国性活动。举办丰富多彩的校园活动，加强中职学校社团建设。在开齐开足体育课的基础上，充分尊重学生的兴趣，开展多种形式的学生体能训练和课外体育活动。

（四）深化课程教学改革

各校注意优化专业结构，对标产业结构调整专业。遵循"集中优势专业、促进特色发展、引导错位竞争"的原则，不断推动专业布局适配深圳支柱产业、战略性新兴产业和未来产业发展。课程设置不断优化，理论教学与实践课程相结合，注重培养学生综合能力。2021—2022学年开设理论课课程883门（占32.21%），实践课课程1450门（占52.90%），理实一体化课程408门（占14.89%）。适应数字化时代的需要和"停课不停学"的要求，丰富数字教学资源，优化线上教学，2022年线上数字教学资源建设率达100%。在课堂教学中融入技能大赛项目涉及的新技术、新工艺、新规范、典型生产案例。深圳市第三职业技术学校自主研发"深工网"，发布课程近千门，实现在线课程学习近17万人次，2022年课程网站访问量超过58万人次。深圳艺术学校初步建成各类教学设计、课件、教学微课、展演视频等资源融合的数据库体系。深圳市教育科学研究院举办2022年深圳市中等职业学校"岗课赛证"综合育人模式研究与实践成果展示交流活动，促进教育链、人才链与产业链、创新链有机衔接，增强中等职业教育的适应性。

（五）加强教师队伍建设

鼓励教师走出校门，积极参加专业赛事。市教育局坚持"以赛促教、以赛促改、以赛促研"，举办2022年深圳市中职学校技能大赛教学能力比赛、深圳市职业院校技能大赛中职学校班主任业务能力比赛，组织中职学校教师参加广东省和全国的职业院校技能大赛教学能力比赛、中职学校班主任能力比赛。市人社局积极组织教师参加第三届全国技工院校教师职业能力大赛广东省选拔赛。深圳市职工教育和职业培训协会成功举办第八届"深圳好讲师"教学能力竞赛。通过教学能力比赛，促进"能说会做善导"的"双师型"教师快速成长，不断提高教师的师德践行能力、专业教学能力、综合育人能力和自主发展能力。严格依照在校生数量，对照达标师生比例，足额配备公办

表6 　　　　　　深圳市中职学校教师参加各级各类培训统计表（单位：人次）

年度	国家级	省级	市级	区级	校级	合计
2020	463	403	2852	1826	8428	13900
2021	606	458	5467	1219	17844	25594
2022	751	400	5879	1253	11133	19417

数据来源：深圳市教育局《深圳市2023年中等职业教育质量年度报告》

学校专任教师，逐步推动专职与兼职教师相结合的用人制度。2022年，组织中职学校专任教师参加国家级培训751人次，参加省级培训400人次，参加市级培训5879人次，参加区级培训1253人次，参加校级培训1.11万人次（见表6）。深圳市教育科学研究院围绕职业学校教师专业成长主题全年举办培训50场，深受欢迎。

（六）深化校企合作

深圳市紧紧围绕"创建示范性产教融合型城市，打造高质量发展新引擎"的目标任务，推动中职学校对接华为、腾讯、比亚迪、华大基因、沃尔玛等行业领先企业及其生态链企业，打造在粤港澳大湾区有影响、有辐射的校企合作典范，打造校企命运共同体。6个中职学校参与牵头建设的职业教育集团校企共建高水平专业（群）、共同开发核心课程、共同编制专业教材、共同培训师资力量、共同开展研发项目、共同开展"1+X"证书试点。11所技工院校，已与1000多家企业建立合作关系，与亚马逊等64家世界500强企业共建特色学院，积极探索具有中国特色、深圳特点的"双元制"人才培养新模式。深圳技师学院合作办学企业343家，与全球领军企业共建云计算、大数据、智能制造等10个特色产业学院。深圳鹏城技师学院与161家国内外顶尖企业和领军企业建立长期稳定、高效的校企合作关系，每个专业群至少联合一家世界500强企业或行业链主企业与领军企业，在订单培养、冠名班级、技术研发、师资培养、技能竞赛、人才评价等多层次多领域合作，初步形成校企"学—教—研"三位一体、"产—学—研"合作共赢、"训—评—赛"三维互动的合作机制。深圳市教育科学研究院举办2022年深圳市职业教育产教融合校企合作典型案例征集评比与展示交流活动，有力地促进职业院校产教融合、校企合作工作。

（七）加强人才衔接培养

2022年5月，《深圳市中—高职教育集团建设方案》正式印发，由深圳职业技术学院和深圳信息职业技术学院牵头组建西部、东部2个职业教育集团，构建贯穿中职、高职、本科的链式布局，按照"专业设置相近、办学特色相似、区域位置相邻"原则，选定市属、区属中职学校与合作企业作为集团成员单位。建设方案明确，牵头高职院校要充分利用自身优势资源，加强中高职协同发展，积极探索职教集团建设的新模式、新路径、新机制，统筹办学规划、专业设置、课程衔接、人才培养、师资培训、产教融合、技能竞赛、人事管理、文化建设、年度考核，努力破解中职学校发展定位不清、中高职衔接不畅、职教本科缺位等问题，推进中职、高职、本科层次职业教育一体化协同发展。中—高职教育集团将个性化地制订统筹发展方案，"一校一策"提升中职办学水平。力争3年左右，建成富有活力和在全国具有示范引领作用的职业教育集团，形成职业教育集团化办学的"深圳模式"，带动6—8所中职学校创建国家级高水平中职学校，力争实现其他集团成员整体办学水平全面跃升。中—高职教育集团成立半年多，中高职学校互动明显增加，牵头高职学校派出得力干部到中心成员校任书记或校长，有的学校还签订了中高职学校战略合作协议。

三、存在的主要问题

（一）达标工程任务艰巨

2022年11月2日，教育部等五部门印发《职业学校办学条件达标工程实施方案》，提出2023年起，每年对各地各校达标情况进行通报，各地工作成效作为国家新一轮职业教育改革项目遴选的重要依据。到2025年年底仍不能达标的学校，要采取调减招生计划等措施。对照文件规定的重要检测指标可以发现，受学校扩招、土地稀缺等多种因素影响，全市中职学校各项检测指标都达标的学校只有3所，有13所中职学校生均占地不达标，3所中职学校生均建筑面积不达标，3所技工院校占地面积不达标。

（二）教师队伍建设尚需加强

深圳市中职学校教师队伍处于"新老更迭"关键时期，高职称、高学历、高技能的教师人才总体上虽然在不断增加，但是队伍结构不合理，有实际工作经验的教师还是偏少。《中等职业学校设置标准》规定，中职学校专业、实习指导课教师应该占50%以上，但是全市有7所中职学校专业、实习指导课教师占比在50%以下。全市15所独立法人中职学校兼职教师只有197名，只占6.88%，远没有达到20%左右的要求。技工学校要求技术理论实习指导教师占专任教师的70%，虽然全市平均已经达到74.98%，但是仍然有7所学校不达标。中职学校要求副高级及以上职称教师应占20%以上，有8所学校不达标。青年教师高级职称和高技能人才数量偏少，新聘教师主要从缺乏企业实际工作经验的应届毕业生中招聘。中职教育科研队伍比较薄弱，连续三届国家级教学成果奖深圳只获1个二等奖，广州市获1个一等奖、9个二等奖，佛山市获1个一等奖、3个二等奖，差距还是比较大的。队伍建设存在的这些问题，必然影响"岗课赛证"育人模式的实施，影响技能教学、实践教学质量，影响学校办出高水平、办出深圳特色。

（三）校企合作有待深入

深圳技师学院、深圳鹏城技师学院等技工院校与企业合作比较深入，合作形式也比较多样，但是中职学校普遍以高考为主攻方向，仅有10%左右的毕业生需要考虑直接就业，这造成多数中职学校偏重高考科目语文、数学、英语教学，对专业建设不够重视，对校企合作投入不够，与企业合作形式也比较单一，以输送实习生为主，校企共同参与职业学校技能人才培养全过程的不多。一方面，多数中职学校缺少对企业发展的支撑能力，难以给企业发展赋能；另一方面，企业参与职业教育的积极性较弱。

（四）职业培训不够重视

国务院印发的《国家职业教育改革实施方案》提出，要"落实职业院校实施学历教育与培训并举的法定职责，按照育训结合、长短结合、内外结合的要求，面向在校学生和全体社会成员开展职业培训"。

全市大多数公办中职学校偏重学历教育，社会服务的形式主要是教育帮扶，系统性常年开展职业培训的不多，只有若干所学校能够按照规定做到学历教育（学制教育）与职业培训并重。2021年，我国农民工的数量达2.93亿人，还有大量的下岗工人、退伍军人，普遍面临就业技能缺乏的问题。开展职业培训是这些群体获取技能的最直接有效的途径，中职学校有必要认真履职，大力开展职业培训，更好地服务社会经济发展。

四、政策建议

党的二十大报告提出，统筹职业教育、高等教育、继续教育协同创新，推进职普融通、产教融合、科教融汇，优化职业教育类型定位。展望未来，深圳职业院校应该抢抓"双区"驱动、"双改"示范重大历史机遇，努力探索技术技能人才培养新模式，奋力打造职业教育新生态，为粤港澳大湾区经济社会发展和深圳创建社会主义现代化强国的城市范例提供人才支撑。

（一）做好顶层设计，提升市级统筹力度

一是积极宣传新修订的《中华人民共和国职业教育法》，认真落实中共中央办公厅、国务院办公厅印发的《关于推动现代职业教育高质量发展的意见》《关于深化现代职业教育体系建设改革的意见》，及时总结各区各校贯彻落实《国务院关于印发国家职业教育改革实施方案的通知》（国发〔2019〕4号）、《教育部等九部门关于印发〈职业教育提质培优行动计划（2020—2023年）〉的通知》（教职成〔2020〕7号）等文件的重要成果和经验。二是尽快出台《深圳经济特区职业教育条例》，对现行职业教育、技工教育、社区教育、开放教育的管理体制进行综合调整。三是依托中—高职教育集团，对全市中职学校教育教学资源进行优化配置和整合共享，重点是优化专业设置，中高本贯通培养技能人才。四是成立深圳市跨部门的职业技能训练指导中心，统筹管理全市高技能人才培训基地、技能大师工作室，统筹世界技能大赛、国家级省级技能大赛选手选拔和集训，争取有关赛项成绩取得新突破。五是建立权威的全市统一的人才供需信息发布平台，要求各职业院校都发布年度教育质量报告。

（二）实施达标工程，改善学校办学条件

一是学校根据教育部等五部门印发的《职业学校办学条件达标工程实施方案》，全面自查学校基本办学条件。二是重视标准在职业教育质量提升中的基础性作用，市政府召集有关部门专题研究，对学校出现的不达标共性问题（比如生均占地面积、生均校舍建筑面积、师生比、生均纸质图书），全市"一盘棋"提出整改措施，整改方案做到"一校一案"，争取 2023 年学校教学条件基本达标。三是把职业教育标准化建设作为学校书记、校长学习培训的重要内容和学校年度考核的重要指标，推动学校高水平发展。

（三）做好认定工作，提升"双师"整体素质

一是认真贯彻落实 2022 年 10 月 25 日发布的《教育部办公厅关于做好职业教育"双师型"教师认定工作的通知》（教师厅〔2022〕2 号）精神，尽快制定深圳市"双师型"教师认定标准，建立能进能出、能上能下的动态调整机制，引导和鼓励广大教师走"双师型"发展道路。二是以"双师"素质为导向改革中等职业学校新教师准入制度，认真落实国务院颁布的《国家职业教育改革实施方案》，优先考虑有企业实践经验者，不要片面强调学历。三是支持校企共建一批教师培养培训示范基地和教师企业实践示范基地，认定一批企业师傅为教师实践导师，把企业实践纳入职业院校教师继续教育学时。四是根据人力资源和社会保障部印发的《技工院校工学一体化教师培训标准（试行）》，开展工学一体化教师培训，加强技工院校工学一体化教师队伍建设。五是加强市、区、校三级职业教育教科研队伍建设，教研、科研"两手抓"，围绕专业建设和技术技能人才培养，积极参与以解决问题为导向的各类课题研究和教改实验，更好地服务决策、指导实践、推广经验、引领发展。

（四）校企深度合作，彰显职教类型特色

一是认真落实《广东省人民政府关于推进深圳职业教育高端发展　争创世界一流的实施意见》精神，落实产教融合型企业"金融＋财政＋土地＋信用"的组合式激励政策，完善产教融合办学体制，推进全国产教融合型试点城市建设。二是建立跨企业培训中心，开展主要面向小微企业的人力资源、生产管理、职业技能、技术应用、市场营销等方面的培训。三是政、校、行、企共建集约、高效、共建、共享的"产教融合园"，将专业建在产业链和需求链上，并将融合园打造成为普通中小学生的劳动教育基地、职业体验中心。四是修订《深圳市职业教育校外公共实训基地认定和管理办法》，完善职业教育校外公共实训基地、产教融合型企业认证、评价和支持政策，扩大财政经费的使用范围，减少企业申报环节和补贴流程，优化校企合作双方设备申请、购买、使用、监管等方面的程序。五是深化"引企入教"教学改革，引进企业技术标准，打造特色优势专业；引进企业真实项目，打造特色课程体系；引进企业技术专家，打造特色师资队伍；引进企业认证体系，打造特色评价标准；引进先进企业文化，打造特色技能人才。

（五）重视职业培训，拓展社会服务领域

一是把实施"圆梦计划""粤菜师傅""广东技工""南粤家政"与扩大生源结合起来，允许深圳中等职业学校紧缺专业、重点专业招录深圳对口帮扶省市的初中毕业生，只要学生毕业后能在深圳工作一定年限，可以学费全免，在校期间每月给予生活费补贴。二是要求中等职业学校都设立专门机构负责职业培训，每年按计划开展职业培训，培训业绩作为评价学校年度工作的重要指标。三是要求中等职业学校面向进城务工人员、退役军人、残疾人开展职业培训，年培训规模不得少于本校学历（学制）教育在校生人数的两倍。四是把教师开展社会培训、技术研发与服务等社会服务纳入教师工作量，计算入教师继续教育学时。五是要求中等职业学校按照《大中小学劳动教育指导纲要（试行）》要求，联合社会力量，共建共享稳定的劳动实践基地、专业实训基地、职业体验中心，主动为本校学生和普通中小学学生服务。

（深圳市教育科学研究院：罗理广
深圳市第一职业技术学校：孙婷婷）

2022年深圳市高等职业教育改革与发展报告

深圳市教育局

2022年5月1日，新修订的《中华人民共和国职业教育法》正式施行，以立法方式明确职业教育是与普通教育具有同等重要地位的教育类型，为推动职业教育从"层次"到"类型"转变提供法律保障。同年8月，我国举办首届世界职业技术教育发展大会，习近平向大会致贺信，强调"职业教育与经济社会发展紧密相连，对促进就业创业、助力经济社会发展、增进人民福祉具有重要意义"。是年12月，中共中央办公厅、国务院办公厅印发《关于深化现代职业教育体系建设改革的意见》，为深入贯彻党的二十大精神、优化职业教育类型定位指明前进方向。是年，"国家职业教育智慧教育平台"上线，教育部修订发布新版《职业教育专业简介》，修订通过《残疾人中等职业学校设置标准》，发布《关于进一步加强全国职业院校教师教学创新团队建设的通知》，国家部署实施学校办学条件达标工程和"双高计划"中期绩效评价，教育部等五部门印发《职业学校办学条件达标工程实施方案》。教育部发布《关于做好职业教育"双师型"教师认定工作的通知》《职业教育"双师型"教师基本标准（试行）》，启动"双师型"教师分级认定工作。是年，组织开展国家级职业教育教学成果奖评选、全国职业院校教师教学能力比赛、职业教育国家在线精品课评选等影响力广泛的活动。深圳市委、市政府始终把职业教育摆在教育改革创新和经济社会发展的突出位置，牢固树立"没有职业教育现代化就没有产业现代化"的理念，全面对接国家所向、湾区所需、深圳所能，深入推进职普融通、产教融合、科教融汇，高等职业学校齐心协力、攻坚克难，在"新路"上勇探索，勇当建设中国特色世界一流职业教育开路先锋，着力培养适应智能时代的技术技能人才，初步形成职业教育高质量发展的"深圳模式"。

一、深圳高等职业教育改革与发展的现状和成绩

（一）教育规模

2022年，深圳市有3所高等职业学校，全日制在校生5.52万人。其中，深圳职业技术学院全日制在校生3.35万人，在全国排名第一，仅次于江苏联合职业技术学院（7.71万人）、广西城市职业大学（3.6万人），另有成人教育学历学生3519人。深圳信息职业技术学院全日制在校生1.53万人，在全国排名第二百三十五位，另有非全日制在校生2689人。广东新安职业技术学院全日制在校生6464人，非全日制在校生1400人。

（二）专业建设

2022年，高等职业学校紧跟产业前沿，面向国家重大战略需求和粤港澳大湾区经济社会发展需求布局专业，进一步加强产教融合，加快改造传统专业、发展新兴专业、打造品牌专业。全市3所高等职业学校招生专业有120个，深圳职业技术学院招生专业有86个，深圳信息职业技术学院招生专业有51个，广东新安职业技术学院招生专业有37个。3所学校都开设的专业有10个，包括大数据与会计、工商企业管理、国际商务、计算机网络技术、计算机应用技术、建设工程管理、商务英语、物联网应用技术、学前教育以及云计算技术应用。2所学校都开设的专业有34个。1所学校开设的专业有76个。全市高等职业学校有国家级高水平专业群4个、国家级专业教学资源库7个、职业教育国家在线精品课14门。见表1。

表1 深圳市高等职业学校国家级专业群、教学资源库、在线精品课程名单

项目	名称	学校
国家级高水平专业群（4个）	通信技术专业群	深圳职业技术学院
	电子信息工程技术专业群	
	软件技术专业群	深圳信息职业技术学院
	移动通信技术专业群	

（续表）

项目	名称	学校
国家级专业教学资源库（7个）	通信技术	深圳职业技术学院
	电子信息工程技术	
	创新创业教育	
	影视动画	
	工业设计	
	网络技术	深圳信息职业技术学院
	数字媒体	
职业教育国家在线精品课程（14门）	电工技术	深圳职业技术学院
	插花与花艺设计	
	建筑施工技术	
	三维建模基础	
	单片机应用技术	
	电路基础	
	武术	
	应用数学	
	Android应用开发基础	深圳信息职业技术学院
	移动通信技术	
	Python网络爬虫程序技术	
	网络攻防技术	
	影视广告设计	
	应用数学	

数据来源：有关学校教务处

深圳职业技术学院立项15个世界一流重点建设专业群，形成"2+8+N"专业群格局，支持通信技术、电子信息2个专业群建设高水平（世界一流）专业群（国家"双高"专业群），支持物流管理、国际商务、人工智能、机电一体化、数字图文、新能源汽车、给排水以及材料工程技术等8个专业群建设国际先进专业群，支持数字媒体艺术设计、护理、金融科技、产品艺术设计、建筑设计等N个专业群建设区域特色专业群。其中，国际商务、人工智能技术服务、给排水工程技术、机电一体化技术、新能源汽车技术、材料工程技术、数字媒体艺术设计、产品艺术设计以及数字图文信息处理技术等9个专业群获批省级高水平专业群。学校在建第三批广东省一类品牌专业2个、二类品牌专业3个；验收广东省一流重点建设专业12

个。2022年，学校新增专业5个，更名新增专业2个。

深圳信息职业技术学院围绕深圳高新技术、金融、文化、物流等四大支柱产业和生物、新能源、互联网、文化创意、新材料、新一代信息技术、节能环保等七大战略新兴产业，瞄准生命健康、海洋、航空航天、机器人、可穿戴设备、智能装备等六大未来产业，不断拓展新专业。紧密对接先进制造业，重点服务集成电路、新一代信息通信技术等产业建立11个专业群。拥有软件技术、移动通信技术等2个国家"双高计划"专业群；微电子技术、云计算技术应用、数字媒体技术、智能控制技术、环境工程技术、电子商务、金融服务与管理、商务英语等8个省级高水平专业群；工业机器人技术专业群是校级专业群。学校共设置专业55个，新增设专业1个（区块链技术应用专业）。

广东新安职业技术学院支持计算机应用技术、药品生物技术、建筑室内设计等3个专业群建设成为省内先进、特色鲜明、品牌效应的专业群，支持数字贸易、财会金融、社会服务与管理等N个专业群建设成为特色鲜明的专业群。新增建筑装饰工程技术、数字媒体技术、云计算技术应用、现代移动通信技术、药学、健康管理、金融服务与管理、国际商务、应用英语、社区管理与服务等10个专业，已经立项的校级品牌专业有10个。

（三）教学资源

2022年，全市3所高等职业学校占地面积408.62万平方米，生均73.99平方米。建筑面积150.53万平方米，生均27.26平方米。固定资产总值66.91亿元，其中教学、实习仪器设备资产总值23.98亿元，生均4.34万元。纸质图书489.64万册，生均88.67册。计算机4.17万台，生均0.75台。

深圳职业技术学院办学条件优越，有留仙洞、西丽湖、官龙山、华侨城、凤凰山、深汕合作区等6个校区，总占地面积300.98万平方米，生均89.91平方米。建筑面积84.03万平方米，生均25.10平方米。教学、科研实习仪器设备资产值14.28亿元，生均4.27万元。纸质图书280.44万册，生均83.77册；电子图书超过150万册。学校有校内理实一体化教学场所101个，生产（经营）性实训基地8个，校外稳定的顶岗实习基地456个。生师比18.4∶1，超过国家标准。

深圳信息职业技术学院校园占地面积 95.61 万平方米，生均 62.55 平方米。建筑面积 58.48 万平方米，生均 38.26 平方米。教学、科研实习仪器设备资产值 9.44 亿元，生均 6.18 万元。计算机 2.1 万台，生均 1.37 台。纸质图书 164.64 万册，生均 107.71 册；折合数字资源量 125.19 万册。校内实践教学场所 245 个，校外实践教学场所 239 个。生师比 15.07∶1，符合国家标准。

广东新安职业技术学院占地面积 12.03 万平方米，生均 18.60 平方米。建筑面积 8.02 万平方米，生均

12.41 平方米。教学、科研实习仪器设备资产值 2602 万元，生均 4025 元。计算机 1712 台，生均 0.26 台。纸质图书 44.57 万册，生均 68.95 册。校外实训基地 105 个，其中省级校外实践教学基地 2 个通过验收、年内新申报 4 个省级校外实践教学示范基地。各校教学资源见表 2。生师比 24.09∶1，超过国家标准。

（四）师资队伍

各校都很重视教师队伍建设，努力完善人事制度和高层次人才管理办法，构建完备的人才发展体系。3 所高等职业学校有教职工 4546 人，其中专任教师

表2 　　　　　　　**2021—2022学年深圳市高等职业学校教学资源表**

序号	指标		单位	深圳职业技术学院	深圳信息职业技术学院	广东新安职业技术学院
1	生师比		：	18.4	15.07	24.09
2	双师素质专任教师比例		%	86.98	87.21	66.13
3	高级专业技术职务专任教师比例		%	46.07	36.15	23.79
4	教学计划内课程总数		门	2661	1606	527
			学时	352746	193583	81475
	其中：课证融通课程数		门	383	175	13
			学时	36570	15395	1460
	网络教学课程数		门	683	1616	0
			学时	77130	73957	0
5	教学资源库数		个	32	10	104
	其中：国家级数量		个	5	2	0
		接入国家智慧教育平台数量	个	5	2	0
	省级数量		个	6	3	0
		接入国家智慧教育平台数量	个	2	0	0
	校级数量		个	29	8	104
		接入国家智慧教育平台数量	个	16	1	0
6	在线精品课程数		门	160	93	0
			学时	31768	4276	0
	在线精品课程课均学生数		人	293	7480	0
	其中：国家级数量		门	1	0	0
		接入国家智慧教育平台数量	门	0	0	0
	省级数量		门	15	15	0
		接入国家智慧教育平台数量	门	7	7	0
	校级数量		门	274	82	0
		接入国家智慧教育平台数量	门	10	21	0

（续表）

序号	指标	单位	深圳职业技术学院	深圳信息职业技术学院	广东新安职业技术学院
7	编写教材数	本	254	192	9
	其中：国家规划教材数量	本	214	69	1
	校企合作编写教材数量	本	104	66	2
	新形态教材数量	本	92	41	0
	接入国家智慧教育平台数量	本	1	0	0
8	互联网出口带宽	Mbps	14500	6400	500
9	校园网主干最大带宽	Mbps	100000	160000	500
10	生均校内实践教学工位数	个/生	1.03	1.62	0.81

数据来源：有关学校于 2023 年出版的高等职业教育质量报告（报告中的数据为 2022 年的）

2766 人。专业、实习指导课教师 1898 人。其中"双师"素质专任教师 1591 人，占专业、实习指导课教师的 83.82%。专任教师中，硕士研究生及以上 2319 人，占 83.83%。高级专业技术职务专任教师 1119 人，占 40.45%，其中正高职称 246 人。学校有国家级教学团队 7 个，全国高等职业学校教师教学创新团队 1 个、国家"万人计划"教学名师 3 人、国家教学名师 3 人、"全国技术能手" 9 人、广东"特支计划"教学名师 3 人、"珠江学者" 14 人。

深圳职业技术学院有教职工 2663 人，专任教师 1572 人。专业、实习指导课教师 1131 人，"双师"素质专业、实习指导课教师 928 人，占专业、实习指导课教师的 82.05%。博士 667 人，占专任教师的 42.43%。高级专业技术职务专任教师 715 人，占专任教师的 45.48%，其中正高职称 172 人。有国家教学名师 3 人，国家"万人计划"教学名师 2 人，国家级教学团队 4 个（其中教育部首批"黄大年式教师团队" 1 个）。学校有高层次人才 500 余人，其中柔性引进诺贝尔奖获得者 1 名、院士 5 名、"长江学者"特聘教授 6 人、国家杰青 5 人。设置"讲席教授""产业教授"等兼职教师流动岗 96 个，兼职教师 671 人。具有半年以上境外学习工作经历的教师占比 32.81%。2022 年，深圳职业技术学院教师宋振东夺得广东省第六届高校（高职）青年教师教学大赛总决赛理工综合组冠军，被授予"广东省五一劳动奖章"。

深圳信息职业技术学院有教职工 1540 人，专任教师 946 人。"双师"素质专任教师 494 人，占专业、实习指导课教师的 88.68%。有高级专业技术职称专任教师 344 人，占专任教师的 36.36%，正高职称 57 人。具有研究生学位的专任教师 861 人，占专任教师总数的 91.01%。有博士学位的教师占专任教师总数的 64%，位居全国同类院校第一。学校有国家级教学团队 3 个，引培国家级领军人才 13 名。293 人在行企组织、标准组织、学术组织担任或曾经担任职务，占专任教师的 30.97%。信息技术类专业教师获得顶级职业认证比例达 52%。

广东新安职业技术学院教职工 343 人，专任教师 248 人。"双师"素质专任教师 169 人，占专业、实习指导课教师的 80.47%。高级专业技术职务专任教师 60 人，占专任教师的 24.19%。学校"名师工程"培养对象 25 人，其中"新安优秀青年教师" 15 人、"新安名师" 8 人、"首席教师" 2 人，教师教学创新团队 7 个。

（五）培养质量

1. 各方满意度高

深圳职业技术学院、深圳信息职业技术学院入选"2021 年度学生发展指数 100 所优秀高职院校"。2022 年，学生对教学工作满意度稳中有升，深圳职业技术学院在校生满意度 98.28%，单项满意度均超过 99%，毕业生满意度均超过 95%，教职工满意度 96.55%，用人单位满意度、家长满意度均超过 99%。广东新安职业技术学院在校生满意度 86.01%，各单项指标满意度均在 96% 以上，毕业生满意度不到 76%，教职工满意度 96.91%，用人单位满意度 97.29%，家长满意度 88.63%。满意度调查情况见表 3。深圳信息

表3   2022年高等职业学校满意度调查表

序号	指标	单位	深圳职业技术学院		广东新安职业技术学院	
			满意度	调查人次	满意度	调查人次
1	在校生满意度	%	98.28	15609	86.01	5517
	其中：课堂育人满意度	%	99.53	15609	97.41	5517
	课外育人满意度	%	99.43	15609	96.52	5517
	思想政治课教学满意度	%	99.40	15609	97.57	5517
	公共基础课（不含思想政治课）教学满意度	%	99.38	15609	97.77	5517
	专业课教学满意度	%	99.49	15609	97.82	5517
2	毕业生满意度	%	95.71	11095	73.34	1868
	其中：应届毕业生满意度	%	95.61	4218	68.68	629
	毕业三年内毕业生满意度	%	95.77	6877	75.71	1239
3	教职工满意度	%	96.55	2667	96.91	259
4	用人单位满意度	%	99.17	721	97.29	258
5	家长满意度	%	99.07	11772	88.63	2727

数据来源：有关学校于2023年出版的高等职业教育质量报告（报告中的数据为2022年的）

职业技术学院未填报满意度调查表，据第三方调查报告显示，在校生对学校人才培养的满意度在97%以上。其中，对教师教学满意度98.77%、对实践教学满意度97.45%、对专业满意度97.13%。

2. 大赛成绩优异

2022年，深圳高等职业学校在世界技能大赛、首届世界职业院校技能大赛、金砖国家职业技能大赛等三大国际级竞赛中获奖13项，其中金牌4枚、银牌2枚、铜牌2枚、优胜奖5个。获奖情况：全国高等职业学校综合排名，深圳职业技术学院名列第一，深圳信息职业技术学院名列第二。全国职业院校技能大赛（高职组）学生比赛，深圳市获奖数量逐年增加（见表4）。2022年，深圳职业技术学院一等奖数量全国第一，深圳信息职业技术学院名列第三十五。深圳职业技术学院在2022年国际基因工程机器大赛中再获金奖，连续4年摘金；在首届世界职业院校技能大赛中，汽车技术赛项获得银牌，为广东省院校的最好成绩；在2022年举办的第八届中国国际"互联网+"大学生创新创业大赛中，"膀检专家"（膀胱癌早筛）、"桥帮主"（桥梁水下结构病害检测）和"精工智测"（金属切削刀具磨损与破损在线监测）3个项目斩获"职教赛道"创意组2枚金奖、1枚银奖，领跑高职赛

表4　2020—2022年全国职业院校技能大赛（高职组）深圳市获奖数量

年度	一等奖	二等奖	三等奖	合计
2020年	5	–	–	5
2021年	3	4	3	10
2022年	11	10	5	26
合计	19	14	8	41

数据来源：根据全国职业院校技能大赛官网公布的相应年度全国职业院校技能大赛获奖名单公示文件分析统计

道；在2022年金砖国家职业技能大赛中，获得一等奖4项、二等奖2项、三等1项，一等奖数量排名全国第一；在2022年全国大学生数学建模竞赛中，获国家级一等奖1项、二等奖3项。参加2022年广东省第十一届大学生运动会，游泳比赛团体、乒乓球比赛、篮球比赛（女子丙组）、武术比赛、健美操比赛均获第一名。

（六）就业质量

就业率稳中有升。全市高等职业学校2022年毕业生1.53万人，比2021年增加2462人。毕业去向落实人数1.5万人，比2021年增加2425人；落实率

表5 深圳市高等职业学校2022年"计分卡"

序号	指标		单位	深圳职业技术学院	深圳信息职业技术学院	广东新安职业技术学院	合计	比例（%）
1	毕业生人数		人	8044	5846	1450	15340	—
2	毕业去向落实人数		人	7991	5644	1370	15005	97.82
	其中：毕业生升学人数		人	1535	1430	197	3162	21.07
3	毕业生本省去向落实率		%	94.94	71.3	97.52	—	86.28
4	月收入		元	6231	4866	3894.1	5513.84	—
5	毕业生面向三次产业就业人数		人	6299	4185	1369	11853	78.99
	其中：面向第一产业		人	14	0	7	21	0.18
		面向第二产业	人	1025	1344	129	2498	21.07
		面向第三产业	人	5260	2841	1233	9334	78.75
6	自主创业率		%	2.5	0.27	1.25		1.55
7	毕业三年晋升比例		%	91.36	99	35.58		–

数据来源：有关学校于 2023 年出版的高等职业教育质量报告（报告中的数据为 2022 年的）

97.82%，比 2021 年增加 0.13%。毕业生升学 3162 人，占毕业去向落实人数的 21.07%。毕业生本省去向落实率 86.28%。毕业生就业平均月收入 5513.84 元，增幅明显。深圳职业技术学院毕业生平均月收入高达 6231 元，比 2021 年增加 301 元，增幅 5.08%，月收入名列全国高等职业学校第十二。深圳信息职业技术学院毕业生平均月均收入比 2021 年增加 249.37 元，增幅 5.41%。广东新安职业技术学院毕业生平均月收入比 2021 年减少 35.61 元，减幅 0.91%。3 所高等职业学校自主创业 232 人，占 1.55%，与 2021 年相比，略有下降。2 所公办高等职业学校"毕业生三年晋升比例"超过 90%。就业详细情况见表5。

（七）教科研成果

2022 年，深圳市高等职业学校获得职业教育国家级教学成果奖 12 项，其中一等奖 4 项、二等奖 8 项。其中，深圳职业技术学院获得职业教育国家级教学成果奖 2 项一等奖、6 项二等奖，获奖数量全国第一。此外，该校研发的二甲苯节能分离材料取得突破进展，学校首次以通讯单位在《科学》（Science）上发表研究成果；开发具有新型拓扑结构的纳米孔材料，相关成果发表在顶级期刊《美国化学会志》（JACS）上。该

校参与制定的 3 项国际标准入选 2022 年中国标准创新贡献奖"标准项目奖"一等奖建议名单。该校研发的晶圆级先进封装用光敏聚酰亚胺 PSPI 产品研发进展顺利。深圳信息职业技术学院 2022 年获得职业教育国家级教学成果奖 2 项一等奖、2 项二等奖，获奖数量全国第六。此外，该校获得国内专利及软件著作权 20 件，国际 PCT 专利 2 件，发表 SCI/EI 论文 54 篇。

（八）服务能力

全市高等职业学校 2022 届面向三次产业就业 1.19 万人，占就业人数的 78.99%；面向第三产业就业最多，占 78.75%。留在深圳就业的占 84%，到中小微企业等基层企业就业的占 65%，到大型企业就业的占 33%。

2022 年，高等职业学校克服新冠疫情带来的困难，坚持聚焦行业、服务产业，通过打造高水平技术技能创新服务平台，开展技术创新、产品研发、决策咨询、技术服务，支撑国家重点产业以及深圳支柱产业、战略性新兴产业、未来产业发展。全市高等职业学校横向技术服务到款额 1.03 亿元，比 2021 年增加 33.32%。技术产权交易收入 4920.95 万元，比 2021 年增加 16.09%。纵向科研经费到款额 6360.88 万元，比

表6 深圳市高职院校2021—2022年服务贡献主要指标

	指标	单位	2022年	2021年	增幅（%）
1	全日制在校生人数	人	55224	54702	0.95
2	毕业生就业人数	人	11823	12580	-6.02
3	其中：A类：留在当地就业	人	9929	9988	-0.59
	B类：到西部地区和东北地区就业	人	88	30	193.33
	C类：到中小微企业等基层就业	人	7705	5575	38.21
	D类：到大型企业就业	人	3942	4384	-10.08
4	横向技术服务到款额	万元	10347.71	7761.35	33.32
	横向技术服务产生的经济效益	万元	19155.09	21844.83	-12.31
5	纵向科研经费到款额	万元	6360.88	11368.88	-44.05
6	技术产权交易收入	万元	4920.95	4239.05	16.09
7	专利成果转化到款额	万元	411.2	922.66	-55.43
8	非学历培训项目数	项	546	443	23.25
	非学历培训时间	学时	57916	1437572.5	-95.97
	非学历培训到账经费	万元	2518.92	2840.95	-11.34
9	公益性培训服务时间	学时	36676.5	264905.64	-86.15

数据来源：有关学校于2023年出版的高等职业教育质量报告（报告中的数据为2022年的）

2021年减少44.05%。非学历培训546项，比2021年增加103项。非学历培训时间5.79万学时，非学历培训到账经费2518.92万元，公益性培训服务时间3.67万个学时，均比2021年显著减少。见表6。

深圳职业技术学院重点对口支援西藏职业技术学院、喀什职业技术学院等14所职业院校，协作支持浙江省乐清市职业教育、广东省和平县基础教育。充分发挥智力"孵化器"和技能"播种机"作用，帮扶对口地区职业教育实现跨越式发展。全年社区培训2.4万人次。为长青老龄大学累计提供一年制课程159门、师资100多人、学位6765个。举办职业技能培训，累计培训学员9883人（20.86万人日）。完成57个职业工种职业技能鉴定与职业资格认证考试14.2万人次。在校生注册志愿者2.65万人，累计志愿服务8.81万人次（服务30.07万个小时）。组建深圳高校首支青年战疫突击队，开展战疫志愿服务2128个小时，服务社区居民8.9万人次，上门协助采集核酸1.25万人次。被国家退役军人事务部、中央军委政治工作部授予"全国退役军人服务保障先进单位"荣誉称号。

（九）与国（境）外合作

深圳职业技术学院境外合作院校机构有185个，涉及38个国家和地区。职业教育国际培训与合作覆盖"一带一路"沿线35%的国家。深入推进国际产能合作，在德国等5个国家设立7个职业教育培训中心，开展"中文＋职业技能"培训，年培训境外人员20万人日。参与制定3项国际标准。与华为等企业共同推动专业和课程标准"走出去"，被6个国家、地区认可采纳。

深圳信息职业技术学院继续开展德国双元制职业标准本土化试点。推动深港职业教育资历框架对接取得重大突破。实施中韩、中老、中巴、中印（尼）等合作办学项目4项，打造来华留学重点项目和精品工程。接收国（境）外留学生留学专业15个，共计34人。本年度学校开发并被国（境）外采用的课程标准92个，相关标准推广到韩国、巴西、老挝等国家。牵头研究"国际中文信息与通信技术职业技能等级标准和考试研究"项目，以职业教育"走出去"带动中国文化和技术"走出去"。"国际中文＋新一代信息技术"教育实践与研究基地建设项目获教育部中外语言交流合作中心批准立项。与深圳大学合作构建"通识中文＋技能中文＋中文1+X微技能技能证书"培养新体系，打造技能汉语融合性师资团队，实现国际中文与职业教育的深度融合；开发的"国际中文＋新一代信息技术"技能汉语通识教材填补了国内空白。面向老拙开展"2+1"国际学生联合培养项目，与巴巴萨技术学院共建"深圳产业技术学院（万象）"，共建"国际外交语言研究中心（万象）"。携手华为等企业建立海外 ICT 学院并开展海外教育培训，创新"鲁班工坊"海外新模式。

（十）影响力

2022年，深圳职业技术学院连续 7 年位居"金平果"中国高职院校竞争力排行榜榜首，连续 3 年位居《广州日报》GDI 高职高专排行榜榜首，连续 2 年位居中国高等职业院校改革活力指数排行榜（总榜）榜首。成为"未来非洲—中非职业教育合作计划"中非应用型人才联合培养项目首批试点院校。成功举办"一带一路"职业教育国际研讨会 2 场，有 30 多个国家和地区 1000 多名代表参会。联合国教科文组织职业教育创新中心、世界职业院校与技术大学联盟（WFCP）教师专业发展委员会落户该校。深圳信息职业技术学院在"金平果"中国高职院校竞争力排行榜名列第九，在中国高等职业院校改革活力指数排行榜（总榜）名列第五。工程科学学科初次晋升全球高校排名前 1%；牵头或参与制定 3 套对外合作标准，开展 7 个专业国际认证。广东新安职业技术学院在广东省 2022 年度高等职业教育"创新强校工程"考核中，

位列 B 类 33 所院校第四名，较 2021、2020 年度分别提升 5 名和 12 名。3 所学校国际影响表见表 7。

二、深圳市高等职业教育改革与发展的重要举措

（一）党建引领，双融双促

2022 年新冠疫情防控几乎贯穿全年，也带来了对包括在线教学在内的教育教学工作的巨大挑战。全市教育系统以学促建，通过专题培训、原文诵读、交流互动、以考促学等形式，全面学习、全面把握、全面落实党的二十大精神。坚持"第一议题"制度，聚焦学习习近平总书记系列重要讲话和重要指示批示；推进党史常态化学习，出台深化新时代学校思想政治教育改革创新的若干措施，建立健全思想政治教育工作新机制，充分发挥思想政治课程的主渠道、主阵地作用。严格落实"三会一课"制度，积极开展主题党日活动。巩固拓展党史学习教育成果，完善"我为群众办实事"长效机制。出台基层党组织建设三年行动计划重点任务清单。全面加强高校基层党组织建设，推动中外合作办学高校党建"提质增效"，推进教育党建"标准 + 质量 + 示范"建设，推动民办学校党建"达标创优"。

深圳职业技术学院实施聚核守正计划，制订《党史学习教育常态化长效化的实施方案》《学习宣传贯

表7　　　　　　　　　　　2022年深圳高等职业学校国际影响表

序号	指标	单位	深圳职业技术学院	深圳信息职业技术学院	广东新安职业技术学院	合计
1	接收国（境）外留学生专业数	个	38	15	0	53
	接收国（境）外留学生人数	人	95	34	0	129
2	开发并被国（境）外采用的课程标准数	个	39	92	0	131
3	在国（境）外开办学校数	所	2	0	0	2
	其中：专业数量	个	1	0	0	1
	在校生数	人	55	0	0	55
4	中外合作办学专业数	个	3	3	0	6
	其中：在校生数	人	248	99	0	347
5	专任教师赴国（境）外指导和开展培训时间	人日	16308	3917	0	20225
6	在国（境）外组织担任职务的专任教师数	人	13	61	0	74
7	国（境）外技能大赛获奖数量	项	4	47	0	51

数据来源：有关学校于 2023 年出版的高等职业教育质量报告（报告中的数据为 2022 年的）

彻党的二十大工作方案》等实践方案，建立政治要件台账。实施提质创优计划，编写《深圳职业技术学院党建工作标准体系》《党支部工作创新案例》，打造20个基层党建品牌项目，与210家行业企业党组织开展校企党建共建。实施培根铸魂计划，"立足特区 德技并修"以"五个融通"推动"三全育人"工作提质创新案例被教育部认可，向全国推广。进一步优化"1+10+N"学生社区党群服务体系，实现党组织100%覆盖学生社区。实施"头雁领航计划"，遴选18名优秀教师担任学校师德巡讲团讲师，累计遴选并培养丽湖系列人才60人。实施能力提升计划，全面践行"一线规则"，强化党风廉政建设。实施"幸福+"计划，开展"学风精神核心表述"征集活动，大力推进"幸福深职"工程建设。

深圳信息职业技术学院党委切实发挥"把方向、管大局、作决策、抓班子、带队伍、保落实"的领导作用，全面推动党的建设与学校事业发展深度融合，构建从学校党委到院系党委、党支部三级全优示范体系。党委书记抓党建述职评议考核连续5年获"好"等次；首批全国党建标杆院系（全国高职唯一）以优异成绩通过验收，全国样板支部实现"零的突破"，获省党建示范校立项，教师党支部"双带头人"覆盖率达100%。学校倾力打造党建领航工作展馆，充分展现学校坚持党建领航、创新驱动发展取得的党建与业务双融合、双促进、双发展成果。

广东新安职业技术学院党委和各党支部"第一议题"制度落实率达100%，坚持每月一次中心组学习、两周一次党政联席会议制度，坚持学校重大工作、重大决策经党政联席会集体会议决定，严格执行党政共同负责制。2022年，修订学校章程，将党的建设有关内容放在重要位置，重点完善党组织在学校法人治理结构中的地位。制定党的组织建设、思想政治、意识形态工作等21项标准，优化调整12个基层党支部，组建7个师生联合党支部，实现基层党组织全覆盖；配齐配强党务干部，落实董事会、校长办公会、党委会三方联席会议制度和党政联席会议制度，有力提升学校党建工作水平。

（二）政府履职，投入加大

教育经费是建设高水平学校和专业、打造高水平

表8　2020—2022年深圳市职业教育财政投入情况

年度	职业教育投入（亿元）	高等职业教育投入（亿元）	占比（%）
2022年	70.23	46.72	66.52
2021年	67.59	33.50	49.56
2020年	68.40	31.99	53.23

数据来源：深圳市教育局《深圳市2023年中等职业教育质量年度报告》（报告中的数据为2022年的）

专业化产教融合实训基地，提升学校综合实力的后盾，也是衡量学校教育质量的重要指标。2022年，深圳市职业教育财政投入70.23亿元，比2021年增长2.64亿元，增幅3.91%。其中，高等职业教育财政投入46.72亿元，占66.52%，比2021年投入增加13.22亿元，增幅39.46%。见表8。高等职业教育方面经费大幅增加，主要是支持2所公办高等职业学校"双高"建设，尤其是支持深圳职业技术学院整合资源设立深圳职业技术大学，为"升格"本科做准备。2022年全国高等职业学校预算收入排行榜，深圳职业技术学院、深圳信息职业技术学院分别名列第一、第二，而且是全国仅有的2所预算总收入超过10亿元的学校。深圳职业技术学院预算收入高达33.59亿元，比2021年增加39%。深圳信息职业技术学院18亿元，比2021年增加41%。

深圳职业技术学院2021年度办学经费总收入28.75亿元，其中财政收入占80.48%；年度办学经费总支出27.55亿元，三项最大支出是日常教学经费（46.86%）、设备采购（15.26%）、教学改革及研究（14.01%）。深圳信息职业技术学院2021年度办学经费收入总额13.9亿元。其中，财政拨款收入占比85.4%；年度办学经费总支出13.6亿元，三项最大支出依次是人员工资（26.97%）、设备采购（11.45%）、教学改革及科学研究经费（7.37%）。广东新安职业技术学院2021年度办学经费总收入1.09亿元。其中：学费收入7378.41万元（占67.61%），中央、地方专项财政投入787.49万元（占7.22%）。2021年度办学经费总支出1.33亿元，较2020年增加37.95%，有几个项目占比或增幅较大。其中：基础设施建设支出4249.04万元（占31.87%），日常教学支出2187.55

表9　　　　　　　深圳高职院校"落实政策表"（经费部分）

序号	指标	单位	深圳职业技术学院	深圳信息职业技术学院	广东新安职业技术学院	合计
1	年生均财政拨款水平	元	40311.93	43676.94		83988.87
2	年财政专项拨款	万元	96462.69	16654.47	787.49	113904.65
3	企业提供的校内实践教学设备值	万元	2730.00	524.90	0	3254.90
4	企业兼职教师年课时总量	课时	86083.40	77096.60	13362.00	176542.00
	年支付企业兼职教师课酬	万元	437.19	1123.32	61.87	1622.38
5	年实习专项经费	万元	2384.24	234.98	37.54	2656.76
	其中：年实习责任保险经费	万元	20.89	47.49	3.66	72.04

数据来源：有关学校于 2023 年出版的高等职业教育质量报告（报告中的数据为 2022 年的）

万元（占 16.41%），较 2020 年增加 25.63%；设备采购支出 612.57 万元（占 4.60%），较 2020 年增加 18.41%。各校经费落实情况见表 9。

（三）立德树人，培根铸魂

2022 年，深圳职业教育系统坚持立德树人根本任务，全面推进学生可持续发展能力培养。深圳职业技术学院修订《学生综合素质评价办法（试行）》《学生学籍管理规定》《学生申请免修、置换课程及替代课程管理办法》《关于学生国赛备赛和参赛期间免听课程修读与成绩认定办法（试行）》，出台《新时代美育工作实施方案》《深圳职业技术学院加强和改进劳动教育实施方案》《深圳职业技术学院深化"一站式"学生社区综合管理模式建设试点工作方案》等系列文件，成立由校党委书记、校长任双组长的劳动教育工作领导小组，成立学校艺术素养教育中心，与清华大学共建积极心理学研究中心，组建 80 人的学生事务中心运营团队。继续深化"飞翔计划"拔尖人才培养模式，实施以"活力校园，幸福深职"为目标的强身健体计划，形成劳动教育"深职模式"，学校劳动教育育人工作入选"新华网"全国首批高校劳动教育精彩案例集锦并在"新华思政"平台展播。10 所书院在学生社区全覆盖，企业文化与校园文化深度融合。学校拥有一支 64 人的专业心理健康教育队伍，搭建了"四纵四横四协同"心理危机干预体系。全年推出各类书香文化活动 60 余项。深圳信息职业技术学院以"体思政"撬动学生精神面貌大改变，找准当代青年学生特有的话语体系，以"体商"等小切口，彰显"润、潮、云"思政育人特色，纵深推进"体商素养"培育

工程，有效推动学生体测达标率从 59% 上升至 87%。广东新安职业技术学院组织编写《深圳红课》大学生读物，将红色文化资源转化为教育教学资源，打造党建引领高校思政工作品牌，在校园建设"党建书吧"等一批新的学习教育场所。

（四）深化改革，校企合作

深圳在现代制造业、战略性新兴产业和现代服务业等领域，积极构建以城市为节点、行业为支点、企业为重点、学校为基点的产教融合新发展格局。高等职业学校瞄准产业一线，深化教育教学改革，努力培养服务实体经济的"生力军"。深圳职业技术学院出台编制 2022 级三年制专科专业人才培养方案的指导意见，制定人才培养方案 117 个。通过"千企大调研"，将行业权威证书及职业技能等级证书的职业能力标准纳入课程。成功申报"1+X"证书制度试点项目 65 个，二级学院试点覆盖率达 100%。完成 2022 年广东省品牌专业验收工作。总结凝练出"六双并进"的课程思政示范课程建设理念，新立项课程思政示范课程 73 门，完成 43 门课程思政优秀教学案例编写和出版。组织开展首批立项"金课"验收工作，遴选立项 2022 年度校级"金课"，开展课程标准 2022 版研制工作，组织完成 108 门项目化课程、13 门省级在线课程验收工作。学校开发智慧化"教务管理系统"，广泛开展翻转课堂、混合式教学，引导学生自主学习、协作学习、参与式学习。组织完成校级"十四五"规划教材 2022 年度教材立项，新编教材立项 99 部，修订教材立项 58 部；组织完成 21 部 2022 年数字教材建设项目立项。持续深化深职"i 学习"一体化教学大平台建设，实现

基于大数据的师生及课程画像分析。探索"5G+XR"在职业教学中的应用场景，建设 5G 双域教育专网及 XR 云渲染平台，相关研究成果荣获第四届 5G "绽放杯"应用征集大赛教育赛道一等奖。建成"AR 资源开发与教学应用"课程，面向全国教师开展培训。相继发布《深圳职业技术学院特色产业学院（2.0 版）实施方案》《现代学徒制试点管理办法》《关于"学历证书＋职业技能等级证书"制度试点的指导意见》《特色产业学院管理细则》《企业订单班管理办法》《工匠精英班管理办法》等管理文件，积极践行"九个共同"校企双元育人模式。累计建成 15 个特色产业学院，华为信息与网络技术学院等 3 个特色产业学院获广东省示范性产业学院立项。省级现代学徒制试点累计有 39 个。深圳信息职业技术学院校企合作开发课程 184 门，校企合作开发教材 62 部，省级以上精品在线课程 9 门，教师主持出版教材 186 部，教师主编教材获首届国家教材建设奖 2 项。制定《深圳信息职业技术学院关于推进落实教育评价改革的工作方案》《深圳信息职业技术学院 1+X 证书试点推进工作意见》，拥有"1+X"证书制度试点项目 60 个，3368 人考取证书。4 个现代学徒制试点专业通过教育部验收。出台《教材选用管理办法》《教材建设项目管理办法》等系列管理文件，教材建设质量显著提升。强力促进信息技术与教学深度融合，初步构建学校数字化升级"1+5"体系。对标中芯国际、华为海思、聚飞光电等头部企业技术攻关需求，建成深圳市电子信息产业技术研究院、深信创新港两大高端研发机构。牵头成立工业软件职业教育集团、粤港澳大湾区职业教育产教联盟等 2 个职业教育集团，校企共建华为鲲鹏、大疆无人机、腾讯云等 13 个特色产业学院，校企共建 3 个国家级产教融合型实训基地，校企共同开发专业教学标准、课程标准、教材和课程教学资源，打造高水平标准体系，与合作企业共同开发标准 1465 项。认定校级金课 33 门。信息化教学实现"云班课＋职教云"全覆盖。2021—2022 学年第二学期改造多媒体教室 33 间、建设智慧教室 2 间，开通超星尔雅平台课程 135 门。广东新安职业技术学院实施"125 工程"，依托深圳新安职业教育集团开展多样化合作，打造校企命运共同体。依托新安—华大"基因＋"构建"163"精准育人模式。"1+X"证书制度试点项目 8 个，试点专业 11 个，试点学生 492

人。现代"学徒制"试点在校生 101 人。

三、深圳市高等职业教育改革与发展面临的困难与挑战

（一）数字化转型对高等职业学校人才培养提出新挑战

数字技术的快速迭代改变了全球产业发展形态，在创造新的就业机会的同时，也对我国劳动力市场的就业岗位和职业技能提出新的要求，必然产生劳动力再配置效应，加速劳动力技能深化的进程。高等职业学校学生是我国高素质技术技能人才的重要组成部分，也将不可避免地面临诸多挑战。当前，高等职业学校不少专业在课程设置、课程内容等方面还难以适应数字经济领域的相关要求，培养通晓专业知识和数字化工具的技能型人才、理解数字化发展趋势的管理型人才将成为高等职业学校努力的方向。

（二）科技和产业变革纵深发展对高等职业学校应用研究能力提出新要求

全市 3 所高等职业学校都属于教学主导型，教师教学任务繁重；多数教师实践经验较为缺乏，研发能力相对较弱；教师授课任务繁重，难以形成稳定明确的研发方向，更难以就某一领域进行持续的研究，形成技术研发积累。不少专业缺乏科技研发的领军人才，难以形成紧密型研发团队，开展技术攻关、承接重大科技项目。总之，应用研究引领性还不够强，突破"卡脖子"技术的能力还有待提升，服务产业升级、服务社会发展的功能仍需进一步拓展。

（三）推动构建命运共同体对参与职业教育全球治理提出新任务

全市 2 所公办高等职业学校全国一流，多年来在优质资源引进来、助力产业走出去以及国际影响力提升等方面做了大量探索，取得不少成绩，但是深层次交流合作的项目不太多，"中文＋职业技能"课程比较少；与"走出去"企业联合培养学生规模比较小；具有国际化能力的本土教师比较少，能够从专业、语言、文化三个维度开展跨专业教学的教师稀缺，推广职业教育"深圳标准"、推动中国职教"走出去"、获得国际认可、拥有国际话语权等工作任重道远。

（四）民办高等职业学校与公办高等职业学校未能协调发展

最近两年，广东新安职业技术学院在深圳职业技术学院帮扶下发展很快，取得不少成绩，但是办学空间不足、经费投入不足、教师队伍不稳定三大问题依然存在，发展后劲不足，吸引力、服务能力、影响力与公办学校相比还存在较大差距。

四、思考与建议

（一）推动教育教学数字化转型

一是适应数字化转型、产业基础高级化趋势，按照教育部发布的《教师数字素养》教育行业标准，从数字化意识、数字技术知识与技能、数字化应用、数字社会责任、专业发展等五个维度对教师开展全员培训，指导教师跟上时代步伐，不断学习新技能，借助变革的数字技术，提高教育能力和水平。二是根据教育部《职业教育专业目录（2021年）》《职业教育专业简介（2022年修订）》，优化和加强5G、人工智能、大数据、云计算、物联网等领域相关专业设置，把实现专业数字化改造作为当前的核心任务和提升教育教学质量的重要抓手。三是与更多的区域行业头部企业、"灯塔工厂"联合组建特色产业学院，进行数字化产业及产业数字化专业群布局，增设一批市场紧缺的数字技术技能人才培养专业。四是以国家在线精品课程遴选和职业教育示范虚拟仿真实训基地培育项目建设为契机，建设智能化的教学平台、教学资源和课程标准。

（二）建设科教融汇共同体

一是协同知名高校、一流科研机构、领军企业，搭建科技攻关平台，与企业共建技术应用中心，打造技术研发与服务相融合的协同创新团队；与产业园区共建产业发展联盟，与龙头企业共建企业研究院，与中小微企业共建研发中心，成立混合所有制独立法人实体产业研究院，打造应用技术研发高地。二是聚焦产业高端和高端产业，围绕企业"卡脖子"技术与工艺进行攻关，服务中小企业源头创新。三是建设科技成果转移转化平台，为校企进行科技成果需求对接提供信息，为区域产业技术需求提供定向研发、定向科技成果转化等服务。四是支持教师组建紧密型的科技研发平台、实体化的产业研究院或科技服务公司，积极培育校级科技创新团队。五是坚持"立地顶天"应用技术研发导向，鼓励教师"立地式"科研，把论文写在车间，把课题立在行业企业，把成果用在生产和教书育人上，打通科研开发、技术创新、成果转移链

条，服务行业企业。

（三）打造全球职业教育创新中心

一是利用好联合国教科文组织职业教育创新中心、世界职业院校与技术大学联盟（WFCP）教师专业发展委员会，积极主办、承办大型高水平国际学术会议，在全球共享创新案例、分享问题解决方案，在创业教育、数字教育和绿色教育等方面为全球做出更大贡献。二是支持学校举办有实质运行的中外合作办学机构和项目，与境外高校共建技术研发中心、技能培训中心，共同研发专业教学标准、课程标准，共同开发"中文＋职业技能"课程。三是高校要建立健全国际化工作机制，打造一支相对稳定、工作能力较强的国际化服务团队和专业教师队伍。四是对照学校质量年度报告"国际影响表"各项指标，逐一比对全国做得最好的高等职业学校，找差距，补短板，确保各项指标逐年向好发展。五是主动参与双多边职业教育国际交流合作，依托境外办学项目和机构，积极开发国际化专业教学标准、教学资源和教学装备。六是立足学校优势专业，教随产出、校企同行，参与教育部职业教育"走出去"试点项目，开展各级各类境外办学项目，积极服务国际产能合作、"一带一路"倡议。

（四）坚持公办民办职业学校协调发展

作为民办高等职业学校，一是要加强党的领导，坚持社会主义办学方向，坚持德技双修培养高素质技术技能人才，始终保持教育的公益性，办出特色，创建品牌。二是要完善法人治理结构，加强办学行为自律，提高管理效能。三是牢固树立质量意识，以内涵建设引领职业教育高质量发展，以高质量的办学水平吸引高质量的生源，获得社会各界更多的捐赠和支持，走上良性循环。作为政府部门，一是认真贯彻执行《中华人民共和国民办教育促进法》《中华人民共和国民办教育促进法实施条例》，确保民办高等职业学校、教师、学生与公办高等职业学校、教师、学生具有同等法律地位。二是健全对民办学校的支持政策，设立民办高等职业教育发展专项资金，加强政策引导，优化政府扶持，推动民办高等职业学校实施内涵发展。

（深圳市教育科学研究院：罗理广
深圳市南山中英文学校：董淑玲）

大事记（2022）
Chronicles (2022)

1月

1日 龙华区教育局、龙华区司法局联合研发的全国首套青少年民法典教程——《给孩子们讲民法典》首发式举行。

同日 深圳信息职业技术学院提质培优宣传片《求真求学 创赢未来——深圳信息职业技术学院｜梦开始的地方》在中国教育电视台播出。

4日 罗湖区委书记刘胜带队到翠园中学高中部、区教育局调研并召开座谈会，了解翠园中学高中部办学情况，听取区教育局2021年工作情况和2022年工作计划汇报。

同日 宝安区教育系统召开校园长会议，邀请区内外知名专家和校长围绕"如何建设高质量教师队伍"举行专题培训；对校园新冠疫情防控等重点工作进行部署。

深圳市政协副主席吴以环带队调研中山大学深圳附属学校"双减"工作。

5日 龙华区组织开展"航标园长"培训活动。

同日 宝安区3个教育集团——宝安中学集团、新安中学集团、宝安幼教集团，成功入选广东省教育厅公示的首批72个省级优质基础教育集团培育对象名单。

深圳市教育学会2021年"十四五"规划教育科研课题156个立项名单公布。其中，重点课题23项，一般课题133项。

5—6日 2022年高中学业水平合格性考试在盐田区设深圳外国语学校和盐田高级中学2个考点，设考场94个，考生2782人。

6日 南山区教育局发布《深圳市南山区建设儿童友好城区行动计划2021—2025年)》，推动南山区儿童友好城区建设。

同日 深汕特别合作区举行"大湾区发展战略背景下的深汕教育现代化之路——首届深汕教育高质量发展论坛"活动。

6—14日 盐田区联合市公安局盐田分局开展全区防治校园欺凌专项督导，保障辖区中小学生身心健康、生命安全。

7日 "幼有善育"鹏城论坛第六期活动在盐田区实验幼儿园举行。论坛聚焦"看见儿童"幼小衔接，邀请来自全市11个区的校长、园长、骨干教师代表、学前教育教研员和小学教研员开展合作式学习与深度研讨，逾104万人次观看当天直播。

同日 光明区《光明区学校美育发展三年行动计划（2021—2023年)》印发。

7—9日 第四届深圳教育装备博览会在深圳会展中心（福田）举行。盐田区以"盐田教育 品质未来"为主题参展。

8—9日 广东省高等教育自学考试在盐田区设田东中学考点，设考场56个，考试共2912科次。

12日 南山区教育局关工委被教育部关工委授予"全国教育系统关心下一代工作先进集体"称号。

同日 宝安区教育局召开宝安区教育系统基层党建工作述职暨2021—2022学年度第一学期期末

工作会议。

光明区印发《光明区中小学新教师"筑梦"计划》。

1月16日至2月12日 盐田区开展"家校齐培育，亲子共成长"2022年中小学生寒假生活促进计划行动。

17日 教育部教育发展研究中心组织召开"深圳探索英才教育体系建设研究"深圳市盐田区调研视频会议。

同日 深圳信息职业技术学院报送的案例"'活动党史'寓教于乐出成效"入选广东省教育系统党史学习教育典型案例名单。

20日 《中国教育报》头版刊发文章，聚焦深圳作业减负增效举措。

同日 2022年深圳市教育工作会议以视频会议形式召开。会议深入学习贯彻党的十九大和十九届历次全会精神，传达学习2022年全国、全省教育工作会议精神，总结2021年全市教育工作，研究部署2022年教育工作。市委常委、宣传部部长、市委教育工作领导小组组长张玲，副市长、市委教育工作领导小组副组长郑红波出席会议并讲话，市委教育工委书记、市教育局局长陈秋明作工作报告。会议由市政府副秘书长李卓文主持。

光明区人民政府与深圳中学签约，正式建立基础教育战略合作伙伴关系。

21日 深圳职业技术学院与深圳市大疆创新科技有限公司共建先进技术联合创新中心。

24日 深圳信息职业技术学院被广东省人民政府征兵办公室、广东省教育厅评为"征兵工作先进

单位"；刘昆鹏获评"征兵工作先进个人"。

25日 宝安区教育局主要负责人率队深入宝安区3所公办新高中建筑工地，逐一了解建设进度及春节工期安排，针对所面临的困难和问题现场办公，及时予以协调解决，确保新学校如期开办。

同日 龙岗区人民政府与深圳北理莫斯科大学签署战略合作框架协议。

深圳市人民政府七届三十一次常务会议审议通过《海洋大学筹建方案》，明确海洋大学拟选址大鹏新区坝光片区。

27日 大鹏新区人大附中深圳学校学生代表队获第29届国际太空城市设计大赛中国区决赛冠军。

28日 福田区委教育工委召开福田区教育系统党史学习教育总结会议。

29日 深圳市委教育工委召开全市教育系统党史学习教育总结会议。市委党史学习教育第十一巡回指导组组长夏昆山到会指导。市委教育工委书记、市教育局党组书记、局长陈秋明主持会议并作总结讲话。市委教育工委副书记、市教育局党组成员杨平传达中央、省、市和全省教育系统党史学习教育总结会议精神。

30日 宝安区副区长练聪到松岗中学慰问留校过年的新疆班师生。

深圳信息职业技术学院出台《深圳信息职业技术学院教师企业实践管理办法（试行）》，选派54名教师连续3个月到企业实践。

深汕特别合作区举办首届教育

论坛活动。

2月

8日 大鹏新区南澳中心小学获评2021年"全国青少年校园足球特色学校"。大鹏新区半山海幼儿园获评2021年度"全国足球特色幼儿园"。

9日 龙岗区召开2022年全区教育工作会议。

10日 深圳市委常委、市委统战部部长王强到盐田区调研统一战线工作，先后到天主教圣家堂、罗湖港人子弟学校、跨境学童服务中心开展现场调研。

14日 深圳市2022年春季学期开学工作部署电视电话会议召开。

17日 深圳市教育局招生考试办公室主任肖伟峰、学前教育处二级调研员黄东明、学前教育处幼教专干冯一到盐田区开展2022年春季学期新冠疫情防控及开学督导检查。

18日 盐田区组织召开全区中小学心理健康教育专项工作线上会议。盐田区人民政府副区长周建军带队先后到云海学校、中海幼儿园检查开学前新冠疫情防控工作。

同日 光明区印发《光明区教育发展"十四五"规划》。

21日 盐田区1—3年级教师指导学生居家学习和家庭教育，4—8年级以及高一、高二年级（含民办）开展线上教学。全区1200余名教师、1.73万名学生投入线上教学。

同日 深圳信息职业技术学院

修改完善并审议通过《深圳信息职业技术学院"十四五"发展规划》，正式进入实施阶段。

深圳市市长覃伟中调研检查春季学期开学准备和新冠疫情防控工作。

22日 罗湖区委书记刘胜带队到罗湖高级中学检查2022年春季学期高三学生返校工作情况。

25日 光明区委书记蔡颖在《中共深圳市光明区教育局党组关于2021年工作总结及2022年工作计划的报告》上批示："2021年，全区教育系统以奋斗者的姿态赶超奔跑，推动深圳中学等优质教育资源加快集聚，获得广东省首批中小学'三全育人'体制机制建设实验区等荣誉，成绩可嘉，未来可期。新的一年，望聚焦科学城发展所需，高水平打造特色化社区教育，擦亮科技创新教育、生态文明教育品牌，为光明科学城长远发展提供坚实的人才保障和智力支撑。"

28日 罗湖区28所学校开展"手牵手 向前走：深港儿童心连心 携手抗疫待春来"线上主题活动。通过乐器弹奏、激情朗诵、创意绘画等方式，为深圳、香港抗疫加油。

是月 罗湖区迅速响应市教育局2022年春季中小学生返校暨在线教学工作会议精神，启动全区81所学校8万余名师生"停课不停学"工作。

龙岗区凤凰山小学教师符卷在第三届广东省中小学青年教师教学能力大赛小学组总决赛中获第一名。

深圳大学动态精密工程测量团队和优视摄影测量团队，科技助力第24届冬季奥林匹克运动会。

南方科技大学及数学学科入选国家第二轮"双一流"建设高校及建设学科名单。

深圳信息职业技术学院启动面向印度尼西亚本科院校的远程直播授课。所授ICT课程及标准纳入该校必修课，并计算学分，推动海外开展学历教育项目合作。

3月

4日 广东省教育厅公布2021年度高等职业教育"课堂革命"典型案例认定名单，深圳信息职业技术学院有4个案例成功入选。

5日 大鹏中心小学入选广东省学雷锋活动示范点。

5—6日 普通高考英语听说考试举行，盐田考区设盐田高级中学和深圳外国语学校2个考点。

9日 盐田区教育科学研究院推出《盐田区在线教学简报》。

3月9日至7月4日 深圳市教育学会2021年度"双减"主题论文、"幼有善育"鹏城论坛论文通过初审、复评、综评、查重并完成公示。其中，"双减"主题论文个人获奖293篇、优秀组织单位24个；"幼有善育"鹏程论坛论文个人获奖314篇。

17日 盐田区教育科学研究院推出"盐田在线教学巡展"，分享全区各中小学在线教学典型事迹和优秀案例。

同日 宝安区教育局查处深圳英城文化艺术有限公司等5家校外培训机构、托管机构违规开展线下培训及托管活动。

18日 盐田区关工委、区文明办、区教育局联合在梅沙未来学校开展2022年"中英街3·18警示日"主题教育活动。

19日 由中国教育学会教育管理分会主办，罗湖未来学校、罗湖未来教育研究院参与承办的"强化育人阵地，预见未来学校"现代学校治理改革发展研讨会在线上开启。会上举办深圳市罗湖未来学校元宇宙学校发布仪式和"粤港澳大湾区未来学校协作体"发布会。

同日 龙华区学生代表首次参加2022年Brain Bee全球青少年脑科学活动，获得广东地区Junior（5—8年级）组21个奖项中的19个，13名学生晋级全国赛、3名学生获国家级奖项。

23日 深圳信息职业技术学院《"产教科"融合互促、"岗课赛"融通提质，培养创新型集成电路技术技能人才》《与新一代信息技术产业同频共振，岗课赛证融合培养ICT人才》2个案例获评教育部2021年产教融合校企合作典型案例。

25日 深圳市育才中学被确定为广东省校本教研基地，为深圳市唯一入选高中。

29—31日 盐田区教育科学研究院（教师发展中心）开展为期一学年的新教师岗前培训。

31日 由深圳市教育科学研究院主办、盐田区教育科学研究院承办的全市小学数学"名师在线教学活动"在"云端"进行，市、区教研员及全市5600余名小学数学教师全程参加活动。

同日 龙岗区2022年校（园）长"大讲堂"正式启动，全区公民办学校（幼儿园）正副校（园）长1200余人线上参与活动。

中国教育 2022 年度工作会议暨第八次理事会第六次会议，深圳设立分会场，深圳市教育学会会长金依俚，学术委员会代表张彦玲、熊君贤，学会秘书长钟莉及秘书处工作人员列席分会场，学会其他班子成员、常务理事、理事、学术委员、专委会代表等在线上收看。

是月　南方科技大学伦敦国王学院医学院被英国医学总会列入其授权授予英国临床医学学位新机构名单。

南山外国语学校（集团）科苑小学二期扩建项目获"2022 柏林设计金奖"。

深圳职业技术学院党委入选第三批"全国党建工作示范高校"，电信学院电子专业教师党支部入选"全国党建工作样板支部"。"金平果"发布 2022 中国高职院校竞争力排行榜，对全国 1484 所高职高专进行评价，深圳职业技术学院位居榜单之首，连续第七年获评全国高职高专院校竞争力第一名。

深圳信息职业技术学院管理学院副院长金珞欣获"深圳市五一劳动奖章"。该学院启动第二批"深信学者""深信名师""深信优青"培养工作，共选拔"深信学者"培养对象 29 人、"深信名师"培养对象 1 人、"深信优青"培养对象 1 人，立项广东省"双师型"名教师工作室 1 个。深圳信息职业技术学院体育部教师周月媛参加第十二届全国体育科学大会，作题为"新时代体育社会组织文化与效能的关系研究"专题报告。

3—6 月　广东省教育厅组织开展广东省职业院校学生专业技能大赛，深圳信息职业技术学院参赛队伍获奖项 74 个，其中一等奖 37 个、二等奖 22 个、三等奖 15 个，一等奖获奖数排名全省第二。

3—7 月　深圳市教育学会配合市教育局接受市委巡察组检查。

4月

2 日　深圳教育局发布《深圳市智慧教育领航人才培养工程实施方案（2022—2025 年）》，培养适应智慧教育需要的高素质专业化创新型教师队伍。

3 日　宝安区教育局召开学生返校工作视频会议，从严、从紧、从实、从细抓好学生返校各项工作。

5 日　宝安区教育局、宝安区退役军人事务局联合举办以"弘扬英烈精神，传承红色基因"为主题的 2022 年宝安区中小学"同上一堂思政课"教学暨主题教研活动，近 40 万名中小学校师生参与活动。

6 日　宝安区副区长练聪对学校新冠疫情防控和返校准备工作进行实地检查。

7 日　宝安区副区长练聪主持召开宝安区校园新冠疫情防控工作专班会议，研究学生返校有关工作。

8 日　盐田区校园"白名单"管理专责工作组成立，纳入校园新冠疫情防控工作领导小组统一指挥管理体系。该工作组对全区中小学、幼儿园、全日制培训学校共 51 所校园进行全覆盖管理。

同日　龙华区举办"深港青少年携手成长计划"系列活动之"线上手工创作"活动。

深圳市教育学会网站建设完成招标。学会通过 2021 年度财务审计。

10 日　光明区委书记蔡颖在《光明区教育局关于 2021 年"学有优教"工作情况的报告》上批示："过去一年学有优教方面区教育局思路清晰、重点突出，抓的有力度有成效！今年要继续攻坚，补学位短板，优教师队伍底板，打造科技创新教育长板，推动学有优教再上新台阶。"

13 日　由龙华区水务局主办，龙华区委宣传部、龙华区教育局协办的——"'河'我们携手并进，共建水生态文明活动"启动。

18 日　教育部"基于教学改革、融合信息技术的新型教与学模式"实验区专家组秘书处对深圳开展中期考核视导，专家组高度肯定深圳实验区工作。

同日　盐田区副区长周建军带队先后到海涛小学、实验幼儿园、外国语小学检查校园新冠疫情防控和学生返校工作。

19—20 日　深圳市教育学会公众号新增《课题动态》《前沿探索》栏目。

21 日　深圳市民进副主委黄红清一行到市教育学会调研交流。

23 日　普通高考英语听说考试（缓考）在盐田高级中学考点举行，应考 320 人，分 4 场次进行考试。

24 日　深圳市、区级交叉巡察第九组巡察宝安区教育局党组工作动员会召开。

25 日　龙岗区教师发展中心

"县级教师发展机构协同发展机制探索"项目，入选教育部工作司组织的2022年"国培计划"示范项目综合改革类：教师专业发展支持服务体系。

同日 深圳职业技术学院与科特迪瓦国立理工学院举行中非职业教育合作协议线上签约仪式。

28日 广东省副省长王曦到深圳大学考察调研，肯定学校的快速发展，并提出新期望：要聚焦关键领域，打造高峰学科；要加强与高科技企业合作；要推动集成系统大湾区公共研发与服务平台等科研平台的建设。

29日 光明区人民政府与深圳小学合作办学签约仪式举行，光明区"名校矩阵"再加"1"。

同日 大鹏新区教育和卫生健康局与福田区教育局签订合作办学协议，正式成立"深圳市红岭教育集团大鹏华侨中学"。

是月 由深圳大学、法国南特高等商学院、微众银行共建的非独立法人中外合作办学机构"深圳大学深圳南特金融科技学院"获教育部批准，启动2022年本科招生工作。

龙岗区教育局举行卓越学校培育推进研究会暨专家聘任仪式，聘请龚国祥、黄显甫、叶文梓、禹明、臧敦建为首批专家，全程指导卓越学校创建工作。

深圳中学校长朱华伟获"全国五一劳动奖章"。深圳中学4人入选广东信息竞赛（NOI2022）省队，入选人数排名全省第一。深圳中学37人分获2021—2022美国数学竞赛AMC三个项目全球卓越奖。深圳中学在2021—2022美国

数学竞赛AMC三个项目中均获全球卓越奖（学校）。

深圳信息职业技术学院作为首批发起成员单位加入"金砖国家职业教育联盟"，并参加首届校长论坛活动；"魏志丽劳模和工匠人才创新工作室"获"第一批深圳市机关事业单位工会系统劳模和工匠人才创新工作室"称号。

4—12月 深圳信息职业技术学院建设完成占地面积约1000平方米的校史馆。

5月

5日 盐田区组织辖区各学校配合体检医院开展体检工作。

同日 广东省教育厅公布2021年省继续教育质量提升工程项目立项名单，深圳信息职业技术学院示范性职工培训基地2项、社区教育示范基地1项、优质继续教育网络课程3门、职业培训典型项目1项获批立项建设。

6日 深圳信息职业技术学院项目"'环境分析、目标确立、策略实施、评估调整'全周期大学生职业生涯规划实施"获广东省教育厅颁发的"广东省教育教学成果奖（职业教育）"二等奖。

9日 盐田区教育科学研究院举行义务教育课程方案和课程标准解读会议，全体教研员参加会议。

同日 盐田区教育局督导室联合区教科院召开2020年国家义务教育质量监测结果解读会议。

深圳信息职业技术学院获批全国大学生创新创业就业服务基地。

由哈工大（深圳）理学院副院

长赵毅主持的中国教育学会立项课题《基于教育大数据的个性化混合教学模式与实践研究》召开开题论证会。

11日 盐田区委常委、宣传部部长、区委教育工作领导小组组长张玉领一行到梅沙未来学校和梅沙幼儿园督导检查防汛及新冠疫情防控工作。

同日 福田区人民政府与深圳中学签订合作办学协议。

12日 深圳职业技术学院与中国质量认证中心签订战略合作协议，碳中和技术研究院揭牌成立。

同日 深圳市政府副秘书长、市对口支援新疆工作前方指挥部总指挥谢海生，深圳市商务局副局长、市对口支援新疆工作前方指挥部副总指挥管耀华等一行10人到访深圳职业技术学院，调研推进对口支援新疆职业教育工作。

13日 福田区委书记黄伟率队调研新沙小学"学有优教"专项示范点，现场调研督导标准化示范点建设提升工作。

同日 光明区委书记蔡颖在《深圳市教育局关于推广光明区校车安全管理经验做法的通知》上批示："区教育局高度重视学生安全、积极探索形成校车安全物联网云监管模式，先进经验在全市推广，值得肯定！"

"科学城之声"新闻发布会——"光明区'三校一体'特色示范性社区教育工程"暨"全国家庭教育宣传周"启动仪式举行。

13—15日 中考英语听说考试在盐田区考区设田东中学考场，考生人数1900人。

15日 南山区前海小学校长

陈春华家庭被全国妇联授予"全国最美家庭"称号。

同日 宝安区教育局召开教育事业发展"十四五"规划重点工作介绍会。深圳市教育局党组成员、副局长赵立,宝安区委常委、宣传部部长、区委教育工作领导小组组长周学良,区政府副区长练聪,区委教育工作领导小组成员单位负责人,区"两代表一委员"代表和市内外知名媒体受邀出席活动。宝安区人大常委会副主任、区委教育工委书记、区教育局党组书记范燕塔主持会议。

17日 福田区先行创建全国义务教育优质均衡发展区工作推进会在福田会堂三楼报告厅召开。

同日 深圳市教育学会学术委员会主任童山东出席政协"四链协同融合"重点调研"教育链协同融合组"会议。

18日 福田区教育局与深圳大学附属中学合作办学签约仪式在北环中学举行,共建深圳大学附属中学福田创新中学。

同日 广东省教育厅公布2021年广东省教育教学成果奖获奖成果名单,深圳信息职业技术学院共有7项教学成果获2021年广东省教育教学成果奖,其中1项特等奖、2项一等奖、4项二等奖。

深圳市委统战部二级巡视员周文军带领职教社机关秘书长黄致诚等一行到深圳市教育学会走访调研,双方就全市职业教育发展及职教社作用发挥等议题进行探讨交流。

19日 盐田区教育科学研究院召开盐田区教育部信息化"双区"实验校授牌仪式暨项目论证会。

同日 宝安区教育系统举办第二十二届家庭教育宣传周"新时代区域家庭教育发展思路"主题论坛,来自国内外5名家庭教育专家通过线上直播方式作主题讲座。

20日 罗湖区与香港中文大学(深圳)举行合作办学签约仪式,礼文学校正式落地罗湖。

同日 由宝安区教育局承办的深圳市首届家庭教育巡礼启动仪式暨宝安区教育系统第二十二届家庭教育宣传周活动在宝安区教育局举办。该活动全程在线直播,全市中小学(幼儿园)展开线上学习。

宝安区教育局、团区委在官田学校举办"喜迎二十大、永远跟党走、奋进新征程"宝安区教育系统主题团日活动暨官田学校新团员入团仪式。

深圳市教育学会会长金依俚应邀到高级中学(集团)参加中国教育学会委托管理立项"利用社会性科学议题落实学生的生物学核心素养——以香蜜公园教学实践为例"开题论证会。

22日 深圳市教育学会会长金依俚代表省教育学会领导出席在建文外国语学校举行的"2022年多语种教育研讨会"并致辞。

同日 深圳市教育学会2021年度"双减"征文评选专家谈视频拍摄。

22—25日 广东省优秀共产党员、深圳市第一职业技术学校德育高级教师阳海华作为深圳市教育系统推荐的唯一代表,参加中国共产党广东省第十三次代表大会。

23日 福田区副区长朱江到福强小学采取"推门听课"、实地调研等方式,深入了解福田区学校课堂教学和学校发展情况。

23—24日 中考体育考试在盐田高级中学考点举行,考生人数1902人。

23—27日 深圳市教育学会特殊教育专委会联合深圳元平特殊教育学校,开展以"技能:让生活更美好"为主题的特殊学生职业教育活动周系列活动。

24日 光明区委教育工委任命7名学前教育学区联盟党支部书记,实现学前教育党组织全覆盖。

同日 教育部举行"教育这十年""1+1"系列发布采访活动第三场新闻发布会,聚焦党的十八大以来职业教育改革发展成效。深圳职业技术学院在广东分会场作为高职院校代表,由党委书记杨欣斌就职教服务企业高质量发展经验回答记者提问。

深圳市教育学会音乐教育专业委员会2022年工作研讨会在南山区海滨实验小学召开。

25日 光明区学前教育"苗圃工程"名师授牌仪式举行,为18名名师工作室(微团队)主持人授牌。

26日 由深圳市城市管理和综合执法局主导,深圳职业技术学院牵头,联合深圳市园林行业企业专家及一线技术骨干一同开发的"树艺师"职业技能证书正式发布。

同日 由深圳市教育局主办,深圳市教育学会学前教育专业委员会协办的深圳市首届学前教育"故事老师"大赛暨原创绘本大赛颁奖典礼在福田区新媒体大厦举行,学会副会长满晶出席并致辞。

27日 南山区新课程改革论坛在南山实验教育集团麒麟中学

举行。

同日　盐田区小一招生开始网上预报名，正式启动2022年小一招生工作。

31日　盐田区副区长周建军到盐田区梅沙幼儿园、东海岸梅沙第三幼儿园、梅沙未来学校开展"六一"慰问活动。

同日　龙华区教育局联合区民政局举行"喜迎二十大　同心扩未来"龙华区庆祝"六一"儿童节暨"爱苗护苗与法同行"未成年人保护系列活动启动仪式。

是月　广东省委副书记、深圳市委书记孟凡利视察深圳中学新校区，对深中办学业绩表示高度赞扬；市委秘书长陶永欣、副市长郑红波、市教育局局长陈秋明等陪同视察。

罗湖区组建全市第一支学前教育学区专干队伍，完善学前教育学区治理组织体系。

盐田区教育局组织开展盐田区2022年优秀学生、三好学生、优秀学生干部、模范少年评选。

盐田区"2022年中小学心理健康教育活动月"活动启动。

广东省制造强省建设领导小组办公室在全省范围内遴选建立首批战略性产业集群智库，深圳大学中国海外利益研究院成功入选该批智库。

深圳中学9人获英国化学奥赛（UKCHO）金奖，张溢洋获全国第一名；8人获澳大利亚化学奥赛（Australian Science Olympiads of chemistry）一等奖；张雨昕、谢雨璇获国际学术马拉松（Academic Marathon，简称AM）化学全球第一名。

深圳中学与龙华区人民政府签署合作办学协议，创办深圳中学龙华学校。

团省委、省教育厅、省科技厅、省科协、省学联联合举办第十三届"挑战杯"广东大学生创业竞赛终审决赛。深圳信息职业技术学院"君弈机器人教育——更专业的人工智能服务商""金属激光彩色刻印工艺与装备"2个项目获金奖，并获银奖3项、铜奖10项，总积分在全省高职院校名列前茅，第七次获"优胜杯"。

深汕特别合作区出台《深圳市深汕特别合作区教育发展"十四五"规划》《深圳市深汕特别合作区促进教育高质量发展实施意见》，制定《深圳市深汕特别合作区义务教育发展专项行动方案（2021—2025）》，成立教育工作领导小组。

深圳市委网信办联合市公安部门组织网络安全攻防拉练，市政务服务数据管理局组织"深蓝—2022"攻防演练，市教育局被"深蓝"攻防演练组织机构评为"优秀防守单位"（市直单位第一名）。

5—6月　深圳信息职业技术学院组织学生运动队参加广东省第十一届大学生运动会，获得七金、二银、三铜，其中男女4×50米混合泳、男子50米蝶泳2项获得金牌并打破省大运会纪录。

6月

1日　宝安区副区长练聪到沙井中学、深圳市第七高级中学、深圳市格兰云天·阅国际酒店检查高考准备和考生住宿情况。

同日　深圳职业技术学院科学技术协会正式成立。

6日　罗湖区区长范德繁带队到罗湖高级中学检查辖区高考备考工作。

同日　宝安区委书记王守睿到新安中学（集团）高中部检查高考准备和新冠疫情防控工作。

7日　深圳市教育局党组成员、二级巡视员关苏，宝安区委常委、区委宣传部部长、区委教育工作领导小组组长周学良，区政府副区长、区委教育工作领导小组副组长练聪，区人大常委会副主任、区教育局党组书记范燕塔，区教育局局长王曦在宝安区智慧教育中心与各高考考点视频连线。

8日　盐田区小学"基于STEM教育理念的小学科学课程整合盐田经验"案例代表广东省参加2022年中小学科学课程实施典型案例全国评审，入选全国20个典型案例（为深圳市唯一入选）。

同日　宝安区教育局召开座谈会，与区政协特约监督组研究2022年教育工作监督事项。

9日　广东省教育系统关工委在宝安区教育局召开创建全国规范化家长学校实践活动实验区调研座谈会。

10日　由宝安区教育局主办，区幼儿教育管理中心承办的宝安区学前教育主题沙龙系列活动第一期"用心营造　幼有善育"举办。该活动全程在线直播，全区幼儿园展开线上学习。

14日　深圳市政协副主席吴以环到深圳职业技术学院作"匠心筑梦'职'得拥有"主题讲座。

15日　中山大学（深圳校区）

面向中山大学师生陆续投入开放20余间智慧琴房，师生可通过手机 App 和小程序线上预约使用。

16 日 福田区委教育工委召开福田区教育系统学习贯彻省第十三次党代会精神专题报告会暨福田区教育局理论学习中心组专题学习会议。

同日 坪山区"大师课堂"开启，郑泉水院士以"青年是从 0 到 1 科技创新的主力军"为题开讲第一课，全市各高中学校师生及家长 6000 余人线上参加活动。

深圳信息职业技术学院承办深圳高校"资助育人·筑梦未来"短视频大赛决赛。

17 日 南山区教育局发布《南山区义务教育新课程改革创新行动计划（2022—2025 年）》。

同日 宝安区教育局举办深圳市第三批、宝安区第五批名校（园）长和名师工作室授牌仪式，为深圳市第三批、宝安区第五批名校（园）长暨名师工作室授牌。

教育部 2022 年重点项目"拔尖创新人才早期发现和选拔培养机制"项目举行线上调研座谈会，全国 14 所学校受邀参会，深圳理工大学附属实验高级中学入选。

大鹏新区管理委员会与南方科技大学签订合作协议，围绕共建海洋科学研究院、共建高新科学技术产业培养基地、海洋人才梯队培养、基础教育等九大领域开展深入合作。

中国职业技术教育学会第十九届"说专业 说课程 说专业群 说教材"研讨会在"云端"举办。

18 日 南山区 82 所义务教育阶段中小学校实现室外体育场地全面开放和专业化运营。居民可通过

"i 深圳"和"南山文体通"2 个平台进行预约。

同日 龙华区首届中小学生涯规划演讲活动在龙华高级中学举办。

"高校学科专业与新兴产业协同发展研讨会暨深圳市教育学会高等教育学专业委员会 2022 年学术年会"在南方科技大学举行。

6 月 18 日至 7 月 4 日 2022 年世界游泳锦标赛在匈牙利布达佩斯举行。在女子 200 米自由泳决赛中，深圳大学体育学院运动训练专业学生杨浚瑄、汤慕涵摘金夺铜。深圳大学共有杨浚瑄、汤慕涵、彭旭玮、劳丽慧、葛楚彤、孙嘉珂、张周健 7 名学生代表中国游泳队参赛。

19 日 光明区举办"深派教育"高质量发展展示交流活动，通过"线上 + 线下"方式进行，吸引近 80 万名观众关注。

第七届深圳教育改革创新论坛暨颁奖典礼在华侨城大厦举行，市教育局副局长邱成瑜出席并致辞。

21 日 宝安区教育科学研究院举行宝安区"双减"展示活动（第一场）小学"课堂提效"专题展示。广东省教育研究院党委委员、教学教材研究室主任曾令鹏，深圳市教育科学研究院副院长潘希武，宝安区教育局副局长吴永明参加活动。活动采用线上、线下相结合方式展开，各学区以及各小学会议室设立分会场，共计 1000 余人参与活动。

同日 在第八届中国国际"互联网 +"大学生创新创业大赛萌芽赛道深圳选拔赛决赛中，光明区获 2 个一等奖、1 个二等奖。

23 日 深圳信息职业技术学院 10 名教师获聘为深圳市创业导师（第六批）。

24 日 宝安区兴华幼儿园作为广东省唯一专场，通过线下、线上相结合形式，聚焦相关专题，共同交流 STEM 教育。深圳市基础教育系统焦艳名园长工作室、兴华"新课程"保教示范项目园及宝安幼教集团各园园长、教研员、教师代表等 60 余人线下参会。

26 日 罗湖区区长范德繁带队到深圳行知职业技术学校和罗湖区教育考试指挥中心调研辖区中考新冠疫情防控工作。

26—28 日 深圳市举行中考文化课考试，盐田考区设有 3 个考点共 65 个考场，考生 1900 人。

27 日 在广东省第五届中小学体育教师教学技能大赛中，光明小学教师温国刚获小学男子组一等奖，光明中学陈俊达获高中男子组一等奖，光明区教育科学研究院体育教研员蔡于江获评"优秀指导教师"。

同日 坪山区人民政府与南方科技大学签署合作办学协议，共同举办南方科技大学附属坪山学校。

28 日 中山大学举行 2022 届毕业典礼暨 2022 年学位授予仪式。

深圳市教育局局长陈秋明到市教育学会调研指导。

29 日 南山区教育局发布《南山区中小幼一体化德育行动计划（试行）》。

同日 南山区幼儿园与小学科学衔接项目获评 2022 年广东省学前教育高质量发展实验区阶段性检查结果"优秀"等级。

30 日 宝安区"学前教育宣

传月"收官。宣传月期间宝安区各学区、幼儿园开展幼小衔接相关宣传推广、观摩交流、案例分享、专题教研等活动。

同日　深圳职业技术学院与宝安区教育局战略合作正式启动。

是月　盐田区盐港小学"盐田河生态提升工程项目式学习——盐田河淤泥治理初探"案例获芬兰LUMA StarT 项目奖中国唯一一个学生项目全球金奖。

盐田区外国语小学东和分校"探研红树根部的秘密——探研红树林防风固沙的生态价值"学生项目入围芬兰LUMA StarT 项目奖全球前十提名。

光明区 35 所学校接入"i 深圳"一键预约系统，其中 17 所学校接入"i 深圳"一键预约系统并开放，实现"应接尽接"。

教育部办公厅发布《关于公布2021 年度国家级和省级一流本科专业建设点名单的通知》，深圳大学 18 个本科专业入选，其中国家级一流本科专业建设点 8 个、省级一流本科专业建设点 10 个。

南方科技大学获批新增 4 个国家级一流本科专业建设点（化学、生物科学、材料科学与工程、计算机科学与技术）和 1 个省级一流本科专业建设点（机械工程）。

深圳中学王隽然获全球历史类研究论文"艾默生奖（The Emerson Prize）"（全球 10 位）。深圳中学袁梓萱获 2022FBLA 北美商赛全国第一名，有 9 人获全国前十。深圳中学男女篮均获深圳市高中四校体育联赛第一名。深圳中学教师花晶晶作词的《港湾》献礼香港回归祖国 25 周年，登上新浪

微博热搜。"薛其坤院士量子创新实验室"在深圳中学正式签约揭牌。文化部原党组书记、深圳市原市长于幼军莅临深圳中学新校区参观交流，并对学校发展给予高度肯定。经市教育局同意，深圳中学开设港澳子弟班。市长覃伟中，副市长郑红波、张华，市教育局局长陈秋明等出席在深圳中学新校区举行的深圳市高中四校学生体育联赛开幕式。比亚迪股份有限公司—深圳中学"新能源汽车创新体验中心"正式签约揭牌。比亚迪董事长王传福做客深圳中学大讲堂，作主题为"比亚迪的梦想与责任"讲座。

自然指数（Nature Index）官网公布最新一期大学/机构排名，深圳职业技术学院共有 23 篇论文入选，排名中国内地高校榜单第 190名，实现自 2021 年来连续 2 年进入全国高校前 200 名。

深圳信息职业技术学院汇编二十周年校庆画册《我们深信·媒体报道选撷》。深圳信息职业技术学院团委书记龙玥获评"广东省教科文卫优秀工会工作者"。

深汕特别合作区纳入深圳市中考招生范围，完成该区首个标准化考点建设，顺利完成"首考"。

7月

1 日　宝安区作为全国唯一一个国家义务教育质量监测学校全覆盖试点区、全国 35 个国家义务教育质量监测结果应用实验区之一，召开国家义务教育质量监测工作应用成果介绍会。

同日　宝安区举行中小学思政

课一体化建设课例展示暨"思政课，宝安这样上"主题教研活动。

2 日　深圳大学举行 2022 年毕业典礼。

同日　首届南山区学前教育班主任风采大赛在南山区天鹅湖幼儿园举行，南山区教育幼儿园杨印超、新桃源幼儿园林玲妮、机关幼儿园吴爽爽获特等奖。

5 日　深圳市第一职业技术学校参加广东省高水平中职学校建设汇报线上调研会，专家组成员对该校"双高"建设工作给予充分肯定。

6 日　深圳市教育局组织专家到深圳市第一职业技术学校进行"双高"建设年度检查，该校顺利通过检查。

7 日　深圳信息职业技术学院"深信创新港"正式揭牌。

同日　深圳市教育学会美术教育专业委员会在市教育科学研究院以线上线下相结合的形式，召开以"向美而行　共促发展"为主题的2022 年度工作会议。

8 日　深圳职业技术学院成立全市首个高校社会科学界联合会。

10 日　高中学业水平考试在深圳外国语学校高中部和盐田高级中学举行，共设考场 78 个，考生人数 2340 人。

12 日　龙岗区教育局举行全区 2022 年"年度教师"总决赛，龙城高级中学教师姜严获评区"年度教师"，钟淑景等 5 名教师获区"年度教师"提名奖。

同日　光明区人民政府与南方科技大学合作办学交接仪式举行，标志着南方科技大学在光明区的第一所合办校南方科技大学附属光明

凤凰学校正式成立。

13日 《南方日报》在当天五版头条刊登专访中山大学党委书记、教授陈春声的报道,题为《加快建成大湾区首所中国特色世界一流大学》。

同日 龙华区学前教育学区化治理工作例会暨"臻质"提升优质园展示活动举行。

深圳市教育科学研究院光明分院未来教育研究中心正式揭牌成立。

13—14日 盐田区教育科学研究院举办2022年暑期盐田区中小学教师学科专业线上全员培训活动。

13—18日 龙华区对区中小学幼儿园教育开展教育满意度调查。

14日 宝安区教育局举办宝安区教育信息化成果展示活动暨教育数字化转型战略合作协议签约仪式。

同日 深圳职业技术学院与深圳市环境水务集团共建的深圳环境水务产业学院揭牌成立。

15日 南山区教育局发布《南山区教育信息化"十四五"发展规划》。

同日 深圳职业技术学院与华为技术有限公司签署全面战略合作协议,推进产教科深度融合。

16日 深圳市教育学会2022年度工作会议暨第七届理事会第三次扩大会议在学会以"线下＋线上"方式召开。市教育局主任督学蔡茂洲出席会议并讲话,学会会长金依俚作学会2021年度工作报告。

16—17日 2022年4月高等教育自学考试(延期)盐田考区设盐田外国语学校考点1个,考试总科次1066次。

17日 2022年福田区"年度教师"评选活动在华强高职专业学院举行。全区20名教师同台竞技,王自成、刘霞辉、李陈陈、李爽、郑晴菊、黄皓、黄燕妮、龚令仪、曾坤、蔡小慧10名教师获评2022年福田区"年度教师"。

18日 2022年罗湖区基础教育中小学"年度教师"出炉,翠园初级中学余晴当选。

18—24日 第六届全国跨学科教育与项目式学习学术研讨会暨2021年度项目式学习优秀项目展评活动在云端举行。盐田区教育科学研究院被评为"2021年度项目式学习共同体最佳实验区""2021年度全国项目式学习最佳组织单位"。盐田区教育科学研究院副院长陈尚宝、盐田区乐群实验小学校长王树宏、盐田区云海学校副校长曾焕分别做主题分享,受到全国同行肯定。

19日 2022软科世界一流学科排名正式发布。深圳大学30个学科上榜,较2021年增加6个,排名内地高校19名,其中地球科学、生物学、公共卫生、经济学、统计学、工商管理为新上榜学科;纳米科学与技术、仪器科学、交通运输工程等12个学科进入世界百强,并列内地高校22名,其中化学、生物医学工程、土木工程为新增学科。

同日 罗湖区51所小学与142所幼儿园完成结对,实现小幼衔接全覆盖。

南山区教育局发布《南山区创新教育行动计划(2022—2025年)》,打造科技创新教育实践基地,构建"学校＋科研机构＋企业"课程。

龙华区举办华东师范大学附属深圳龙华学校2022年秋季小学一年级学位电脑派位现场会。

19—23日 "2022年盐田区教科研队伍专业能力提升高级研修班"在东北师范大学举办,47名学员参加培训。

20日 2022年盐田区基础教育系统"年度教师"现场评选在区教科院举行。盐港中学教师杨涵获评2022年盐田区"年度教师"并代表盐田区参加2022年深圳市"年度教师"评选,区外国语学校陈霄翔和区教育科学研究院附属田东小学向雪梅获2022年盐田区"年度教师"提名奖。

同日 深圳市教育学会教育信息化与人工智能专业委员会组织学生参加"全国中小学信息技术创新与实践大赛"(NOC)多元创新·AI平衡车全国总决赛,深圳选手获得小学组一等奖3个、二等奖8个、三等奖5个;中学组获一等奖2个、二等奖4个、三等奖6个。

25日 2022年宝安区教育系统"年度教师"现场评选活动在宝安区教育局举行。

同日 广东省卫健委专家组正式宣布:中山大学附属第七医院以优异成绩顺利通过"三甲"现场评审。

28日 南山外国语学校(集团)高级中学英语教师周舟被广东省总工会授予"广东省五一劳动奖章"。

29日 深圳市教育学会顺利通过2022年社会组织专项整治财务审计。

同日　由深圳市教育学会主办、心理健康与家庭教育专委会承办的2022年心理咨询案例督导班开班仪式在线上举行。

是月　龙岗区龙城高级中学、布吉高级中学、龙岗中心学校、龙城小学获评"广东省青少年科学教育特色学校"。全省共59所学校获命名，深圳市8所，龙岗区占4所。龙岗区德琳学校入围国家级"营养与健康示范学校"，为该批次广东省唯一入选校。

龙华区召开"龙华区公办幼儿园本土课程项目总结会"，各课程基地园园长、教学负责人受邀参会。

南方科技大学获批集成电路科学与工程一级学科硕士学位授权点。

深圳中学与龙岗区人民政府签署合作办学协议，创办深圳中学坂田学校。

深圳信息职业技术学院积极申报并成功获得广东省2022年"圆梦计划"项目合作高校资质；入选"职业院校服务全民终身学习"首批实验校；成功申报教育部"一站式"学生社区综合管理模式建设自主试点单位，学校学生社区建设获评广东省A级。

深汕特别合作区首次开展教育行政许可审批工作，完成幼儿园名称变更工作，颁发该区首个办学许可证。

7—8月　深圳信息职业技术学院组织暑期社会实践活动，"'基层连线，共铸曙光'党史学习教育实践团"获评国家级重点团队，"'湾区力量协同创新，文创弘扬革命精神'实践团"获评全国大中专学生志愿者暑期"三下乡"社会实践活动优秀团队。教育部组织开展全国职业院校技能大赛，深圳信息职业技术学院6支参赛队伍获得奖项6项，其中一等奖2项、二等奖3项、三等奖1项。

7—11月　教育部、人力资源和社会保障部组织开展2022年金砖国家职业技能大赛，深圳信息职业技术学院参赛队伍获得奖项7项，其中一等奖4项、三等奖3项。

7—12月　第二十三届"深圳读书月"2022年深港澳中小学读书随笔征文活动举行。参与学校355所，学校选送学生作品9363篇。

8月

4日　在全国第二十三届"希望之星"风采展示大会上，南山区第二外国语学校（集团）海德学校学生周辰瑞、乐洋序获特等奖。

同日　深圳市教育学会微信公众号由委托第三方管理转为自主运营。

5日　深圳市仙桐实验小学学生詹景源所属的"深圳西班牙竞技FC"（队名）获得"2034杯"全国第二届小学生足球大会全国总冠军，詹景源获评全场唯一"最有价值球员"。

5—12日　深圳市教育学会会长金依俚参与广东省人民政府教育督导组，开展对汕头、潮州、梅州等地基础教育高质量发展督导检查。

6日　罗湖区教育局通过"AI科技＋体育教育"，设计"暑假特色体育运动方案"，该方案包括特色暑假作业和特色趣味挑战赛，特色趣味挑战赛于当日正式开赛。

10日　2022全国青少年帆船联赛（厦门站）收帆，深圳市百仕达小学选手取得优异成绩。其中：学生张澄战胜200余名OP级帆船水手夺得U12级冠军，总排名第二；刘奕辰获女子总排名第六、U15第二；钟礼健获Topper级别组冠军。

同日　在广东省第十六届运动会冰球男子甲组、乙组比赛中，南山第二外国语学校（集团）海德学校学生涂任轩、喻思远共获2枚金牌。

11日　由深圳大学大湾区国际创新学院、创新创业教育中心、国际交流与合作部，香港理工大学企业发展研究院，澳门大学创新创业中心等联合举办的2022年教育部港澳内地高校师生交流计划暨"双创领航精英训练营"正式启动，来自澳门大学、澳门科技大学、香港理工大学等99名师生参加活动。

同日　在2022年广东省第十三届中学生运动会啦啦操比赛中，深圳市中学生啦啦队主要组成学校翠园文锦中学共派出5名学生参赛，获1枚金牌、2枚铜牌，获自选花球第一名、自选爵士第三名、自选街舞第三名、团体总分第一名。

12日　中山大学附属第八医院"健康驿站管理新模式"获"第七季改善医疗服务行动—全国医院擂台赛"全国总决赛铜奖，3个案例获评"百强案例"。

15日　深圳市教育局发布《深圳市基础教育信息化"十四五"

规划》，全面规划部署"十四五"时期智慧教育建设工作。

同日 深圳市宝安中学（集团）新增小学部校区。

深圳市教育学会学术委员会工作会议召开。

16日 在广东省第十六届运动会竞技体育组花样滑冰比赛上，南山第二外国语学校（集团）海德学校学生杨清新获女子丁组自由滑冠军。

17日 深圳区域案例"以'六抓六高'着力打造智慧教育公共服务体系""深圳市云端学校：智慧教育的新样态"入选2022年度教育部智慧教育优秀案例。

18日 罗湖区提交的"打造'党建+'罗湖样板，探索集团化办学新路径""'1+3+N'鹏兴一期小区基层治理链"案例，分别获评2022年深圳党建引领基层治理"为民服务"优秀案例和"小区党建"优秀案例。

同日 在深圳市委组织部指导、南方日报社主办的"以人民为中心——深圳党建引领基层治理"2022年优秀案例交流会上，罗湖区委教育工委提交的"打造'党建+'罗湖样板，探索集团化办学新路径"案例，获评2022年深圳党建引领基层治理"为民服务"优秀案例。

18—20日 宝安区教育局正式启动教育系统2022年校（园）长暑期学习会。

19日 深圳市教育局副局长邱成瑜受邀在GSE2022全球智慧教育大会"区域智慧教育新生态论坛"上作题为"深圳创建国家智慧教育示范区的规划路径与实施策略"特邀报告。

同日 世界职业技术教育发展大会在天津开幕。深圳职业技术学院党委书记杨欣斌作为中国唯一院校代表在大会主论坛作演讲；校长许建领在数字化转型论坛作主题发言。在同期举行的首届世界职业院校技能大赛中，深圳职业技术学院代表队参加汽车技术、虚拟现实设计与制作、信息安全管理与评估3个赛项，其中汽车技术赛项获广东省唯一1枚银牌。

19—20日 深圳信息职业技术学院受邀参加世界职业技术教育发展大会，联合承办世界职业教育产教融合博览会，并在博览会上开设2D云展馆。

21—23日 2022届宝安区中小学"雏鹰计划"新教师培养工程启动。

23—24日 "深圳市2022年校（园）长书记暑期学习会"启动，培训主题为"奋力打造'幼有善育、学有优教'民生幸福标杆、以优异成绩迎接党的二十大胜利召开"。福田区设1个主会场和2个分会场，270余人参加学习。

24日 龙华区举行"红色领航"党性修养提升骨干研修班开班仪式。

同日 大鹏新区与深圳中学举行合作办学签约仪式。

24—25日 深圳市教育学会学前教育专业委员会举办"2022年幼儿园新岗教师职业能力提升培训班"，两天8.3万人次线上点击参训。

25日 盐田区副区长周建军，盐田区教育局党工委书记、局长余永弘，副局长叶菲等到盐田区教育科学研究院附属永安小学指导开学工作。

同日 深圳职业技术学院教师蔡东凭借《月光下》摘获"鲁迅文学奖"短篇小说奖。

26日 2022年罗湖区幼儿园"年度教师"评选结果出炉，清秀幼教集团荣悦幼儿园郭扬当选罗湖区幼儿园"年度教师"。

29日 坪山区举行基础教育集团暨学前教育学区成立揭牌仪式，组建2个中小学教育集团、6个幼教集团和9个学前教育学区。

同日 "中巴职业技术教育合作发展研讨会暨中巴职业技术教育交流合作系列活动"启动仪式在巴基斯坦驻华大使馆举行。会上，深圳信息职业技术学院与巴基斯坦政府及院校五方签署合作协议，共同推动中巴职教合作。

30日 福田区副区长朱江，区委教育工委书记、区教育局党组书记王巍到上步中学检查秋季开学工作，指导学校做好新冠疫情防控、文明城市创建、"志愿者之家"建设等各项工作。

同日 广东省教育厅公布2021年省高等职业教育教学质量与教学改革工程项目立项名单，深圳信息职业技术学院2个产教融合实训基地、2个虚拟仿真实训基地、3个校外实践教学示范基地、3门精品在线开放课程和3个教师教学创新团队获得认定，1个专业教学资源库和16项教育教学改革研究与实践项目获批立项建设。

是月 龙岗区清林径实验小学入围广东省第二批中小学劳动教育特色学校。

深圳大学文化数字化与文化创新性发展重点实验室被批准为广东

省哲学社会科学重点实验室。该实验室是深圳大学获批的第一家、全省唯一落户深圳的哲学社会科学重点实验室。

南方科技大学校长薛其坤院士获颁"菲列兹·伦敦奖"，并受邀在会上作专题报告。南方科技大学副校长杨学明院士获"未来科学大奖"，该校获此奖项者增至3人。

深圳中学12人获全国中学生生物学联赛（广东赛区）一等奖，获奖人数排名全省第一；聂鸢锋、王天行入选2022年生物竞赛广东省代表队，并获第31届全国中学生生物学奥林匹克金牌。深圳中学金子越获第39届全国青少年信息学奥林匹克（NOI2022）金牌，并入选国家集训队。深圳中学初楚诺获全国首届"脑未来（Brain Future）：脑科学与脑技术创新大赛"三等奖，深圳中学是全国唯一进入决赛高中学校。深圳中学与大鹏新区管理委员会签署合作办学协议。全国政协副主席辜胜阻到深圳中学新校区视察，对该校发展给予高度赞扬。

深圳市第一职业技术学校入选广东省首批中职学校"三全育人"典型学校培育建设名单。

深圳信息职业技术学院官微在《中国青年报》发布的"2021—2022高职高专官微年度排行榜"中进入全国高职高专十强，名列全国第五、广东省第一。

8—9日　深圳信息职业技术学院举办省"双高"对口交流论证会，邀请3所对口帮扶学校校领导到校交流，论证3所院校"双高"建设计划。

8—11月　深圳信息职业技

术学院联合深圳改革开放干部学院，面向全体中层干部和100余名基层党务干部分别举办2期学习党的二十大精神专题培训。

9月

2日　深圳市教育学会小程序个人会员续费、单位会员网上申请功能上线。

3日　《中国教育报》以《聚资源建生态　创新教育"没有围墙"》为题，宣传推广南山区创新教育科创教育体系构建、创新师资培养、融合式课程设计等教育特色。

5日　福田区委教育工委以"线上＋线下"方式召开2022年福田区教育系统纪律教育学习月动员部署会暨党章党规党纪培训班开班仪式，全系统2300余名学校领导干部及党员参会。

同日　龙华区内第一所中等职业技术学校——深圳市龙华区职业技术学校正式开办。

6日　宝安区2022年新校（园）启用仪式在龙津中学举行。深圳市教育局局长陈秋明，宝安区委书记王守睿、区长王立德等出席。启用仪式后，王守睿主持召开教师代表座谈会，教育系统24名代表参加座谈。

8日　2022国家自然科学基金评审结果公布，深圳信息职业技术学院获得国家自然科学基金项目立项7项，是该校连续第14年获得国家自然科学基金项目立项。

9日　宝安区庆祝第38个教师节大会在区教育局召开。全区公

民办学校、幼儿园班子成员和中层以上干部以及其他获得市、区先进表彰人员通过视频直播参加会议。

同日　龙岗区学校学生在第六届全国青少年无人机大赛广东赛场上，获一等奖20个、二等奖32个、三等奖57个。

13日　宝安区人大常委会副主任、区教育局党组书记范燕塔先后到文昌小学、福桥小学、福海中学检查学校新冠疫情防控和返校准备工作。区教育局局长王曦到塘尾万里学校、桥头学校检查新冠疫情防控和返校准备工作。检查结束后，范燕塔在第3学区教办主持召开座谈会。

14日　宝安区副区长练聪到学校检查校园安全和新冠疫情防控、学校建设工作。

16日　罗湖区区长范德繁实地检查2022年秋季学期学生返校工作。

17日　深圳信息职业技术学院在2022年"学创杯"全国大学生创业综合模拟大赛广东省赛中，获得省赛一等奖和二等奖各1项。

19日　宝安区委教育工委举行2022年秋季学期宝安区中小学党组织书记、校长思政课展示暨"十佳思政金课"评选活动启动仪式。区教育局局长王曦参加活动，宝安区近38万名师生齐聚"云端"观摩课例。

同日　深圳市教育学会开展以"核心素养培养导向的教育创新"为主题的年度论文征集活动，截至12月31日，收到教师提交的有效论文1133篇。

20日　龙华区由广东省基础教育未来课程中心组织编著的"科

学 + 系列""博物场馆 + 系列"教程出版，推动拓基课程高质量建设。

同日 深圳市教育局宣布人事任免，唐飞任深圳市第一职业技术学校校长，免去黄建行深圳市第一职业技术学校校长职务（退休）。

21日 "中国曲艺传承教育基地"授牌仪式暨"龙华文化大讲堂"首场讲座举行，龙华区 6 所学校获评"中国曲艺传承教育基地"。

同日 龙华区举行 2022—2023 年度选派优秀共产党员到民办学校担任第一书记工作动员部署会，派出 31 名优秀党员干部到民办学校担任第一书记。

22日 "罗湖发布"举行教育专场，罗湖区教育局局长殷刚与香港中文大学（深圳）基础教育处长、香港中文大学（深圳）基础教育集团总校长裘建浩，翠园东晓教育集团总校长舒军华，桃园小学校长林炳雄，银湖实验学校校长刘建东作"学校上新 罗湖教育更上心"主题发布。

同日 南山区教育局发布新课程改革创新行动"1+1+5"系列文件，标志着新课改在南山区所有学校真实落地。

22—24日 宝安区教育局主要负责人带队赴"两区一县"开展基础教育结对帮扶系列活动。

23日 由深圳大学谢和平院士领衔的深圳大学与四川大学团队自主研制的深海沉积物（天然气水合物）保温保压取样装备海试成功，这是国际上首次获得保温保压的深海沉积物原位保真样本，为国家深海资源勘探开发与海洋科学探索提供技术装备支撑。

同日 宝安区"薪火计划"小学语文骨干教师素养提升项目开班典礼暨首场讲座举行。

26日 宝安区教育系统召开校园安全、新冠疫情防控和节前工作部署视频会议。

27日 罗湖区翠园东晓教育集团、莲南教育集团正式揭牌成立，罗湖区中小学教育集团增加至 8 个。

28日 深圳信息职业技术学院召开第三届教职工代表大会专题会议，专题审议《深圳信息职业技术学院章程（2022 年修改稿）》。

28—29日 盐田区教育科学研究院邀请北京师范大学珠海校区教授王维荣，为盐田区省级及以上课题主持人和 2 个专家工作室成员分别举办 2 场专题讲座。

29日 盐田区第二十四届中小学生科技节在云海学校体育馆开幕，开展科技小制作、科技小发明、科学小论文、科幻画、科技实践活动以及科技辅导员作品评审工作，共收到全区 20 所学校 1558 件作品。盐港中学获中学组团体冠军，云海学校获小学组团体冠军。

同日 深圳职业技术学院与埃及教育及技术教育部技术教育处、卢克索省教育理事会签署合作协议。

是月 新学年罗湖区新增基础教育学位 9075 个，4 所新学校和 1 所新幼儿园投入使用。东湖中学改扩建工程、布心中学一期改扩建工程正式投入使用。

罗湖区首次将幼儿园非在编教师纳入 30 年教龄表彰对象，为非在编幼儿教师颁发荣誉证书和金质奖章。

著名数学家、"菲尔兹奖"获得者埃菲·杰曼诺夫院士全职加入南方科技大学，受聘为讲席教授。

深圳职业技术学院入选"国家级创新创业学院"，广东省共 6 所高校入选。广东省教育厅公示 2022 年度高等职业教育"创新强校工程"考核结果，深圳职业技术学院以 5.61 分优势排名全省第一。

深圳信息职业技术学院滨海土木工程技术研究所邵宁宁博士团队完成碱激发地聚物生态材料成果转化，以 2 项专利技术成果作价 210 万元入股成立钠石生态科技（深圳）有限公司。共青团中央、人力资源和社会保障部联合印发《关于命名表彰第 21 届全国青年岗位能手的决定》，深圳信息职业技术学院教师陈骏安获评"全国青年岗位能手"。深圳信息职业技术学院 2 名教师获评广东省"特支计划"教学名师。深圳信息职业技术学院联合航天信息股份有限公司和中国电信股份有限公司深圳分公司申报的项目"5G+AI 智慧赋能云体商，构建智慧体育新体系"，获第五届"绽放杯"5G 应用征集大赛智慧教育专题赛二等奖。深圳信息职业技术学院商务英语（深港班）正式迎来第一批 20 名学生，与香港都会大学进一步达成面向香港学生学前教育联合招生项目，被深圳市教育局复函认定为"推动学历框架和资质框架对接取得重大突破"。深圳信息职业技术学院申报教育部中外语言合作交流中心课题获立项和基金支持。该校以课题为牵引，构建"技能中文 + 微技术技能证书"培养新体系，牵头制定教育部中外语言交流合作中心"国际中文信息与通信技术职业技能等级"团体标准3项，开发新一代信息技术教学资源和技能汉语教材，填补国内相关领域空白。

深圳市第二高级中学深汕实验学校于秋季开学，深圳市区500名学子和合作区200名学子顺利入学。深圳中学深汕高中园动工，建设用地面积30.67公顷，可提供普高学位9900个。

9—12月 深圳信息职业技术学院20名教师参加广东省第六届高校（高职）青年教师教学大赛，获得奖项20个，其中一等奖4个、二等奖7个、三等奖9个，获奖数量排名全省第一，学校获得"优秀组织奖"。

10月

7日 在向中国教育学会推荐教坛新秀活动中，广东教育学会在全省100多名候选人中推荐6名，其中深圳2名，分别是南山外国语集团的周舟和龙岗区平湖凤凰山小学的符卷。

8日 光明区教育局成立校外教育培训监管科。

12日 宝安区正式发布公办中小学2022年下半年赴外面向2023年应届毕业生公开招聘教师公告。

12—15日 深圳市教育学会体育与卫生专业委员会在市承翰学校组织开展2022年深圳市民办学校体育与健康学科教师培训，来自全市各区的体育教研员以及近200名民办学校体育教师参加培训。

14日 深圳市教育学会教育信息化与人工智能专业委员会组织

学生参加2021—2022年度全国中小学信息技术创新与实践大赛深圳赛区AI少年工程师赛项，深圳代表队取得优异成绩，9支队伍获全国总决赛一等奖、1支队伍获二等奖。

15日 在2022年第十届澳门国际创新发明展览会上，南山区丽湖学校的"聋哑外卖员语音助手"、南海小学的"无棋子棋盘""季节模拟器"3个作品分别获金奖。

19日 深圳市委教育工委书记、市教育局党组书记、局长陈秋明一行到中山大学深圳附属学校调研，了解学校办学特色，实地考察学校建设、午餐午休和课后延时服务等情况。

同日 广东省教育厅公布2022年省高职教育专业教学资源库和精品在线开放课程验收结果，深圳信息职业技术学院投资与理财专业教学资源库和影视广告设计、Python网络爬虫程序技术、移动通信技术、Python程序设计基础4门精品在线开放课程通过验收。

21日 深圳市委常委、统战部部长王强一行到深圳职业技术学院调研考察学校办学情况。

22日 龙华区在行知小学调研省级教育评价改革项目进展情况。

22—23日 广东省自学考试在田东中学和盐田区实验学校举行，共设考场58个，考试科次5741科次。

25日 天津大学佐治亚理工深圳学院校区建设工程项目取得概算批复，总投资7.99亿元。

26日 龙华区教育系统2022年公办中小学校级干部研修学习班

在区委党校开班。

27日 共青团中央发布2022年度"申报示范"类"小平科技创新实验室"拟建设学校名单，全国共有100所学校入选。深圳市翠园中学成功入选，成为2022年度广东省4所"申报示范"类"小平科技创新实验室"拟建设学校之一，是深圳市2所入选学校之一。

同日 中共深圳市龙华区委党的建设工作领导小组印发《2022年度龙华区全面加强教育系统党的领导和党的建设重点任务清单》。

28日 福田区教育局召开党组（扩大）会议，传达学习中国共产党第二十次全国代表大会精神以及习近平总书记关于教育的重要论述。

同日 深圳职业技术学院师生团队以"自生长美容护肤多功能纤维素膜"项目获国际基因工程机器大赛（International Genetically Engineered Machine Competition）（iGEM）金奖，并获最佳教育（Best Education）单项提名。

由深圳市教育学会主办，心理健康与家庭教育专委会承办的2022年心理咨询案例督导培训第一期顺利举办。

29日 罗湖区莲南小学毽球队连续第三年获深圳市中小学生毽球比赛冠军。

同日 龙华区第二届劳艺节启动仪式暨中小学生劳动技能大赛举行。

30日 天津大学佐治亚理工深圳学院永久校区开工建设。其中学生活动中心获中国建筑节能协会最高标准认证——产能建筑设计认证，成为深圳首座产能建筑。

是月 广东省社会科学联合会对 32 家决策咨询研究基地、51 家社会科学研究基地和 5 家岭南文化研究基地开展年度检查,其中深圳大学饶宗颐文化研究院获评优秀基地。

深圳中学 24 人获第 39 届全国中学生物理竞赛(广东赛区)一等奖,获奖人数占全省获奖总人数的 22%、占全市获奖总人数的 64.8%;9 人入选物理奥林匹克省队,占全省入选总人数的 43%、占全市入选总人数的 64%。深圳中学 29 人获第 38 届全国高中数学联赛(广东赛区)一等奖,占全省获奖总人数的 30%、占全市获奖总人数的 91%;14 人入选数学奥林匹克省队,占全省入选总人数的 40%、占全市入选总人数的 100%;25 人获第 36 届中国化学奥林匹克(初赛)一等奖,占全省获奖总人数的 26%、占全市获奖总人数的 78%;11 人入选化学奥林匹克省队,占全省入选总人数的 55%、占全市入选总人数的 92%。深圳中学学生包揽数理化三科联赛全省个人第一名。

深圳中学学生获深圳市直属学校田径比赛 12 枚金牌、8 枚银牌、4 枚铜牌,获团体总分第一。

深圳中学学生获深圳市高中四校体育联赛所有项目(足球、篮球、羽毛球、围棋、无线电测向)团体第一名。

深圳中学建校 75 周年之际,校长朱华伟 2 本新著《上善之教——我的办学思考与实践》和《数学为美——我的教研探索与实践》出版。

深圳职业技术学院申请的联合国教科文组织"职业技术教育数字化"教席正式获得立项,是目前全球唯一设置在高职院校的教科文组织教席,为深圳市成功申请的首个教科文组织教席。

深圳信息职业技术学院完善教育部征集遴选的产教融合校企合作典型案例 2 篇,其中 1 篇被收录至清华大学出版发行的汇编图书《2021—2022 产教融合校企合作典型案例 100 篇》。

10—11 月 深圳信息职业技术学院与巴西国家工业学徒服务中心、巴西塞阿拉州联邦科学与技术学院和巴西帕拉伊巴州联邦教育与科学技术学院等 3 家机构签订合作备忘录。三方确定共建国际 ICT 学院,探索在海外建立外国教育中心,开发双学位(文凭)项目,联合开发非全日制高端培训或新技术培训等。

龙华区开展幸福教师全覆盖培养计划项目。

10—12 月 深圳信息职业技术学院举办第二届体商嘉年华暨第十九届运动会。

11月

1 日 深圳职业技术学院与埃及新开罗技术大学签署合作协议。

3 日 福田区教育局召开区教育系统传达学习贯彻党的二十大精神大会,全区各学校(幼儿园)党组织领导班子、校(园)领导班子和中层干部在分会场参加会议。福田区教育系统开展书记讲党课活动。福田区委教育工委书记、区教育局党组书记、局长王巍以"'学党章 守党纪 强党性'——推进党组织领导的校长负责制改革背景下如何正确认识、自觉贯彻民主集中制"为主题,为全区教育系统党员领导干部上党课。

同日 深圳大学传播学院《深圳市网络文明素养指标体系及评估报告》在深圳网络文明大会上正式发布,在全国率先创建网络文明素养指标体系。

南山区在全省率先出台《深圳市南山区中小学专职(责任)督学职级制管理办法(试行)》。

龙华区青年舞蹈团获由中共深圳市委宣传部、深圳市文学艺术界联合会主办,深圳市舞蹈家协会承办的深圳市舞蹈大赛表演金奖和创作金奖。

7 日 宝安区教育局召开区教育系统传达贯彻党的二十大精神大会。

同日 深圳市第一职业技术学校与深圳信息职业技术学院举行战略合作签约仪式。

龙岗区教育局召开区教育系统学习宣传贯彻党的二十大精神工作会议。

光明区印发《光明区教育局关于推进公办中小学集团化办学实施方案》。

7—9 日 以上海市教育科学研究院研究员杨四耕为组长的评估专家组对坪山区品质课程系列进行评估,给予高度肯定。

8 日 《人民教育》杂志以《大城市中心区义务教育优质均衡如何破题?来看深圳南山的"答卷"》为题,报道深圳市南山区创建义务教育优质均衡区做法。

同日 盐田区教育科学研究院院领导及中学教研员一行 18 人到

盐田高级中学进行教学集体视导，开展教学精准诊断，服务教育高质量发展。

9日 龙华区在全市首创师德师风监督员聘任制，聘请1018人为龙华区教育系统师德师风监督员，并举行聘任仪式暨师德师风专题培训。

10日 罗湖区教育局举行区教育系统新任职干部大会暨党建引领新品质学校培育工程"揭榜挂帅"授旗仪式。

同日 宝安区教育局以"线下＋线上"方式举办宝安区"双减赋能"小学教学评价研究专题论坛，全区近千名教师参与活动。

11日 《深圳市教育局关于公布教育部教育信息化"双区"深圳市智慧教育示范校培育对象名单的通知》印发，确定教育部教育信息化"双区"深圳市智慧教育示范校培育对象名单，共40所学校入选。

同日 中山大学（深圳校区）开展系列活动献礼学校98周年校庆。

罗湖区3个项目在全国青少年航天创新大赛获奖。其中向西小学学生卢紫琪、张原武的"基于北斗系统的精准定位智能龙舟"项目，翠园中学学生刘晋成、陈梓煜的"北斗美好生活"项目获全国赛一等奖。

深圳市教育局公布教育部教育信息化"双区"深圳市智慧教育示范校培育对象名单，盐田区云海学校、乐群实验小学2所学校入选智慧教育示范校培育对象。

由深圳市教育学会主办，市教育学会学术委员会承办的"学有优教·专家之声第一期：中小学（幼儿园）教师学术论文常见问题——

如何撰写学术论文"活动在南山区第二外国语学校（集团）学府中学举行。

12日 罗湖区教育系统代表队在2022年深圳市首届大中小学校长羽毛球赛中获团体总分第一名、优秀组织奖、甲组混合双打冠军、乙组男子双打冠军、乙组女子双打冠军，于洋获评优秀教练员。

同日 2022年学前教育评价专业委员会首届学术年会在罗湖区举行。此次学术年会由中国学前教育研究会学前教育评价专业委员会主办，深圳市罗湖区教育局承办，《幼儿教育》杂志社协办，全程线上直播。

13日 在第八届中国国际"互联网＋"大学生创新创业大赛全国总决赛中，深圳大学代表队获1枚金牌、1枚银牌、3枚铜牌和1个入围奖等6个国家级奖项，实现历史性突破。其中，深圳大学的纹藏代表队获金奖，是深圳市本科高校首枚国赛金奖。

同日 深圳职业技术学院在第八届中国国际"互联网＋"大学生创新创业大赛中获两金一银，奖牌数继续位居全国高职院校领先位置。

15日 在2022年深圳市大中小学生校园足球比赛中，翠园中学足球队5∶0胜深圳中学足球队，获高中男子组冠军，连续第四年夺冠。

同日 教育部公布名单确定2021年度网络学习空间应用普及活动优秀区域和优秀学校，深圳市水田小学是深圳市唯一入选学校。

深圳西丽湖国际科教城X9高校院所联盟第一届赛艇联赛共有

24支队伍、360名选手参加比赛，深圳大学赛艇队以总积分第一名获首届联赛总冠军。

16日 由深圳市龙华区人民政府、深圳市教育局、共青团深圳市委员会联合主办的2022年深港澳青少年成长峰会开幕式在深圳香港培侨书院龙华信义学校举行；同日举办深港澳青少年成长峰会科技创新圆桌论坛。

同日 在第三届"深圳科普月"光明区现场活动暨深圳市中小学科普教育学分制光明区试点启动仪式上，光明区高级中学等20所学校被确定为"深圳市中小学科普学分制光明区试点学校"。

光明区荣胜小学、长圳片区预制式学校开工仪式举行，2所学校建成后可提供学位3330个。

深圳市教育学会职业教育专委会邀请深圳华为教育行业人才培养专家黄浩洋为专委会会员开设以"深化校企育人新机制，华为助力职业教育高质量发展"为主题的讲座。

17日 2022第二届"湾区杯"中国围棋大棋士赛暨深圳·中国围棋文化展在深圳市宝安区1990文化馆开幕。中国围棋协会主席林建超，深圳市人大常委会副主任鲁毅、副市长张华出席开幕式，宝安区委书记王守睿致辞。

同日 由深圳市教育局、香港特别行政区政府教育局主办的深港校长论坛以"线上＋线下"相结合方式举行。香港会场设在香港科学园，深圳会场设在深圳香港培侨书院龙华信义学校。

19日 由深圳大学组织发起、以"新时代'双区'建设与深圳高质量创新发展"为主题的 2022 首届深大湾区论坛启动，百余位国内社科领域知名专家以"线上＋线下"相结合方式共话社科理论与实践创新。

19—21 日　盐田区教育科学研究院组织参加第七届中国未来学校大会。

19—23 日　2022 年普通高中体育与健康科目学业水平考试举行，盐田区各高中学校自设考点，考生人数 2180 人。各考点派驻 2 名监察员，全程监控考试。

20 日　宝安区教育局与深圳市林丹羽毛球俱乐部战略合作暨"超级丹"羽毛球特色学校签约授牌仪式在宝安区红树林外国语小学举行。奥运冠军林丹、世界冠军谢杏芳参加活动。

同日　宝安区第二届中小学幼儿园"湾区杯"围棋小棋士赛颁奖仪式在海乐实验学校举行。围棋世界冠军唐韦星、首届"湾区杯"中国围棋大棋士丁浩出席活动。

21 日　龙华区教育科学研究院组织团队赴河源市紫金县，开展龙华·紫金美育名师交流研讨活动。

同日　在第八届中国国际"互联网＋"大学生创新创业大赛萌芽赛道总决赛中，育才中学科创社 15 名学生的科创产品"智安齐——书包智能收纳革新者"获金奖——创新潜力奖。

22 日　2022 国防教育宝安行进校园活动在宝安中学（集团）外国语学校举行，50 名学生代表在宝安中学（集团）外国语学校报告厅参加现场活动。

同日　深圳职业技术学院成立

党外知识分子联谊会。

"福田区教育高质量发展行动计划研讨会"在深圳市教育学会召开。

23 日　盐田区副区长周建军，区委教育工委书记、区教育局党组书记、局长余永弘，区教育局党组成员、副局长叶菲及区教育局各科室负责人出席盐田区田心小学建校 35 周年庆祝暨表彰大会。

24—25 日　以"美好盐田"为总主题的盐田区第三届项目式学习成果展评活动在盐田区外国语学校举行。活动分线上线下同步进行。

深圳职业技术学院承办的 2022 年"一带一路"职业教育国际研讨会在深圳、北京、上海、泉州四地以"线上＋线下"相结合形式召开，来自全球 40 余个国家和地区以及联合国教科文组织等国际组织的官员、专家、学者、职业院校及行业企业代表约 200 人与会。

25 日　由深圳市教育学会主办、市教育学会心理健康与家庭教育专委会承办的 2022 年心理咨询案例督导班第二期培训顺利举办。专委会理事长吴跃文、副理事长胡赤怡及近 30 名会员学员分别通过线上线下方式参与督导培训。

26 日　坪山区委书记杨军，区委常委、常务副区长袁虎勇一行到深圳职业技术学院调研并签订战略合作协议。

同日　深圳信息职业技术学院牵头举办"职普融通、产教融合、科教融汇的创新实践"产教融合高端论坛，探索中国式现代化背景下职业教育产教融合发展新范式。

27 日　《中国教育报》头版头

条以《深圳南山区以问题为导向，精准对接家长需求——家园校聚力打通衔接之路》为题，专题报道南山区幼小衔接工作经验。

28 日　深圳职业技术学院保障性租赁住房项目正式开工建设。

29 日　盐田区教育科学研究院举行在研省级及以上规划课题开题、中期、结题论证会，10 名课题主持人及其核心成员共 30 余人通过"线上＋线下"相结合方式参会。

同日　龙华区学生在广东省中小学科技劳动教育实践活动中获初中组、小学组人工智能创意应用一等奖和小学组创意智造一等奖。

光明区举办首届家庭教育成果交流展示会。总结回顾深圳市教育科学研究院光明分院成立 3 年来光明区家庭教育工作取得的成绩，并邀请区内外多位专家进行经验分享。

30 日　谢和平院士科研团队以深圳大学为第一单位在《自然》（Nature）上发表题为用于制氢的膜基海水电解槽（A membrane-based seawater electrolyser for hydrogen generation）的研究成果。该团队创造性研发出海水无淡化原位直接电解制氢新原理与技术，破解海水直接电解制氢半个世纪难题，入选"2022 年中国十大科技进展"。

11 月 30 日、12 月 2 日　光明区举办 2022 年新时代高品质学校建设论坛，全国教育专家、同行相聚"云端"，共同探索新时代高品质学校建设方向和道路。

是月　中山大学校长高松的专访《筑牢立德树人根本　面向国家战略关键》在新华社《瞭望》新闻

周刊刊发。

深圳市鹏达教育集团和建文教育集团正式揭牌成立。

龙岗区教育局召开全区2022—2023学年义务教育工作大会。

龙岗区外国语学校三年级学生陈云兮在广西阳朔完攀5.14A"中国攀岩"线路，以8岁4个月年龄创造中国最小年龄5.14A记录。

第38届青少年科技创新大赛优秀作品展在深圳市龙华区青少年宫一楼大厅举行。

中国物理学会2022秋季学术会议在南方科技大学开幕。

深圳中学7人获第39届全国中学生物理竞赛决赛金牌，占全省获奖总人数的78%、占全市获奖总人数的100%；1人入选国家集训队，占全省入选总人数的50%、占全市入选总人数的100%。

深圳中学代表队获第八届中国国际"互联网+"大学生创新创业大赛（全国总决赛）萌芽赛道最高奖——创新潜力奖。

深圳中学学生在深圳市大中小学生羽毛球比赛中获三金、一银、一铜。

深圳中学成为世界顶尖科学家协会（WLA）世界顶尖中学联盟创始成员校，是全省唯一入选中学。

2006年诺贝尔化学奖得主、斯坦福大学结构生物学教授、世界顶尖科学家协会主席罗杰·科恩伯格（Roger Kornberg）莅临深中大讲堂，与深中师生展开一场关于求学与科研的对话。

为庆祝建校75周年，深圳中学在校内举办无人机编队表演。

深圳职业技术学院经济学院学

生曾芬入选教育部学习宣传党的二十大精神师生巡讲团，为全国职业院校唯一入选学生。

深圳信息职业技术学院"诗经社区学院—椿萱书院"获评"全国终身学习品牌项目"，"面向终身教育的腾讯低代码技术线上线下混合教学体系构建与实践"获广东省2022年继续教育质量提升工程"终身教育品牌项目"认定。

深圳信息职业技术学院柔性引进中国工程院院士1人，聘任鹏城"孔雀计划"岗位B档人才1人。深圳信息职业技术学院作为首批发起成员单位加入"欧洲全球工匠联盟""中国—埃塞俄比亚职业技能发展联盟"，在欧洲职业教育最具影响力的国际会议上协同英国皇家学历认证中心发布全球"桥梁计划"。

11—12月 "非凡三年"系列活动之光明区中小学"双减"成果发布展及光明区中小学科技创新教育成果展成功举办。

12月

2日 龙华区教育局专项审计项目获评全国"内部审计探索研究型审计典型实践案例"，为广东省唯一入选政府机构项目。

同日 深圳市教育学会教师专业发展专委会"以研促教、提升素养——基于核心素养的课堂教学改造"培训活动在深圳第二高级中学举行。市教育学会学术委员会委员、特级教师胡立根担任主讲嘉宾。

5日 龙华区实验幼教集团、

龙华区教育科学研究院幼教集团入选省级优质教育集团培育对象。

6日 "宝安教育"视频号正式上线。

7日 青年奥运会游泳冠军、全国大学生游泳冠军王冠斌，全国大学生游泳冠军李超到新沙小学进行专业游泳技能展示。

同日 国家机关事务管理局印发《关于发布2021—2022年度公共机构能源资源节约示范案例的通知》，在公布的示范案例名单中深圳市8个案例入选。深圳市翠北实验小学"实施生活垃圾分类 努力争创'无废'校园"案例为深圳市学校唯一上榜案例。

深圳信息职业技术学院入选教育部国家级职业教育"双师型"教师培训基地。

8日 盐田区第四届"四有杯"教师综合素养大赛（决赛）在盐田高级中学求实会堂举行。

同日 龙岗区教育局召开全系统党的二十大精神专题宣讲和工作部署会。

光明区举办2022年幼小衔接论坛，促进幼小衔接健康发展。

9日 深圳信息职业技术学院大学生创业园成功入选"深圳市2022年退役军人创业孵化示范基地"。

10日 福田区第23届青少年科技节暨第六届STEM教育嘉年华在福田区红岭中学开幕。

深圳市第三届青少年科技运动会、第二十三届"飞向北京—飞向太空"全国青少年航空航天模型教育竞赛活动总决赛（深圳赛区）活动同时举办。

同日 盐田区教育科学研究院

少年国际素养院联合广东教育学会国际教育专业委员会举办大湾区青少年模拟联合国 2022 未来领袖峰会决赛，盐田区中小学获特等奖 3 个、一等奖 1 个。

第三届宝安区高中生生涯规划大赛在区教育局举行。

11 日 中山大学举行医学部成立暨干部聘任仪式，此为中山大学自启动学部制改革以来成立的第二个学部。

同日 宝安区教育局举办中国教育学会与宝安区人民政府共建教育现代化实验区学校课程建设中期成果交流展示会。10 名来自北京师范大学、东北师范大学、广州大学、曲阜师范大学的专家学者以及全区公办民办学校校长、幼儿园园长及相关负责人线上参会。

12 日 《罗湖家门口的新校》在《中国教育报》2022 年 12 月 12 日第三版《新闻·基层》栏目头条刊发。

同日 深圳职业技术学院获批国家级职业教育"双师型"教师培训基地（装备制造大类），全国共 170 所院校入选。

13 日 由盐田区教育科学研究院与深圳市陈尚宝教科研专家工作室联合主办的"新课标背景下基于大单元跨学科项目式教学设计与实践"活动在盐田实验学校举行。

14 日 南山区教育局、深圳大学教育学部举行战略合作协议签约仪式。

同日 龙华区在深圳市格致中学举行深港澳青少年成长峰会菁华讲坛名家科普活动。

由深圳市建设学习型城市联席会议成员单位主办，龙华区政府承办，龙华区教育局执行承办的 2022 年深圳市"全民终身学习活动周"开幕式在龙华高级中学教育集团高中部举行。

深圳信息职业技术学院成功入选广东省大学生创新创业教育示范学校（2022—2025 年）。

15 日 深圳市罗湖区托幼幼教集团、深圳市锦田教育集团入选第二批省级优质基础教育集团培育对象。

同日 宝安第三届校园"最美朗读者"比赛决赛以"线下＋视频直播"方式在灵芝小学举行。

亚迪学校学生在 2022 年德国纽伦堡国家发明展中获 2 项金奖。

深圳市第一职业技术学校与华为技术有限公司签署框架合作协议，成为全国第一所与华为公司签署框架合作协议的中职学校。

16 日 第二十三届海峡两岸应用性（技术与职业）高等教育学术研讨会在线上开幕，深圳职业技术学院校长许建领受邀作专题报告。

同日 由深圳出版社承办，深圳市教育学会协办的"深圳读书月"重点活动"首届感动千年·唱响古诗词展演"落幕。

16—17 日 深圳市教育学会中小学综合实践专业委员会举办深圳市中小学综合实践专委会劳动教育骨干教师培训。培训采取"专家讲座＋案例分享＋劳动教育体验"形式，以"线上＋线下"结合方式进行。

19 日 光明区举办"向光而行 教育光明"——2022 光明教育回眸活动。对 2022—2023 年度市、区级先进单位和个人进行表彰，通过短片、艺术展演等方式回顾 2022 光明教育精彩瞬间。

23 日 龙华区中小学生国家体质测试合格率、优良率均获深圳市"第一"的成绩和经验做法登上《中国教育报》头版。

26 日 第二届中国基础教育论坛分论坛"'幼有善育'的深圳行动"录制工作在清秀幼教集团淘金山幼儿园圆满完成，并呈交中国教育学会审核。

27 日 在由中央文明办、教育部、共青团中央、全国妇联、中国关工委联合举办的 2022 年"新时代好少年"先进事迹发布活动中，15 岁的罗湖学生曾盈之获评 2022 年"新时代好少年"。

同日 南山区第二外国语学校（集团）海德学校学生叶颢铭被团中央授予 2022 年度"全国优秀少先队员"称号。

教育部召开新闻发布会介绍《关于深化现代职业教育体系建设改革的意见》有关情况，深圳职业技术学院校长许建领参会并介绍该校提升关键办学能力相关情况。

28 日 在南山区委荔香居会议室同时举行南山区教育科学研究院附属学校教育集团、南山区第二外国语学校（集团）前海创新教育集团揭牌仪式，实现南山区集团化办学街道覆盖率 100%、优质学位覆盖率 80%。

同日 光明区教育集团揭牌仪式举行，成立光明区高级中学（集团）、中科实验教育集团、光明区光明中学（集团）、光明区实验学校（集团）4 个中小学教育集团。

中国·贝赛思进驻光明区签约仪式举行。

深圳市第一职业技术学校召开第十二届教代会2022年专题会议，全体代表全票通过《深圳市第一职业技术学校章程（审议稿）》。

29日　第八届"深圳教育改革创新大奖"评选结果出炉，深圳市第一职业技术学校获"教育创新领跑学校（园）"年度奖。

同日　由南方都市报社联合深圳市教育学会、深圳大学湾区教育研究院共同主办的第八届"深圳教育改革创新大奖"评选活动圆满结束。此届活动共收到有效申报材料626份，较上年增长24%。

30日　在2022年全国行业职业技能竞赛——第三届全国电子通信行业职业技能竞赛中，深圳市第一职业技术学校教师潘涛参加职工组比赛，获全国一等奖，获评"全国技术能手"。

同日　宝安区在原有四大教育集团基础上，新增加5个公办教育集团，同时优化扩容2个教育集团，教育集团优质资源实现全区10个街道全覆盖。

是月　盐田区教育科学研究院少年国学院组织教师参加教育部、国家语言文字工作委员会主办的第四届"迦陵杯"中华经典诵写讲大赛"诗教中国"诗词讲解大赛全国总决赛，获小学教师组和中学教师组一等奖，成为全国二十强。

广东省中小学劳动教育现场观摩研讨活动（深圳专场）暨深圳市首届大中小学劳动教育巡礼活动分别在龙岗区麓城外国语小学和万科麓城体育公园举行。

在《南方日报》、"南方+"发起的2022年度深圳教育改革创新项目征集评选活动中，深圳市第一职业技术学校获评"2022年度十大深圳教育改革创新示范校"。

华中师范大学龙岗附属中学获评省级"双新"示范校。在第三届全国高中思想政治议题式教学设计大赛中，华中师范大学龙岗附属中学政治科组教师周树发获特等奖，原雄雄、蔡杉杉获一等奖，唐义清获优秀奖。在第三届全国高中思想政治议题式教学设计大赛中，布吉高级中学政治教研组姜志莲获特等奖、洪曼琳获二等奖、刘小菊获优秀奖。

龙岗区第二职业技术学校教师张桂珍在2022年全国职业院校技能大赛中等职业学校班主任能力比赛中获全国班主任专业能力大赛一等奖。

深圳大学牵头组建的"射频异质异构集成全国重点实验室"获批立项建设。这是该校建校以来首个全国重点实验室，实现深圳本土高校全国重点实验室"零的突破"。深圳大学腾讯云人工智能特色班16名大二学生利用AI技术开发"鹅脸识别"系统，建造人工智能养鹅场。

南方科技大学教授范靖云研究成果入选"2022年国际物理学十大进展"。

深圳中学教师赵茹晨以全市第一名获"2022'我和深圳的故事'英语演讲比赛"最佳风采奖。深圳中学3人获第36届中国化学奥林匹克决赛金牌，占全省获奖总人数的75%、占全市获奖总人数的100%；2人入选国家集训队，占全省入选总人数的100%、占全市入选总人数的100%。深圳中学12人获全国青少年信息学奥林匹克联赛（NOIP 2022）一等奖，2人排名省第一和第二。

深圳中学校长朱华伟在《光明日报》刊发署名文章《深化体教融合　培养"运动达人"》。

深圳中学2022届校友廖梓含、陈冠宇为学校创作的校庆主题曲《梦想与荣光》正式发布。

《走进著名大学——深圳中学学子成长足迹（2021）》正式发行。

深圳信息职业技术学院软件技术、物联网技术应用、数字媒体技术、大数据与会计、环境工程技术、电子商务、商务英语等7个专业启动高等职业教育领域国际专业标准评估认证工作。

深圳信息职业技术学院开展的印度尼西亚学生ICT在线教育案例成功入选由中国职业技术教育学会、教育部职业教育发展中心举办的"职业教育共同体故事征集"的职教故事。

深圳信息职业技术学院摄制20周年校庆宣传片《深信，不一样的精彩》。

深圳信息职业技术学院应用外语学院学生张晓琪获评"全国百佳心理委员"，财经学院学生陈杜敏获"全国百佳心理委员"提名。

深圳信息职业技术学院6个专业教学资源库、28门在线精品课、1个虚拟仿真实训中心项目入选教育部国家职业教育智慧教育平台。

深圳信息职业技术学院举行党外知识分子联谊会成立大会，朱文明当选为首届会长、孙冲武当选为副会长。

年内　天津大学佐治亚理工深圳学院秋季学期正式引进佐治亚理工王牌专业——工业设计硕士项目，实现教育部所有批复硕士专业全面办学。

在 2022 年全国职业院校技能大赛（中职组）中，深圳市第一职业技术学校 8 支参赛队伍获一等奖 2 个、二等奖 5 个、三等奖 1 个，在中职院校获奖排行榜中位列全国第六，是深圳市参赛中职学校中获得金牌数和奖牌数最多的学校。深圳市第一职业技术学校学生在广东省职业院校"技能成才 强国有我"主题教育活动中，获 47 项荣誉。学生获奖 94 人次，其中一等

奖 9 人次、二等奖 43 人次、三等奖 42 人次；7 名指导教师获评"优秀指导教师"，学校获"优秀组织奖"。

南山区完成 6 所义务教育学校及 3 所幼儿园新改扩建项目，全区新增义务教育学位 6165 个和学前教育学位 2100 个。南山区有 143 所学校纳入"百校焕新"项目，首批启动 44 所校园改造，其中 37 所学校当年完成一期改造。南山区推进省随班就读示范区、特殊教育示

范校建设改革项目，新建 13 个特殊教育资源教室，完成市级特殊教育示范校建设改革项目。

在深圳市 2022 年中小幼青年教师教学基本功比赛中，光明区获 5 个一等奖、11 个二等奖、24 个三等奖。初中组获一等奖第一名及小学、高中组二等奖 2 个。

深圳信息职业技术学院获第八届中国国际"互联网 +"大学生创新创业大赛国赛铜奖 1 项，省赛银奖 3 项、铜奖 4 项。

2022 年 3 月 19 日，由中国教育学会教育管理分会主办、罗湖未来学校罗湖未来教育研究院参与承办的"强化育人阵地，育见未来学校"现代学校治理改革发展研讨会线上开启

（罗湖区教育局　供）

总 述

Overview

市委教育工委工作

【党建工作】2022年，中共深圳市委教育工作委员会高度重视党建工作，全面加强党对教育工作的领导。推动各区成立教育工作领导小组。各区全部完成区级教育工作领导小组组建工作，组织工委系统各党支部开展集中换届。编写系统、翔实的党支部集中换届工作指引，指导工委系统各党支部按照规范流程开展集中换届工作，工委系统750个应换届党支部完成党支部集中换届，完成率93%。推动香港中文大学（深圳）将党建写入学校章程，中外合作办学党建工作开启。基层党的建设全面提质增效。全面推行中小学校党组织领导的校长负责制改革。制定并与市委组织部联合印发《深圳市推进中小学校党组织领导的校长负责制工作方案（试行）》以及《深圳市中小学校党组织会议议事规则示范文本（试行）》等5个配套文件。开展基层党务工作清查。针对党务工作外包

等8类问题对1327家基层党组织开展排查整治，对发现的问题进行清单式管理。实施党建品牌化建设工程。全市13个高校校党组织立项第三批省级以上党建示范校、党建标杆院系和样板支部。其中，深圳职业技术学院党委立项国家级党建示范校、深圳大学人文学院本科生支部和深圳北理莫斯科大学学生党支部立项国家级样板党支部。全面开展大学习、深调研。认真组织全市教育系统党员干部、师生员

工认真收听收看习近平总书记在中国共产党第二十次全国代表大会上的报告并立即组织实施"学精神、谈体会、抓落实"等各项工作。重点抓好《习近平谈治国理政》（第四卷）学习宣传。发放《习近平谈治国理政》（第四卷）1.76万册；通过"自主学＋集中学""宣讲学＋沉浸学"、结合党的二十大精神学与结合思政课程学等方式，推动学习工作宣传走深走实。开展基层党组织党员培

2022年1月20日，深圳市教育局召开全市教育工作会议

（深圳市教育局　供）

训。年内，举办第六期全国党组织书记网络培训班、2022年党务骨干能力提升班，开展2022年"新强师工程"中小学党建工作省级培训等各级各类培训，做到培训全覆盖。开展党建工作调研。推出《不合格党员处置工作研究报告》《党员队伍规模与人口规模、结构分布与人口分布的关联度及趋势分析》等调研报告，为提高工委系统党建工作质量提供支撑。

2022年10月9日，深圳市教育系统领导干部培训班会议召开

（深圳市教育局　供）

【从严治党】2022年，中共深圳市委教育工作委员会坚持从严治党。及时处理协办线索，保障监督执纪工作无缝对接。上半年办理市纪委监委派驻第十一纪检监察组交办信访件6件。立案查处1人。针对发现的问题，对有关负责人谈话提醒13人。规范全市教育系统"白名单"数据统计工作。针对"白名单"管理中存在的口径不一、底数不清等问题，组织开展现场核查和信息比对，优化健康数据管理信息系统，出台数据统计指引，强化名单制管理工作落实。加强新冠疫情防控统计工作监督检查。抽取9所学校提交的4类名单清单，开展数据核查，并对部分学校开展常态化疫情防控现场督导检查，对存在问题的5所学校予以全市通报批评。规范民办高中学校招生入学和学籍管理。建章立制强化问题整改，研究完善中考招生录取工作制度，完善转学和学籍管理制度，严格实行全流程审批和留痕管理。开展廉洁教育，筑牢思想防线。召开教育领域全面从严治党会议，分析形势，研究解决重点难点问题。通过专题

学习教育、暑期校长培训班、干部任职培训等开展廉洁教育，引导学校班子成员及教师深入学习廉洁从业规定及相关法律政策，培养廉洁意识。开展纪律教育学习月活动和党章党规党纪培训活动，组织观看警示教育片，通过反面典型教育，引导党员干部守底线。落实"一把手"讲廉政专题党课制度，深入分析教育系统党风廉政总体形势和廉政风险防控薄弱环节，增强党员干部廉洁意识和纪律观念。开展师德违规行为专项整治，构建风清气正的教育环境。以师德建设主题教育月为契机，组织开展师德师风负面清单再学习，引导教师坚决守牢师德师风底线红线。组织开展专项督查检查，实地了解学校师德建设情况。强化师德师风考核结果运用，构建学校、教师、学生、家长和社会广泛参与的师德师风监督体系。

【思政工作】2022年，中共深圳市委教育工作委员会坚持用习近平新

时代中国特色社会主义思想铸魂育人，召开专题会议研究做好思政工作。推动《关于深化新时代深圳市学校思想政治教育改革创新的若干措施（2022—2025年）》出台，于9月印发。推动落实市委常委到高校上思政课，市、区两级教育行政部门领导到中小学讲授思政课，大中小学党组织书记、校长带头讲授思政第一课的三级制度体系。起草《中共深圳市委教育工作领导小组办公室关于提请市委常委选择高校讲授思政课的请示》，并报送市领导。评选公布习近平新时代中国特色社会主义思想精品课程、深圳市第二届思政课改革创新系列优秀成果暨思政"金课"和思政教育示范校名单。会同市教科院提炼深圳改革开放成功经验，继续编写《深圳的光荣与使命》系列教材。建设爱国主义教育基地、思政教育基地、生态教育基地等网络预约平台，推动思政小课堂和社会大课堂有机结合。组织市教育局直属学校参与2022年度"深圳市新时

代好少年"评选。发展以思政课教师、班主任、高校辅导员、少先队辅导员、团干部等人员为主的思政教育骨干团队。会同市教育局机关党委（人事处）和督导处，以"国测"和政府履职评价考核为契机，探索逐步解决小学道德与法治教师兼职比例过高路径。持续督促各高校按照师生比不低于1∶350比例配齐专职思政课教师，按照师生比不低于1∶200比例配齐专职辅导员。组织各高校录制《领航》视频、各相关学校录制成人礼短视频寄语。起草《关于加强我市学生思想政治工作的报告》并报市委。

【德育工作】2022年，中共深圳市委教育工作委员会强化德育工作，抓好班主任队伍建设。进行分级分类专题培训，提升班主任带班育人能力和理论水平；做好"两赛"选拔与培训工作，以赛促长；发挥省、市、区、校四级名班主任工作室主持人引领辐射作用。打造区域德育特色，福田区"德育表达"、南山区一体化德育行动、罗湖区三级班主任工作室培养成员全覆盖、龙华区"闪亮班主任"等品牌活动反响良好。做好未成年人思想道德测评工作。根据市文明办《深圳市2022年全国未成年人思想道德建设工作任务分工表》要求，将测评工作作为年度未成年人思想道德建设工作重点，作为全国文明城市创建工作重要内容推进。召开全市教育系统文明城市创建工作推进会，要求各区、各学校对照测评体系标准，逐条逐项抓好落实，务求所有测评全面达标。制

定"深圳市教育局2022年全国未成年人思想道德建设工作测评任务分工表"，将各项工作任务细化落实到各个处室。从各处室、各区教育行政部门抽调人员组成5个督导检查组，以跨区交叉方式到各点位开展未成年人思想道德建设工作实地检查，检查覆盖各辖区内高校、中小学校、幼儿园、列为实地考察点位的校外培训机构、未成年人心理健康辅导站（点）及青少年课外活动中心等点位。加快提升心理健康教育工作能力。在开学前后、线上教学、复学等关键节点，市教育局下发文件指引和工作方案，压实"一把手"责任，开设分层分类心理课程，组织开展培训等多种活动，对重点个案动态筛查跟进，探索提升联防联控合力。开展"飞行检查"，督促心育工作落实。5—6月，市教育局组织开展全市中小学心理工作"飞行检查"，了解学校各项心理工作落实情况，对存在的问题通报限期整改，各区各校自查自纠，推动心理健康教育工作科学化、规范化发展。以评促建，提升心育能力。组织开展2022年中小学心理活动月心理班会课、心理活动课、亲子互动微视频优秀作品征集评选活动，以评促建，提升班主任、心理教师和家长的心育能力。推动学生心理健康教育与服务体系长效机制文件出台。《深圳市学生心理健康教育与服务体系建设方案（2022—2025）》于9月印发，实行月报告制，有序推进落实。重点推出《谈心》节目，开展市学生辅导中心改扩建、预警大数据云平台建设、心理工作骨干队伍培训等工作，加大与公安、卫健等部门联防

联控力度，构建"积极预防和及时干预相结合、全员参与和个性化服务相结合、教育系统内环和社会服务外环高效协同"的心理健康教育与服务体系，推动全市学生心理健康教育与危机防范工作科学、规范开展。

【教育帮扶】2022年，中共深圳市委教育工作委员会统筹管理，健全教育帮扶制度机制，切实做好教育帮扶工作。组织编制《深圳教育援疆》，全面加强教育援疆工作；印发成立深圳市新疆、西藏、河源、汕尾、汕头和肇庆等支教队通知，组建深圳市支教教师管理队伍，明确支教队主要负责人及工作职责，强化统筹管理工作；联合受援地市编印支教跟岗教师管理办法，明确支教跟岗教师日常工作职责，落实支教跟岗期间管理主体责任，明确支教工作任务及跟岗培养方案，规范人才交流基本任务。深化人才交流，加大教育人才交流力度。全年累计派出支教教师470人，赴新疆、西藏、广西等地开展不少于一学年的支教工作，通过在受援地举行公开课讲座、与受援地教师师徒结对、共建名师工作室等方式，充分发挥支教教师作用。累计接收受援地跟岗教师约800人次，根据职务不同分别制订"一对一"跟岗培养计划，安排名师指导，发挥跟岗学校主体优势，为受援地培养教育教学人才。拓展学校结对范围，扩大学校结对覆盖面。累计组织安排302所学校分别与新疆、广西和汕头、汕尾、河源、肇庆等地市学校建立"一对一"结对关系，签署结对协议，建

立从幼儿园到高中全覆盖式学校结对帮扶机制。其中新疆喀什市、塔县两地实现学校结对 100% 全覆盖，利用深圳优质教育资源优势，全面帮助受援地学校在学校建设、人才培养和教研教学等方面得到提升。

【统战工作】2022 年，中共深圳市委教育工作委员会坚持主要领导重视统战、分管领导直接主抓统战工作方针，认真做好统战工作。积极参加市委统战部及对口联系民主党派的各项会议和活动。对全市 15 所高校开展统战机构设置情况和党外知识分子统战工作调研；对教育系统下属 48 个单位统战工作分管领导及工作人员信息进行采集、更新；协助市侨联筹备 2022 "亲情中华　为你讲故事" 网上营（深圳营）。

【工会工作】2022 年，中共深圳市委教育工作委员会重视做好工会工作。召开中共深圳市委教育工作委员会工会联合会委员会第二次代表大会，选举产生工会第二届委员会；指导 4 家下属单位成立工会组织、7 家下属基层工会完成换届选举，在市教育局直属单位开展深圳市、广东省、全国 "五一劳动奖章" "五一劳动奖状" 推荐工作；组织开展广东省教科文卫工会 "模范职工之家" "模范职工小家" "优秀工会工作者" 推荐工作；举办 "浪漫'5·20'情起工会缘来是你" 活动，为青年职工搭建交友平台；配合深圳国美零售控股集团开展 "深圳百万补贴共抗疫情" 活动。

【共青团工作】2022 年，中共深圳市委教育工作委员会加强党建带团建，从严治团。实地检查学校党建情况时一并检查学校共青团工作台账，组织全市教育系统团员收看庆祝中国共产主义青年团成立 100 周年大会，全市教育系统团支部全面开展 "党的青年运动史" 主题学习，100% 完成智慧团建系统学习录入。联合团市委举办 "喜迎二十大　永远跟党走奋进新征程" 微团课比赛，发挥优秀团干部引领示范作用。下发年度 2106 个发展名额，各校严格执行 "一课双推三公示四考察五步曲" 入团程序，推进团员发展工作。年内，先后开展国家、省、市层级 "两红两优"，省、市层级优秀学生骨干及深圳市 "五四青年奖章" 等评优评先活动，选树宣传学生身边榜样，激励团员及未入团学生向优秀学习。根据《广东省毕业生团员组织关系转接指引（2022 年）》，指导各区、市教育局直属各学校严格开展 2022 年毕业生团员转接工作。10 月 10 日，市教育局召开市教育局直属学校共青团及少先队工作座谈会，通报团员发展及转接工作情况，通报显示各学校落实并按期完成任务。

【创文工作】2022 年，中共深圳市委教育工作委员会印发《关于进一步做好创建全国文明城市工作的通知》《关于进一步做好文明城市创建及未成年人思想道德建设实地考察有关工作的通知》等文件，明确目标要求、工作任务、责任单位，推进教育系统文明城市创建工作。强化检查督促，会同市文明办先后赴各类学校开展 2 轮次集中检查，通报问题、限时整改、跟踪问效。建立常态化提醒机制，督促各区各校对标对表搞创建，确保严格落实。开展 2 轮次核对实地考察样本框信息，为实地考察奠定基础。联合网信办开展 "汇聚鹏城'正能量'争做中国好网民　2022 年深圳好网民评选活动"，营造风清气正的网络空间。　　　　（市委教育工委）

机关党委（人事处）工作

【机关党建】2022 年，深圳市教育局机关党委（人事处）推动机关党建做表率。严格落实 "第一议题" 制度。截至 10 月，共召开党组会 33 次、机关党委会 7 次、党组理论学习中心组学习会 9 次，开展 "第一议题" 学习 47 次。重点学习党的二十大精神、习近平总书记关于教育和巡视工作的重要论述等。规范 "第一议题" 学习制度，构建 "班子成员领学解读、中层正职参学践读、主要领导评学导读" 学习机制。印发 2022 年机关党建工作要点，发布 "争创模范机关、争建五星支部、争做五星党员" 行动实施方案，实施党建 "四领" 工程，顺利完成党支部集中换届工作。围绕深圳市新冠疫情防控需要，先后组织机关党员干部 537 人次投身疫情防控工作。规范重大事项请示报告制度，印发通知明确请示报告内容、具体要求。

【干部队伍建设】2022年，深圳市教育局机关党委（人事处）加强干部队伍建设。推进干部选拔任用，提拔任用一批局机关和直属单位（学校）领导干部，加大干部轮岗交流力度。开展公务员招录工作，招录年轻公务员8名，优化干部队伍结构。规范直属事业单位（学校）中层干部选拔任用，制定中层干部备案工作指引。实施公务员培养"雏鹰计划"，制定新进公务员"双导师"制度。规范干部兼职管理和出国境工作。抓好巡察立行立改事项，分批清退局机关借用人员，整改全市公办中小学"校长助理"等不规范职务，制定局机关跟岗锻炼人员管理办法。举办全市教育系统新冠疫情防控工作培训，约24万人参加培训。推动新成立的10所市教育局直属学校校领导班子配备工作。

【人事制度改革】2022年，深圳市教育局深化人事制度改革。研究制定《深圳市校长教师发展体系建设方案》，推进全市校长和教师队伍规模、结构、素质能力协调发展。完善教师招聘办法，促进体教融合。与深圳大学合作开设教师资格培训班，帮助高水平体育艺术人才取得教师资格证。调配817个教师岗位面向社会公开招聘，吸引一批优秀培训机构教师报名应聘。印发《深圳市深化中小学教师职称制度改革实施方案》，打通校领导、非在编教师参与职称评审渠道，会同市人力资源保障局将深圳市小学高级岗位结构比例由11%提高至15%。印发校长、教师轮岗交流指导意见，多途径推进轮岗交流工作。出台《深圳市基础教育特聘岗位评聘实施办法》，组织开展特聘岗位评聘政策宣讲，开展特聘岗位评聘工作。教师队伍建设工作做法和成效得到肯定，在教育部推进"新强师计划"实施工作会议上，深圳市教育局作为唯一计划单列市进行交流发言。

【教师培训机制完善】2022年，深圳市教育局不断完善教师培训机制。联合市公安局进一步完善教职员工准入查询与定期查询制度，开展教职员工入职查询共11次。加大校长、教师培训力度。举办中小学校长赴港高端研修班，实施优秀中学校长培养工程，推荐672名校长、教师参加"国培计划"、省级"新强师工程"，规范幼儿园园长任职资格培训工作。加大名优教师培养引进力度。完成218个市级名校（园）长、名教师工作室组建任务，吸纳约3000名骨干校长、骨干教师参加工作室。完成教师资格考试面试考务组织工作，2万余人次参加教师资格考试。加强外籍教师引进和管理，草拟全市基础教育系统《外籍教师聘用管理服务工作指引》。

【教师队伍建设】2022年，深圳市教育局机关党委（人事处）强化教师队伍建设。推进实施中小学"名师工程"，组建第三批"名师工程"名校长、名教师工作室。做好"广东特支计划"教学名师遴选推荐工作，支持深圳中学探索建设5个博士工作室。推进教师资格考试面试和认定工作。1月和5月，分别开展2次教师资格考试面试工作，2万余名符合条件考生参加面试；4月和7月，完成2批教师资格认定工作，共认定通过高中（含中职）教师资格4357人。组织教师参加支教帮扶工作。年内，全市共派出支教教师436名，其中赴广西支教96名、省内支教316名（其中市级层面选派14名、各区选派302名）、西藏支教13名、新疆支教10名、江西支教1名。

[机关党委（人事处）]

2022年5月20日，深圳市中小学体育教师教学技能大赛在市体育运动学校落幕　　　　　　　　　　　　　　　　　　（深圳市教育局　供）

政策法规工作

【概况】2022年，深圳市教育局政策法规处围绕学习宣传贯彻习近平法治思想和中央全面依法治国工作会议精神，紧扣省、市教育系统"法治建设年"工作方案，全面梳理法治建设情况，通过开展自查、找准亮点、整改问题，有效提升依法行政、依法治教水平。根据《深圳市建设中国特色社会主义法治先行示范城市实施方案（2021—2025年）》，有序推进2022年度全市教育系统政策法规工作，落实落细各项工作要求。

【教育立法】2022年，深圳市教育局立足教育改革发展和教育治理关键领域，推动教育立法工作。《深圳经济特区学前教育条例》通过市人大常委会审议，并于9月1日公布施行。《深圳经济特区职业教育条例》作为市人大常委会和市政府2022年度立法计划项目，广泛征求意见并进一步修改完善。《深圳经济特区专门教育条例》开展座谈、实地考察等调研，按计划推进。

【重大行政决策事项】2022年，深圳市教育局政策法规处根据市法治政府建设考核要求，在征求各处室意见基础上，形成市教育局2022年度重大行政决策事项目录并在局门户网站公布。统筹推进制定深圳市深化幼儿园教师队伍建设改革有关政策、深圳市加强和改进学校体育工作有关政策、深圳市学生心理健康教育与服务体系建设有关政策。其中，制定深圳市深化幼儿园教师队伍建设改革有关政策被纳入市政府重大行政决策事项。

【法律审查】2022年，深圳市教育局根据市政府令第305号、深教〔2019〕113号和深教〔2021〕31号等规定，做好市教育局行政决策、合同、文件等有关法律审查工作，并依法出具审查意见。全年办理合同、规范性文件、招标文件、一般性文件、信访件审查及其他法律咨询共200余件。

【行政执法和诉讼复议】2022年，深圳市教育局政策法规处统筹相关业务处室开展行政执法和诉讼复议工作。通过双随机平台进行行政执法检查，并将行政执法案件信息及时录入双公示平台。截至10月底，共进行行政处罚1宗、行政检查5宗。推进行政执法与刑事司法有序衔接，依法向检察机关提供行政执法信息和数据。梳理涉执法政务服务事项，开展教育领域市场准入效能评估和"证照分离"改革中期评估。年内，共办理行政诉讼案件6宗，依法配合法院审判活动，按规定答辩、出庭应诉；办理行政复议案件3宗，按时向市政府行政复议办提交答复书和相关证据材料。

（政策法规处）

教育改革

【概况】2022年，中共深圳市委教育工作委员会进一步深化教育改革。推进"四个咨询委员会"建设。推进职业教育专家咨询委员会筹建。确定委员会工作章程、委员资格、聘期、工作义务及权利；明确委员名单，通过征集职业教育领域相关行政管理机构、行业、企业、协会等意见，聘任第一届委员共32人，其中鲁昕为主任委员、王幼鹏等5人为公务专家委员、周子学等26人为非公务专家委员。联络确认包括26位国内教育理论家、各领域教育专家和知名校长在内的专家同意担任深圳市基础教育专家咨询委员会委员。推进"四个体系"相关文件制定。与市政府办公厅沟通，统筹推动市级层面研究"四个体系"建设方案，起草《深圳市教育局关于提请印发深圳市教育经费保障、校长教师发展、教育教学研究、教育监测评价督导四个体系建设方案的请示》并报市政府。统筹推动《2022年推动经济社会高质量发展"十大计划"》《中共中央、国务院关于支持深圳建设中国特色社会主义先行示范区的意见》《2022年深圳市全面深化改革工作要点》《深圳先行示范区重大项目清单》《综合改革首批授权清单》等系列改革督查事项中涉及市教育局各项任务的落实。修改完善"深圳市教育发展'十四五'规划任务分解一览表"，将282项具体任务分解到各单位、市教育局各处室，并明确完成时限。与市委改革办沟通，完善第二批综合改革授权清单，报送需教育部支持事项。参与教育部基础教育综合改革实验区相关文件起草，参加在江苏省常州市举办的教育部基础教育综合改革实验区工作会议，协助准备基础教育综合改革实验区汇报。

（市委教育工委）

【教育教学体系改革】2022年，深圳市教育科学研究院推进教育教学体系改革。研制《深圳市教育教学研究体系建设方案》《深圳市教师发展中心建设方案》。成功向市编办申请核增事业编制15个，配强教研员队伍，引进一批教研员，完善教师发展中心和质量监测中心建设。健全教科研人员管理机制。研制《深圳市教科研人员交流轮岗的实施方案》，建立"旋转门"制度；出台《深圳市教科院教职工考核办法》。创新教研工作模式，强化集体视导、示范课展示、教学资源开发、教学指引编制、教改项目协同等教研方式。构建教科研机构内部分工协同工作机制。整合科研、教研、培训、质量监测等部门研究力量，强化四部门在重大教育发展改革项目上的协同研究与设计。强化研究资源整合。设置特聘岗位，探索面向国内高校或科研院所引进或柔性引进特聘专家；探索组建学科专业指导委员会和学科教学改革研究小组，协同开展教学改革研究；组建专家资源库，协同开展政策研究、教学改革指导及教师培训；依托广东省博士后创新实践基地，与华南师大等单位合作开展博士后培养，创建博士后创新论坛，开展教育改革研讨；强化市、区、校三级教研体系建设，整合教学研究力量。全年教科研人员发表论文104篇。 （市教育科学研究院）

【基础教育综合改革】2022年，深圳市教育局基础教育处推进基础教育综合改革。制定《深圳市"教育部基础教育综合改革实验区"先行区创建方案》，会同有关处室拟定《关于"教育部基础教育综合改革实验区"工作情况的汇报》（市委深改委第二十五次会议汇报材料）。筹备"教育部基础教育综合改革实验区"工作研讨会并陪同市教育局副局长赵立出席江苏常州现场会。落实《深圳市"教育部基础教育综合改革"先行区申报创建的通知》精神并初步汇总申报情况。

（基础教育处）

【中考政策改革】2022年，深圳市教育局推进全市高中阶段学校考试招生制度改革。优化录取批次。加大职业教育发展支持力度，增加中职学校优势专业纳入一批录取量。推动深汕特别合作区平稳纳入深圳中考体系。以全市"一盘棋"的思路做好深汕特别合作区组考与录取对接工作，指导深汕特别合作区相关部门和学校完成考试融合基础性工作。组织实施高中阶段学校招生政策专项调研，为进一步推进全市中考改革奠定基础。

（市招生考试办公室）

教育宣传

【党的二十大学习宣传】2022年，深圳市教育局积极做好党的二十大学习宣传工作。6月，在全市教育系统组织开展以"筑梦新时代，奋斗圳青春"为主题的校园短视频大赛，为迎接党的二十大胜利召开营造良好氛围；在"深圳教育"官微开设"聚焦党的二十大"专栏，运用线上平台宣传党的二十大精神；多次在央媒展现深圳教育风采，深圳大学师生畅谈党的二十大、学习党的二十大精神和深圳职业技术学院职业教育探索等先后登上央视《新闻联播》，市教育局组织收看党的二十大开幕会亮相央视《晚间新闻》"二十大时光"。

【教育先行示范宣传报道】2022年，深圳市教育局聚焦职业教育、智慧教育、劳动教育、学前教育、集团化办学等"深圳路径"的教育先行示范探索实践，获多家央媒专题宣传报道。《光明日报》刊发《素质赋能中心助力培养大国工匠》《七年磨一剑，突破"卡脖子"》《深圳市麓城外国语小学：劳动教育迎丰收，向阳生长育新人》专题报道，分别聚焦深圳职业教育在素质赋能方面的探索实践、劳动教育的创新做法与成果、高校教授科研攻关的奋斗故事；《人民日报》刊发文章聚焦深圳未来教育新模式；央视财经频道先后推送《大力推进集团化办学 缓解学区房焦虑》《家门口就是好学校》，专题报道深圳集团化办学成效；《中国教育报》先后刊发《深圳：新技术打造教育竞速"超车道"》《立法护航学前教育高质量发展》《一百六十项服务清单助学生就好业》《校企"九个共同"合力推动"双高"建设》《深圳："科技＋精细"智取校门堵点》等12篇重点报道，全面展现深圳教育改革发展的举措和成效。

【教育系统抗疫宣传】2022年，深圳市教育局大力做好教育系统新冠疫情抗疫宣传工作。利用自有政务媒体平台"深圳教育"及时发布疫情防控讯息，记录抗疫"温暖瞬间"。共发布推文 104 篇，总阅读量 1155 万次，其中《事关返校时间！深圳市校园疫情防控工作专班最新通告！》阅读量 313 万次；发布视频 24 条，总点击量 150 余万次。推出《这"疫"刻，老师您真美》《共克时艰，深港一起赢》专题报道，多角度宣传教师志愿者的感人故事，全媒体展现深港心手相连共同抗疫的决心，其中《这"疫"刻，老师您真美》原创视频点击量 26.1 万次。联动媒体挖掘先进典型，做好舆论引导。在各级各类媒体刊发新闻报道 40 余篇，其中在《中国教育报》《人民日报》等中央级媒体刊发报道 9 篇、在省级媒体刊发报道 11 篇。

2022 年 8 月 26 日，深圳市基础教育系统"年度教师"现场评选活动举行
（深圳市教育局　供）

【"三考"工作宣传】 2022 年，深圳市教育局会同主流媒体，通过全媒体矩阵开展高考、中考护航和新冠疫情防疫、考务组织宣传工作。引导各级媒体加强对疫情隔离考点、考场的正面宣传，市、区、校三级微信公众号同题联动，推出宣传报道累计 180 余篇次，多角度展现考前精心准备、考中暖心护航、考后贴心服务画面，广受考生、家长和媒体好评。《中国教育报》先后刊发《深圳：多方暖心护航助中考考生应考尽考》《深圳：家校社协同打造平安、健康、暖心中考》报道，宣传深圳市暖心服务考生的感人事例。

【典型人物宣传】 2022 年，深圳市教育局多种形式开展典型人物宣传活动。策划推出"最潮中国观、看我圳少年""大国有工匠、看我圳少年""圳青年之 TA 的讲台系列"三大系列短视频，全方位展现深圳师生的青春风貌；推出"推文 + 短视频"主题报道 18 期，获得全网逾 3 亿曝光量。"圳少年"系列中"最后一课"主题获得全网 2.4 亿关注量，《人民日报》《中国教育报》和中国教育电视台等 20 余家中央、省、市媒体相继转发；"12 岁射手王练昱彤"报道和短视频获得全网 3000 万关注量；《深圳仅 6 人！这些学生被录取为空军飞行学员，他们的宣言太热血！》《年仅 8 岁！深圳这名男孩刷新攀岩全国纪录！》等获央视新闻微信公众号转发；央视新闻频道《24 小时》专题报道《特写"超人妈妈"王大坤，边带娃边考研，35 岁女保安圆梦哈工大》；支教教师杨汇滢登上中央电视三台栏目，讲述深圳教师支教背后的故事；"大国有工匠，看我圳少年"系列聚焦职教毕业生发展，

展现职业教育成长成才的多种可能性。

【教师节主题宣传】 2022 年，深圳市教育局全方位、多渠道做好教师节主题宣传工作。策划"城市因教育而美好"系列灯箱海报、教师节灯光秀、"年度教师"系列报道等，传递身边榜样力量。线上线下融合传播，全面展现广大人民教师为党育人、为国育才的奉献精神。教师节前后在深南大道沿线 LED 屏幕展示系列海报与祝福语，发布《今晚，深圳的夜空，为老师们点亮》《致敬！深圳老师身影"闪现"地铁站，这些画面戳中你我！》等教师节宣传内容，向广大教育工作者致敬，在全社会营造尊师重教良好氛围。《南方日报》《南方教育时报》《深圳特区报》和深圳报业视听中心等数十家省、市媒体纷纷推出教师节相关报道。

【政务新媒体宣传工作】 2022 年，深圳市教育局充分发挥政务新媒

体宣传主阵地作用，做好各项教育宣传工作。"深圳教育"微信公众号1—10月累计推送文章843篇，累计阅读量4221万次，推文平均每篇阅读量近5万次。其中，73篇推文阅读量10万次以上，2篇推文阅读量300余万次，《返校时间安排来了！》单篇最高阅读量逾316万次。微信视频号累计发送视频134条，累计阅读量995万次，平均阅读量近7万次，《"疫"散云开，学生返校前的温馨提示》单条最高阅读量73万次。开设直播38场，受到众多家长和师生关注。政务网站共发稿1.32万篇，网站总浏览次数1638万次，平均阅读次数163万次。严格核查官网各项表述。9月起，每周对网站进行一次意识形态表述问题排查，对发现的问题及时进行整改。

【教育舆情处置】2022年，深圳市教育局统筹协调处置市网络舆情应对统一指挥平台推送的教育舆情881条，其中纳入绩效考核舆情94条、提醒关注舆情787条，舆情处置率100%。提升舆情预警和研判专业水平。组织撰写舆情周报40期、舆情专报22份。统筹做好重点敏感舆情线下处置和舆论引导工作。7月起，开展"每日一报"工作，监测整理全市教育系统舆情，形成《市教育局每日重点舆情》，当天分送各相关单位，防止舆情风险蔓延扩散。党的二十大期间，坚持"每日三报"，加强市、区联动，组织各区、各处室开展重要节点舆情风险梳理研判，做到早发现、早预防。　　　　（政策法规处）

发展规划与财务管理

【基础教育学位建设】2022年，深圳市教育局深入落实深圳市委、市政府印发的《关于加快学位建设推进基础教育优质发展的实施意见》《深圳市高中学校建设方案（2020—2025年）》任务要求，持续推进基础教育学位建设。依托市教育领域项目指挥部细化任务分工、落实责任到人、形成建设清单，倒排工期、挂图作战、合力攻坚。年内，召开指挥部会议11次，协调审议各类问题或事项近70项，克服新冠疫情影响，推动教育领域各建设项目总体进展顺利。截至9月底，全市新开办中小学校（幼儿园）119所，新增学位16.38万个（幼儿园0.95万个、义务教育11.08万个、高中4.35万个）。

【教育领域投资统筹】2022年，深圳市教育局认真做好教育领域投资统筹工作。重点围绕教育领域固定资产投资深入挖潜，以市教育领域项目指挥部牵头抓总，建立联络员制度，确保形成投资项目"应统尽统"。建立按月编制投资简报制度，及时发现问题、置换任务或调整时序。根据市重大投资项目总指挥部和市教育领域项目指挥部工作安排，教育领域重点项目年度计划投资330亿元（含20大示范项目年度投资计划94.4亿元）。截至9月底，教育领域项目完成投资250亿元、投资完成率75.8%，其中20大示范项目完成投资82亿元、投资完成率94.86%，均超过时序进度要求。

【高中招生规模扩大】2022年，深圳市教育局在充分考虑各高中阶段学校建设规模、办学水平、办学条件和历年招生数量的基础上，编制下达全市2022年高中阶段学校招生计划，进一步扩大高中招生规模。秋季全市计划新增公办普通高中学校18所，全市高中计划招生11.3万人（其中公办普高计划招生5.9万人），比上年增加1.04万人（其中公办普高招生计划增加1.28万人）。圆满实现《深圳市高中学校建设方案（2020—2025年）》既定的阶段性目标，普高及职高总体学位可满足2022年符合深圳市中考划线录取条件考生入读高中需求。

【中小学校建设品质提升】2022年，深圳市教育局以"崇尚品质、追求卓越、打造精品"为原则，通过多项举措推动学校建设品质提升，做到高中学校"建一所、优一所"。优化规划建设标准体系。立足深圳紧约束用地资源实际，专题调研国家、广东省和北京、上海、广州等城市现行学校类建筑标准，明确深圳市学校类建筑标准体系优化完善方向和举措。联合市住建局等相关部门编制印发《中小学校项目规范》，并联合市发改委等相关部门开展《深圳市普通中小学校建设标准》修订等系列工作，率先探索超特大城市资源环境紧约束条件下学校建设高质量发展之路。强化专业技术支撑。组建成立由多位院士、各领域专家、知名校长和各部门代表组成的深圳市学校规划与建设专家咨询委员会，全年围绕各高中园设计方案、建设规划标准等事宜开展评议活动 11 次，为中小学校建设品质提升提供专业技术支撑。做实高中园创新模式。积极探索在土地资源紧约束条件下集约建设优质高中新模式，突出"融合共享"集约特色，加快推进龙岗、坪山、光明、深汕等 4 所高中园规划建设。2022 年秋季，龙岗、坪山、光明区等 3 所高中园各 3 所公办普高学校建成开办，其余高中园学校按计划高标准加快建设中，建成后累计可提供高中学位约 4 万个，以全国首创高中园管理体制机制打造国内高中教育高质量发展高地。

【教育经费保障】2022 年，深圳市教育局落实市领导关于教育经费有关指示要求，完善教育投入政策引导，打造投入充足、结构优化、效益显著的教育经费保障体系。完善《深圳市教育经费保障体系建设方案》，会同市财政局、市民政局、市人力资源保障局会签报送市政府，待市政府一并审定"四个体系"后按程序印发。健全教育投入使用管理机制。启动全市公办中小学生均拨款标准调研，联合市财政局通过调整生均拨款标准，优化涵盖范围，将高三补课费及高中晚自习费、教师培训费、午餐午休管理费和课后服务管理费、新疆班学生学习生活费等统筹纳入，发挥好生均拨款在预算编制和经费保障中的基础支撑作用。推进学位建设转移支付奖补落地。与市财政局商定，根据各区每年学位建设任务完成情况予以奖补，并将其纳入《深圳市第六轮市区财政体制实施方案》，待印发后结合 2022 年各区公办义务教育学位建成情况推进转移支付资金分配下达，保障基础教育学位建设投入。完成《深圳市教育费附加使用管理办法》修订。联合市财政局就修订内容达成一致，先后完成两轮各相关部门及各区政府意见征求工作，按程序报市政府审议。强化绩效管理。根据市财政局"五挂钩"要求科学编制 2023 年局系统部门预算，落实项目预算编制执行全绩效管理，每月通报督促加快支出进度，确保财政资金提质增效。与市财政开展高校学科生均培养成本结构测算调研，逐步建立"生均 + 项目 + 绩效"的高校经费保障制度。

【教育类基金会管理】2022 年，深圳市教育局理顺双重管理工作机制，加强教育类基金会管理。与市民政局就推动教育类基金规范管理、提升效能明确双方职责分工，达成工作方案及备忘录，形成常态化工作沟通机制；制定《关于规范教育类基金会业务主管单位管理职责的方案》，明晰市教育局内处室职责，提升市教育局作为业务主管单位的规范管理水平。推进教育类基金会规范管理。印发《关于开展明确教育类基金会业务主管单位试点工作的通知》，明确市教育局担任业务主管单位的接收标准，正式向 7 家学校设立的教育类基金会批复同意担任其业务主管单位，积极履行对基金会申报业务进行前置审核等管理职责。开展调研，加快制定教育类基金会发展指导意见。就深圳市支持教育发展的基金会现状、捐赠情况等进行专题调研，起草《促进我市教育类基金会发展

的实施意见》，引导教育类基金会规范发展、提升效能，向市民政局征求意见。筹备举办深圳市教育慈善大会。制定教育慈善大会活动方案，组织各区、各高校合力做好相关工作，畅通社会力量捐资助学通道，鼓励引导社会力量支持教育发展。制定市教育社会捐赠统计调查制度。落实市长覃伟中关于"完善教育经费统计体系，对非货币捐赠、实物捐赠也要统计在内，推进教育经费一网统管"的要求，深入研究编制深圳市教育社会捐赠统计调查制度，向市民政、统计等相关部门及各区政府征求意见，待基金会年报出具后正式启动填报，规范教育捐赠统计工作。

【教育专项工作】2022 年，深圳市教育局切实做好教育专项工作。推动校园新冠疫情防控设备布设，提升全市学校（幼儿园）防疫保障水平。与市财政局按 6000 元 / 台标准共下达专项购置经费 4788.6 万元，为全市学校（幼儿园）统一配备电子哨兵，从严从细加强校园疫情防控工作，保障校园师生员工健康。开展校舍安全隐患大排查、大整治行动。召开专题会议对全市教育系统居民自建房排查整治等工作进行动员部署，印发《深圳市学校房屋建筑结构安全排查整治工作方案》，按照"条块结合""一岗双责"原则，组织全市教育系统开展学校房屋建筑结构安全排查整治工作，提升全市学校房屋建筑安全使用和应急管理能力。做好审计工作。2022 年，配合市审计局开展 7 项外部审计工作，其中包括领导干部经济责任审计和"深圳

北理莫斯科大学办学经费收支"及"2018—2021 年义务教育阶段财政经费投入使用情况"专项审计,持续推进审计发现问题整改。做实挂点服务企业助企纾困工作。多次走访挂点企业,听取收集问题诉求,协调推动解决。推动落实教育系统隔离储备用房工作。根据市委、市政府工作部署,按照"散发疫情本校解决,一般规模疫情全市教育系统统筹解决,特殊情况疫情请求市里支持解决,尽最大努力为全市防疫隔离用房做贡献"原则,推动落实教育系统储备隔离用房 1 万间。

(发展规划与财务管理处)

学生资助

【概况】2022 年,深圳市教育局发放学生资助资金 5.8 亿元,惠及学生 34 万人次,全面保障贫困学生接受教育权利。其中:高校本专科和研究生阶段资助学生 11 万人次,资金投入 2.4 亿元;中等职业学校资助学生 17.2 万人次,资金投入 2.96 亿元;普通高中资助学生 3.01 万人次,资金投入 3425.76 万元;义务教育学校资助 2.69 万人次,资金投入 855.74 万元;幼儿园资助 1300 人次,资金投入 200 万元、同比增长 30%。

【高校资助】2022 年,深圳市多举措并举开展高校资助工作,确保高校家庭经济困难学生顺利入学。提高生源地信用助学贷款受理效率,继续采用集中统一受理的"深圳模式"。为应对疫情影响,通过简化申请流程、最大限度延长现场

受理时间、开展"点对点"方式、"一对一"办理等,全面做到"应贷尽贷"。全年发放生源地信用贷款 1496 万元,较上年增长近一倍;资助学生 1245 人次,较上年增长 74% 以上。畅通高校学生资助热线电话,开通高校新生入学"绿色通道"。截至 10 月 31 日,学生资助热线共接到咨询电话 3150 余个,并实现新生入学"零投诉";全年全市 2323 名大学新生通过"绿色通道"报到入学,缓交学费和住宿费约 1244 万元。临时救助受新冠肺炎疫情和灾害影响学生。各高校面向受疫情和灾害影响的学生设立临时困难补助,全年全市各高校共发放临时补助 203 人次,金额 25 万元。

【"重点保障群体学生"核实】2022 年,教育部和广东省教育厅要求深圳市对中小学校脱贫家庭学生、脱贫不稳定家庭学生、边缘易致贫家庭学生、突发严重困难家庭学生、城乡低保学生、特困救助学生、孤儿学生、残疾学生和残疾人子女学生等 9 类"重点保障群体学生"4.78 万人次进行核实。全市中小学校对照名单逐一核实,并对经核实的学生 100% 落实国家学生资助政策,保障家庭经济困难学生受教育的权利。

【学前学生资助】2022 年,深圳市教育局进一步完善针对不同层面对象、在资助面和资助力度方面相互补充、立体式全覆盖的学前教育学生资助政策。学前学生资助工作重点是在精细推行资助政策基础上推广全国学生资助管理信息系统运行

和使用,强化各级资助人员责任担当,继续落实国家脱贫攻坚战中建档立卡户在深就读子女的资助政策。年内,全市学前教育面向困难群体共资助学生约 1300 人次,资助金额逾 200 万元、同比增长 30%。保障全国学生资助管理信息系统学前子系统录入工作,春季学期共录入资助系统的资助对象 54 万余人次(含在园儿童健康成长补贴),及时完成任务,获得教育部全国学生资助管理中心好评。

【学生资助宣传】2022 年,深圳市教育局全方位开展学生资助宣传工作。抓好"开学季""毕业季"宣传资助政策,增强服务意识,进一步提升教育事务服务水平。在市教育局官网常年开设学生资助重点栏目,利用"深圳教育"微信公众号对重点政策进行宣传。"开学季"设立学生资助热线电话,全天候接受政策和业务咨询;制作助学贷款微电影,利用校园网、校园广播、宣传橱窗、宣传海报、微信公众号、班会、社团活动等手段,全方位、多角度宣传学生资助政策。"毕业季"向全市高中毕业生宣传《致高中毕业生一封信》和生源地信用助学贷款政策,在中考报考指南中夹印《高中教育阶段学生资助政策问答》,向初中毕业生宣传《致初中毕业生一封信》;开展高校学生资助育人成效宣传,组织编印《追寻梦想——深圳市 2021 年国家奖学金获奖学生风采录》,开展"资助育人·筑梦未来"短视频大赛等活动,教育部在全国学生资助工作会议上对深圳市资助育人工

作予以通报表扬;通过邮寄方式发放学籍事务材料,实现学籍事务"最多跑一次"目标,提升教育事务服务公众满意度。截至10月31日,共受理和办结全市高中和市局直属义务教育学校学生休学、复学、退学等学籍事务约1758人次,完成高中毕业证验核4.9万份。

(教育事务综合保障中心)

招生考试

【概况】2022年,深圳市招生考试办公室充分组织动员,全力做好招生考试工作。全面落实"不因疫情影响考试、不因考试引发传播疫情"工作要求,做到"四个坚决到位",圆满完成包括普通高考、研究生考试、自学考试、成人高考、中考、普通高中和初中学业水平考试、教育类社会考试等八大类40次教育统一考试,全年服务考生约135万人次。

责任落实到位 压实招生委员会工作责任,明确招委会成员单位职责分工,完善工作方案,层层落实管理责任,建立沟通协调机制,及时妥善处理各类突发事件。副市长郑红波多次召开调度会与专题会,对新冠疫情防控、试卷保密、考务安全、舆情管控等进行全面统筹协调。市教育局局长陈秋明在教育考试中心督查各区各考点组考工作。"三考"前夕,省教育考试院到深圳进行专项督导,现场抽查龙岗区教育局保密室以及全市4个考点(深圳高级中学、深圳科学高中东校区、红岭中学、龙城高级中学),对深圳高考准备情况给予充分肯定。

疫情防控到位 坚持预案在前,完善国家教育统一考试联席会议机制,发挥卫健等联席会议成员单位作用,层层压实防疫责任。制定印发《2022年深圳市国家教育类考试组考疫情防控保障方案》,先后根据考试实际,出台各

项考试疫情防控工作方案指引,包括《深圳市2022年普通高考疫情防控工作方案》《常规考点疫情防控工作指引》《特殊考生分类组考工作指引》和《特殊考生分类转运工作指引》等,在高考、中考期间精准划分"八类考生人群五类考点",快速完成医院考点和备用考点、专用隔离考点、隔离酒店考点等特殊考点启用工作,快速建立组考疫情防控应急会商机制。坚持排查在前,强化人员管控。及时摸排涉疫考生信息,建立考生台账,做到"点对点""人对人",全面、及时、准确掌握考生动态,强化防疫措施,确保考试安全。全年组考实现疫情"零感染""零扩散"。

安全防护到位 制定考试安全工作实施方案、突发事件应急处置预案,强化综合整治,全方位织牢安全防护网。"三考"期间,会同宣传、网信、工信、生态环境、市场监管等多个部门联合开展"三考护航"八大专项行动,确保全市招考环境安静、舒适、有序。协调保密、公安等部门,对各区和各考点保密室进行全面检查、验收,严防发生各类影响考试秩序和安全的事件,维护考试环境公正公平。5月底,邀请法律专家采取线上直播模式,通过"深圳教育"视频号,向全市考生开展"知礼守法、诚信考试"宣讲,全市共28万师生收看。

服务保障到位 坚持"以考生为本",优化服务举措,提高考生和社会对招考工作的满意度。做好考试招生政策宣传解读和咨询服务,做好考生信访疏导与帮扶。组

2022年6月7日,高考开考。全市共有普通高考考生5.12万人,为历年最高;全市10个区共设49个普通考点、31个特殊考点

(深圳市教育局 供)

织线上招生咨询会，累计咨询总量突破 20 万条。招考网年浏览量突破 250 万人次。发布招考信息和通讯 507 条（篇）。利用短信群发系统为考生发布"温馨提示"100 余万条。

【涉考信访处置】2022 年，深圳市教育局贯彻落实市委、市政府工作部署，快速处置涉考信访问题。认真听取中考考生家长诉求，按照"一个不可以、五个可以"原则，积极开展中考信访协调化解工作。积极推进市、区分级包案机制，线下信访在 10 月中旬全部清零，前期安置信访人员未出现反复情况。

【标准化考点建设】2022 年，深圳市教育局加强标准化考点建设，大幅提升考位供给能力。推动各院校申报教育类职业技能考试考点，满足全市教育类职业技能考生报考需要，为全市中职学校学生职业证书考试提供支持和服务。加强教育类社会考试考官队伍建设，加速壮大考官队伍，提升专业化能力。3 月，市招生考试办公室向广东省教育考试院申请组织全国英语等级考试新考官培训会，全市由各考点派出 100 名英语科任教师参加培训，最终共有 90 名教师通过考核认定；5 月，深圳由各考点派出 152 名专业教师分别前往佛山和广州参加中职专业技能课程考试新考官培训，全市考官库人数增长约 28%，有效缓解组考工作中考官聘用难的问题，为全市中职（中技）学校课程教育提供人才支撑和保障。

（市招生考试办公室）

社会力量办学

【民办义务教育规范发展】2022 年，深圳市教育局制定并印发《深圳市规范民办义务教育发展工作实施方案》。在任务要求基础上，围绕规范发展、提升质量目标，提出"十四五"期间具体推进措施。相关方案经市委教育工作领导小组、市政府常务会议和市委深改委审议通过并印发实施。6 月 30 日，广东省召开规范民办义务教育发展专项工作推进会，深圳市副市长郑红波就民办义务教育发展专项整体工作开展做经验汇报。稳妥推进"公参民"学校治理。社会力量办学管理处统筹协调相关区、有关处室共同推进"公参民"学校治理；研究制订《深圳外国语小学转制方案》，按照依法依规、平稳有序、妥善处理原则制定方案，稳妥推进学校"转公"工作。相关方案已按程序提请局长办公会议审定。

【非编退休教师信访工作】2022 年，深圳市教育局会同市财政局、市民政局、市人力资源和社会保障局、市住房和建设局等有关部门，对全市非在编退休教师养老待遇情况进行研判分析，积极协调，研究解决办法，彻底解决非编教师养老保障问题。坚决落实市委、市政府工作部署，对重复访积案及疑难复杂信访案件，实行局主要领导包案制度，积极与信访人座谈，做好思想沟通工作，争取信访人对政府的信任。局领导先后多次召开专题会议，查找问题症结，完善具体化解方案。

【民办学校财务管理】2022 年，深圳市教育局推进全市民办中小学校财务、资产及工薪监管软件系统和财务实时监管平台建设。在上年民办中小学财务、资产及工薪管理系统研发完成并上线运行基础上，开展市、区两级实时监管平台建设，积极协调有关单位进行平台研发、部署和运维工作，确保该项目顺利完成并交付使用。按照规范性文件制作流程逐步推进深圳市民办中小学校财务管理办法研制工作，规范民办中小学财务业务行为。

【民办中小学年度检查】2022 年，深圳市教育局成立 3 个工作组分头进行民办中小学年度检查，检查人员由社会力量办学管理处处级干部带队，有督学、会计师、安全主任等专业人员参与，对学校财务、招生、学生心理危机预防与干预以及教师养老保障和校园疫情防控等方面工作开展现场检查。年检工作加大处罚力度，对于学校存在相关 17 个方面问题的，年检结果不予合格。结合年检，与社保部门联合开展"双随机、一公开"行动，对存在违规办学行为的学校下发整改通知书，限期整改。

【国际化民办学校调研】2022 年，深圳市教育局积极引导和促进全市民办学校国际化特色发展，规范国际化民办学校管理，提升教育国际化水平。组织市民办教育协会开展对民办国际化学校（含港校、港班、基于出国留学方向开展国际课程实验的学校、双语学校等）的调研工作。分析总结深圳国际化学校现状特点以及存在的问题，规划国际化教育发展格局。做好外籍人员子女学校、港校港班有关管理工作，并做好与港澳教育工作的交流与合作以及跨境学童返校复学处置工作。

【民办义务教育学校纾困措施研究起草】2022 年，深圳市积极研究起草对受新冠肺炎疫情影响的民办义务教育学校的纾困措施。2022年，深圳市民办义务教育收费暂不调整。为解决由此带来的民办义务教育学校办学经费不足的困难，市教育局积极协调市发改委、市财政局研究纾困措施，组织开展办学成本调查，为确定分类分档补贴提供数据支撑。

（社会力量办学管理处）

2022 年 5 月 25 日，"深港澳青少年庆祝香港回归 25 周年暨携手同学行动成果展"在深圳市罗湖中学举行（深圳市教育局　供）

交流合作

【深港澳教育交流】2022 年 5 月 25 日，由深圳市教育局、深圳海外联谊会主办，深圳市罗湖区教育局、深圳罗湖海外联谊会、深圳市罗湖区教育科学研究院承办，香港深圳青年总会、深圳工程师联合会、深圳市罗湖中学协办的"深港澳青少年庆祝香港回归 25 周年暨携手同学行动成果展"在深圳市罗湖中学举行。该活动在"罗湖教育"云平台全程直播，深港澳三地 100 余所学校师生观看线上直播。共举办活动 210 项，深港澳三地近 300 所学校将近 4 万名学生参与活动。市教育局成功组织举办四届粤港澳姊妹

学校中华经典美文诵读深圳赛区比赛，受到粤港澳三地姊妹学校普遍欢迎，交流效果显著。此项活动得到市委常委表扬，被新华社等几十家内地和香港媒体报道。

（社会力量办学管理处）

【粤港澳大湾区特色职教园区建设】2022 年，深圳市教育局推进粤港澳大湾区特色职教园区建设。引进香港职业训练局项目，租赁创智云城 8930.67 平方米物业作为特色职业教育园区过渡场地，推动粤港澳职业教育在招生就业、人才培养等方面开展深度合作。对接港澳产业发展需求，联合两地研究机构、行业领军企业及青年创新创业公司以市场需求为导向，共同开展应用技术研发，加速科技成果转化和初创企业孵化落地，服务大湾区社会民生。

【职教国际交流】2022 年，深圳市教育局积极促进职教国际交流。指导深圳职业院校携手华为等一流企

业，利用联合国教科文组织平台"走出去"，在德国、乌克兰、保加利亚、马来西亚等 8 个国家建立职业教育海外培训中心。成立联合国教科文组织发展中国家职业教育创新中心，推动职业教育标准国际化，制定、推广职业教育专业国际认证"深圳协议"，主导或参与制定国际、国家行业标准 104 项。深圳职业技术学院获联合国教科文组织"职业技术教育数字化"教席，是中国职业教育领域唯一教席，引领全球职业教育数字化转型。支持深圳职业技术学院承办以"开放·合作·共赢——共同共建人类技能共同体"为主题的职业教育国际研讨会。

【深港澳青少年庆祝香港回归25周年暨携手同学行动成果展】2022年 5 月 25 日，由深圳市教育局、深圳海外联谊会主办，罗湖区教育局、罗湖海外联谊会、罗湖区教育科学研究院承办，香港深圳青年总会、深圳工程师联合会、

罗湖中学协办的深港澳青少年庆祝香港回归25周年暨携手同学行动成果展在深圳市罗湖中学举行。该活动在罗湖教育云平台全程直播，深港澳三地100余所学校通过线上直播观看。共举办活动210项，深港澳三地近300所学校4万名学生参与。

（职业与终身教育处）

德育与体育卫生艺术教育

【德育工作】2022年，深圳市教育局重视做好德育工作。评选出第三批93个中小学名班主任工作室主持人，印发通知启动创建深圳市中小学第三批名班主任工作室。评选出211节家庭教育优秀课例，结集汇编中小学云班会活动60节。贯彻实施《中华人民共和国家庭教育促进法》，举办首届家庭教育巡礼启动仪式。"家庭教育大讲坛"获评"2022感动深圳十佳创意项目"，共举办活动31期。推进深圳市中小学生综合实践基地建设，完成立项和项目选址及用地手续办理、可行性研究报告报送。推动《深圳经济特区专门教育条例》纳入市人大常委会2022年度立法计划。加强毒品预防教育宣传工作，实现全国青少年毒品预防教育数字化平台全市学校接入率、学生注册率、学习完成率3个100%目标。创建全国国防教育示范校4所、广东省国防教育特色学校4所。选派2所学校参加2022年广东省学校国旗护卫队展示交流活动。推进教育

系统生态文明教育。创建"绿色学校"和"绿色幼儿园"，绿色学校创建率70%，绿色幼儿园创建率30%，获"市直单位生态文明考核进步奖"。做好校园阅读组织推广工作，参与组织"深圳读书月"活动，举办各类读书演讲比赛、辩论赛、校园图书馆评选等活动。

【体育工作】2022年，深圳市教育局推动学校体育场馆向社会开放，全市620所学校对接"i深圳"一键预约平台系统，公办学校100%"应开尽开"。与体育部门建立青少年赛事统筹管理与一体化运行机制，2022年举办28个项目42场市级比赛，建构大中小学生锦标赛、中小学生班级联赛竞赛体系。推进体教融合工作，配合市文化广电旅游体育局出台《深圳市关于深化体教融合 促进青少年健康发展的实施方案》。制定《深圳市关于加强与改进新时代学校体育工作的实施意见》，在市教育局网站公

开征求社会意见。参加广东省第十三届中学生运动会，组建435人的代表团，参加全部12个学生组别、2个教师组别比赛，学生组勇夺31枚金牌、29枚银牌、38枚铜牌，位列团体总分第二名，获得"团体总分一等奖"和"体育道德风尚奖""优秀组织奖"；教师组获得体育教师教学技能大赛一等奖第一名。提升体育教师教学水平，举行深圳市体育教师技能大赛。完成校内"体育一小时"工作，开展校园"体育一小时"飞行检查。筹备X9联盟赛艇联赛，于11月举行大沙河科技园站、大沙河大学城站、茅洲河站比赛。

【卫生防疫】2022年，深圳市教育局研究制定校园新冠疫情防控政策、工作指引，出台通知、文件200份，织密织牢校园疫情防护网。科学、精准开展校园疫情防控工作。落实落细春季和秋季学期开学返校、寒暑期校园疫情

2022年6月11—12日，由深圳市教育局、市文化广电旅游体育局主办的深圳市中小学生班级围棋比赛在南山区海滨实验小学深圳湾部举行

（深圳市教育局 供）

防控、校园常态化疫情防控工作，做好校门出入管理、师生健康管理、"白名单"管理、校内核酸检测、疫苗接种、入校物品管理、校园环境消杀通风等防疫工作。制定应急方案预案，开展校园应急处置演练，提升应急处置能力。妥善处置涉疫师生员工，防止疫情在校园内扩散。严谨细致做好高考、中考、学考等重要考试防疫工作，筑牢考试疫情防控工作"安全墙"。从严从实开展常态化疫情督导检查，立行立改，及时发现问题、堵塞漏洞。密切监测学生健康状况，严格落实学生晨午（晚）检、"日报告""零报告"、因病缺勤、缺课登记和病因追踪工作。加强卫教融合，改善学校卫生环境和教学卫生条件，加强学校卫生技术人员业务培训和指导，开展学生卫生健康教育。推进儿童青少年近视、营养健康、脊柱侧弯、龋齿等学生常见问题防控工作。妥善处置诸如病毒感染性腹泻、流感、肺结核、麻疹、水痘、腮腺炎、手足口病等校园

传染病，强化校园爱国卫生运动开展，改善校园环境卫生。

【美育工作】2022年，深圳市教育局将创建"美育之城"纳入《深圳教育发展"十四五"规划》，作为教育中长期重点工作持续推进。深圳高级中学等4支学生艺术团队入选教育部主办的全国第七届中小学生艺术展演活动最终现场展演。建立深圳市学校美育专家库，引入优秀艺术家进校园。建立深圳市粤港澳大湾区学校体育艺术联盟，推进湾区学校美育合作与交流。

【课后服务】2022年，深圳市教育局按照每生每年1000元标准，保障落实义务教育学校课后服务专项经费。印发《深圳市教育局关于进一步加强义务教育阶段学校课后服务工作的通知》。严格落实新冠疫情防控要求，义务教育学校100%开展课后服务，学生参与率90.7%。召开全市春季课后服务工作会议，组织交流各区、校课后服

务开展情况。

【劳动教育】2022年，深圳市教育局出台《深圳市教育局关于进一步加强大中小学劳动教育的实施意见》。组织深圳中学等7所第一批劳动教育特色学校开展劳动教育特色成果申报。组织深圳小学等10所中小学申报创建第二批广东省级中小学劳动教育特色学校。加大劳动教育宣传力度，在"深圳教育"微信公众号推送劳动教育专题12期。筹备省劳动教育现场会、深圳首届劳动教育巡礼等重要活动。组织18所中小学参加省劳动教育工作专项调研。　（体育卫生与艺术教育处）

学校安全管理

【概况】2022年，深圳市教育局党组认真学习贯彻习近平总书记关于安全生产的重要论述及国务院安委会"安全生产十五条硬措施"，树立安全发展理念，落实学校安全管理责任。修订"深圳市教育系统2022年学校安全管理责任书"，组织各区教育行政部门、市局直属各校园开展责任书签订工作，层层压紧压实安全责任。印发《深圳市教育局关于落实"一岗双责"健全学校安全工作责任制度的通知》，明确学校各岗位安全职责，逐一列明清单，健全全员安全责任制，将岗位安全职责纳入日常考核。

【校园安全隐患排查整治】2022年，深圳市教育局印发《深圳市教育系统安全生产大检查工作实施方

2022年11月25日，在"全国大中小学劳动教育高质量发展论坛"上，深圳市教育科学研究院院长李桂娟分享"深圳经验"（深圳市教育科学研究院　供）

案》，组织各级教育行政部门、各类学校认真制定工作方案，成立专项工作领导小组，对照检查要点全面深入开展校园安全隐患排查整治。建立台账、明确时限、责任到人、清单式管理，严格落实"一周一报"制度，通过常态化开展校园安全隐患排查，推动隐患整改实现闭环管理。全年全市教育系统累计出动4.1万检查人次，检查学校9265校次，查出安全隐患1.11万项，完成安全隐患整治1.03万项，限期跟踪隐患排查整治整改，确保对账销号、闭环管理。加大校外托管机构监管力度。印发《关于严格执行疫情期间校外培训机构和托管机构暂停营业管理的通知》，指导督促各区落实监管责任，加强巡查整改；联合公安、市场监管和街道综合执法等部门共同检查校外托管机构2400余家，查处违规经营托管机构7家。加强安全工作督查检查。局班子领导带队赴学校开展安全工作督查指导，会同公安、市场监管等部门加强学校安全督查检查，以"四不两直"方式加大端午节、中高考、"七一"等关键时间节点安全飞行检查，推进各项安全管理制度及措施落地见效。

【校园安全体系构建】2022年，深圳市教育局强化校园安全体系构建。实施学生安全文明素养培育工程，开展校园安全"一月一主题"宣传教育活动；举办安全宣传教育学生作品大赛，发动学生自主创作安全宣传教育绘画、手抄报、黑板报和科普文章，收集优

秀作品1100余份；构建具有深圳特色的中小学公共安全教育模式，形成"10×3"（10类课程、1—3年级、4—6年级、初中3个层次）公共安全教育课程体系；推动将教职工岗位安全培训纳入教师继续教育体系；在"深圳教育"微信公众号上推送交通、消防、食品等安全知识，阅读量均达10万以上；《中国教育报》刊登《深圳："科技＋精细"智取校门堵点》专题报道。

【校园安保防范能力建设】2022年，深圳市教育局联合公安部门持续开展校园安全防范能力建设。开展更高水平"平安校园"创建。印发《深圳市教育局　深圳市公安局关于开展更高水平"安全文明校园（平安校园）"创建考评工作的通知》，健全校园安全风险防控体系，提升校园安全防范技术水平，3年内分批实现全市校园更高水平"平安校园"100%全覆盖，在"平安校园"基础上创建更高水平"安全文明校园"。开展"护校安园"专项行动。联合政法、公安部门以校园安全防范建设和法治教育为主题，开展为期2年的专项行动，整治校园安防隐患问题，强化校园内部防范工作。开展保安员排查调研。按照"护校安园""校园安全防范三年行动计划"工作部署，连续开展6轮校园安全隐患排查，针对保安员持证上岗、足额配备、培训演练等方面开始滚动排查，及时清理无证保安员，转岗60岁以上超龄保安员。开展保安员培训和比武活动。印发《2022年

度全市校园应急队伍比武活动方案》，通过比武活动，开展应急演练，以赛促训，切实强化保安队伍业务和应急处突能力。开展联合交叉检查。市、区教育和公安部门联合开展跨区域学校安防工作交叉检查，督促学校压实主体责任，提前做好开学前安全隐患排查整治，强化安防和防控各项制度机制，为新学期开学做好准备。

【学校食品安全管理】2022年，深圳市教育局持续推进学校食品安全管理。组织各区教育行政部门充分利用暑期完成学校食堂大宗食材批量采购招标工作，公办学校基本纳入集采范围；建设学校食堂智慧管理平台，推动食堂管理信息化、透明化监管。联合市场监管、人力资源部门开展秋季开学校园及周边食品安全专项整治。印发《市市场监管局　市教育局　市人力资源保障局关于进一步加强2022年秋季学期校园及周边食品安全监管工作的通知》，督促学校及周边食品经营单位压实食品安全主体责任，保障学生食品安全。持续开展学校食堂"明厨亮灶"和"提A"工程。全市所有学校、幼儿园食堂均实施"明厨亮灶"，A级食堂比例再创新高。全市A级学校食堂达2191家，其中公办学校食堂A级率达100%。推进学生午餐午休工作。全市共有825个义务教育阶段学校（校区）提供校内午餐午休服务，服务学生78.8万人，基本满足全市有需求学生在校内午餐午休，得到社会肯定。

【学生欺凌防治】2022年，深圳市教育局健全制度机制，防治学生欺凌。7月25日，联合市公安局印发《进一步加强中小学生欺凌防治工作的通知》，明确学校职责清单，强化防治欺凌宣传，加强线索苗头排查，加强防范打击工作。9月19日，联合市公安局制定《2022年秋季学期防治学生欺凌专项整治工作方案》，压实工作责任，在开学初全面摸排线索苗头，强化宣传教育和家校共育，加大学生欺凌违法犯罪打击力度。强化宣传教育，将开学第二周设为"防治学生欺凌宣传教育周"，对全体师生集中开展防治欺凌宣传教育，邀请法治副校长、辅导员到校开展法治教育；发出"致家长的一封信"，提醒家长与学校共同做好学生欺凌防范工作。

【学生溺水防范】2022年，深圳市教育局健全联防联控机制，做好学生溺水防范工作。印发《深圳市教育局关于进一步加强预防学生溺水联防联治工作的函》，明确各部门工作职责和工作重点，健全风险研判、信息通报、联合督导检查和应急处置联动机制，构建起预防学生溺水联防联控长效机制。8月19日，联合市水务局召开教育、水务系统预防学生溺水专项工作会议，对预防学生溺水工作再部署再动员，突出预防溺水宣传教育和危险水域管控。暑假期间，组织学校持续开展防溺水宣传教育提醒，协调市委宣传部门和市水务、文化广电和文体旅游、深圳广电、机场、地铁、公交和商业中心、社区等部门单位通过各自平台推送预防学生溺水公益宣传片，营造全社会防范学生溺水氛围。开展预防学生溺水工作专项联合督导检查。印发《深圳市教育局关于开展预防学生溺水工作联合督导检查的通知》，由市教育局牵头公安、应急管理、广电文体旅游和水务等部门组成5个联合督查组，采取"四不两直"方式，在暑假前分赴各区开展预防学生溺水工作联合督导检查，重点督促各区建立健全联防联控机制，督促检查各相关部门和单位预防学生溺水工作履责情况，压实各区属地管理责任和各部门履职责任。

（学校安全管理处）

教育督导

【政府履职评价】2022年7月，广东省政府教育督导室下发2021年广东省市县级政府履行教育职责评价结果，深圳市以91.53分列珠三角9市第一名，实现四连冠；南山区列珠三角48个县（市、区）第一名，实现四连冠。相关工作在市政府常务会议上通报。积极推动省政府教育督导室对深圳市2021年政府履行教育职责评价反馈意见问题的整改，相关整改报告经市政府同意报省政府教育督导室。召开2022年市政府履行教育职责评价工作部署会，做好迎评各项工作，形成2022年履职评价工作方案和相关工作任务分工。

【义务教育质量监测】2022年，深圳市教育局做好义务教育质量监测工作。指导南山区、宝安区的40所中小学校1176名学生、1045名教职工按照国家要求做好2022年国家义务教育质量监测，并组织开展视导，圆满完成"国测"工作。指导10个区做好省2022年义务教育质量监测各项工作，全市共212所义务教育阶段学校8758名学生、3247名教师（含校长、班主任）和10名区教育行政部门负责人参加监测，顺利完成"省测"任务。就2020年国家义务教育质量监测广东省深圳市（德育状况与科学学习质量）监测结果报告，邀请教育部基础教育质量监测中心教授进行详细分析和解读。根据2020年监测结果报告和各区监测分析报告，梳理各区2020年义务教育质量监测结果中需要关注的数据并发函各区政府，督促各区进行认真研究，查找问题并推进整改落实。

【专项教育督导】2022年，深圳市教育局积极配合广东省教育厅开展专项教育督导工作。配合完成校园安全、规范民办义务教育发展专项督导，并按要求报送有关基础教育高质量发展专项教育督导材料。联合市委、市政府督查室开展学位建设专项督导。年内，按照"条块结合、管理到位"原则，由市教育局领导带队、市督导室牵头，组成8个督查组开展3轮校园新冠疫情防控督导检查，印发6期"工作通报"。完成"学习型街道"创建、义务教育民办学校办学水平、广东省义务教育标准化学校及幼儿园办园行为等各项督导评估。

（教育督导处）

2022 年 7 月 1 日，由广东省教育研究院主办、深圳市教育科学研究院与深圳市中小学思政课省级学科教研基地承办的，以"善用'大思政课'，引导学生听党话、跟党走"为主题的南方教研大讲堂第 45 场活动举行

（深圳市教育科学研究院　供）

教育科研

【教育研究资政】2022 年，深圳市教育科学研究院深度参与深圳市委涉民生问题源头治理调研工作，完成 2 份调研总报告和 6 份专题报告。主动围绕深圳教育先行示范、深圳市教育发展"十四五"规划、深圳市教育部基础教育综合改革实验区建设任务开展研究，形成一批研究报告和政策文件。开展教育发展前沿动态研究。组建若干团队，重点关注纽约、伦敦、东京、巴黎、新加坡等全球国际化、创新型城市教育发展动态，报送《教育前沿动态》16 期共计 159 篇，获市教育局采纳 65 篇；报送《国际教育动态》16 期，获市委采纳 1 篇。

【思政教育研究和思政课程建设】2022 年，深圳市教育科学研究院坚持"五育并举"教育方针，加强思政教育研究及思政课程建设。研制《深圳市中小学思政课校本课程开发指南》《深圳市关于深入推进高校课程思政建设的实施意见》《中小学学科德育指导意见》以及《面对未来的大中小幼思政课一体化建设方案实施意见》，组织研发《深圳的光荣与使命》（小

学版）（高中版）、《深圳市小学生文明礼仪守则绘本》等特色课程；探索"行走的思政课"等思政教育方式，举办深圳市中小学生"学宪法、讲宪法"宪法故事演讲比赛、法治知识竞赛，承办广东省"南方教研大讲堂"之"七一"专场活动，设计党史教育思政课例，活动观看人次达 36 万人次，先后获"中国教育新闻网""学习强国""广东省教育研究院"微信公众号、《南方都市报》等媒体平台宣传报道。研制《关于推进"美育之城"建设的实施方案》，开展 28 场"四个一百"经典艺术作品进校园活动，开设馆校合作的美术馆课程、博物馆课程，开发 300 余节深圳美育微课堂"美的三分钟"课程，开展 30 期"美育大家谈"、19 期"国之乐"空中速递音乐鉴赏系列展播活动。"深圳美术工作坊"项目为全省唯一入选全国第七届艺展项目。3 个"美育教学成果奖"代表该院

2022 年 8 月 22—24 日，深圳市教育科学研究院组织开展深圳市"双新"示范区高中生物学学科骨干教师培训活动　　（深圳市教育科学研究院　供）

冲刺"全国基础教育成果奖"。研制《深圳市全面加强和改进新时代学校体育工作的实施意见》《深圳市普通高中体育与健康学业水平考试终结性专项运动技能测试实施指南》，优化体育教学。体育学科获广东省中运会体育教师技能大赛团体冠军，为历届比赛最佳成绩。研制《深圳市教育局关于进一步加强大中小学劳动教育的实施意见》，筹办"2022全国大中小学劳动教育高质量发展论坛"，评选"劳动美"优秀视频，开展"劳动生活美"技能展评活动。推进自然教育和海洋教育，推进生态文明建设和全球海洋建设。打造深圳"积极心育"模式，建设深圳"积极心育"品牌。研制《深圳市中小学生涯教育指导意见》，修订中小学《生涯发展》系列教材，开展深圳市学生发展支持平台第二阶段建设。

【在线教学指导】2022年，深圳市教育科学研究院出台《深圳市中小学校2022年春季非高三年级在线教学指引》等8份导向性文件。研发1万余个在线教学课程资源包，涵盖小、初、高共45个学科，新增高三年级7个学科（包括日语）的术科生资源包。为《鹏城空中课堂》提供317个义务教育阶段优秀视频资源，组织180节"名师在线"公开课、50期专家讲座，共计14.74万人次参与活动。建立市、区、校三级教学巡课管理机制，日巡课近2000节，月累计巡课近6万节，授课教师达10万余人，《中国教育报》《南方都市报》《南方日报》等媒体进行宣传报道。开展全市中小学在线教学课例征集与评审工作，共评选中小学在线教学获奖课例713个。组织开展深圳市自主游戏和幼小衔接优秀案例遴选，向广东省推荐优秀案例64个。

【重大教育项目建设】2022年，深圳市教育科学研究院切实推进重大教育项目建设。以深圳市获教育部基础教育综合改革示范区建设为契机，系统部署"双减"工作。参与研究《深圳市教育局关于印发深圳市义务教育阶段学校减负提质实施方案的通知》，研制《深圳市义务教育学校学科非书面作业指引》，发布义务教育阶段学科课堂教学基本要求，组织义务教育阶段学科教研员骨干教师编制6243个《深圳市2021—2022学年义务教育学科作业设计样例》。推进深圳市首批义务教育阶段"减负提质"项目。遴选26所"减负提质"实验学校和50个优秀教研组、30名标兵教师，助力推动义务教育高质量发展。推进高中"双新"实施。完成深圳市普通高中新课程新教材实施国家级示范区建设中期检查，在全省工作会议上作示范区建设介绍。组织开展普通高中新课程新教材实施实验校、实验科组、实验项目遴选，10所实验校、25个实验科组、50个实验项目入围；面向全国推出5所示范校和21个学科基地经验做法，展示14个学科42节课，在全省推广深圳市"双新"实施路径和策略，150余万人线上观看。构建科技创新教育体系，赋能智慧教育示范区建设。研制《中小学科技创新教育实践基地建设标准与管理办法》，出台《深圳市中小学科技创新教育行动计划》，组织参与2022年第八届"互联网＋"大学生创新创业大赛萌芽赛道比赛，深圳再获4枚金牌，连续三届获奖总数名列全国城市首位；启动深圳市中小学科普教育学分制光明区试点工作和管理平台建设工作、"馆校结合科技教育基地学校"活动及"深圳市中小学创新教育标杆学校创建""深圳市中小学科技创新教育课程开发"项目等，认定484人为2021年度深圳市中小学"明日科创之星"，与深圳零一学院共同承办2022年第一期创新教育校长工作坊活动，举办深圳市科创教育骨干教师人工智能教育专题培训，建设中小学科技创新教育竞赛活动信息化管理平台；参与香港教育局"STEM教育博览会2022"活动，优化升级创客课程。科创教育获评教育部基础教育改革典型案例。

【新型教研生态构建】2022年，深圳市教育科学研究院着力构建新型教研生态。稳步推进高考、中考各项工作。先后组织线上线下相结合的高三文化科目、音乐、美术、中职学校学生模拟考试；有序组织高中各年级调研考试和高中音乐、美术、信息技术、通用技术学业水平考试命题、考试、评卷、分析工作；完成9个学科《高考备考手册》编写和2022届高考成绩分析报告，有效指导高考备考工作。出台《深圳市深化初中阶段理科实验教学与测评改革的实施意见（试行）》等规范性文件，研制深圳市2022年初中学业水平考试试卷，为中考命题提供重要参考；严格实行"双评"机制，圆满完成评卷工作。积极推进全市23个广东省基础教育教研基地项目，"以建促管、以管精建"，带动基地成员、基地校建设高质量教研基地，开展义务教育课程标准（2022年版）系列解读活动，累计20万人参与活动，构建教研队伍专业发展新平台。开展基础教育阶段各学科教育教学视导工作，组织市、区教科院联合视导，提供点评指导和方向指引，促进教学质量提升。通过各级各类比赛有效促进教师教学能力提升。组织参加第三届广东省中小学青年教师教学能力大赛，共获得38项一等奖，有18名教师获一等奖第一名，6名总冠军中深圳占2名；开展深圳市2022年中小幼（含中职）青年教师教学基本功比赛，共评出一等奖162名、二等奖268名、三等奖372名，评出优秀组织奖19个；参加2022年广东省职业院校技能大赛教学能力比赛，中职组获奖22项、高职组获奖28项；参加2022年广东省中职学校班主任业务能力大赛决赛，8人获奖。制定《深圳市教育科学研究院对口帮扶实施方案》，打造教研帮扶新模式，对汕头、汕尾、河源、肇庆等地在教师培训、教研指导、高考备考等方面进行对口帮扶，发挥教研辐射引领作用，向帮扶地区开放线上培训，参与培训教师逾10万人次。

【教师队伍高质量发展研究】2022

年，深圳市教育科学研究院研制教师发展中心建设方案，完善教师继续教育课程体系，创新培训工作机制，促进教师队伍高质量发展。将示范课、比赛课、优质资源包和优秀教育教学成果奖转化课程纳入教师继续教育课程；面向中小幼教师开展继续教育课程征集评审，评审出165门教师继续教育课程。研制"新强师工程"之"卓越教师"培训体系，完善名校长、名教师、名班主任、教科研专家、骨干教师系列培训体系；研制《深圳市教师发展中心"新强师工程"2023年培训研修项目申报指南》。研制系列专项培训计划，包括《深圳市中小学班主任专业素养提升三年行动计划》《深圳市智慧教育领航人才培养工程实施方案（2022—2025年）》《深圳市中小学校新教师入职培训指引》和《深圳市中小学校幼儿园教师校本培训管理指引》等。研制教师培训评价体系。起草《深圳市基础教育教师继续教育基地评价指标体系》《深圳市区域教师继续教育绩效评价指标体系》《深圳市中小幼教师继续教育培训项目评价指标体系》及《深圳市中小幼教师继续教育课程评选指标体系》等4个教师继续教育评价指标体系文件。开展教师培训基地及研训室建设。起草《深圳市教师发展中心"新强师工程"培训研修基地遴选方案》，遴选一批教师继续教育基地，加强市教师发展中心研训室建设。实施信息化提升工程2.0建设。提升工程2.0项目推进案例获评全国典型案例，分别在全国提升工程办和省

级工程办平台展播。3个省级试点区、6所省级试点校的"整域推荐"和"整校推进"样本辐射全省，被广泛推介与借鉴。南山区在全省提升工程试点区考核中获总分第一名，深圳市育新学校和南方科技大学教育集团（南山）第二实验学校获评广东省提升工程2.0省级试点校。举办系列论坛和培训。承办国家教育行政学院主办的"计划单列市'5+3'城市群深化教育教学改革线上研修"活动，举办63、64两期教育论坛及博士后创新暨深圳教育现代化发展研讨交流会等活动。组织63场线上线下培训，培训教师33万人次，辐射至肇庆、汕头、汕尾、河源等地市。组织开展4500余条2022年中小幼教师继续教育学时验证。

【教学质量监测评价改革】2022年，深圳市教育科学研究院进一步推进教学质量监测评价改革。研制《深圳市深化新时代教育评价改革实施方案》。开展高中调研考试、初中学业水平考试数据分析。推进高中增值评价和教学质量综合性评价，研制《深圳市普通高中体育与健康学业水平考试方案》《深圳市普通高中体育与健康学业质量评价操作指引（试行稿）》，开展艺术测评、体育专项监测。提升在线教学质量。组织4次大规模在线教学质量问卷调查并撰写调研报告，有效指导在线教学。

【教研重大项目机制建设和成果奖及课题申报】2022年，深圳市教育科学研究院强化教育科研重大项目机制建设，做好成果奖及

课题申报工作。出台《深圳市教育科研专家工作室建设和管理办法》，完成教育科研专家年度考核，完成教育科研基地学校终期验收考核。优化教育教学成果培育机制。研制教学成果奖励实施方案，推进教学成果培育对象遴选工作；依托重大项目实践推进、教研基地建设、集中统一开题指导等，构建教育教学成果全方位培育机制。组织完成国家、省、市级208项课题集中开题。组织成果奖申报。完成100余场教学成果打磨修订工作，推荐78项教学成果参评2022年国家级成果奖。其中，基础教育教学成果48项，占比36%，列全省第一。组织各类课题申报，深圳市获全国及省级教育科学规划课题立项数量屡创新高。获立项2022年度全国教育科学规划课题5项、广东省"强师工程"项目67项、广东省教育综合改革专项课题4项、广东省普通高中课程改革专项课题7项、广东省中小学数学专项课题14项、广东省中小学英语专项课题6项、广东省中小学教师信息技术应用能力提升工程2.0专项科研课题40项、广东省青少年校园足球暨学生体质提升专项课题7项。

【"两书""两刊"编辑出版】2022年，深圳市教育局组织编辑出版"两书""两刊"。"两书"：组织撰写《深圳教育年鉴（2022）》，该年鉴由商务印书馆出版发行，由市教育局组织编纂，郑秀玉任编纂委员会主任、李桂娟任主编、潘希武任副主编、张素蓉任执行主编；组织撰写《深圳教育发展

年度报告》（原《深圳教育蓝皮书（2021）》），该年度报告由深圳出版社出版发行，由市教育科学研究院编，李桂娟任主编、潘希武任副主编、张素蓉任执行主编。"两刊"：编辑、审稿、查重、校对、印刷、分发与邮寄《深圳教育研究》（季刊）1—4期，印刷《深圳教育研究》2022年合订本；专题研究、校对、印刷、分发与邮寄《教育观察》（季刊）1—4期。 （深圳市教育科学研究院）

教育信息化

【概况】2022年，深圳市教育信息技术中心（深圳市教育装备中心）进一步推动全市教育信息化工作。贯彻落实国家教育数字化战略行动部署，以建设国家"智慧教育示范区""信息化教学实验区"为抓手，高质量推进"一网统管"智慧治理体系、深圳教育云资源平台、

百所实验校与深圳市云端学校建设，数字化转型创新人才培养、智慧教育示范校遴选培育、跨区域智慧教育成果展示交流等工作取得重要进展，相关工作得到教育部肯定，多项经验成果入选全国典型案例。

【《深圳市基础教育信息化"十四五"规划》发布】2022年8月15日，深圳市教育局发布《深圳市基础教育信息化"十四五"规划》，全面规划部署"十四五"时期智慧教育各方面建设工作。聚焦数字化转型与智能化升级，明确提出打造"鹏教智能体"，建成国内领先、具有较高影响力的智慧教育示范区。教育信息化"十四五"规划按照"1+4+6+8"进行体系化设计，通过"一体赋能、四新六智、八大场景"，实现"数字转型提质创新，智能升级减负增效"目标。以筑基、拓基、强基"三基"工程全面落实教育数字转型，

2022年3月31日，深圳教育信息化"双区"第一季度跨区域成果交流展示活动以线上会议形式举行，在线参与人数超1.2万人。市教育局副局长、党组成员，市委教育工委委员赵立在致辞中强调深圳市信息技术革命进入2.0阶段 （深圳市教育局 供）

以数字转型提质创新，围绕教、学、研、评、测等要素实施六大典型应用，通过智能升级减负增效。深圳智慧教育建设聚集4个方面打造"深圳范式"，建立课堂教学变革"未来看板"，打造智慧教育治理"城市样板"，提供智慧教师队伍"人才底板"，输出体制机制创新"区域模板"。

【教育信息化"双区"建设】2022年3月23日，深圳市教育局印发《深圳市教育信息化"双区"（信息化教学实验区、智慧教育示范区）2022年度工作计划》，面向全市部署教育信息化"双区"建设工作。4月22日，印发《深圳市教育局关于做好教育部"基于教学改革、融合信息技术的新型教与学模式"实验校工作室建设及管理等有关工作的通知》，开展实验校工作室建设。5月18日，教育部"基于教学改革、融合信息技术的新型教与学模式"实验区专家组秘书处对深圳开展中期考核视导，高度肯定深圳实验区工作，表示一些做法在全国领先，具有借鉴示范意义。7月12—14日，联合教育部实验区专家组秘书处和首都师范大学，召开深圳市教育信息化"双区"实验校工作视导会议，邀请教育部实验区专家组针对市直属及各区实验校代表进行工作视导。8月3日，深圳受邀在国家级信息化教学实验区"信坛"主题分享会上面向全国各实验区作"深圳市域统筹区校协同一体化新型教与学模式实验实践之路"专题分享。开展"双区"季度性跨区域成果交流展

示活动，4个季度的成果展播分别聚焦线上线下混合式教学、教育数据采集与应用、教与学模式创新、课程变革与跨学科融合，其中第四季度活动深圳联合成都、厦门、咸宁、台州共同主办，研讨聚焦技术赋能与课程变革，逾32万人在线观摩，反响良好。

【"智慧教育示范区"建设】2022年，深圳市"智慧教育示范区"建设相关工作取得阶段性进展。5月13日，市教育局印发《深圳市教育局"一网统管"工作方案》，以"一网统管"为抓手，高站位绘制智慧教育科学治理蓝图。通过教育服务专题建设，夯实教育数字底座，综合呈现各阶段教育发展情况，解构深圳教育改革创新的探索及成效。8月17日，深圳区域案例《以"六抓六高"着力打造智慧教育公共服务体系》《深圳市云端学校：智慧教育的新样态》入选"2022年度智慧教育优秀案

例"。8月19日，市教育局副局长邱成瑜受邀在GSE2022全球智慧教育大会"区域智慧教育新生态论坛"上作题为"深圳创建国家智慧教育示范区的规划路径与实施策略"主题报告。9—11月，市教育局出台文件指引开展教育信息化"双区"实验校中期考核暨智慧教育示范校培育对象遴选工作，确定40所教育部教育信息化"双区"深圳市智慧教育示范校培育对象。11月30日，深圳典型经验在2022年教育部"智慧教育示范区"创建项目经验交流研讨会主论坛上作分享。

【教育云资源平台建设】2022年，深圳市教育局深化教育云资源平台建设，不断进行升级完善和资源整合，实现优质教育资源成果的汇集、分类和检索。以市级教育云资源平台为依托，丰富混合式教学探索与实践。5月，出台《深圳市教育局关于普通中小

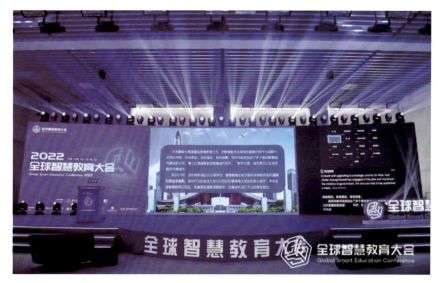

8月18日至20日，"2022全球智慧教育大会"通过线上线下融合方式召开。深圳市邱成瑜副局长应邀在"区域智慧教育新生态论坛"上作"深圳范式"主题发言

（深圳市教育局 供）

学常态化开展线上线下混合式教学工作的指导意见》，解决教师培训、教学平台、终端设备等多方面问题，满足频发、散发的师生居家场景下的混合式教学需求，打造在线教学 2.0 "深圳样板"。平台可用、在用资源 2.3 万节，其中 1.5 万节为基础教育课程同步资源，涵盖小学、初中、高中全学段全学科，内容与新教材章节完全同步，并依据深圳市各学校使用的教材目录按课时提供教学设计、授课 PPT 等资源。平台日均访问量约 50 万人次，全市在线教学期间单日最高访问量 135 万人次。相关经验获媒体宣传报道。

【数字化转型人才培养】2022 年，深圳市教育局开展数字化转型人才培养工作。发布《深圳市智慧教育领航人才培养工程实施方案（2022—2025 年）》，实施智慧教育领航人才培养工程，培养适应智慧教育发展需要的高素质专业化创新型教师队伍。开展适应新型教与学模式的"先锋教师"创新班、在线教学技术能手研修班、学生网络夏令营活动等专业培训，形成具有引领示范作用的人才培养模式及支撑体系。8—11 月，开展第三、四期"先锋教师"创新班培训，总计 50 名"先锋教师"完成理论研修、技能强化、网络研修、调研学习及总结提升 5 个阶段的研修。10—11 月，举办在线教学技术能手研修班，提升 63 名在线教学技术能手培养对象智能教学融合应用能力，帮助其持续探索信息技术在教育教学深入

现实场景中的应用。

【教育信息化标准与教育装备管理】2022 年，深圳市教育局加强教育信息化标准与教育装备管理。推进深圳市初中理科实验教学与评测信息化试点工作。5 月 28—29 日，完成 2022 年深圳市初中理科实验考试信息化试点考试，覆盖 5 个试点区、50 所试点学校 4.58 万名考生。12 月 29 日，印发《深圳市深化初中阶段理科实验教学与测评改革的实施意见（试行）》，推动初中理科实验考试信息化改革。推动中小学校午休设施高质量配备，保障中小学生睡眠质量。编制《深圳市中小学午休设备设施标准指引（征求意见稿）》，对校内午休设备设施基本参数、结构安全性、卫生健康要求等方面做进一步指引。为全面、准确了解全市教育装备发展现状与发展趋势，开展首次教育装备数据采集及统计工作，建立教育装备数据采集平台，面向市直属学校和各区开展培训、数据采集与督导评估工作。

【教育公共服务提升】2022 年，深圳市教育公共服务平台再升级，有效支撑教育系统"数字防疫"、教育业务管理和教育公共资源推广等工作。5 月 31 日，市教育局印发《关于在学校防疫工作中推广应用"粤省事"App"团体码"功能的通知》，在全市中小学校、幼儿园全面推广"粤省事"App"团体码"。全市学校班级"团体码"创建数达 10 万个，一次性加入团体即可高效管理学

生和相关人员的健康信息，并支持实时发送提醒，助力教师、家长"码"上减负。6 月 16 日，深圳市推广"团体码"助力学校防疫减负典型经验在市委、市政府《信息快报》第 112 期上刊登。电子政务服务质量大幅提升，有效保障市教育局各项业务管理工作顺利开展。支撑市级各类教师评价活动的数据应用，助力全市教育领域项目指挥部开展百万学位建设、教育固定资产投资和学位预测，保障 500 余场次视频会议顺利召开。通过"一网统管"建设，实现全市教育治理"一图全面感知、一键可知全局、一体运行联动"，推动服务机关传统决策向科学化数据辅助决策转变。

【教育网络安全管理】2022 年，深圳市教育局强化教育网络安全管理。5—6 月，市委网信办联合市公安局组织网络安全攻防拉练，市政数局组织"深蓝—2022"攻防演练，市教育局作为重点行业防守方参加演练并取得优异成绩，被"深蓝"攻防演练组织机构评为"优秀防守单位"（市直单位第一名）。9 月 6 日，市教育局举办以"网络安全为人民，网络安全靠人民"为主题的网络安全宣传周校园主题日活动，通过多种方式开展网络安全宣传教育活动，引导师生树立网络安全意识，养成文明上网好习惯。是月，举行教育系统网络安全事件应急演练，确保党的二十大期间全市教育系统网络安全。

[市教育信息技术中心
（市教育装备中心）]

2022年深圳市教育局负责人及职责分工

姓　名	职　务	分管工作
陈秋明	市委教育工委书记，市教育局党组书记、局长	主持市委教育工委、市教育局全面工作
杨平	市委教育工委副书记，市教育局党组成员	分管工委办公室（市委教育工作领导小组办公室秘书处）、机关党委（人事处），分管教育系统意识形态和安全维稳工作
赵立	市教育局副局长、党组成员，市委教育工委委员	分管基础教育处、学前教育处、市教育科学研究院
关苏	市教育局党组成员、二级巡视员	分管政策法规处、校外教育培训监管处、社会力量办学管理处，联系市大运留学基金会
陈志锋	市教育局副局长、党组成员，市委教育工委委员	分管高等教育处（中外合作办学处）、学校安全管理处，分管深圳大学城管理服务中心、深圳大学城图书馆，协助分管学校建设
邱成瑜	市教育局副局长、党组成员，市委教育工委委员	分管局办公室、德育与体育卫生艺术教育处、市招生考试办公室、市教育信息技术中心，协助分管教育改革工作
蔡茂洲	市教育局主任督学	分管职业与终身教育处、教育督导处（市政府教育督导室）
张涞临	市教育局二级巡视员	分管发展规划与财务管理处、市教育事务综合保障中心，联系教育国际交流协会、教育学会、市教育发展基金会

2022年深圳市各区（新区、深汕特别合作区）教育部门负责人

单位名称	负责人
福田区教育局	区教育局党组书记：王　巍 区教育局局长：王　巍
罗湖区教育局	区教育局党工委书记：殷　刚 区教育局局长：殷　刚
南山区教育局	区教育局党工委书记：杨　珺 区教育局局长：杨　珺
盐田区教育局	中共深圳市盐田区委教育工委书记：余永弘 盐田区教育局党组书记：余永弘 盐田区教育局局长：余永弘
宝安区教育局	宝安区教育局党工委书记：范燕塔 宝安区教育局局长：王　曦
龙岗区教育局	区教育局党组书记：丁左发 区教育局局长：丁左发
龙华区教育局	区教育局党工委书记：蒙　莹 区教育局局长：蒙　莹
坪山区教育局	区委教育工委书记、局党组书记：赵斌（1—2月）　吴志柳（3月起） 区教育局局长：彭　尧
光明区教育局	区教育局党工委书记：黄汉波 区教育局局长：黄汉波
大鹏新区教育和卫生健康局	新区教育局党工委书记：吴鸿英 新区教育局局长：吴鸿英
深汕特别合作区公共事业局	合作区公共事业局党组书记：徐　琳 合作区公共事业局局长：徐　琳

各级各类教育

Education at Different Levels and Types

学前教育

【学前教育立法】 2022 年 6 月 23 日，深圳市第七届人民代表大会常务委员会第十次会议审议通过《深圳经济特区学前教育条例（表决稿）》，2022 年 9 月 1 日起正式施行。该《条例》聚焦实现"幼有善育"，打造民生幸福标杆战略定位，全面贯彻落实中共中央、国务院关于完善学前教育公共服务体系，办好新时代学前教育的意见和要求，坚持问题导向、目标导向，针对学前教育发展面临的深层次问题，细化有关法律、法规规定并将近年来深圳市学前教育体系建设的经验做法予以固化。

【学前教育学位保障】 2022 年，深圳市教育局着力做好学前教育学位保障工作，巩固"5080"（公办园在园学生比例达到 50%，普惠幼儿占比达到 80%）攻坚成果。印发《深圳市教育局关于 2022 年全市学前教育阶段学位建设工作的通知》，持续扩大学前教育学位供给。1—

8 月，全市新增幼儿园 39 所，新增学前教育学位 1.48 万个。将"巩固'5080'成果，稳步提升公办园和普惠园在园儿童占比；到 2022 年年底，全市公办园在园儿童占比达 52%，普惠性幼儿园在园儿童占比达 87%"列入市教育局年度重点工作予以推进。各区上报数据显示，截至 2022 年 8 月，全市公办幼儿园在园儿童占比 55%，普惠性幼儿园在园儿童占比 88.56%。

【学前教育政策体系建设】 2022 年，深圳市教育局进一步加强学前教育政策体系建设。出台《深圳市市属公办幼儿园开办费和生均运行经费标准（试行）》，完善公办幼儿园经费保障制度；修订并出台《深圳市学前教育专项经费管理办法》，调整优化专项经费使用范围和监管机制，提高专项经费使用效益；出台《关于推进学前教育学区化治理的实施意见》，打造党建、行政、研训、督导"四位一体"的学区化治理模式，发挥优质教育资源辐射带动作用；《深圳市普惠性幼儿园

管理办法（修订稿）》经市政府审定通过，联合市财政局印发。研究制定《深圳市"十四五"学前教育发展提升行动计划（征求意见稿）》《关于全面深化新时代幼儿园教师队伍建设改革的意见》《深圳市学前教育机构设置标准》以及公办园人员管理与保障系列政策文件。

【学前教育高质量发展】 2022 年，深圳市教育局积极推动学前教育高质量发展。联合市住房和建设局下发《关于印发深圳市小区配套幼儿园治理"回头看"工作方案的通知》，开展小区配套园治理"回头看"。经排查，全市 72 所纳入治理台账的小区配套园均办成普惠性幼儿园，2019 年治理工作开展以来 90 所新建小区依标配建的幼儿园均办成公办幼儿园。印发《深圳市教育局关于开展幼儿园名称规范清理专项行动的通知》，开展幼儿园名称规范专项治理。全市共有 63 所幼儿园完成更名登记。加大园长培训力度，启动"卓越园长"领航工程和公办园园长提升工程，

2022 年 11 月 12—13 日，学前教育评价专业委员会首届学术年会在罗湖举行
（罗湖区教育局　供）

按计划开展培训工作。完成 35 个市级学前教育名师（含名园长、名教师和教科研专家）工作室组建，将全市公办和民办幼儿园园长纳入工作室进行实践性培训和幼儿园课程资源研究，实现园长培训全覆盖。构建深圳特色课程体系，印发《深圳市幼儿园课程建设指导意见》和《深圳市幼儿园课程指引》。开展幼儿园课程资源库一期建设工作，将 58 个省、市级名教师工作室和 48 个省、市级学前教育科学保教示范项目纳入资源库。

【幼儿园疫情防控】2022 年，深圳市教育局强化幼儿园新冠疫情防控。印发《深圳市幼儿园常态化疫情防控工作方案（2022 年第一版）》，指导幼儿园做好常态化疫情防控工作，保障师生生命安全和身体健康。助力民办幼儿园渡过疫情难关。针对受疫情影响民办幼儿园出现资金运转困难等问题，出台《深圳市教育局关于做好 2022 年疫情防控期间民办幼儿园帮扶工作的通知》，将民办园纾困纳入全市应对疫情进一步帮助市场主体纾困解难若干措施范畴。至 4 月底，全市完成纾困补助发放工作，减负总规模 1.06 亿元，惠及 818 家民办幼儿园。
（学前教育处）

基础教育

【义务教育招生】2022 年，深圳市教育局统筹做好义务教育招生各项工作。做好学位预测，印发《深圳市教育局关于报送 2022 年义务教育招生学位预测表的通知》。做好学位涉稳问题和隐患摸排化解，印发《深圳市教育局关于开展 2022 年义务教育阶段学位涉稳问题和隐患摸排化解工作的通知》《深圳市教育局关于报送义务教育涉学位信访维稳情况的通知》。做好招生政策解读宣传。印发《深圳市教育局关于做好 2022 年普通中小学招生

入学工作的通知》《深圳市 2022 年义务教育阶段新生招生问答》，指导全市各区义务教育招生工作，及时回应市民关心的招生热点、难点问题。做好各类优待优惠政策人员子女入学申请工作，印发《深圳市"鹏城优才卡"人员子女入学（入园）解决办法》。做好与政府相关部门的协调联动，应用大数据共同做好入学申请资料核验工作。稳步推行大学区招生工作。对各区义务教育大学区招生工作进行调研，摸清各区实施大学区招生现状，形成《深圳市义务教育大学区招生工作情况报告》。指导各区教育行政主管部门在保持现有学区相对稳定的基础上，稳步推行大学区实施范围，新建学校学区划分方式以加入现有学区为主，推进大学区招生制度。截至 9 月 30 日，全市义务教育招收新生 36.24 万人，比上年增加 1.41 万人，增长 4.04%。其中，小一招生 20.71 万人、初一招生 15.53 万人。

【集团化办学】2022 年 4 月 29 日，深圳市教育局印发《深圳市教育局　中共深圳市委机构编制委员会办公室　深圳市财政局　深圳市人力资源和社会保障局关于印发深圳市公办中小学集团化办学实施方案的通知》。至 8 月底，初步完成 2022 年度深圳市公办中小学集团化办学立项申报工作。推动市直属学校到各区合作办学。指导深圳中学与龙华区、福田区、龙岗区、大鹏新区，深圳高级中学与龙华区、盐田区签署合作办学协议。推动深圳第二实验学校举办大鹏新区二十三高、深圳北理莫斯科大学举办龙岗区三十三高、深圳市教科院举办盐

田区三十一高等以及深圳高级中学（集团）北校区龙华区扩建校区等建设工作。有序推进以集团化模式进行高中园建设。4月30日，《中共深圳市委机构编制委员会关于高中园管理体制及机构编制事项的通知》印发，同意在坪山区、光明区、龙岗区高中园成立9所普通高中，分别为深圳实验学校明理高中、崇文高中、卓越高中，深圳外国语学校致远高中、弘知高中、博雅高中，深圳高级中学创新高中、理慧高中、文博高中。6月12日，成立深圳市第二高级中学深汕实验学校。

【特殊教育公平融合】2022年，深圳市教育局落实《深圳市促进特殊教育公平融合发展行动方案》，推动各区标准化特殊教育学校建设，加强普通学校资源教室建设。截至2022年年底，全市有资源教室262间，配备资源教师435名。召开全市特殊教育招生工作会议，保障适龄残疾儿童少年义务教育入学权利，2022年适龄残疾儿童少年入学安置率99.79%。组织广东省第二批特殊教育精品课程建设项目和广东省第二批特殊教育内涵建设示范项目申报工作，全市有5个精品课程和6个内涵建设示范项目获省教育厅立项。开展残疾学生义务教育学习能力评估培训。组织市残疾人专家委员会专家对市社会福利服务指导中心160名残疾儿童少年进行学习能力评估，并落实"送教上门"服务。开展特殊教育调研工作，牵头制定《深圳市"十四五"特殊教育发展提升行动计划（征求意见稿）》，征求市政府相关部门和各区政府意见。

【在线教学管理】2022年4月8日，深圳市高一、高二学生返校复课；4月11日起，义务教育学段学生逐渐返校复课。4月6日，市教育局基础教育处提前部署，发布《关于普通中小学返校复课教育教学安排的指导意见》《2022年春季学期线上线下混合式教学技术指引》《关于开好初中学生返校复课前线上班会课的紧急通知》，对返校复课前的重要事项、返校复课后的教学进度、考试安排、课程衔接、学生教育、家校沟通等提出明确要求，指导学校做好线上线下教育教学过渡与衔接。会同市教科院、市教育信息技术中心编印包括加强各学段在线教学管理指导性文件、各学段系列教育教学指引、线上教学技术指引和加强在线教学管理落实情况及典型案例的《疫情下深圳教育的思与行——深圳市2022年春季学期在线教学成果汇编》并下发到每所学校。8月底，疫情反复，通过提前部署，对返校复课前重要事项、返校复课后教学进度、考试安排、课程衔接、学生教育、家校沟通等均提出明确要求，指导学校做好所有线上线下教育教学工作。

【"双减"和"五育并举"】2022年，深圳市教育局切实做好"双减"和"五育并举"工作。督促指导各学校在线教学期间及返校复课后的"双减"工作，制定《深圳市义务教育阶段学校减负提质实施方案》。会同市教科院召开深圳市首批义务教育学校"减负提质"项目工作推进会。评审出"减负提质"实验校26所、教研组50个、标兵教师30人。定期完成"双减"半

月报；2次陪同市人大调研。按要求完成教育部"双减"监测平台3批共69条问题线索办理，其中挂牌督办线索1条、重点办理线索11条、一般问题线索57条。做好学生综合素质评价工作。组织各区各初中学校开展学生综合素质评价工作，制订工作日程安排并指导各区各学校按时间节点落实。综评工作"零投诉"，并按时提交结果给市招办，为中考工作做好服务，促进学生"五育并举"。推进全市普通高中综合评价工作。根据省教育厅统一部署，落实《广东省教育厅关于印发〈广东省教育厅关于普通高中学生综合素质评价的实施办法（修订）〉的通知》，以育人为导向，在全市普通高中学校全面推广综评素质评价信息管理平台常态化应用，综评素质评价信息录入全面覆盖普通高中3个年级。2022年，组织学生、各科任课教师和市、区、校各级管理人员，通过日常信息录入、以学期为单位的成绩录入、教师评语录入等，顺利完成全市近17万名普通高中学生2021—2022学年上学期和下学期综评素质评价信息录入与公示工作。其中，2019届学生综评总档案覆盖高中3年记录，应用于中山大学、华南理工大学等大学综合评价录取招生和各地市"强基计划"招生。组织普通高中学校学生进行2022—2023学年学校综评素质评价信息录入工作。

【学位信访维稳】2022年，深圳市教育局做好应对学区划分和中招的学位信访维稳工作。通过现场接访、网上信访，协调各区处置群访

2022 年 10—11 月,第二届宝安区"湾区杯"中国围棋大棋士赛围棋进校园暨校级联赛举行 （宝安区教育局 供）

物排查整改工作的补充通知》要求,组织市教科院和全市各区、校分别就地方课程教材、推荐给学生使用的非省目录内的教辅材料、校本课程教材、中小学校园课外读物等进行专项排查,并将结果反馈至省教育厅。对纳入全市 2021 年秋季—2024 年春季义务教育阶段免费课本选用目录且为非省目录内的专题读本、教辅材料等进行审核,并将结果提交局党组会审议。根据省教育厅和国家教材委员会办公室相关要求,对中小学校园课外读物进行全面排查。

涉稳问题 100 余件（起）,合法合理处置每个信访件,群众满意度较高。基础教育处协调各区及具体负责市民中心和市直属学校,实行各区教育系统信访维稳"日报制度"和信访维稳视频调度会"每周一会制度",对信访问题抓小、抓早、抓预防。办理"国满"件 2 件,信访人评价为"满意";压缩一般信访件办理时间,及时清零办结。

主招生计划占全市公办普高招生计划的 8.4%,略低于上年 9.1%,较好实现控规模、提品质目标。

【教材管理】2022 年,深圳市教育局加强教材管理。基础教育处根据《广东省教育厅办公室转发国家教材委员会办公室关于做好教材教辅读

【特色高中建设】2022 年,深圳市教育局结合教育部《普通高中学校办学质量评价指南》,完善《深圳市特色普通高中创建实施方案》,推动特色高中建设。推进"普通高中新课程新教材实施国家级示范区"建设。统筹开展高中自主招生。以"严格要求、明确导向,控制规模、提高品质,分级分类、调控比例"为总体原则,开展 2022 年高中自主招生各项组织工作。在新建高中和招生人数均较大幅度增加情况下,年内公办普高下达的自

【科技创新教育】2022 年,深圳市教育局推进科技创新教育,印发《深圳市中小学科技创新教育行动计划（2022—2025 年）》。完成 2021 年科普工作统计,报送《深圳市科学教育和工程教育开展情况报告》《全国科技活动周工作总结》《关于贯彻实施科普法的情况汇报》等。9 月底,深圳市中小学科普教育学分制工作在光明区启动试点。

2022 年 11 月 20 日,"深圳学生创客节暨第 38 届深圳市青少年科技创新大赛"主场活动在深圳市格致中学举办 （深圳市教育科学研究院 供）

【教育教学管理】2022 年，深圳市教育局加强教育教学管理。基础教育处以"严格要求、明确导向，控制规模、提高品质，分级分类、调控比例"为总体原则，统筹开展 2022 年高中自主招生各项组织工作。做好"控辍保学"工作。落实省教育厅"控辍保学"视频会议精神，有序规范学籍管理工作。细化学籍管理操作细则，加大力度完善学生学籍管理环节与流程，引导学校规范办学行为，维护健康教育生态。协助做好新冠疫情防控督导工作。按照统一部署和分工安排，抓好直属校园和南山区教育系统疫情防控督查工作，实地督导检查，推动疫情防控措施全面落实，确保校园防线不失守。配合审计部门办理各类取证单、调阅单。办理人大建议、政协提案等。　　　　（基础教育处）

2022 年 1 月 7 日，深圳大学在粤海、丽湖校区集中开展大规模核酸筛查，9 小时完成 3.5 万人核酸采样
（深圳市教育局　供）

高等教育

【"双一流"大学建设】2022 年，深圳市教育局积极推动"双一流"大学建设。起草《关于推进深圳大学等 8 所高校高水平大学建设总体方案（2022—2026 年）》《深圳市高等学校新引进高精尖缺人才科研启动经费管理办法》，加快推动建设高水平大学，打造粤港澳大湾区高等教育高地。年内，南方科技大学数学学科入选国家"双一流"建设计划，深圳高等教育高水平发展迈向新阶段。南方科技大学和深圳大学在泰晤士高等教育 2022 年度世界大学排名中，分列内地高校第九和第十七位。

【新高校高质量筹建】2022 年，深圳市教育局高质量筹建新高校。起草《深圳海洋大学筹建方案》，获市政府常务会议审议通过，加快推进与国家深海科考中心一体化建设；深圳创新创意设计学院可研报告获市发改委批复；深圳理工大学开工建设，概算获批，对接深圳"20+8"产业集群布局学科和重大科技基础设施及重点实验室；深圳音乐学院开工建设，完成项目设计方案并申报投资概算，获批开设音乐学、作曲与作曲技术理论 2 个本科专业；天津大学佐治亚理工深圳学院永久校区 11 月开工建设；引进香港大学来深合作办学，会同香港大学研究起草合作办学协议；《深圳零一学院建设方案》获市政府常务会议审议通过，开展拔尖创新人才培养。清华深国院二期（西丽湖、同富裕地块）立项，高等教育领域固定资产投资任务超额完成。

【高校疫情防控】2022 年，深圳市教育局重视做好高校新冠疫情防控工作。先后印发《关于做好全市高校 2022 年秋季学期开学准备工作的通知》《关于做好深圳市高校香港籍学生入境就学工作的通知》《关于进一步做好高校疫情防控工作的通知》等政策文件，结合疫情防控需要，精准指导各高校做好校园常态化疫情防控工作，为港籍学生返深提供便利，将疫情防控工作落实落细，全市高校疫情防控工作平稳可控。

【高等教育先行示范】2022 年，深圳市教育局积极推进高等教育先行示范工作。完成《深圳经济特区高等教育促进条例立法调研》及《全国高校支撑深圳经济社会发展评价研究》2 个调研报告，推动高等教育立法。"教育部和深圳市探索实施中外合作办学项目和不具有法人资格的中外合作办学机构部市联合审批机制"改革事项纳入《国家发展改革委、商务部联合印发关于深圳建设中国特色社会主义先行示范区放宽市场准入若干特别措施的意见》，综合改革授权取得初步成效。推动高校人员总量改革，指导高校做好规范工资与津补贴工作。成立深圳西丽湖国际科教城 X9 高校院所联盟，探索区域内高校院所紧密合作新机制，《深圳西丽湖科教城片区高校课程互选、学分互认工作实施方案》正式印发实施，西丽湖科教城片区 5 所大学实现学分互认、课程互修、师资互聘、资源共享。做好 2022 届高校毕业生就业创业相关工作，举办 6 场校园招聘会。

【高等教育经费统筹】2022 年，深圳市教育局做好高等教育经费统筹工作。明确高等教育经费事项议事规则，研究制定《关于加强和规范高等学校经费管理的通知》；做好 2022 年部门预算执行管理，起草《深圳市教育局关于 2022 年高校部门预算情况的报告》报市政府；组织 2022 年合作办学及新建高校经费专家评审，形成合作办学及新建高校经费审查意见；开展 2023 年部门预算编制工作，组织高校编制预算和做好"一上"工作。

【"四链"融合发展】2022 年，深圳市教育局推进教育链与产业链、创新链、人才链"四链"融合发展。增强学科专业和"20+8"产业集群匹配度，提升高等教育服务经济社会发展和产业发展的能力，起草《深圳市关于调整优化高等教育学科专业结构的实施意见》《深圳高等学校学科专业发展调研报告》，实施学科专业强链、补链计划，完成后报市政府。

［高等教育处（中外合作办学处）］

民办教育

【民办学校财务管理】2022 年，深圳市教育局加强民办学校财务管理，推进民办中小学校财务、资产及工薪监管软件系统和财务实时监管平台建设。在上年民办中小学财务、资产及工薪管理系统研发完成并上线运行基础上，开展市、区两级实时监管平台建设。积极协调有关单位进行平台研发、部署和运维工作，确保该项目顺利完成并交付使用。按照规范性文件制作流程，逐步推进《深圳市民办中小学校财务管理办法》研制工作，规范民办中小学财务业务行为。

【民办中小学年度检查】2022 年，深圳市教育局成立 3 个工作组，分头进行民办中小学年度检查。工作组由社管处处级领导带队，有督学、会计师、安全主任等专业人员参与，对学校财务、招生、学生心理危机预防与干预和教师养老保障及校园新冠疫情防控等方面工作进行现场检查。加大处罚力度，对于存在问题的学校，年检不予通过。结合年检与社保部门联合开展"双随机、一公开"行动，对存在违规办学行为学校下发整改通知书，限期整改。

【国际化民办学校调研】2022 年，深圳市教育局开展国际化民办学校调研工作，引导和促进民办学校国际化特色发展。规范国际化民办学校管理，提升教育国际化水平。根据有关领导批示要求，组织市民办教育协会开展对民办国际化学校

（含港校、港班、基于出国留学方向开展国际课程实验的学校、双语学校等）的调研工作，分析总结深圳国际化学校现状特点、存在的问题，规划国际化教育发展格局。做好外籍人员子女学校、港校港班有关管理工作，加强港澳教育工作交流与合作，妥善做好跨境学童返校复学工作。

【民办义务教育学校纾困解难】2022 年，深圳市教育局积极开展为民办义务教育学校纾困解难工作。协调市发改委、市财政局研究民办义务教育学校纾困解难措施，组织开展办学成本调查，为确定分类分档补贴提供数据支撑，推进解决民办义务教育学校办学经费不足困难。

【民办义务教育规范】2022 年，深圳市教育局印发《深圳市规范民办义务教育发展工作实施方案》，围绕规范发展、提升质量目标，提出"十四五"期间全市具体推进措施。相关方案经市委教育工作领导小组、市政府常务会议和市委深改委审议通过并印发实施。6 月 30 日，广东省召开规范民办义务教育发展专项工作推进会，深圳市副市长郑红波就民办义务教育发展专项整体工作开展做经验汇报。稳妥推进"公参民"学校治理。统筹协调相关区、有关处室共同推进"公参民"学校治理；研究制定《深圳外国语小学转制方案》，按照依法依规、平稳有序、妥善处理的原则制定方案，稳妥推进学校"转公"工作。相关方案按程序提请局长办公会议审定。（社会力量办学管理处）

职业教育

【职教高地建设】2022年，深圳市教育局积极推进职教高地建设。根据《教育部　广东省人民政府关于推进深圳职业教育高端发展　争创世界一流的实施意见》，制定工作任务分解计划表。截至年底，职教高地建设100项任务中，54个重点项目启动率达100%，完成项目79个，按计划推进项目21个，完成率近80%。

【全市职教大会筹备】2022年，深圳市教育局牵头组建全市职业教育大会筹备领导小组，制定大会工作方案。完成职业院校、行业企业、国际国内先进经验专题调研，根据调研报告起草《中共深圳市委　深圳市人民政府关于加快推动现代职业教育高质量发展的实施意见》，于全市职业教育大会正式印发。

【职业教育专家咨询委员会组建】2022年，深圳市教育局开展职业教育专家咨询委员会组建工作。研究制定咨询委员会工作章程，明确委员名单。通过征集职业教育领域相关行政管理机构、行业、企业、协会等意见，印发《深圳市职业教育专家咨询委员会章程》《深圳市职业教育专家咨询委员会第一届委员名单》，第一届专家咨询委员会共聘任委员32人。

【《深圳经济特区职业教育条例》研制】2022年，深圳市教育局根据《中华人民共和国职业教育法》《中共中央办公厅、国务院办公厅关于推动现代职业教育高质量发展的意见》和全国职业教育大会、世界职业技术教育发展大会精神，开展《深圳经济特区职业教育条例》研制工作。先后4次向有关单位征求意见，不断修改完善，完成《深圳经济特区职业教育条例（征求意见稿）》研制并报送司法局审查。

【现代职业教育体系构建】2022年，深圳市教育局着力推动构建现代职业教育体系。支持深圳职业技术学院、深圳信息职业技术学院建设中国特色高水平高职学校和专业群，2所高职院校均完成"双高计划"中期自评工作。指导深圳职业技术学院、深圳信息职业技术学院按本科层次职业学校申报要求做好迎评工作。印发《深圳市中—高职教育集团建设方案》，由深圳职业技术学院牵头成立东部职业教育集团、由深圳信息职业技术学院牵头成立西部职业教育集团，发挥高职引领带动作用，推进中职、高职、本科层次职业教育一体化协同发展。

【特色产业学院建设】2022年，深圳市教育局积极推动特色产业学院建设。支持职业院校与华为、比亚迪、平安科技、阿里巴巴、大族激光、方正微电子、越疆科技、海尔数字科技等世界500强或行业龙头企业紧密合作，筹建31个特色产业学院，实施"六个共同"，即共同建设高水平专业、共同开发课程标准、共同打造师资团队、共同设立研发中心、共同开发高端认证证书、共同"走出去"，探索具有中国特色的"双元"育人模式。

【半导体先进制造人才培养】2022年，深圳市教育局支持深圳大学、深圳技术大学、深圳职业技术学院、深圳信息职业技术学院与相关企业深入合作，利用深圳半导体产业设计、制造方面优势，加快半导体先进制造人才培养。研制《深圳市半导体先进制造人才培养工作方案》，征求相关部门意见。深圳大学、深圳技术大学、深圳职业技术学院开设5个短训班，共招生168人。指导深圳大学、深圳技术大学、深圳职业技术学院、深圳信息职业技术学院制定半导体先进制造学院专班开设方案。

【职教对口帮扶】2022年，深圳市教育局做好职教对口帮扶工作。高质量完成云南昭通"卡户生"在深圳市职业院校入学及就业工作，为2022届533名云南籍毕业生申请深圳市高校求职创业补贴，人均补贴3000元。实施云南籍毕业生"扶上马、送一程"工程，解决毕业生求职困难问题，云南籍学生毕业去向落实率达100%。

（职业与终身教育处）

校外教育

【概况】2022年，深圳市教育局进一步加强校外教育培训监管。成立市主要领导为组长、副组长，24家相关单位主要负责人为成员的市"双减"工作领导小组，各区相应成立领导小组。主动与市委编办等部门沟通协调，推动各区教育部门成立相应科室。截至年底，福田、南山、龙岗、光明4个区教育局成立校外培训监管科，推动其他区尽快成立相关监管科室。将落实"双减"工作情况作为政府履行教育职责督导评价重要内容，切实抓好督导落实工作。

【校外培训规范管理】2022年，深圳市教育局推进校外培训规范管理。制定校外培训机构预收费资金管理工作指引，推动机构与银行签订资金监管协议，预收费资金100%纳入监管，纳入监管资金总额1.7亿元，监管资金总额排名全省第一。引导机构积极关停转型，义务教育阶段学科类校外培训机构统一登记为非营利性机构工作任务完成比例100%。根据省教育厅要求，由市、区教育部门会同宣传、人社、科技、文体、街道等部门，组建各学科审核专家组，沿用社区"四人小组"模式，全面开展校外培训教材和从业人员资质专项排查工作。制定义务教育阶段线下学科类校外培训收费标准，加强培训收费监管。推动与中国人民银行深圳市中心支行签署战略合作框架协议，推进校外培训领域数字人民币应用试点，促进校外培训行业预收费智能化、规范化管理。推进全市校外培训机构安装视频监控，提高管理效能，实现智能监管。

【校外培训监管执法】2022年，深圳市教育局强化校外培训监管执法。压减学科类培训机构规模。全市原有义务教育阶段学科类校外培训机构862家，截至2022年年底压减828家，压减比例96%。对市、区教育部门审批的478家证照齐全培训机构，持续做好规范管理。统筹做好非学科类培训机构规范管理，全市共有市场监管部门登记的非学科类培训机构1.7万家。配合省教育厅和相关部门研究制定非学科类培训机构设置标准、审批流程，指导各区做好非学科类培训机构审批准备工作。印发《深圳市校外教育培训机构常态化疫情防控工作手册》《2022秋季学期校外培训机构疫情防控指引》等文件，实行培训机构"白名单"在"深i企"平台动态管理。落实密闭场所"九必须"，加强培训机构新冠疫情防控检查，筑牢培训机构疫情安全防线。根据教育部和应急管理部《校外培训机构消防安全管理九项规定》要求，联合市应急和消防部门，开展校外培训机构消防安全专项调研和检查。以全市652个社区为单位，分别组建社区联合执法"四人小组"，开展全覆盖联合执法检查行动。全年全市共检查校外培训机构约6万家次，依法关停培训机构1223家，责令整改机构562家，立案查处违规营业校外培训机构8家。

【校外培训涉稳风险化解】2022年，深圳市教育局制定《深圳市教育系统防范化解校外培训行业涉稳风险的工作方案》，定期更新、动态监测校外培训机构风险隐患情况。建立领导包案制度。妥善处置化解阿卡索、精锐教育等重点涉稳机构出现的倒闭跑路、学员退费纠纷等风险问题；协调新东方等优质培训机构参与转消课80万元；协调邦德教育完成退费1372人，退费金额855.7万元。建立部门联动协调机制。协调市委政法委、市公安局、市委网信办、市信访局等部门召开专题工作会议，将培训机构涉嫌犯罪相关线索书面移交公安部门立案侦查，并做好应急处置准备工作。组织开展面向校外培训机构优秀教师的招聘活动，疏导和缓解"双减"政策下校外培训机构裁员压力。妥善处理培训机构信访件，共收到校外培训类信访件、邮件1500件（其中"国满"件60件），均全部依法及时答复处理，有效化解信访矛盾纠纷。

（校外教育培训监管处）

2022年6月24-27日，广东省第十三届中学生运动会暨第五届中小学体育教师教学技能大赛中，深圳代表队获中小学体育教师教学技能大赛一等奖（团体总分第一名）。10名参赛教师在10个小组中均获一等奖，刷新了深圳市代表队的历史记录

（深圳市教育科学研究院 供）

区域教育

Regional Education

福田教育

【概况】2022年，福田区有各类学校（校区）293所，其中中小学校126所、幼儿园167所，学生总数约24万人，教职工2.4万人（其中专任教师1.7万人）。全区100%学校达到省、市级规范化标准，普高、职高均为广东省国家级示范高中。自2020年起，清华大学经济管理深圳研究院等4个项目相继落地，福田区拥有从幼儿园到大学的完整教育体系。福田区师资力量雄厚。现有"全国模范教师"6名，"全国优秀教师"33名，"特级教师"53名，"国家级骨干教师"47名。福田区义务教育质量居全省区（县）前列，在"2021年中国公平教育百佳县市"榜单中名列第二，被教育部授予"基础教育国际化综合示范实验区""义务教育发展基本均衡区"和"国家义务教育质量监测结果应用实验区"称号。

【党建引领】2022年，福田区委教育工委以党建引领教育事业发展。推进"书记项目"——中小学校党组织领导的校长负责制改革，落实2022年度30%改革目标。选任4名"第一书记"并派驻民办学校党组织，强化党对民办教育全面领导。福田中学获评2022年"深圳市思政教育示范校"，特色党建工作"高质量党建引领学前教育普惠优质发展"获《人民日报》专题报道。党的二十大精神学习宣传贯彻工作累计开展活动172场，党员干部师生共10万余人次参与活动，在全系统持续掀起学习贯彻党的二十大精神热潮。完善区、局、校领导讲思政课三级体系，累计开展"国旗下书记校长讲思政"品牌活动近1000场次，全面强化"大思政"建设。提升党建工作水平，彰显党组织核心领导作用。共建立

2022年6月16日，福田区委教育工委召开福田区教育系统学习贯彻省第十三次党代会精神专题报告会暨福田区教育局理论学习中心组专题学习会议

（福田区教育局　供）

18 个新冠疫情抗疫一线临时党组织，37 人在一线递交入党申请书，2 人被确定为入党积极分子，受到区委、区政府和社会各方好评。荔园小学获评 2022 年度"全国优秀少先队红旗大队"（全市唯一）。开展党员干部"包路进楼联户"行动，下沉 4 个社区累计 700 余次，5000 余名党员社区报到率 100%。全面夯实师生思想根基。全年共开展专题学习 1233 次，书记讲党课 514 场次，进行革命传统教育 480 场次，学生共 45 万余人次参与活动。"福田教育"官方微信公众号信息全年阅读量突破 420 万次，获国家及省、市、区宣传部门转发 1000 余条。

【人才引进】2022 年，福田区教育局通过应届毕业生招聘、博士特聘、社会招聘、高端人才选聘等多种引进方式，有梯队、有规划补充优质教育人才。全面统筹学校编制和用人需求，指导学校做好用人规划，做好应届生招聘和社会招聘工作，引进的优秀教育人才硕博学历占比 80% 以上。科学、高效开展入职工作。理顺社会人员及应届生入职程序及材料清单，优化入职流程，快速满足学校用人需求。2022 年，通过赴外招聘、公开招聘、市内区外选调、全国选聘等方式招聘教师 953 名；12 月，赴外招聘 2023 年应届毕业生 560 名。

【教师培养】2022 年，福田区教育局强化教师培养，全方位、全过程支持教师成长。创造性提出全面实施"大先生"培养计划，以"七大工程"构建高质量教育人才梯队。

启航工程：职初教师合格胜任力陪伴式培养。助力职初教师从合格到胜任，全覆盖开展 3 年追踪式培养，每年完成对 3000 余名中小幼职初教师全员培训，100% 达到胜任标准。续航工程：教坛新秀优势成长力勘探式培养。助力年轻教师从胜任到成熟，培养一批有教育理想追求、有创新精神和钻研能力、有发展潜力的"福田区教坛新秀"。远航工程：示范型骨干创新研究力激发式培养。助力勇于变革的"先行者"和成熟型教师突破二次成长的瓶颈，促进基于解决问题的研究成果转化，培养一批学术创新意识强、有良好研究能力、能够起到辐射带动作用的"福田区示范型骨干教师"。领航工程：领军教师标杆辐射输出式培养。助力骨干教师实现从优秀到卓越的能力进阶，培育一批有鲜明教育思想与主张，有独特教学风格，有卓越研究能力和辐射力的"福田区领军教师"。助航工程：培训导师学习指导力共生式培养。培育教师身边的、高水平的

专业发展支持力量，增加自身"造血功能"，发挥辖区名教师、名校长存量优势作用，首批培养 100 名福田区教师教育导师。赋能工程：从管理走向领导的能力培养。主要是围绕高质量发展背景下学校管理者岗位胜任的领导力模型，按照不同岗位、不同层级分梯队培养教育家型校（园）长、卓越副校（园）长，未来校（园）长后备干部，卓越学校（园）基层管理者。活力工程：团队战斗力基本功提升培养。助力学校管理团队整体提升战斗力，以打造"区域现代化样本学校群"为目标，以学校整体为单位，采取不同岗位、不同层级组合的联动式实践培养。构建分类、分层渐进式培训体系。近 10 万人次参加包含家庭教育指导胜任力提升等 10 个专题普及性全员培训，938 名 2022 年新入职教师参加为期 10 天的包含职业道德、课堂实践等 7 个专题的通识培训，启动遴选各类名优教师培养对象 160 名，未来校长（副校长）和后备干部培养对象 110 名，

2022 年 7 月 17 日，"福田年度教师"评选活动在华强高职专业学院举行

（福田区教育局 供）

帮助教师解决专业难题，提升教师队伍、管理层教育和管理水平。

【"双减"工作】2022年，福田区教育局落实"双减"工作要求，整治规范校外培训机构办学行为。依托社区"四人小组"深入开展校外培训机构规范治理工作，严肃查处学科类培训转入"地下"或以"家政服务""众筹私教"等名义的隐形变异培训行为，实现福田区义务教育阶段学科类培训机构清零、社区内所有证照不齐学科类校外培训机构动态清零，无节假日、休息日违规开展学科类培训行为。依托春晖家长学校举办父母情绪管理等多主题线上讲座共388场次，强化家庭教育形成教育合力。做好作业设计，实现提质增效。加强调研指导，开展区域学校作业管理效能监测，将作业管理情况纳入义务教育阶段学校发展督导评价。成立作业设计研究小组，强化作业设计指导，组织福田区义务教育阶段教师作业设计比赛，1632名教师参赛，873名教师获奖。教师以"双减"为契机，持续学习、反思、探索和突破，以作业研究撬动课堂教学质量提升和学生学习效益增强。明确"控制作业题量、提高作业效度、创新作业题型"3个导向作用，达到减负、提质、增效、促能目标。组织全区15万余名中小学生参加"争做居家劳动能手"活动，加强劳动教育，培养劳动小能手。2所学校获评"广东省心理特色学校"，5所学校获评"深圳市心理特色校"，评选出"福田区心理特色校"10所，对全区心理健康工作给予示范指引。

2022年12月7日，青年奥运会游泳冠军、全国大学生游泳冠军王冠斌，全国大学生游泳冠军李超到新沙小学进行专业游泳技能展示

（福田区教育局　供）

【"五育并举"教育生态优化】2022年，福田区"五育并举"持续优化教育生态。加强协同育人生态构建。实施"片区聚力工程"，推动片区德育共同体建设，全区成立10个工作片区，其中小学学段6个、初中学段3个、高中学段（含中职）1个。借助片区专家指导团队引领、片区互助共建，系统推进学校德育建设水平，积极培育和创建学校德育工作品牌。加强体育教育。强化体育教师教学教研，保证学生每天一小时校园体育活动，注重运动兴趣和技能培养，使学生学会至少2项终身受益的体育项目，建立健全学生体质健康水平监测评价和保障机制。加强美育教育。强化"中小学美术特色研学共同体"建设，创建3所示范样板校。深入践行"感创"音乐主张，开发1—2门具"感创"特征的区域品牌课程，全区小学生学习小乐器覆盖率达100%，联盟团队增至12个，打造100个具有一定水准的校级艺术团。建设艺术素质测评智能平台系统，开展指标体系艺术素质测评。加强劳动教育。落实教育部印发的《大中小学劳动教育指导纲要（试行）》，推进劳动教育进课堂，鼓励有条件的学校建设或申报"劳动教育基地"，建设若干"劳动教师工作坊"。

【职业教育】2022年，福田区教育局推进产教融合，大力发展职业教育。推进校企合作，新增4个校外实习实训基地。制定"1+X证书"考证教师梯队培养计划，专业教师"1+X"师资认证率85%，"双师"比例80%。高质量推进广东省高水平中职学校创建。通过优化高素质技能人才、构建产教融合双元育人、夯实"研赛训"三维教师培养、完善居民终身教育四大体系，支持华强职校做好广东省高水平中职学校中期验收，力争使其办成国家级优质中职学校。

【高等教育】2022年，福田区有序发展高等教育。保障清华大学经济管理深圳研究院初期运营。助推深圳高等金融研究院步入更好、更快发展轨道。加快香港大学经管学院（深圳）、深圳国际金融科技研究院项目场地装修。加强与深圳大学沟通，推进深圳大学帕森斯设计学院项目。开展高等院校落地福田相关配套政策研究工作，积极探索实践福田区高等院校合作项目财政资助资金政策路径。

【特殊教育】2022年，福田区稳步发展特殊教育。全面推进融合教育，在区特殊教育资源中心基础上成立七大片区资源中心，进行片区融合教育教研及巡回指导。做好特殊儿童入学安置工作，确保适龄残疾儿童少年入学率95%以上，为确实无法到校就读的重度残疾学生提供"送教上门"服务。做好普通学校资源教室常态化检查和抽查工作，完善"一人一案"标准。加强特殊教育教师培训，以"全区培训、片区沙龙、定期研讨"形式提高教师专业水平，提升义务教育阶段特殊教育教学水平。

【心理健康教育】2022年，福田区推进心理健康教育，关注师生心理健康。开展第四届"心理健康活动月"活动，收到师生作品1000余件，公布"广东省心理特色校"2所（红岭中学高中部、彩田学校）、"深圳市心理特色校"5所（南园小学、园岭小学、福田小学、福南小学、福田外国语景田校区），评选出"福田区心理特色校"10所，对全区心理健康工作给予示范指引。借助春晖家长学校举办中小学生公民素养培养、父母情绪管理等多主题线上讲座共388场次，开展秋季开学"新生家长学校第一讲"活动97场次。在"深学"App发布《暑假"心"畅想，夏日乐畅享》《种下一颗种子，静待花开》《暑期已去，开学即来——开学前给家长的暖心提示》《致班主任的一封信，赋能新学期，蓄力"心"征程》等家庭教育、心理健康教育宣传文章，阅读量逾5万次。强化家长责任意识、质量意识、陪伴意识，引导家长成为孩子的"心理营养师、学习引领师、人生指导师、习惯监督师、兴趣合伙人"。落实"立德树人"根本任务，推动学生全面、健康、多元发展。成立福田区青少年儿童健康成长中心，完善"学校—家庭—社区"关爱机制，关注师生心理健康，制定《深圳市福田区学生心理健康教育与服务体系建设方案（2022—2025年）实施细则》。

【教育改革】2022年，福田区进一步加大教育改革力度。推进集团化办学进程，与深圳中学、深圳大学附属中学合作办学。成立深圳市福田区红岭园岭教育集团，集团化办学覆盖率逾50%，不断扩大优质教育资源覆盖面，促进教育优质均衡发展。增加试点数量，加速推进学区化治理。起草《福田区义务教育学区制管理改革试点工作方案（草案）》，增加福民片区（皇岗学校小学部、福民小学）共享学区招生试点，福田区大学区制试点增加至6个，进一步提高学区化覆盖率。组织学科名师研究2022版义务教育课程标准，明确评价改革方向，为全区学校提供评价指引和评价工具。举行"新课标下的国家课程校本化融合实施论坛暨深圳市福田区红岭实验小学第一届跨学科主题学习与教学展示"活动，召开"教育治理现代化背景下学校课程变革的研究与实践"思享会，共享经验、深度交流，推进课程建设，不断优化课程质量、丰富课程数量。对第二届品牌课程培植对象举行线上课程建设培训，加强学术引领，提高课程培植对象团队成员的课程领导力，促进课程优化升级。

【教育督导】2022年，福田区责任督学挂牌督导工作以新冠疫情防控、"双减"工作、校园安全为重点，组织各责任区督学到各学校检查和督查。4月，福田区率先通过教育部审核认定，成为"义务教育优质均衡先行创建区"。5月，召开创建工作推进会，成立攻坚专班，把推进义务教育优质均衡发展纳入稳增提质"十大行动"。攻坚专班到112所辖区义务教育阶段学校开展实地核查工作。"深圳市学习型街道"创建和督导验收工作稳步推进，全区有4个街道申报"深圳市学习型街道"。2022年，该区秉承"寓导于督，服务发展"理念，锐意进取、精准施策，推进先行创建全国义务教育优质均衡发展区工作，全面部署2022年广东省专项教育督导工作，启动深圳市2022年基础教育学位建设及基础教育高质量发展专项督查工作，树立教育督导科学性和权威性，为福田区教育发展保驾护航。

【教育信息化】2022 年，福田区开展"5G+智慧教育"实验校建设，推广应用成果。福田区成功获评全国首批基础教育"5G+智慧教育"应用项目试点单位，13 所学校被确定为教育部"基于教学改革，融合信息技术新型教与学模式的研究"实验学校，5 所学校被确定为"深圳市智慧教育示范校"，3 所学校被确定为福田区"5G+智慧教育"试点学校。通过组织实地调研、专家到校指导等方式，督促落实项目建设工作，推广成果应用。搭建教育共享平台，共享优秀资源。"福田教育"平台在新冠疫情期间发挥电视大屏护眼优势，推出精品课程、主题学习资源，为教学资源均衡发展提供保障。截至 12 月 9 日，总点击量 27.1 万次，内容总量 3174 条，受到市教育局表彰。升级信息技术，扩宽交流渠道。区教育局率先示范，实现教育局主会场与学校分会场之间音视频互动，通过教育专网实现日常行政会议、

远程实时互动教学和教师远程培训学习等功能。建设新型学习中心，充分利用 5G 技术背景下教育资源获取的便利性、即时性、共享性特点，利用大数据、物联网、云计算、人工智能等现代技术，推动福田区教育高速发展。Wi-Fi 6 智能天线和音视频质量为师生流畅的视频互动体验提供保障，课堂上可轻松下载几百兆课件，在线播放视频无卡屏。

【教育宣传】2022 年，福田区教育宣传工作进一步加强。"福田教育"官方微信公众号信息年阅读量突破 260 万次，各级媒体报道转载共计 1 万余条，若干原创"爆款"视频作品全网转发量逾百万次。网站、公众号、视频号、媒体号"四位一体"立体式自媒体矩阵不断优化。2022 年，"福田教育"官方微信"粉丝"突破 32 万人大关，年度阅读量突破 260 万次；开通"福田教育"视频号，借助短视频传播

优势，最大限度发挥教育宣传窗口作用。优化"南都号—福教"动态运营，全年发布新闻稿件 161 篇，总阅读量"100 多万"。2022 年，市教育局在市、区政府网、官方微信发布信息 900 余条，"新华网"、《人民日报》《中国教育报》《南方日报》《南方都市报》《深圳特区报》《深圳商报》《深圳晚报》《晶报》和深圳卫视、《第一现场》等国家、省、市各级媒体报道及转载共计 1 万余条。打造若干"爆款"作品。多篇原创作品获国家及省、市、区宣传部门转发。其中，"圳少年"系列《女子足球小将练昱彤》以及，福田融媒拍摄的《是老师，也是战士》作品，全网转发量逾百万次；广东电视台报道的《深圳：一天敲门 90 户　教育系统志愿者来"扫楼"》登上当日同城热搜前 10;《暖心回应：志愿者小伙"扫楼"遇求助，帮老夫妇联系买药》"抖音"作品点赞量 7.2 万次。

【教育帮扶】2022 年，福田区教育局做好教育帮扶工作。组织全系统 140 余所学校消费帮扶 1500 余万元。通过派遣支教教师、全覆盖双向交流、沉浸式跟岗培训等方式实现教育"组团式"扶贫扶智。精选骨干 118 人次前往新疆、西藏、南宁、肇庆等地支教；接收南宁、肇庆等地 88 名骨干教师到福田区进行跟岗锻炼，借鉴吸收先进教育理念和管理经验。20 余所学校与帮扶地学校开展线上线下等各种教育交流活动共 40 余次。

2022 年 12 月 10 日，福田区第 23 届青少年科技节暨第六届 STEM 教育嘉年华活动在福田区红岭中学开幕
（福田区教育局　供）

【校园安全管理】2022 年，福田区

教育局压实校园安全管理责任，织密校园新冠疫情防控网。动态优化校园疫情防控工作机制。加强日常检查督办，做好健康监测、核酸检测、疫苗接种、应急演练、组考防疫等工作，规范处置疫情应急事件，确保校园安全。做好宣传，提升安全防范能力。以福田区学校安全教育平台为主阵地开展消防安全、交通安全等教育活动，全区293所各级各类学校100%开展以消防、防震、反恐等为主题的疏散演练活动，20余万名师生100%参与活动，有效提高学生防灾减灾救灾能力。加强巡察，筑牢校园安全防线。建立"学校自查、片区交叉查、第三方日常查、部门联合查"四级安全监督管理体系，全年排查交通安全等各类安全隐患1810项，100%完成整改。全区学校100%建立有效防治学生欺凌工作机制，严格执行强制报告制度，保障学生在校安全。

【基础教育学位建设】2022年，福田区持续推进基础教育学位建设。全年完成14所新建和改扩建学校建设工程。其中，新增义务教育学校9所、幼儿园3所、高中学校2所，新增各类学位1.23万个（新增义务教育学位8880个、幼儿园学位630个）。完成6所新建和改扩建义务教育学校建设工程，新增学位7440个；收回并改造1所九年一贯制学校（第二实验学校河套校区），新增学位1260个；华富村中心学校建设工程主体完工，并于文天祥小学、福华小学借址办学，新增学位1170个；福田区第二实验学校扩建工程主体完工，

原址改扩建，正常开学，新增学位405个。共计新增义务教育学位1.03万个。完成金秋幼儿园建设工程和水围村城市更新配建幼儿园、新光联合制药厂区城市更新配建幼儿园建设，新增学位900个。市第二十五高级中学（1800个学位）于深圳市明德实验学校借址办学，完成秋季入学任务；红岭教育集团（高中部）改扩建工程部分交付使用，正常开学。全年学位扩容力度较大，合计新增基础教育学位1.3万个，超额完成新增学位计划（计划新增各类学位1.23万个），实现符合入学政策的适龄儿童100%入读公办学校。

【午餐午休服务提升】2022年，福田区教育局进一步提升午餐午休服务。全区105个义务教育学校（校区）100%开展午餐午休服务，参加午餐午休学生8.1万名。学校食堂自营31家，公办学校食材实现集采集配，从源头上提升学生餐食品质。在福田外国语学校（福保）等学校安装可躺休课桌椅。学生在校午餐午休安全、舒适，家长放心。全市率先试点学校食品安全责任险，保障师生食品安全。

【政务窗口服务优化】2022年，福田区教育局全面提升政务窗口软硬件水平，优化政务窗口服务。树立"福田教育"品牌窗口形象。全年受理各类现场咨询1.53万人次、电话咨询4.11万件，受理各级信访件474件（其中"国满"件238件）；接待群体（3人以上）来访30余批次；"12345热线+民意速办"共受理各类事件1.06万件。

【招生考试服务保障】2022年，福田区教育局全力做好招生考试服务保障工作。2022年，义务教育公办学校小一资料审核通过1.98万人，录取1.98万人；初一资料审核通过1.62万人，录取1.62万人，所有符合福田区入读条件学生全部安排至公办学校入读。年内，共组织4080人完成春季高考、5604人完成夏季高考、1.41万人完成中考、1.61万人完成初二学业水平考试。

【校长负责制推进】2022年，福田区教育局推进校长负责制，联合区委组织部在全市率先印发区级校长负责制工作方案。组织党组织领导的校长负责制工作专题网络培训，全区教育系统党组织班子、行政班子、中层干部、骨干教师等1518人参与培训，实现学校参训率、学校党政班子参训率、学校中层干部参训率3个100%全覆盖。11月，开展全系统"知事识人，述事辨材"深调研工作，掌握全区公办中小学党政班子队伍情况。教育部门、组织部门、编制部门多次座谈研究学校党组织书记、校长和专职副书记职数、待遇、人选等重点、难点问题。强化科室联动、加强组织指导，于年底全面完成议事规则和办学章程修订审核工作。在充分调研基础上，结合辖区实际，制定分批改革名单。2022年年底，30%改革目标全面完成，选优配强学校党组织书记和专职副书记。

【公共服务标准化试点】2022年，福田区教育局开展公共服务标准化试点工作。编制实施内部规范18项，主导、参与制定《城中村学校

提升实施规范》等深圳市地方标准 8 项，有效推动"学有优教"各项基本公共服务高质量和高效率发展。通过《家长学校服务规范》实施应用，推动资源共建共享。率先在全国开办春晖家长学校，组织辖区一线教师、校长成立讲师团开展家庭教育，累计对全区中小学和部分幼儿园家长送家庭教育课3800 节，服务 24 万人次，满意度为 95.2%；通过《义务教育新生报名服务规范》应用实施，实现新生报名申报、资料审核及录用"一站式"平台办理，全程数据"跑路"，大幅降低时间及人力成本。2022年，福田区义务教育阶段共有 3.47万名新生申请学位，真正实现"零接触、云审核"式便民服务供给。福田区以"首善民生 幸福教育"为定位，着力打造新沙小学专项示范点，设计多个体验式场景，宣传推广"学有优教"基本公共服务标准化、均等化实践成就，获区委书记高度评价。

【学前教育普及普惠区创建】2022年，福田区推进学前教育普及普惠区创建。成立 10 个幼教集团和17 个学区，推进实施"四鹰"计划，提升学前教育品质。制定《福田区人民政府办公室关于印发 <福田区创建学前教育普及普惠区实施方案> 的通知》，形成《福田区人民政府关于创建学前教育普及普惠区自评报告》，根据市教育局要求进行全面整改，创建学前教育普及普惠区。区教育局着力建设"广覆盖、保基本、高质量"的学前教育公共服务体系，打造学前教育典范城区。坚持全区谋

划、协同推进，不断加大教育投入，优化资源配置，采取有效措施解决突出问题，破解"超班额"问题和生均户外游戏、生均活动用房、生均建筑面积问题，推进学前教育普惠优质发展，高质量做好迎接省级和国家督导评估认定工作。

【义务教育优质均衡发展】2022年，福田区积极扩大优质教育资源覆盖面，促进义务教育优质均衡发展。5 月 11 日，福田区人民政府与深圳中学签订合作办学协议，将梅香学校、梅园小学纳入深圳中学管理。将北环中学更名为深大附中福田创新中学，纳入深大附中教育集团管理；将红岭中学（红岭教育集团）园岭部溢出成为独立法人学校，成立深圳市福田区红岭园岭教育集团，并将园岭小学、园岭外国语小学、园岭实验小学、百花小学纳入集团管理；将黄埔学校、翰林实验学校、新洲中学、新建福龙学校、新建八卦岭学校、新建侨安小学纳入教育集团管理。

【义务教育优质均衡先行创建区创建】2022年，福田区率先通过教育部审核认定，成为全国义务教育优质均衡先行创建区县之一。召开创建工作推进会，成立攻坚专班，把推进义务教育优质均衡发展纳入稳增提质"十大行动"，先后到 112 所辖区义务教育阶段学校开展实地核查工作，创建工作稳步推进。12 月，通过全国义务教育优质均衡发展区市级复核。区教育局着力优化资源配置、加强教育管理、提高教学质量、提升队伍素

质，补短板、育特色、创品牌，促进义务教育优质均衡提质增效。坚持以问题为导向，高效率整改"大班额""大校额"和生均教学及辅助用房面积、专用教室面积等存在的问题，高标准落实创建工作各项任务，高质量做好迎接省级和国家督导评估认定工作。

（李创军 陈锐 聂晶 吴兴兵 徐诗丛 石鑫）

罗湖教育

【概况】2022年，罗湖区有中小学校 87 所，其中公办 67 所、民办20 所；专任教师 9258 人，其中高级职称 1055 人。专任教师中，本科及以上学历 8155 人，其中硕士2166 人、博士 41 人。学生总数13.11 万人。其中：公办学校 11.21万人，占比 85.5%；民办学校 1.9万人，占比 14.5%。全区共有幼儿园 147 所，其中公办 66 所、民办81 所；幼儿园专任教师总数 3391人，其中本科及以上学历 1920 人；在园幼儿总数 3.7 万人，公办园在园儿童占比 53.1%。2022年，区教育局全面贯彻实施"科教兴国"战略，强化现代化建设人才培育，坚持党对教育工作的全面领导和教育优先发展战略，围绕"幼有善育、学有优教"目标，打造教育高质量发展新高地。落实《罗湖区"十四五"教育发展规划》和《罗湖区基础教育高质量发展三年行动计划》，制定年度 21 项重点任务清单，按月督办。起草《罗湖高中教育高质量发展体系建设行动方案》，提升高中学校办学品质，打

2022 年 2 月 8 日，罗湖区教育局召开开年工作会议

（罗湖区教育局　供）

造全新线下宣传品牌"罗湖教育发布"，举办发布活动 4 期。发挥深圳中学名校优势，推动与深中合作办学，推进翠园中学与深中深度合作；引进高等教育资源办基础教育，9 月，罗湖区香港中文大学（深圳）附属礼文学校正式开办。

【党建工作】2022 年 4 月 29 日，罗湖区委教育工作领导小组成立，全面加强党对教育工作的领导。11月，成立罗湖区中小学思政课讲师团，推动党政领导干部走进校园，加强新时代中小学思政课建设工作；不断提高学校党组织书记抓党建、抓教育能力水平，区教育局携手区委党校成立罗湖区中小学党组织书记培训基地。全年推进书记、校长上第一堂思政课 190 余节。举办"罗湖少年讲党史述团史"活动 26 期，"红领巾爱学习"系列主题教育活动 10 余场。完成 29 所区属公办幼儿园财务收支、公办学校食堂运行管理经费审计整改。策划"奋进新征程，建功新时代——

学习贯彻党的二十大精神"系列活动 17 项，包括制订活动计划、开展线上专题培训，参加活动党员 3450 人。开展纪律教育活动，教育系统 170 个党组织共 3000 余名党员参与活动。

【校园安全治理】2022 年，罗湖区强化校园安全治理。完成辖区 232所学校、幼儿园安全隐患排查和安全风险分级管控，举办安全宣传教育及培训活动 16 场次。出台《关于加强落实教育系统疫情防控的 10 条措施》，果断处置"06·22"景贝小学、"07·07"滨河初中等校园疫情，做好"三考"工作，顺利完成 343 名涉疫考生转运，确保"三考"工作圆满收官。推进心理健康教育，有效预防校园欺凌，制定《关于加强防治学生欺凌工作的 10 条措施》。创新出台《罗湖区教育督导委员会关于进一步加强教育督导结果运用的意见》。深度推进数字化"思乐课堂"研究。完善家校社协同育人机制，举办罗湖

区首届家庭教育文化周活动。推动粤港澳教育融合发展。"五育并举"成效显著，"双减"工作持续推进。联合开展学科类校外培训治理专项行动，巩固培训机构治理阶段性成果。出台援企运营扶持申领指南，向 66 家培训机构拨付援企运营扶持资金；妥善处置涉培训机构舆情，多次约谈阿卡索公司，积极化解纠纷。

【教育惠民】2022 年，罗湖区积极推进教育惠民。基础教育学位保障攻坚计划加快推进，新改扩建中小学、幼儿园共 12 所，新增义务教育学位 7575 个、学前学位 2580 个。新开办高中 1 所，新增学位 1200个。印发《罗湖区关于进一步深化中小学教育集团化办学的实施方案》，9 月，罗湖区翠园东晓教育集团、莲南教育集团正式揭牌，中小学教育集团数量增至 8 个。制定《罗湖区民办中小学规范办学综合管理方案》，规范民办学校办学行为。与汕头市金平区、汕尾市陆丰市签订结对帮扶协议，在资金支持、队伍建设、教学管理等方面开展全口径、全方位融入式帮扶，推动两地基础教育高质量发展。

【校园基础建设】2022 年，罗湖区加强校园基础建设。坚持教育优先发展战略，推进学位建设攻坚行动。年内，开工建设学校、幼儿园 7 所，推进续建学校、幼儿园 12所，建成或开办学校、幼儿园 16所，新增各类学位 1.02 万个。"破解'地少人多'难题，罗湖学位建设量质齐升"获"第八届深圳教育改革创新大奖"之"最受欢迎教育

实事年度奖", 罗湖区《家门口的好学校不断"上新"》登上《中国教育报》, 学位建设成绩入选"圳治治理现代化榜单"。创建美丽校园, 全年推进完成 65 所学校及幼儿园急需改造的修缮项目, 消除安全隐患, 改善办学条件。

【教学研究及改革】2022 年, 罗湖区积极开展教学研究及改革, 全面深化"五育并举"课程体系建设。构建"大德育"体系。组织学习习近平总书记在共青团建团 100 周年纪念大会上的讲话精神, 承办罗湖区第二届未成年人关爱季启动仪式, 开展"向美而生 向荷而行"亲子文明实践活动。推进数字化"思乐课堂"教学改革实验项目, 利用大数据、人工智能、云计算等数字技术, 推进信息技术与课程教学深度融合, 区教科院联合多所学校在各个科目中深入推进数字化"思乐课堂"教学改革实验, 构建线上与线下有机结合的教学"双线混融"共生机制, 初步形成智能时代高效、愉悦的课堂教学模式。创新"大体育"格局。建设区青少年体质健康数据库与监控云平台, 获深圳市体育教师技能大赛团体第一名。促进"全美育"发展。将美育融入教育教学、校园活动、课后服务全过程, 推进"人人有特长、班班有特色", 获广东省第四届中小学生艺术展演一等奖 7 个。实施"大劳动"行动。建立家校社"三位一体"协同实施机制, 举办 2022 年罗湖区首届中小学劳动教育主题活动月系列活动。全面推进创客教育。创建 26 个市级"优秀学生社团"、23 间市级"优秀学生

创客实践室"、1 间"区学生创客指导中心基地"、10 间"人工智能新型创客实践室", 组织开展罗湖"大创客"节活动。

【师资队伍建设】2022 年, 罗湖区重视抓好师资队伍建设。构建"岗前教师——新手教师——教坛新秀——骨干教师——名教师——特级教师——教育名家（教育家型教师）"成长路径, 高质量实施校长培养"领鹰工程"、名师培养"梯级工程"和教师培养"双库工程"等校长、教师培养三大系统工程, 构建涵盖教师全生涯的培养体系; 对新引进的青年教师实施新教师基本功"十关"方案, 有计划、系统性培养新入职青年教师; 成立博士工作站, 组织博士生参加国内高端研训活动, 承担"罗湖教改"和重点项目及重大课题科研任务, 举办集中研训、博士沙龙活动。制定《中小学校长教师交流轮岗具体实施办法》《民办中小学校长任职管理指导意见》《幼儿园园长管理制度》, 强化校长、园长队伍管理。启动罗湖区"双库建设", 制定罗湖区教师梯级培养"1+N"系列方案, 分类分层实施系统培训, 全面提升教师素养。实施"苗圃工程", 搭建幼儿园教师成长梯队。组织开展中小学、幼儿园"年度教师"评选。全年招聘教职工 536 名, 其中教师 423 名, 引进高层次教育人才 5 名, 市内选调优秀教师 17 名, 师资队伍进一步优化。

【义务教育】2022 年, 罗湖区全面部署课堂教学提质增效工作任务, 研制"一核四维"课堂提质教学评

价实施方案和量化表, 促进义务教育创新发展。印发《两项模式培育评选方案》《罗湖区初中学科教学常规标准》《罗湖区小学学科教学常规标准》等文件, 指导各学校规范开展学科教学。督促各学校组织学科教师持续开展新课程标准解读, 确保提质增效落到实处。年内, 罗湖区新成立翠园东晓教育集团, 中小学教育集团增加至 8 个, 公办学校覆盖率提升至 53%。新开办的翠园东晓创新学校由翠园东晓中学校长兼任法人及校长, 是单一法人紧密型成员校。出台《罗湖区关于进一步深化中小学教育集团化办学的工作方案》, 优化集团管理模式, 实行教育集团党委领导的总校长负责制, 赋予集团党委自主招聘、考核、评优评先、职称评聘、经费统筹等方面权限。培育省级、市级优质教育集团。螺岭教育集团、锦田教育集团被评为省级优质教育集团培育对象, 翠园教育集团、翠竹教育集团、翠园东晓教育集团被评为市级优质教育集团培育对象。培育新品质学校。区教育局确立 5 所培育对象学校, 制定推进策略及工作机制, 通过政策倾斜、教师交流、经费投入等措施, 促进新品质学校优质特色发展。区教科院常态化组织教研员到学校开展新品质培育项目蹲点教研活动, 不断缩小各义务教育学校之间差距, 全面推进义务教育优质均衡发展, 全面提升罗湖教育整体水平。小幼衔接。出台《罗湖区小幼衔接方案》, 全面铺开小幼衔接工作, 结合幼儿园生源流向、地理位置及所属街道等因素, 为全区 143 所幼儿园找到结对学校, 实现小幼衔接百分百全

覆盖。区教科院指导学校、幼儿园联合开发小幼衔接课程，坚持家园校共育，构建科学衔接工作机制。全面推进幼儿园和小学开展入学准备及入学适应教育，减缓衔接坡度，帮助儿童顺利实现从幼儿园到小学过渡。

【高中教育】2022年，罗湖区聚焦普通高中新课程新教材实施，以学科组为单位推进教学方式改革，培育一批适应高考命题改革方向的新型教与学实践模型，在探究性学习、综合性学习和情境式教学等学习方式上探索出区域典型案例。组建由区学科教研员、学校名师及区外专家组成的新高考研究团队，强化高考改革趋势研究，全面提升罗湖区高中学校办学品质和竞争力。打造特色项目和特色高中，满足罗湖区高中学生多样化、个性化发展需求，推动罗湖区高中学校特色发展、协调发展、优质发展。

【中高考工作】2022年，罗湖区认真做好中高考各项工作。初中落实义务教育课程标准，开展全区义务教育学校校长、学科教师及教学管理人员专业培训。以核心素养为导向、课堂为阵地，促进课堂教学和学习方式变革。开展数字化"思乐课堂"研究。落实"双减"政策，提升课堂教学质量，举办各学科创新作业设计与评价大赛。高质量服务中考备考，开展学科蹲点教研活动。提升罗湖区整体教学质量，打造新品质学校，联合学科名师实施多师教研活动。2022年，有中考考点16个、考场333个，共有考生9726人。初二学业水平考试

有考点16个、考场392个，共有考生1.15万人。学业水平考试有考点6个、考场193个，共有考生5820人。2022年，有高考考点6个、考场166个，共有考生4529人。罗湖区2022年高考成绩再创新高。翠园中学学生郑杰雄以历史类全省总分第12名的成绩被北京大学录取。纯文化类考生特控线（一本）上线率连续3年稳步提升。全区特控线上线率44.8%，比上年提升3.66%，其中公办学校特控线上线率比上年提升5.2%。全区纯文化类考生本科上线率86.3%，其中公办学校纯文化类考生本科上线率94.8%。

【教育督导】2022年，罗湖区教育局牵头做好政府履职评价工作，认真落实2021年问题整改。优化督导委员会成员单位，出台《罗湖区教育督导委员会关于进一步加强教育督导结果运用的意见》，强化督导结果运用，推进教育督导体制机制改革。印发《罗湖区教育局落实教育评价改革工作方案》，严格落实"十不得一严禁"自查自纠工作。有序推进义务教育优质均衡区、学前教育普及普惠区创建。召开行政督导联席会议，摸准底数、联动整改。督学6140人次开展19项督导，查阅资料4.18万份，访谈师生、家长1.04万人次，听课、观课3016节，学生问卷5.24万份、家长问卷4万份，形成专项督导报告16份，发布责令整改通知书2份，落实重难点问题整改51项。组织诺思、文德学校完成深圳市办学水平评估，完成全区幼儿园（教学点）办园行为督导评估。实地督

评幼儿园34所，形成督评报告34份、区域总报告1份。完成10所幼儿园区一级复评、12所幼儿园市一级认定工作，推动幼儿园标准化、规范化、品质化建设。高水平承办全国学前教育评价会，惠及约10万人。罗湖"深化督导改革，创新治理模式"主旨报告、5个幼教集团及1所幼儿园的优质经验受到高度好评。学前责任督学挂牌督导的"罗湖模式"发表于《广东教育（综合）》和"学习强国"平台。

【教育战略合作】2022年，罗湖区教育局积极推动教育战略合作。5月20日，罗湖区人民政府与香港中文大学（深圳）举行合作办学签约仪式，此次合作办学是区域教育集团化与高校基础教育集团化办学的有机结合。礼文学校由香港中文大学（深圳）基础教育集团运营管理，将优质的教育资源、先进的教育理念、丰富的教育服务带到罗湖，助推罗湖区教育优质均衡发展更上新台阶。

【教育质量监测】2022年，罗湖区教育局以质量监测为突破口，不断深化区域监测评价体系建设，发挥监测的引导、诊断和改进等功能，推进区域教育治理现代化。建立和完善"1+N+1"区域教育质量监测评价体系，并应用于区中小学办学质量评价工作，评价改革经验在《深圳市教育评价改革专刊》第1期专题推广，相关研究成果发表于学术期刊《教育测量与评价》第5期，获广东省教育评价改革征文一等奖；完成2022年广东省义务教育质量监测工作，罗湖区作为

2022 年 5 月 20 日，罗湖区人民政府与香港中文大学（深圳）举行合作办学签约仪式
（罗湖区教育局　供）

广东省唯一延伸服务到校的试点区，共有样本校 40 所、学生 3600 名、校长及教师 554 名参测，监测人员 680 余人，所有组织工作实现"零失误""零事故"；开展 2020 年"国测"结果应用工作，组织 80 所中小学、2 万余名师生参与专项调研活动，并围绕调研结果开展区、校层面的解读活动，研制学校整改方案 70 份，召开区专题整改研讨会 2 场，完成监测工作"最后一公里"工作。基于问题导向、任务驱动的"三元融合＋四维联动＋五个流程＋六层协同"结果应用模型在省、市工作会议上分享。承办 2022 年学前教育评价专委会首届学术年会，81 名专家学者在会上作专题讲座，约 10 万余人参会，罗湖区学前教育监测体系建设与实践经验在会上全面推介，五大集团及 1 所幼儿园受邀分享区域学前教育监测评价园所经验，罗湖区学前教育质量监测经验向全国辐射。开展学前教育质量常规监测工作，共对 38 所幼儿园、154 个班级开展监测，《区域学前教育质量过程性监测》获评"2022 年广东省教育评价改革典型案例"。

【教育帮扶】2022 年，罗湖区高质量推进教育帮扶工作。全年共选派 15 名骨干教师到陆丰市开展支教工作，接收陆丰市跟岗教师 2 批共 30 人。区教科院发挥名师示范引领作用，组织开展"名师大讲堂""双区联研"等系列观摩交流活动，开展高质量教研交流，推动教育帮扶高质量发展。至 2022 年年底，罗湖区学校与帮扶地区学校累计结对 100 多所，派出骨干教师 90 多人次，接收跟岗教师 608 人次，开展各类培训学习活动 203 场次。与陆丰市共同成立基础教育帮扶领导小组，先后出台《帮扶工作方案》和《帮扶工作考核评价办法》，明确责任分工，积极发挥考核"指挥棒"作用，有序推进教育帮扶工作。

【民办学校扶持】2022 年，罗湖区委、区政府高度重视民办教育发展，加大财政投入和政策支持力度。全年累计发放长期从教津贴 1221.39 万元、学位补贴 1.4 亿元，降低民办学校学生家长经济负担，稳定民办学校教师队伍，促进教育公平。区教育局采取整体转型升级、公民办联合发展、组建"名师讲师团"等工作举措，出台《罗湖区基础教育高质量发展三年行动

2022 年 1 月 4 日，罗湖区教育局召开罗湖区基础教育高质量发展三年行动计划重点项目落实情况及科室总结汇报会
（罗湖区教育局　供）

计划》《罗湖区推动民办教育高质量发展实施意见》《罗湖区民办教育办学质量提升重点扶持学校工作推进方案》等政策措施，高效开展各项提升民办学校质量工作，实现"公民办一体化"管理目标，助推辖区民办学校不断向优质化、特色化、高端化发展。

【学前教育推新创优】2022年，罗湖区学前教育不断推新创优。推进集团化办学。全区共有公办幼教集团5个，其中教工、清秀、托幼3个幼教集团获评省级优质基础教育集团培育对象，数量名列全省第一。优化学区化治理。在全省率先组建学区专干队伍，为学区化治理提供人才支撑。构建"党建+四位一体"立体学区治理新模式，从科学保教扩展到制度建设、常规管理、师资交流、质量评价等，带动公办和民办幼儿园共同发展，形成特色鲜明、亮点突出的学区化治理"罗湖经验"。实施罗湖区学前教育"苗圃工程"，搭建名师、名师培养对象及"雏鹰计划"园级骨干教师成长梯队。2022年，认定区级名师及区级名师培养对象133人、"雏鹰计划"园级骨干教师125人。首次对辖区内满30年教龄的6名非在编幼儿教师进行表彰。举办第六届罗湖区基础教育系统幼儿园"年度教师"总决赛，清秀幼教集团荣悦幼儿园郭扬获评"年度教师"。制定《罗湖区幼儿园园长管理制度》，对公办和民办园长准入、任用、职责、培训等进行相关规定。

【校外培训机构监管和纾困】2022

年，罗湖区教育局做好校外培训机构监管和纾困工作。开展校外培训机构专项治理行动。加大校外培训机构监管力度，利用"全国校外教育培训监管与服务综合平台"做好培训机构审批登记、证照办理、资金监管、平台录入、课程上架、教材规范使用、从业人员管理等工作。"一家一册"建立台账，推动日常监管、巡查暗访、违规查处等制度建设，确保"有人管、有人查、有人巡、管得住、管得好"。制定教育培训机构2021年度年检工作方案，明确年审范围、时间、方法步骤、主要内容、年检结果认定等内容。采取年检材料全面核查和现场实地抽查相结合方式，对办学方向、办学条件、疫情防控、上年问题整改等8个方面办学情况进行量化考核。落实"双减"要求，截至12月30日，罗湖区各相关部门共检查校外培训机构7118家次，其中学科类2844家次、非学科类4274家次，责令限期整改机构258家。3月24日，《深圳市罗湖区抗疫助企惠民纾困"十条"措施》出台，区教育局研究部署培训机构纾困工作。出台援企运营扶持补贴申领指南，71家机构符合纾困条件，共发放扶持补贴142万元，减轻新冠疫情对培训机构经营活动的冲击和影响。

【智慧校园建设】2022年，罗湖区多举措推动智慧校园建设。以数字化赋能基础教育高质量发展，建设集"管教学研评联"六大应用场景共107个功能模块的罗湖智慧教育云系统。完成36所公立学校校园网络升级与无线网络高密覆盖项目

论证，并进入建设阶段。全面推进中小学教师信息技术应用能力提升工程2.0，全区206所参训中小学和幼儿园（中小学80所、幼儿园126所）100%通过整校推进验收考核，全区8786名参训教师100%通过网络研修和校本研修50学时考核。"数字化'思乐课堂'构建与区域性应用推进"省级重点课题验收结题，全区67个子课题和247个小课题基本完成结题。推进深圳市教育信息化"双区"实验校工作，罗湖区14所实验校围绕"数据采集和应用方向"6个子方向开展试点和实践观摩活动，逐步形成一批新型教与学模式并在全国实验校中分享，其中滨河实验中学、水田小学获评教育部"网络学习空间应用普及优秀学校"，罗湖区和罗湖高级中学获评"2022年度广东省网络学习空间应用普及活动"优秀区域和优秀学校，4所实验校中期考核优秀并入选全市40强。罗湖区"全面建设'智慧教育创新区'"获2022年度《南方日报》（"南方+"）"十大深圳教育改革创新卓越奖"。

【家庭教育】2022年，罗湖区多渠道、全方位推进家庭教育工作。着力培养本土家庭教育指导师，构建本土化家庭教育课程，"菜单式"开展阳光家长学校送课下校，以校园剧场短视频方式讲述儿童成长故事，遴选出翠北实验小学等12所家庭教育种子学校。以专业培训持续为家庭教育指导师赋能。"绘画疗法"和"九大婚姻问题应对策略"等7期线上家庭教育指导师培训、"亲子与夫妻关系治疗工

作坊"持续 11 个半天的沉浸式学习，让教师系统发现学生的行为问题，帮助家庭从互动关系中进行疗愈。以讲座持续为家长赋能。由专家、讲师、校长共同组成的罗湖区阳光家长学校讲师团，为全区各幼儿园、小学、中学举办家长讲座 550 场次。以校园剧持续为学生赋能。《交友风波》《打破鸡蛋的几种方法》和《小航的绊脚石》3 部原创影视剧由罗湖区委宣传部发布，"学习强国"平台进行专题报道；《你很特别》《鳄鱼怕怕》和《生气公主》3 部舞台剧在全区巡展；短视频《让爱继续播放》获深圳市特等奖、广东省一等奖。将集合名校长、学科教研员、班主任、心理教师的科学家庭教育理念编辑成 200 余个短视频、育儿故事，在"幸福心动力"微信公众号上与学校、家长、社会共享。举办罗湖区首届家庭教育文化周活动，遴选首个家庭教育工作室，参加市教育局组织的家庭教育优秀课例大赛，所提交的 17 份案例 100% 获奖，囊括一、二、三等奖，在小学组获奖比例排名全市第一。

【科创艺术教育】2022 年，罗湖区重视开展科创艺术教育。探索构建"政—校—企"相互联系合作的科创教育生态网，进行区域中小学科创教师队伍建设、多维度科创课程体系建设，搭建区域科创教育活动平台，打造区域科创教育品牌。在全市率先建立中小学科创教育工作室，并获"2022 年度深圳教育改革创新示范奖"。举办罗湖区教育系统大创客节，参与赛前辅导师生逾 28 万人次。翠园中学获 2022 年中国国际"互联网+"大学生创新创业大赛萌芽赛道创新潜力奖（金奖），3 年累计成绩全国领先。举办 9 年的自主鉴赏嘉年华，为罗湖学生构建罗湖审美类课程样板与资源库，线上点击量逾 10 万次。基于腾讯云平台而搭建的素养测评平台面向全区 13 万学生使用，成为深圳市美术素养测评的样板与模型。在广东省首届美育基本功比赛中，于雪、李婷婷、曾丽敏、杨洪铎 4 名教师获省一等奖。美术馆馆校共建全面铺开，3 所美术馆展览走进 15 所校园、区师生作品展进专业美术馆、整班普及的美术馆课堂，成为罗湖美育新样态。举办"音乐课堂+"教学成果展，推动全区公办民办中小学校班级合唱、班级小乐器、班级戏剧、班级律动教学，让每个学生都能够通过音乐课堂学习音乐知识、欣赏音乐门类、了解音乐文化。在广东省中小学艺术展演中，学生艺术团队获一等奖。美育教师基本功比赛获得佳绩，5 名教师获省、市一等奖。

【校园安全管理】2022 年，罗湖区教育局全面加强校园安全管理。开展安全隐患排查整治和校园安全宣传教育，筑牢校园安全基础。强化校园安全形势分析研判。全年共召开校园安全形势分析会 12 次，专题研究分析和部署校园安全工作。加强校园安全督导检查。通过开展校园联防组专项检查、第三方专业机构安全巡查、督学专项检查、部门联合检查、安办飞行检查等方式督促学校落实校园安全主体责任，消除各类安全隐患，守护校园安宁。加强安全宣传教育。全年累计组织开展 50 余场次消防安全、食品安全、交通安全、防溺水、反恐反诈、预防学生欺凌等方面安全宣传教育及培训活动，有效提高师生安全意识。开展校园安全应急演练。全年各校（园）累计开展校车、消防、防震等 500 余场校园安全应急疏散演练活动，推进校园"1 分钟自救 3 分钟互救"和"应急第一响应人"队伍建设，增强师生突发情况处置能力。2022 年，5 所区属学校、幼儿园获评"深圳市 2022 年消防安全管理标准化示范校"，26 所学校、43 所幼儿园完成区级更高水平"安全文明校园（平安校园）"创建工作，不断提升校园安全管理水平，有效保障全区 16 余万学生安全。

【校园疫情防控】2022 年，罗湖区教育局强化校园新冠疫情防控。采取科室对辖区学校、幼儿园分工包干形式，组织辖区师生员工及共同居住人接种新冠疫苗，超额完成区指挥部交办的"五一"期间加强免疫接种发动任务，获罗湖区委"表扬书"。在疫情防控政策调整期间，区教育局派驻多名机关干部到区流调中心驻点，并在局内部设立多个专项组，实时与区流调中心（区指挥部）动态对接，指导学校有序处置校园疫情，保障辖区学校师生身体健康及校园教育教学工作秩序。区教育局在保障 17 万学生教育教学（线上＋线下）工作的同时，根据街道需求组织发动广大教职员工志愿者支援社区疫情防控工作。

【学校体育】2022 年，罗湖区学校体育工作成效显著。红桂小学、松足球特色学校 39 所，区级校园足球特色学校和幼儿园 67 所。组建校园足球队伍 130 余支，参赛人数超 3000 人，校园足球覆盖率超 62%，名列全市前茅。 （林晓霞）

南山教育

【概况】2022 年，南山区有区属各类教育机构（不含驻区高校、深大附中、蛇口国际学校等非区属学校，下同）470 所（处），其中幼儿园 229 所、中小学 98 所（按校址）、中等职业学校 1 所、教育培训机构 31 个、社区学院 1 所、街道社区教育中心 8 处、社区市民学校 102 所。各级各类在校在籍学生（含在园幼儿）23.4 万人（未含市民学校和培训机构人数），其中在园幼儿 5.9 万人、中小学生 17.5 万人（含博伦职校），义务教育阶段非深户籍学生占全区学生总数 31.5%。教职工 2.46 万人，其中专任教师 1.7 万人。年内，南山区教育局统筹新冠疫情防控和教育教学，落实"提质提速提效"要求，开展"十大行动"，推进教育高质量发展。政府履行教育职责评价连续 4 年排名全省第一，申报广东省基础教育高质量发展示范区，入选全国 2022 年度县域高质量发展经典案例。优化升级创新教育，打造科技创新教育实践基地，构建"学校＋科研机构＋企业"课程，发布《南山区创新教育行动计划（2022—2025 年）》，在全市率先提出"人工智能普及教育"，评选出 41 所人工智能试点学校。加强教育部"基于教学改革、融合信

2022 年 1 月 7 日，罗湖区教育局局长殷刚到核酸检测点看望下沉社区的党员干部　　　　　　　　　　（罗湖区教育局　供）

泉中学、红桂中学、碧波小学、莲塘小学、新秀小学、螺岭外国语实验学校等 7 所传统体育项目学校获批"广东省篮球推广学校"。广东省《国家学生体质健康标准》抽测显示，2019—2022 年辖区学生体质健康优良率从 33.75% 提升至 83.8%，提升 50.05%。罗湖区体育教师参加各类竞赛获奖颇丰。赵龙祥在广东省第 13 届中学生运动会上获技能大赛团体第一名、个人第一名；在省中学生运动会科学论文报告会上，获 2 个一等奖、3 个二等奖。在深圳市体育教育技能大赛上，获团体一等奖，4 名教师获个人一等奖。中小学生在市级以上比赛中多个项目实现历史性突破。罗外初中学校在深圳市大中小学生羽毛球比赛中获男子团体第一、女子团体第三，单项包揽 4 项冠军。莲南小学左钧予在广东省少年国际象棋冠军赛、深圳市中小学生国际象棋比赛中夺冠。景贝小学在第八届中国中小学生舞龙舞狮锦标赛中获

得第一名。罗湖外语初中学校吴柏臻、张怡然在广东省第十六届运动会竞技体育组网球比赛中夺得团体冠军，松泉实验学校在全国啦啦操联赛总决赛中获"公开儿童混合组集体技巧 1 级（自选动作）"全国冠军。2022 年，翠园中学足球队代表罗湖区队在深圳市青少年足球锦标赛最后决赛中 3：1 击败龙岗区队，夺得该项比赛 U17 男子组冠军；获"中国体育彩票 2022 深圳市青少年足球精英联赛"U17 组冠军；11 月 15 日，在深圳市大中小学生校园足球高中组连续 4 年夺冠，囊括该组别深圳市青少年足球全部冠军；12 月，获 2022 年"省长杯"亚军。2022 年 10 月，罗湖区校园足球联赛—全明星计划启动，共 132 支校队参与，举办 600 余场赛事，2000 余名运动员参赛，近万名学生参与活动。截至年底，全区共有国家级足球特色学校（幼儿园）24 所，广东省足球推广试点学校 20 所，深圳市青少年校园

息技术的新型教与学模式"实验区和实验校创建工作，有 14 所学校约 2 万名学生完成 6 项基本学习能力普测，形成首批从幼儿园到高中的基本学习力常模数据。提升教育治理数字化，发布《南山区中小学推进人工智能教育的指导意见》《南山区教育信息化"十四五"发展规划》，南山区被评为广东省中小学教师信息技术应用能力提升工程 2.0 优秀省级试点区，综合考核评分名列全省第一。聚焦"五项管理"和"课程、课堂、教师、文化、口碑"等要素，创建"十好"学校，提升学校治理能力和水平，举办"基于核心素养的课程改革论坛"，率先发布《南山区义务教育新课程改革创新行动计划》。南山区教育科学研究院附属学校教育集团和南山区第二外国语学校（集团）前海创新教育集团成立，全区集团化学校覆盖率 80%。加强名校（园）长、名教师、名班主任及教科研专家队伍培养，启动校长队伍建设"三航计划"，构建南山教师发展课程图谱，在深圳市青年教师基本功比赛中，南山区获得 31 个一等奖，有 8 名教师获得全市学科比赛第一名，获奖率排名全市第一，6 项基础教育类成果获得广东省教育教学成果奖。幼儿园与小学学习教研共同体结对全覆盖，在广东省学前教育高质量发展实验区（幼儿园与小学科学衔接项目）阶段性检查中获优秀等级。普通高中教育质量再上新台阶。特控线上线率 57.4%，提高 5.94 个百分点；本科上线率 95.6%。博伦职校通过深圳市中职学校高水平建设单位年检。提升学生综合素养，实施体

教、艺教、卫教融合，7 所学校获评国家级体育特色学校，5 个项目获得教育部大赛冠军，全球先后获省赛冠军、全国赛亚军。

【学前教育】2022 年，南山区有幼儿园 229 所，其中公办幼儿园 94 所、民办普惠性幼儿园 94 所。在园儿童 5.9 万人，公办园在园儿童占 52.17%，普惠性幼儿园（含公办园及民办普惠园）覆盖率 87.01%，超额完成"5080"目标，基本达到普及普惠水平。有省一级幼儿园 31 所、市一级幼儿园 96 所，数量排名全市前列。年内，南山区积极创建国家学前教育普及普惠区，推动学前教育高质量发展。将"学位优化工程"作为 2022 年民生实事之一，完成深圳湾第一幼儿园、深圳湾第二幼儿园、麒麟第二幼儿园 3 所公办幼儿园改建和扩建，回收 4 所到期政府产权园，新增学前教育学位 2100 个，超额完成学前教育学位建设任务。实施管理优治工程，探索"学区化治理＋集团化办园＋智能化管理"机制，出台《南山区学前教育集团化办学实施方案》及《南山区学前教育学区化治理实施方案》，组建 9 个幼教集团，成立 18 个学区，在全省率先启动教师信息技术运用能力提升工程 2.0，有 3 所幼儿园获 2022 年广东省中小学信息技术应用能力提升工程 2.0 专项科研课题省级立项，囊括深圳市在该项目中幼儿园学段的所有立项课题。实施"保教优育工程"，创建广东省学前教育高质量发展实验区，开展为期 3 年的幼儿园与小学科学衔接攻坚项目实验。6 月，在广东省学前教育高

质量发展实验区阶段性考核中，南山区获评优秀等级（全省 7 个、全市 2 个）。在全市率先启动公办幼儿园"托幼一体化"服务试点，并被确定为深圳市"托幼一体化"研究试点区，全区有 10 所幼儿园开办 2 周岁托班，实现"一街道至少一托班"。开展"人才优培工程"，建立"新岗教师—教坛新秀—骨干教师—名教师名园长—教育名家"梯级培养机制。推进学前教育名师工作室、名园长工作室建设。在全国范围公开招聘优秀园长、副园长 12 人。

【中小学教育】2022 年，南山区有普通中小学 99 所（按校址，含博伦职校），其中普通中学 14 所（公办高中 3 所、民办高中 1 所、公办初中 10 所、民办初中 0 所）、普通小学 47 所（公办 43 所、民办 4 所）、一贯制（九年、十二年）学校 35 所（公办 26 所、民办 9 所）、完全中学 2 所，职业高中 1 所。有中小学专任教师 1.17 万人，中小学在校生 17.5 万人（小学生 12.05 万人、初中生 4.42 万人、高中生 7485 人，职业高中 2886 人）。年内，南山区普通高中教育"登峰计划"再上新台阶。特控线上线率 57.4%，比上年提高 5.94%；本科上线率 95.6%。在第八届中国国际"互联网＋"大学生创新创业大赛萌芽赛道总决赛中，育才中学参赛的科创产品"智安齐——书包智能收纳革新者"获金奖，有 3 名学生被评为 2022 年度"深圳新时代好少年"、3 人获提名奖。南山二外集团学府中学等 7 所学校被评为广东省信息化中心学校建设成效优

秀学校,蛇口育才教育集团第四小学等3所学校被评为广东省基础教育成果培育对象,排名全省各区(县)之首。

【义务教育招生】2022年,南山区小学一年级入学新生2.03万人,其中公办学校1.91万人、民办学校1161人;初中一年级入学新生1.51万人,其中公办学校1.43万人、民办学校861人。年内,南山区加强义务教育招生工作组织和管理,成立以区领导为组长的义务教育招生工作领导小组,科学制定招生工作方案和应急预案,定期召开招生工作联席会议,完善统筹协调工作机制,及时妥善处理义务教育招生中的热点、难点问题。成立化解学位问题引发涉稳风险工作专责领导小组,严格规范招生入学秩序,刚性实施入学政策,严格执行免试、积分排序入学政策,落实公民办学校同步招生,确保义务教育学位供给满足辖区入读需求,符合入学条件学生全部入学。强化属地责任,保障公办学位供给,提高进城务工人员随迁子女在公办义务教育学校就读比例。提前对义务教育阶段适龄儿童进行摸底调查,进行分布情况分析,做好学位预测,多形式加强招生入学政策宣讲和解读工作,公开招生计划、招生程序、招生结果、咨询投诉电话等,做好网上招生报名宣传和组织工作,指导适龄儿童少年家长按时申请学位,按要求及时、准确提供就读信息,简化入学手续,利用政府政务大数据平台进行适龄儿童少年就读资格验核工作。坚持学校划片招生、生源就近入学,按照适龄儿童人数、学校分布、学校规模、交通状况等划定招生片区,确保各片区之间教育资源大致均衡。坚持免试入学、积分入学,严禁公办民办学校通过面试、面谈、人机对话、体验活动、简历材料等方式"掐尖"招生、提前招生、违规争抢生源行为,实行积分标准、积分结果、学位安排"三公开",落实对烈士、符合条件现役军人及复退军人、消防救援队伍人员、公安英模和因公牺牲伤残警察、持"鹏城优才卡"或高层次人才证书人员等子女教育优待优惠政策。完善民办学校招生管理,统筹公办民办学校招生,落实公、民办学校同招,做到统一时间、统一标准、统一平台。加强招生计划管理,严禁超标准班额招生。9月,区教育局对学生入学、变动、辍学情况及学籍变化情况进行全面排查、统计,确保不漏一生。

【考试工作】2022年,南山区有各级各类考试考生8万人次,累计设置各类考点29个、考场1163个。其中:高考考点6个,考场207个、(比上年增加6个),考生5855人、增加240人;中考考点23个,考场448个(增加43个),考生1.32万人(增加1376人);全区参加高中学业水平考试考生7260人,考点6个、考场230个;参加初中学业水平考试考生1.5万人(增加1249人),考点23个,考场508个(增加40个)。年内,区政府召开"三考"工作协调会,明确各职能部门工作任务和职责,制订保障工作方案,做好试卷安全保密、考点新冠疫情防控、考点环境综合整治、考生服务等考试保障工作;加强对考试工作的统筹协调,区教育局连同公安、保密、信息、供电、卫健等部门严格对考场进行考前检查,完善各考点设施设备;规范考务人员队伍建设,加强考务队伍培训,严格选聘考务人员特别是监考员和保密员,严格执行回避制度,加强业务培训和纪律教育,做到"不参加培训不上岗、培训不合格不上岗,不明确职责不上岗、不掌握规则和程序不上岗",层层签订安全保密责任书,加强各级考试机构、全体监考员、保密员等考试工作人员责任意识,考点与监考员和保密员签订责任书,实行监考员校际交叉监考、巡考员区际交换巡考,选拔优秀考务主任组成检查小组,交叉检查各考点;加强考生考风考纪教育,各考点提前制定相关应急预案,优化考生服务措施,做好防暑降温和防雨防雷工作,提醒学生注意赴考安全,各考点均设置更衣室,准备雨伞、毛巾、备用校服、凉茶、糖水,安排候考休息室,方便考生和送考家长使用。

【德育工作】2022年,南山区发布《南山区中小幼一体化德育行动计划》,创建中小幼一体化德育工作新格局。开展"一校一案"典型案例评选活动,育才一小、文理二小、南山小学、滨海小学、华侨城小学、南山第二实验学校获特等奖。"七彩南山·德育地图"作为南山区德育工作重要品牌之一,借第七条线路"人文南山"之机再出发,让学生在行走中建立与南山的真实联结,以探索、思考、传承"南山精神"为教育目标。在中

2022年7月11日，南山区教育局举行《南山区中小幼一体化德育行动计划（试行）》发布仪式
（南山区教育局　供）

小学持续开展"阳光成长，抗逆向上"中小幼一体化主题行动，主要有"抗逆力"主题班会活动、"抗逆力"主题升旗活动、"抗逆力"主题实践活动、"抗逆力"主题体验活动、"抗逆力"主题分享活动、"抗逆力"主题表彰活动等。

【艺术教育】2022年，南山区开展中小学生艺术素质测评，发展特色项目，推动博物馆美术、雅昌艺术等项目进校园，加强"大美育"课程体系建设，全面提升学生审美素养。组织音乐教师"把握课标新变化　探寻素养新课堂"培训5场，研制《南山区小学、初中、高中音乐学科学业水平等级评价标准》，开发线上课程资源105节，举办美术课堂教学艺术鉴赏微课比赛。在教育部2022年度教育信息化教学应用实践共同体项目——智能美育教学模式实践研究中，南山区申报项目被推荐为国家级项目。全区有12节小学音乐微课例入选国家中小学课程资源教育平台，音乐课例《汉族民歌》入选2022年高中双新课大单元教学课例，并向全国展

示；音乐课例《月光光》入选"礼乐弦歌"全国教学成果展示；舞蹈课例《葡萄熟了》入选教育部体育卫生与艺术教育司征集的体育、美育、健康教育技能教学优质数字资源。在深圳市中小学音乐学科青年教师教学基本功决赛中，南山外国语集团文华学校高群教师获得初中音乐学段一等奖（第一名）；在深圳市首届高中音乐学业水平考试中，北京师范大学南山附属学校获得全市第一名。南山区学生在广东省第七届中小学生艺术展演中获一等奖7个。南山区美术教师张华文代表深圳市参加广东省首届美育教师教学基本功大赛获得小学组一等奖。在广东省第七届中小学艺术展演中，南山区音乐学科获12个一等奖，其中基本功4个、艺术展演7个、美育案例1个。

【班主任工作】2022年，南山区确定班主任工作重点是构建层级式班主任队伍培训体系，提升班主任专业胜任力；建立联动式班主任工作支持系统，增强班主任职业幸福感；设置激励性班主任队伍评价机

制，激发班主任成长内驱力。区教育局与区工会联合举办第八届班主任专业能力大赛和第三届班主任风采大赛，利用区、市、省优质资源，对两赛中推选出的10名选手进行有规划、成系统和有针对性的长期训练，在文化内涵、带班育人和舞台展现诸方面进一步提升。建设七大班主任联盟，完善区域班主任教研组织体系，并指导班主任联盟、校本教研组开展有特色、成体系的主题教研工作。全面开展班主任培训"三鹰"计划，打造"名师引领—骨干示范—赛手出彩—新岗立足"的班主任队伍。其中，面向3年以内的新岗班主任，开展"雏鹰"计划，做能胜任的班主任；面向4—15年的骨干班主任，开展"雄鹰"计划，做有特色的班主任；面向15年以上的老班主任、领衔班主任以及工作室主持人，开展"金鹰"计划，做会发光的班主任。建立新冠疫情班会课、生命教育班会课、爱国主义班会课、心理健康班会课、"深圳精神"班会课等具有区域特点、成体系、有特色的南山班会库，为南山区中小幼一体化思政课提供课程开发样板。邀请国内顶流科研专家团队，对南山区德育科研进行"把脉问诊"，局领导带头做德育课题，激发班主任队伍科研动力，提升从德育实践中总结经验提炼成果的能力。组织开展"深圳市优秀班主任""南山区优秀班主任""我最喜爱的班主任""优秀领衔班主任""班主任工作优秀学校""优秀名班主任工作室"评审活动。

【教育督导】2022年，南山区强化

政府履职能力，不断完善督导工作机制，实现教育优质均衡发展、高质量发展和健康持续发展。在上年履职评价中以 95.97 分获评优秀，蝉联全省冠军，成为全省唯一"四连冠"县（区）。

优质均衡发展　年内，区教育局组织实施国家和广东省义务教育质量监测工作，以评促改、以评促发展。5月，国家义务教育质量监测中心反馈 2020 年南山区学生德育监测各项指标显著提高；南山区四、八年级学生科学成绩平均分分别为 585 分、569 分，均高于全市、全省和全国水平；四、八年级科学综合状况（星级评定）在全国 331 个区县中位居前列；学生科学学业表现达到中等（II级）及以上水平比例高于全市、全省、全国平均水平；四年级科学学科，八年级物理、生物和地理学科在全国均处于优质均衡水平，校际间差异约 5%，远小于国家规定 15% 标准，居全国各区县前列，受到区委、区政府嘉奖。7月，中小学专职责任督学针对"校额""班额""教辅用房""体育运动场馆面积"等关键指标开展调研，协调解决相关问题，完成深圳市学位建设及教育高质量发展专项督查迎评工作。经验性总结《合力破题　困境突围——构建义务教育优质均衡的南山样本》获《人民教育》登载，《创新领航筑梦湾区——深圳市南山区关于国家义务教育质量监测的经验案例》上报教育部。

高质量发展　年内，继续优化挂牌督导工作。开展"线上教学"专项督导，线上巡课、听课、督课 2500 余节，总结"线上督导"的经验和做法，以《"3W3F［3W：望、闻、问；3F：服（务）、辅（导）、抚（慰）］云督导"精准把脉，助力在线教学提质提效》为题在"中国教育督导"网站发布。开展第五届中小学责任督学及学校督学聘任工作，设立中小学责任区 8 个、幼儿园责任区 18 个，选聘幼儿园专职责任督学 18 人。责任督学每月开展一次"常规＋专题"督导，规范办学行为，并形成主题报告，为教育决策提供依据。聚焦"双减重点工作""基础教育领域重大工作""基础教育转移支付资金安排下达使用支出工作"三大专项督导项目，深化教育改革评价，接受市教育局专项调研，形成《南山区推进教育评价改革工作情况报告》，出台《南山区教育监测评价督导体系建设实施方案》，全面推进南山区教育治理体系和治理能力现代化。制定《南山区学校评价方案》，开展院区合作，听取办学方向、课程教学、教师发展、学校管理、教育创新和学生发展建议，研究学校评价方案和评价指标体系，推动南山区教育高质量发展。

健康持续发展　年内，南山区编印《南山区人民政府教育督导委员会专题会议资料汇编》，试行督学职级制，在全省率先出台《深圳市南山区中小学专职（责任）督学职级制管理办法（试行）》。优化督学组团模式，选聘党代表、人大代表、政协委员、高校教授、媒体记者等作为特约督学。探索老龄教育督导机制，开展长青老龄大学督导评估，实现督导范围全覆盖，督学累计参与标准化建设、教学管理、重点工作落实等片区督导、挂点指导 300 余人次，有效促进教育教学质量提升。遴选退休校长组建专业督导队伍，助力长青学校提质升级，赋能终身教育、学习型社区（街道）创建等工作。年内，南山区第一批街道和社区学校通过全市长青老龄大学标准化建设验收。

【教育经费管理】2022 年，南山区教育预算投入 83.78 亿元，按政策压减经费 7.2 亿元，年度追加及调整后预算资金 76.25 亿元。审核拨付学前教育财政扶持经费 1.86 亿元；落实民办学校扶持政策，发放民办学校义务教育阶段学位补贴、教师长期从教津贴等，审核拨付民办教育经费 1.59 亿元，其中民办学校义务教育阶段学位补贴 9022.35 万元、教师长期从教津贴 2068.26 万元。南山区教育系统 2022 年度消费帮扶采购预期目标 1100 万元，实际完成消费帮扶采购 1387.2 万元，超额完成 26.1%。

【"美丽校园"建设】2022 年，南山区推进"美丽校园"建设。由区教育局、区建筑工务署、区发改局、市规自局南山管理局、区住建局、区规划土地监察局等多部门共同推出南山区"百校焕新"行动，143 所校园纳入"百校焕新"项目，首批启动 44 所学校校园改造工程，其中 37 所完成校园一期改造。年内，先后完成长源小学、文理一小、文理二小改扩建，平山小学拆除重建及深圳湾第一幼儿园、深圳湾第二幼儿园、麒麟第二幼儿园等 6 所义务教育学校和 3 所幼儿园新建、改扩建项目，新增义务教育学位 6165 个、学前教育学位

2100 个。

【校园安全管理】2022 年，南山区教育局强化校园安全管理。印发《南山区教育系统全面实行学校安全"一岗双责"管理实施意见》《南山区校园安全工作评价方案（试行）》，与校（园）长及培训机构法人签订"南山区校园安全管理责任书""消防安全管理承诺书"，召开全区教育系统校（园）长安全工作会议 2 次，涉及"三防"、消防、交通、安保、防溺水、食品等方面安全管理专题（视频）会议 20 余次，安全隐患排查整治行动出动 3.6 万人次，检查校园 7633 家次，排查及整改隐患 7295 个，全面落实教育系统安全责任及风险管控和隐患治理安全防控工作。全面排查整治校园消防安全隐患、校车安全隐患、校舍安全隐患、校园危化品和实验室安全隐患、校园食品安全隐患。加强自然灾害防范，全面排查校园及周边治安风险，全区"安全文明校园（平安校园）"达到学校总数 33%、幼儿园总数 21.6%，其中麒麟中学、南头城学校、深圳湾学校、沙河小学、深圳大学附属教育集团外国语小学被评定为"2022 年度南山区消防安全管理标准化创建试点学校"。在广东省教育厅举办的《广东省学校安全条例》知识竞赛上，南山区被深圳市教育局评为表现突出单位，麒麟中学副校长赵凌云以深圳市教育局代表队成员身份参加省决赛，获团体三等奖。持续开展安全生产专项整治三年行动。消防安全专项检查出动 1303 人次，检查校园 810 家次，排查及整改隐患 1372 个；

校车安全专项检查出动 503 人次，检查校园 262 家次、校车 846 辆次，排查和整改隐患 182 个；食品安全专项检查出动 315 人次，检查校园食堂 260 家次，排查和整改隐患 1282 个；危化品安全专项检查出动 66 人次，检查学校实验室 33 家，排查和整改隐患 195 个；地质灾害专项排查、第三方检测机构排查存在地质灾害风险校园 6 所。开展校园安全教育。制定《教育系统 2022 年预防学生溺水专项治理工作方案》，强化学生溺水联防联控体系，防范学生溺水事故发生。在春、秋季开学安全教育周上，组织全区中小学生通过线上直播学习"开学安全第一课"等安全教育内容。开展自然灾害（防震、"三防"等）演练 349 场，18.9 万人次参与演练；开展事故灾害（防火、防踩踏等）演练 351 场，18.41 万人次参与演练；开展公共卫生（防疫、防中毒等）演练 745 场，18.32 万人次参与演练；开展社会安全（反恐、防暴等）演练 742 场，6.40 万人次参与演练。

【教师队伍建设】2022 年，南山区教育系统（包括民办）有教职工 2.46 万人，比上年新增 642 人。其中，专任教师 1.7 万人。专任教师中，中小学（含博伦职校）专任教师 1.17 万人、幼儿园专任教师 0.52 万人。全年获评省级"百千万名班主任培养计划" 1 人、市级"十佳校长" 2 人、"十佳青年教师" 1 人、"十佳师德标兵" 1 人、"优秀教师" 29 人、"优秀班主任" 17 人、"先进教育工作者" 4 人；被评为省级"名班主任工作室" 1 个、市

级"名班主任工作室" 14 个、市级"先进单位" 6 个。在深圳市青年教师教学基本功比赛中获一等奖 31 个，其中 8 人获全市学科第一名。南外集团高级中学教师周舟获广东省中小学青年教师教学能力大赛高中组总决赛第一名，并被广东省总工会授予"广东省五一劳动奖章"。7 月 15 日，2022 年南山区基础教育系统"年度教师"评选决赛在博伦职校举行，有 8 名教师被评为南山区"年度教师"。

教师招录与调动 2022 年，南山区教育系统继续公开招聘在编教师，加大人才引进力度。全国选聘和跨区选调骨干教师，持续优化教师优秀院校毕业生比例及学历比例。全年招录各级各类教师 968 人。其中，招聘应届毕业生 759 人，部属师范院校毕业生 118 人，占比 15.5%，"双一流"院校毕业生 246 人，占比 32.4%，其他省属重点师范院校毕业生 142 人、占比 18.7%，硕士研究生及以上学历 626 人（博士 7 人）、占比 82.5%；社会公开招聘在编教师设岗 204 个，招聘 209 人；面向全国选聘优秀教师 15 人；面向市内外选调教学骨干教师 27 人。全年调动教师 52 人，其中调入 27 人、调出 25 人；区内调动 100 人。

教师培训与职称评定 2022 年，南山区开展分校（园）长培训、中小学教师培训、学前教师培训、特色专项培训 4 个层级和类别教师培训，构建全链条教师培训体系，探索教师职前培养和职后培训一体化发展路径。举办为期 6 天的新入职教师线上培训和线下研修，参训 652 人；举办幼儿教师培训，培

2022年10月27日，深圳市政协主席林洁带队到南山区调研中小学教师队伍建设情况
（南山区教育局　供）

训对象包括教师新秀、骨干教师和园长，并量身定制培训内容；实施社区教育培训、"家长课堂"进社区等，面向2个街道举办8场专家讲座，400余人次参与培训；实施南山区中小学校和幼儿园继续教育管理员培训，346人参与培训。开展第二批乡村振兴四地教师跟岗培训，促进四地教师深度交流学习。加强名校（园）长、名教师、名班主任及教科研专家队伍培养。制定《南山区教育局首期"校长梯级培养工程"实施方案》，启动校长梯级培养"致远工程"，通过"启航计划""护航计划""领航计划"建立后备校长—骨干校长—名优校长分级培养体系，参训学员128人，培养周期2年，推进校（园）长教师队伍数量、结构、素质协调发展；举办校（园）长新课标通识培训，参训300多人。选拔配备41名校领导干部，全年交流校级干部50名。其中，从教育集团分校交流9名校领导到非集团学校，发挥教育集团品牌辐射作用。年内，申报评定正高级教师4人。

【教育交流与合作】2022年，南山区持续扩大教育交流与合作。被教育部确定为中外人文交流教育特色区，举办南山区青少年中外人文交流教育特色区建设启动仪式。评选出10所示范学校及一批品牌项目。加强外籍教师管理，提高外教课堂质量。开展深港在线师生交流活动。配合澳门教育暨青年局实施广东省学校就读学生学费津贴，南山区相关学校核对及补充澳门学生信息，为在深的澳门学生就读提供便利。举办南山区"手牵手　向前走"深港青少年携手成长系列活动，全区中小学线上开展"寻古探今·魅力南山行——手牵手　向前走"深港青少年携手成长计划暨庆祝香港回归25周年活动16场。推动蛇口东滨外籍人员子女学校建设项目，年内开始桩基础施工。实施"校外脑库"计划，开展院士专家进校园活动，邀请科技领域的学者、业界精英等创新教育导师进校

园作专题报告。启动"启明星计划"，推进精英教师团队在项目开发中"抱团"发展。推进香港大学（深圳）校区落地，协调解决香港大学（深圳）过渡校区需求。组织参加南方科技大学校友会暨青年教师培训成长计划。

【教育帮扶】2022年，南山区教育局向各受援地区选派优秀支教教师及驻村干部93人。其中，向广西龙胜、资源、河池、百色选派42人，向广东河源连平选派28人，向汕头澄海选派15人，援派新疆5人、西藏3人。有35所学校与广东连平、汕头澄海和广西龙胜、资源开展"1+1"校校结对帮扶。接收84名连平、澄海、龙胜、资源等四地教师到南山区跟岗交流学习。超额完成"圳帮扶数据录入平台""832平台"等消费帮扶任务。接收新疆干部1人挂职南山区教育局党组成员、副局长，分管学前教育工作。实施公民办学校帮扶结对，区教科院教研员牵头6所公办学校与6所民办学校结对。

【新岗教师师德主题培训】2022年8月22日，南山区教育系统首次以专题形式对652名新岗教师开展师德培训。培训活动通过"恪守师德底线，不负育人使命——扣好教师生涯的第一颗扣子"专题讲座，引导新岗教师恪守师德底线；组织在线观看深圳市"年度教师"相关视频，学习优秀教师经验方法，激励新岗教师以优秀教师为榜样，提升自身师德涵养；邀请南山区人民检察院检察官、深圳市"年度教师"和南山实验教育集团学生家长

代表从不同角度探讨师德热点问题，助力新岗教师顺利开启职业生涯；组织全体新岗教师进行师德线上开卷考试。

【校长队伍建设】2022 年 12 月 15 日，南山区加强校长队伍建设。举行校长队伍建设首期"致远工程"研修班，旨在"十四五"期间打造百位教育创新领军校长，探索校长队伍高覆盖、进阶型、专业化培养机制。以问题为导向、以项目为抓手、以发展为目的，培养高素质、专业化和具有教育家、思想家、政治家风采的卓越校长梯队。首期"致远工程"研修班学员 128 人，培养周期 2 年。研修内容包括"领航计划""护航计划""启航计划" 3 个部分。其中："领航计划"培养领航校长 15 名，培训目标为培育领导才能突出、学术表达力强、在学校育人模式与治理体系方面有创新成果的校长，使其成为南山区校长标杆导师；"护航计划"培养护航校长及团队 15 名，培养目标为具有强烈变革意愿和执行能力，形成转型计划和实施行动，建设品牌学校导师团，以"学校文化品牌建设"为切入点，成为与南山教育发展远景规划高度匹配，真正代表南山特色，指向未来的南山学校样板；"启航计划"是以激励学习与实践内驱力为目标的考评机制，体现每人都有机会同时择优培养原则，通过每年考核，在中层干部队伍中遴选培育出一批学术理论扎实、实践经验丰富，初具南山教育精神风范的学校管理者，在副校长队伍中遴选培育出一批有境界、有格局、有魄力、能解决问题、具备

真才实学的南山区教育后备人才。

【基础教育"名师工程"启动】2022 年 9 月 22 日，南山区启动基础教育"名师工程"。区教育局根据南山区"名师工程"名师及名师培养对象评选条件，评选出名校长 3 人、名教师 27 人、教科研专家 6 人、名校长培养对象 4 人、骨干教师 60 人、教育科研骨干 36 人、教坛新秀 43 人。涵盖小学初中义务教育、高中基础教育 12 年的 36 个区级名师工作室正式挂牌启动，其中名校长工作室 3 个、名教师工作室 27 个、教育科研专家工作室 6 个。名师工作室由工作室主持人、学科骨干教师或教育科研骨干、名校长培养对象、教坛新秀等共同组成。

【《南山区义务教育新课程改革创新行动计划（2022—2025 年）》发布】2022 年 5 月 27 日，南山区教育局在南山区新课程改革论坛上发布《南山区义务教育新课程改革

创新行动计划（2022—2025 年）》（简称"行动计划"）。该《行动计划》将构建体系、提升能力、推进项目三方面作为基本路径，系统提出"重塑理念和能力系统、构建研究和实验体系、创新教学和评价模式、建立运行和督导机制、建设支持和交流平台"五大任务。开展五项攻坚，即突出培养目标，优化课程内容结构，建立"基于核心素养的"南山新课程谱系；突出学科实践，强化课程与生产劳动、社会实践、技术创新相结合；研究并总结全学段"一体化"创新人才培养路径；继续深化学业质量评价改革，在南山区"712"表现性评价基础上，充分运用数字化技术手段；加强学段衔接，指导有条件的集团学校或九年一贯学校先行探索"五四"学制，高质量普及义务教育，高位促进教育优质均衡。紧扣南山新课程改革堵点、难点和痛点，树立改革信心，推动新课程改革，促成义务教育新课程方案和新课程标准真实落地，促使学校育人

2022 年 5 月 27 日，南山区举行新课程改革论坛　　（南山区教育局　供）

模式深度变革，促进学生高质量全面发展。

【教研工作】2022年，南山区加强教研工作，提升研究服务实践能力和教师教育科研素养。对8所小学以素养课堂为主题开展教学视导，对5所初中学校以素养导向的课堂教学、教学常规落实情况及"双减"工作为主题开展教学视导。在初高中各学科开展同课异构教研活动27场次，举办教研员示范课和分学段交流展示课16人次。探索南山智慧教育城区建设，加强网络安全防护，聚焦信息技术融合创新，在第38届深圳市青少年科技创新大赛上南山区100项创新成果作品获奖，排名全市第一，其中一等奖20项。全区有93所中小学、189所幼儿园完成信息技术提升工程2.0项目，南山区被评为广东省中小学教师信息技术应用能力提升工程2.0优秀省级试点区，并在综合考核中排名全省第一，南山二外集团学府中学等7所学校被评为广东省信息化中心学校建设成效优秀学校，蛇口育才教育集团第四小学等3所学校被评为广东省基础教育成果培育对象，获评学校数量均名列全省各区（县）之首。南山区教育科学研究院附属学校教育集团和南山区第二外国语学校（集团）前海创新教育集团成立，南山区集团化办学实现街道全覆盖。

【全市首届学前教育"故事老师"大赛获佳绩】2022年5月26日，在深圳市首届学前教育"故事老师"大赛上，南山区参赛教师成绩突出。其中：南山区新桃源第一幼儿园教师钟子璐获得一等奖第一名；南山区首地幼儿园教师陈冬莹、南山区教育幼儿园教师谭浩、南山区向南瑞峰幼儿园教师韩笑、南山区蔚蓝海岸南区幼儿园教师迟晶均获一等奖，获一等奖人数占全市的1/2；有5名教师获二等奖，9名教师获三等奖。大赛由深圳市教育局主办、深圳教育报刊总社承办，自1月份启动共历时5个月，全市618所幼儿园1052名学前教育教师参赛，33名教师晋级决赛。

【南山区首届学前教育班主任风采大赛】2022年5月9日至7月2日，南山区举行首届学前教育班主任风采大赛。18个学区上百所公办和民办幼儿园参赛，比赛分初赛、半决赛、决赛3个阶段进行。比赛内容包括成长故事、情景答辩、才艺展示3个部分，旨在增强班主任思辩能力、提升提炼总结能力，用竞赛项目引领班主任以儿童为本，长远规划自己成长及班级发展之路。有28名选手进入决赛。南山区教育幼儿园杨印超、新桃源幼儿园林玲妮、机关幼儿园吴爽爽3名教师获特等奖，5名教师获一等奖，7名教师获二等奖，12名教师获三等奖。

【南山区幼小衔接工作登上《中国教育报》头版】2022年11月27日，《中国教育报》在头版以《深圳南山区以问题为导向，精准对接家长需求——家园校聚力打通衔接之路》为题，对南山区幼小衔接工作进行深度报道。作为广东省学前教育高质量发展实验区，深圳市南山区启动为期三年的"幼儿园与小学科学衔接"攻坚项目。该项目以问题为导向，精准对接家长需求，构建家园校一致、互为补充、相互支持的共育机制，全区形成229所幼儿园、80所小学协同合作局面，营造家园校共促、科学衔接教育生态。针对部分家长忽视幼儿身心、生活、社会认知，过度关注知识学习问题，南山区进行科学的顶层设计，形成家园校共育网格图，健全幼小衔接机制，以区级学前教育发展中心、幼小衔接专项教研组、试点校（园）教研组为主体，建立三级联合教研管理架构，落实"一月一大教研、一周一小总结"的联动教研机制，以问题为导向，构建园校协同、家园互动的协同机制。引导幼儿园将生活、身心、社会、学习准备有机融合渗透，帮助家长树立全面准备意识。将学习准备作为幼小衔接教研工作的重点内容，定期开展园本教研和联动教研活动，围绕学习准备开展专题培训，引导家长以科学方式带领孩子做好学习准备。

【南山区幼儿园青年教师教学基本功决赛】2022年10月23日，南山区幼儿园青年教师教学基本功决赛在南山区麒麟第二幼儿园举行。大赛由南山区教育局主办、区教育科学研究院承办。深圳大学教育学部学前教育系主任刘国艳、罗湖区清秀幼教集团总园园长郭琼、宝安幼教集团总园园长焦艳、原龙岗区教师发展中心学前教育教研员张静、深圳职业技术学院副教授海鹰、深圳大学教育学部学前教育系讲师张纯担任评委。首先由18个学区组织选拔赛，从上百所公办和民

2022 年 10 月 25 日，南山区举办第三届青年教师演讲比赛

（南山区教育局　供）

办幼儿园中选出 53 人进入区级决赛。决赛分 3 个环节进行：现场抽题说课（占比 30%），考验专业功底；游戏活动点评（占比 40%），展现专业素养；专业知识问答（占比 30%），考察专业见解。香山里幼儿园彭邓天仪、西丽幼儿园徐雨、龙海第一幼儿园容铭坤、阳光粤海幼儿园叶学展、深圳大学附属南山幼儿园张行、南山区机关幼儿园胡逸艺、南山区教育幼儿园谭浩获特等奖，9 人获一等奖、11 人获二等奖。

【《南山区中小幼一体化德育行动计划》发布】2022 年 7 月 11 日，南山区教育局发布《南山区中小幼一体化德育行动计划（试行）》。中小幼一体化德育行动是在遵循中小幼各学段学生道德认知规律和品德发展规律基础上，构建德育要素融通一体、各方协同一体、学段衔接一体的渐进式推进、螺旋式上升的德育共同体过程。该计划包含 5 个附件：《南山区中小幼一体化德育

品牌建设实施方案》《南山区中小幼一体化大思政实施方案》《南山区中小幼一体化班主任教研实施方案》《南山区中小幼一体化家庭教育实施方案》《南山区中小幼一体化心理健康教育实施方案》，具体内容包括一体化德育目标、德育内容、德育途径、德育课程、德育品牌、德育队伍、德育教研、德育资源和德育评价等，通过"红星行动""方圆行动""培根行动""灯塔行动""地图行动""摇篮行动"等六大行动路径，贯通一体化德育目标，健全一体化大思政体系，培养一体化德育队伍，开展一体化德育教科研，培育一体化德育品牌，完善一体化德育评价。《行动计划》为南山区教育"十四五"规划中 18 项重点工作之一，是南山区基于多年德育工作的经验提升和政策创新，是区域推进中小幼一体化德育工作的典型案例。

【育才中学科创产品获全国总决赛金奖】2022 年 11 月 21 日，深圳

市南山区育才中学科创社 15 名学生的科创产品"智安齐——书包智能收纳革新者"在第八届中国国际"互联网 +"大学生创新创业大赛萌芽赛道总决赛上获决赛金奖——创新潜力奖。该创新型智能书包仅需一键便可帮助学生快速扫描、精准查缺，解决书本漏带、核查困难、多带过重等问题。

【南山学生获评"广东新时代好少年"】2022 年 5 月 23 日，南山实验教育集团麒麟中学何野绚获 2022 年度"广东新时代好少年"称号。何野绚从 4 岁半即能背诵《三字经》《千字文》《大学》等国学经典，曾获国际经典文化协会、香港中文大学、香港大学主办的"经典翘楚榜"认证。通过长期大量的经典名著和现代美文积累，随笔逾 5 万字，多篇习作在各类作文比赛中获大奖。"广东新时代好少年"评选活动由省文明办联合省教育厅、团省委、省妇联、省关工委共同举办，旨在展现新时代少年风采，发挥榜样力量，激励更多青少年努力进取。

【南山学生获第十三届"中国青少年科技创新奖"】2022 年 8 月 22 日，深中南山创新学校九（6）班朱哲予获共青团中央、全国青联、全国学联、全国少工委联合评选的第十三届"中国青少年科技创新奖"，为深圳市唯一获奖者。朱哲予曾 2 次参加中国少年科学院组织的"小院士"交流活动，分别获得一等课题和"小院士"称号。在小学六年级时参加 VEX IQ 机器人竞赛，获得"最佳结构奖"和亚洲赛金奖，并在重庆举行的"国赛"上以满分

成绩获团体协作亚军，晋级 VEX 美国世锦赛。升入初中后，加入深中南山创新学校信息社团，开始学习"C++"语言编程，经常参加各种科创比赛。曾在全国青少年信息学奥林匹克联赛中，取得 162 分的好成绩，远超一等奖 140 分基准分数线。

【南山学生获"全国希望之星"特等奖】2022 年 8 月 1—4 日，南山区第二外国语学校（集团）海德学校学生乐洋序、周辰瑞在北京举行的第二十三届（2022 年度）"全国希望之星"风采展示大会上，同时进入全国 10 强，并分获特等奖和三等奖。

【职业教育】2022 年，南山区有职业教育学校 1 所，为深圳市博伦职业技术学校，简称"博伦职校"。年内，博伦职校产教融合改革试点工作与职业教育发展紧密结合，促进职业教育体系与现代产业体系对接，推动职业教育高质量发展。实施产教融合人才共育，校企合作，与 7 家基地签订校企合作协议书，在人才培养目标、师资培养、课程建设方面共融共建。培养"德技双修"工匠，以德为首树立"德技并修"育人理念，健全"德技并修"育人体系。珠宝专业实现"三二"连读，学前教育专业完成"3+3+2"（3 年在博伦读书，2 年在深职院读大专，2 年在华南师范大学读本科）培养模式。建设首饰设计与制作、物联网技术应用 2 个高水平专业群，加强"双师型"教师队伍建设，"双师型"教师占比 84% 以上。创建优必选、越疆和达闼等 7 个中职教育区级校外公共实训基地。打造科技创新教育实践基地，构建"学校+科研机构+企业"课程。建立联合选拔、培养、评价拔尖人才新机制，与零一学院合作，探索"一流大学+一流中学+一流企业"全国首批双创示范基地。与高校、科研机构、创新企业深化协作，重点培育 100 位科技创新教育导师、100 门科技创新课程、100 间科技创新实验室等"六个一"工程，构建多维度、多层次、立体化的科创教育体系。12 月 16 日，在 2022 年全国职业院校技能大赛教学能力比赛总决赛上，由深圳博伦职校丁玲、许国蕤、磨鸿燕、张雯文 4 名教师组成的教学团队获一等奖，实现该校"国赛"金牌"零的突破"。该校设有珠宝、经管、信息、传媒等 4 个专业部，有首饰设计与制作、宝玉石加工与检测、会计事务、电子商务、食品安全与检测技术、计算机应用、物联网技术应用、工业机器人技术应用、艺术设计与制作、音乐表演、影像与影视技术等 11 个专业。其中，宝玉石加工与检测专业为首批广东省中等职业学校示范专业和广东省重点专业，首饰设计与制作专业和工业机器人技术应用专业为广东省"双精准"示范专业。宝玉石加工与检测、首饰设计与制作、物联网技术应用、工业机器人技术应用、电子商务、会计事务和计算机 7 个专业被确定为"1+X"证书试点专业，学校为首批广东省高水平中职学校建设单位和广东省"5G+智慧教育"试点学校。有教职工 256 人，其中专任教师 202 人。2022 年，招生 1050 人，毕业 945 人，在校生 2885 人；就业率为 100%。参加职高考 832 人，上线 813 人，上线率 97.71%；参加普通高考 121 人，本科上线 94 人、上线率 77.68%，专科上线率 100%。在各类技能大赛中，学校参加全国职业院校技能大赛教师教学能力比赛，取得历史性突破，获全国一等奖 1 项、三等奖 1 项。首饰设计与制作专业群获国家级奖项 14 人次、省级奖项 18 人次，电子商务专业教师在广东省教学能力大赛中获一等奖、"国赛"获三等奖，物联网技术应用专业群学生获国家级、省级技能大赛三等奖以上奖项 139 项；教师朱泽娜、朱斯琪和雀珊珊获"广东省技术能手"称号，阮雄锋、磨鸿燕和巫广达获"国家技术能手"称号。

【成人考试组织】2022 年，南山区做好成人自学考试、成人高考等组织工作。全年组织成人自学考试 3 次、硕士研究生招生考试 1 次，完成全国成人高考现场报名确认和考试组织工作，首次承担普通高等学校专升本考试组织任务。全年共完成 7.7 万人次成人考试组织任务。

【终身教育】2022 年，南山区教育局推进终身教育工作。推进长青老龄大学联建。南山图书馆名著导读活动获评 2022 年度深圳市终身学习品牌项目；沙河街道成功创建 2022 年度"深圳市学习型街道"，沙河街道明珠街社区胡永林获 2022 年度"深圳市百姓学习之星"称号。与区委组织部、区长青老龄大学联合主办"终身教育与积极老龄观"南山论坛，并邀请海内外专家和国内老年大学校区代表开展交流活动，推动优质教育链条向老年教育延伸发展，把积极老龄观、健康老龄化理念融入经济社会发展全过程。以"学习贯彻二十大、终身学习向未来"为主题，举办2022年南山区"全民终身学习活动周"开幕式，提高全民终身学习参与率和满意度，服务学习型先锋城区建设。

【特殊教育】2022年，南山区特殊教育继续夯实以普通学校随班就读为主体、以特殊教育学校为骨干、以送教上门为补充模式。全区有特殊教育机构3所，其中特殊教育学校1所、特殊教育指导中心1所、特殊教育资源中心（建立在龙苑学校）1所；特殊教育学校教学班26个；在校生245人，教职工162人，其中专任教师149人（含外派资源教师39人）。年内，新建特殊资源教室13个（含3个融合教育幼儿园资源教室），全区资源教室累计51个，残疾儿童少年义务教育入学安置率100%。南山区被列为深圳市学前特殊儿童融合教育试点区，确定融合教育试点幼儿园3所。完善组织架构和特殊教育支持体系。成立南山区特殊教育资源中心，统筹全区特殊教育资源分配并对全区融合教育实施业务指导；建立南山区特殊教育发展联席会议制度，区教育局牵头，联动区政府其他7个部门协调南山区特殊教育发展；健全专职资源教师配置，在全省范围内率先将资源教室教师编制在全区内统筹使用。发布《南山区资源教师管理办法（试行）》和《南山区融合教育发展提升行动计划（2022—2025年）》，强化融合教育力量整合。推进随班就读硬件建设和省随班就读示范区、示范校（园）及优质资源中心

和特殊教育示范学校等省特殊教育内涵示范项目建设。推进融合教育，组建专业团队下校巡回指导，推行"海鸥"教师培训计划，提升特教教师专业素养，全区资源教师获国家级入围奖项34个、省级奖项20个、市级奖项2个；在广东融合教育优质资源征集活动中，南山区资源教师获奖项9个，奖项名次和数量均为全市第一。在创建广东省示范项目中，太子湾学校、南山区荔湾小学、南山区前海小学获评"广东省随班就读示范学校"，龙海第二幼儿园获评"广东省随班就读示范园"。南山区重点资助课题"随班就读学生个别化教育校本研究——以南山区资源教室试点学校为例"结题，前海小学"有教无类、儿童友好的融合学校样态探索"代表广东省参加教育部"融合教育优秀教育教学案例"评选。2022年，龙苑学校作为全区第一所公办综合性九年一贯制特殊教育学校，立足于"广东省特殊教育内涵建设项目"，以"信息化"为关键，推进个别化教学、绘本教育、特奥运动、棒球和言语语言康复等特色项目，重点打造以"沟通"为核心的课程体系。在响应特殊儿童需求的多元支持体系下，学生潜能得以开发，2名学生先后获得"最美南粤少年"称号、1名学生获得2021—2022年度"深圳市优秀少先队员"称号；在南山区中小学生手工制作大赛中，3名学生获得特等奖。年内，龙苑学校招聘46名大学应届毕业生，实施"春笋计划"，构建特殊教育学校教师专业成长体系和可持续发展路径。全校教师立项课题20项，其中国家级

1项、省级6项、市级3项；220余人次获得区级以上荣誉，其中国家级奖项5个、省级奖项47个、市级奖项12个。在2022年全国特殊教育教师教学基本功展示遴选活动中，龙苑学校报送的教学课例成为全省唯一一节推荐至全国遴选活动的孤独症教学案例。年内，该校深入推进特殊学生成长实时动态信息管理平台建设，在全省率先搭建特殊学生信息化数据网络，优化特殊学生教育管理工作。自主设计开发的"特殊学生成长实时动态信息管理平台"在获"广东省特殊教育内涵建设示范项目"信息化项目立项基础上，取得国家计算机软件著作权登记。继续深化与高校共建基地合作，整合优势资源，发挥高校领航作用。年内，与华东师范大学康复科学系签署合作协议，围绕教科研、师资队伍建设和人才培养展开协作；与深圳大学神经语言实验中心教授陆烁团队建立合作关系，合力开展区域内特殊儿童语言发展能力相关评估工作。

【民办教育】2022年，南山区有民办教育机构149所，其中民办中小学14所（含1所中外合作办学学校）、民办幼儿园135所。有民办中小学教职工1994人，其中专任教师1253人。民办中小学在籍在校生［含中外合作办学深圳（南山）中加学校］1.4万人，民办幼儿园在园幼儿2.83万人。规范民办学校招生，建立公、民办学校统一招生平台，禁止提前招生、平台外招生，消除"大班额"问题。2022年，民办学校共招生2562人，其中小学一年级招生1229人、初

中一年级招生884人、高中一年级招生449人。年内，南山区继续落实对民办教育扶持政策。发放民办学校义务教育阶段学位补贴9022.35万元、教师长期从教津贴2068.26万元；实施民办教育人才住房定向配租补租、师生体检、教师继续教育、骨干教师培训、新岗教师培训等政策。开展民办学校规范办学年检（2021年度），合格12家、基本合格8家、不合格（拟注销）15家。更新完善全国教师管理信息系统和深圳市民办中小学综合信息管理系统。

【校外教培治理】2022年，南山区落实"双减"政策，开展学科类校外培训机构治理。原50家（52个教学点）由区教育局备案的义务教育阶段学科类培训机构中有17家转型为非学科类，31家（32个教学点）注销或暂停营业，2家（3个教学点）保留义务教育阶段学科类培训。年内，开展对校外培训机构联合执法检查4257家次，责令停办及整改无证无照、违规开展学科类培训或违规办学机构。开展民办非学历成人类教育培训机构年检，合格5家、基本合格5家、不合格（拟注销）1家，2家新设立机构不参与年检。

【课题申报与立项】2022年，南山区教育系统组织申报各级各类科研课题1076项，确认立项237项。南山区义务教育新课程改革研究项目申报453项。申报2022年国家基础教育教学成果奖，有9项成果获广东省教育厅推荐；申报广东省教育科学规划2023年度中小

学教师教育科研能力提升项目53项，确认立项10项；申报2022年度广东省青少年校园足球及学生体质提升专项课题5项，确认立项2项；申报2022年度广东省教育研究院中小学劳动教育教学研究专项课题8项，确认立项1项；申报深圳市"教育部基础教育综合改革试验区"先行区示范项目16项，确认立项1项；申报深圳市教育科学"十四五"规划2022年度课题51项，确认立项42项；申报2022年度南山区教育科技项目490项，确认立项181项；申报南山区义务教育新课程改革研究项目453项。区教育局与中国教育科学研究院开展共建教育综合改革实验区第三轮合作，共建合作项目5个：建设教育教学研究体系、建设校长教师发展体系、建设监测督导评价体系、建设研究"双区"背景下的一体化德育体系、开展人工智能时代技术赋能教育融合创新应用研究。

【"双减"政策落实】2022年，南山区深入落实国家"双减"政策，把作业分层设计、丰富延时服务课程、狠抓课堂教学质量作为减负提质三大抓手。区委、区政府成立校外培训机构整治规范工作专班，在区教育局新设校外教育培训监管科，增加行政执法编制2人。出台《南山区中小学"在线教学"指导意见》，评选南山区中小学"在线教学"优秀教师147名，制作微课318节，每年按1000元/人为公民办中小学生安排课后延时服务。推送线上教学资源，推广线上教学成果，开展检查近4000家次，学科类培训机构压减96%。发布《南

山区2022年上学期在线教学调查报告》，分片巡课3000余节，收到学生问卷1.14万份、教师问卷8386份。在全市率先发布《关于加强义务教育学校作业管理的10条意见》，要求严格控制作业时间，建立作业校内公示制度；针对不同学生学习基础，设计不同难度作业；义务教育阶段学校不得进行开学考试等。家长对"双减"工作的满意度提升至91.6%，"五项管理"工作满意度94.2%，课后服务工作满意度95.8%。

【教育信息化建设】2022年，南山区优化网络环境建设，强化网络安全防护，教育信息化建设取得新进展。改造建设39所学校机房，升级南山教育城域网，出口带宽扩容至21G，28所幼儿园和5所新改扩建学校接入南山教育城域网。全面实施中小学教师信息技术应用能力提升工程2.0，在全省25个省级试点区绩效考核中排名第一，被评为省级优秀试点区。开展网络信息安全培训6次，培训信息技术学科青年教师83人，确保重点防护期网络信息安全。印发《南山区教育信息化"十四五"发展规划——技术赋能教育创建智慧教育城区》《南山区中小学推进人工智能教育的指导意见》，在全市率先提出人工智能普及教育。编制完成《南山区中小学设施设备及信息化建设标准指引》《南山区教育装备发展报告（2022）》《南山区中小学实验室图书馆及功能室安全管理规范（试行）》《南山区中小学校园电视台及校园电视活动管理细则（试行）》《南山区中小学实验室及实验教学

管理评价指标》等。在小学、初中、高中均成立人工智能教学资源创建小组，促进人工智能教学。开展信息技术课堂质量月活动，收集评选信息技术网络教学和线下课堂教学设计及课例，全年评出设计及课例126套。继续通过网络检测进行信息技术教学评价反馈（学校参评率96%），通过"基于国家课程的项目式学习""基于大数据的教学行为诊断与改进"等5个教育信息化创新应用项目带动全区32所学校开展信息技术融合创新应用探索。珠光小学、荔林小学、南海小学和香山里小学4所学校被评为深圳市智慧教育示范校培育对象。在全国人工智能比赛中，南山区获国家级奖48项。南山区学府中学、育才四小、南山实验集团、香山里小学、中科先进院实验学校、育才中学和华侨城中学7所学校被评为广东省信息化中心学校建设优秀学校，其中育才四小、南山实验集团、香山里小学3所学校被评为广东省基础教育成果奖培育对象。

【南山被确定为广东省中小学教师信息技术应用能力提升工程2.0优秀省级试点区】2022年，南山区被确定为广东省中小学教师信息技术应用能力提升工程2.0优秀省级试点区。南山区中小学教师信息技术应用能力提升工程2.0参训学校和幼儿园共282所，其中中小学93所、幼儿园189所；参训教师1.48万人。每所学校网络研修和校本研修完成率均为100%，所有参训学校均通过"整校推进"绩效考核，验收通过率100%，实现区域"三百工程"目标。项目实施

过程中，组建研修专家和区级研训团队，带领学校整校推进全员研训；项目落地时，以"线上教学、空中课堂、云端学校"等方式为先导，奠定项目实施基础。组织由教师研训部、课程教学部和教育技术与创新部组成的协同管理队伍，配合区级研训专家团和学校管理团队，构建适应学校个性化发展需求的教师信息技术应用能力提升模式。制定"1+5"区域整体实施方案指导"整校推进"工作，有序组织教师参加网络研修和校本实践应用。提出"三转五定"策略。"三转"即观念转变、应用转型、研究转向；"五定"即重新定位技术应用、重新定位师生发展、重新定位课程重构、重新定位现代教师、重新定位未来学校，将未来学校建设作为推进区域教育改革创新的重要任务。在网络研修和校本研修任务实施过程中，全区93所中小学、189所幼儿园完成整校推进各项考核指标，综合考核评分排名全省第一。

【2个基础教育集团成立】2022年12月28日，南山区教育科学研究院附属学校教育集团、南山区第二外国语学校（集团）前海创新教育集团2个基础教育集团揭牌成立仪式举行，实现南山区集团化办学街道全覆盖，优质学位覆盖率80%。南山区教育科学研究院附属学校教育集团由区教科院统筹管理，集团成员校包括教科院附属学校（同安学校，在建）、教科院同乐实验学校、松坪学校、松坪二小、南头城学校、荔香学校、大新小学，南头中学作为集团联盟学校。南山区

第二外国语学校（集团）前海创新教育集团成员校包括前海桂湾四单元、前湾十单元、妈湾十九单元配套学校和前海港湾小学、月亮湾小学。

【青少年中外人文交流教育特色区建设启动】2022年11月17日，教育部中外人文交流中心与深圳市南山区教育局在南山实验教育集团麒麟中学联合启动青少年中外人文交流教育特色区（以下简称"特色区"）建设，并发布实施方案。特色区建设坚持需求导向、问题导向、目标导向、效果导向，通过强化顶层设计、强化人力资源建设、强化互联互学、强化主渠道建设，构建南山区教育国际化发展新格局。特色区建设重在深挖青少年参与中外人文交流潜力和资源，建设中外青少年人文交流实践特色区，设立基础教育人文交流研究中心，为南山区青少年人文交流和国际合作提供规划引领与实践诊断，探索以教育领域人文交流和国际合作引领带动整个城市提升对外开放水平新路径。教育部中外人文交流中心与深圳市南山区教育局在人文交流平台、人文交流特色学校、教师队伍、课程、国际友好学校、境外交流和研学等领域展开联合建设，并以此推动基础教育改革发展，提升南山区教育开放水平，为实现教育现代化和建设教育强国引领示范。人文交流特色学校建设主要实施国际友好学校结对、"互联网＋人文交流"建设、多语种外语学习、国际友好学校中文教学支持、人文素养提升、国际理解教育、中外课程共建共享等项目。

【教育战略合作】2022年，南山区积极推动教育战略合作。12月14日，南山区教育局与深圳大学教育学部举行战略合作协议签约仪式，并为学前教育联合发展研究中心揭牌。南山区教育局与深圳大学合作启动南山学前教育高学历提升工程，培养一批高学历领军人才；设立实验基地，产出一批高质量科研成果；推进教学实践，培育一批高水平教学成果；制定评价体系，建设一批教科研先锋幼儿园；建好学前教育联合发展研究中心，构建一个学前教育专家智库。南山区学前教育对标"幼有善育"先行示范战略发展目标，坚持问题导向与改革创新，持续开展学位优化工程、管理优治工程、保教优育工程和人才优培工程等，加强校地协同创新、人才培养、教师培训、课题研究等方面交流与合作。　（杨帆）

盐田教育

【概况】2022年，盐田区有办学单位51个。其中，中小学校19所（公办17所，民办2所）、职业中学1所（公办）、幼儿园31所（公办15所，民办16所）。在校学生3.5万人。其中，幼儿园在园儿童7630人（公办4610人，民办3020人）、中小学生2.52万人（公办2.47万人，民办529人）。全区共有公民办教职员工3353人。其中，公办中小学教职员工1626人、民办学校教职员工230人、职业中学教职员工195人、幼儿园教职工1302人。专任教师2433人。其中，公办学校教师1717人、民办学校

教师143人、幼儿园教师573人。全区省级以上名优教师108人、特级教师16人、区级以上名师487人，公办学校专任教师研究生及以上学历590人，高级职称以上教师414人（正高级教师7人）。

【党建工作】2022年，盐田区教育局宣传贯彻落实党的二十大精神，推出"盐田教育红"支部书记"微党课"活动20集，推动党的二十大精神宣传进校园、进课堂、进教材、进头脑。全年基层党组织开展"第一议题"学习共675次，8412人次参加学习。推进中小学校党组织领导的校长负责制，根据下属公办中小学党组织建设及书记和校长配备情况，指导各学校完善议事规则。印发《盐田区教育系统2022年度党风廉政建设和反腐败工作责任分工》，建成区教育局廉政教育基地，编制内部管理权责清单，排查九大类43项风险点，对人、财、物管理进行全面规范；定期召开意识形态专题会议，坚持党建带团建、队建，打造党团队一体化教育阵地；支持区实验学校党总支开展市级党建示范校创建活动，全市首创区级高中"青马班"。

【扶贫支教】2022年，盐田区教育局主动与广东河源东源县、广东汕头濠江区教育局对接，建立全口径、全方位、融入式结对帮扶机制。确立8所结对帮扶学校，选派优秀校长、骨干教师30人开展首期5年的帮扶行动，全年选派支教教师计45人次。结对帮扶东源县船塘镇老围村，该村获评中组部"组织创新性示范村"，派驻扶贫

工作队获评"深圳市脱贫攻坚突出贡献集体"。

【学前教育】2022年，盐田区教育局出台《盐田区大力推进学前教育学区化治理的实施方案》《深圳市盐田区公民办幼儿园师资结对交流实施方案》，启动小微型集团化办学，通过以老带新、以大带小、"结对子"等措施，实现管理、师资、设备等优质教育资源共享；构建"五色花"学区治理模式，实现公民办一体化优质普惠发展。年内，全区公办园、普惠园在园儿童占比分别为60%、95.5%，2项指标均在全市领先。幼小衔接项目入选"省学前教育高质量发展实验区"，实现幼小衔接全覆盖，在2022年广东省学前教育高质量发展实验区阶段性验收中获评"优秀"。

【义务教育】2022年，盐田区通过新校建设、共享学区等举措，继续保持符合条件的申请人100%入读义务教育阶段公办学校目标。全区中考高位均衡，中考总均分465分，高分数段学生总数占比46%，高分学生比例全市领先。探索课程融合，抓实学生综合素养。2个案例获2022年国际StarT（跨学科学习与教学实践）项目全球年度最佳、5个案例入选全球前10，区域案例入选全国前20（全市唯一）。30余人次获全国中小学信息技术创新与实践大赛获总决赛金奖，义务教育质量"国测"成绩全省领先，继续保持优质均衡发展态势。

【高中教育】2022年，盐田区高中

2022 年 12 月 22 日，盐田高级中学与华大集团携手共建一流科学特色高中
（盐田区教育局　供）

教育成果丰硕。有 1126 名学生参加高考，达到特殊类型招生控制线（重点本科）人数 689 人，上线率 61%，连续 2 年突破 60% 大关；达到本科控制线人数 1069 人，上线率 95%，实现 4 年 9 "清北" 跨越式发展。盐田高级中学纳入深圳首批科技特色高中试点，连续 5 年获高考工作卓越奖，考入音乐、美术顶级专业高校人数全省第一，新生录取线大幅提高至 542 分。盐港中学成功入选首批深圳市普职融通改革试点校，依托辖区港口物流、黄金珠宝行业，做强物流、珠宝等职业教育，做优音体美术科高考，实现 "清北" 录取 "零的突破"，成为全市职高学校唯一一例；年内首次招收 100 名普高生，录取分数线超过 26 所老牌高中。民办高中高端发展。2022 年，共获 1010 封海外名校录取通知书，奖学金突破 3000 万元人民币。

【特殊教育】2022 年，盐田区重视做好特殊教育工作。全区中小学有特殊学生共 98 人，通过普通学校就读、特殊教育学校就读、特教班就读、"送教上门" 等多种方式，落实 "一人一案"，残疾儿童少年义务教育入学（安置）率达 100%。全年个性化 "送教上门" 累计 1755 次。为特教班学生开展午餐午托服务；开设展能课程，完善特教班特色教学，实现医教结合。

【学位供给】2022 年，盐田区进一步加大学位供给力度。田东中学、机关幼儿园拆除重建，海心小学 3 个项目全部建成，新增优质公办学位 4800 个，全市率先提前完成 "十四五" 学位建设规划。制定 2022—2023 学年义务教育阶段 3 个大学区招生办法，深圳市高级中学盐田学校平稳落地，实现市教育局 "不引起学位房异动" 要求。

【"双减" 工作】2022 年，盐田区教育局积极落实 "双减" 政策，联合街道、市场监管、城管综合执法、公安等部门对校外培训机构开展联合检查。全年累计检查培训机构 1549 家次，立案调查处罚 1 家、有序关停 10 家、剥离义务教育学科类培训业务机构 6 家，保持学科类机构营转非、义务教育段学科类培训机构压减率、学科类培训机构资金监管 100%。使用市级资源与校本化开发双轨并行作业设计和管理体系基本形成，有效减少学生作业总量，作业时间得到基本控制。

【民生服务】2022 年，盐田区将符合开放条件的 12 所中小学体育场馆向社会全面开放，积极服务民生。全年累计完成订单数量 7.45 万宗，共 9.28 万人次通过 "i深圳" 一键预约系统进入学校体育场馆进行体育锻炼，运动时长 7.95 万个小时，有效满足社区群众体育锻炼需求。抓实义务教育阶段学校午餐午托、课后服务工作。秋季学期共为全区 1.22 万名学生提供午餐午休服务；为 1.86 万名学生提供课后服务，参与服务教师 1301 人，参与率分别为 94.2%、89.9%，市教育局给予 "认识有高度、部署很精细、评价有创新、组织领导有力" 评价，实现家长满意、教师认同、学生喜欢的工作目标。

【校园安全管理】2022 年，盐田区强化校园安全管理。夯实新冠疫情防控墙，织密校园安全网。压实 "四方责任"，把牢 "四大关口"，扎实 "四个环节"，3.3 万名师生平安、顺利返校复学。对重点学生实施 "一对一" 跟踪管理和服务，没有因疫情封校停课（全市唯一一个区）。完善"日常检查＋区教育局督查＋多部门联动执法检查＋专业第三方排查"校园安全管理机制，在全市率先完成招标文件编制、招标公示等工作，规范学校食堂食材采购，公办学校厨房全部达到 A 级标准，有效保障广大师生饮食安全和身体健康。

【招生考试管理】2022 年，盐田区教育局扎实做好招生考试管理工作。摸排秋季幼儿园、中小学适龄儿童、少年网格数据，科学制定学前教育、义务教育招生政策。成立招生工作专责小组，印发温馨提示、招生指南 2 万余份，同步在"盐田政府在线"、新媒体平台发布，招生期间累计接听电话约 5000 次，现场接访 40 余批次计 400 余人。制定 2022—2023 学年义务教育阶段 3 个大学区招生办法，有效化解学位涉稳风险，招生工作平稳有序。共组织高等教育自学考试、成人高考、高考、中考、学业水平考等 16 类考试，参考人员、考务人员累计分别为 4.67 万人次、4250 人次，实现平安、健康、暖心考试，考试组织工作"零差错、零疏漏、零投诉"。

【教育督导】2022 年，盐田区教育局联合卫健、公安、市监、交警等部门，累计组织 1053 人次对全区中小学、幼儿园、校外培训机构、校外午托机构进行 3 次新冠疫情防控工作督导检查，发现并跟踪整改问题 217 个。完成 2022 年广东省义务教育质量监测组织工作，组织 14 名市、区督学（共

30 人次）开展对叶屋村幼儿园等 5 所幼儿园办园质量监测督导评估工作，完成 15 所义务教育阶段学校"双减"督导，圆满完成广东省义务教育质量监测。在广东省对地方政府教育履职水平考核中，盐田区排名珠三角城市第四、深圳市第三。

【教师队伍建设】2022 年，盐田区进一步加强教师队伍建设。对外招聘优秀应届毕业生 59 名（其中硕士 46 名），面向全国选聘高层次人才 15 名（均为省级骨干教师或省级名师），面向社会招聘优秀教师 20 名。通过建立名师工作室、"青蓝"结对、名师联盟网络平台、"年度教师"巡回分享等方式，壮大名师群体。刘汉文校长获评特级正校长（全市 18 名），29 人获评市级名校（园）长、名师，16 人获评市级教科研专家、骨干，1 人获评省级名师工作室主持人。截至 2022 年年底，全区有省级以

上名优教师 108 人、特级教师 16 人，区级以上名师 487 人、占比 19.5%，占比全市领先。优化教师交流轮岗机制，2022 年度完成区内教师调动交流轮岗 62 人。举办"四有杯""年度教师"各级各类赛事，激发教师活力。其中，参与"四有杯"初赛、复赛共 1000 余人次，盐港中学杨涵获评区"年度教师"，区外国语学校陈霄翔和区教科院附属田东小学向雪梅获区"年度教师"提名奖。高质量通过市教育局对盐田区教师发展中心的认定评审。

【教科研成果】2022 年，盐田区教师培训中心共培训教师 1621 人次，培训总学时 20 万学时。通过全员培训、新教师培训、专项培训等，促进教师内涵式、跨越式发展。获得广东省教育教学成果奖（基础教育）一等奖、二等奖各 1 个；初步形成"程序化沙龙式课题申报、个性化菜单式自主开题、项目化联动

2022 年 12 月 8 日，盐田区第四届"四有杯"教师综合素养大赛决赛举行

（盐田区教育局　供）

2022 年 4 月 25 日，盐田区教育科学研究院组织年度立项的部分市、区级教育科学规划课题集中开题。年内盐田区共立项课题 104 个（市级 20 个、区级 84 个）

（盐田区教育局　供）

式中期督查、整体化分层式结题验收"科研课题管理"盐田模式"，本学年教师获市级以上奖励 162 人次，其中国家级 39 人次、省级 52 人次、市级 71 人次；在市级以上刊物发表论文（或出版专著）231 篇（部）；其中国家级 76 篇（部），省级 117 篇（部），市级 38 篇（部）。

【"五育"融合发展】2022 年，盐田区出台《盐田区六大少年院工作推动方案》，推动德、智、体、美、劳"五育"融合发展。2022 年，国学院在湾区少年诗词大会上获 2 个二等奖、1 个三等奖；艺术院在广东省第七届中小学生艺术展演活动中获一等奖；国际素养院在首届大湾区青少年模拟联合国大会决赛中获 2 项冠军；体育院为省、市体工队提供 10 余名优秀运动尖子；创新院在全国中小学信息技术大赛中有近 20 人次夺得国家级

奖项。

【合作办学】2022 年，盐田区与深圳高级中学集团签约合作办学，项目定名为"深圳市高级中学盐田学校"，为区属公办九年一贯制学

校。办学规模 60 个班 2820 个学位，由深圳高级中学集团委派管理团队，引进优质资源，通过教科研一体化、教育管理改革创新、师资队伍交流轮岗等举措，打造深高盐田学校品牌，培育深圳东部名校。整合优质资源，因地制宜探索盐田集团化办学模式，组建"教科院""外国语""实验"三大特色基础教育集团。打造品牌特色学校，将学校特色转化为学生特长，满足辖区居民对优质教育资源的需求。

【跨学科课程整合实践】2022 年，盐田区项目式学习（跨学科）研究中心成立，开展区域跨学科课程整合实践。盐港小学《盐田河淤泥治理初探》、区外国语小学东和分校学生《探研红树根部的秘密》分获 2022 年国际 StarT（跨学科学习与教学实践）项目全球金奖和全球前十提名，22 所

2022 年 12 月 10 日，盐田区教育科学研究院少年国际素养院联合广东教育学会国际教育专业委员会举办大湾区青少年模拟联合国 2022 未来领袖峰会决赛，盐田区中小学获得特等奖 3 个、一等奖 1 个 　（盐田区教育局　供）

校（园）开发 30 余个国家课程跨学科课程整合校本实施案例，小学科学优秀典型案例入选全国 20 佳，成为深圳市唯一获奖区域案例。　　　　（许　评）

宝安教育

【概况】2022 年，宝安区有各级各类学校 597 所。其中，幼儿园 418 所（公办 200 所，民办 218 所），中小学校 173 所（公办 110 所，民办 63 所），职业学校 4 所（公民办各 2 所），特殊教育学校 1 所，中小学生综合实践活动基地 1 所。在校学生 53.64 万人（学前教育 13.81 万人，义务教育 35.47 万人，高中 3.21 万人，职业教育 1.15 万人）。教职员工 4.83 万人（公办 2.38 万人，民办 2.45 万人），其中专任教师 3.43 万人（公办 1.89 万人，民办 1.54 万人）。专任教师中研究生及以上学历 4017 人（博士 28 人），占比 11.7%；本科 2.22 万人，占比 64.8%。

【党的建设】2022 年，宝安区全面、系统深入学习宣传党的二十大精神，成立由区委分管领导担任组长、区政府分管领导担任副组长的宝安区委教育工作领导小组，进一步深化党对教育工作的全面领导。按照中共中央办公厅《关于建立中小学校党组织领导的校长负责制的意见（试行）》和省、市有关工作要求，以"平稳有序"为工作原则，分阶段、分步骤推进落实党组织领导的校长负责制。持续提升"两个覆盖"工作质量，完成 433

家"两新"组织摸排工作，加强"两新"党建政策宣传，服务引导党组织关系转入。持续加强基层党员教育管理，制定《关于打造宝安区教育系统政治铁军的实施方案》，打造政治坚定、专业过硬、作风优良的干部队伍。顺利完成 293 个基层党组织换届，基层党组织堡垒进一步巩固。

【学位建设】2022 年，宝安区教育局超常规推进学位建设。新开办福海中学、龙津中学、燕川中学 3 所高中，新开办 12 所公办义务教育学校、14 所公办幼儿园，新增公办高中学位 0.78 万个、公办义务教育学位 2.92 万个、公办幼儿园学位 0.58 万个。学校建设各项指标创历史新高，实现量质齐升。学位建设任务顺利通过市教育局验收，并得到区委、区政府嘉奖。

【思政教育】2022 年，宝安区教育局加强思政教育工作，构建具有宝安特色的"大思政"育人体系。严格领导干部带头讲思政课制度，全学年教育系统各级领导讲授思政课 394 场次，听课人员 3 万余人。率先在全市举行中小学党组织书记、校长"第一堂思政课"展示活动暨中小学党组织书记、校长"十佳思政金课"评选活动，率先在全市成立思政课教师党史宣讲团，分类分级开展思政宣讲。持续开展全区教育系统师生"同上一堂思政课"暨"思政课，宝安这样上"主题教学与研讨活动，全区 38 万名师生同时收看。研发 40 节精品思政课程，累计逾 200 万人次参加学习。宝安区思政课例先后获教育部、广东省荣誉，并作为全省唯一代表登上广东省南方教研大讲坛；思政课教学模式获广东省教育教学成果奖二

2022 年 9 月 6 日，宝安区新校（园）启用仪式举行　（宝安区教育局　供）

【集团化办学】2022年，宝安区出台《关于深入推进宝安区公办中小学集团化办学的指导意见》等"1+4"集团化办学系列文件，集团化办学顶层设计基本完成，以政府指导为主，整体规模化推进集团化办学。通过创新方式、优化机制、提高质量、强化保障等多方面措施，成立覆盖宝安更大区域的教育集团。截至2022年年底，新成立宝安第一外国语学校（集团）、宝安实验学校（集团）等5个公办教育集团；优化扩容宝安中学（集团）、新安中学（集团）2个原教育集团；中小学集团办学学校（校区）48个，覆盖率42.9%。教育集团优质资源实现全区10个街道全覆盖，教育优质资源布局进一步均衡。

【教师队伍建设】2022年，宝安区严选优选教师，强化教师队伍建设。面向国内外知名高等院校招聘优秀毕业生1109名，面向社会公开招聘教师120名，面向全国选聘优秀教师50名，有效充实宝安区教师队伍。全方位开展教师培养，集中优势资源持续实施教师"精英领航"工程，推动新教师、年轻教师、班主任、骨干教师、教研员、校（园）长"六支队伍"建设，依托"雏鹰""新秀""薪火"三大教师培养计划及名师工程，共计培训各类教师1528人，新遴选180名名师、名班主任和名校（园）长工作室主持人。6名教师获评深圳市正高级教师，人数占比全市区属最高。宝安区教师连续3年获评深圳

市"年度教师"。宝安区获"广东省教育教学成果奖"特等奖、一等奖和二等奖共4项，4项成果被广东省推荐参评国家级教育教学成果奖。

【学生综合素养培育】2022年，宝安区落实"双减"政策，着力培育学生综合素养。拨付专项经费支持学校开展课后服务，受惠学生近34万人。对违规开展义务教育学科类培训的机构实行动态清零。94.78%的家长对"双减"工作表示满意，98.02%的学生对学习生活表示满意。学生德育、科学两科"国测"结果显示，16项监测指标中有11项达到10星，名列全市前茅。坚持"五育并举"。区教育局与深圳市林丹羽毛球俱乐部开展战略合作，首批遴选5所"超级丹"羽毛球特色学校；全区30所学校（幼儿园）获评"全

国围棋特色学校"，占比全市近九成。启动首届学生电影周，高标准建成31所影视教育实践室，成为全国第一个基于课标的"中小学影视教育标准化实施先行示范区"。开展科技教育创新，4所学校获评共青团中央青年发展部"小平科技创新实验室"，数量排名全省各县（区）第一。成功获评或创建"全国中华优秀传统文化学校""全国校园足球学校""全国书法示范校""全国围棋特色学校"等国家级特色学校149所、省级特色学校32所。乒乓少年入选国青集训队，跳水小将摘得全国冠军。

【职业教育】2022年，宝安区推动职业教育进一步发展。中职教育"双元"育人模式持续推进，"企业校区"和"引企入校"建设深入开展，校企合作不断深化。宝安职

2022年11月20日，宝安区教育局与深圳市林丹羽毛球俱乐部战略合作暨"超级丹"羽毛球特色学校签约授牌仪式举行。授牌仪式后，林丹与学生进行互动

（宝安区教育局　供）

业教育集团与深圳职业技术学院等高职院校合作开展中高贯通培养，为学生发展提升、成才成人提供更多选择。与深圳市、广东河源龙川县等地相关企业、技工学校三方合作，招收"订单班""模具订单班"学生65名，为企业输送技工人才。擦亮宝安区职业教育"粤菜师傅"品牌，推进"广东技工"工程，开展"现代学徒制"和"企业新型学徒制"项目，为企业输送毕业生88人。通过"弘英创业协会"平台，促进学生就业创业，帮助贫困学生勤工俭学。

【教育帮扶】2022年，宝安区积极开展教育帮扶，坚持扶贫更扶智。遴选77所优质学校结对帮扶五省十一地80所薄弱学校。选派100余名优秀教师赴6个受援地开展支教工作，在广西环江毛南族自治县开展的"名师驻点"等工作获国家乡村振兴局充分肯定并向全国通报表扬。宝安支教先锋教师代表支教事迹获全网8000万名网友关注点赞，支教教师受邀登上中央电视台并获专题报道。

【教育经费保障】2022年，宝安区坚持教育优先发展，持续加大财政投入，财政投入连续多年实现"两个只增不减"。"十三五"期间累计财政投入471.83亿元。2022年，全区国家财政性教育经费投入141.83亿元。其中，一般公共预算教育经费投入120.94亿元，占一般公共预算支出25.39%，比2021年增加6.92亿元、增幅6.07%。教

2022年8月24日，宝安区教育局举行基础教育结对帮扶工作推进会暨支教帮扶人员出征仪式 （宝安区教育局 供）

育经费持续增加为宝安区教育事业高质量发展提供有力保障。

【教育信息化】2022年，宝安区教育局科学编制《宝安区教育信息化"十四五"行动计划（2021—2025年）》，高标准建设新型教育基础设施，推动宝安区教育数字化转型、智能升级和融合创新，探索未来教育新样态。建成宝安区智慧教育中心、宝安教育大数据中心，推进教育优质资源数字化。创建学科教研社区33个、微课3000余节、教学资源23万个。全年开展线上教研活动500余次，线上公开课1000余节，全区教育教学平稳

2022年7月，宝安区教育局与腾讯公司签订教育数字化转型战略合作协议 （宝安区教育局 供）

有序。与腾讯公司签订教育数字化转型战略合作协议，推动教育数字化转型。宝安区获评教育部"网络学习空间应用普及活动优秀区域"、广东省"学校网络安全示范区"。

【疫情防控】2022年，宝安区教育局科学、精准开展校园新冠疫情防控，最大限度保障师生生命安全和身体健康，保障教育教学平稳有序。组织广大教职工志愿者积极参与全区疫情防控工作，为全区防疫大局贡献宝安教育力量。组建防疫外呼工作专班，统筹调配教育系统人力、物力资源，组建2支突击队、6支先锋队和6支常备队，探索建立整套实用有效的外呼作战工作机制。教职工志愿者全年共完成防疫外呼150万人次，12.6万人次教职工志愿者参与活动，相关工作获得国务院督导组和区领导高度肯定，相关事迹获新华社报道。

【校园安全管理】2022年，宝安区教育局压实校园安全主体责任，强化安全管理，严防各类校园安全事故发生。局主要领导定期召开学校安全工作专题会议，传达有关精神，听取工作汇报，研判和部署安全工作。出动1778人次，开展校园安全排查整治。检查学校、幼儿园844家次，发现整治安全问题隐患563处；对学校食堂开展监督抽查386次，发现整治安全隐患663处；对学校危化品进行排查整治，检查学校43家次，发现整治危化品安全隐患14处。开展安全应急演练586次，举行安全主题班会507场，组织观看强安"大讲堂"412次，55万余名师生参与安

全生产月宣传教育活动。全年教育系统安全稳定，各项教育教学活动开展顺利。

【校外培训机构专项治理】2022年，宝安区深化校外培训机构专项治理。全面监管备案校外培训机构。将在区教育局备案的校外培训机构全部纳入全国校外教育培训监管与服务综合平台，对机构人员、资金、场地、课程、班级、材料等进行规范管理。规范治理非备案校外培训机构。区校外培训机构规范治理工作专班深化部门、街道工作联动，对全区各类校外培训机构开展培训材料和培训人员专项排查；摸底排查学科类校外培训机构，组织学科类培训机构"回头看"检查；开展校外培训机构涉稳风险排查。严肃查处无证无照培训、学科类隐形变异培训和不正当竞争、价格违法、合同违法、广告违法、违规收费、违反消防安全管理九项规定、违规聘用人员等行为。

（宝安区教育局）

龙岗教育

【概况】2022年，龙岗区有辖属办学单位699家。其中：公办学校124所（含区教师发展中心、区实践基地、4所政府资助型学校）、民办学校82所，幼儿园493所（公办257所、民办236所）。在校学生56.25万人（幼儿园15.25万人、小学27.6万人、初中9.39万人、高中3.44万人、中职学校5524人、特殊教育学校202人），教职工5.65万人（幼儿园2.4万人、

中小学3.17万人、中职学校709人、特殊学校88人）。驻区高校3所〔香港中文大学（深圳）、深圳北理莫斯科大学、深圳信息技术学院〕，在校学生3.1万人。全年教育总投入141.23亿元。2022年，龙岗区教育系统聚焦"幼有善育，学有优教"战略定位，统筹推进校园新冠疫情防控和教育教学工作，深化教育改革创新，不断提高教育公共服务水平，打造高水平教育强区，构建全链条优质教育生态。

（梁德麟）

【党建引领】2022年，龙岗区委教育工作委员会深入学习贯彻习近平新时代中国特色社会主义思想，开展"第一议题"学习49次，局领导到中小学上思政课7场，开展"喜迎二十大·奋进新征程""魅力龙岗·云上青春"等主题教育活动20个。推进党组织领导的校长负责制，联合区委组织部印发《龙岗区推进落实"中小学校党组织领导的校长负责制"工作方案》，122所公办学校全部完成阶段改革目标。制订《龙岗区教育系统学习宣传党的二十大精神工作方案》，组建干部、先进模范、青年宣讲团，构建"多维度、全覆盖"学习体系。"龙岗教育党建"微信公众号推文阅读量逾40万次，其中15篇推文被"龙岗先锋"微信公众号转载。出台党建"标准+质量+示范"建设"1+N"文件，编印《党建工作指引手册》，完成305个基层党组织集中换届，党员数量突破7300名。龙城高级中学、承翰学校获评首批"深圳市基础教育党建工作示范校"，华中师范大学龙岗

附属中学建立"融合型党建"书记工作室。选派81名党组织书记到民办学校兼任"第一书记",新成立42个学前教育"学区联合党支部"。举办师生廉洁书画作品巡展,开展师德提升和纪律教育"十大行动",连续7年开展师德网络问卷调查,满意度99.6%。组织10万余人次参加新冠疫情防控志愿服务,开展"卓越学校培育""学前教育集团化办学"2个"攻坚堡垒实干先锋"项目。　　（李　平）

【学前教育】2022年,龙岗区学前教育各项指标有序提升,学前教育事业取得新成效。全区有幼儿园500所,在园幼儿15.25万人。其中:公办幼儿园262所,在园幼儿占比54.7%;公办幼儿园和普惠性民办幼儿园424所,在园幼儿占比88.2%。推进幼儿园学位建设,全年共新增公办幼儿园学位5220个。与市属优质园合作办学的2所幼儿园正式开办;与深圳北理莫斯科大学正式合作办园。印发《龙岗区到期政府产权幼儿园回收工作方案》,回收转型2所承办协议到期政府产权幼儿园。推进集团化办学与学区化治理,完成第二批6个幼教集团组建,幼教集团总数15个,实现优质学前教育资源全区各街道全覆盖;完善学区内部治理架构、健全学区外部治理体系,提高学区管理水平。加强幼儿园规范管理,开展全区民办幼儿园园长、教职工备案工作;新认定普惠性民办幼儿园10所;向162所普惠性民办幼儿园发放奖补经费共6358万元。落实民办幼儿园帮扶工作,对207所民办幼儿园发放纾困帮扶补助共

2621.7万元。开展2~3岁"托幼一体化"工作,13所民办幼儿园开设托班,提供托位260个,"托幼一体化"幼儿园街道覆盖率达100%。向全区14.86万名在园幼儿发放儿童成长补贴2.18亿元;向全区幼儿园保教人员发放长期从教津贴1.08亿元,共2.02万次。开展幼儿园名称规范清理专项行动,完成21所幼儿园名称规范清理工作。联合市公安局龙岗分局等六部门开展龙岗区无证学前机构专项排查整治工作,规范学前教育机构管理。　　（温姣林）

【学位建设】2022年,龙岗区聚焦民生需求,推进公办学位建设。推进6个区政府民生实事学校项目建设,全部建成后将新增公办学位2.05万个。高品质打造精品校园,南门墩九年一贯制学校新建工程、下雪村小学新建工程、创星九年一贯制学校新建工程、五联上艺小学新建工程、南约第二小学新建工程、深中龙初改扩建工程等6个项目动工建设,可新增公办义务教育学位1.02万个。优化建设模式,节省政府财政资金。平湖信德学校改扩建、平湖街道园岭九年一贯制学校新建工程等2个城市更新学校项目顺利开建,可节省政府资金1.75亿元。提高建设标准,开展《龙岗区义务教育学校建设标准提升指引》修编工作,推动校内设施对外共享,打造学校建设"龙岗标准"。　　（张澄伟）

【民办教育】2022年,龙岗区坚持规范与扶持并举,推动民办教育持续健康发展。推进民办学校集

团化办学,推动组建鹏达教育集团、建文教育集团。发放义务教育学位补贴和教师长期从教津贴,全年向义务教育民办学校在校生发放学位补贴14.6万人,发放金额10.43亿元;向民办学校教师发放长期从教津贴5929人,发放金额1114万元。开展民办中小学年度检查工作,年检结论"合格"等级学校67所,年检结论"基本合格"等级学校4所。开展民办中小学分类登记试点工作,新南小学登记为非营利性学校,德邦高级中学登记为营利性学校。规范民办义务教育发展,出台相关实施方案,采取系列治理举措,民办义务教育在校生规模比例达到国家要求。对民办中小学校长、教师2021—2022学年度工作进行考核。　　（葛建平）

【特殊教育】2022年,龙岗区积极促进特殊教育公平融合发展,全面提升特殊教育质量。统筹学位,做好教育安置。健全残疾儿童招生入学联动工作机制,压实义务教育阶段普通学校接收残疾儿童随班就读工作责任,建立健全学校随班就读工作长效机制,确保适龄残疾儿童"应随尽随、就近就便"优先入学。健全"送教上门"制度,完善"送教上门"服务标准,科学认定服务对象,规范"送教上门"形式和内容,加强送教服务过程管理,提高送教服务工作质量。提升保障,促推融合教育。坚持"以生为本促融合,学有优教提质量"目标导向,在融合教育方面奋起直追,从跟跑、并跑变身领跑,取得优异成绩。截至2022年年底,全区有

1所综合性特殊教育学校、14个普通学校附设特教班、53个资源教室，特殊教育资源覆盖全区各个街道和片区。2022年，坂田小学获评"广东省随班就读示范学校"。注重改革，完善课程体系。龙岗区特殊教育资源中心坚持以生为本原则，优化、完善包括基础性课程、发展性课程和补偿性课程在内的"向阳"课程体系，开足、开齐国家课程，开发适合特殊需要学生成长的校本课程。加强引领，深化巡回指导。龙岗区特殊教育资源中心开发面向普校学生、家长、教师的融合教育课程，为学校和随班就读学生提供有效资源，组织面向53个资源教室（含14个特教班）的巡回指导工作，为学校提供针对性工作建议和专业支持。 （杨玖明）

【职业教育】2022年，龙岗区以统筹建设广东省高水平中职学校为契机，推进区属中职学校龙岗中专、龙岗区第二职业技术学校高质量发展。两校共1786名学生参加广东省2022年春季高考（3+证书考试），1782人达专科线以上，专科以上上线率99.6%。其中，754人达本科线，本科上线率42.2%，73名学生被本科院校录取。在2022年全国职业院校技能大赛中，两校共5个项目获奖，其中一等奖3项、二等奖2项；在省赛中，两校共46个项目获奖，其中一等奖5项、二等奖17项、三等奖24项；在市赛中，两校共28个项目获奖，其中一等奖6项、二等奖15项、三等奖7项。两校共4个工作室揭牌成立，3名教师入选"深圳工匠"培育计划，3名教师被认定

为龙岗区骨干教师，4名教师被认定为龙岗区学科带头人。完成"跨境电商实务""视觉营销""基础会计""现代物流基础""出纳实务""粤菜师傅云课程"等6门线上课程开发和上线运行。与腾讯、沃尔玛、麦当劳等31家企业签订战略合作协议，共建校外实习实训基地，拓展校企合作平台。龙岗中专获评省首批"三全育人"典型学校建设单位、第八届深圳市教育改革创新大奖"家校社协同育人学校年度奖"、区首批"思政教育示范校"建设单位；龙岗二职获评"市产教融合典型建设单位""市教育工作先进单位"。龙岗中专副校长赴任广西靖西职业技术学校校长，为期3年，1名教师赴该校支教，为期1年；龙岗二职2名教师前往河源市和平县职业技术学校支教，为期1年；新疆喀什地区学校教师到龙岗区职业学校跟岗学习交流。

（方 欣）

【民生服务】2022年，龙岗区龙岗（深高）高中园、平湖中学扩建2个高中项目完工，新增公办高中学位9300个。18个新改扩建义务教育学校项目建设进度正常。其中，龙高集团龙城创新学校、横岗外国语小学、深高龙岗学校、广东实验中学深圳学校（义务教育学段）等4个项目建成交付，新增义务教育公办学位1.3万个。首批6所高品质校园项目全面动工。新开办公办幼儿园13所，新增公办幼儿园学位5220个。招生服务工作有序展开，小一审核合格5.32万人，提供学位5.18万个；初一审核合格3.75万人，提供学位3.55万个。出台《龙岗区关于进一步加强义务教育阶段中小学校内减负工作的十条措施》《龙岗区义务教育阶段课后服务课程体系建设指导意见》，"双减"工作取得阶段性成效，课后服务实现公民办学校100%全覆盖，宝龙外国语学校、龙城初级中

2022年8月，深圳市高级中学高中园交付暨揭牌仪式举行

（龙岗区建筑工务署 供）

学等学校课后服务工作获《中国教育报》头版头条刊载。全区79家学科类培训机构全部依照现行政策法规落实规范管理，龙岗区外国语学校、科技城外国语学校、麓城外国语小学获评深圳首批"减负提质"实验校，初步实现"让教育回归学校、让学生回归校园"治理目标。完成124所学校体育场馆对外开放，实现网络"一键预约"。举办龙岗区"家庭教育大讲堂"5期，惠及家长15万余人次。

【教师队伍建设】2022年，龙岗区强化教师队伍建设。加大优秀人才招聘力度。全年公开招聘优秀应届生1266名，园长、副园长67名。开展"师德强基"八大行动，严肃处理存在师德师风问题人员，教师师德师风满意度提高到99.6%。深化卓越校（园）长、青年干部培养。举办校（园）长大讲堂10期，于鸿燕当选省党代表，援疆干部莫仔健入围第六届广东省"人民满意的公务员"拟推荐对象，3名校长被广东省选派参加国家乡村振兴重点帮扶县教育人才"组团式"帮扶。开展"三名"培养工程，加强192个工作室建设。教师职业发展成果丰硕，"教师专业发展支持服务体系"项目入选全省唯一教育部"国培计划"综合改革类示范项目。龙城高中刘煜民获"全国自制教具能手"称号，凤凰山小学符卷获广东省教师基本功大赛小学组总决赛第一名，4人获广东省体育教师教育教学技能大赛一等奖，14项课题获广东省"强师工程"项目立项；龙城高中姜严获评市"年度教师"；24名教师获深圳市中小学

2022年青年教师基本功大赛一等奖，获奖数量排名全市第二。

【教育质量提升】2022年，龙岗区召开全区义务教育工作大会，出台教学质量提升实施方案，持续推进课程、课堂教学改革。高考、中考质量持续攀升，主要指标创历史新高。在国家义务教育质量监测中，校际差异系数逐渐缩小，良好以上比例上升。体育、美术、音乐、劳动、科创教育成果显著，学生在多项赛事获得佳绩，学生综合素养显著提升。成功举办广东省中小学劳动教育现场观摩研讨活动暨深圳市首届大中小学劳动教育巡礼活动。龙城高中、布吉高中、龙岗中心学校、龙城小学获评"广东省青少年科学教育特色学校"。麓城外国语小学和清林径实验小学获评"广东省中小学劳动教育特色学校"。龙岗代表队获世界机器人大赛ATC探索者赛项小学组、初中组2个冠军；龙岗中专学生肖国浩被授予"全国青年岗位能手"称号；横岗高中学生获全国青少年人工智能教育成果展示总决赛一等奖1名、二等奖1名、三等奖2名；深中龙岗学校"星空合唱团"获2022"世界合唱节"金奖；港中深附属道远学校学生获全国中小学信息技术创新与实践大赛全国决赛一等奖1项；平冈中学代表深圳获广东省中学生运动会女足冠军，华中师大龙岗附中获"省长杯"青少年足球锦标赛女子甲组冠军；龙外集团致美学校获省小学生篮球锦标赛女子组亚军。
（梁德麟）

【德育工作】2022年，龙岗区教育

局坚持"立德树人"根本方针，加强对中小学生进行基础道德教育、理想信念教育、行为习惯养成教育、心理健康教育和法治纪律教育，积极探索新形势下德育工作新途径和新方法，提高德育工作针对性和实效性。打造德育课程、探究德育课题、夯实德育课堂，推动"一校一案"落实《中小学德育工作指南》；加强德育工作队伍建设，举办"匠心育人，礼赞芳华"龙岗区首届中小学班主任节，开展标识（LOGO）设计征集、"我的育人故事"征文活动，以及为班主任画一幅肖像画、写一封信等暖心"四个一"校级活动，营造关爱班主任良好氛围；每月举办一期班主任"鹿鸣论坛"，评选龙岗区"我最喜爱的班主任"；幸福家长学校指导家长科学育儿，多方联动开展生态文明教育、法治教育等活动，健全协同育人机制。在深圳市关工委组织的"喜迎二十大、奋进新征程"中小学思想政治教育主题活动中，百外春蕾小学姚思纯等31名学生分获短视频类、征文类和摄影类比赛一、二、三等奖。在市教育局组织的年度中等学校优秀学生和特区模范少年评比中，坪地中学田可盈等60名学生获评"深圳市优秀学生"，乐淮实验学校翟庆宇等30名学生获评"深圳市特区模范少年"。
（李芳芳）

【合作办学】2022年，龙岗区深化优质教育资源合作办学。2022年，深圳市高级中学龙岗学校正式开学；港中深附属道远学校二期、南方科技大学附属学校等项目建设加速推进；华东师大、深圳中

2022年7月13日，龙岗区人民政府和深圳中学合作办学签约仪式举行
（龙岗区教育局　供）

学、深圳外国语学校等项目取得实质突破，打造湾东优质教育资源集聚区，构建教育高质量发展新格局。截至2022年年底，合作学校共21所，涵盖上海外国语大学、华中师大、华南师大、南京师大、深圳大学、科学高中、万科教育基金会、中瑞教育基金会等品牌。

【集团化办学】2022年，龙岗区深化"高校＋、优质高中＋、优质义务教育学校＋"等模式，推动集团化办学扩容提质。在龙城高级中学（教育集团）、港中大（深圳）附属学校（集团）、龙岗区外国语学校（集团）、华中师大龙岗附中（集团）、百合外国语集团、龙岭学校集团等6个教育集团基础上，新增深圳中学龙岗学校（集团）、建文外国语学校等4个集团，全区优质公民办教育集团增至10个；龙城高级中学（教育集团）入围省级优质集团培育对象，提升集团化

辐射影响力与整体办学品质。有15个幼教集团，优质学前教育资源实现各街道全覆盖。集团化办学涵盖公民办学校，覆盖中小学与幼儿园各学段。

【教育减负提质】2022年，龙岗区切实做好教育减负提质工作。召开义务教育工作大会，出台教学质量提升实施方案，持续推进课程、课堂教学改革，龙岗区外国语学校、科技城外国语学校、麓城外国语小学被评为深圳市首批义务教育阶段学校"减负提质"实验校，初步实现"让教育回归学校、让学生回归校园"治理目标。印发实施《龙岗区关于进一步加强义务教育阶段中小学校内减负工作的十条措施》《龙岗区义务教育阶段课后服务课程体系建设指导意见》，对全区79家学科类校外培训机构依规落实规范管理。　　　　（邹伟新）

【师资培训】2022年，龙岗区重视

做好高素质师资培训工作。区教师发展中心（龙岗区教育科学研究院）申报的"教师专业发展支持服务体系"项目成功入选教育部组织的2022年"国培计划"综合改革类示范项目，为广东省唯一入选区县级单位（全国有2个区县级单位入选）；区教师发展中心"基于'三态'逻辑的教师发展龙岗模式"项目获2022年度十大深圳教育改革创新奖"卓越奖"。以线上为主、线下为辅，完成1471个培训项目、4603个学时课程培训，总计参训53.54万人次157.1万学时，推动师资队伍建设与教师专业发展。全面升级"校长共学共研"培训品牌，举办10期全区公民办校（园）长大讲堂，全国名校长、教育名家带来新时代好校长、高质量实施"双减"、新课程方案解读、脑科学与教育、学校品牌发展等讲座；中层干部"导师制"双向提升研修班24个学习小组举办288次研讨活动和96次跟岗学习、2期读书分享会、24次校际互访、1次交流分享会，55名学员全部顺利结业；完成2022年1298名新教师线上岗前培训；开展新教师10项能力过关考核通识在线培训43场，通识考核5类54个班次、学科考核60次；开展公民办中高级梯队教师专项培训218场；5名"百千万人才培养工程"省级培养学员开展乡村教育暨"云送教"活动线上送课活动。

【课程建设】2022年，龙岗区完善"四课三平台"建设（四课：微课、慕课、直播课、面授课；三平台：直播学习平台、在线课程超

市、龙岗星辰），举办两届教师培训课程开发大赛与评审认证工作；第二届教师发展课程博览会遴选出的1018门优质教师培训课程通过168个论坛全天候、全学段、全学科、全序列、全覆盖面向全国公益直播，977名优秀教师授课。开展"基于项目学习的信息技术课程建设的实践研究"，力争走出一条具有龙岗特色、有一定区域影响力的PBL项目学习道路，体现信息学科核心价值；研发优质课例范例为教师提供学习支架，高质量完成小学英语单元整体教学优质课例、A—STEM化重构优秀案例、深圳市小学语文统编教材一年级上下册在线教学资源包建设和四年级语文下册作业样例设计；聚焦学科核心素养，开展单元整体教学，利用线上线下融合等方式，逐步推进教学方式变革及教师教学能力提升。初中英语开展单元整体教学专题教研、基于深度学习的阅读教学研讨。初中历史探索开展聚焦核心素养卓越课堂建设。初中物理研发逆向教学设计及思维可视化教学。初中道德与法治、语文、生物学科开展优秀课例（案例、精品课）或教学设计评比。

【课题研究管理】 2022年，龙岗区教育局加强课题研究管理。完成2021年度区教育科学规划课题过程管理、结题鉴定，邀请专家对438份课题中期报告进行检查和等级评定。完成课题结题组织和区级结题成果专家审定工作，到相关学校指导课题研究、成果提炼等20余场次。组织2022年度区教育科学规划课题申报、评审，印发《龙岗区教育科学规划2022年度课题申报指南与申报通知》，共收到全区教师申报课题1468项，经过资格初审、区外专家评审和结果公示，评审出577项立项课题。组织并遴选龙岗区申报国家课题5项，其中1项获市级向国家推荐（全市共推荐基础教育类5项）。龙岗区教师申报广东省教育厅组织的"强师工程"项目课题，14项获批立项（排名全市各区第一）。参加10余所学校市级课题开题、中期检查、结题鉴定等工作。按照市教科院要求，完成龙岗区获得市级立项课题开题、过程管理工作。龙岗区课题管理网络平台经过开发、试运行等，在2022年课题申报中正式投入使用，效果良好。成功申报广东省校（园）本基地建设项目一项并完成开题，指导各幼儿园开展课题（项目）研究80余项。"十三五"教育部规划课题"基础教育阶段生态语文教学系统的理论与实践研究"稳步推进，分布在全国的301个子课题研究组开展各具特色的教学教研活动。 （周灵贞）

【高考成绩】 2022年，龙岗区高考成绩保持连续15年正增长。本科上线突破6000人，公办高中上线率再创新高。全区特控线上线1584人，较上年增加165人，增幅11.6%；本科上线首破6000人大关，为6476人，增加914人，增幅16.4%。公办学校特控线、本科线、专科线上线人数和上线率均创历年新高。2人冲进全省总分前十，实现历史性再突破。2022年，华中师范大学龙岗附属中学历史类考生姚晔（中考408分）高考成绩658分，排名全省第六，被北京大学提前签约录取；布吉高中体育类考生薛睿高考成绩634分，排名全省第八。多学科获省、市第一，单科高分人数再增长。王正清等11名学生物理单科满分；姚晔语文单科143分，排名全市第一、全省第二；全区英语最高分145分，140分以上133人，杨奕彤和李渝斌获小语种146分的高分。名校综评录取人数增加，强基工程出成果。逾300名学生通过国内一流大学综合评价测试，获得录取资格；其中曾宝愉等数十人通过香港中文大学（深圳）综合评价测试，刘永兴等数十人通过中山大学综合评价测试，谷喜春等数十人通过南方科技大学综合评价测试。龙城高级中学陈雅图、王佳霖、李云龙、姚建廷等4人获得公派留学俄罗斯资格，数量全国第一；苗根声等19人进入英国曼彻斯特大学（QS世界排名第二十七）等国外名校；华中师范大学龙岗附属中学高凯木等21人被华盛顿大学等QS前100国外名校录取。 （王 强）

【学校体育】 2022年，龙岗区加强学校体育工作，推进体育与健康"2+1"特色项目良性发展，鼓励有条件的学校每周适当增加体育课时，有效落实"教会、勤练、常赛"，将学校体育育人工作落到实处。龙岗区4名教师获广东省体育教师教育教学技能大赛一等奖；获市团体一等奖第一名、个人一等奖10个，全市最多。2名幼师入围广东省青少年校园足球暨第十一届中小学（幼儿园）体育与健康教学展示省赛。龙岗学生获广东省2022

年第十三届中学生运动会女子足球冠军。派员参加深圳市啦啦操代表队并获 1 枚金牌、2 枚铜牌，团体总分第一；参加深圳市健美操代表队获 5 枚金牌、1 枚铜牌，团体总分第一；参加深圳市女排代表队并获亚军。学生体育特长发展成绩喜人，薛睿等多名体育类考生被北京体育大学、浙江大学预录取。

（王献英）

【科技教育】2022 年，龙岗区科技教育成果丰硕。龙岗学生获全国青少年无人机大赛广东赛场一等奖 20 个、二等奖 32 个、三等奖 57 个，是广东省成绩最好的区县级单位；获 2022 世界机器人大赛 ATC 探索者赛项 2 个冠军、1 个亚军、1 个季军及多项一、二等奖，成绩优异。区教育局紧抓"天宫课堂"第二课科普活动热点，宣传动员全区学校积极观看与开展相关航空航天活动，全区 100 余所学校的 20 万名师生参与活动。在 2022 年"全国科技活动周"期间，组织科技辅导设计低碳活动板块，征集试题 100 余套，建立低碳科普知识竞赛题库，开展以"低碳生活"为主题的中小学师生科普知识线上竞赛，全区 138 所学校 10.24 万人次师生参与活动。集中全区科创教育核心力量开发青少年创新潜能测评系统，全区 126 所学校 4.31 万名学生参加测评。龙岗区 97 名学生获得深圳市"明日科创之星"称号，再次蝉联全市第一名。（李 隐）

【教育督导】2022 年，龙岗区组织 1360 人次开展责任督学专项挂牌督导，累计巡查校园近 6000 次，发现问题 1663 个，问题整改完成率逾 90%。出动督学 200 人次对 20 所广东省义务教育质量监测样本学校开展专项督导；出动督学 400 余人次对 22 所学校开展学科专项督导，对 40 所质量监测样本校开展学科督导，对建文外国语等 3 所高中学校开展学科督导。开展督学专题培训，辐射近 400 人。新增 57 个教育督导科研课题，22 个课题通过结题鉴定。完成第 3 期督学工作室终期考核。评选出 30 名区优秀督学、2 名市优秀督学，纳入教师节表彰。开展教育评价改革和教育督导系列征文活动，获得省三等奖 5 个、优秀奖 1 个，获评省教育评价改革典型案例 1 个。出动 400 人次开展 28 所学校办学水平评估，民办学校办学水平评估覆盖率逾 50%。指导 491 所幼儿园完成办园行为督导评估自评工作，出动 196 人次完成 134 所幼儿园办园行为督导评估，同步完成 12 所区一级幼儿园评估。加强学习型街道评估指导，平湖、南湾、园山、宝龙街道高分通过第二批"深圳市学习型街道"评估验收，全区学习型街道比例超过 70%。组织 20 所学校参加广东省义务教育质量监测，对入职满 5 年的 270 余名青年教师开展发展性监测，顺利完成对 500 余名抽样教师的教师职业发展规律调研。指导 2022 年新开办学校制定章程，全区学校始终保持"一校一章程""一校一法律顾问"；指导全区各公办中小学校修订章程并完成章程备案工作，加强党对中小学校的全面领导；借助挂牌督导平台，加强规范办学检查，提高依法治校、依法办学水平。 （罗清辉）

【教育改革创新】2022 年，龙岗区推进教育改革创新。深化"引进名校办名校"合作办学改革，深圳中学、深圳外国语学校、南方科技大学等合作办学项目进展顺利。组建深圳中学龙岗学校（集团）、建文外国语学校等中小学教育集团，龙城高级中学教育集团入围省级优质集团培育对象。培育卓越学校，高规格组建"教授＋名校长"专家团队，全年到各项目校专题指导 20 余次，高质量编撰《卓越学校专报》4 期，支持各项目校深入开展年度重点项目改革，激发办学活力，各项目校成果丰硕。在高考中华中师范大学龙岗附中培养出全省文科（历史类）第六名（为全市各区属高中最好成绩），龙城高级中学特控率超 74%。深中龙岗学校中考平均分进入全市公办学校前 8 强；科技城外国语学校中考成绩跃升全市前列，在省、市优质资源云集的坂田片区排名第一；龙外"美好教育"办学成果获中央级教育媒体多次报道肯定；龙初中考成绩位居全市同类型学校前列；港中深附属学校办学影响力显著提升；麓城外国语小学成功承办省劳动教育观摩会暨深圳市首届劳动教育巡礼。强化属地高校服务与合作，夯实港中深联席会议服务协调机制，支持港中大（深圳）医学院、音乐学院、深圳北理莫斯科大学附属高中规划建设。出台《龙岗区教育局数字化转型建设工作方案（2022—2025 年）》，推进智慧教育 2.0A、B 包项目建设，深圳市云端学校实体总部校落户龙岗。出台《龙岗区深化新时代教育评价改革行动试点实施方案》，系统推进教育评价改革。

2022 年 4 月 26 日，龙岗区卓越学校培育推进研究会暨专家聘任仪式举行
（龙岗区教育局　供）

成立深圳市龙岗区慈善会·教育发展专项基金，募集资金 2.74 亿元。

（邹伟新）

【教育经费投入】2022 年，龙岗区教育经费投入力度加大。全年全区财政性教育经费实际投入 152.39 亿元，其中全区安排教育费附加 15.42 亿元。强化预算管理，提高预算编制的科学性、准确性，实现学校预算科目统一、公用经费标准统一、项目支出范围统一。推进教育均衡化优质发展，促进基本公共服务均等化，促进教育公平和提高教育质量，保障教育经费投入。按照市相关文件要求，执行小学 5200 元 / 生 / 年、初中 6800 元 / 生 / 年、高中 7000 元 / 生 / 年的公办中小学"大公用"生均拨款标准。完善义务教育公办学校设施设备标准化建设。遵循"教育教学设备设施配置、校园安全隐患整治、新开办学校经费保障等优先安排"原则，对教育设施设备配套资金进行科学合理安排，消除校际间配置差异，实现标准化配置。民办

教育以"优质发展"为中心，狠抓规范办学与质量提升，促进教育公平，按照小学学位补贴 7000 元 / 生 / 年、初中学位补贴 9000 元 / 生 / 年标准，2022 年共发放学位补贴 10.96 亿元。稳定民办学校教师队伍，调动教师工作积极性，提高教育整体水平，2022 年向全区民办学校教师发放长期从教津贴 1.12 亿元。落实在园儿童健康成长补贴发放，2021—2022 学年在园儿童健康成长补贴共发放 2.18 亿元。落实发放幼儿园保教人员长期从教津贴，2021—2022 学年幼儿园保教人员长期从教津贴共发放 1.08 亿元。继续加大对创新办学体制改革经费投入，4 所政府资助学校由财政给予专项资助经费保障，2022 年政府资助经费投入 2.58 亿元。全面推进课后延时服务，保障经费投入，2022 年共投入课后延时服务经费 2.45 亿元。加强困难学生资助，及时、足额发放资助资金，做到专款专用。2022 年，全区普通高中受助学生 973 人次，发放助学金、免学费等资助金额 99.04

万元；中职受助学生 1.33 万人次，发放助学金、免学费等资助金额 2242.03 万元；义务教育阶段困难家庭生活受助学生 6217 人次，发放资助金额 216.38 万元；学前教育阶段受助学生 467 人次，发放金额 48.4 万元。　　（丘海东）

【教育信息化】2022 年，龙岗区进一步推进教育信息化。全年完成 15 所学校"三网合一"光网络升级改造，实现万兆骨干、千兆到桌面，提升校园内部网络带宽，Wi-Fi 网络升级至 Wi-Fi 6 全覆盖，对其他 77 所学校办公室、会议室、报告厅等补充 WIFI 覆盖。对教育数据中心机房物理环境进行升级维护，对数据中心网络及安全设备进行升级优化，升级核心区域安全设备，对安全设备特征库进行扩容升级。2022 年，新增学前幼儿招生线上报名功能，做好招生系统平台资源配置、网络带宽提速、网络信息安全二级等保测试、上线测试等技术支撑，做好网格居住信息、公安户籍信息线上比对，实现无纸化入学。完成 205 所学校（幼儿园）政务环网搭建，龙岗区教育专用网络出口带宽 10G。2022 年，继续聘请专业信息安全公司加强专业指导和维护保障工作，组织开展 2 次教育系统信息安全业务培训，700 余所学校幼儿园约 2800 人次参加培训。做好北京冬奥会、国庆节、党的二十大和全国两会等特别防护期 24 小时值班安全保障工作，建立健全重大网络信息安全事件应急处置和报告制度；对区教育局机关及下属学校二级系统坚持每日监测终端威胁，有 8 个二级系统

顺利通过等保测评。2022年，龙岗区网络信息安全形势平稳可控，未发生重大网络信息安全事故。

（黄国和）

【师资管理】2022年，龙岗区教育局加强师资管理。开展中小学教师交流调动工作，区内外教师共调动416人，促进优秀师资向新开办学校和扩大办学规模学校倾斜。鼓励引导优秀教师支教，签订广东汕尾海丰县、河源和平县结对帮扶协议，9月选拔30余名支教人员赴海丰、和平支教。选派区教育系统校级领导、中层干部、专任教师赴广西（40人）、西藏（3人）、新疆（2人）支教，发挥教育辐射影响，丰富教师教学经历。推选出一批有教育情怀、有丰富一线教育经验的"四有"好教师，完成教师节优秀表彰，评选出一批优秀教育工作者及先进单位。姜严获评2022年深圳市"年度教师"。评选第九批84个龙岗区名师工作室主持人，33个市名师工作室挂牌；依托区

名师工作室遴选第二轮54个"新教师学科工作室培养基地"；组织申报确认公办学科带头人培养对象280名及各梯队晋级达标认定活动，评选民办学校骨干教师394名、均衡骨干教师909名。

（王芳晓）

【校外培训机构专项治理】2022年，龙岗区全面开展校外培训机构专项治理。6月30日，区教育局校外教育培训监管科成立，推进校外培训机构治理和"双减"有关工作。依托社区"四人小组"联合执法工作机制，全面摸排各类校外培训机构后开展各级各类检查，累计检查培训机构6846家，整改机构785家。全区79家学科类培训机构压减率95%，减轻义务教育阶段校外培训负担工作取得阶段性成效。组织开展2022年寒假期间校园安全工作检查、校外培训专项排查行动、疫情期间暂停校外教育培训机构线下培训服务检查和复课验收检查等，累计出动2488人次，巡查

机构1622家。严肃查处在线下培训服务暂停期间擅自开展线下培训服务行为，对违规开展线下培训活动的3家非学科类机构予以立案查处；开展校外教育培训机构复课验收检查，通过验收复课机构338家。加强教育培训机构管理，促进规范有序和健康发展，引导教育培训机构诚实守信、规范办学，增强社会责任担当，强化自我约束，树立良好社会形象。对经区教育局审批或备案的80家教育培训机构开展年度检查工作。综合协调处置各类校外培训机构信访投诉事件。2022年，受理各信访平台信访投诉件643件，其中"一网统管"信访平台件130件、全国教育培训监管平台31件、"国满"件3件、类案件474件、来访件5件。

（余豆豆）

【校园安全管理】2022年，龙岗区教育局稳步推进校园安全教育规范化、安全管理标准化、风险管控制度化。明确安全生产"党政同责、一岗双责""三管三必须"要求，修订《龙岗区教育局校园安全稳定突发事件应急预案》。印发《关于开展2022年深圳市消防安全管理标准化创建工作的通知》，全区8所学校参加"消防标准化学校"创建，5所创建成功。对申报的258所学校开展更高水平"平安校园"验收工作，共256所学校（幼儿园）验收通过。组织全区70余所学校参加深圳市首届中小学安全教育教学能力大赛，遴选作品21份，8份课件进入市决赛。组织全区中小学完成"龙岗第一课"7个教育视频学习培训，线上观看点击量逾

2022年4月11日，龙岗区委常委王清科检查开学工作

（龙岗区教育局　供）

300 余万次，观看人数 250 余万人次。印发《龙岗区教育系统扫黑除恶常态化重点行业整治工作方案》，联合区委政法委、市公安局龙岗分局开展校园重点部门和重点人员管控工作，完成教育系统相关人员信息摸排。开展汛前防汛防风工作排查，要求学校"三防"责任人完成安装激活"一键通"App，落实台风恶劣天气期间值班值守制度。

（詹俊鹏）

【校园疫情防控】 2022 年，龙岗区着力抓好校园新冠疫情防控工作。严格落实核酸检测工作，采用定期通报、约谈等方式切实提升校园核酸检测率。截至 2022 年 11 月 25 日，全区师生累计采样 4539.01 万人次。建立健全"白名单"管理制度。在全市教育系统率先建立"电子哨兵"预警机制，完成 213 所中小学、491 所幼儿园、3 所驻区高校"电子哨兵"安装工作。通过实际核酸检测和平台数据比对，通报批评学校、幼儿园 13 次，追踪落实核酸检测 1 万余人次。落实、落细疫情防控检查监督制度。上半年教育系统疫情防控普查、抽查、督查共 12 次，累计检查发现问题 1203 项次，落实立行立改 1135 项次，限期整改 68 项次，落实整改率 100%。下半年贯彻落实"优化防疫 20 条"，在微信公众号和官方网站公布疫情防控咨询投诉电话和邮箱，成立 18 个督查组，对全区 721 所各级各类学校幼儿园、115 所培训机构、9 家午托机构开展疫情防控工作检查。推进新冠疫苗接种工作。建立动态台账，定期清零，宣传和教育引导学生家长

及同住人员接种新冠疫苗。截至 12 月 15 日，全区师生员工全程接种完成率 92.23%，加强针完成率 86.75%。

（陈慧婷）

龙华教育

【概况】 2022 年，龙华区共有办学单位 359 所。其中：公办中小学（校区）77 所、市直属 4 所、民办 32 所，公办学校学生 14.23 万人、占比 64.6%，民办学校学生 7.8 万人、占比 35.4%；幼儿园 248 所，其中公办园 134 所、民办园 114 所，公办园在园幼儿 4.96 万人、占比 57%。全区专任教师约 2 万人，其中公办教师 7619 人、公办第三方聘用教师 1293 人、民办教师 5032 人、幼儿园教师 6008 人（公办园教师 3626 人、民办园教师 2382 人）。截至年底，共引进高层次人才（省级以上名师）177 人，含享受国务院特殊津贴专家 2 人；培养市、区级高层次人才 53 人。全区有正高级教师 64 人、特级教师 66 人，其中引进正高级教师 54 人、本土培养 10 人，引进特级教师 57 人、本土培养 9 人。招聘优秀毕业生 5692 人，其中本科学历 1408 人、研究生及以上学历 4284 人（含博士 82 人）。龙华区教育局坚持党对教育工作全面领导，有序推进中小学校党组织领导的校长负责制。31 名"第一书记"进驻民办学校，实现教育系统党的组织和党的工作全覆盖。持续增加学位供给，新改扩建义务教育阶段公办学校 7 所，新增学位 1.18 万个。新改扩建幼儿园 14 所，新增学位 4230 个。实

施"三名"工程、"名师领雁"工程，内培名师 211 人，面向全球招聘选聘优秀教师数 1000 余人。市"年度教师"花落龙华。率先全市启动学前教育"未来教育家工程"。选派 74 名骨干教师赴多地支教，率先全市形成"全口径、组团式、融入式"教育帮扶模式，获《中国教育报》专题报道。全市首创中小学校履职考核，率先推行电脑随机派位招生模式。获评全市首批"广东省教育评价改革试点区"。率先全省开展全样本教育满意度调查，率先构建"六位一体"监测体系，系统推进教育评价改革。落实"五育并举"，实施"素养导向的课堂教学改革"项目。率先开展深港澳青少年成长峰会系列活动，促进深港澳青少年交流。

【党建工作】 2022 年，龙华区教育局深入学习宣传贯彻党的二十大精神，第一时间召开专题传达部署会议，在全系统掀起学习贯彻热潮。严格落实"第一议题"制度，组织政治理论学习 93 次，引领全系统开展各类理论学习逾 6000 场次。加强组织建设，新成立党支部 46 个、党总支 10 个、党委 1 个，基层党组织由 163 个增至 213 个；按程序发展党员 41 人，有入党申请人 308 人、入党积极分子 363 人、发展对象 133 人，在册党员由 3525 人增至 4080 人。创新推进学前教育党组织建设，选派 16 名学区党务干事兼党建指导员，基本实现全系统党的组织和党的工作全覆盖。严抓正风肃纪，制定全面从严治党责任清单，开展党内提醒谈话 405 人次，系统梳理排查廉政风险

点 212 个，党组织书记定期汇报党风廉政建设工作 56 次，建立并动态更新公办学校干部廉政档案 984 份。高标准组织区委主要领导讲授党风廉政专题党课活动。全市首创师德师风监督员聘任派驻制度，选聘 1018 名监督员并举行聘任仪式。构建龙华特色"大思政"格局，落实"思政第一课"常态化机制，年内累计完成"思政第一课"400 余节。有序推进 260 项内审项目，其中 1 个项目入选中国内审协会"典型实践案例"，成为广东省唯一入选政府机构单位。

【教育督政】2022 年，龙华区教育局加强教育督政工作，在全省率先开展全样本教育满意度调查。全区 341 所学校（含幼儿园）参与满意度调查，收集有效问卷 34 万余份，形成总报告 1 份、学校报告 95 份、幼儿园报告 246 份。对调查数据进行深度剖析，提出对策建议，为教育决策提供参考。制定义务教育优质均衡发展工作季报制度，及时发现问题、分析原因，并制定整改目标和措施，稳步推进"全国义务教育优质均衡发展区"申报工作。出台《深圳市龙华区贯彻落实新时代教育督导体制机制改革实施方案》，及时调整教育督导委员会成员单位。召开教育督导委员会年度全体会议，共同研究解决教育热点、难点问题，职能部门齐抓共管，履行教育职责形成合力。顺利完成 2022 年政府履行教育职责评价考核工作。

【教育评价改革】2022 年，龙华区教育局推进教育评价改革。完善学校高质量发展指标体系，内容包括党建、学校安全、教师队伍建设、"双减"工作落实情况、学校满意度评价等，通过评价结果有效运用，推动学校坚持正确政绩观和科学教育质量观，相关做法获深圳市督导室高度肯定。出台《深圳市龙华区深化新时代教育评价改革试点实施方案》，分层分类明确教育评价改革路径。建立项目孵化机制，率先在全市开展教育评价改革试点项目评选，邀请省、市、区专家进行初评、终审，在 100 个申报项目中择优评选出 10 个项目作为首批试点。评选方案和经验被市教科院借鉴，区教育评价改革"龙华范式"获评第八届"深圳教育改革创新大奖"之"最受欢迎教育实事年度奖"。

【教师队伍建设】2022 年，龙华区教育局基于教育系统人才发展实际，加大人才引进力度，推进教师队伍建设。全年共计招聘在编教师 1695 人，其中 A 类"双一流"高校毕业生 535 人、部属师范院校毕业生 236 人、世界排名前 100 高校毕业生 157 人，合计占比 62.2%。研究生及以上学历 1100 人（含博士 11 人），占比 73.8%。面向社会公开招聘优秀教师 51 人，面向全国选聘优秀教师 146 人、博士 7 人。在全市率先实施公办幼儿园应届生招聘线上面试新模式，招聘优秀应届毕业生 421 人，含研究生 63 人。实施基础教育特聘岗位办法，实现人才引进从"人选岗"向"岗选人"转变，将本土人才纳入人才奖励范畴。指导出台《深圳香港培侨书院龙华信义学校教育特聘岗位自主评聘实施方案（试行）》，探索港籍教育人才评聘新方案，营造"广纳天下英才聚龙华"人才环境。

【学生体质健康提升】2022 年，龙华区教育局聚焦学生体质健康提升，加强学校体育工作。根据《深圳市龙华区学生体质健康提升行动计划（2021—2023 年）》文件要求，严格落实全区公民办学校义务

2022 年 10 月 27 日，"闪亮的日子"——深圳市龙华区第六届中小学班主任节在深圳市格致中学闭幕
（龙华区教育局　供）

教育阶段每天 1 节体育课、高中教育阶段每周 3 节体育课工作。依托学生体质健康大数据平台，开展学生体质健康提升专项督导，强化督导问责，优化体测数据结果的管理与运用，以督促进。2022 年，龙华区体育教育相关举措登上《中国教育报》头版。

【学位供给保障】2022 年，龙华区教育局通过新改扩建、借址办学、挖潜扩容等方式，强化学位供给保障，全年新增义务教育阶段学位 2.88 万个。全年新建润泽学校、龙华区职业技术学校等 8 所学校，实现特殊教育学校建设、中等职业教育学校建设"零的突破"；推进创新实验学校、深圳高级中学北校区等 12 个学校项目开工建设，确保学位建设可持续发展；完成功能场馆升级改造、变配电增容改造、楼体外墙安全改造 3 个类别 11 个项目改造升级，提升学校（幼儿园）办学品质。牵头编制《龙华区教育局政府投资建设项目管理暂行规定》《深圳市龙华区教育系统小散工程备案工作指引》，制度化、规范化管理政府投资项目和教育系统小散工程。

【教育资源配置】2022 年，龙华区教育局多举措做好教育资源配置工作。挖潜扩容，解决学位缺口问题，公办学校扩增学位约 3000 个，民办学校扩增学位 810 个。优化学区划分，通过收集数据、实地走访、座谈调研等方式，科学、严谨划定龙华区教育科学研究院附属中学等 10 所新校学区范围，统筹协调 13 所学校借址办学。创新电脑

派位，选取华东师范大学附属深圳龙华学校进行试点，在保障就近入学基础上，遵循机会均等原则，进行随机派位，保障入学机会平等。推进集团化办学，2022 年新组建 3 个教育集团，5 所学校实施以"直管学校＋委托管理学校"为主的集团化办学模式，通过集团化办学扩大优质教育资源覆盖面和受益面。

【学前教育】2022 年，龙华区以点带面推动幼儿园课程建设，促进学前教育进一步发展。截至 11 月，全区共有 73 所幼儿园签订课程协议，成为课程实验基地园。借助专业团队力量下园指导，开展多种课程基地园交流活动。全年共开展线上、线下课程实验基地园教研活动 106 场，下园指导 127 次，举办分享交流活动 20 场。制定《龙华学前未来教育家培养计划》，着力打造"学前教育发展先行示范区"。择优选择培养对象，培养一批由教育家型园长领衔、面向未来的学

前教育梯队。其中：园长"航标"工程，培养领军园长 30 名；中层干部"铸将"工程，培养中层干部 30 名；骨干教师"撷英"工程，培养骨干教师 60 名；新教师"育秀"工程，培养新秀教师 90 名。

【民办义务教育】2022 年，龙华区教育局深入落实民办教育扶持政策，全年发放"学位补贴""两免一补""民办教师长期从教津贴"等民办教育补贴、扶持经费 5.9 亿元，以扶持促规范，推动民办教育规范发展、质量提升。引导民办义务教育学校规范发展。紧扣"控制增量、消化存量、提升质量"基本原则，成立规范民办义务教育发展工作专班，印发《龙华区未来五年义务教育发展专项行动方案》，多角度强化对民办学校规范发展的引导、监管力度，推动民办学校均衡规范发展。实施推动民办义务教育均衡发展质量提升行动。通过优化公民办结对帮扶安排，创新性将高

2022 年 9 月 21 日，龙华区教育局举行 2022—2023 年度选派优秀共产党员到民办学校担任第一书记工作动员部署会，共派出 31 位优秀共产党员干部担任民办学校第一书记
（龙华区教育局　供）

中学校纳入区级结对帮扶体系，围绕"一年一个样，三年大变样"目标，项目式推进"一校一品"特色共建，促进资源共享、优势互补、共同发展。以规范办学、内涵发展为导向，改进"民办教育质量奖""民办教育进步奖""公民办结对帮扶奖励金"评审细则和机制，注重优质特色，着力引导民办学校提供差异化、多元化、特色化教育供给，全面和科学引导民办学校高端、优质、特色发展。

【职业教育和特殊教育】2022年，龙华区正式开办区内第一所中等职业技术学校——深圳市龙华区职业技术学校，总办学规模40个班，可容纳2000名职业高中学生就读，学制3年，面向全市初三毕业生招生，初步构建起集现代信息技术、智能制造、艺术、幼儿保育等热门专业群于一体的职业教育体系，推进区域教育发展。建成第一所特殊教育学校，优化特教教学能力，成立区特教资源中心，形成以润泽学校为主导、三大资源教室片区（民治、龙华、观澜）为主联动、多个资源教室为载体的"1+3+N"运行模式。加大资源保障力度，首次开展适龄残疾儿童少年评估分类，推动大字课本扩印，建成20间标准化资源教室。扩大资源覆盖范围，全区有接受"送教上门"服务学生38人，全区"送教上门"549次，累计送教课时1647课时，为特殊孩子提供良好教育资源。

【"双减"工作】2022年，龙华区成立以区委书记为组长的区"双减"工作领导小组，全面统筹全区24个相关单位，高位推进"双减"工作。切实减轻学生作业负担，优化课后服务内容设置，推进"作业辅导＋拓展学习"模式，引入课后服务信息化管理平台，利用课后服务时间完成作业。减少"走过场"式管理，常态化协同开展"双减"工作和"六项管理"督导调研，持续提高学校作业设计水平、课后服务水平、课堂教学水平，发挥学校教育主阵地作用，以"双减"撬动基础教育整体性变革，实现减负、提质、增效目标。严格按照"双减"政策有关要求，统筹指导社区"四人小组"在全区范围内开展全覆盖式校外培训机构规范治理联合执法检查，面向全区组织遴选80名"双减"督察员充实社区"四人小组"队伍力量。全年累计检查培训机构1.9万家次，责令限期整改156家。以企业微信为平台，开发"龙华区教育培训"管理平台，将社区"四人小组"实地摸排到的1350家机构纳入统一管理，通过线上日报、巡查等方式，形成对问题"发现、整改、反馈"闭环管理。

【"五育并举"全面发展】2022年，龙华区教育局坚持"五育并举"全面发展方针，印发《深圳市龙华区教育系统进一步加强未成年人思想道德建设工作方案》等工作方案，明确学生全面发展职责。全年开展德、智、体、美、劳各类主题活动20余场，征集学生优秀作品1000余份，推荐评选学生先进典型597人。以课后服务为平台，发展德、智、体、美、劳特色社团，创新开展"三棋"进校园、围棋交流赛等活动，6所学校获评"中国曲艺传承教育基地"。开展心理健康教育，督促学校落实心理课程开设、教师配备、咨询室建设和活动组织。坚持"五育并举"培养拔尖创新人才，形成龙华区青少年科技创新大赛、创客节、科普讲堂、劳动艺术节等系列特色活动。参加2022年广东省中小学科技教育劳动实践活动，获一等奖3个、二等奖9个；在2022年深圳市青少年科技创新大赛活动中，参赛学生获得一等奖7个、二等奖24个、三等奖53个，教师辅导员项目获奖19个，总获

2022年10月29日，龙华区第二届"劳技向真·劳动向美"劳艺节启动仪式在格致中学举行
（龙华区教育局　供）

奖数 103 人次，排名全市第二。

【终身教育】2022 年，龙华区响应深圳市建设高水平学习型城市号召，指导观湖街道、大浪街道申请创建"深圳市学习型街道"；"基于参与式空间营造的社区教育系列活动"项目入选 2022 年"深圳市终身学习品牌项目"，"美在上围 非遗艺术 手指书画——观湖街道樟坑径社区手指书画培训班"项目入选"深圳市社区教育服务民生创新工作优秀案例"。12 月 14 日，由深圳市建设学习型城市联席会议成员单位主办，龙华区政府承办，龙华区教育局执行承办的"2022 年深圳市全民终身学习活动周"开幕式在龙华区举行。全区各街道围绕红色历史、客家文化、"非遗"传承、时尚创意、国际交流等主题开展学习交流活动，向全市展示龙华区全民学习、终身学习教育成果。

【未成年人保护】2022 年，龙华区教育局未成年人保护工作进一步加强。联合区委政法委员会、市公安局龙华分局开展更高水平"安全文明校园（平安校园）"创建考评工作，评选区级更高水平"安全文明校园"40 个、"平安校园"52 个、规范化达标评比优秀单位 4 个。健全未成年人学校保护工作机制，印发《龙华区教育系统加强未成年人学校保护的工作方案》等 9 份文件，召开区教育系统未成年人学校保护工作推进会，压实学校主体责任，严格落实入职查询制度和强制报告制度。加强部门工作联动，聘请 19 名法官、25 名干警、14 名检察官担任法治副校长，实现公民办学校 100% 配备法治副校长和法治辅导员；常态化开展"法治进校园""爱苗护苗与法同行"未成年人保护系列活动，举办预防学生欺凌、防性侵等法治宣讲 212 次，推出 4 期普法云课堂，转载量超 1 万人次。依托全国首个民法主题公园——深圳民法公园，打造全国首套中小幼民法课程读本——《给孩子们讲民法典》，开展"民法典进课堂"及"小小普法员"活动。该创新做法被市委依法治市委员会作为第一批可复制、

可推广的法治先行示范城市建设经验上报至中央依法治国委员会。

【课程体系建设】2022 年，龙华区教育局系统梳理国家课程、地方课程和校本课程不同育人功能，提出"高质量实施'筑基'课程（国家课程），夯实共同基础；高品质建设'拓基'课程（地方和校本课程），促进个性扬长；高标准打造'强基'课程（地方课程），培养拔尖创新人才"课程改革路径，强化区域课程谱系顶层设计，构建以"筑基""拓基""强基"为框架的三级课程体系。以实现"高质量教""高质量学"为目标，重点推进学科大单元主题学习任务群、跨学科学习项目库和学习力课程开发，助力 2022 年版义务教育新课程标准的常态化、全域化实施。强化占课时总量 14%—18% 的地方和校本课程育人功能，做强地方课程、做优学校课程、做精名师课程。瞄准战略性领域、前沿科技、未来科学问题，按照"项目导师 + 学科名师 + 高校大师"模式，基于 12 个博士工作站，开发基于超学科的项目化"强基"课程。

【"双区"实验工作】2022 年，龙华区教育局扎实做好教育部"智慧教育示范区"和"'基于教学改革、融合信息技术的新型教与学模式'深圳实验区"的"双区"建设及"深圳市教师信息技术应用能力提升工程 2.0"相关工作，积极探索技术与教育深度融合。截至 2022 年年底，全区共有"双区"实验校 9 所。5 月，邀请北京师范大学、深圳大学教授进行精准指

2022 年 1 月 1 日，由龙华区教育局、区司法局联合研发的全国首套青少年民法典教程《给孩子们讲民法典》新书发布仪式举行 （龙华区教育局 供）

导,明确各学校实验方向、推进计划、预期成效及各项保障措施等工作。组织各实验校根据项目研究方向,组建不少于 5 人的专家团队进行专业指导,明确各校专家团队每月指导不少于一次,并做好过程性记录,每月在线填报,以作为实验校实验建设考核的重要依据。

【"少年强基"行动计划】2022 年,龙华区实施"少年强基"行动计划,探索拔尖创新人才培养"龙华模式"。对接国家"强基计划",区域统筹、整合资源,依托博士后创新实践基地、博士工作站、链接高等院校、科研院所、高新技术企业和重点实验室,创新体制机制,探索大中小一体化贯通式拔尖创新人才培养"龙华模式"。创新成为龙华区教育新常态。2022年,"少年强基"课程实施初见成效,学生获奖 47 人次,其中国家级奖项 15 人次、省级奖项 17 人次、市级奖项 15 人次。在 2022年全球青少年脑科学活动(Brain Bee)中,龙华区少年科学院 17 人获奖、11 人晋级国家赛、3 人获得国家奖,少年科学院获优秀组织奖;少年科学院"龙腾一号"星际空间站项目组参加 2022 年全国青少年航天创新大赛(深圳赛区)选拔赛,8 名学生获得赛事奖项,其中 2 名学生晋级国赛,3 名学生入选 2022 年全国中小学人工智能探究型学习训练营;中国计算机学会非专业级软件能力认证 2022,3 名学生获提高组二等奖,5 名学生获普及组二等奖,3 名学生获普及组三等奖。

【未来教育研究院建设】2022 年,龙华区高标准建设未来教育研究院。按照"1+6+N"框架,形成以 1 个"未来教育研究院"为支撑、6 个分院(少年科学院、少年文学院、少年设计院、少年传媒院、少年工程院、少年身心健康研究院)为创新孵化器、N 个实践基地的未来教育新模式,打造集前沿研究、课程研发、人才培养、课程服务于一体的创新教育综合体。龙华未来教育研究院在 2022 年成功获"广东省社会科学普及基地"授牌。

【"委托办学"新模式】2022 年,龙华区在全市首创"全口径、组团式、融入式"对口帮扶"委托办学"新模式,逐步破解山区、老区基础教育高质量发展难题,推动教育帮扶从"输血式"向"造血式"转变。"龙华对口紫金教育帮扶"的"委托办学"新模式入选 2022年广东教育宣传"十大关键词"。年内,龙华区教育局选派 70 名优秀教师赴广东河源紫金县等地支教,接收 73 名帮扶地区骨干教师到龙华区各公办中小学跟岗交流。通过设备捐赠和课程引入形式,协助紫金县打造教育信息化与课程融合示范校。通过资源引入、设备捐赠等形式,为紫金县县城 5 所中小学开设"3D 打印""人工智能编程 AI""创客教育"等课程,为紫金等地捐赠教学和文体用品等合计共 32 万元。龙华区与紫金学校结对 12 对,涉及学校 24 所;与广西河池学校结对 6 对,涉及学校 13 所;与新疆喀什学校结对 7 对,涉及学校 13 所。

【"5G+智慧教育"创新融合模式打造】2022 年,龙华教育系统实现 5G 网络信号全覆盖,为全区办学单位打造可承载教师移动网络接入和教学应用边缘部署的专属 5G 网络,助力打造"5G+智慧教育"创新融合模式。完成对口帮扶广东河源紫金县相应学校 5G 信号覆盖。联合中国联通共同打造"5G+智慧教育"应用模式,在龙华区第二实验学校落地"5G+AI"智慧互动课堂项目,利用 5G、AI 等相关技术,提升师生教学效率,实现个性化学习;在龙华区教科院幼教集团附属幼儿园共同打造 5G 智慧幼儿园,结合智慧物联、人工智能及 5G 相关技术,创造全天候环境自检测、自优化、可控制的智能化现代化教学环境。推进"云端学习+具身实践"双线混融式教学新模式,实现课程全学段、全学科全覆盖,全年开设 1426 节线上直播公开课。整合线上线下优质资源开展特色活动。在云校开设 135 场主题学习活动,在 21 个校内"云校+"主题学习空间开展"特色跨域研学"活动 194 场,组织探访比亚迪等 24家单位,开展 97 场社区实践活动,推进适应数字时代的高质量教育体系。

(姚举旗)

坪山教育

【概况】2022 年,坪山区有各类学校及培训机构 151 所(家)。其中学校(园)135 所,市、区教育部门审批的培训机构 16 家。有幼儿园 77 所,其中公办 40 所、民办 37 所。区属中小学校 49 所,其中公办 30 所（高中 2 所、初中 3 所、九年一贯制 11 所、小学 13 所、特殊教育 1 所）、民办 19 所（高中 2 所、十二年一贯制 2 所、九年一贯制 10 所、小学 5 所）；市属学校 6 所〔深圳高级中学（集团）东校区、东北师范大学附属中学深圳学校、深圳技术大学附属中学、深圳实验学校高中园 3 所〕；职业技术学校 2 所（深圳第一职业技术学校坪山校区、奋达职业技术学校），大学 1 所（深圳技术大学）。全区共有在园儿童 2.36 万人，中小学生 7.01 万人（不含 6 所市属学校学生，其中小学生 4.68 万人、初中生 1.63 万人、高中生 6972 人、特殊教育学生 52 人），职校生 1916 人，本科生 9708 人，独立培养研究生 518 人（含博士生 24 人）。全区中小学、幼儿园共有教职工 1.03 万人，其中幼儿园教职工 3600 人、中小学教职工 6704 人。职校教职工 169 人，大学教职工 1092 人。全年财政性教育投入 50.05 亿元（含基建 25.39 亿元）。其中，一般公共预算教育经费 42.62 亿元（含基建 21.37 亿元），比上年增长 0.93 亿元，增长 2.23%。

【学前教育】2022 年，坪山区有幼儿园 77 所，其中公办幼儿园 40 所、民办幼儿园 37 所。幼儿园学位 2.48 万个，其中公办 1.36 万个、民办 1.12 万个，公办学位占比 54.72%。在园儿童 2.36 万人，其中公办 1.35 万人、民办 1.12 万人，公办在园儿童占比 56.99%。新增公办幼儿园 3 所，新增公办学位 1260 个。全区公办园在园儿童数占比逾 56%，普惠性幼儿园在园儿童占比逾 93%。与深圳技术大学合作开办附属第二幼儿园；市直属梅林一村幼儿园、深圳实验幼儿园派驻管理团队委托运营区属公办园 3 所，无缝承接总园办园理念和特色。全区共有 8 所公办园由市直属幼儿园承办。扩大集团化办园覆盖面，共调整及组建坪山区第一幼教集团等 7 个学前教育集团。

【基础教育】2022 年，坪山区共有中小学 55 所，其中区属 49 所、市属 6 所。区属公办学校 30 所〔小学 13 所、初中 3 所、九年一贯制学校 11 所、高中 2 所（坪山高级中学、聚龙科学高中）、特殊教育学校 1 所〕，民办学校 19 所（小学 5 所、九年一贯制学校 10 所、十二年一贯制学校 2 所、高中 2 所）；市属学校 6 所，为深圳高级中学（集团）东校区（十二年一贯制）、东北师范大学附属中学深圳学校（高中）、深圳技术大学附属中学（高中）、深圳实验学校高中园（明理高中、崇文高中、卓越高中）。在校中小学生 7.01 万人（不含 6 所市属学校学生，公办 4.74 万人、民办 1.57 万人），其中小学生 4.68 万人（公办 3.39 万人、民办 1.3 万人）、初中生 1.63 万人（公办 1.35 万人、民办 2748 人）、高中生 6972 人（公办 3901 人、民办 3071 人）、特殊教育学生 52 人。

【特殊教育】2022 年，坪山区有九年一贯制培智类特殊教育学校 1 所。该校为坪山区教育局直属学校，办学规模 9 个班，在校生总数 52 人，专任教师 13 人，开设一年级、二年级、三年级和八年级 4 个行政班级。学校设置唱游律动室、感觉统合训练室、情绪宣泄室、图书室、午休室等较完备的教学和功能场所。

【社区教育】2022 年，坪山区持续开展社区教育工作，举办全民终身学习活动。坑梓街道顺利完成申报和创建工作，高分通过"深圳市学

2022 年 8 月，深圳市坪山区基础教育集团暨学前教育学区揭牌仪式举行
（坪山区教育局　供）

习型街道"创建评估；举办第六届坪山区"全民终身学习活动周"成果展，评选出全区10名"百姓学习之星"和2个"终身学习品牌"项目。构筑和完善终身学习体系，丰富终身学习资源，增强服务保障能力，提升居民群众获得感、幸福感。

【高等教育】2022年，坪山区有大学1所（深圳技术大学）。深圳技术大学是广东省和深圳市高起点、高水平、高标准建设的本科层次公办普通高等学校。学校借鉴和引进德国、瑞士等发达国家一流技术大学先进办学经验，致力于培养本科及以上层次高水平工程师、设计师等高素质应用型人才，努力建成一流应用型技术大学。截至2022年年底，学校有本科生9708人、独立培养研究生518人（含博士生24人）；全职聘用教职工1092人，其中专任教师496人（教授91人、占比19%、副教授及高级讲师155人、占比31.3%）；具有博士学位专业教师334人，占比82%。设立中德智能制造学院、大数据与互联网学院、新材料与新能源学院等15个学院；开设专业30个，涵盖工学、理学、管理学、艺术学、经济学等5个学科门类。

【职业教育】2022年，深圳市第一职业技术学校坪山校区（过渡校区）有在校生528人，教职工60人。开设工业机器人技术应用、建筑智能化设备安装与运维、药品食品检验共3个方向专业。永久校区按照广东省中等职业教育改革发展示范学校标准进行建设。深圳市奋达职业技术学校坪山校区是经深圳

市教育局批准的全日制中等职业技术学校，隶属深圳市奋达教育集团，2016年由深圳市教育局批复成立，位于深圳市坪山区龙田街道，建筑面积2.22万平方米。有在校生1388人，教职工109人，开设有专业班（软件开发、UI设计、电子商务）、高考班和留学班。

【教育基础设施建设】2022年，坪山区新建成并投入使用碧湖幼儿园、新合幼儿园、深圳技术大学附属第二幼儿园3所幼儿园，新提供幼儿园学位1260个。新扩建成并投入使用南方科技大学附属坪山学校、锦绣实验学校、新合实验学校二期、科源实验学校、科悦实验小学5所义务教育学校，新提供义务教育学位1.13万个。新建成并投入使用深圳实验学校高中园崇文高中、卓越高中、明理高中、聚龙科学中学4所高中，新提供高中学位1.11万个。

【校园安全管理】2022年，坪山区

教育系统总体保持安全稳定。东纵小学、启思幼儿园、心海幼儿园等3所学校被评为"深圳市2022年消防安全管理标准化学校"。区教育局组织全区校长、分管副校长参加省教育厅组织的《广东省学校安全条例》知识竞赛，有效提升学校负责人安全管理素养。编印《坪山区教育系统2022年预防学生溺水专项治理工作方案》，持续开展学生防溺水安全教育，有效防范学生溺水事故发生，保障学生生命安全。根据市教育局统一部署和要求，联合市公安局坪山分局于11月底前对全区第一批32所公办学校（园）开展2022年度更高水平"安全文明校园（平安校园）"创建考评工作。会同区应急管理局推动学校参加"广东省防震减灾科普示范学校"评选，其中弘金地学校获得省示范学校荣誉。委托第三方专业机构对全区中小学校、幼儿园进行全方位隐患排查和评估，增强校园安全监管工作成效，预防校园各类安全事故发生。

2022年6月27日，坪山区人民政府与南方科技大学合作办学签约仪式举行
（坪山区教育局　供）

【教育督导】2022年，坪山区教育局围绕市、区教育重点工作，坚持督政、督学、评价监测"三位一体"，强化督政力度、深化督导效能、优化督导制度，全方位开展教育督导工作。完成2022年政府履行教育职责迎评工作，全市基础教育学位建设及基础教育高质量发展专项督查工作，推进义务教育优质均衡区和学前教育普及普惠区创建。全年累计组织开展8轮经常性督导，完成标准化学校督导评估5所、办园行为督评16所、区一级幼儿园复评3所、民办转公办幼儿园等级认定13所，创建"学习型街道"1个。做好督学日常管理，开展督学培训和督学年度考核。组织完成2022年广东省义务教育质量监测工作，召开监测结果解读分析会，加强监测结果应用。

【基础教育科研】2022年，坪山区基础教育科研工作取得新成绩，新增全国教育科学规划课题立项1项、广东省教育科学规划课题立项8项、区级课题立项150项。截至2022年年底，累积获广东省教学成果二等奖2项、深圳市教育科研成果一等奖2项。

【教师队伍建设】2022年，坪山区中小学有教职工6704人（公办4943人），其中专任教师4780人（公办3568人）。全区在编教师2793人，其中硕士研究生学历977人、高级职称311人（含正高级职称11人）、全国优秀教师（班主任）2人、特级教师16人（含自主培养5人）。全区有各级各类名师共405人次。其中，省级名师1人、省级名班主任1人、省名师工作室主持人顾问1人、中小学"百千万人才培养工程"省级培养学员1人，市级名师及培养对象22人、市"苗圃工程"名园长工作室主持人1人、市级名班主任6人、市级科研专家及骨干10人、"聚龙名师"15人，区级名师及培养对象347人（区级名师111人、区级名师培养对象236人）。2022年，区教育局招聘应届毕业生390人，其中博士研究生3人、硕士研究生310人，师资力量得到有效补充，教师队伍结构进一步优化。年内，面向全国选聘名优教师12人，引进名校长3人，从市内区外选调中青年骨干教师24人，考核"聚龙名师"15人、优秀青年教师7人，教师队伍层次进一步提升。打造"名师工程"，2022年度考核区级名师111人、名师培养对象119名。截至2022年年底，全区有区级名师111人、名师培养对象236人，教师名师梯队基本形成。

【责任督学挂牌督导】2022年，坪山区教育局共开展8轮责任督学挂牌督导，包括线上教学、新冠疫情防控、党建工作、"双减"工作、心理健康和劳动教育、校园欺凌防治、教育评价改革"十不得一严禁"工作情况等主题，整改问题167项。撰写挂牌督导工作报告，编印督导案例汇编等学习材料。

【"义务教育标准化学校"建设】2022年，坪山区积极推进"义务教育标准化学校"建设。11月，深圳市政府教育督导室组织专家，对全市2021年"广东省义务教育标准化学校"申报学校进行包括15项核心指标和28项二级指标的复查。东北师范大学深圳坪山实验学校、深圳中学坪山创新学校、深圳市坪山区东部湾区实验学校、深圳市坪山区东纵小学、深圳市华朗学校共5所学校顺利通过评估，获评"广东省义务教育标准化学校"。

2022年5月26日，坪山区家校共育爱"心"行动启动会在同心外国语学校举行
（坪山区教育局 供）

【"学习型街道"创建】2022 年 12 月，坪山区坑梓街道顺利通过深圳市教育督导评估组"深圳市学习型街道"创建工作现场督导评估验收。截至 2022 年年底，坪山区共有 4 个街道获评"深圳市学习型街道"，占全区街道总数 67%，为坪山区创建"深圳市终身学习示范区"奠定基础。

【课后服务】2022 年，坪山区贯彻落实"双减"政策，规范中小学教育教学行为，稳步开展课后服务工作，全面提高课后服务水平，减负提质促发展。全区 45 所义务教育阶段中小学课后服务 100% 全覆盖，参与学生 6.4 万人、参与率 97%，参与教师 4000 余人、参与率 99%，家长满意率逾 98%。

【"防震减灾科普示范学校"创建】2022 年，坪山区教育局结合"防震减灾科普示范学校"创建，会同区应急管理局定期组织学校开展应急疏散演练、观看防震减灾科普宣传片等活动，普及防震减灾常识。每年推荐 1 所学校参加省"防震减灾科普示范学校"评选，弘金地学校 2022 年获评"广东省防震减灾科普示范学校"，实现坪山区该类学校创建"零的突破"。

【教育质量综合竞争力提升】2022 年 7 月，广东省人民政府教育督导室公布珠三角地区各县（市、区）政府履行教育职责评价结果，坪山区人民政府在珠三角地区 9 市 48 个县（区）中排名第七，连续 3 年位居全省前列，排名深圳市前五。

【"百姓学习之星"评选和"终身学习品牌"项目征集】2022 年，坪山区教育局开展评选"百姓学习之星"和征集"终身学习品牌"项目活动，营造终身学习良好氛围。经单位推荐、专家评审和结果公示，10 名来自不同行业的"百姓学习之星"和 2 个惠及群众、影响较广泛的"终身学习品牌"项目从 23 个社区中脱颖而出，推动全区"学习型城区"建设。

【深圳技术大学建设】2022 年 9 月，深圳技术大学永久校区交付使用，全部工程包含六大学院、学术交流中心、图书馆、会堂、公共教学楼、体育馆、学生宿舍、食堂、校医院、地下公交首末站以及连廊平台等。校区以全新设计理念，建设生态景观走廊，打造"空中大学"。深圳技术大学工程项目为深圳市政府投资项目，于 2016 年 12 月开工建设，项目共分 3 个地块，总用地面积约 59 万平方米，总建筑面积约 95 万平方米。2022 年，深圳技术大学步入独立招生第四年，正式形成从大一到大四完整的普通本科学生梯队，招生人数、招生专业持续增长，招生专业增至 30 个，录取人数增至 3395 人。2022 年，该校物理类投档线排名第九，稳居广东本土高校排名前十，艺术类录取线首次闯入全省前十。年内，深圳技术大学获国家重点研发计划申报 22 项、国家自然科学基金项目集中接收期申报 168 项、国家省市人文社科类项目申报 140 项。其中，教授阮双琛牵头申报的"晶体薄片加工及新一代增益器件制备"项目获科技部立项资助，是学校作为项目牵头单位获批的首个国家重大项目。

【义务教育减负提质】2022 年，坪山区教育局强化义务教育减负提质工作。组织开展《义务教育课程方案和课程标准（2022 年版）》解读培训和专项学习，针对"学生减负与教师减负如何兼顾""作业考试减少后如何评价""家长焦虑如何缓解"等问题，作出"'减负担'不是唯一手段，优化策略才是'真减负'"研判，持续抓好课堂教育教学主阵地，通过打造精品课例，持续为教师提供可以学习借鉴的方法和思路。建立幼小学段互通互融协同合作机制，强化幼小双向科学衔接，提高幼儿园和小学教育教学质量。组织开展 2022 年坪山区幼小衔接主题周系列活动，加强幼儿园与小学之间的沟通与交流，明晰幼小双向衔接实施策略与路径，实现幼小衔接从单向渗透走向并肩探索。

【"培优托底"工作】2022 年，坪山区教育局开展"培优托底"工作，成效显著。实施组织中考、高考备考调研，结合调研成果形成针对性备考工作方案和行事历。通过加大优质资源分享、举办命题比赛、组织培训讲座等形式，建立坪山区"培优托底"资源库，满足学生分层学习需求。2022 年中考，全区 549 分以上人数比上年增长 17.96%，488 分以上人数比上年增长 21.69%；全区体育中考平均分 97.04 分，满分率 68.26%。2022 年高考，公办高中本科上线率 85.58%，比上年提升 6.83 个百分点；500 分以上人数比上年增加 63 人；

重本（高优）上线人数比上年增加35人，增长3.47个百分点。

【创新型教师培训】2022年，坪山区教育局依托东北师范大学国家基础教育实验中心（深圳）、教育部幼儿园园长培训中心深圳基地、深圳市未来教育家培养基地等基础教育高端平台资源，组织开展创新型教师培训，收到显著效果。打造分层次、分类别、分阶段的沉浸式、项目化、菜单式教师培训新模式，促进全员培训提质增效。实施教师培训"七大计划"，开发本土精品培训课程，加强本土培训教师队伍建设，完善区域教师培训机制。全年组织全区中小学、幼儿园共完成各级各类教师培训92场次，参训教师7.2万人次，完成继续教育培训78.1万学时。

【品质课程建设】2022年，坪山区教育局持续推进"两维三级"品质课程建设。引领性课程，新增人工智能课程项目10项、累计23项，新增跨学科融合课程100项、累计300项；普及性课程，"跃动体育""阳光阅读""底色艺术""家校共育"不断发展，课程体系进一步完善；个性化课程，重点进行学校课程规划和统整，其中公办学校20项、民办学校6项。开展品质课程建设中期评估，通过前期自评、调查问卷与分析、学校访谈与观察、课程现场汇报与展示（15所公民办学校参与展示）、调研过程与结果分析等评估流程，品质课程建设获评估专家组好评。

【师德师风建设】2022年，坪山

区教育局开展"纪律教育学习月""师德建设主题教育月"等活动，推动师德师风建设。坚持"抓早抓小"，加强重点岗位谈话提醒，将全面从严治党的要求落到实处。认真落实巡察问题整改，强化巡察成果运用。组织全区中小学思政课教师参加市、区专业能力提升培训研修活动，累计参训教师1015人次，完成继续教育培训4242学时。

（赵　蕾）

光明教育

【概况】2022年，光明区有办学单位141个。其中，中小学校48所（公办34所、民办14所），特殊教育学校1所，幼儿园92所（公办55所、民办37所）。在校生约13万人。其中，幼儿园在园儿童3.26万人（公办1.75万人，在园儿童占比53.62%；普惠性民办园1.21万人，公办园和普惠性在园儿童占比90.79%），义务段学生8.9万人（小学6.64万人，其中公办4.2万人、民办2.45万人；初中2.26万人，其中公办1.87万人、民办3927人；非户籍生6.44万人，占比72.3%），高中段学生8835人（公办6641人、民办2194人），特殊教育学校学生89人（小学67人、初中22人）。教育系统专任教师共9056人。其中，幼儿园专任教师2500人（公办1444人、民办1056人），中小学专任教师6519人（公办4671人、民办1848人），特殊教育学校专任教师37人。

【党建引领】2022年，光明区成立

区委教育工作领导小组，坚持党管办学方向、党管干部、党管人才、党管意识形态，把党的领导落实到办学治校全过程，为教育改革发展稳定提供思想、政治和组织保证。推进党组织领导的校长负责制，探索从局机关选派科室负责人兼任学校党组织书记，100%完成党组织领导的校长负责制改革任务。加强学前教育党组织建设，将公办园联合党支部升级为7个光明区学前教育学区联盟党支部，100%覆盖全区公民办幼儿园，建成学前教育党建、行政、研训、督导"四位一体"机制。在年级组建立支部，推行"党建＋教研"模式，党建带团建、队建，展现党员先锋模范作用。在全市率先实现民办学校书记全面轮岗，加强民办学校党建工作。"学管审改建"多措并举，加强教育系统党风廉政建设及师德师风建设，建立"学查谈考督宣"长效机制，营造风清气正的教育生态。

【校园安全管理】2022年，光明区教育局深入推进校园环境净化，持续开展"护苗2022"专项行动，压实校园及周边综合整治责任，夯实师生安全意识，巩固"平安校园"建设成果。成立光明区校园安全专业委员会，建立多部门协调联动机制，联合整治隐患。结合"四不两直"安全检查，全面深化治安、消防、建筑物等重点领域安全管理。在全市首创校车安全物联网监管，装配GPS、ADAS预警、DSM预警等多套系统，实现校车运行全过程线上监管，保障学生乘车安全。公民办学校幼儿园A级食堂达标率100%，排名稳居全市前列。

2022 年 7 月 21 日，南方科技大学附属光明学校（凤凰）正式揭牌
（光明区教育局　供）

【思政教育】2022 年，光明区推进教育系统党组织书记带头讲好思政课制度实施，打造 1000 节精品思政课堂。开展"喜迎二十大、争做好队员"、追"光"少年、"快快乐乐过暑假"等 20 余项主题教育，厚植少儿爱国种子。以中华民族传统节日为载体，开展系列主题教育，弘扬中华民族传统文化。开展寻找"最美南粤少年""最美鹏城少年"活动，树立身边先进典型。光明区第二中学获评市级"思政教育示范校"，《绿水青山就是金山银山》《弘扬伟大建党精神，为实现中国梦注入青春力量》《光明区推动思政学科"教、学、评一致"创新发展的区域实践与思考》分别获评市级"习近平新时代中国特色社会主义思想精品课程""思政理论课创新课例""区域推动思政课创新实践案例"。

【学位建设】2022 年，光明区新扩建光明高中园（3 所高中）、深

圳技术大学附属学校（光明）、龙豪小学、修远小学、公明第二小学（二期）等 7 所中小学校，新增学位 1.27 万个，其中小学学位 2160 个、初中学位 3000 个、高中学位 7500 个。完成李松蓢第二学校、狮山小学、长圳中学、长圳片区预制式学校、长圳第二学校、光明城

学校、荣胜小学、合水口人才房学校等 12 个新改扩建学校工程项目立项，刷新光明区学校建设"加速度"。新增幼儿园 4 所，增加学位 1890 个；1 所幼儿园扩班，增加学位 90 个。启动 6 个托幼一体化试点园建设，实现街道托班试点服务全覆盖。光明区马田合欣幼儿园获评"广东省随班就读示范学校（园）建设单位"（全市唯一）。

【教育布局优化】2022 年，光明区通过合理布局、集团化办学、学区化办学、特色培育、高素质专业化教师队伍锻造等举措，推动全区所有学校、幼儿园内涵发展，扩大优质教育资源覆盖范围。引进深圳中学、深圳小学等名校到光明区合作办学；推动深圳外国语学校承办光明高中园，南方科技大学承办南方科技大学附属光明凤凰学校。2022 年 11 月，成立深圳市光明区高级中学（集团）、光明中学（集团）、中科实验教育集团（光明）3 个以区属高中为

（光明区教育局　供）

龙头的教育集团，实施集团化办学，促进教育优质均衡发展。

【教育帮扶】2022年，光明区选派46名骨干教师前往受援地支教，接收广西田林县、田阳区，广东汕尾市共119名校长、行政、骨干教师跟岗学习培训，开展各类名师专项线上培训13场。扩大结对覆盖面，成立田林县、田阳区、汕尾城区支教教师临时党支部，组织37所学校（幼儿园）与田林县、田阳区、汕尾城区和新疆51所学校（幼儿园）结对帮扶。7月，组织光明区教研员、名校长、名师赴田阳区开展为期5天的"红色引擎·教坛争锋"新时代思想全员培训，为3200余名教师带来教育评价改革、师德师风建设、各学科教学科研等方面专题讲座；9月，在田林县、田阳区开展科创教育交流活动，近5500名师生参与活动。

【"双减"工作】2022年，光明区印发《光明区教育局关于进一步加强义务教育阶段学校课后服务工作的通知》《光明区中小学"双减"工作示范校评选工作实施方案》，坚持减负与提质并举，强化课堂主阵地作用，夯实作业管理，持续推进课后服务，全面推进学校"双减"工作。马田小学、秋硕小学和玉律学校3所学校获评"深圳市'减负提质'实验学校"，光明小学等19所学校获评"光明区'双减'工作示范校"。10月，区教育局校外教育培训监管科正式成立，组建由教育、市监、街道、网格组成的社区"四人小组"31个，持续开展校外培训、托管机构规范

整治。全年累计出动7313人次开展13次联合执法行动，检查机构共3125家次。全区学科类培训机构压减率100%，在全市率先实现学科类培训机构清零。对符合资金监管条件的备案培训机构，100%实行资金监管。

【"集团＋学区"治理体系改革】2022年，光明区深入推进"集团＋学区"治理体系改革。7名联合党支部书记履行学区联盟联合党支部书记"第一责任人"职责，建成7个党员活动室，深入各幼儿园开展"书记讲党课"等系列活动20余场，组建1500名幼儿教师"园丁志愿队"下沉6个街道助力新冠疫情防控。7名学区中心园园长牵头推进不同类型、不同水平幼儿园协同发展，各学区形成有求必应、主动发现、及时整改、跟踪反馈精准的提升工作闭环，强化优质园建设，逐步缩小园际差距。整合优质资源，通过"引进来、走出去"，逐步完成以集团为核心的优质资源共建共享。组建学区联盟讲师团，

举行教师技能大赛，形成学区联盟资源包，邀请华南师范大学教授等国家、省、市、区知名教授举小专家讲座近200场次，教职工15万人次、家长及幼儿6万人次受益。

【教师交流轮岗试点】2022年6月，光明区印发《光明区义务教育学校校长教师交流轮岗实施方案》《光明区教育局关于开展2022年度义务教育学校校长教师交流轮岗工作的通知》，将全区划分为4个交流轮岗片区，确定7所"强师筑基学校"，通过编制调动、柔性交流、名师指导交流、公民办学校帮扶4种方式，促进公办学校教师在校际间合理流动。全年义务教育学校交流轮岗校长教师共411人，占全体在编教师总数10.99%，完成试点交流轮岗年度目标，促进区域教育师资力量均衡发展。

【教师队伍建设】2022年，光明区优化培养方式，建设高素质、专业化、创新型教师队伍。出台《光明区中小学新教师"筑梦"计划》，

2022年12月28日，光明区举行中国·贝赛思进驻光明区签约仪式暨光明区教育集团揭牌仪式

（光明区教育局　供）

针对新入职教师制定为期一年的培养方案，全年开展新教师培养活动26场。以名师工作室为载体，常态化开展名师、骨干教师、新秀教师培养活动。出台《光明区中小学名师工作室（微团队）主持人考核评估办法》，对235名区级各类名师开展年度考核工作，发挥中小学名师辐射引领作用。组织名师及其工作室成员主讲公开课326节，评选"名师云课堂"优秀视频课例205个。开展光明区2022年中小学名师、民办学校骨干教师补充遴选工作，评选出78名中小学名师、71名民办学校骨干教师，优化全区名师学校、学段、学科分布，促进基础教育优质均衡发展。以系列示范基地建设为载体开展学校领导团队培养。出台《光明区"科技·生态·幸福"系列基地校建设结项评估指标体系及实施细则》，采用"逆向设计""任务导向"和"按需培育"原则，以光明区"科技·生态·幸福"系列基地校的29个项目为抓手，对学校领导团队开展3次集中辅导和"一对一"辅导。建立成长考核机制，启动"毓秀工程"，定制化选拔、培养管理人才，提升光明区幼儿园行政管理人员专业水平。开展公办幼儿园工作人员考核工作，激发公办幼儿园师资队伍活力。开展分层分类研训，制定研训工作方案，搭建上下联动、"三位一体"学前教研体系。完善"区—片—园"三级联动研训机制，制定学区年度培训方案，实现培训全覆盖，参训人次2000余人次。全年新增市"年度教师""佳青年教师"各1名及正高级教

师2名；获全省首届美育教师教学基本功比赛一等奖2名、二等奖3名；获深圳市2022年中小幼青年教师教学基本功比赛一等奖5名、二等奖11名、三等奖24名；获广东省第五届中小学体育教师教学技能大赛一等奖2名、深圳市中小学体育教师教学技能大赛一等奖9名。

【教育评价改革】2022年，光明区教育局推进教育评价改革。强化组织机制建设，设立教育质量监测与评价研究中心。开展以提升学生素养为导向的区域学业质量监测，优化考试组织方式，减轻考试负担。义务教育阶段期末考试采用区教科院统一命题，学校自主测试、自主评价方式，全区不公布成绩、不进行学校排名；高中阶段期末考试强化以学科为单位进行整体质量分析，突出测试结果对教学的指导作用。对区内48所中小学开展体质健康测试，参与测试学生10.09万人。组织申报获深圳市教育评价改革试点项目，8个项目获得立项，立项数量排名全市各区第二，全区1—8年级学生艺术素质测评被确定为"广东省深化新时代教育评价改革试点项目"。完成光明区2022年省义务教育质量监测（数学、心理、劳动）各项准备及实施工作。组织全区15所中小学校申报参与教育部—联合国儿童基金会"社会情感学习与学校管理"项目，促进学校内涵发展。

【"课程改革"与"课堂革命"探索"课程改革"与"课堂革命"。

开展集体视导和备考专项视导、主题教研、教学展示、学科沙龙、"光明青年说"等形式多样的教研活动；引导学校和教师探索大单元教学，开展主体化、项目式学习等综合性教学活动。6月19日，高标准承办"深派教育高质量发展"展示交流活动，探索"减量"与"提质"并行之策。光明小学校长邓华香做题为"基于'生命自觉成长'理念的'开放课堂'探索"报告，10余位光明区校长和教师分享学校课程建设经验，展示光明区教育先行示范样例，实时80余万人线上观摩。11月30日和12月2日，承办"光明区新时代高品质学校建设"论坛，宋绍鹏和曾广波2位校长分别做"普通高中个性化教育的整体建构"和"同心圆文化引领教师发展"主题报告。组织区名师及其工作室成员主讲公开课326节，评选"名师云课堂"优秀视频课例205个。区级薪火名课平台发布区域内优质课程3480节，教师学习1.2万人次，累计学习课程1.67万节，点评1.42万次，使用满意率99%，并逐步形成家庭教育、科技创新教育、劳动教育、心理健康教育等区域特色课程，以教育资源数字化推动教育技术的课堂应用。

【民办教育】2022年，光明区引进国际化教育资源，筹设光明区贝赛思外国语学校，打造高端优质民办教育样板。严格按照《民办学校决策机构成员备案管理办法（试行）》，落实派驻支持……策机构要求，履行民办学校决策机构成员备案主体责任。实行民办学

校分类登记管理改革，稳妥推进光明区民办中小学校分类登记工作。落实民办学校决策机构成员备案、年检、分类登记管理、补贴发放等工作，促进民办教育规范优质发展。完成44所公办幼儿园高颜值升级改造工程。加大对民办普惠性幼儿园差异化扶持力度，新增民办普惠性幼儿园3所，公办幼儿园在园幼儿占比53.62%，普惠园覆盖率90.79%。

【科技创新和生态文明教育"双示范区"建设】2022年，光明区人民政府印发《光明区科技创新教育行动计划（2022—2025年）》《光明区生态文明教育行动计划（2022—2025年）》，重点围绕"工作机制、课程体系、教师队伍、品牌打造、活动组织、保障措施"等方面，强化科技创新教育顶层设计，将打造"科技创新教育示范区"列入区政府重点工作。成立市教科院光明分院未来教育研究中心，深圳市中小学科普教育学分制

光明区试点工作正式启动（全市唯一）。光明学生获"宋庆龄少年儿童发明奖"全国金奖、"全国青少年科技创新大赛"最高荣誉奖等教育部认可的全国性竞赛活动奖项。在第38"深圳市青少年科技创新大赛"上，获奖96项，其中一等奖26项；在"2022年纽伦堡国际发明展"上，获得7枚金牌、8枚银牌，均排名全市首位。组建中小学生"生态文明宣讲团"，开展生态文明宣讲活动4次，推进绿色志愿服务。遴选各类专业人士20名，组建首批结构合理、专业水平优秀的生态文明教育校外导师人才库。开发特色课程，举办面向全区中小学生的"生态文明教育大讲堂"活动8次，编发《光明区中学生生态文明教育读本》。建设生态文明教育基地，创建首批中小幼校外生态文明教育实践基地5个，命名为"光明绿动少年空间站"。打造生态文明教育品牌，建设"生态文明教育特色中小学（幼儿园）"10所、"广东省绿色学校"1所。

【综合素养培养】2022年，光明区引入智慧体育课堂运动负荷指导系统进课堂，促进体育教学质量实现新跨越。2022年，在"广东省第五届中小学体育教师教学技能大赛"上，光明区获2个一等奖；在"深圳市中小学体育教师教学技能大赛"上，光明区获9个一等奖、1个二等奖，获得团体总分一等奖。2月，光明区马田小学、外国语学校、中粮云景幼儿园、玖龙台幼儿园获评2021年"全国足球特色学校（幼儿园）"。8月，光明学生获"广东省第十三届中学生运动会"定向运动接力赛冠军。光明区美术学科注重课堂教学，教师罗彧的美育课在全国展播；在深圳市中小学"在线教学"课例评比中，光明区选送的作品获一等奖1名、二等奖1名、三等奖3名；在深圳市第19届"鹏城金秋"市民文化节作品评比中，光明区中小学美术教师包揽群文组3个金奖，光明教师舞蹈团获原创作品比赛金奖；在2022年深圳市中小学班级创意设计比赛中，光明区参送作品获一等奖2件、二等奖4件、三等奖1件。在2022年"深圳市中小学校优秀艺术团队交流展示"活动中，光明区选送的4个节目均获二等奖。在深圳市中小学"双色校"和"艺术素质测评示范校"创建工作中，南方科技大学附属光明凤凰学校获评"深圳市中小学中华优秀文化传承学校"、马田小学获评"深圳市中小学艺术教育特色学校"、东周小学获评"深圳市中小学艺术素质测评示范校"。展现了光明区学校美育工作整体实力。

2022年7月13日，深圳市教育科学研究院光明分院未来教育研究中心成立

（光明区教育局　供）

【"匠心·德育"工作】2022年，光明区作为深圳市唯一代表广东省的"三全育人"体制机制建设实验区，以内容完善、标准健全、运行科学、保障有力、成效显著为着力点，区教育局牵头制定未成年人思想道德建设专项工作方案并成立专项小组。以"小手拉大手"创新形式，以全民学法推进全民守法，联合区文明办、区司法局、区人民检察院等部门开发数册（份）学生读物。重视推进校园民生工程，在全市率先完成创建75所垃圾分类"蒲公英校园"。线上品牌栏目育人效果显著，创办《匠心·德育》《超级爸妈茶话馆》等栏目，共推出99期推文及视频。创新开展"匠心·田园劳动教育巡礼"，并在广东省中小学劳动教育现场观摩研讨活动（深圳专场）暨深圳市首届大中小学劳动教育巡礼活动上作经验分享，凤凰城实验学校获评"广东省中小学劳动教育特色学校"。打造"德育+民生"工程，截至2022年年底，共63个学校场地对外开放，预约锻炼人数4.33万人。建设"10+20+5+5+N"德育工程，多措并举推进全员、全过程、全方位育人落地见效，构建中小幼一体化、校内外相融合的"大德育"体系，打造光明"匠心·德育"名片工程，参加广东省大中小学"三全育人"工作成果展，申报"广东省思想政治工作优秀成果"。

【教育督导】2022年，光明区制定教育督导"三类问责"实施细则，健全问责机制，修订工作规程，完善督导运行机制。13个中小学和幼儿园督学责任区实现专职责任督

学100%覆盖。推进"全国学前教育普及普惠区""全国义务教育优质均衡发展区"创建，制定创建方案，组织召开创建动员会，组织深入自查自诊，建立以数据分析为基础的问题导向机制。围绕"双减"、课后服务等重点工作部署，坚持每月一主题开展中小学和幼儿园责任督学挂牌督导16次，及时组织整改情况"回头看"，促进学校和幼儿园规范、优质发展。8所幼儿园顺利通过区一级评估或复评，30所幼儿园通过第二轮办园行为督导评估，18所学校、19所幼儿园获评区级更高水平"安全文明校园"。

【社区教育】2022年，光明区制定《光明区"三校一体"特色示范社区教育实施方案（试行）》及2个工作指引和1个评估指标配套文件，初步建立"三校一体"特色示范性社区教育体系。召开全区新闻发布会，启动"三校一体"工程。以新羌等4个试点社区学校为重点单位，带动全区社区教育特色示范发展。初步建立15家课外研学试点基地，组织居民、青少年等有序开展节假日研学实践活动。整合社区教育讲师团人才资源，截至2022年年底，有家庭教育讲师团成员106人，其他社区教育讲师成员35人。完善"乐学光明"线上平台功能和资源，全年上线课程约400门、学习视频（课件）600余个。组织"乐学光明"家庭教育直播课活动，完成31场次直播课，21万余名家长参与学习。通过"乐学光明"线上平台和各街道社区"父亲课堂""母亲课堂""心理课堂"等，共开展活动225场次，

70余万人次参与学习，覆盖80%以上的家长。指导新湖街道、凤凰街道高质量创建并通过"深圳市学习型街道"评估验收，全区"深圳市学习型街道"增至4个。组织2022年"全民终身学习活动周"系列活动；评选光明区"终身学习品牌项目""百姓学习之星""学习标兵家长""社区教育创新工作案例"，获市级表彰6个。

（光明区教育局）

大鹏教育

【概况】2022年，大鹏新区有各级各类学校（园）35所。其中：公办学校21所，包括1所十二年制学校、3所中学、7所小学、10所幼儿园；民办学校14所，包含2所高中学校、3所九年制学校、9所幼儿园。全区教职工2639人，其中专任教师1864人。在校（园）生2.5万人。其中，幼儿园在园儿童5845人（公办园在园儿童3476人，占59.47%），中小学在校生1.92万人（公办中小学在校生1.55万人，占80.8%）。

【教育惠民】2022年，大鹏新区坚持教育惠民，教育优先发展。严格落实两个"只增不减"，教育投入逐年增加，全面改善中小学校和公办园办学条件。2022年，核拨3所民办学校课后服务经费共371.9万元；核拨"两免一补"经费683.52万元；核拨学位补贴经费2127.45万元，发放学生数7276人次；核拨教师长期从教津贴经费608.04万元，发放教师数488人次；

2022年12月9日，大鹏新区教育卫生党委副书记、教育和卫生健康局副局长张木元到人大附中深圳学校高中部讲授思政课

（大鹏新区教育和卫生健康局　供）

核拨教师免费体检经费19.6万元，惠及民办教师数245人。

【教育人才队伍建设】2022年，大鹏新区强化教育人才队伍建设。实施"鹏程计划"名师工程，完善教育系统人才引进和培养扶持办法，引进名师25名（国家级2名、省级6名、市级17名）；培养区级及以上名师151人次、骨干教师后备人才770人次；新建4个区级名师工作室和2个市级名师工作室，累计有市级名师工作室3个、区级名师工作室26个，成员和学员580余名。任免校长3名，集中配备幼教集团及其分园领导班子成员26名，职称评聘晋升教师200余名。有效激发教育队伍内生动力。

【教育基础设施建设】2022年，大鹏新区教育基础设施建设进一步加强。推进实施《公办义务教育和幼儿园学位建设实施方案（2020—2025年）》，集中启动教育建设项目11个，总投资额逾34亿元，学位数量大幅增加。2022年，人大附中深圳学校九年一贯部二期提前竣工，新增学位1740个；大鹏外国语小学建成，新增学位1620个；深圳中学大鹏学校、红岭教育集团大鹏校区、市第二十三高级中学年内实现封顶。海洋大学永久校区建设项目立项，前期工作全面启动，按照一流大学与海洋研究所联合模式，高标准推进深圳海洋大学与国家深海科考中心一体化建设。

【学前教育】2022年，大鹏新区坚持学前教育优质普惠发展，稳步提升公办园和普惠园在园儿童占比。截至2022年年底，全区共有幼儿园19所，其中公办园10所、占比52.6%。在园儿童5503名。其中：公办园在园儿童占比57%；普惠性幼儿园在园儿童5158名、占比94%，均排名全市前列。学前教育发展经费明确列入年度财政预算，提高公办园生均标准。及时足额拨付学前教育各项补贴、补助、津贴等经费。其中：7所普惠性幼儿园财政奖励经费179万元；在园儿童健康成长补贴发放人数2033人，发放金额152.48万元；保教人员长期从教津贴发放人数150人，发放金额127.98万元；解决民办园受新冠疫情影响运行资金问题，对9所民办幼儿园给予帮扶，共下拨疫情帮扶经费97.2万元。

【教育改革】2022年，大鹏新区积极探索集团化办学改革，组建4个幼教集团，在全市率先实现公民办幼儿园集团化办园及学区化治

2022年7月5日，大鹏新区教育卫生党委召开大鹏新区贯彻落实中小学校党组织领导的校长负责制工作部署会议　（大鹏新区教育和卫生健康局　供）

理 100% 覆盖。全面启动义务教育集团化改革，组建人大附中深圳学校教育集团。多方引进优质教育资源，先后引进深圳中学、深圳市第二实验学校、红岭教育集团、百外教育集团等市内优质教育资源合作办学，提升办学水平。

【教学质量】2022 年，大鹏新区教学质量全面提升。高考成绩创新高。2022 年，公办普高录取率 59.54%，比上年提高 8.1 个百分点，比全市平均水平高 6.54 个百分点；高考纯文化特控率 78%，提高 10 个百分点；600 分以上人数增长 96.5%。素质教育成果显著。有全国青少年校园"足球特色学校（园）"6 所、"篮球特色学校"2 所、"网球特色学校"1 所；大鹏中心小学获评教育部教育信息化"双区"深圳市智慧教育示范校；亚迪学校学生在"2022 年德国纽伦堡国家发明展"上获 2 项金奖，在国际澳大利亚数学 AMC 竞赛中获全球成就奖；大鹏中心小学获"全国青少年航空航天模型竞赛"一、二、三等奖。

【民办教育】2022 年，大鹏新区修订出台《大鹏新区促进民办教育优质发展的若干措施》，从提高教师长期从教津贴发放标准、提升教育装备水平、奖励教师学历达标等多方面持续加大对民办学校和幼儿园的扶持力度。推进民办中小学校分类登记改革，新区"公参民"义务教育学校治理全面完成。建立民办学校财务监管机制，推进建设民办中小学综合信息监管平台，对新区民办中小学校人、财、物等进行全流程监管。

【校园安全管理】2022 年，大鹏新区进一步加强校园安全管理。成立教育领域食堂管理问题专项整治工作专班及合规委员会，实现新区公办学校集采集配全覆盖，提升食材供应服务质量。以安全主题月、重要时间节点为契机开展各类安全教育活动共 204 场，围绕新冠疫情防控、消防、地震、反恐、食物中毒等安全主题内容开展应急演练 136 次，不断提高广大师生安全意识、防范思想及应急逃生能力。年内，严格落实安全隐患排查整改，教育系统 651 处安全隐患问题全部完成整改，整改率 100%，确保在源头上防范化解安全风险，有效遏制重大安全事故发生。

【校外培训机构专项治理】2022 年，大鹏新区成立校外培训机构整治规范工作专班，制发《大鹏新区校外培训机构规范治理工作方案》《大鹏新区 2022 年暑假校外培训机构及托管机构专项检查工作方案》，建立健全校外培训机构维稳应急工作机制，制定校外培训行业涉稳风险应急预案。年内，新区教育和卫生健康局联合市场监管、文体、科创、民政、公安、消防、街道等部门单位，以社区为单位，采用"四人小组"联合执法检查机制，出动 139 人次对辖区校外培训机构开展"地毯式"全覆盖联合执法检查。经过治理整顿，新区校外培训机构经营行为进一步规范，义务教育阶段学生校外培训负担明显减轻。

（丘美玲）

深汕教育

【概况】2022 年，深汕特别合作区在扩大优质学位供给，改善办学条件和完善配套教育管理制度方面取得较大进步。接入深圳中考招生体系，完成合作区首个标准化考点建设，顺利实现家门口"首考"。协调省、市教育部门，在中考政策允许范围内，争取对合作区有利的中考过渡期政策，保障 200 名深汕初中毕业生被深圳市第二高级中学深汕实验学校录取。合作区第一所高中——深圳市第二高级中学深汕实验学校于 2022 年秋季开学，700 名学生入学，开启高中教育元年。深圳中学高中园加紧建设，含科技高中、数理高中、实验高中 3 所寄宿制高中，可提供 198 个班共 9900 个学位。年内，完成可研批复、方案设计、总概算批复及场地平整和部分建筑主体结构施工。深圳名校深圳市百外教育集团落户深汕合作区。由深圳市百外教育投资有限公司竞得鲘门 H2022-0001 宗地，拟开办一所 3000 个学位的寄宿制高中。实现全区课后延时服务全覆盖。坚决落实"双减"政策，推广课后延时服务，实现课后"5+2"模式全覆盖。与深圳市第二高级中学深化合作，推动区管委会与市二高签署合作办学协议，市二高拟开办合作区一所新的九年一贯制学校和幼儿园，开启老校托管试点探索，为合作区中小学集团化办学奠定基础。推动 5 所公办幼儿园纳入市级学前教育名师工作室成员单位。深圳市教育局发布新一轮学前教育名师工作室成员和学员单

2022年1月6日，深圳市深汕特别合作区举行"大湾区发展战略背景下的深汕教育现代化之路——首届深汕教育高质量发展"论坛

（深汕特别合作区公共事业局　供）

位名单，合作区5所公办园均被纳入名单中，一个工作室即一个培训中心，成员参与工作室研学。严抓校园疫情防控工作。严格执行省、市、区校园新冠疫情防控措施，兼顾线上教学质量不放松和疫情防控落实到位，合作区未发生校园聚集性疫情或涉校疫情。

【学前教育】2022年，深汕特别合作区积极推动5所公办幼儿园正式纳入市级学前教育名师工作室成员名单，一个工作室即一个培训中心，成员参与工作室研学，市级名师教研成果直接辐射、惠及全区5所公办幼儿园，以市级名师资源带动提升学前教育教研水平。南山外国语学校（集团）深汕幼儿园，是合作区揭牌后新建的第一所公办幼儿园，共有12个教学班，提供学位360个，软硬件均按照省一级幼儿园标准配备。截至2022年年底，该园招聘教职工共19人，秋季学期开设小班2个班、中班及大班各1个班，共招生115人。

【义务教育】2022年，深汕特别合作区推进小规模学校布局调整，促进义务教育发展。完成鹅埠镇水美小学、小漠镇元云小学撤并工作，实现教育资源配置进一步优化。做好合班并校、师生分流工作，化解家长顾虑，保障学生就近上学。水美小学原有10名学生就近分流至鹅埠镇中心小学就读，元云小学原有六年级学生分流至小漠镇中心小学，一至五年级学生分流至中心校

东旺校区。教育投入不断增加。投资1.6亿元用于鹅埠中学、鹅埠镇中心小学等8所中小学校加固翻新建筑物、提升配套设施及教学设备，实现教学设施持续优化；改善体育场地设施，启动鹅埠中学、赤石中学等4所中学运动场提升及配套建设，增设仿真人造草坪足球场及球门，增设篮球场及看台等，确保学校日常体育教学、体育锻炼以及多样体育竞赛活动的组织开展；开展12所学校"厕所革命"提升改造工作，将旱厕、沟槽式厕所改造为水冲厕所，改善校园卫生环境，提升校园文明建设水平。推动中小学集团化办学，探索多种办学模式。与深圳市第二高级中学深化合作，根据新学校和老学校不同特点，采用直接管理和委托管理两种模式，为集团化办学奠定基础，推动区内教育优质均衡发展。

【高中教育】2022年，深汕特别合作区高中教育获得新发展。9月，合作区第一所市直属高中学校——深圳市第二高级中学深汕实验学

2022年9月，深圳市第二高级中学深汕实验学校正式开学

（深汕特别合作区公共事业局　供）

校建成，完成首批招生 700 人，开启高中教育元年；启动深圳中学高中园建设，场平工作基本完成，地基基础工程施工推进中。计划 2023 年 9 月开学，新增教学班 66 个、学位 3300 个。推动品牌民办学校——百合外国语深汕高中落户深汕合作区。

【职业教育】2022 年，深汕特别合作区推进深汕职教园区建设。按照市主要领导指示，积极对接市教育局，按照 93.75 公顷标准规划深汕职教园区，推动深职院深汕校区建设列入深圳市"十四五"规划重点项目、2022 年广东省重点建设项目；对接和引入资金力量强、办学团队优的社会办学主体落户深汕。统筹考虑公民办职业院校规划和专业设置，研究推进深圳滨海职业技术学院、深圳粤港澳职业学院民办高等教育机构落户深汕。为深汕合作区产业发展提供高素质技术人才保障，深度服务产业发展、新城建设。

【素质教育】2022 年，深汕特别合作区推进素质教育，实现课后服务"全覆盖、广参与"。全区义务教育阶段学校全面推行课后服务"5+2"模式，满足学生多样化需求，为学生家长解忧。共开设校内特色课程 89 门、校外特色课程 20 门，义务教育阶段校内课后服务参与学生 6523 人，约占应开展课后服务学生总数 96%。年内，开足开齐体育课，保证学生"校园体育一小时"活动参与率 95% 以上；参与各类体育竞赛，

获"2022 年全国软式棒垒球锦标赛"二等奖、"深圳市少年儿童垒球锦标赛"亚军、"深圳市中小学生全员跳绳比赛"二等奖、第四届"童声·同心·同梦"粤港澳青少年合唱展演金奖、"深圳市中小学校优秀艺术团队交流展示活动"二等奖。

【校园安全管理】2022 年，深汕特别合作区强化校园安全管理。开展中小学幼儿园安防设施采购及修缮工作，为 34 所学校加装防攀爬设施、硬质隔离装置、监控设备、存储设备等，提升中小学幼儿园整体安全水平。抓好重点领域风险防范，集中开展两轮涉校安全隐患大排查、大整治专项行动。会同交通部门开展校车隐患排查、校车"三员"培训工作，联合消防大队对各学校消防设施开展隐患排查、监督整改工作，每月定期开展食品安全飞行检查，联合公安、消防、交通等部门开展防溺水、防欺凌、预防网络诈骗、上下学交通安全、灾害事故防范等安全宣传进校园活动共 10 场次，覆盖全体中小学生。

【中考"首考"】2022 年，深汕特别合作区中考体系首次与深圳接轨，接入深圳中考招生考试系统。2022 年和 2023 年为合作区中考政策过渡期，过渡期间"一年一策"，2024 年实现中考体系完全与深圳接轨。建成南外深汕西中心学校首个深圳标准中考考点、首个区级试卷保密室，为区内组织各类标准化考试奠定基础。平稳、有序完成首

次招生录取工作，全区 353 名考生被深汕、汕尾两地高中录取，其中 200 名考生被深圳市第二高级中学深汕实验学校录取，普高上线率 53%。

【教师队伍建设】2022 年，深汕特别合作区进一步加强教师队伍建设。严格教师员工准入制度，开展全区教职工师德师风自查自纠和专项整治行动，对核实有违反行为准则和相关禁令的教师"发现一个，处理一个"。强化教师培训，对标深圳师资标准，启动"强师工程"系列培训，开设校（园）长领导力、幼儿园课程建设、心理健康教育等多维度培训课程，覆盖全区教职人员，提升全区教师教学能力。引进高素质人才，采取择优选聘、社会招考等多种方式，全年累计招聘新教师共 67 人。其中，一流大学、一流学科院校 14 人，专业院校 50 人，研究生及以上学历 16 人。强化人才队伍建设，为教育高质量发展提供坚实保障。开展教师年度考核工作，对 2022 年度教育系统各类先进集体和个人进行表彰，发挥先进典型示范引领作用。评选出市、区优秀教师 16 名、优秀班主任 11 名、先进教育工作者 9 名、优秀校长 2 名，教育工作先进集体 1 个。开展 2021—2022 年度教师考核评价工作，科学考核促进教师专业发展，提高教师队伍整体素质。从德、能、勤、绩、廉五个方面考核在校教职工 539 人，重点考核工作实绩。

（深汕特别合作区公共事业局）

学校选介

Introduction of Selected Schools

幼儿园

市直属幼儿园

【深圳市第三幼儿园】创办于1983年，现直属于深圳市教育局，现任园长邱雪华。幼儿园由总园、分园2处园舍组成，位于深圳市福田区梅丽路梅林一村内，与深圳市大型山体主题公园梅林公园和梅林水库相邻。园舍总占地面积6221平方米，总建筑面积7278平方米，环境幽静、安全方便、布局合理、设备设施齐全，拥有各类大中小型体育器械及多种功能室，实现办公和教学标准化、现代化。2022年，该园有校区2个，教学班18个，学生591人，教职员工122人。其中：副高职称3人、中级职称30人；区级以上名师（学科带头人）5人次；本科及以上学历69人，硕士7人。坚持以培养良好习惯、倡导热爱生活、完善健全人格、促进全面和谐发展为办园理念；以尊重、博爱、创新、发展为园风；以培养健康、自信、包容、创新的儿童为育人目标。园本课程为"幼儿园可持续发展教育课程"，紧密围绕可持续发展教育三大支柱"环境、经济、社会文化"及其17个目标，致力于构建具有深圳特色的可持续发展教育体系，此课程成为广东省科学保教示范项目及深圳市"十四五"规划成果类培养项目。可持续发展教育课程建设经验曾先后在捷克、美国、挪威等多次学术会议上进行交流，获得国际同行认可；以微课形式在"人民幼教网""宁谊文化教育"等平台开展系列直播，累计观看逾50万人次。以园本课程和特色教学为主要内容出版《聚焦儿童、面向未来：幼儿园可持续发展教育实践》《亲阅读、心阅读——深圳市第三幼儿园绘本阅读教学活动实践探索》《无法隔离的爱——庚子宝宝记忆》3部论著。近五年，在《中国教育报》《幼儿教育》《学前教育》等学术期刊发表论文数十篇。先后获评广东省一级幼儿园、广东省绿色学校、广东省健康促进示范单位、广东省网络安全示范单位、全国足球特色幼儿园、深圳市首批优质特色示范幼儿园、2021年度深圳市最受家长欢迎幼儿园、深圳市"家门口"的优质幼儿园、第二批深圳市中小幼教师专业发展基地幼儿园及深圳大学教育硕士研习基地，获"深圳市市民最喜爱的健康场所"一等奖、"第八届深圳教育改革创新领跑学校（园）"年度奖。

（市第三幼儿园）

【深圳市第六幼儿园】创办于1993年，直属于深圳市教育局，是广东省一级幼儿园，深圳市首批优质特色示范园，深圳市"家门口"的优质幼儿园培育单位，罗湖区学前教育第六学区中心园，国内首家WELL健康建筑最高等级"铂金级"认证学校，现有托管园3家。2017年重建，2019年10月重新开园。该园占地面积4112平方米，总建筑面积5019.59平方米，户外场地3573.87平方米，绿地面积1195.37平方米。建筑外形好像扭动的魔方，传承原有四季文化，被称为"魔方四季园"。建造"先有理念，后有建筑"，在私人订制、原创作品、绿色建筑基础上，遵循"幼儿为本、专业为准"指导思想，将四季课程融入建筑，是一所将教育理念与建筑理念高度融合的儿童专属乐园。拥有一流硬件设施设备。室内设有280平方米下沉式加高音乐厅，容器花园式的美工室，藏有5000余册幼儿书籍、3000余册成人书籍的阳光图书馆，以及"班班不同、廊廊不同、角角不同"的多元科学探索空间等。12个班班不同的课室均有150平方米，通风采光优良。户外设有616平方米的幼儿绿茵足球场，大型挑战式体能玩具，品种丰富的兰花园，以及沙水池、爬网、钻网、搭建区、跃动圈、投掷区等众多活动区域；楼顶覆土面积近700平方米，是孩子们探索自然的"稚绘农耕园"。2022年，有教学班12个，在园幼儿400余人，教职员工72人（专任教师32人）。其中：副高级职称1人，中级职称9人；本科及以上学历44人，研究生及以上学历4人；有"广东省南粤优秀幼儿教师""深圳市首届苗圃工程骨干园长""广东省学前教育督导评估专家""深圳市教育督导专家库成员"等若干人。先后获评"深圳市绿色幼儿园""深圳市平安校园""深圳市卫生保健优秀幼儿园""广东省餐饮服务食品安全示范单位""儿童发展友好园（所）"实验园，获"广东省幼儿园特色建设方案"二等奖、第八届"深圳教育改革创新大奖"评选——"家门口"的优质园年度奖。魔方四季课程依据中华

优秀传统文化"天人合一"理念，融合四季既有规律又有变化的多层次元素，倡导自然、生态、健康、和谐理念，从哲学、生态学、美学、心理学和环境学等多重视角，打造给予儿童"四生五感"体验的文化环境、绿色环境、交往环境、艺术环境、科技环境和健康环境，促进幼儿全面发展。　　（李铃）

【深圳市第十二幼儿园】创办于1993年10月（原名"深圳市翠园幼儿园"），于2019年11月重建开园。占地面积3967平方米，建筑面积5488平方米。2022年，有教学班10个，在园幼儿313人，教职员工67人（专任教师40人）。其中：副高级职称2人，中级职称12人；研究生学历2人；有深圳市"苗圃工程"名园长、骨干园长、名教师、教坛新秀；获评罗湖区"年度教师"，市、区优秀班主任等近400人次。老中青教师占比科学合理，为园所持续发展提供人力资源保障。幼儿园以"以人为本，健康第一，全面发展，为孩子幸福人生奠基"为办园思想，秉承"大健康教育"为基础的"探索者"园本课程体系，以"乐天行动派，知行合一者"为培养目标，落实"时时是学习机会、处处是学习空间，物物是学习资源，人人是儿童教师"课程理念，以"7i"探究性学习为核心教学法，贯彻"计划—工作—回顾"三部曲课程实施途径，实施"整合儿童—家庭—幼儿园—社区生态圈，扎根儿童生活世界"课程内容，通过收集数据支持教育决策进行课程评价。园舍建筑实现与自然、与儿童、与课程三

者之间高度融合，通过为幼儿自发的探索、合作、游戏化学习提供环境支持，体现空间促进课程建设价值。成功申报及承担国家、省、市、区级科研课题共40余项；先后获评广东省特色建设方案交流展示活动二等奖、广东省食品安全示范学校食堂、广东省档案综合管理特级单位、深圳市首批优质特色示范幼儿园创建单位、深圳市健康教育基地、2022深圳体育特色园、深圳市"家门口"的优质幼儿园培育单位、深圳市消防标准化学校、深圳市健康促进幼儿园金奖单位；在各级刊物发表教育教学论文、教案、教育随笔150余篇；获"深圳市五一劳动奖章"，广东省美育教师教学基本功比赛一等奖，深圳市首届美育教师教学基本功比赛一等奖，深圳市市属中小幼青年教师教学能力大赛学前教育组一、二、三等奖。坚持高质量发展路径，目标成为全市学前教育改革发展的研发中心、实验中心、实训中心、资源中心和辐射中心，致力于把幼儿园办成具有先进教育理念、勇于创新的未来幼儿园，探索幼儿园教育全新路径以及未来幼教新模式。（贺永娥）

【深圳市滨苑幼儿园】创办于1993年，深圳市教育局直属公办幼儿园，2004年被评为广东省一级幼儿园。2022年，滨苑总园重建中，龙华分园位于龙华区民治街道龙华人民路龙光玖悦台小区，于9月16日开园，建筑面积5362.79平方米。设有配套教寝合一的幼儿活动室、盥洗间，绘本馆、美术室、科探室、多媒体活动室等各类专用教

室 22 间，后勤室、教研室、教具资料室、财务室、会议室、教师办公室等各类办公室 14 间，设有厨房、保健室、多功能大型玩具、幼儿玩沙池、水池、运动场、攀岩墙、天台种植园、天台小剧场、扎染坊、户外美术坊等，满足幼儿在园期间教育教学活动及生活需要。办学规模 18 个班。教职工 93 人，教师专业合格率 100%。其中：高级职称 1 人，中级职称 14 人；广东省"百千万"人才培养工程名教师培养对象 1 人，深圳市基础教育系统名园长 1 人，深圳市苗圃工程骨干园长 1 人，市级优秀教师 2 人，市级优秀班主任 5 人，区级优秀教师多人。有市级名园长工作室 1 个。幼儿园坚持"以人为本、和谐发展、共同成长"办园宗旨和"为幼儿的一生发展奠定基础"办园理念，努力实践"内外兼修、精细管理、突出特色、专业发展"办园思路，注重教育品质，追求服务质量，创设和谐教育环境。探索基于儿童立场和中国文化的幼儿园课程，旨在培养具有"好奇、热爱、专注、传承"等中国气质，兼备科学精神和艺术感受力，快乐生活、富于创造的中国儿童。幼儿园课程建设方案在广东省幼儿园特色建设方案交流展示活动中获一等奖。承担国家、省、市、区多项科研课题研究工作，研究进程中的有省级课题项目 2 项、市级 1 项、区级 1 项。作为深圳市罗湖区学前第一学区中心园，发挥市属公办园示范、引领、支持作用，每学期有计划、有组织地对片区 15 所幼儿园开展园所管理、教学观摩、研讨交流活动。先后获评广东省绿色幼儿园、

深圳首批优质特色示范幼儿园、深圳市文明单位、深圳市花园式园林式单位、深圳市教育系统先进单位、深圳市平安校园、深圳市卫生保健先进单位、罗湖区先进单位、罗湖区五星级健康园，获深圳市政府办学效益奖。　　（滨苑幼儿园）

【深圳市华富幼儿园】创办于 1993 年 9 月，是深圳市教育局直属公办幼儿园，于 2019 年 12 月迁至福田区岗厦片区，命名为"深圳市华富（文天祥）幼儿园"，园长姜伟平，2021 年顺利通过"深圳市优质特色示范园"验收，并获评"深圳市 2021 年度'家门口的优质幼儿园'培育单位"。幼儿园占地面积 2720 平方米，建筑面积 3210 平方米，配有美术室、音乐厅等多功能室。2022 年，有 9 个班级，共计 289 人。其中：大班 3 个班，共 103 人；中班 3 个班，共 100 人；小班 3 个班，共 86 人。教职工 58 人，其中专任教师 21 人、大专及以上教师 21 人、保育员 9 人。各班均按照省级园标准配备人员，班级配置"两教一保"，师幼比达 1∶9.6。幼儿园坚守"以人为本，教书育人，和谐发展，面向未来"办学初心，"立足儿童发展"，以"让入园的孩子拥有幸福而有意义的童年"为办学理念，致力于培养"自信、健康、友善、习惯好、爱学习"儿童，促进幼儿全面发展，为未来奠基。以"爱生活·亲自然·悦成长"为课程引领，推进华富课程建设。数学特色是该幼儿园深耕园本课程建设几十载标志性成果，出版《回归本质的幼儿数学教育——理论与实践探析》。"基

于园本课程建设，构建研究型教师团队"成功立项广东省教育科学规划 2018 年度一般非资助课题项目，"教师支持幼儿数学学习的策略研究"成功立项中国学前教育研究会"十三五"课题，"基于项目活动中幼儿探究性学习研究"成功立项深圳市学前教育"新课程"科学保教项目，"以学习数学促进幼儿认知能力发展的实践研究"成功立项深圳市教育科学规划课题。以教师个人申报的"利用数学游戏培养幼儿思维能力"与"基于园本课程的幼儿园新教师专业发展策略研究"成功立项福田区教育科研课题。该园多次获评"深圳市教育系统先进单位""深圳市文明学校"，获"深圳市政府办学效益奖"，是一所教科研成绩突出、社会效益良好的学前教育机构。（市华富幼儿园）

福田区幼儿园

【福田区第一幼儿园】是广东省一级幼儿园，福田区教育局主管。该园占地面积 3110 平方米，建筑面积 3019.39 平方米，户外活动场地面积 1870 平方米，绿化覆盖率达 100%。2022 年，分别有大、中、小各 3 个教学班。教职员工 56 人，每班"两教一保"，教师专业合格率、大专及以上学历均达到 100%，保育员、后勤人员持证率 100%，所有岗位人员配备均符合相关规定。有安全监控系统、先进电教设备、运动器械、奥尔夫乐器、舞蹈室、美术室、烹饪室、科学室、建构室、创客机器人室、综合游戏室和阅读室，园内儿童绘本图书品种

2022年12月，福田区第一幼儿园小朋友上足球课

（福田区第一幼儿园　供）

多、数量足，玩教具种类丰富。以"立德树人"为教育根本任务，以《幼儿园教育指导纲要》及《3~6岁儿童学习与发展指南》为教育指引；遵循"在和平、尊严、宽容、自由、平等和团结的精神下，尊重孩子、尊重家长、尊重老师，走共同成长之路"办园理念，遵循"教育即生长，珍视每一个"教育哲学；以"教育即生活、世界即教材"理念指导育人环境，以"活力校园，幸福教育"为校园文化，培养"富有爱心、承担责任、乐于创造、具有理解力的终身学习者"，建设一所"让幼儿拥有健康快乐童年的幼儿园"。先后获评全国足球特色幼儿园、广东省一级幼儿园、广东省巾帼文明示范岗、广东省绿色幼儿园、广东省示范性食堂、广东省全民健康生活单位、广东省安全文明校园、深圳市一级幼儿园、深圳市绿色幼儿园、深圳市卫生保健优秀幼儿园、深圳市爱心图书室、深圳市安全管理工作先进单位、深圳市餐饮卫生示范单位、深

圳市规范优质办学单位、深圳市平安校园、深圳市生活垃圾分类新风尚幼儿园、福田区早期教育示范单位、福田区托幼机构卫生保健工作先进单位、福田区"家门口"的优质幼儿园，获深圳市办学效益奖。

（戴　袁）

【福田区第二幼儿园】地处福田区彩田路2046号，是一所隶属福田区教育局的公办园。成立于1992年8月，1995年8月正式开园。2020年完成园舍重建，占地面积3938.7平方米，建筑面积9194.14平方米。园舍独立完整，布局合理，绿草如茵，环境优美，为孩子们创设一个开放与共享、探索与自然、流动与自由的室内外视觉艺术一体化优质教育空间，为"质优"园本课程提供丰富生动的环境教育资源。2021年8月，成立2所分园。其中：深圳市福田区第二幼儿园香蜜湖分园，位于香蜜湖街道香岭社区竹子林三路和紫林六道交会处；深圳市福田区第二幼儿园爱华分

园，位于南园街道园西社区爱华市场北侧。2022年，园本部有13个全日制教学班（5个小班、4个中班、4个大班，每班按"两教一保"配备），在园幼儿300余人，教职工60余人。幼儿园具化园本课程形成路径与过程，架构"课程"与"实施"之间双向桥梁，在践行系统化、科学化园本课程中实现"尊重儿童，自然生长"办学理念的教育追求，先后承担多项国家、省、市、区幼教科研重点课题，培养高素质教职工队伍，多次作为深圳市福田区示范园对外开放，发挥福田区学前教育龙头示范引领作用。先后获评"广东省一级一类幼儿园""广东省巾帼文明示范岗""广东省食品安全示范学校""广东省餐饮服务食品安全A级""深圳市绿色学校""深圳市优质特色示范幼儿园""深圳市生活垃圾分类新风尚幼儿园""深圳市2021年消防安全管理标准化学校"，获"深圳市优质办学效益奖""2021年度健康促进幼儿园"银奖。　（冯运梅）

【福田区第二幼儿园爱华分园】是一所隶属于福田区教育局，由福田区第二幼儿园举办的新型公办园，创办于2021年8月。2022年4月正式开园，占地面积1425.1平方米。以黄粉白为基调的园所设计，场所独立完整，布局科学合理，设施设备完善。有6个全日制教学班，幼儿196人；教职工34人，100%持证上岗。爱华分园秉承福田二幼优质办学特色，以"尊重儿童、自然生长"教育理念为核心，以游戏为基本活动，致力于课程体系建设，为在园幼儿提供适宜

的游戏材料和丰富有趣的活动，促进幼儿全面发展。环境建设特色鲜明，合理利用有限空间，彰显幼儿园教育理念和文化内涵。以游戏为基本活动，保教并重，关注个体差异，促进每个幼儿富有个性发展。开展区域活动，重视区域材料多层次投放，开展主题探究活动，促进幼儿个性发展。制定有针对性、有层次性的园本培训计划，通过理论学习、专家来园指导、优质课达标、论文评比、课件评比等多种形式提高全体教师专业化水平。2022年6月，通过深圳市A级厨房等级评定。获深圳市幼儿园优秀自制玩教具评选活动三等奖、"童画之星"创意美术大赛美术教育成果奖。　　　　　　（白小茜）

【福田区第三幼儿园】开办于1997年2月，是福田区教育局举办的省一级一类公办幼儿园，位于新洲南路新洲花园小区内。园所占地面积1796平方米，建筑面积3780平方米。2022年，有9个班级，大、中、小班各3个，在园幼儿289人。有教职工55人，每班"两教一保"，教师大学、专科及以上学历占比95%，保教人员100%持证上岗。坚持科学办园指导思想，以"为孩子的发展服务"为办园宗旨，以"尊重天性，自然生长"为教育理念，致力于让在园儿童享有幸福的童年生活，创设良好学习和生活环境；以游戏为基本活动，开展科学保教，办学成绩显著，获得良好社会声誉。先后获评"广东省一级幼儿园""广东省健康促进幼儿园""深圳市绿色幼儿园""深圳市卫生保健先进幼儿园""深圳市优

质特色示范幼儿园""深圳市健康促进幼儿园"。　（曾代芳）

【福田区第四幼儿园】位于福田区园岭街道南天一花园内，占地面积2453平方米，属于改造园，是深圳市一级幼儿园。园所环境优美，布局合理，设施设备完善。2022年，开设全日制教学班8个，有幼儿245人。有教职工48人，其中研究生学历1人、本科学历29人、大专学历9人，合格率100%。每班活动室面积140平方米，园内配备有幼儿玩沙池、玩水池、儿童试听图书室、音乐舞蹈室、乐高搭建室、科学实验探索区、幼儿种植园地、运动攀爬区等适宜儿童探索、体验的集约空间。办园宗旨为"尊重儿童，自然生长"。实行保育与教育相结合原则，对幼儿实施体、智、德、美诸方面全面发展教育，促进其身心和谐发展。让幼儿"学会生存、学会做事、学会合作、学会认知"，努力创建成为管理人性化、设备现代化、服务优质化、环境儿童化、儿童素质综合化、家园（社区）共同化的本行业优质特色示范幼儿园。树立"没有安全，一切都是零"的安全警戒意识，医务室把好每日晨检第一关，做好各类传染病预防及应急工作，规范落实卫生保健500条中需要对幼儿做好的跟踪及数据收集，严格把控食品来源、烹饪、分送餐、食品留样安全关。积极主动与辖区派出所建立良好警园关系，与南天社区工作站、社康中心保持良好社区互助关系。成立家委会、膳食委员会，倾听家长意见，数次召开线上家长会，促进家园共育，家长参与幼儿

园各项事务。年内，通过PBL问题式探讨形式开展室内外一体化自主游戏探索，持续做好户外高质量学习环境创设，思考户外自主游戏多样形式，以"看见儿童"视角做好户外自主游戏开发。开展2项省级保教项目参与园项目研究，做好"十四五"规划课题及2个区级课题开题及研究工作。重视全园师生心理健康建设和工作开展，2022年1月参评"深圳市健康促进幼儿园"并获金奖；12月，获评2022年福田区"巾帼文明岗"。　（杨菲）

【福田区第六幼儿园】注册于2019年5月，位于福田区沙嘴路与金地一路交汇处红树湾壹号旁，是由福田区教育局举办的一所公办幼儿园。提倡"与世界接轨的教育"理念，凸显与时俱进高配置，为孩子们健康成长、快乐学习提供优雅、舒适、安全的教育环境。园所占地面积2505平方米。2022年，核定9个班，在园幼儿小班73人、中班59人、大班134人。教职工42人，其中专职教师22人，教师专业合格率100%，大专及以上学历达100%，教工与幼儿比例1：6.3。设1名法人，1名副园长，保健医及保健员各1人，保育员9人，财务人员1人，食堂人员5人，保安2人，均符合国家规定岗位任职条件。幼儿园坚持"尊重天性、尊重人性、尊重自然、尊重规律"办园宗旨。2020年9月，通过"A"级厨房验收；2020年11月，通过福田区"巾帼文明岗"定岗督导；2020年12月，"民生福礼"惠民工程到六幼调研，肯定该园在"民生福礼"惠民工程中"善育"贡

献；2021年1月12日，通过区一级幼儿园评估；2021年9月，获评2020—2021年度福田区托幼机构卫生保健工作先进单位；2022年获评"福田区儿童友好型幼儿园"试点单位；2022年1月，通过2021年健康促进幼儿园评审并获银奖。 （张　敏）

【福田区第七幼儿园】是隶属于福田区教育局的公办幼儿园。2019年3月筹办，2020年2月正式投入使用，2020年11月通过区一级幼儿园评估。该园占地面积3600平方米，建筑面积3252.55平方米。园内教学及活动设施设备齐全。室内有配备齐全的多个功能室；室外配备大型户外器械、沙水区、种植区、拓展区、陶泥区、木工区、安吉游戏等。2022年，开设教学班13个，在园幼儿497人。教职工80人，教师100%为大专及以上学历，其中研究生4人。所有人员均持证上岗。秉持"敬畏生命、尊

重天性、接纳支持、共享成长"办园宗旨，开展儿童体锻与游戏、奥尔夫音乐、语言教育特色等实践。对奥尔夫音乐教育体系深入学习研究与实践探讨，丰富幼儿音乐教育内容和方法，实现建立具有园本特色的幼儿园奥尔夫音乐教育体系系统研究与实践目标。语言教育以科研课题带动课程资源开发利用和教学水平提高，培养幼儿对早期阅读的兴趣。实践区域混龄自主活动，创设科学、适宜的14个学习中心，中、大班幼儿在活动中通过与环境和材料互动，提升自主学习、分工合作、沟通交往、发现问题和解决问题的能力。户外开展上午一小时户外混龄自主游戏活动，给幼儿提供自由、开放的游戏环境和材料，保证充足游戏时间，让幼儿园成为儿童乐园。追求教育诚信和教育效能，弘扬中华文化及幼儿园保教优良传统，结合科学和社会发展新成果、新契机，提升办园水平，激发每个教职工和幼儿的潜能与创造性

品质，在探索和反思中追求进步，促使教师、幼儿、家长共同成长，促进幼儿园发展。先后获评深圳市2022年消防安全管理标准化学校、深圳市儿童友好学校、福田区先进治安保卫组织，获深圳市健康促进幼儿园评审金奖、深圳市食品安全管理A级认证。 （黄　梅）

【福田区第八幼儿园】创建于2020年8月，隶属于福田区教育局，于2022年通过区一级督导评估。位于福田区福保街道福田保税区绒花路288号，占地面积3182.58平方米，建筑面积3080平方米，户外面积3033平方米，绿化面积1414.91平方米。2022年，有教学班9个。教职工47人，其中专任教师23人，教师资格证执证率100%，本科及以上学历100%，硕士1人，保育员9人，大专及以上学历90%；保健人员2人，均为医科大学本科学历，其中保健医生持主治医师资格证书。幼儿园以五大领域为基础，以主题探究为课程架构。一切以幼儿为本，树立正确教育观、儿童观和发展观。以"生活""运动""游戏""学习"为幼儿园一日活动最基本活动形态，关注幼儿自身兴趣、经验和需要，使幼儿真正成为活动主体。通过课题引领方式，以研促教，有省级课题和区级课题分别在专家指导下成功开题。2022年8月，对操场、阳光雨棚、遮阳棚、护眼灯和一楼纱窗进行改造，创造更适宜幼儿生活和学习的条件。2022年，获评北京师范大学儿童阅读与学习研究中心"书香校园"；获第八届深圳教育改革创新大奖"家

2022年4月，福田区第七幼儿园幼儿在木工区活动

（福田区第七幼儿园　供）

门口"的优质园年度奖，深圳市"健康促进幼儿园"银奖，"双向而行，科学奔赴"福田区幼小衔接案例遴选一等奖，福田区第二届"健康云春晚"幼儿节目"人气王"二等奖。　　　　（何　艳）

【福田区第九幼儿园】成立于2020年8月，位于福田区丹桂路15号金桂大厦二层，隶属于福田区教育局，是一所全日制公立幼儿园。建筑面积2875.21平方米，借用户外场地面积898平方米。2022年，幼儿园有7个班级，其中小班2个、中班3个、大班2个，幼儿209人；教职工37人，其中中级职称2人、本科及以上学历19人（硕士1人）。13人参加工作室学习。园内环境优美，设备功能齐全，设置舞蹈室、美术室、妙创坊、小书吧、建构室等多个功能室。秉持"尊重幼儿的生活与发展规律，让教育适应幼儿，促进每个幼儿生命舒展并健康成长"教育理念，积极创设一个支持自主探究、利于体育运动、丰富审美体验、鼓励同伴欣赏以及充满爱和尊重的良好环境，使"崇德、尚美、健体、乐学"文化理念扎根实践，通过对幼儿心理健康保护、运动习惯培养、文艺氛围熏染以及探索创造支持等一系列活动促进幼儿健康成长。培养喜欢探究未知、学习保护自我、懂得尊重他人、乐于利益大家的幼儿。发展健全人格，奠基幸福人生。设有合唱团、舞蹈队等教师发展社团，促进教师合作与友爱；以项目活动为教育教学主要切入口，通过项目活动促进幼儿积极探究、和谐交往、自主学习、解决问题等多项能力提

升。11月，成功申报2项区级课题，获"福田区健康促进幼儿园"银奖；12月，以高分通过办园行为督导检查。　　　（肖　颖）

【福田区东海实验小学附属幼儿园】创办于2000年，原为"东海培萃幼儿园"，2020年5月转为区属公办园，更名为"东海实验小学附属幼儿园"。位于福田区香轩路30号，占地面积6039平方米，建筑面积8067平方米。2022年，有班级24个，幼儿718人，是福田区面积最大、班级数量最多的幼儿园；教职工120人。以"脚印丈量世界、阅读绽放未来"为理念，组织高质量的一日活动，开展丰富的体验式学习活动，配备多功能厅、图书室、美术室、科学室等多个功能教学设施。创设保教中心、教研中心、文创中心、资源中心、活动中心。承接由福田区教育局举办，面向福田区学前教育行业、东海社区及家长开放的"共建、共享、共赢"开放周活动，是福田区开放的

20所"民转公"示范性幼儿园之一。2022年，获评深圳市"家门口"的优质幼儿园，深圳市公安局"2021年度先进治安保卫组织"。　　　　　　（张宏东）

【福田区福南小学附属幼儿园】为广东省一级幼儿园。2016年6月，获评"深圳市第二批优质特色示范园创建单位"；2017年1月，通过"广东省一级幼儿园"评估；2019年，获评"深圳市优质办学幼儿园"。该园占地面积3050平方米，建筑面积3571.16平方米，户外场地面积2721.4平方米；有独立的幼儿活动室、寝室、儿童图书馆、创意美术馆、儿童艺术馆。2022年，有14个班，其中大班5个、中班4个、小班5个，幼儿479人；教职工74人，其中初级职称6人、本科及以上学历26人，均100%持证上岗。坚持"以爱为魂，以实为本，开放自主，和谐发展"办园宗旨，借鉴高瞻课程模式、蒙台梭利和多元智能教育思想，确立"幼

2022年11月，福田区东海实验小学附属幼儿园开展读书月——建构恐龙乐园活动
（东海实验小学附属幼儿园　供）

2022 年 11 月 8 日，福田区福南小学附属幼儿园举行阅读节开幕式
（福南小学附属幼儿园　供）

儿自主探究"园本课程体系，践行"一日生活皆课程"课程观，细化幼儿一日作息时间安排和流程要求。结合绘本阅读主题活动，每学年上学期开展"阅读节"系列活动，形成鲜明阅读特色。开展活动注重活动目标与环境、区域的结合，五大领域有机渗透。打造"团结、协作、创新"专业化团队，创设多元化引导幼儿主动学习的教育环境，促进幼儿身心全面、和谐发展。2022 年，获评"广东省健康促进示范幼儿园"，获"深圳市健康促进幼儿园"银奖。（高　昕）

【福田区华强职业技术学校附属幼儿园】为市一级幼儿园。占地面积 4518 平方米，建筑面积 3370 平方米。2022 年，有教学班 12 个，幼儿 361 人；教职工 65 人，其中中级职称 6 人、本科及以上学历 25 人。坚持以"规范管理提效率、提升质量求生存、彰显特色促发展、优质服务创品牌"为指导思想。遵

循《幼儿园工作规程》与《幼儿园教育指导纲要》要求，以《3~6 岁儿童学习与发展指南》为指引，建构以尊重生命价值、关心生活环境、解决生活问题、沟通人际关系、传承生活文化为教育目标的生活课程体系。该园是深圳市儿童梦想中心——体能游戏中心幼儿园，幼儿体能活动是亮点，在园实施保育老师生活课程，有计划实施生活教育内容，致力于幼儿生活自理能力培养及保育员带班能力提升。2013 年引入 6S 管理，经过反复学习实践，结合实际，形成精细管理新模式。获评广东省足球特色示范幼儿园、深圳市卫生保健优秀幼儿园、深圳市餐饮服务食品安全示范单位、深圳市生活垃圾分类新风尚幼儿园、深圳市健康促进幼儿园、2020 年度福田区"巾帼文明岗"、2020—2021 年度福田区托幼机构卫生保健工作先进单位。（郑莉娟）

【福田区华庭思博幼儿园】为深圳

市一级幼儿园。位于福田区民田路 10 号，占地面积 2430 平方米，建筑面积 2696.11 平方米，运动场地面积 1080.6 平方米。2022 年，有教学班 10 个，在园幼儿 273 人；教职工 40 人，其中园长 2 名，教师专业合格率 100%，大专及以上学历占 90%。以"一切为了孩子——以培育幼儿为目的，致力于全人发展的优质教育""让每位华庭思博的幼儿健康快乐成长"为办园宗旨。园舍环境清静优雅，布局合理。每班设有活动室、洗手间，均达到规定标准。室内设有图书阅览室、音乐活动室、美劳室、科学室、多功能室等活动功能室；室外规划有体育运动场、大型滑梯、小型攀爬网等促进幼儿体能发展的运动区，投放多种大、中、小型体育设施，并设有种植角劳作体验区。在管理和保教工作中，推进素质教育，构建园本课程体系，保教质量稳步提高，深受家长赞誉，得到社会认同。　　　（罗伟华）

【福田区黄埔学校附属幼儿园】隶属于福田区实验教育集团黄埔学校，于 2020 年 8 月转型为区属公办幼儿园，属市一级幼儿园。位于福田区雅颂居社区内，与市民中心和莲花山公园相邻，是幼儿生活、游戏、学习的健康成长乐园。占地面积 3023.3 平方米，建筑面积 2495.57 平方米。依据《幼儿园教育指导纲要》《3~6 岁儿童学习与发展指南》精神，围绕"君子和而不同"君子文化，贯彻"以德为先、以爱为本、兼容并蓄、多元发展"办园理念，落实培养"健康、智慧、善学、乐享"、具有中华文

化底蕴和国际视野的新一代儿童培养目标，通过幼儿感兴趣的项目教学等多样化教育教学活动，融合多样化教育资源，开展各项教育教学活动。围绕节日、节气、纪念日等开展活动。将每年 5 月定为"劳动月"、每周二定为"劳动日"，培养幼儿责任感和社会适应能力；将每年 11 月定为"读书月"，结合读书月活动组织幼儿与家长外出莲花山举办户外亲子阅读会。重视幼儿全面发展。结合"君子文化"理念，开设武术、围棋课程；成立体育、科学、音乐教研组，为幼儿全面发展和终身发展奠定良好基础。项目式学习案例《逃跑的乌龟》入选 2021 年度全国项目式学习案例评选暨国际 StarT 中国区优秀项目，获一等奖；成功申报 2021 年度"健康促进幼儿园"，获银奖；获深圳市"家门口"的优质园年度奖；获 2022 年福田区教育规划课题立项，开启初步课题研究工作。2 名教师成为深圳市名园长工作室核心成员。2022 年 2 月，16 名教师下沉新冠疫情防控一线，为期一个月，获评"福田区抗疫先锋"，并获《晶报》宣传报道。（罗小兰）

【福田区黄埔雅苑维多利亚幼儿园】为市一级幼儿园。地处福田中心区，毗邻莲花山公园、深圳音乐厅和深圳图书馆，地理环境优越。由维多利亚（中国）教育集团承办。校舍环境优美，外观优雅，既有古典风韵，又具时尚气息，致力于提供一个安全、快乐而又能给予儿童自主互动的探索性学习环境。以 IB（PYP）课程为主打，探索中西方多元文化，融入美国哥伦比亚读写计划（TCRWP）及斯坦福大学正念养育课程，旨在凝聚专业力量，创建学习者社区。该园占地面积 5646.3 平方米，建筑面积 5053.99 平方米，有 16 间独立课室。2022 年，有教职工 89 人，其中专任教师 43 人，本科率达100%。有户外活动空间及 10 余处多功能活动室，如小剧场、STEAM 创客室、IB 图书馆、大型感统区、艺术室、木工坊等。积极创建"学习者社区"，与家长、社区共同为幼儿创造更具选择权、话语权、自主权的学习成长环境。先后获评国际文凭组织（简称 IBO）正式授权的 IB 世界学校、哥伦比亚大学读写计划学校、斯坦福大学正念养育学校；获"中国童话节"团体及个人一等奖；举办 8 届语文节成果展，举办"幼教专业发展论坛"；开展"广府文化环境中幼儿园粤语口语园本课程建设研究——以维多利亚幼儿园为例"市级课题和"IB 课程观下幼儿主动探索学习数学的环境创设策略研究"区级课题研究；获评 2022 共赋未来·创益大会 K12 组暨全球发明大会广东分会场选拔活动优秀组织单位，深圳市卫生保健优秀幼儿园，深圳市市场监督管理局 A 级厨房。

（薛亚娟）

【福田区金生幼儿园】创立于 2020 年 9 月，是获得福田区教育局颁发办学许可证的双语幼儿园。深耕双语教育、坚守初心，致力于国际课程探索与实施。该园占地面积 4000 平方米，总建筑面积 8447 平方米，户外运动场地面积 2000 余平方米。校区位于福田区景田北五街。2022 年，有学生 236 人；教职工 91 人，本科及以上学历 49 人（硕士 / 在读硕士 6 人）。该园愿景是让幼儿的美好童年和幸福人生在这里起步，让教师的专业抱负在这里得到展现和提升，让金生学习者社区的每一个人都能携手并进，成为时代发展的先驱。使命是凝聚

2022 年 11 月 16 日，福田区金生幼儿园开展儿童议事会活动

（金生幼儿园 供）

专业力量，致力于建造一个平等、开放、多元、热诚的学习者社区，在教与学的积极互动中，培养幼儿成长为拥有创造力、幸福力、跨文化沟通理解力以及富有合作精神的终身学习者。设有儿童议事会，定期举办儿童议事会会议，保障儿童参与权、生存权、发展权。采用IB国际课程，结合中华优秀传统文化，构建独特的LEAD管理文化体系，开设增润课程，为幼儿带来多元文化体验。2022年，获评"深圳市健康促进幼儿园"银奖；获第八届"深圳市教育改革创新大奖"2022年度"最受关注学校年度奖""IB世界学校"称号；成功申报福田区区级课题"中华优秀传统文化融入幼儿园国际化课程实施路径的研究"。（李玉莹）

【福田区荔园教育集团百花校区附属幼儿园】创办于1995年9月，前身为深圳银鹰第一幼儿园，是广东省一级幼儿园，2020年2月转型为区属公办园。位于福田区百花二路南天二花园内，占地面积3500平方米，户外活动面积2329平方米。2022年，有班级12个，在园儿童366人，教职工69人。自2020年转公办以来，向全市输送管理人才14人，其中园长1人、副园长4人、行政管理主任9人。教师的论文、教育笔记在国家级、省、市级评选中屡次获奖。秉承"以爱为本，以学为乐，培养习惯，开发潜能，为幼儿幸福的一生奠定良好的素质基础"教育理念，以建设优良园风、教风、学风为核心，以优化、美化园所文化环境为重点，以丰富多彩、积极向上

的园本文化活动为载体，推动形成厚重的园本文化积淀，体现中国底蕴、国际视野，培养中国气质的中国儿童、国际视野的国际公民。先后获评"中国西部教育顾问工作先进单位"，国家级"青少年棋院"、全国首批百所"国际象棋传统学校"，国际奥尔夫音乐教育教学实验园，"广东省特级档案综合管理单位""深圳市食品卫生信誉度A级厨房""深圳市卫生保健优秀幼儿园""深圳市消防安全标准化学校"。2022年，获评"广东省健康促进示范幼儿园"，获"深圳市健康促进幼儿园"银奖。（眭文娟）

【福田区荔园教育集团附属幼儿园】为深圳市一级幼儿园。位于福田区沙头街道新洲二街19号。2020年5月"民转公"后，由福田区荔园小学（荔园教育集团）创办。占地面积2819平方米，建筑面积3240.48平方米，户外活动场地面

积1588平方米。2022年，有班级9个。教职工51人。其中：园长为深圳市"苗圃工程"骨干园长、福田区"十佳"园长；有福田区优秀班主任4人，福田区先进教育工作者/个人7人；3名教师参加深圳市教玩具制作大赛获福田区一等奖、深圳市二等奖；在第一届福田区幼儿教师论文大赛中，获一等奖2人、三等奖1人、优秀奖2人。幼儿园建筑设计南北通透、结构合理、采光良好。园舍宽敞明亮，视野开阔，绿化、户外活动面积大。有大型运动场、玩沙地、图书馆、音乐厅、美术室、乐高室、木工室、植物园，场地设施齐全优质、富有童趣。秉承"求真务实、追求卓越"工作作风，坚持"以爱为本，以学为乐，培养习惯，开发潜能，为幼儿的幸福一生奠基"办园理念，培养"好习惯、好性格、好身体、好品味、好思维、广视野、厚底蕴"的社会主义建设者和接班人。以师幼可持续发展为先，推进

2022年9月，福田区儿童自主游戏推进工作现场观摩暨试点园第一次会议在福田区荔园教育集团附属幼儿园举行　（荔园教育集团附属幼儿园　供）

课程品质内涵建设。获评"广东省健康促进示范幼儿园"、第六届"深圳教育改革创新奖"之"年度最受欢迎幼儿园""深圳市食品安全A级厨房";在福田区学前教育高峰论坛系列之"共建·共享·共赢"家园、社区协同育人开放周活动中,作为代表之一面向全市幼儿园开放一周。该园为福田区儿童自主游戏先行试点园之一,区级课题"基于真实情境任务的幼儿发展评价研究"、省级课题"基于中华美育精神弘扬的幼儿园音乐游戏活动课程建构研究"均成功立项。

(周满娣)

【福田区荔园外国语小学东校区附属幼儿园】创建于2007年9月,位于福田区香梅路1087号,园舍独立。2020年5月,转为区属公办园,为全日制省一级幼儿园。该园占地面积3000平方米,建筑面积2999.29平方米,户外活动场地面积1393平方米。2022年,有教学班9个,其中小班3个、中班3个、大班3个,在园幼儿272人;教职工54人,其中本科及以上学历25人(硕士1人)。3名教师获国家奖项(全国师生信息素养提升实践活动"研讨作品"),6名教师获省级奖项(广东省信息技术创新课例一等奖、广东教育学会论文比赛三等奖),1名教师获福田区青年教师教学能力大赛一等奖,多名教师获评福田区先进工作者。园舍布局合理,活动室宽敞明亮,配有舞蹈室、烹饪室、科学启蒙室、美术室等功能房,户外活动场地和设备设施能够满足活动组织和幼儿发展需求。秉承"把教育做到孩子心

里去"办园理念,从自然出发、从一日生活出发、从幼儿本身出发,构建以"自然生长的教育"为内核的幼儿园课程实践体系。以研促教,申报"园本教研促进教师专业成长的实践研究""自然生长园本课程建构的行动研究"区级课题,为教师搭建学习交流平台。开展"三节"(体能运动节、艺术文化节、书香阅读节)、"三月历"(安全教育月、社会实践月、环境保护月)实践活动,为幼儿创设温暖如"家"、安全具有支持性的生活学习环境。以有序一日生活、主题探究、多元区域学习为载体,家园共育,激发幼儿内在潜能,促进幼儿身心全面和谐发展,形成以中华文化为根、以建立和谐关系为基础的"亲子师"共同发展体。获评"广东省健康促进示范幼儿园"、福田区先进卫生保健优秀幼儿园、福田区"巾帼文明岗",获深圳市"家门口的优质幼儿园"年度奖、深圳市健康促进幼儿园银奖。(方艳平)

【福田区荔园外国语小学西校区附属幼儿园】位于福田区香蜜湖辅道熙园,创建于2005年9月,为全日制公办市一级幼儿园。占地面积3000平方米,建筑面积2725.51平方米,户外活动场地面积1660平方米,绿化覆盖率80%。2022年,有9个班,幼儿275人;教职工49人,其中专任教师21人,教师健康、学历、专业合格率均达100%。园内环境舒适、优雅,幼儿玩耍场地、教玩具丰富多样。秉承"把教育做到孩子心里去"办园宗旨,以"自由健康地呼吸 快乐创意地思考"为办园理念,在教学

活动中突出游戏、学习、生活、运动等整合,以美启智,以艺载德,促进幼儿身心和谐发展。重视师资队伍建设,重视家园共育,开展多种形式家园合作活动,共同促进幼儿园发展;加强幼儿园安全防范措施和食堂管理,消除安全隐患,完善安全制度,办一所让家长满意、社会认可的优质幼儿园。

(林雪茹)

【福田区美莲小学附属幼儿园】位于福田区莲花一村小区内,创建于1996年。2020年6月,"民转公"成为由美莲小学举办的省一级区属公办幼儿园。占地面积6048平方米,建筑面积4697平方米,室外游戏场地面积3967平方米。2022年,有班级15个,在园幼儿437人,教职工79人。其中:园长1人,副园长1人;专任老师41人,保育员16人,保健医生3人,后勤、保洁等共17人,学历证件达标率100%。秉承"给孩子一个幸福的童年"办园愿景,以"健康、快乐、主动、自信"为教育目标,推进基于幼儿兴趣、基于幼儿问题、基于幼儿需要的探究式园本课程建设。教师敬业乐业、勇于创新,与幼儿建立和谐、友善、尊重、接纳的师幼关系,并将国内外先进教育理念融入一日活动中。以生活课程为基础、探究式主题活动为主线、特色活动为补充,结合生成项目探究活动创设与幼儿"对话"的学习、生活环境。活动内容选择贴近幼儿生活经验,符合幼儿学习特点与认知发展规律,内容涵盖五大领域,互相渗透、联系、补充,将教育融合到生活、游戏中。

课程实施中，教师围绕目标，结合幼儿年龄特点，从已有经验出发自主生成探究式课程，使幼儿在自主探究、观察、体验中实现真正意义上的学习。以节日庆典、中国传统节气为契机，开展多种活动，以民俗、民间故事、民俗游戏等为媒介，让中国传统文化得以传承，让幼儿在参与中感悟中国文化的博大精深，建立文化自信。教师1人次获评"南粤优秀教师"、多人次获评福田区优秀班主任；教师撰写的数篇论文分获国家、省、市、区奖项；1人在2022年福田区玩教具大赛中获二等奖；园所获省教育科学规划课题立项2项、深圳市教育科学规划课题立项2项、福田区教育科学规划课题立项2项。先后获"广东省健康促进园示范幼儿园"银奖、"深圳市健康促进示范幼儿园"金奖，获评深圳市卫生保健优秀幼儿园。

（李　羚）

【福田区美懿英皇幼儿园】坐落在福田区香蜜公园旁，于2020年9月设立，2021年2月开园。该园占地面积3919平方米，建筑面积3835.62平方米，户外场地面积2112.54平方米。2022年，有班级11个，包括小小班、小班、中班、大班，幼儿193人，教职工98人。其中：园长2人，行政管理人员12人，教研人员3人，专职教师6人，保健医生2人，厨房工作人员7人，保安2人；本科及以上学历44人（硕士10人）。秉承"只想给孩子最好的"教育初心，以"办一所像大学一样的幼儿园"办学理念，开创"5+1"办学模式，尊重孩子与生俱来的天赋，唤醒智慧，回归本真。开展基于EYFS框架的主题探究和DSA（DRAMA+STEM+ART）特色课程，激发好奇心和创造力，培养孩子成为自我导向的终身学习者。依照中国《3~6岁儿童学习与发展指南》和EYFS儿童发展指南"以幼儿发展为本"理念，构建启蒙、开放、整合的课程，以推进幼儿健康水平及情感、态度、认知、能力等各方面和谐发展。戏剧课程是英皇课程特色，以绘本为基点，开展中文戏剧和英文戏剧课程，并结合多元艺术课程，培养孩子戏剧素养、社会意识、认知能力、想象力、思辨能力、解决问题的能力和创造力等。设立"MEIYI教育研究中心"和"探究园本课程研究团队"，从美国聘请学前教育专家詹尼斯（Janis）担任总校长和课程顾问，从英国华威大学聘请乔·温斯顿（Joe Winston）担任戏剧课程顾问。定期开展教职工EYFS、戏剧、紧急事故应急等培训。先后获评"广东省一级幼儿园""广东省A级厨房""深圳市优质特色示范园""深圳市家门口的优质幼儿园"，获"深圳市美育特色学校（园）"年度奖。

（黄　莉）

【福田区天御香山幼儿园】于2016年8月创立，位于福田区香蜜湖东海社区，是由马荣国际教育集团投资创办的现代化小区配套普惠幼儿园。占地面积3000平方米。马荣国际教育集团科学规范的"6S"管理和ISO9001：2000质量管理体系，以及"智慧校园"平台的搭建，支持幼儿园系统化、规范化发展，保障幼儿园课程高效实施、专业教师教育行为和高品质儿童护理、家园服务。2017年，通过福田区一级幼儿园评估。2018年，通过深圳市一级幼儿园评估。2019年，通过深圳市食堂量化A级评估。2022年，该园以"叙五课程"为特色，并以其作为核心课程，传承叙事性整合课程经验，让儿童在丰富的学习与生活情境中开展有意义的学习，自主建构自我经验体系——"知识树"，帮助孩子成为解决问题的专家，拥有一个有快乐、有成长的童年。秉承马荣国际教育集团"执着、专注、专业、创新"教育精神，以良好的办学条件、开放的叙事性整合"五态"课程、科学规范的质量管理体系，保障幼儿园高效运行，以细致贴心的服务、丰富多彩的活动获得孩子们喜爱，赢得家长与社区肯定和赞誉。

（卢　峻）

【福田区外国语学校北校区附属幼儿园】创办于1999年9月，为深圳市市一级幼儿园。该园占地面积4200平方米，建筑面积5663平方米，户外活动场地面积1900平方米。2022年，有班级12个，学生453人，教职工71人，其中专任教师35人。专任教师中，本科学历22人、初级职称1人、骨干教师10人、史勇萍名工作室成员4人。以"乐享游戏、幸福童年"为办学理念，开展"六一"儿童节、运动会、迎新庙会等活动。秉承"幼儿为本、专业为准、成长为先、追求精细化"管理方式，以打造"专业、服务、幸福"的教职员工队伍为追求。先后获评"广东省健康促进示范幼儿园"、广东省国际象棋特色幼儿园、"运动方舟"幼儿体能运动课程实验园、深圳市广电公益基金会·娃公益基金联盟成员、深圳市"家门口的优质幼儿园"培育单位、福田区儿童友好型幼儿园、福田区卫生保健优秀幼儿园、福田区食品安全量化 A 级用餐单位、福田区健康促进园铜奖单位，获第八届全国幼儿教师优秀论文评选活动优秀组织奖。　　　　　（钮路丝）

【福田区维多利亚幼儿园有限公司】位于福田区福强路 2135 号。占地面积 2020.25 平方米，生均占地面积近 11 平方米；建筑面积 3789.59 平方米，生均建筑面积 20.48 平方米；班级活动室平均面积 132.4 平方米。校舍整体明亮温馨，设有美术创意室、儿童图书馆、大型运动绳网区、STEAM 游戏室等幼儿专用学习空间。2022 年，有 10 个班，其中 3 个大班、3 个中班、3 个小班、1 个小小班，幼儿总数 185 人。实行中英文双班主任制，在岗教职工 64 人，外派职工 2 人，共 66 人。教职工与幼儿比例为 1：3.6。拥有专业、稳定的师资和管理队伍。园领导班子 5 人，设园长 1 名、副园长 1 名、园长助理 1 名、课程主任 1 名、后勤主任 1 名；专任教师 34 人（外教 10 人，中文教师 24 人），英文由以英语为母语的外籍教师担任（分别来自美国、英国及爱尔兰，全部持有外国专家证），中文教师（其中海外留学回国人员 3 人）均获得学前教育本科及以上文凭并持有教师资格证；保育员 11 人，均具有高中及以上学历，接受过幼儿保育职

业专业培训，获得保育员培训上岗证；保健室配有 2 名保健员，持有大专及以上学历，具有卫生行政部门指定的妇幼保健机构颁发的上岗培训证书；财务室设会计出纳各 1 人；厨房炊事员 5 人；幼儿园配备专职保安 3 人；有专职保洁员 2 人。在"IB+"探究课程中融入哥伦比亚大学早期阅读计划、STEAM 等国际课程，重视中华文化的传承以及仁爱项目，做有中国特色的双语教育先行者，培养具有国际视野、关怀他人、面向未来的终身学习者。2018 年，被国际文凭组织（简称 IBO）正式授权为 IB 世界学校；2022 年，获得深圳市教育局"家门口的优质幼儿园"培育资格，被福田区政府评为教育行业优秀社会组织。　　　　　（刘　峥）

【深圳市基建幼儿园】创办于 1985 年 11 月，为深圳市一级幼儿园、深圳市普惠性幼儿园。占地面积

4824 平方米，建筑面积 5220 平方米，拥有 2600 平方米的户外活动场地。2022 年，有教学班 16 个，幼儿 495 人。有教职工 81 人。其中：高级职称 1 人，初级职称 4 人；本科及以上学历 21 人。坚持以研促教，促进教师专业发展、师幼共同成长，不断提高保教质量。以"发展孩子、引领家长、成就教师"为办园宗旨，以"营造幼儿喜爱、家长满意的园林式、花园式健康乐园"为办园目标，以"健全人格，快乐生活"为培养目标，尊重幼儿人格和尊严，尊重幼儿个体差异，以发展眼光看待幼儿，发掘幼儿内在潜力，鼓励幼儿主动性和创造性。以体能活动为特色，促进幼儿富有个性和谐健康成长。本着让幼儿回归自然、亲近自然理念，创设将艺术与智慧、探索与思考、自然与创造相结合的滋养式教育环境，将园所文化与社区、家长资源有机融合，创新出富有教育价值、渗透

2022 年 5 月，深圳市基建幼儿园开展乐享运动（深圳市基建幼儿园　供）

着思想性和创造性、彰显着个性和独特性的"基建课程"。2008—2010年度获评"深圳市规范优质办学民办幼儿园",2011—2013年度获评"深圳市优质幼儿园",2015年获评"深圳市'儿童梦想中心'优秀基地园",2015—2018年度获评"深圳市优质办学幼儿园,2018年自制玩教具"运动云云梯"获"张謇杯"全国幼儿园优秀自制玩教具展评三等奖,2019年获评"深圳市消防安全管理标准化学校""福田区消防工作先进集体",2020年获评"福田区生活垃圾分类新风尚幼儿园",2021年获第七届"深圳市教育改革创新（劳动教育特色园）奖",2022年获"深圳市健康促进场所"金奖。

（郑碧琴）

【深圳市曼京幼儿园】创办于1998年,是全日制民办省一级普惠性幼儿园。占地面积4900平方米,建筑面积3030平方米,户外活动场地面积2000平方米。2022年,有班级15个,幼儿379人,教职工71人。坚持依法依规办园,确立"用爱养育、用心教育、培养阳光儿童"核心办园理念,以"培养具有热情投入、思辨乐探的阳光儿童,让每一个孩子都精彩绽放最好的自己"为办学宗旨,打造一所环境优美、管理规范、孩子喜欢、家长满意的高品质普惠性幼儿园。各种配套设施设备完善,较好满足幼儿学习和活动需求。装饰精美,色调雅致,整洁有序,绿意盎然,为幼儿健康发展提供物质保障。立足幼儿发展,精心设计与规划环境隐形课程,打造适合儿童学习与生活

2022年7月6日,深圳市曼京幼儿园举行大班毕业典礼

（深圳市曼京幼儿园　供）

的创意环境,科学吸收先进幼教经验,创设平安、快乐、充满童趣且富有艺术性的教育环境,建立和谐温馨、充满真情的师幼关系,展现艺术教育和素质教育办园特色。办园特色鲜明,将"艺术教育"元素融入教学,进行"艺术启蒙实践研究",探索将童话戏剧表演活动以课程方式融入幼儿一日课程生活,开发系列童话戏剧表演园本课程。开展丰富的幼儿大型活动、实践活动、节庆活动,通过幼儿自身参与获得体验,培养拥有健康、自信、阳光、创造和协作的全面发展儿童。通过让幼儿主动、积极参与活动,培养幼儿大方自信、创造力、观察力,为幼儿的终身发展、可持续发展、幸福人生奠定基础。获评深圳市2011—2014年度优质办学幼儿园、2012—2015深圳市卫生保健优秀幼儿园、深圳市2015—2018年度优质办学幼儿园。

（夏凡）

罗湖区幼儿园

【罗湖区百草园幼儿园】为市一级公办园。2020年8月,通过罗湖区教育局与市属公办园合作办学,由深圳市莲花二村幼儿园向罗湖区百草园幼儿园输出管理资源。该园占地面积3955平方米,生均7.1平方米;建筑面积4860平方米,生均8.8平方米;户外活动场地面积2096平方米,生均3.8平方米。2022年,有教学班16个,幼儿551人。教职工81人,其中专任教师35人。专任教师中,研究生学历2人、本科学历26人、大专学历12人,教师持证率100%。挖掘罗湖区政治、经济、文化、特色产业和梳理幼儿园办园历史,形塑以"生"为文化基因的幼儿园顶层文化系统,凝练"百草众长,共生共长"办园理念、"春泥生百草,百幼护童真"办园宗旨以

2022年，罗湖区百草园幼儿园开展木艺工坊——小工匠活动

（百草园幼儿园　供）

及"同心共筑，新益求新"管理理念。在"生"文化引领下，幼儿园构建"百草"园本课程，旨在培养德、智、体、美、劳全面发展的时代新人。践行"空间即课程，体验即教育"理念，以儿童为本，坚持把游戏作为幼儿园基本活动，最大限度满足和支持幼儿通过直接感知、实际操作、亲身体验等方式获取经验的需要。围绕国家级课题"STEAM教育理念下幼儿园劳动教育课程的开发与实践研究"拓展三大功能空间（木艺空间、印染空间、织造空间），激发和锻炼孩子自我认知、探索和发现的能力，培养孩子收纳、倾听、合作与主动表达等多种能力。定期开展"三个一"特色活动（教师：一次约课、一次演讲、一份材料；幼儿：一味中草药、一道佳肴、一件作品）；创建具有"百草园"独特基因的主题系列活动——"百草节"（自然艺术、自然生活、自然

游戏）。以优异成绩顺利通过区教育局教育质量监测中心的过程性质量监测。先后获评深圳市"巾帼文明岗"、深圳市卫生保健优秀园、罗湖区卫生保健优秀园、罗湖区安全管理达标幼儿园、罗湖区教育系统先进单位，获罗湖区教职工庆祝建党100周年合唱比赛一等奖。

（范　莉）

【罗湖区百仕达一期幼儿园】建园于1997年8月，原名"深圳百仕达第一幼儿园"，是市一级新型公办幼儿园，2021年11月纳入罗湖区实验幼教集团管理。该园位于翠竹山旁百仕达花园一期内，占地面积3194平方米，建筑面积4093平方米，户外活动场地面积1934平方米。2022年，有教学班级10个，在园儿童321人。教职工58人（专任教师26人），其中本科学历22人，专业合格率100%。秉承罗湖区实验幼教集团"为幸福人生奠

基"办园宗旨、"以人为本，尊重差异，和谐发展"办园理念，以教师成长为基础、幼儿成长为核心、家长成长为助力，开展主题探究活动。支持幼儿深度学习，发展幼儿理解、判断、解决问题能力和实际应用能力，在深度学习过程中发展幼儿好奇心、情感、社会性，以及培养其坚韧力、自信力、敢于挑战等人格品质。"尊重""自主""自由"是百仕达一期幼儿园教师游戏精神，在户外自主游戏中"闭住嘴、管住手、睁大眼、竖起耳"，放手游戏，支持幼儿自由选择、自主决策，成为最好的自己。基于淳美环境创设理念与四元素八角度方法体系，创设视觉美感、自然生态、纯真质朴、人文内涵园所环境。先后获评深圳市卫生保健优秀幼儿园、深圳市平安校园示范校、深圳市治安防范工作先进单位、深圳市无烟校园、罗湖区托幼卫生保健先进园所。

（孙　莹）

【罗湖区东方尊峪幼儿园】位于罗湖区莲塘街道罗沙路2020号，占地面积4553平方米，建筑面积3178平方米，户外活动场地面积1895平方米。2022年，该园有教学班13个，幼儿397人。教职工65人，其中本科及以上学历30人（硕士1人），罗湖区"雏鹰计划"园级骨干教师2名。幼儿园依梧桐山森林公园而建，将大自然"搬进"幼儿的日常生活，开辟出1000余平方米生态园区，四季蔬果飘香、鸟语虫鸣，为开展自然教育特色研究创造优越条件。遵循"在生活中教育　在自然中成长"办学理念，建构源于生活的自然教

2022 年，罗湖区东方尊峪幼儿园开展的自然课程活动现场

（东方尊峪幼儿园　供）

育课程。课程内容强调幼儿学习兴趣，顺应幼儿发展规律，重视幼儿真实生活、真实需要、真实问题。通过"自然游戏活动"激发幼儿喜悦、快乐的洞察与体验，使其从自然中获得智慧与力量，共同分享自然的乐趣。开展"自然艺术活动"唤醒孩子对大自然美的发现能力与感受能力、创造美的能力，在"自然田园活动"劳作中探究大自然的生态系统，体会劳动辛苦与快乐，懂得食物来之不易，感知大自然与人类的关系，萌发对大自然敬畏与感恩的情感意识。在"自然探究活动"中培养幼儿主动探索、自主体验、勇于尝试精神。根据二十四节气，"感自然节律而立，蕴人文精神而丰"，设立春耕播种节、秋收分享会，让幼儿体验"惊蛰开犁""万物丰收，始于立秋"等传统节气文化活动，开展中秋赏月、端午话龙舟、新年健康运动会等传统文化节日庆祝活动，完善幼儿情

感态度和价值观，促进幼儿全面发展。2017 年，通过"广东省一级幼儿园"评估；2018—2021 年获评"深圳市卫生保健优秀幼儿园"；2021 年 11 月，纳入罗湖区教科院幼教集团。

（田晓曼）

【罗湖区鸿翔幼儿园】开办于 2006 年，2012 年被广东省教育厅督导室评定为"广东省一级幼儿园"。幼儿园位于罗湖区松园路 68 号鸿翔花园内，为小区配套幼儿园。占地面积 3009.78 平方米，建筑面积 2340 平方米。2022 年，有班级 11 个。以"以人为本，和谐发展，共筑师幼成长乐园"为办园理念，秉承"为孩子的未来生活作准备，为孩子一生发展奠定基础"办园宗旨，不断向管理优化、保教优质、师资优秀、环境优美、服务优先目标迈进。营造积极向上、健康和谐、富有活力与创新意识园所文化，以培养具有良好习惯、探索兴

趣、快乐情绪、身心和谐发展的幼儿为最终目标。坚持将课程建设作为核心工作，以书为载体，践行"书香传礼"园本课程，通过将阅读与传统文化、礼仪相融合，培养爱阅读、知礼仪、喜探索、善表达、人格健全幼儿。家园合作开展"星光阅读""草坪阅读""故事电台""爸爸妈妈故事团"等读书活动，让幼儿在温馨、愉悦的氛围中感受阅读快乐，为培养幼儿阅读兴趣奠定基础。参与深圳市滨苑幼儿园领衔的广东省学前教育"新课程"科学保教示范项目"幼儿园传统文化主题活动内容和策略研究"课题研究，发展园所课程。多次获评深圳市卫生保健先进幼儿园、罗湖区卫生保健先进幼儿园及罗湖区教育先进单位。

（戴雪艳）

【罗湖区童乐幼儿园】为市一级幼儿园，原名"深圳市物业管理公司东乐幼儿园"，1991 年 3 月开园，2020 年 10 月转型为公办园。占地面积 3628 平方米，户外活动场地面积 2632 平方米。2022 年，有班级 17 个。教职员工 101 人，其中专任教师 49 人（大专率 100%、本科率 93.9%）、区骨干教师 3 人。秉持"寓教于乐、探寻童趣、全面发展、共创童梦乐园"办园宗旨，承诺"把保护幼儿的生命安全放在首位，尊重、信任、支持每位幼儿健康快乐成长"，努力将幼儿园建设成深圳市"家门口的优质幼儿园"。借鉴先进的高瞻课程学习方式，结合自有课程资源，逐步形成园本化"童乐课程"体系。开展书香·阅读节、阳光·体育节、绽放·艺术节"三节"和安全月、爱

罗湖区童乐幼儿园小朋友在进行跳马运动（2022 年）（童乐幼儿园　供）

卫月、爱国教育月、环保实践月、毕业升学季"五月"活动。课程激发儿童主动学习潜能，激发幼儿主动学习兴趣、好奇心、合作精神，提升幼儿持久性、创造性以及解决问题能力。引进篮球、足球、体适能 3 种体育特色课程。构建集生活性、游戏性、情景性于一体的班级区域活动空间；打造融运动、体能、冒险挑战的户外大型游乐设施"童乐乐园"；建造孩子探索沙子与水奥秘的沙水区"童乐小溪"；创建温馨、优雅、静谧的"童话故事小镇"。2020年，获评罗湖区幼儿园精粹管理优秀基地园；2021年，获罗湖区教职工庆祝建党 100 周年合唱比赛一等奖；2022 年 5 月，获评罗湖区教育系统抗击新冠疫情先进集体。

【罗湖区教工幼教集团渔民村幼儿园】成立于 2020 年 6 月，是"民转公"幼儿园，举办者为罗湖区教工幼教集团。位于罗湖区渔民村小区四栋首层，占地面积 958.58 平方米。2022 年，有班级 4 个，幼儿 130 人。教职员工 26 人。其中：园长 1 名，主任 2 名，教师 9 名，后勤人员 14 名，所有人员均持证上岗；本科及以上学历达 100%。秉承"放飞童心　享受自主"办学理念，以"自主活动课程"为依托，利用渔民村文化资源，建构"渔村文化"特色课程。先后开展"小渔村""打鱼工具""润池""社区图书馆""大榕树"等主题活动，建立符合幼儿发展的五大区域：建构区、语言区、科学区、音乐区、角色区，运用集体、小组及个别化教学模式开展教学活动。秉承"幼有善育""学有优教"教育方针，优化幼儿一日生活，遵循幼儿发展规律，培养自主、勇敢、智慧、乐群的健康幼儿，全面建设专业化、精细化、品质化、特色化的学前教育群体。连续 2 年获评全国"当代杯"幼儿教师职业技能大赛

先进单位；11 名教师的论文、教学课例分别获全国、广东省、深圳市奖项；先后获评深圳市"家门口的优质幼儿园"、罗湖区首批小幼衔接试点幼儿园、罗湖区健康促进园、罗湖区教育局"抗击新冠肺炎疫情先进单位"；在深圳市"超级萌侠"少儿武术大赛中获集体一等奖，获罗湖区教育局举办的合唱比赛、健康集体舞比赛三等奖；2022年 10 月，申报的课题"游戏材料投放的适宜性研究"通过课题立项评审。　　　　　　（王　颖）

南山区幼儿园

【南山区教育幼儿园深圳湾分部】于 2022 年 9 月 16 日开园，由省级公办园"南山区教育幼儿园"设办，是深圳湾片区的首家公办园。位于南山区蛇口街道深圳湾社区，占地面积 6397 平方米，建筑面积 1.32 万平方米。2022 年，有班级 21 个。教师团队有海归博士 1 人、硕士 3 人，100% 本科学历。以"苔园盆景"为设计概念，以丰富、开放、趣味、自然为设计原则，从儿童安全性和趣味性审美出发，在儿童感知主要界面，创造尺度亲切、教育生态的幼儿园空间场所。传承教育基因，延续"教育像呼吸一样自然，心灵如水晶一般透亮"教育理念，秉承"蹲下来对话，抱起来交流，手牵手成长"儿童观；学习"改革、开放、创新、激情、务实"和敢于担当的"蛇口精神"；以"自然浸润儿童多元生活，游戏涵养儿童内发生长"教育观，构建"落落大方、彬彬有礼、孜孜以

求、生生不息"的儿童画像。9月16日，区教育局党工委书记、局长杨珺指导开园工作；9月22日，区人大常委会党组成员、副主任、区总工会主席路玉萍到园调研，了解学前教育刚需问题；11月3日，开设2个托班，成为南山区首个托幼一体化试点园。每个托班配置符合2—3岁幼儿年龄特点的生活化操作材料和桌椅，帮助托班幼儿在温馨、安全的环境中稳定情绪、开展社会交往、尝试探究学习，致力于打造深圳市首家公办托班试点园，满足群众需求。获2022"Pro+Award"普罗奖金奖、2022年第八届"深圳教育改革创新大奖"之"最受关注新锐学校（园）"年度奖。　　　　　　（杨丽媛）

【南山区教苑幼儿园】为南山区人民政府批复设立的公办幼儿园，由省级公办园"深圳市南山区教育幼儿园"举办，是"深圳市南山区教育幼教集团"成员园。位于南山区蛇口工业八路大南山脚下桃花园小区，占地面积3360平方米，建筑面积2230平方米，户外活动场地面积1480平方米。2022年，有班级11个。在园教职工54人。其中专任教师26人，均持证上岗，本科率65%、大专率100%。幼儿园将始终把保护师幼生命安全、促进幼儿身心健康发展放在首位，秉承"教育像呼吸一样自然，快乐如清风一般飞扬"办园理念，努力建设成为一所幼儿成长、家长满意、社会认可的"家门口的优质幼儿园"。2020年，被认定为"市一级幼儿园"、南山区垃圾分类"绿色学校"；2021年，选送作品《党是太阳我是花》在南山区教育系统"喜迎建党100周年"艺术教育成果专场展演活动中获一等奖；2021年11月，获"舞动南山"第三届南山区教育系统健身操舞展演大赛一等奖；2022年，驰援社区一线新冠疫情防控工作，32名教职工受嘉奖。　　　　　　（陈思）

【南山区龙瑞幼儿园】为2022年7月经南山区教育局批准，由蓓蕾幼教集团承办的"民转公"普惠幼儿园。占地面积5361.83平方米，建筑面积4513平方米，户外活动场地面积2890.53平方米。2022年，开办全日制班14个，班额均符合标准。有教职工71人，教师专业合格率达100%，大专以上学历达100%，所有岗位均符合岗位要求。秉承"快乐·自信·成功"办园理念，致力于培养"强体魄、喜探索、乐沟通、爱创造、勇担当"身心全面和谐发展的幼儿。将环保生态理念贯彻到各类设施改造和活动开展中，并充分实践泛美术教育，邀请、支持、鼓励孩子和教职工参与到幼儿园改造和管理中，将幼儿园一日生活与学习与环境创设、环保精神、家园情感融于一体。园内设有独立美工室，幼儿园利用三楼走廊大三角区开辟艺术活动场地，收集旧衣物、旧家具及其他老物件为主要创作材料，打造出具创新特色的自主游戏场所。在师幼合作的环境改造过程中，幼儿与环境发生良好互动。努力使环境创设更多元化和动态化，在孩子幼小心灵播下美与环保的种子，将美与环保理念以"润物细无声"方式渗透在日常以及幼儿游戏中。　（李娜）

【南山区招商领玺幼儿园】为区一级公办幼儿园。占地面积3609平方米，建筑面积3259平方米，户外活动场地面积2404平方米。户外开辟运动场并创设沙水区、科学探究区、大型积木建构区、微景观游戏区、动植物养殖区、玩泥区、露营区、艺术创想区、光影区等14个户外功能区，增强户外区域丰富性和互动性，为儿童一日生活提供更多学习和发展可能。班级活动室面积156平方米，室内宽敞明亮，区域划分合理。核定规模12个班，2022年有全日制班级6个，其中小班3个、中班1个、大班2个。教职工35人，幼儿159人，师幼比1:5。专任教师本科率和教师专业合格率均为100%。幼儿园集聚南山区机关幼教集团教育基础和资源优势，沿袭高质量园所管理模式，致力于打造优质创新的公办示范幼儿园。全面贯彻落实教育部《幼儿园教育指导纲要》和《3~6岁学前儿童学习与发展指南》精神，秉承南山区机关幼儿园"创设促进幼儿身心全面和谐发展的教育环境，提供一生可持续发展的高质量幼儿教育"办园理念，以幼儿为中心，为幼儿提供探究性课程学习和支持。结合园所实际，探索家庭、幼儿园和社区三方共育有效路径及多元模式，以儿童兴趣为基础建构班本课程，致力于培养"积健、乐智、享美"的健全儿童，使每个孩子都呈现出科学乐思、健体悦动、乐读善言、智探求识、享和爱美的人格特质。针对不同年龄阶段身心发展特点，创新多元体育户外锻炼活动，定期为幼儿做运动量测查，准确制定体育锻炼目标，保证锻炼质量，增强儿童体能运动质量。重视膳食营养均衡，保障幼儿良好生长发育。定期召开伙食委员会会议，优化幼儿膳食结构，全方位为幼儿健康保驾护航。（吴爽爽）

【南山区麒麟公馆幼儿园】是 2021 年 7 月由南山区人民政府批复，深圳市南山区第二外国语学校（集团）大磡小学承办的公办幼儿园，于 2022 年 9 月 1 日正式开园。位于南山区西丽街道麒麟公馆小区南侧，西丽湖畔，麒麟山脚下，依山傍水、景色怡人。占地面积 2241.5 平方米，建筑面积 2296.88 平方米。2022 年，有班级 6 个，在园幼儿 150 人。教师全部为学前教育专业本科学历。幼儿园为教师提供大量在岗师资培训并坚持加强教师工作评估，保证教育质量高水平。园舍独立完整、空气清新、环境优雅，设施设备齐全。充满挑战、野趣的户外环境，为孩子强健体魄提供良好条件；温馨、洁净、丰富、有趣的室内环境，为孩子良好习惯养成提供保障。开放式绘本馆、多功能舞蹈厅、艺术创想空间为幼儿好学、勤思、创新与身心和谐发展奠定基础。园所环境创设尊重幼儿在环境创设与使用中的主体地位及自主性、能动性和创造性。致力于打造信息化新型智慧幼儿园，引进数字化幼儿园管理系统，多方面覆盖幼儿园日常管理，化繁为简，高效管理，把更多时间留给孩子。明确"以人为本，和谐发展"办园宗旨，为孩子提供优质成长教育环境，致力于将幼儿园打造成为孩子、教师、家长共同成长的幸福乐园。秉承"个性化发展，生活化教育，快

乐中成长"办园理念，构建"绘本、传承、生活"园本课程，课程活动以贴近儿童实际生活经验为主，使儿童在生活化活动中探索真实世界。尊重幼儿身心发展的规律和学习特点，关注幼儿学习经验，引导幼儿"做中玩，玩中学，生活中学"。培养"爱阅读、好探究、善表现、乐运动"的儿童，促进其身心和谐发展。（陈菲菲）

【南山区阅山境幼儿园】坐落在塘朗山下，南山区留仙大道南侧，阅山境花园旁，占地面积 2034.71 平方米。举办单位为崇文幼儿园，纳入桃源幼教集团管理，为阅山境小区及周边小区提供优质公立幼儿园学位。2022 年 9 月，幼儿园开园，核定班额 6 个班。校园设计新颖、布局合理，致力于为幼儿创设多元化教育环境，配备音乐厅、科探室和图书室等功能室。户外活动场地设置大型户外器械，投放灵活多样的体育器材，满足幼儿钻、爬、跑、跳等运动需求。活动室以木色系为主，宽敞明亮、温暖清新。创设温馨童趣的活动区，便于幼儿生活和游戏，支持幼儿自主探索。秉承老公办西丽幼儿园办园理念、借鉴新公办崇文幼儿园办园思路，以幼儿为本，营造有爱、有趣、有序的育人文化，支持幼儿在游戏和生活中获得个性并全面发展。幼儿参与幼儿园规划和布置，自己能做的事自己做，养成自主阅读和乐于运动好习惯。该园办园思路清晰，教师敬业，获得家长认可和同行肯定。（邱婉）

【南山区崇文幼儿园】创办于 2015

年 5 月，2018 年 8 月经南山区人民政府批准为市一级公办幼儿园。位于南山区桃源街道福光社区崇文花园小区内，园所独立完整、布局合理，日照充分，户外环境多元、开放，富有童趣，身处大学城片区，周围高校环绕，人文气息浓郁。该园坚持以幼儿发展为本，努力把幼儿园建设成为环境多元化、管理现代化、教师专业化、保教优质化、特色鲜明、高品质幼儿园。落实《幼儿园工作规程》《幼儿园教育指导纲要》《3~6 岁儿童学习与发展指南规定》，秉承"有爱、有序、有趣、有笑、有梦"教育理念，重视幼儿园整体环境教育价值，突出生活化教育，着力构建幼儿自主活动与研习活动相结合课程模式。探索室内外环境进一步整合与优化，挖掘室内外空间多样性与开放性，让幼儿在富有童趣、充满挑战环境中成长，促进幼儿体、智、德、美、劳全面发展。立足儿童，师德为先，能力为重，探索创建幼儿园、家庭、社区和谐发展共同体。以 4Y 课程"运动、游戏、阅读、愉悦的情绪"为载体，在游戏化运动活动中促进幼儿体质发展，在生活化游戏活动中支持幼儿自主学习，在愉悦性的阅读活动中促进幼儿良好学习品质发展。2021 年 10 月，获评深圳市卫生保健优秀幼儿园；2021 年 11 月，获第二届南山区教育系统健身操舞展演大赛"舞动南山"一等奖；2021 年，获南山区中小幼"喜迎建党 100 周年"艺术教育成果专场展演活动二等奖；2021 年 12 月，获评深圳市垃圾分类"绿色学校"；2021 年 12 月，在南山区少儿交通安全绘

画比赛中获"优秀组织奖";2022年1月,获评2021"深圳教育改革创新大奖"评选中的"年度最受家长欢迎幼儿园";2022年4月8日,获深圳市健康促进幼儿园银奖。

（龚丽琴）

【南山区龙海第二幼儿园】创建于2015年9月,位于深圳前海自贸区大型政府保障性住房社区——龙海家园小区内,为市一级公办幼儿园。占地面积4000平方米,建筑面积4725.72平方米,园内环境优美,设施设备齐全,活动空间开阔。室外有上千平方米的大型运动场和600余平方米的楼顶活动平台以及多组大型运动器械区、30米跑道、玩沙戏水区、小花园、种植区和百果园等12个不同功能活动区域;室内设有音乐厅、美术室、科学室、幼儿阅览室等多个功能室。2022年,有全日制班13个,教职工73人（教师专业合格率100%,所有岗位人员均持证上岗）。倡导终身学习,以教科研为抓手,注重教职工园本培训,打造专业合力,提升团队素质,参与2项市级课题和1项省级项目研究,2022年教职工参加教育系统各类征文、竞赛共获奖近30人次。依托大新幼教集团优秀管理团队和成熟管理经验,秉承"绿色、阳光、生态"办园理念,以幼儿为中心,创设开放、适宜生活和游戏环境,打造"管理精细化、发展个性化"的优质幼儿园。注重将自然生态与多功能使用有机结合,挖掘环境中蕴含的教育价值,体现环境运动性、趣味性、互动性和开放性。开展健康教育课程探索,定期进行

幼儿运动量和体质监测,不断优化体格锻炼内容和组织形式,通过科学有效的卫生保健和膳食管理,促进幼儿茁壮成长。重视幼儿身心健康,定期开展心理筛查,建立特需儿童个人档案,招聘特殊教育专业硕士研究生指导特需儿童随班就读工作,为每个儿童提供公平而有质量的教育。该园为深圳市融合教育试点园,于2022年成功申报广东省融合教育随班就读示范园项目,并高质量承办南山区2022年学前融合教育高质量发展论坛。在南山区校园"NO.1挑战赛"中囊括幼儿园组2项第一。先后获评南山区教育先进单位、南山区绿色幼儿园、2018—2021年深圳市卫生保健优秀幼儿园,获2021年度深圳市健康促进幼儿园银奖,并于2022年顺利通过深圳市健康促进幼儿园（金奖）验收。（李筱冬）

【南山区月亮湾山庄第一幼儿园】创办于2020年9月,占地面积4100平方米,建筑面积3890平方米,户外面积2683平方米,绿化面积95%以上。2022年,开设班级12个,有幼儿360人,员工62人。该园关注儿童生活,与儿童一起认真研究生活的意义,在教育中注重关系建立及儿童能动性参与。以适合儿童全面发展的探究式项目活动为主导教学模式,关注儿童内在需求及成长。在项目活动推动过程中,注重培养孩子倾听、表达及沟通能力,让孩子感受到合作成就及喜悦。在开放环境里,注重多元探索及儿童自主建构,让孩子能够具有批判性思维,能多角度、多层面看世界。在保教体系中,汲取

"森林教育"精神,注重儿童健康体魄及自主而强大的精神培养。

（宋微微）

【南山区海印长城幼儿园】建于2004年9月,2020年2月转为公办幼儿园,为省一级幼儿园。位于南山区海印长城小区内,占地面积3285平方米,建筑面积2925.24平方米,户外活动场地面积1300多平方米。园舍宽敞明亮,布局合理规范,为幼儿营造温馨愉悦、优雅舒适的"家庭式"活动环境。2022年,有幼儿330余人,教职工60余人,师资配置齐全,硬件设施齐备。贯彻落实《幼儿园教育指导纲要》,以故事主题课程为核心,让儿童在丰富学习与生活情境中开展有意义的学习,自主建构经验体系。结合实际引导教职工树立正确教育观念并践行正确行为规范,探索运用现代企业管理理念,规范工作流程,提高管理效率,营造开放自律、和谐进取的园风园貌。2007年10月通过"南山区一级幼儿园"评估,2007—2008年度获评深圳市卫生保健优秀幼儿园,2008年获评南山区教育系统安全管理先进单位,2008年5月通过"深圳市一级幼儿园"评估,2011年获评南山区"巾帼文明岗",2013年2月通过"广东省一级幼儿园"评估,2015年12月获评南山区《3~6岁儿童学习与发展指南》实验园,2020年12月获评"南山区最受家长欢迎幼儿园",2021年9月被南山区教育局评为年度教育先进单位,2021年12月被深圳市教育局评为"家门口的优质幼儿园"。

（李　达）

【南山区麒麟第二幼儿园】位于南山区南头街道核心区域，隶属于深圳市南山区麒麟幼教集团，是由南山区麒麟花园幼儿园举办的新型公办园。占地面积 3927.15 平方米，建筑面积 6972.45 平方米。规划 12 个班，5 个功能活动室，提供 360 个优质学位。2022 年 9 月 16 日，该园正式开园。秉承麒麟幼教集团对高品质教学的追求，依托麒麟花园幼儿园硬件和软件双支持，以"为儿童幸福未来奠基"为办园宗旨，培养具有健康体魄、健全人格、良好习惯和基本生活、生存、学习能力的幸福儿童。园所建筑以"春芽"为主题形象进行设计，鸟瞰为豆芽形状，建筑立面通体为白色，呈圆弧形，极具现代、简洁风格且富有想象力。建筑设计中形成的"立体活动环"把室内空间与室外空间相结合，通风流畅，与外围环境中植物和建筑形成多角度呼应，不同楼层和方位自然生成不一样的美丽风景，其建筑特点营造出安全、生态、融合、可变、可拓和适于幼儿成长的空间环境。以丰富、开放、趣味、自然为设计原则，结合幼儿年龄特点和审美情趣，采用原木设计风格，与白色墙面相结合，明亮而温暖。创设室内外一体化学习环境，投入 hape 教玩具、贝乐多逻辑思维桌面玩具、特宝儿蒙氏教具、榉木积木等高品质玩教具，设置语言区、创意美工区、积木建构区、科学探索区、生活体验区、角色扮演区、自然角等自主探索功能区域，让幼儿在快乐而有意义的生活学习中获得有益于身心发展的经验。　　　　　　（汪　静）

【南山区信和自由幼儿园】为一所小区配套的市一级幼儿园，位于南山区信和自由广场小区狮子座一楼，于 2020 年 1 月转型为公办幼儿园。该园注重联合街道社区、临近小学、住宅小区，发掘优质教育资源，多方联动、立体推进学前教育；管理规范、社会认可度高，成长为老百姓"家门口的"优质公办幼儿园。2022 年，设有小班、中班、大班共 6 个班级，在园幼儿 176 人。教职工 32 人，学历达标和持证上岗率均为 100%。其中，研究生学历 1 人、本科学历 17 人、大专学历 5 人。贯彻《幼儿园工作规程》《3~6 岁儿童学习与发展指南》，提升幼儿一日生活质量，促进儿童全面发展。因地制宜，探索动静相宜的"混龄式融合教学"区域设置，晴雨天"双模式循环体能活动"设计，"园所、社区、小区三方联动的实景式"消防安全演练活动开展；就地取材，结合空间特

点设置"四季家园"信和种植园、"桥梁书"阅读角、创意绘画墙、乐高拼搭墙、自然科学操作区等公共区域，丰富幼儿学习方式；因材施教，围绕幼儿体能训练、幼儿生活技能提升、幼儿艺术兴趣培养、幼儿语言发展、幼儿社会交往、幼小衔接、幼儿心理健康等领域，建设指向成长型的园本课程资源，致力于幼儿身心健康成长。追求卓越，行稳致远。秉持"求真崇信、尚美致和"办园理念，倡导"和谐互助、阳光上进"团队精神，打造"健康文明、敬业专业"教师队伍，培养"健康、自信、勤劳、善良"学龄前儿童，办好人民满意的学前教育。　　　　　　（刘燕琴）

【南山区天鹅湖幼儿园】为南山区首地幼教集团成员园，由南山区政府出资开办。园所坐落于风景秀丽的南山区华侨城天鹅湖花园，占地面积 3600 平方米，建筑面积

2022 年 11 月，南山区信和自由幼儿园开展"诵读传古韵，经典润童心"读书月系列活动
（信和自由幼儿园　供）

2022 年 12 月 28 日，南山区天鹅湖幼儿园开展写春联活动

（天鹅湖幼儿园　供）

4800 平方米，户外活动场地面积 2100 平方米。2022 年，该园配置班级 13 个，学位 390 个，拥有本科率达 100% 的教师团队。该园秉承首地幼教集团"培根养正，启智润心"办园理念，以"坚持把一件事情做到底"集团精神为指引，培养具有"三爱"（爱生活、爱运动、爱探究）全面和谐发展的现代儿童。课程实施基于 STEM 项目探究形式，激发儿童自主探索、主动学习潜能，为儿童终身学习与发展奠定基础。致力于打造绿色生态、设备设施人工智能、学习环境泛在互联、学习方式探索灵动的儿童乐园：创设自然体验式户外环境，设计绿色生态的户外园林，设置泛美术室、悦读书吧、音乐之声、木育花园、创客空间、布艺手作等 12 个共享区域，以及涵盖声音、电、齿轮、轨道、磁铁、飞机、人体等科学概念的 13 个 STEM 墙面，助力幼儿在情景中发现、探究和解决

问题。营造以"与人为善，友爱宽容，尊重合作，服务至上"为特点的校园文化，倡导"一个工程，三个计划"，即教师成长工程、品牌塑造计划、自选课程计划、优质服务计划，建设一支为学、为事、为人相统一的高质量教师队伍。先后获评"深圳大学学前教育硕士研习基地""中科院深圳先进院 STEM 项目"基地园，"南山区年度最受家长欢迎幼儿园""南山区教育工作先进单位"；有 2 项课题分别在南山区教育科技项目、中国学前教育研究会成功立项；园长陈佩孺获评第二轮深圳市学前教育"苗圃工程"骨干园长；教师伍婉雯、秦子茵撰写的 STEM 案例"自动灌溉器""自制鱼便吸便器"分别获广东省 STEM 案例评选一等奖、二等奖，房灵灵获"南山区首届班主任大赛"一等奖。　（龚美君）

【南山区红树湾幼儿园】为广东省

一级公办园，创办于 2008 年。位于南山区中信红树湾花城小区内，占地面积 8600 平方米，是南山区规模最大的高品质幼儿园。配备有儿童厨艺馆、恒温游泳馆、绘本阅读馆、舞蹈形体室、品果科创馆、儿童拓展训练基地等利于儿童个性潜能发展的场馆。2022 年，有教学班 26 个。秉承"以幼儿发展为本"儿童观，尊重幼儿主体地位，看见儿童，看见孩子内生力量、发展天性、潜力；支持幼儿在活动中自主探究、深度体验、大胆表征，激发其求知欲，点亮其好奇心，让思考成为幼儿生活旨趣，实现有深度的学习，从而促进幼儿高阶思维发展，并使其相信自己是有能力的学习者。深化多元文化特色课程特色，以信息技术赋能幼儿健康教育、精准促进幼儿健康成长，综合泳娃戏水、指尖艺术、品果科创、阅读启蒙等特色活动融入，强化幼儿各领域学习与发展，培养适应环境、应对变化、面向世界、面向未来的孩子。2020 年，申报区重点课题"幼小衔接视角下幼儿思维品质的实践研究"获立项，成为南山区 2020 年教育科技类项目课题申报成功的唯一新型公办园。2021 年，成为南山区联盟园牵头园，承办第二学区联盟牵头园二级跟岗教师发展基地园研修各项活动。2022 年，成为南山区第十学区中心园、深圳市"家门口的优质幼儿园"培育对象，被区委教育工委评星定级为"三星党支部"，在"舞动南山"教育系统第三届健身操舞展演大赛中获"幼儿园自选套路特等奖"和"最佳创编奖"；获南山区中小学能力提升工程 2.0 整校推进案例

一等奖，深圳市健康促进幼儿园银奖、第八届"深圳教育改革创新大奖"优质数字化智慧学校（园）年度奖。

（巫玉花）

【深圳大学附属南山幼儿园】创办于 1990 年 4 月，为深圳市一级幼儿园、深圳大学大学生实习基地、深圳大学师范学院学前教育早期教育基地、深圳市卫生保健工作优秀幼儿园、南山区学前教育教师发展基地、南山区第十一学区中心园，2021 年 8 月转为公办幼儿园。位于深圳大学粤海校区内，占地面积 4528 平方米，建筑面积 3663 平方米，户外活动场地面积 2350 平方米，创设多功能厅、音乐活动室、图书室、户外沙池、天台种植园等多元环境。2022 年，开设班级 12 个，在园幼儿 360 人。教职工 69 人。其中本科及以上学历 43 人（硕士 5 人），保教人员持证率 100%。以"依托高校、专业引领、尊重个性、全面发展"为办园方针，以"服务高校教科研，成就孩子快乐童年"为办园宗旨，以"自然、纯真、独立、自信"为办园理念，发挥深圳大学优美的自然环境和丰厚的人文资源优势，开展校园远足、自然课程、混龄教育、专家教授进课堂等特色课程及活动，培养"生活上自理，学习上自信，身体上自强，精神上自立"儿童。秉持"创"的劲头，发挥示范引领作用，推动学前教育优质发展。2000 年，全国高校幼教年会在该园召开，幼儿园管理和课程模式成为全国高校幼儿园改革和学习的样板；2003 年，在全国率先引入英语"浸入式"教学；2017 年，在全国率先开设儿童心理咨询室；2018 年，与新疆喀什市田梅名园长工作室建立交流机制；2021 年，与西藏林芝市察隅县幼儿园建立"手拉手"帮扶机制。曾接待韩国、日本、马来西亚、印尼、澳大利亚等国家学术代表团到园参观。

（黄焱）

【南山区同乐华泰幼儿园】于 2021 年 7 月由南山区教育局批复成立，2022 年 9 月正式开园，为小区配套大型公办幼儿园，位于南山区南头街道铁二路华泰小区内。占地面积 5400 平方米，建筑面积 5424 平方米，室外游戏场地面积 2160 平方米，绿化面积 1102 平方米，教室及功能室面积 3817 平方米。核定班额 18 个，可提供 540 个优质学位，满足周边居民对学前教育公办学位的需求。该园致力于给师生创设"真实、自然、自由、温暖"的教育环境。主体建筑和谐，设施游戏化、教学设备现代化、生活配套儿童化，是一所美丽温馨、布局合理的现代化幼儿园。致力于打造"爱孩子、懂孩子、支持孩子"的研究型师资队伍。2022 年，开设教学班 10 个，在园幼儿 276 人。教职工 48 人。其中，全日制硕士研究生学历 1 人、本科学历 24 人，教师专业合格率达 100%。基于解决教育现场真实问题，通过组建课程小组、教研小组、项目小组、微课题小组等多种类型和层次的学习型小组，营造"共学共研"研究氛围。依托环境和课程赋能"儿童友好"。在环境创设中为幼儿"留白"，与幼儿共享环境创设权力。园内环境规划和设计体现一定的非准备性，给幼儿创造更多参与机会，为儿童营造被尊重心理环境；教师抓住一日生活中教育契机，在与幼儿相关日常小事中提供参与机会，扶正幼儿主人翁地位；通过项目活动给幼儿赋权，让

2022 年 9 月，深圳大学附属南山幼儿园幼儿在深圳大学文山湖开展远足活动
（深圳大学附属南山幼儿园 供）

其能动地形成自己的看法并付诸实践，参与到关乎自身事务决策过程。在硬件设施上直观体现“儿童友好”，并通过教育性活动为幼儿创造参与机会，提高幼儿参与能力。（周洋阳）

【南山区南头古城幼儿园】创建于1992年，办学性质历经公办到民办再到公办的变化。在民办时期实行“政府、社区、名校”三方合作办园模式，营造以人为本，全情投入、充分信任、相互尊重、愉快合作的自主办园风格，保障幼儿园健康、规范、良性发展。2020年9月，转型为公办园，更名为“南头古城幼儿园”，办园等级为深圳市一级幼儿园。位于南山区南山大道3063号，占地面积2500平方米，建筑面积2558.16平方米，户外活动场地面积1873.99平方米，绿化覆盖率95%。2022年，有班级12个，在园儿童328人。教职工58人，教师大专率100%，所有岗位均持证上岗，教职工队伍稳定。该园致力于建设适宜儿童发展并能主动参与探索的成长空间。基于园舍原始设计，打通室内外空间产生联动：室内构成生活与学习并重，聚焦儿童日常学习生活的场景，塑造健康、文明、向上的温馨教育环境；室外建设探究与承载同行，自然与建筑互动的绿色空间，为儿童成长营造果树成林、生机盎然、富有挑战性的户外环境。秉持“燃于心源于爱”教育理念，以培养“健康、快乐、主动、自信”的孩子为目标，在“文化古城、科教优先、造福社区”思想指导下，开展“健体特色”“古城文化”“书香校园”等课程研究；坚持服务于南头城周边社区工薪阶层及外来务工居民子女办园方向，赢得社会、同行、家长广泛认同。2008—2018连续三届获“深圳市规范优质办学民办幼儿园”专项奖励，获评深圳市优质特色示范园、深圳市卫生保健先进单位、深圳市城市学院园长（教师）培训基地、长沙师范体育系实习基地、南山区教师发展基地；获深圳市第四届教科研成果二等奖、南山区第六届教育改革创新一等奖等。（邹庆晓）

【南山区前海阳光棕榈幼儿园】创办于2003年，是南山区首批“民转公”幼儿园，“广东省一级幼儿园”“深圳市绿色幼儿园”。占地面积3580平方米，建筑面积3252平方米，户外活动场地面积1616平方米。2022年，开设班级11个，在园幼儿305人，教职工62人。园所环境优美，绿化覆盖面广。建有大型滑梯、劳动种植园、动物农场、“考古”池、大型沙池；开设有木工坊、美工坊、阳光直播间、音乐丛林、图书角、小戏台、科学区等户外活动区域；配备多种幼儿体育器械、打击乐器、STEAM智能操作墙。以“在阳光下成就最好的自己”为教育理念，将体育、美育、劳动教育作为发展方向，根据《幼儿园教育指导纲要》和《3~6岁儿童学习与发展指南》，结合入学4个准备，以促进幼儿身心全面发展为目标，联合家、校、社区开展系列有利于幼儿身心持续发展的教育活动，并生成《入学准备教师指导手册》，收录各领域游戏活动共30节。2021年5月，成为“广东省学前教育高质量发展试验区（第一批）试点校（园）”，与阳光小学结对共研“幼儿园与小学科学衔接”。2022年，视频案例“减缓衔接坡度，呵护无忧成长”被选送至广东省教育厅参与幼小衔接专

2022年6月，南山区前海阳光棕榈幼儿园开展幼儿棒球运动
（前海阳光棕榈幼儿园　供）

题宣传片录制，在教育部网站播放；成功申报区级重点课题"基于人工智能技术的幼儿家园共育课外体育实施体系构建与实证研究"及非资助课题"南山非遗'面塑'融入幼儿美育课程的实践研究"；"小学我来了"心理适应课程案例入围"广东省幼小衔接活动方案征集活动"。先后获评"南山区教育系统先进单位""南山区办园行为督导评估达标幼儿园""南山区最受家长欢迎幼儿园""南山区'家门口的优质幼儿园'"，并多次在《南方都市报》《广东教育报》和"深圳新闻网"等媒体发表教育类相关文章。　　　　　　　（冯　帆）

2022年9月30日，南山区松坪第一幼儿园开展欢度国庆活动，大班孩子在表演《中国范》节目　　　　　（松坪第一幼儿园　供）

【南山区海月花园幼儿园】原名为南山区海月谷双语幼儿园。2020年1月9日，该园由私立幼儿园转制为公办幼儿园。占地面积2400平方米，建筑面积2167.9平方米。2022年，有班级9个。秉持"让每个孩子健康快乐"办园理念，以培养文明、自信、自主、创新的幼儿为教育目标，相信每个幼儿都有发展潜能，为每个幼儿提供成长、发展所需要的空间。尊重幼儿个性，寓教于活动、寓教于快乐。开展一系列主题探究课程，开设以体能、幼小衔接为主的特色课程，旨在打造与培养幼儿综合素养。

（刘思君）

【南山区松坪第一幼儿园】原名为"深圳市南山区松坪山第一幼儿园"，成立于1995年，于2020年2月转型为公办幼儿园，是"广东省一级幼儿园"。位于南山区松坪竹苑住宅小区。2022年，该园有班级12个。教职工66人，其中专职教师29人、保育员13人，教师专业合格率100%、大专及以上学历100%。办园理念为"蒙以养正，远志近行"。呵护每个孩子，让爱在家庭和园中流动，使其成长为自己应有的模样；唤醒每个孩子，让玩乐成为他们最重要的工作，在玩乐中练就快乐和幸福的能力；发现每个孩子，用行动满足其对未知的好奇心，让创造的种子种植在孩子身体里。办园宗旨为服务周边社区，为3—6岁幼儿提供优质学前教育，为孩子健康成长和终身发展奠基。办园目标为办"有教无类、卓尔不群"的高品质、新优质幼儿园。始终坚持公益、普惠、优质办学初心，全面贯彻党的教育方针，落实"立德树人"根本任务，培养德、智、体、美、劳全面发展的儿童，培养高素质教师队伍。健全幼儿园、家庭、社会育人机制，推动幼儿园可持续发展。2013年，

幼儿园食堂获评深圳市食品安全A级食堂；2021年，入选深圳市2021年度"家门口的优质幼儿园"培育名单；2022年，成为南山区学前教育第十五学区中心园。

（向玲娟）

【南山区南方科技大学附属幼儿园】是经南山区政府批准，由南方科技大学举办的市一级公办幼儿园。占地面积4456平方米。室内设有科技馆、绘本馆、美术馆、音乐厅，科教设备丰富齐全；户外设有海盗船淘气堡、阳光运动长廊、光影探索、山坡拓展、沙水构建、自主种植等区域，鼓励儿童亲近自然、主动探索，最大限度支持满足儿童亲身体验、直接感知和实际操作。做好党建与日常教育教学工作深度融合。2022年，有教学班12个。有教职员工65人，其中专任教师30人，教职工与幼儿比例为1∶6，学前教育专业大专及以上学

历达 100%，各岗位人员均符合国家规定。坚定"用智慧的爱为儿童筑巢"办园理念；贯彻彰显个性，促进儿童全面、健康、和谐成长办园目标，致力于打造一所遵循儿童发展规律，开阔国际视野，崇尚快乐教育，注重科技特色的国内知名园所。园所管理团队利用高校资源、发挥地理优势，以高起点、高规格、高质量标准实现园所优质发展。依托南方科技大学资源构建生活化、游戏化园本探究性课程，生成跨学科、跨领域的 STEAM 特色主题活动。通过一日生活、主题探究、自主游戏、家长助教等途径，促进课程科学创新发展与中国优秀传统文化相融合。聚焦课程发展脉络，通过一日活动推动儿童从自主探究走向深度学习。将探究性课程与教育共生共存，培养幸福个体。

（姜 瑶）

【南山区九祥岭幼儿园】为市一级幼儿园，位于南山区西丽九祥岭村西丽小学内。2020 年 12 月，正式转为南山区公办幼儿园，并被列入第一批"百校焕新"工程。"百校焕新"后，教学楼结构加固，教室宽敞明亮，走廊楼梯拓宽，户外活动空间拓展，解除了老旧校舍诸多安全隐患；空间被有效利用，生均活动面积得到大幅提高，由原来 1.05 平方米 / 人提高到约 4 平方米 / 人。该园秉承"积极生长"办学理念，培养阳光、自信、积极、友爱的探索者和创造者，构建以"探究性主题活动＋节庆教育＋月主题教育"为框架的九祥岭幼儿园课程，引进奥尔夫音乐课程、体智能课程与英语游戏活动课程，开设体

能大循环课程，满足幼儿全面发展需求，使其成为阳光向上、积极友爱、自信乐观的人。 （卓 丹）

【南山区新桃源第一幼儿园】创办于 1998 年，2020 年 2 月转为公办幼儿园，为深圳市一级幼儿园。隶属于深圳市南山区桃源幼教集团，为南山区学前教育第十八学区中心园。位于南山区大型社区桃源村内。园所建筑白墙灰瓦，环境别致、优雅。2022 年，共设 10 个教学班。创设有醒狮苑、醒书阁、意汇里、启鸣轩、畅云台等活动区域，满足儿童生活、游戏和学习需要。以传承中华传统文化为己任，秉持"新晖映桃，一德立幼"办园理念，以广东非遗"南粤醒狮"为园所形象代表，明确体育、美育和德育相融合的课程特色，逐步形成以"醒狮培根，弦歌润德"为核心的学区育人文化品牌。利用中心园课题研究优势和园所文化特色，开展园际交流活动。自主申报并立项南山区教育科技重点资助课题、深圳市"十四五"教育科学规划课题。2022 年，作为核心成员园加入区教科院省级课题"大美育背景下南山区幼小衔接音乐特色模式构建"，推动"醒狮培根，弦歌润德"育人文化在整个学区落地与实践，整体提升学区办园品质。"醒狮培根"，即秉承体育运动内在精髓，以醒狮精神引领，在文化传承与开拓创新之间寻找支点，实现幼儿身心高水平发展；"弦歌润德"，即以文化培元、文化传承、文化创新为育人目标，将礼乐弦歌琴融入园所文化建设中，让幼儿在开蒙阶段认识和了解优秀传统文化，提升审美

素养。创新教研组织形式，引领教师迅速成长，教学水平提高显著。教师获深圳市首届学前教育"故事老师"大赛一等奖第一名，课例"小醒狮采青跃"在广东省第十一届中小学幼儿园组体育与健康教学活动中面向全省公开展示。获评 2021 年度"深圳教育改革创新奖"体育特色校（园），2021 年度深圳市生活垃圾分类绿色单位，2022 年度深圳市绿色幼儿园，2022 年深圳市健康促进幼儿园（银奖）。

（钟子璐）

盐田区幼儿园

【盐田区东海第一幼儿园】创办于 2021 年 7 月，隶属于盐田区教育局。位于盐田区盐田街道洪安路 8 号。占地面积 3606.95 平方米，建筑面积 3649.35 平方米。核定规模为 12 个班。2022 年，有教学班 11 个，幼儿 316 人。教职工 56 人，其中专任教师 25 人。专任教师中，研究生学历 1 人、本科学历 16 人，占比 64%；大专及以上学历 25 人，占比 100%。有深圳市学前教育"蒲公英"十佳教师 1 人，深圳市学前教育"优秀教师"1 人，"华南幼儿音乐教育研究中心"教科研专干 1 人。室内设有科创、音美、感觉统合一体室、感官美育室、种子博物馆，其中"图书之城"联网盐田区图书馆，首月幼儿图书借阅量 2578 册，广受幼儿及家长好评；户外设有沙水池、跑道、小剧场、木工坊、生态之路、彩虹屋、风车书吧、空中种植园及大型综合玩具设施等。园区教学设施齐备，绿植

环绕，是一所集科学化、艺术化、儿童化、自然生态化于一体的多元创新型幼儿园。秉承"以科学求生存、以特色创文化、以活力持发展"办学理念，致力于"共浸式"环境打造，激发课程教育内涵，引导孩子在浸润环境中寻找人与自然契合感。以"平行"为基，亲近生命本源，亲历生命故事，滋养生命内涵，赋能生命成长。借助环境文化之力，透过与真实空间交互作用，让孩子学习显现于实践，在一个可以随性而为、与温暖相伴的成长空间里变得可亲、可探、可浸、可启，再现创造与表达，实现对生命的感知和对话。2022年，参与广东省学前教育"新课程"科学保教示范项目"科学开展幼儿园自主游戏的区域推进策略"课题研究，该课题在中期报告中获评优秀项目、优秀课程资源展示项目；原创音乐作品《成长之花》《幸福有你》代表深圳本土优秀儿童歌曲作品上线"QQ音乐""酷狗""酷我""深圳大件事"和"美好盐田"等网站。

（张美霞）

【盐田区机关幼儿园中英街分园】创办于1985年，原名为"沙头角镇幼儿园"，隶属于盐田区教育局。2020年，转型为"以事定费"公办园，更名为"盐田区机关幼儿园中英街分园"，通过"区一级幼儿园"等级认定。位于盐田区沙头角中英街环城路2号。占地面积769.48平方米，建筑面积1696平方米。园舍独立、建筑美观，设备齐全、环境温馨，是一所集儿童化、教育化、现代化和规范化于一体的公办幼儿园。2022年，开设教学班6个。有教职工35人，其中专职教师13人。专职教师中，本科及以上学历12人，其中硕士1人。秉承"让每一名儿童拥有幸福童年"办园宗旨，以"追随儿童，让生命和谐成长"为园所教育理念，把儿童发展作为幼儿园教育出发点和归宿，全方位为幼儿创设健康、开放、自由、尊重、丰富的成长环境，促进每个幼儿富有个性地发展。坚持"全面育人、全面发展"思想，以儿童身心发展的"现实"与"可能"为前提，深挖中英街地域特殊文化与优秀历史，将爱国主义教育全方位、多途径地融入儿童发展全过程。以主题活动、项目探究形式开展各类特色活动，在已有课程基础上形成富有中英街特色的园本课程。丰富儿童成长教育内涵，提升园所教育品质，形成开放、和谐、民主、积极向上的教育新样态，致力于打造幼儿喜爱、家长放心、社区满意的幼儿园。先后获评全国幼儿教师职业技能大赛先进单位、广东省学前教育高质量发展实验区首批试点结对校园、深圳市A级厨房、盐田区婴幼儿早期教育实践点；"幼儿园大班（5~6岁）幼小衔接课程"纳入广东省学前教育高质量发展试验区幼小科学衔接课程项目成果；"重识中英街——中英街景点创意纪念品"获第二届"美好盐田"项目式学习课程设计和成果展评二等奖，"重识中英街历史博物馆——客家南迁"获第三届"美好盐田"项目式学习课程设计和成果展评二等奖；"探研鱼灯舞，传非遗文化——探研沙头角鱼灯舞"获盐田区教育科学研究院幼小衔接案例评比二等奖；获全国促进幼儿教师专业化优秀组织奖，全国幼儿教师论文评选优秀组织奖。

（董晓丽）

【盐田区海华幼儿园】原名"深圳市盐田区华大幼儿园"，创办于2015年9月，于2019年9月转为公办幼儿园。位于盐田区盐田街道洪安三街21号华大公寓7栋1—2楼。占地面积1771.75平方米，建筑面积1064.75平方米，户外活动场地面积600平方米。2022年，设教学班6个，在园幼儿185人。有教职工35人，其中专任教师13人。专任教师中，研究生学历1人、本科学历8人、大专学历4人。各班级配备符合3~6岁年龄段幼儿发展所需的教育教学设施，玩具器械、图书品种多样，数量充足，能满足幼儿一日活动需要。室外绿树环绕，绿草茵茵，设有沙水池、大型玩具器械、攀岩区和种植区、涂鸦墙、乐高墙等活动区域；室内设有木工区、扎染坊、科学区、陶泥坊、艺趣坊、音乐厅等多功能室，为儿童提供多元化学习环境。形成小而精、秀而美的独特办园风格。以"激发生命潜能，陪伴生命成长"为办园宗旨，秉承"开放、自然、博爱、和平"理念。开设美术、体育、乐高等课程活动，并为大班幼儿开设幼小衔接项目式课程活动，为幼儿迈入新的学习阶段奠定良好基础。每学年举办亲子运动会、家长观察日和"六一"儿童节、毕业典礼、家长访谈、科学家进课堂等系列活动，形成家园共育强大合力，丰富幼儿成长体验，搭建家园互动平台，促进幼儿园教育质量提高。

（朱中环）

【盐田区盐田幼儿园】创办于 1988 年 9 月，2019 年 8 月转型为公办幼儿园，隶属于盐田区教育局。位于盐田区盐田街道渔民新村 46 号。占地面积 1327.24 平方米，建筑面积 1378.88 平方米，运动场地面积 828.15 平方米。与烟墩山国际友好公园一河之隔，拥有丰富的人文环境和自然资源，是一所小而精、秀而美的温馨有爱的幼儿园。秉承"润泽童年，爱育生命"办园理念，厚植"润育文化"土壤，吸纳国内外科学、适宜的幼儿园学前教育精髓。以"润育"为核心，以"润育"型环境、"润育"型活动、"润育"型互动以及"润育"型评价为特色，打造如春风化雨的园本"润育"课程体系。依托科学教育方法和优秀教师队伍，将"润育"文化融于生活、融于环境、融于游戏，让幼儿与真实的人、事、物进行互动，致力于促进儿童健康、和谐、全面发展，使其成为明德知礼、健康自信、乐学尚美、善思睿智的完整人格的儿童。科学设计、合理规划，将课题研究与日常教研相结合，将个别研修与小组学习相结合，开展各类教研、培训活动，完成区级、市级课题研究阶段性工作，为教育教学活动有效开展积累宝贵经验。　　（伍淑芬）

【盐田区梅沙幼儿园星星海分园】创办于 2020 年 5 月，是盐田区梅沙幼儿园微集团分园，为区属公办一级幼儿园。位于盐田区梅沙街道滨海社区盐梅路 62 号。占地面积 1803.79 平方米，建筑面积 1601.4 平方米。2022 年，有班级 6 个，幼儿 180 人。有教职员工 33

人。其中，市级名师 1 人，研究生 1 人，专任教师大专及以上学历率 100%，教职工专业合格率 100%。秉承微集团"面朝大海，静待花开"办园思想，坚守"走进孩子心灵世界，让每个生命都出彩"教育理念，以开放、包容、追求卓越、积极进取的教育情怀，以"爱心、智慧、勤勉、创新"工作作风，积极传承、努力践行、结合实际、创新发展，致力于培养"健康阳光、机敏专注、乐群独立、崇美尚创"的现代儿童。贯彻开放多元现代课程理念，完善微集团"七彩之帆"课程体系，顺应儿童生命成长的需求点、关键点，创设温馨舒适、充满童趣、寓教于乐的生活和学习环境，鼓励幼儿用自己的方式解决日常生活中遇到的问题，探索、了解未知世界。挖掘园内外优质资源，引进舞蹈、戏剧、国际象棋等拓展课程，多维度延展各领域，给予幼儿更加多元、丰富的课程体验；在幼儿自主游戏方面积极探索，打造

支持儿童发展的"综合游戏场"、保证充足的自主探索时间，最大程度发挥游戏价值；倡导和践行"终身学习"理念，营造全员学习浓厚氛围。2021 年 7 月，高分获评盐田区一级幼儿园。先后获评"盐田区优质师资队伍发展单位""盐田区优秀环境创设发展单位""运动方舟"幼儿体能运动课程实验园，"盐田区 A 级厨房"。　　（彭志丽）

宝安区幼儿园

【宝安区建安新村幼儿园】为首批宝安区公办省一级幼儿园。创办于 2000 年 2 月，一园三址办园。2022 年，有教学班 31 个，幼儿 1116 人。有教职工 145 人，其中专任教师 70 人。有市、区名园长工作室各 1 个。该园坚持"为儿童的终身成长奠基"办园宗旨，以"管理现代化，队伍专业化，环境多元化，人才未来化"为办园目标，以

2022 年 11 月，宝安区建安新村幼儿园举办传统文化进校园活动，教师带领幼儿制作"龙"并表演舞龙　　（建安新村幼儿园　供）

"以人为本，协同发展"为办园理念，形成和谐、专业、奋进、感恩的文化氛围。总园重点开发园本课程"呼应课程"体系，出版发行"呼应课程"系列丛书；宝民分园探索"低混"课程，构建低混课程体系，在园所管理、课程管理、教师队伍建设等方面积累经验，创新办学模式；天骄分园转变观念，探索"民转公"幼儿园发展之路，建构教师学习共同体，提升教师团队教育能力。以乔影市级、区级名园长工作室为依托，加强师资队伍建设，为公办园输送5名园长、1名副园长，先后主持、参与20个国家、省、市、区级课题研究，出版园本课程专著《轮船诞生记》和《帐篷的故事》。60余名教师撰写140余篇论文，分获国家、省、市、区比赛一、二、三等奖。先后获评广东省一级幼儿园、广东省绿色校园、深圳市教育先进单位、深圳市优质特色示范园、深圳市优质办学效益幼儿园、深圳市卫生保健优秀园、第六届深圳教育改革创新论坛大奖"2020年度最受欢迎幼儿园"、宝安区教育先进单位、宝安区教育工会工作先进集体。

（建安新村幼儿园）

【宝安区航城航星幼儿园】为市一级全日制公办幼儿园，创办于2014年9月，前身为"宝安区西乡街道黄田第二幼儿园"，2020年8月转为公办园。占地面积4928平方米，建筑面积4753平方米，户外活动场地面积2910平方米。2022年，开设教学班21个，在园儿童793人。有教职工115人。其中：法人园长1人、副园长1人，均持有园长资格证；教师49人，专业合格率100%；保育员24人，均持有任职资格证；有广东省"南粤优秀教师"1人，深圳市优秀教师2人，深圳市"苗圃工程"骨干教师1人，宝安区兼职教研员2人，宝安区"苗圃工程"骨干教师1人，宝安区教坛新秀4人，宝安区优秀教师2人，宝安区优秀班主任1人。2022年，获宝安区教学管理人员业务能力大赛特等奖1项，宝安区幼儿园优秀传统节日主题原创绘本特等奖1项、二等奖1项，宝安区幼儿园优秀传统节日主题案例一等奖2项，宝安区幼儿园幼小衔接活动方案征集遴选二等奖1项，宝安区幼儿园青年教师教学基本功大赛二等奖1项，宝安区第三届校园"最美朗读者"比赛三等奖1项，宝安区师德主题征文比赛幼儿园组二等奖1项。秉持"呵护幼儿身心健康，促进幼儿和谐发展"办园理念，践行"尊重、信任、理解、发展"教育理念，致力于科学保教，规范一日活动各环节，让幼儿在园生活更自主、更有序。坚持以课题为引领探索与构建园本阅读与足球课程项目，设立园所"美阅节"和"运动节"，立项3个区级课题和1个市级课题，发表论文3篇，其中在《中文科技期刊数据库》发表1篇、在《新一代》期刊发表1篇、在《新作文》期刊发表1篇。获广东省2022年学前教育论文评选一等奖1项、二等奖1项，深圳市"幼有善育"论文征集三等奖1项、鼓励奖1项，宝安区"幼有善育"论文征集特等奖1项、一等奖1项；2个微教研课程被评为宝安区幼儿园第一批微教研优秀课程，获宝安区幼儿园科学区环境创设一等奖。2022年，该园获评全国足球特色幼儿园、宝安区"足球特色"试点园，宝安区"民转公"幼儿园专项督导先进单位、家门口优质幼儿园培育单位，顺利通过宝安区幼儿园办园行为督导评估和"民转公"幼儿园市级等级认定。

（航城航星幼儿园）

【宝安区福永白石厦第三幼儿园】为隶属于宝安区教育局的公办幼儿园，开办于2021年9月。占地面积2701.43平方米，建筑面积2433.71平方米，户外活动场地面积1782平方米。2022年，有班级9个，在园幼儿317人。有教职工43人。其中：有深圳市学前教育协会"金牌讲师"1人，深圳市学前教育专业委员会"优秀指导师"1人；宝安区兼职督学1人，宝安区教育局"苗圃工程"名师1人，宝安区家庭教育讲师团讲师1人。有专任教师19人。其中：中级教师1人；大专学历1人，本科学历17人，硕士研究生学历1人，大专及以上学历达100%，本科及以上学历94.7%。以"让每个生命绽放精彩"为办园理念，以"健康自信、快乐自主、创意自律"为培养目标，致力于为幼儿创设适宜的学习环境，为教师提供专业成长平台，为家长输送科学育儿知识。获学区奖项7项、区级奖项9项、市级奖项3项、省级奖项1项，论文获奖24项。获深圳市教育局学前教育"原创绘本"大赛一等奖，深圳市"幼有善育"鹏城论坛论文三等奖，宝安区幼儿园传统文化原创绘本比赛特等奖。

2022 年 10 月 17 日，宝安区福永白石厦第三幼儿园小一班开展涂鸦活动
（福永白石厦第三幼儿园　供）

园所活动刊登于《宝安日报》《南方日报》，被深圳电视台都市频道多次报道。通过家长会、家长群、园长信箱等方式与家长沟通交流，家长整体满意度 99.3%。获评宝安区第二十一届家庭教育宣传周活动先进单位。

（福永白石厦第三幼儿园）

【宝安区新桥海岸阳光幼儿园】于 2022 年 9 月正式开办，为宝安区新桥街道万丰海岸城项目小区配套公办幼儿园。占地面积 3624.19 平方米，建筑面积 3592.66 平方米，户外活动场地面积 1200 多平方米。核定规模 12 个教学班。2022 年，开设教学班 9 个，有幼儿 275 人，教职工 41 人（大专及本科学历教师 35 人）。以"每个孩子都能像花一样开放，每位教师都能像绿叶一样芬芳"为办园宗旨，以"幸福海岸，阳光育人"为办园理念，积极建构和谐幼儿园。结合《幼儿园

教育指导纲要》《幼儿园工作规程》《3~6 岁儿童学习与发展指南》，初步建立符合幼儿园发展的规章制度，形成以文化人、以德育人管理氛围。加强教师职业理想和职业道德教育，增强教师教书育人责任感和使命感，建设一支师德高尚、适应现代教育发展的高素质教师队伍。遵循幼儿身心发展客观规律和学习特点，以游戏为基本活动，保教并重，开展符合幼儿成长规律的教育教学活动。通过丰富多彩的活动拓宽幼儿视野、丰富幼儿经验。开展"消防安全""垃圾减量日""读书月""美食自助餐""爸爸故事分享团"等主题教育活动，促进幼儿在园不断提高与发展。

（新桥海岸阳光幼儿园）

【宝安区松岗松河瑞园幼儿园】于 2020 年 9 月 1 日开园办学，为宝安区教育局下属二级事业单位，归口松岗街道中心幼儿园管理，是

松岗街道中心幼儿园 4 所分园之一，按照总园"文化理念一致、管理标准统一、基础课程相同、优势资源共享"原则建园和发展。该园占地面积 3600 平方米，建筑面积 2400.14 平方米，户外活动场地面积 1796 平方米。2022 年，有教学班 9 个，在园幼儿 298 人。教职工 47 人，其中专任教师 27 人。教职工中大专及以上学历 37 人（本科 16 人），高级职称 1 人、中级职称 2 人，深圳市教科研专家 1 人，深圳市"苗圃工程"骨干教师、宝安区"苗圃工程"名师 1 人。以办"有温度、有高度、有力度的示范园"为办园目标，遵循"全心全意为幼儿教育提供优质服务"办园宗旨，践行"大爱为根、幼儿为本、教工为重、专业立园、引领示范"办园理念，为社区提供优质学前教育服务。加强课程建设，修订第二版《园本实施方案》，完善课程设置；定期举办"园长讲堂"，引领专业发展；积极开展教研活动，开设《小科学，大爆炸》科学小实验视频专栏；3 个课题获 2022 年度宝安区教育规划课题立项并开题；获 2022 年深圳市"家门口的优质幼儿园"年度奖、深圳市健康促进幼儿园银奖；获评深圳市餐饮服务食品安全培训基地、宝安区卫生保健优秀园；40 余篇教师论文、教学案例获《学前教育杂志》论文大赛奖项，获"当代杯"全国教师职业大赛奖项和宝安区幼小衔接案例二等奖；获"童画之星"2022 第二十六届全国幼儿创意美术大赛组织金奖。开展教师基本功大赛及保育员、保健医生、办公室、财会人员、厨房等各岗位大练兵，以赛促

练强技能。开展丰富的工会社团活动（天使姐妹合唱团、舞蹈社团、徒步社团等），提升教工专业素养。2022年10月2日，响应市教育局援藏号召，教师林依晴赴西藏林芝察隅县察瓦龙乡开始一年支教工作。　　　　（松岗松河瑞园幼儿园）

【宝安区石岩街道贝贝幼儿园】于2013年11月创办，为宝安区教育局审批的普惠性全日制民办幼儿园。占地面积2000平方米，建筑面积3200平方米，户外活动场地面积2025平方米。设有舞蹈室、美工活动室、图书阅览室、科学探究室、音体室等功能活动室共5间。2022年，有教学班13个，幼儿355人。教职工51人，其中宝安区第六责任区责任督学1人、宝安区教育局优秀教师4人、宝安区优秀班主任3人。年内，教师平均流动率4%。秉承"以爱为核心、以生活为源、以体验为路径"办园理念，以"学会生活，学会学习，学会交往，学会创新"为培养目标，坚持依法依规、诚信办园。开展融合幼儿园精准康复教育及后续服务支持项目，服务对象为5个特殊儿童。由龙华区华阳特殊儿童发展中心提供技术服务。该项目共投入9.7万元，打造1间资源教室，设施设备齐全，配备2名专职影子老师、1名个训老师。教师不断提升融合教育专业水平和教学能力，以合作学习实施完全包含策略并达到完全包含目的，将特殊孩子包含在教育、物理环境及社会生活主流内。尊重、关注个体差异，运用特别设计环境和教学方法，让幼儿适才适能地快乐学习。先后获评深圳市普惠性幼儿园，宝安区一级幼儿园，宝安区家长学校，宝安区厨房等级A级；获宝安区青少年才艺比赛一等奖、二等奖、优秀奖，宝安区教职工歌颂比赛三等奖，宝安区生成性主题案例二等奖，宝安区教育局青少年教师基本功比赛一等奖，宝安区幼儿园科学区环境创设指引评比三等奖。

（石岩街道贝贝幼儿园）

龙岗区幼儿园

【龙岗区坂田街道中心幼儿园】创办于2015年9月。2021年9月，成立以坂田街道中心幼儿园为牵头园的龙岗区坂田街道第一教育集团；2022年3月，以中心园为核心组建龙岗区坂田街道学前教育第一学区。该园位于龙岗区坂田街道五和大道3501号。占地面积4000平方米，建筑面积3600平方米，户外活动场地面积2200平方米。园舍独立完整、设置合理。拥有开阔、独立、功能齐全的户外活动场地；室内活动室南北通透、宽敞明亮，并设有绘本馆、美术室、科学探究室、厨味体验馆等功能室，满足幼儿全面发展需求。整体环境温馨、雅致，富有自然和人文气息，是一所致力于提供开放和探索空间、实现幼儿无限可能的优质公办园。2022年，有教学班12个，教职工66人，师生比1:6，教师专业合格率100%。秉持"教育即生活、主动学习、自主建构"等课程理念，践行儿童视角的室内外环境创设与幼儿探究性学习研究，在儿童、环境、课程三者关系中主张"儿童在参与环境创设中自发地催生着课程，课程在儿童不断卷入中再造具有儿童视角的环境"。倡导健康第一，利用环境资源，让运动自然而然发生，自主研发适合幼儿身心发展特点的户外活动，采取体能大循环、有目的开展体能锻炼、自选器械、雨天因地制宜的室内小循环、户外自主游戏等多种方式，最大限度保证幼儿每天运动量，促进幼儿运动机能协调发展。先后获评深圳市"家门口的优质幼儿园"培育单位、深圳市教育工作先进单位、深圳市卫生保健优秀幼儿园、深圳市健康促进幼儿园（银奖）、首批深圳市生活垃圾分类新风尚幼儿园、深圳市中小学教师信息技术应用能力提升工程2.0市级试点校、龙岗区教育系统先进单位、龙岗区托幼机构卫生保健工作先进单位、龙岗区生活垃圾分类绿色单位。　　　　　（陈幸）

【龙岗区龙城街道中心幼儿园】创建于2010年，是龙岗区教育局主办的全日制"以事定费"市一级公办幼儿园。位于龙岗区龙岗中心城愉龙路225号。占地面积4191.67平方米，建筑面积4532.51平方米。园所设置陶泥坊、木工坊、自然书房、儿童厨房、种植区、泥巴池等多个功能区，环境自然化、艺术化、儿童化、多样化，通过一日生活、环境熏陶、自主游戏等方式支持儿童学习与探索。2022年，有教学班12个。教职工74人。其中，硕士研究生学历3人、本科学历

30 人，本科率 100%，在职教师合格率 100%。秉承"让教育更懂儿童，创办一所自然、自由、自信的儿童理想国"办园理念，关注教师专业知识、技能以及精神层面成长，使教师找到自己热爱所在和教育信仰，专注自身、默默付出，形成高质量的师幼互动，做更懂儿童的教师，支持优质保教服务。以深化内涵为重点、以教师队伍建设为抓手、以自然与生活为课程特色，主张"自然生长，幸福生活"课程理念。让儿童在种植活动中理解人与自然的关系，在烹饪活动中体验食物与自然的关系，在进餐、餐桌礼仪活动中感受饮食与文化的关系，在排废、再利用活动中体会人在自然中需要承担的责任。从餐桌礼仪到排废再利用循环的课程里，打造"零废弃"幼儿园，建构基于儿童全面发展的园本课程。先后获评深圳市教育工作先进单位、深圳市卫生保健优秀园所、龙岗区示范性幼儿园、龙岗区年度最受家长欢迎的幼儿园、龙岗区家门口的优质幼儿园。 （张　晨）

【香港中文大学（深圳）附属幼儿园】为一所隶属于香港中文大学（深圳）基础教育集团（龙岗）的全日制公办幼儿园，由龙岗区机关幼儿园举办。位于香港中文大学（深圳）上园。建筑面积 1046.5 平方米，户外活动场地面积 686 平方米。2022 年，办学规模为 5 个班，每班配备"两教一保"3 名保教人员（即主班教师 1 名、配班教师 1 名、保育员 1 名）。教学团队共 11 人，其中有海外留学经历的

3 人、硕士研究生学历 4 人。秉持"有容·有爱·有世界"办园理念，将探索性区域课程、主题教学与第二语言有机融合，合理安排幼儿在园一日生活流程，保障上午半日的主题活动、区域活动、小组活动质量，提升下午"浸入式英语"教学活动有效性及语言环境丰富性。园内硬件设施齐全。设有音乐舞蹈室、图书室、多功能会议室、教师办公室、卫生保健室等活动和办公场地，班级配备多媒体教学设备，室内环境温馨而富有童趣，幼儿活动空间充足，学习、游戏材料丰富多样；户外设置玩沙区、玩水区、运动场、种植园地、动物饲养角等，满足幼儿体能发展和自主游戏需求。利用香港中文大学（深圳）人文地理环境作为教育教学载体，让孩子沉浸于充满爱与活力的书香环境，在快乐成长的同时享受属于他们的最美好的童年时光。

（吴飞飞　黄晓韩）

龙华区幼儿园

【龙华区鹭湖外国语小学附属观园幼儿园】为深圳市一级幼儿园，2019 年 12 月正式转型为公办园。占地面积 4748 平方米，建筑面积 3700 平方米。园所功能设施齐全，户外活动场地宽阔，绿化植被品种丰富。室内设有音体室、美术室、阅读室等功能室，户外设有攀爬墙、沙水池、种植园等活动区。2022 年，开设班级 16 个，有幼儿 506 人。有教职工 73 人，教师团队本科率 80% 以上。以"蔚为大观、方圆有致"为办学理念，园风"正气蔚然、大有可观、文圆质方、雅人深致"，致力于培养"阳光自信、大方担当、圆融智慧"的孩子。幼儿园大型活动丰富，有亲子运动会、建党百年文艺晚会、特色艺术节，幼儿参与度与幸福度较高。结合龙华区教育局打造的"龙

2022 年 12 月 21 日，龙华区鹭湖外国语小学附属观园幼儿园举行"未来已来"运动会
（鹭湖外国语小学附属观园幼儿园　供）

华云校"进行双线混融探索，教学活动"秋日的叶子画"成为龙华云校学前阶段首个示范活动。获评深圳市家门口优质幼儿园、深圳市龙华区"巾帼文明岗"。（黄珊梅）

【龙华区外国语学校教育集团附属天悦湾幼儿园】创办于2016年8月，2020年8月转型为公办幼儿园，为龙华区第二批37所政府产权民办转公办幼儿园之一。位于龙华区观湖街道环观南路北鹭湖之畔金地天悦湾小区旁。占地面积2643平方米，建筑面积2092平方米，户外活动场地面积1500平方米。2022年，开设班级9个，在园幼儿285人。教职工42人，其中专任教师22人，本科及以上学历20人（研究生1人），教职工持证上岗率100%，专任教师专业合格率100%。以鹭湖优美的自然环境为依托，形成"自在天成，以爱育爱"办园理念，坚持"给孩子一个有意思、有诗意的童年"办园目标。园内各类大型运动游戏器械丰富多样，各项教育设施设备齐全，整体环境宽敞优美、安全舒适，能满足幼儿在园多种活动需要。以转型为契机，用更适宜方式唤醒内在生长力量，在园所管理转型、师资队伍提升、课程建设、卫生保健、安全管理、园所环境优化升级等方面不断开辟发展之路。先后获评深圳市普惠性幼儿园、深圳市一级幼儿园、"幸福树"幼儿深度学习主题探究课程基地园、深圳市龙华区"巾帼文明岗"。（王锦莉）

【龙华区鹭湖外国语小学附属懿花园幼儿园】于2020年6月1日转型为公办园，隶属于龙华区教育局，为市一级幼儿园。占地面积1816.5平方米，建筑面积1629平方米，户外活动场地面积600平方米。环境优美，设施设备完善。室内设有美术室、图书室、音体室、综合活动室等功能室。2022年，有班级9个，幼儿296人。有教职工44人。其中：幼儿园一级职称3人，二级职称1人；本科及以上学历24人（硕士1人）；有深圳市教育学会会员、深圳市第二届"苗圃工程"教科研骨干、龙华区"三名工程"学科带头人、龙华区"三名工程"骨干教师、龙华区未来教育家工程"铸将班""撷英班"学员、龙华区学前教育"十年拾贝"优秀幼教人、龙华区卫生保健优秀个人。教师专业合格率100%，保育员持证率100%，师生比例1:6.57。秉承"让每个童年如花儿般绽放"办园理念，在"办一所有品质、有特色、有影响力的幼儿园"办园目标下，培养"立足当下生活、面向未来社会"儿童。先后获评"深圳市卫生保健优秀幼儿园""龙华区平安校园""龙华区A级厨房"；承担龙华区教科院区级课题"幼儿园室内学习环境创设的研究"。（鲍影）

【龙华区宝文幼儿园】于2011年2月正式开园，2013年6月获评"深圳市一级幼儿园"。位于龙华区观湖街道樟溪社区216号。占地面积2500平方米，建筑面积1561.15平方米，户外活动场地面积1769平方米。园所场地宽敞，日照充足，设置多个独立功能室，布局规范合理，设备设施齐全。2022年，有教学班6个，在园幼儿175人。有教职工26人，其中本科及以上学历14人。教职工专业合格率100%，教职工留任率连续3年为90%以上。坚持"面向未来、服务社会、追求卓越"办园宗旨，为孩子创设良好发展学习生活环境。秉承"安全、健康、快乐、自主"办园理念，重视文化建设，为教师创设利于成长的工作环境，形成"和谐、实干、勤学、创新"园风。

（黄伟秀）

【龙华区培新幼儿园】创办于1999年3月，为全日制民办幼儿园，2009年7月获评深圳市一级幼儿园。占地面积2980平方米，建筑面积3610平方米，户外活动场地面积1820平方米，绿化面积1415平方米。设有音乐活动室、美工活动室、科学启蒙室、体育活动室、图书阅览室、沙水池等学习活动场所，配备现代化教育设施；建有校园网，现代信息技术广泛应用，实现教学资源共享。2022年，开设教学班11个，在园幼儿333人。有教职工48人。其中，专任教师22人，教师持证率达100%，大专及本科以上学历达91%。围绕"开发幼儿潜能，真诚服务家长，营造快乐学习空间"办园理念，秉承让入园幼儿"健康、快乐、自信"发展办园宗旨，坚持"尊重、创新、快乐、和谐"园风建设，管理工作科学化、人文化、优质化，形成独有办园特色。先后获评"广东省健康促进示范幼儿园""深圳市十大美术特色幼儿园""深圳市巾帼文明示范岗""深圳市卫生保健优秀幼儿园""龙华区第二届学前教育宣传月活动先进单位""龙华区优秀普惠性幼儿园";幼儿获"深圳市童话节"绘画团体二等奖、深圳市第十二届"沙沙讲故事"儿童组龙华区大鹏新区半决赛二等奖、深圳市第十四届"沙沙讲故事"龙华区半决赛二等奖。　　（高雪萍）

【龙华区广培小学附属新丰幼儿园】为深圳市一级幼儿园，2009年9月开园，2020年11月正式转型为公办园。位于龙华区观湖街道新田社区谷丰一路3号。占地面积2100平方米，建筑面积3093.38平方米，户外活动场地面积1580平方米。食堂食品量化等级为A级。2022年，有教学班6个，在园幼儿169人，教职工26人。教学活动室宽敞、明亮，配有独立音体室、美术室、科学发现室、图书阅览室等；户外设有沙池、戏水池、大型玩具、跑道等活动场地，为幼儿全面发展提供良好条件。以"幼有善育，学有优教"为使命，以办高质量幼儿园为方向，向提质提升方向笃定前行。秉承"注重教育本质，做有情怀教育"办园宗旨，以"培养勤劳勇敢、内心充盈、阳光自信、健康有爱的儿童，打造优质、专业化的师资队伍，构建师生共同成长的幸福家园"为办园目标，牢记"一切为了孩子"办园原则，打造安全、舒适、温馨和净化、儿童化、美化、绿化生活学习环境。　　（宋佳音）

【龙华区教科院附属小学格澜幼儿园】为广东省一级公办幼儿园，2021年10月被龙华区教育局确定为观湖二学区联盟中心园。设有科

学室、育婴室、美工室、阅览室、音体室等专用多功能教室。2022年，开设教学班10个，幼儿316人。行政团队12人，本科及以上学历11人（研究生2人）；专任教师本科学历22人，有美术专任教师1人、体育专任教师1人，教师持证率达100%。坚持"格物致知，学海波澜"办园理念，以培养自信、健康、创意、快乐的幼儿为目标，引进先进教育理念及科学课程体系。以项目式主题探究课程为核心，结合创意美术特色课程，把"促进幼儿全面发展"作为园本课程总目标。坚持以幼儿发展为根本原则，举办幼儿喜闻乐见的主题教育活动，帮助幼儿养成良好学习态度、学习习惯、社会行为，形成健全人格，将幼儿园发展成为一所尊重孩子天性的高品质幼儿园，培养"乐于探索、全面发展的未来小公民"。坚持科研兴教、科研兴园思想，鼓励教职工申报市级、区级课题，并成功立项。注重教师专业素养提升，以培训为抓手，采用分层式、多元化培训模式。以竞赛提师能，指导教师参加保教技能和第十九届"当代杯"全国幼儿教师职业技能大赛，获一等奖4个、二等奖5个、三等奖13个。组织教师参加2022年广东教育学会学前教育专业委员会年会论文评选，获一等奖2个、二等奖8个、三等奖12个。组织教师参加2022年度第二十一届"当代杯"全国幼儿教师职业技能大赛，获一等奖6个、二等奖6个、三等奖6个、优秀奖3个。先后获评第二十一届"当代杯"全国幼儿教师职业技能大赛先进单位，龙华区卫生保健优秀幼儿园；获全国促进幼

儿教师专业化优秀组织奖，龙华区2021—2022学年学校安全工作考核"优秀"。　　（岑芳梅）

【龙华区观澜第二小学附属康乐星幼儿园】于2020年11月30日转型为龙华区公办幼儿园。位于龙华区观湖街道观城社区河西新村186号。占地面积1737平方米，建筑面积1620平方米。园所规划布局合理，各种设施设备较为完善。室内设有舞蹈室、美术室、图书阅览室，每个班级有5—6个自选游戏区，并配有一体机、恒温直饮水机、空调、电子钢琴、操作柜及各种玩具等，能满足孩子学习游戏需要。室外设置五大活动区，有大型游乐设施、悬浮地胶运动场、30米直线跑道。2022年，开设班级5个，幼儿149人。有教职工26人，其中专任教师11人，教师专业合格率达100%，各岗位人员均持证上岗。秉承"快乐地生活、主动地探究、行动中学习、经验中发展"课程理念，围绕幼儿生活实际，以幼儿生活经验为依据开展体验活动，探索现代教育理念和新型教育模式。挖掘家庭、社区教育资源，在管理体制、教育环境、师资培训、课程改革等方面大胆尝试，期望幼儿从小学会生活、学会合作，度过一个快乐而有意义的童年，为幼儿终身发展奠定基础。有教师获评"龙华区优秀教师"；幼儿在深圳行动推进委员会办公室主办的"健康小达人"幼儿健康素养歌谣朗诵比赛中获"团体奖"。　　（唐　蓉）

【龙华区桂花小学附属籍杜鹃幼儿园】于1996年9月创办，为深圳

市一级幼儿园。位于龙华区观湖街道松元厦社区旭玫新村28栋。占地面积1726.75平方米，建筑面积2196.52平方米，户外活动场地面积912.38平方米。园内设有大型滑梯、无动力游乐设施、玩水墙、攀爬岩游戏墙、百变游戏墙、沙池、平衡桥、音体室、阅览室、多功能室等幼儿游戏活动场所。2022年，设教学班10个，在园幼儿284人，教职工45人（教职工任职资格合格率100%、留任率连续3年均为96%以上），师幼比例1:6.31。专任教师本科率55%，初级职称3人；会计初级职称2人，药学初级职称1人。秉承"用爱呵护 静待花开"办园理念，坚持"让每一个孩子精彩绽放"办园宗旨，构建善有礼、会生活、喜体验、乐探索、爱创造"五育"课程体系，举办生活、体育、游戏、学习、月历、共育"六活动"，开展"4i"体验课程应用研究项目，引领师幼成长。养成"厚爱博学"园风、"乐学善问"学风，促进幼儿园形成快乐体能办学特色。先后获评广东省"巾帼文明岗"、深圳市绿色幼儿园、深圳市优秀义工组织、深圳市"三八"红旗单位。
（陈茉莉）

【龙华区书香小学附属华府幼儿园】创办于2012年10月，为深圳市一级幼儿园，2020年12月经龙华区教育局批准转型为公办幼儿园。占地面积4559平方米，生均占地面积8.07平方米；建筑面积3602.83平方米，生均建筑面积6.38平方米；室外活动场地面积1920平方米，生均户外活动场地面积3.4平

方米；绿化面积898平方米。2022年，开设教学班16个，有幼儿514人。有教职工75人，其中专任教师36人。园所独立完整，设计风格现代、布局合理、装饰简约。有塑胶运动场、大型滑梯、30米跑道、足球场、攀爬架、沙水池、综合器械场；设有音体室、图书室、科学室和美工室4个功能室，添置相应设备和材料，优化功能室环境，为孩子们提供丰富的活动材料，保障基本活动质量。坚持"育之以爱，教之以情"办学宗旨，注重教育的本质，做有情怀的教育，让幼儿在温暖的环境中不断探索完善自我。开设"生活课程""主题探究课程"，以节庆、社会时事及社会实践活动为主线，强调激发幼儿热爱生活、珍爱生命、学会感恩的美好情感，让幼儿在真实生活情境中积累有价值的成长经验。获龙华区足球嘉年华第四名。
（罗予含）

【龙华区书香小学附属幼儿园】2022年8月正式转型为龙华区公办幼儿园，是书香小学下属二级事业单位，深圳市一级幼儿园。位于龙华区民治街道书香门第名苑内。占地面积3360平方米，建筑面积2339.05平方米，户外活动场地面积1880平方米。2022年，有教学班12个，在园幼儿414人。有教职工58人。其中，硕士研究生学历1人、本科学历25人、专科学历18人。秉承"浸润书香 育想未来"办园理念，贯彻"自主童意探索有方"课程理念，构建"书香课程体系"，从理念系统的建构与团队素养、课程路径的践行与教

学反馈、视觉系统的应用与教育环境三大维度搭建幼儿园教育文化体系。幼儿园坚持以幼儿为本，发现和读懂儿童，看见并珍视每个幼儿的独特价值，理解与阅见每个成长的个体。我们致力于为幼儿提供成长的环境支持、情感支持与心理陪伴支持，促进每个幼儿都能兑现天赋，热爱探索，忠于本性。
（许萌萌）

【龙华区行知实验小学附属碧水龙庭幼儿园】于2008年3月开园，2020年8月转型为龙华区公办幼儿园，由龙华区行知实验小学管理。占地面积2273.05平方米，建筑面积1845.09平方米，户外活动场地面积1700平方米。2022年，有班级10个，幼儿353人。有教职工50人。其中：中级职称1人，初级职称1人；本科及以上学历23人，大专学历21人，中专学历1人，高中学历5人。以"造一个真善美爱乐群的儿童世界"为办园理念，以"尊重孩子的天性，为每一个孩子的终身发展奠基"为办园宗旨，以"快乐教育是基础、养成教育是关键、创意教育是升华"为教育理念。在以幼儿为本基础上，培养目标是：真——童真、求真；善——善思、善为；美——以美启智、以美怡情。建立一支有快乐感、幸福感、使命感的教职工团队，形成核心教师观：快乐感——在工作中收获快乐；幸福感——交往中传递幸福；使命感——教育中坚守使命。以《3~6岁儿童学习与发展指南》作为课程设计依据，发展各年龄段儿童核心学习经验。童真课程、童趣活动、童创教学是落

实课程理念的三大亮点工程。该园课程是预成（沛思远瞻课程）和生成（节日项目活动）的结合，并科学实施适宜且特色鲜明的奥尔夫音乐活动，训练和改善儿童听觉记忆力。在教育教学中，教师利用游戏生成性、多变性、灵活性和挑战性特点，顺应孩子天性，引发幼儿探究和学习兴趣，使幼儿学习活动主体性得到有效落实。在基于同伴学习系列游戏中，通过幼儿操作和实践机会，将教育目标隐含在幼儿游戏互动过程中，使幼儿与同伴共同实践、协同合作，在同伴互相影响与推动下，体验成功乐趣，获得共同成长。先后获评龙华区教育系统微视频《园丁日志》二等奖、龙华区首届"相约云端，健康有你"职工线上运动会幼儿组团体奖、第20届童年童画国际幼儿创意绘画大赛教育成果三等奖、龙华区2021年"李宁杯"体操邀请赛优秀组织奖、第二十届"当代杯"全国幼儿教师职业技能大赛先进单位。　（陈丽云）

【龙华区潜龙学校附属鑫茂幼儿园】创办于2007年8月，为深圳市一级幼儿园，2020年9月转型为龙华区教育局下属公办幼儿园，由龙华区潜龙学校管理。建筑面积2485.16平方米，户外活动场地面积1500平方米。2022年，有教学班12个，在园幼儿427人。教职工60人。其中：中级职称2人，本科及以上学历32人；名师工作室成员3人，区优秀教师2人，龙华区"未来教育家"培养工程"航标班"成员1人，龙华区兼职教研员1人，龙华区"双减"督查员1

人。坚持"每个潜龙人都重要"办学理念，以"一切为了孩子快乐成长"为办学宗旨，开展月历（安全宣传月、春季采风月、感恩教育月、艺术展示月、爱国教育月、阅读月、运动月）活动和幼小衔接好习惯培养计划——阅读打卡、幼儿动作发展行动等活动。开设足球、武术、三棋等特色课程，形成积极向上的园所文化。参与深圳市学前教育保教示范项目研究1个、深圳市教育科学规划2019年推广应用课题1个。先后获评全国足球特色幼儿园、广东省首批健康促进幼儿园、广东省家校合作示范幼儿园、广东省"双优"幼儿园、广东省儿童青少年主题线上健身活动优秀组织单位。　（周　莉）

【龙华区丹堤实验学校附属丰泽湖幼儿园】创办于2003年9月，为丰泽湖山庄小区配套幼儿园。2012年6月通过广东省一级幼儿园评估，2015年6月成为深圳市第一批优质特色示范幼儿园，2020年6月转型为龙华区公办幼儿园。占地面积3210平方米，建筑面积3000平方米。2022年，有班级14个，在园幼儿443人。教职工68人。其中，本科及以上学历34人（硕士1人），初级职称3人。秉承"让孩子看到更大的世界"办园理念，坚持"以爱润其心，以新启其智，以身导其行"办园宗旨。重视教师队伍建设，着力提升教师专业素养和综合素质。教职工获得学前教育各类论文比赛一等奖10人次、二等奖23人次、三等奖15人次；获评"感动龙华"校园人物故事之教师之家1人，区先进教育工作

者1人，区优秀教师3人，"感动龙华人物"1人，"蒲公英教师"1人；入选龙华区"未来教育家"工程"航标班"1人、"撷英班"1人。　（饶　婷）

【龙华区教科院附属实验学校世纪春城幼儿园】创建于2009年，2020年6月转型为公办园，为深圳市一级幼儿园。占地面积3115平方米，建筑面积2592.49平方米，户外活动场地面积2058平方米。环境优美，设施齐全。2022年，开设班级14个，幼儿511人。有教职工73人，教师和保育员持证上岗率达100%，本科及以上学历教师占比76%。秉承"让每个生命成就完美自己"办学理念，以"健康、快乐、和谐、自由"为办园宗旨，努力创设自然、人文、科技相融合的教育环境，培养"健康与快乐、活泼与自信、竞争与合作、探索与创新"新时代儿童。以"悦自然"为基础，打造大游戏运动场、音乐沙水公园、拓展乐园和空中农场种植区等幼儿游戏、体验区域，为幼儿创设一个绿色、开放和自然的大空间。以"悦游戏"为特色，构建科学多元的综合性教育课程，让幼儿在游戏、体验、实践和阅读活动中感受成长快乐与美好。"马赛克方法在幼儿园课程中运用的实践研究"在中国学前教育研究会"十四五"滚动课题成功立项。以"悦成长"为目标，践行务实求真精粹管理，营造尊重、合作、创新与发展的工作环境。先后获评"广东省食品安全示范学校食堂""广东省健康促进示范幼儿园""深圳市普惠性幼儿园""深圳

市龙华区妇幼保健院儿童心理保健示范园""龙华区更高水平安全文明校园"。 （张秀珍）

【龙华区行知小学附属丰润幼儿园】创办于1999年，2020年8月13日转型为公办幼儿园。占地面积2930平方米，建筑面积2383.83平方米，户外活动场地面积2135平方米。2022年，有班级11个，幼儿389人。有教职工54人，其中幼儿园一级教师2人、本科及以上学历33人。该园为3层独立建筑，结构小巧，布局合理。活动室宽敞明亮，户外活动场地根据园所特点因地制宜设计运动操场、足球场、骑行区、攀爬区、户外建构区、沙水区、音乐区、种植区等，活动室和户外场地设备设施能够满足活动组织和幼儿发展需求。以"以人为本、和谐发展"为办园理念，以"让生活在这里的每一个人都幸福"为办园目标，以"健康、尊重、自主、探索"为幼儿培养目标，以"生态课程"为园本课程，从"我和自己、我和自然、我和社会"3个维度出发，让孩子们在课程中浸润濡养，潜移默化、保持童趣童真、健康自然成长。先后获评广东省一级幼儿园、深圳市普惠性幼儿园、深圳市首批优质特色示范幼儿园创建单位、深圳市绿色幼儿园、深圳市生活垃圾分类新风尚幼儿园、龙华区卫生保健优秀幼儿园。 （肖彩容）

【龙华区行知小学附属锦绣江南幼儿园】为龙华区第一批政府产权转型公办园，深圳市一级幼儿园。占地面积3340平方米，建筑面积

3331平方米，户外活动场地面积2573平方米。室内有美术室、阅读室、音体室等功能室，打造有喝茶吧、陶艺馆、建构馆、锦绣乐园、绿色长廊，丰富幼儿在园活动；户外游戏场地宽敞、安全，设有沙池、水池、塑胶跑道、足球场等，满足幼儿健康成长及多元化发展需求。2022年，有班级14个，幼儿481人。有教职工69人。其中，区幼教督学1人，全日制本科学历10人（本科率91%），教职工持证率100%，专任教师大专率100%。秉承"自由自在、自然而然"办园宗旨，以"学会求知、学会做事、学会共处、学会生活，培养创新精神，注重和谐发展"为培养目标，提升教学品质，致力于打造有生命力的生态幼儿园。先后获评"广东省健康促进幼儿园""深圳市生活垃圾分类绿色单位""深圳市卫生保健优秀幼儿园""深圳市家门口的优质幼儿园""龙华区幼儿足球试点园""龙华区儿童心理保健示范园"；"基于信息技术与资源支持的新教师专业成长路径研究"获广东省学前教育"新课程"科学保教示范项目立项，"生态教育学视角下健康教育课程创生与实施的行动研究"课题通过龙华区教育科学研究院一般课题立项。 （黄乐翠）

【龙华区奥德宝幼儿园】为龙华区一级幼儿园。占地面积1200平方米，建筑面积887.5平方米，运动场地面积680平方米。2022年，有教学班6个，学生133人。有教职工33人。其中，本科及以上学历4人，专任教师、保育员100%

持有资格证、上岗证。园所独立完整，布局合理。室内设有音乐室、美术室、图书室，室外设有种植区、玩沙池、涂鸦区、大型玩具场，为幼儿全面发展提供良好条件。坚持"一切为了孩子的发展"办学宗旨，培养幼儿会生活、会学习、会交往、会创新。以蒙氏和小钟琴为特色开展系列教育教学活动，激发儿童潜能，在宽松、愉快环境中发展孩子独立、自信、专注、创造等能力，为孩子成长打下良好素质基础。每学期进行小钟琴展演，锻炼和提升幼儿专业知识及表演能力。重视每个孩子的独特性，发挥其内在潜能；重视提供开放、自由的物质环境，鼓励孩子积极发现和创造，使孩子获得充分自我表现机会，教学成果得到家长赞赏。 （凌 晶）

【龙华区民治小学附属卓能雅苑幼儿园】为龙华区一级政府产权幼儿园。创办于2018年2月，2020年8月转型为公办幼儿园。占地面积2766.71平方米，建筑面积2400.58平方米。该园有3层建筑，园内布局合理，设计独具匠心，体现艺术化、儿童化、教育化和生态化。设有音乐厅、科学探究馆、雅趣图书馆等功能室；户外运动场绿草如茵、果树成林，有运动场、大型玩具、30米直跑道、种植区、玩沙池和玩水池。2022年，有班级12个，幼儿393人。有教职工56人。其中：中级职称1人，初级职称3人；本科及以上学历32人（硕士2人）。践行"唤醒每个孩子的内在生长力"办园理念，秉承"让卓能之花自然绽放"办园宗旨，坚

持"办一所童趣臻美的成长乐园"办园宗旨，注重教育本质，用工匠精神做情怀教育。园本课程以深度学习为切入点，从节日、生活、自然和自我4个方面进行课程内容选择。节日活动培根铸魂，生活活动、自然活动启智增慧，自我发展活动启智润心。培养具有3种思维（成长型思维、积极思维和探究性思维）、7种能力（健康力、自信力、交往力、学习力、坚韧力、审美力和创造力）、全面发展的现代中国儿童。先后获评第十八届"当代杯"全国幼儿教师职业技能大赛先进单位、第五届"书报杯"优秀教科研单位、深圳市普惠性幼儿园、深圳市绿色幼儿园；获2022年全国幼儿教师职业技能大赛优秀组织奖、第十五届"暖暖杯"少儿围棋比赛团体一等奖、龙华区2021年"李宁杯"体操邀请赛优秀组织奖。　　（白翠萍）

【龙华区亮宝宝幼儿园】创办于2022年1月。占地面积950平方米，建筑面积894.1平方米。2022年，有班级6个，在园幼儿120人。有教职工23人。其中，专职教师10人、保育教师5人，教师学历均达标。坚持以"发展孩子、服务家长、成就老师"为宗旨，不断完善办园设施、优化育人环境，给予孩子潜移默化的影响和熏陶。根据幼儿年龄特点和个性差异，制定系列幼儿行为规范，对幼儿进行安全礼仪教育、活动常规教育和卫生习惯教育，培养幼儿自理能力。成立家长学校和家长委员会，通过家长教育主题讲座、家长会、家访、家长开放日、电话访问等形式搭建家

园共育平台。　　（梁梦洁）

【龙华区宏博幼儿园】是经龙华区教育局审批合格的规范化幼儿园。占地面积3260平方米，建筑面积7478平方米，户外活动场地面积2400平方米。2022年，有班级18个，教职员工59人。开设有美工室、科学室、图书室、舞蹈室、沙水池、亲子阅览区、户外建构区、体育游戏室等，配置大型玩具，开发有幼儿园兴趣角，能满足幼儿各种活动需求。坚持以儿童为中心，围绕学习、生活、运动、游戏主题开展整合性、基础性教学。融科学性、趣味性、艺术性、安全性于一体，尊重幼儿个性特点，强调艺术启蒙，把培养健康活泼、独立自信、乐学创新、善于合作、顽强勇敢的小朋友作为培养目标，给孩子健康快乐的童年。　　（谢彩玲）

【龙华区龙腾学校附属幼儿园】创办于2007年2月，2020年5月转型为公办园。占地面积2953.35平方米，建筑面积2483.2平方米，户外活动场地面积2105.11平方米。2022年，有教学班级12个，在园幼儿400人，教职工59人。以"让教育更懂儿童，让儿童的思想看得见"为办园理念，贯彻"办一所温暖有爱，向阳生长的幼儿园"办园目标，遵循儿童身心发展规律及年龄特点，追随儿童兴趣，整合家庭和社区教育资源，创设以自然生态、传统艺术、科技素养为核心的主题探究学习课程。通过游戏、观察、操作等方式发现问题、思考问题、讨论问题、解决问题，培养

爱表达、喜体验、善探究、会合作、敢创造的儿童，塑造具有传统底蕴、国际素养和创新精神的现代小公民。提升办园质量，改善办园条件，提高管理水平，发展课程教育，获得家长普遍认可。获评"全国围棋特色学校（幼儿园）""深圳市卫生保健优秀幼儿园""龙华区卫生保健优秀幼儿园"，参与第二批"龙华区心理保健示范园"医教研项目。　　（许悦芝）

【龙华区红山幼教集团尚龙苑幼儿园】创办于2022年10月。为龙华区教科院直属公办园，人才安居小区配套园。位于龙华区民治街道民塘路与民兴街交会处。占地面积2700平方米，建筑面积2400平方米，户外活动场地面积1915.15平方米，绿化面积273平方米。班内配有"云"空间网络设备，园内配备"三防一体"安全保障系统。核定规模9个班，学位270个。2022年，开设班级7个，在园幼儿237人。有教职工35人。其中：专任教师16人，本科率100%；管理干部5人，均本科及以上学历；中级职称2人，初级职称5人；有省级管理骨干1人，获得市级荣誉4人、区级荣誉7人次；发表和获奖论文15篇，各级各类教学评优获奖4人次。办学文化特色鲜明。秉持"发展为本，幸福同行"办园理念，践行"依法治园、专业管理、共同发展"办园思想，锁定"幼有善育、师有情怀、园有品位"办园目标和"健康自信、友善聪慧、自主和谐"培养目标，建构生活、生存、生长"三生教育"特色课程；致力于打造高尚师德、高学历、高

情商、高专业度和执行力强"四高一强"员工团队，创办高质量幼儿园，引领幼儿园、教师、幼儿、家长共同成长。 （邓玉金）

【龙华区未来小学附属里程幼儿园】创办于2019年12月，为龙华区市一级公办幼儿园。占地面积4910.87平方米，建筑面积3523.42平方米，户外活动场地面积3868.17平方米。设有美术室、科学室、音乐室、绘本馆、木工坊、烘焙坊6个功能室；全园监控设备全覆盖，班级配备广播系统、电教系统和网络系统等现代化教学设备设施，符合现代化办学要求。2022年，有幼儿512人，教职工77人，教职工与幼儿比例为1∶6.64。行政中层和专任教师专本学历占比100%，任职资格持证率100%。坚持以"儿童为本，幸福未来"为办园理念，定位"幸福教育"园本特色。构建传统文化与现代文明相融合、一日生活为载体，以追求"幸福"为价值取向的课程体系；确立"幸福童年，幸福家庭，幸福人生"办学目标和"乐、智、善、礼"培养目标，创设以儿童为视角的园舍文化环境，形成团结、协作、温馨的人文特色。开设足球、武术等素质教育特色课程。先后获评2022年度第二十届"当代杯"全国幼儿教师职业技能大赛先进单位、广东省教育学会学前教育专业委员会年会论文优秀组织奖、社区共治之星称号，获2021年龙华区"教育杯"棋类比赛总团体第八名、龙华区幼儿园篮球嘉年华二等奖、粤港澳少儿武术大赛一等奖等多项荣誉。 （陈秋平）

【龙华区未来幼教集团龙观幼儿园】占地面积2279.86平方米，建筑面积3120.16平方米，户外活动场地面积964.1平方米，绿化面积973.71平方米。园区内开设音乐厅，用音乐开启孩子智慧之门，为孩子带来不一样的音乐世界。2022年，办学规模9个班。有教职工35人。其中，专任教师15人，专业合格率100%、本科率100%。教师队伍精诚团结，朝气蓬勃，潜精研思，循循善诱，尊重、关爱、鼓励、呵护孩子幸福成长。行政管理团队专业能力强。其中有南京师范大学学前教育专业心理学、教育学学士1人，龙华区学前"未来教育家"之"撷英班"成员2人，龙华区兼职幼教督学1人，龙华区"名师工程"学科类骨干教师1人，龙华区优秀教师1人，教研人员多次参加市级、区级课题工作，收获宝贵经验和优异成绩。该园以"科学探究、快乐劳动"为办学特色，为儿童建构"走进生活、亲近科技、发现探究、好玩有趣"童心研究园，让孩子探索无穷奥秘、享受快乐；让教师探究幼教规律、播种大爱；让家长探讨家园互动、收获希望。 （钟文忠）

【龙华区华联幼儿园】创办于2013年3月。为华南吉东教育集团所属第八分园，市一级普惠性全日制民办园。占地面积4628平方米，建筑面积6856.97平方米，户外活动场地面积2526平方米。2022年，有20个班，幼儿600人。教职工87人。其中，获评市级优秀教师1人、区级优秀教师4人。坚持"培养吉祥幸福学子，传承东方教育文

明"教育理念，秉承"平等快乐和谐发展"办园理念，办好社区家长放心、孩子开心、教师幸福的新时期高品质幼儿园。紧随"看见儿童"深圳学前教育步伐，情系"幼有善育，学有优教"教育航标，以《深圳经济特区学前教育条例》为新准则，怀揣新愿景，凝心聚焦于"为孩子们扣好人生第一粒纽扣"，围绕幼儿幸福成长，向着高质量发展目标不懈努力。 （吴菊珍）

【龙华区乐景幼儿园】创办于1996年9月。位于龙华区龙华街道乐景花园小区内。2022年，有教学班6个，教职工29人。整体环境温馨、舒适，各类教玩具配置科学、合理，为幼儿提供良好学习、生活环境。以"一日生活皆课程"理念，关注儿童个性化需求和发展潜力，根据幼儿经验、能力、兴趣和需要，通过区域活动、主题探究活动、节庆活动、环境教育等实施教育教学。秉承"给孩子双倍的爱"办园宗旨，拥有一支积极向上、爱岗敬业教职工队伍，倡导"认真工作、开心生活"管理方式，努力建立以爱为核心的园所文化。先后获评广东省"巾帼文明示范岗"、龙华区一级幼儿园。 （杨开好）

【龙华区春苗幼儿园】为龙华区一级民办幼儿园。位于龙华区龙华街道景华新村内。规划布局合理，教学设备现代化。教室温馨、舒适，各班均配有一体机、电钢琴等设备，设有美术室、科学室、音乐室、图书室等多个功能室；户外活动场地宽敞，有大型多功能游乐设施、2个运动场、30米直跑道、沙

池、种植区等。每学期开展多种形式的技能展示活动，有师德师风演讲比赛、班级环境创设评比、保育员技能技巧比赛、师幼故事比赛等；每学期组织一次安全应急演练、消防演练、防拐演练等；每学年邀请消防、公安、卫生相关人士对教职工进行针对性安全知识培训。开展丰富多彩的户外活动和体育活动，培养幼儿参与体育活动的兴趣。开展每周两次"大循环""户外搭建""家长助教"等活动，让家长亲身参与，直观感受孩子的体能发展。　（李敏建）

【龙华区龙华第三小学附属小太阳幼儿园】为深圳市一级幼儿园，2020年6月转型为公办幼儿园。占地面积800平方米，建筑面积1706平方米。2022年，有教学班8个，在园幼儿283人。有教职工40人，其中专任教师本科及以上学历14人。改善办园条件，创设适宜幼儿生活的环境，建立科学、规范的幼儿园管理模式。坚持"每

一颗星星都闪亮"办学理念，以"适宜师幼成长的幸福乐园"办学目标，培养健康聪明、自信大方、乐于探索的新时代儿童。秉持尊重儿童主体地位的儿童观、坚持观察评价式的教师观和基于儿童经验的生活化课程观，构建小太阳"生活化课程"。结合二十四节气习俗，构建多元化食育实践课程。从幼儿生活入手，将与幼儿生活相关的生活经验贯穿于课程架构中，形成特色食育课程体系。提高认识、完善制度，加强安全工作。创建快乐、学习、合作、分享的教师队伍，关注教师素质，落实师资培训。严把健康检查与疾病防治关，利用幼儿园每个角落和空间开辟幼儿活动场地。设有舞蹈、美术和图书3个功能室，保证幼儿活动质量。先后获评广东省安全文明校园、深圳市一级幼儿园、深圳市A级食堂、深圳市平安校园示范园。　（廖　川）

【龙华区油松幼儿园】2014年9月获评"深圳市普惠性幼儿园"，

2016年1月获评"深圳市一级幼儿园"，2016年12月获评"广东省健康促进示范幼儿园"，2017年7月获评"深圳市幼儿园精粹化管理基地"，2018年7月升级为"深圳市A级食堂"，2019年8月获评"2015—2018年度深圳市优质办学幼儿园"。占地面积4063平方米，建筑面积3700平方米，运动场地面积1973平方米。2022年，有教学班15个，幼儿510人，教职工73人。致力于培养健康、快乐、自信、乐群，人格健全的现代儿童。坚持让孩子在运动中成长，在愉快的动手动脑中促进各种潜能发展，全面提高综合素质。教学以游戏为中心，寓教于乐，引进以多元智能为理论基础的先进教学方法，全面促进幼儿和谐发展。开展幼儿体育为主、美术为辅的特色教育。在2020年举办的龙华区幼儿足球嘉年华中获"精英团队奖"；在深圳市第三届"功夫之星"友谊赛中获团队金奖。　（朱　凌）

【龙华区松和小学附属水斗星幼儿园】为龙华区一级幼儿园。占地面积4325.05平方米，建筑面积4907.52平方米，运动场地面积1723.31平方米。2022年，有班级13个，教职工56人。园所温馨、舒适，开设多个功能室和体验馆，让儿童在安全、丰富、适宜的环境中完成在园一日生活。秉承"尊重、理解、接纳、成长"办园理念，以"体健、勤思、乐学、慧言、尚美"为培养目标，探索和发掘优质教育资源，构建以儿童为本的园本课程，为儿童全面发展提供有力保障。在结合"幼小衔接"主

2022年11月18日，龙华区龙华第三小学附属小太阳幼儿园开展消防演习活动
（龙华第三小学附属小太阳幼儿园　供）

题活动开展过程中延伸出"烘焙体验课程"，并在园内设立"烘焙体验馆"，为儿童创设真实学习环境，开启沉浸式学习之旅。在烘焙操作中，儿童不断尝试、不断挑战，从认识工具到学习工具使用方法，再到感知使用力度、技巧，自主操作的快乐和食物带来的惊喜在烘烤弥漫的香味中绽放。 （周锦玲）

【龙华区卓乐幼儿园】创办于2015年3月。位于龙华区东环二路2号富士康科技园内。占地面积8500平方米，建筑面积9000平方米，户外活动场地面积5000平方米。2022年，有教学班24个。教学资源丰富，设施设备齐全，创建有音体、舞蹈、阅览、美术、科学、感统、多功能等7个功能室。各班活动室200平方米，室内布局合理温馨，分别有小组活动区、盥洗区、独立午休区等。户外设置17个运动及自主游戏区，其中包含大运动场、跑道、大型器械场、种植园及沙水、攀爬、弹跳、投掷、推拉、球类等体验区。秉持"赋予孩子卓越快乐的一生"办园理念，结合国际视野者、终身学习者、创新思维者、人格健全者、体魄强健者等"五者"培养目标，构建"身心脑"一体发展教育教学模式。主张赋予孩子开放教育环境，致力于培养孩子学习习惯和乐趣，培养孩子创造力和解决问题能力，培养孩子团队合作意识及尊重理解他人，培养孩子健康身体、心灵和精神，帮助孩子建立健康的人生观和世界观。先后获评广东省健康促进示范幼儿园、深圳市一级幼儿园、深圳市消防安全示范园、深圳市优秀保健园、龙华区先进单位等。

（宁 莉）

【龙华区盛世江南幼儿园】占地面积2897平方米，建筑面积2556.49平方米，户外活动场地面积1650平方米，绿化覆盖率69%。2022年，有教学班11个，在园儿童385人，教职工66人。秉承"让每一个孩子体验成长的快乐"办园理念，以"培养健康快乐、优雅睿智、自信勇敢的儿童"为目标，把课程建设作为推进幼儿园保教质量关键路径。"阅读月""健康月""牵手月"活动发展成为具有园本特色的园所活动。通过探索实践"课程育人、课程精师"创新型家园共育模式、储备干部培养机制、6S管理等，优化办学条件，科学管理，发展内涵。全体教职工以"倾情专注，助力翱翔"为使命，屡创佳绩，办学成果显著，社会影响持续向好。先后获评"广东省健康促进示范幼儿园""广东省公益爱心单位""广东省安全工作先进单位""深圳市童话节优秀组织单位""深圳市杰出抗疫团队"，多次在省、市、区各类体育运动比赛中获嘉奖。 （刘 丹）

【龙华区和平实验小学附属尚峻幼儿园】为龙华区一级幼儿园，龙华区"巾帼文明岗"园所，龙华区妇幼保健院心理项目示范园所。占地面积2700平方米。2022年，开设班级9个。有教职工45人。其中，龙华区"未来教育家"之"航标班""铸匠班""撷英班"学员各1人，教师多次参加区级教师技能大赛并获一、二等奖。坚持"自然尚美 求真峻德"办学宗旨，贯彻让每个幼儿与自然、社会和自我真实互动的课程理念，注重培养幼儿关键能力和必备品格，成为主动学习者。实施"1+1+1>3"教学模式，即："三节三礼"（科创节、艺术节、体育节，入学礼、升班礼、毕业礼）+项目探究游戏活动+多彩养成教育培养，形成注重幼儿核心素养、面向未来的教育。

（艾 佳）

【龙华区高峰学校附属北极星幼儿园】创办于2013年9月。位于龙华区大浪街道高峰社区下早新村47号。占地面积1937.32平方米，建筑面积2917.5平方米，运动场地面积689.38平方米。配备美工室、科学室、舞蹈室、阅览室等功能活动室。秉承"拥抱自然与艺术，对话世界与未来"理念，以儿童发展为核心，寓教于乐，与幼儿共成长。进行课程探究与实践，依托园所环境挖掘多种资源，摸索适宜于该园的课程方案。以主题教学活动为主，从幼儿经验、兴趣点出发，围绕幼儿生活半径预设/生成主题活动。重视中国传统文化教育，以二十四节气为契机，开展自然观察、探究体验活动。（莫翠霞）

【龙华区翠景幼儿园】为全蒙氏蒙特梭利龙华区一级民办幼儿园。有符合幼儿健康发展要求的活动室、盥洗室，有培养幼儿兴趣与能力的功能室、美术室、阅览室，户外设有玩沙池、玩水池、大型攀爬架玩具等促进幼儿体能发展的各类体育设施，能满足幼儿生活、成长、发展需要。2022年，有班级7个。

有教职工 34 人，各岗位人员持证上岗、学历达标。以蒙特梭利教育为主导，按照蒙氏五大领域开展教育活动，体现实物化、操作化、情景化、游戏化、主体化、体验化教学特点，使孩子在自由、轻松、快乐的环境中学习、成长，德、智、体全面发展。让孩子学会生活、学会学习、学会工作、学会创造、学会社交，为其一生幸福做好准备。

（卜 晶）

【龙华区爱义幼儿园】为广东省一级幼儿园。占地面积 4924.57 平方米，建筑面积 6749.28 平方米，户外活动场地面积 3905 平方米，绿化覆盖率 98%。园内布局合理，环境优美，设施设备齐全，满足幼儿优质教育需求。教室宽敞明亮，每班配有多媒体一体机；设有音乐、美术、体育活动室和图书阅览室、科学发现室、综合游戏室、档案室、会议室等功能室；户外有幼儿喜爱的戏水池、玩沙池、泥巴区、波波池、攀爬墙、大型器械、篮球场、足球场等活动场所和丰富新颖的教玩具操作材料。2022 年，开设教学班 15 个，在读幼儿 422 人。严格按照广东省一级幼儿园标准配备"两教一保"。教师专业合格率 100%，教师大专学历达 100%，人员配备、岗位设置、人数比例符合政府规定。全面贯彻教育方针，落实《幼儿园教育指导纲要》《3~6 岁儿童学习与发展指南》等文件精神，全面实施素质教育。以"养成习惯，发现天赋，培养兴趣，全面发展"为办园思想，秉承"用爱为孩子的成长铺路"办园宗旨，坚持"用爱呵护、用爱塑造、用爱成就"办园理念，以"健康教育"为特色，以"培养健康、阳光、自信的儿童，办高品质有特色的品牌园"为目标，有序推进硬件建设、规范管理、教育教学、员工成长、社区服务、家长培训和幼儿多元智能开发工作。先后获评广东省一级幼儿园、广东省健康促进示范幼儿园、广东省绿色学校、深圳市优质特色示范幼儿园、深圳市精粹管理基地园、深圳市卫生保健优秀幼儿园、深圳市"巾帼文明岗"、宝安区教师家长培训"双优"幼儿园、龙华区平安校园示范校、龙华区无烟校园。

（刘 英）

【龙华区第二外国语学校附属尚美幼儿园】于 2020 年 11 月转型为龙华区公办幼儿园。位于龙华区大浪街道赖屋山社区。占地面积 1401.58 平方米，建筑面积 2699.45 平方米，户外活动场地面积 901.72 平方米。园内各项设施设备齐全，拥有一支高素质、稳定的教职员工团队。2022 年，有班级 11 个，幼儿 362 人。有教职工 48 人，其中专任教师 22 人，教师专业合格率达 100%，各岗位人员均持证上岗。坚持"生命尚青，时时向美"办园理念，践行"快乐地生活、主动地探究、行动中学习、经验中发展"课程理念，注重从幼儿体验入手，以快乐生活带动主动探究，以行动学习彰显过程品质，以过程经历建构自我经验。让幼儿在"遇见美好、体验幸福"过程中促进其身心全面和谐发展。以"尚自然，美生命"为办园目标，引领园所不断完善、优化、发展。"尚自然"园所环境融合自然，为幼儿创造一个富有自然生态气息的成长环境，呈现亲自然特征；教育活动遵循自然，遵循生命生长规律，尊重幼儿个性发展，创设生命成长的绿色场域，尊重生命个体；文化氛围体现自然，重视人与人之间互相关怀、自在对话、共同行动，打造和谐温馨的教育共同体。"美生命"园所环境重视展现美，为幼儿创设极具幼儿特色的美感场域，突出有创意的美感；园所活动重视启发美，让幼儿感知、体验、表达美，形成美的认知；园所文化重视创造美，以对美的探索与表现激发幼儿创造力，用创意文化氛围引导幼儿自由探索。

（李莉莉）

【龙华区大浪幼教集团星曜幼儿园】为龙华区教育局直属公办幼儿园。位于龙华区大浪街道华兴路星曜小区内，占地面积 2703.23 平方米，建筑面积 2403.45 平方米，户外活动场地面积 1816.19 平方米。2022 年，有班级 9 个。有教职工 28 人，其中，行政管理人员 2 人、专任教师 17 人、硕士研究生学历 1 人、龙华区幼教督学 2 人、龙华区名班主任 1 人，教职工专业合格率达 100%，教师本科率达 100%。队伍专业结构合理，名师引领，骨干支撑，新秀崛起，素质优良。以"万物皆有趣"为办园理念，以积极心理学理论驱动，贯穿以"人文 + 自然"双轨并进路线，让孩子在积极正向的教育关怀中唤醒自我认知、发展多元能力。从儿童视角发现自然景观之趣、校园文化之趣、教育情怀之趣、生命成长之趣，在乐与趣齐辉中成为力行、善交、晓爱、创美的探索者和创造者。美育特色

重点从幼儿出发，围绕系列活动以启发、引导方式唤起孩子情绪、触动孩子内心，吸引孩子在环境中主动探索。　　　　　（王欣欣）

【龙华区幸福花蕾幼儿园】创办于2015年8月，为深圳市一级普惠性幼儿园。占地面积3800平方米，户外活动场地面积2800平方米。硬件设施齐备，创设集净化、美化、趣味化于一体的环境为教育服务。配置培养幼儿兴趣与全面成长的音体室、创意美术室、快乐阅读室等功能室；户外有篮球场、足球场、运动场等运动场地，有大型玩具、玩水池、玩沙池及趣味植物园等游玩场地，满足幼儿探索自然需求，符合其好奇、好动、好模仿的成长特性。教育理念独特。以自然为载体、真爱为土壤，开展以主题区域活动为主的游戏化课程，使儿童在释放天性环境中发展健康身心、在优慢节奏中启迪智慧、在丰富多元活动中提升格局。注重情景体验和幼儿参与互动，通过多元游戏完成教育目标，让孩子先做再教，调动内在学习潜能。把勇敢、自信、敢于探索的精神作为目标，培养健全发展、面向未来、和谐幸福的新时代儿童。致力于打造一支师德高尚、业务精湛、富有创造活力的专业化教师队伍，以幼儿需求为出发点，用细心、爱心和耐心呵护每个孩子，让孩子在爱的氛围中快乐健康地成长。2016年12月获评"广东省健康促进示范幼儿园"，2018年开展区级"以游戏为基本活动"幼儿园课程建设研究，2022年获评"龙华区优秀卫生保健园"。　　　　　　　　　（麻玉雪）

【龙华区大浪实验学校附属时尚幼儿园】为龙华区第一批"民转公"幼儿园之一。位于龙华区大浪街道石凹第二工业区时尚服装基地内。占地面积2087平方米，建筑面积2602.54平方米，户外活动场地面积1599平方米。2022年，开设教学班11个，有在园幼儿333人。有教职工46人。其中，在读研究生1人，名师工作室2人，发表专业论文34人次，获区级荣誉5人次。以"纳悦前行　三乐共生"为办园宗旨，构建儿童的快乐、带动家长的满意、提升教师的专业自信发展，达到三乐和谐共生目标；贯彻"以人为本，健康发展"教育理念，专注人的健康发展、品格的健全培养、兴趣的支持开发；以"与时俱进　尚美求真"为办园目标，倡导不断学习进取，始终保持对"真善美"的不懈追求；开展"快乐、活泼、和谐、悦赏"教育，致力于给孩子一个快乐和谐的童年，许家长一个保有童真的儿童，给老师和谐纳悦的成长摇篮。（刘伶俐）

【龙华区行知学校附属锦绣观园幼儿园】创办于2015年9月，2020年6月转型成为公办幼儿园。为深圳市一级、政府产权小区配套幼儿园。园舍独立，布局合理。占地面积2700平方米，建筑面积2472.29平方米，户外活动场地面积2353平方米。2022年，有教学班12个，幼儿415人。有教职工58人，其中：行政人员5人；教师包括龙华区学前教育"未来教育家"工程"航标班""撷英班""育秀班"成员，专业合格率为100%。坚持"点滴之行　日日所新"办园理念，

秉承"怀揣教育理想　不忘初心育人"办园宗旨，改善办园条件、提高教师素养、提升办园水平。以《3~6岁儿童学习与发展指南》为指导，借鉴积极心理学理论、高瞻课程模式和任务清单学习法，以幼儿主动学习为核心，学习内容以任务形式呈现，涵盖五大领域，将幼儿好奇心和学习兴趣、认真专注、积极主动、敢于探究和尝试、乐于想象和创造、计划性与条理性、坚持与合作等学习品质与积极心理品质贯穿学习始终，朝着"打造面向未来的幸福园地"的办园目标而努力，培养知行合一的终身学习者。2022年，教师共发表论文20余篇；幼儿园立项课题3个，分别为龙华区、深圳市、中国学前教育研究会"十四五"2022年度教育科学规划课题；完成"深圳市绿色幼儿园""龙华区平安校园""龙华区无烟校园"等创建工作；获评"龙华区'巾帼文明岗'""龙华区卫生保健优秀幼儿园"。　　　（刘冬梅）

【龙华区育宝幼儿园】创办于2022年9月，位于龙华区福城街道大水坑社区观光路1403号。占地面积3176平方米，建筑面积3911平方米，户外活动场地面积1815平方米。班级配有一体机、电钢琴等教学设备，有音体室、阅览室、科创室、美术室等功能性活动室。核定规模16个班。2022年，实际开设小班2个、中班1个、大班1个。有教职工20人。其中：专任教师8人（本科学历2人，大专学历6人）；保健医生1人，具有大专学历及保健医生上岗证；行政班子成员4人，均为本科学历。着力为孩

子打造温馨适宜的生活学习环境，以"用爱心点燃希望，用专业呵护成长"办园宗旨，培养好幼儿，服务好家长，回馈于社会，构建师生共同成长的幸福家园。以"主题探究"为课程架构，以儿童视角，结合幼儿身边环境、兴趣、事件等主题素材来源，以探究式学习方式提高幼儿解决问题能力和思维能力。将奥尔夫音乐教学融入日常活动中，让幼儿在奥尔夫音乐活动中提高感受音乐的能力，同时让幼儿在舞蹈、美术、戏剧、文学等方面均有所发展，在快乐中生活、在生活中学习。　　　　（郑庆华）

【龙华区福悦幼儿园】为龙华区一级普惠性幼儿园。位于龙华区福城街道福民社区。占地面积4000平方米，建筑面积2500平方米，户外活动场地面积2300余平方米。2022年，有教学班级14个。有教职工58人。其中：正园长1人，副园长2人；教师28人，专业合格率达100%、大专学历达100%；保健医生3人，财务人员1人，保育员14人，后勤工作人员9人。室内设有音乐活动室、图书阅览室、美术活动室、科学启蒙室、综合游戏区等，提供丰富的玩具和辅助性操作材料，满足幼儿探索实践需要；室外设有运动场、30米塑胶跑道、攀爬墙、玩沙池、玩水池、种植园等，让幼儿充分接触阳光，并在运动中提高体能，促进其身体健康发育。在户外场地划分跑跳区、平衡区、球类区等，并根据不同场地功能配备辅助锻炼运动体育器械，自由体育活动时间幼儿可以跨越班级界限，与其他班级小伙

伴玩耍，锻炼幼儿体能，促进其交往能力。以"爱心给孩子、放心给家长、满意给社会"为办园目标，本着"以人为本、师幼共同成长、和谐发展"办园理念，为幼儿、家长、社会提供满意周到的教育服务。　　　　　　　　（杨红霞）

【龙华区教科院附属学校福安雅园幼儿园】为深圳市公办普惠性幼儿园。位于龙华区福城街道福前路福安雅园小区内。占地面积4300平方米，建筑面积4000平方米。园舍独立完整，活动室宽敞明亮，户外活动场地宽阔，满足孩子学习和活动需要，为孩子提供优质教育。2022年，有班级16个，幼儿580人，教职工76人。秉承"传承·生态·探索·创新"办园理念，致力于培养未来社会公民。根植于中国传统文化精髓，从孩子最童真本心出发，尊重孩子天性，用生命影响生命、用生命温润生命。通过与自然、社会、自我的真实体验，读懂生命的意义，让孩子自由探索、自然成长。以《3~6岁儿童学习与发展指南》《幼儿园教育工作纲要（试行）》《幼儿保育教育评估指南》为指导思想，以生态系统理论、建构主义理论以及积极心理学为理论基础建构园本化课程。通过节日节气活动，感受中国传统文化；以基于STEM教育理念下的主题探究活动为主线，以问题为导向，开展项目化系列学习活动（艺术月、种植月、生态文明月、科技月、运动月、读书月）和"特色区域"活动（活字印刷、木工坊、皮影戏、食育生活馆、版画创作）。幼儿在发现问题、思考问题、动手操作、解

决问题过程中，从科学、技术、数学、工程、艺术等多个方面全面发展幼儿的综合学习及思维能力。获评2018—2021年深圳市卫生保健优秀幼儿园；获2020年龙华区幼儿园膳食调查和营养评估报告评比活动优秀奖，2022年度师德师风征文比赛一等奖（王晓婷），龙华区青少年第三届"希望杯"幼儿足球邀请赛冠军；2022年，"STEM教育理念下的主题探究活动的研究""关于美术欣赏培养幼儿审美及创造力的研究"2项区级课题立项。　　　　　　　　（郑丽芬）

【龙华区福城幼教集团丰懿幼儿园】为2021年6月由龙华区政府批复设立的区二类事业单位，2022年4月19日正式开园。位于龙华区福城街道观兴东路与新丹路交会处。占地面积3200平方米，建筑面积3000平方米。开设9个班。有教职工43人。其中：本科以上学历32人（硕士研究生学历2人）；龙华区学前教育"未来教育家"工程之"航标工程""撷英工程""育秀工程"培养对象各1人。有龙华区名园长工作室1个。园内设有科探馆、攀爬探险区、玩水区、沙池区、养殖区、户外农家小院、天台种植区等，创设有利于幼儿发展的互动环境，促进幼儿全面发展。以"丰盈生命，完整生长"为核心理念，以全人教育为理论支撑，全时空、全环境、全课程培根铸魂；支持、成就幼儿全面发展，扎实孩子人生根基，积极构建师生精神家园、成长乐园及和谐生态校园；立足当下，面向未来，培养积极自主、自信乐群、勇毅果敢、求真创

新的阳光幼儿。遵循"以人为本"管理理念，倡导民主、平等、合作、进取的工作作风，尊重教师、欣赏教师、成就教师，为营造和谐教育团队提供良好氛围，锻造一支积极阳光、质朴求真、尚善至美、自主创新的教师队伍。为幼儿努力创设充满游戏、快乐、自主的"开放式"环境，让幼儿在游戏过程中与学习环境发生积极互动，获得丰富而有益的体验，使幼儿个性得到充分凸显和张扬。2022年，获评龙华区第二批"儿童心理保健示范园"，被评定为"A级厨房"；在2022年龙华区幼儿园膳食调查和营养评估报告评比活动中获一等奖。　　　　　　　（曹立峥）

【龙华区小星星第二幼儿园】创办于2016年9月，为全日制民办幼儿园。2018年1月通过龙华区一级幼儿园评估，2018年9月通过龙华区普惠性幼儿园认定。占地面积3000平方米，建筑面积3617平方米，户外活动场地面积2170平方米。室内设有音体室、图书阅读室、美工室、科学室等功能室，每班配置有电钢琴、电脑、投影仪以及各类智力开发玩具和区域材料；室外有大操场、玩水池、玩沙池、30米跑道、大型游乐设施等。2022年，有班级13个，其中大班5个、中班5个、小班3个，在园幼儿489人。有教职工69人。其中：专任教师26人，持证率100%；大专及以上学历24人。以"以人为本，创设一个亲切、温馨、和谐的教育环境，师幼共同成长"为办园理念，用规范管理提效率，提升质量求生存，彰显特色促

发展；以优质服务创品牌为办园思路，改善办园条件，遵循幼儿年龄特点和发展规律，对在园幼儿实施全面发展教育。努力建设成为师德修养好、保教质量高，幼儿喜欢、家长放心、政府有信心的优质民办幼儿园。　　　　　　（陆秀丽）

【龙华区桂花小学附属宝贝星幼儿园】为深圳市一级公办幼儿园。位于龙华区观澜街道大东门街38号。占地面积4460.55平方米，建筑面积3441.17平方米。园内设施齐全、环境优美。有读书长廊、沙池、种植养殖区、儿童游戏区、舞蹈室、图书室、美术室、科学室、礼堂、大型玩具等多个活动场所，满足幼儿生活、探索、发展需要。2022年，有教学班12个，其中大班5个、中班4个、小班3个。教职工57人。其中：行政人员11人，教师25人，保育员16人，后勤人员5人；教师执证率达100%，大专率100%。秉承"用爱滋养、用心引领"办园宗旨，以细致和专业态度提供优质保教服务。遵循"尊重个性，释放童真，专业引领，成就未来"办园理念，以"为培养全面发展的儿童保驾护航"为办园目标，培养健康、快乐、自信、自主的幼儿。以早期阅读为特色，尊重幼儿主体地位，强调幼儿参与性，创设富有书香的教育环境，让园内每个角落承载阅读信息，给幼儿丰富的阅读环境，让环境润泽孩子心灵。　　　　　　　（陈路军）

【龙华区大林幼儿园】为深圳市一级全日制民办普惠性幼儿园。位于龙华区观澜街道桂花路298号。占

地面积4000平方米，户外活动场地面积2500平方米。2022年，有教学班20个，幼儿605人。有教职工91人。其中，行政部门12人，教学部门62人，后勤17人。师生比1:7，所有班级均配备"两教一保"。设有无土栽培区、水稻田、游泳池、沙池、养鱼池、菜地、动物养殖区等生态区和沙池区、跑跳区、投掷区、小舞台、高尔夫球场、种植区、平衡区、音乐区、滑梯区、玩水区、野炊区等10余个户外活动区域；室内设有图书室、美工室、科学室、音体室、建构馆、综合游戏室等6个功能室；教室电教设备齐全，幼儿绘本、教师用书足量，不断丰富适合幼儿年龄阶段、高结构与低结构相结合的区域材料。以项目式课程为园本课程，以渗透核心习惯为教学特色，为孩子打造一个自然、自由、自己的环境，让孩子自然生长、自由表达。　　　　　　　（贾　媛）

【龙华区桂花小学附属企坪幼儿园】创办于2013年7月，于2016年6月被评为深圳市一级幼儿园。位于龙华区观澜街道桂月路3号。占地面积1945.60平方米，建筑面积2883.17平方米，户外活动场地面积937.57平方米。2022年，有教学班7个，幼儿208人，教职工31人。以"生命在于运动，健康源于体育"为办学宗旨，贯彻多元、探究、体验现代课程理念，构建企坪"阳光体育，阳刚体能"课程体系；引入"运动方舟"体育器械，落实体育教育理念和目标，开展体能大循环晨间锻炼、多元化早操、创新式体育锻炼、探究式体育

教学 4 种形式实践活动，激发幼儿良好情绪，提高幼儿身体素质，培养幼儿意志坚强、不服输的精神。自律、守纪的品德教育活动，形成"玩转户外，悦享童年"办学特色。锻炼场地宽阔，区域丰富，器械多元化，深受小朋友喜爱。优化幼儿园户外体育锻炼，因地制宜，认真研讨，精心设计出适合幼儿年龄阶段特点和身心发展水平的体能大循环实施路线，录制"运动方舟"体能大循环并与学区姐妹园共享学习。 （王 梅）

坪山区幼儿园

【坪山区坪山中心幼儿园】创办于1987 年，为广东省一级公办幼儿园。占地面积 8558 平方米，建筑面积 8427 平方米。2022 年，有班级 17 个，在园幼儿 578 人。有教职工 89 人（专任教师 43 人）。其中：幼儿园高级职称 5 人、初级职称 6 人；深圳市"苗圃工程"骨干园长 1 人，坪山区名园长 1 人、名教师 1 人。教师专业合格率 100%，大专率 100%。坚持落实"立德树人"根本任务，恪守"培养德、智、体、美全面发展的社会主义建设者和接班人"教育目标，奉行"用爱连接成长"办园理念，遵循幼儿的年龄特点和学习方式特点，以"至爱园本课程"为出发点，遵照精细化管理要求，为幼儿和教师创建优质学习与工作环境。创设交通安全、户外体育大循环、大班年级走班式社团、快乐足球、快乐篮球、趣味野炊等特色课程，充分发挥示范幼儿园示范性、辐射性。努

力创建优质园所环境，充分利用空间优势修筑文化连廊，让幼儿在耳濡目染中提升审美情趣；因地制宜打造野炊区"家的味道"，寓教于乐；外墙油漆翻新，改造外墙遮雨棚并在大门处安装挡雨棚，营造温馨舒适的学习生活环境；配置人脸识别智能闸机，提高接送的安全性和可靠性。2022 年，获评深圳市优质特色示范幼儿园；获坪山区教师信息技术应用能力提升工程 2.0 "整校推"典型案例一等奖，2022 年暑假综合实践活动及跨学科主题学习特色作业评审一等奖；教师参加坪山区 2022 年度教育教学案例评审，获一等奖 1 名、三等奖 3 名。 （曾惠苑）

【坪山区心海幼儿园】创办于 2019年 4 月，为小区配套幼儿园，隶属于坪山区第一幼教集团，坪山区公办一级幼儿园。2022 年，根据《坪山区教育局关于组建坪山区第一幼教集团等 7 个学前教育集团的通知》要求，按照"核心园＋成员园"办园模式，坪山区第一幼教集团重新组建，调整为 7 所园3 个独立法人建制，核心园为心海幼儿园，成员园为文汇幼儿园、御景幼儿园、滨河幼儿园、立源幼儿园、同育幼儿园、桂园幼儿园。自 2019 年开办以来，心海幼儿园依托集团办园，共开设教学班 18个，其中小、中、大各 6 个班级，在园儿童 531 人。共有教职工 82人，教师学历达标率 100%、专业合格率 100%、持证上岗率 100%。位于坪山区马峦街道心海城花园小区。占地面积 5407 平方米，户外活动场地面积 3688 平方米，绿

化面积 2045 平方米。园所环境优美，果木飘香。开设科创室、美术室、食育坊、音体室、图书室、木工坊、泥工坊、活字印刷、气象观测站等特色区域，为孩子们的生活和学习提供良好环境。坚持规范、优质、特色办园方向，以《幼儿园教育指导纲要》和《3~6 岁儿童学习与发展指南》《广东省一日生活指引》《深圳市优质特色示范手册》为指引，践行规范、科学的管理行为，实施健康适宜的教育活动，落实全面规范的卫生保健，打造良好和谐的家园关系，并取得良好教育效果。获评深圳市第八届教育改革创新大奖"家校社协同育人"幼儿园、深圳市健康促进幼儿园（银奖）、深圳市学前教育实训基地；总园长孙晓昕被评为深圳市学前教育"苗圃工程"名园长主持人。 （邹小艳）

【坪山区聚龙幼儿园】创办于 2018年 7 月，由坪山区教育局教育集团化推进办公室举办、坪山区教育局直属管理，为全日制小区配套幼儿园。位于坪山区龙田街道竹坑社区。占地面积 2627 平方米，建筑面积 992.86 平方米，户外活动场地面积 1245.73 平方米，绿化覆盖率 78.89%。园内设有种植区、大型玩具器械、30 米跑道、沙水区；摄像头全覆盖；有音乐室、美术室、综合游戏室、科学室、体育游戏室等功能室，每班配备摄像机、数码相机、一体机、电脑、播放器等电子设备并配备钢琴、空调、消毒柜、洗衣机、烤箱等教学生活设施。园长苏敏，中共党员，从事学前教育工作 26 年，

2022年，坪山区聚龙幼儿园举办"初夏迎小满，万物欣向荣"小满节气主题活动
（聚龙幼儿园　供）

中共坪山区聚龙幼儿园党支部书记，坪山区名园长、教研专家、优秀督学、优秀共产党员，苏敏名园长工作室主持人，深圳市教育学会理事。2022年，有小、中、大各2个教学班，在园幼儿173人。有教职工36人。其中：园长1人，本科学历、幼儿园高级教师、持园长上岗证；专任教师13人，教师专业合格率100%、本科学历92.3%；保育员6人，100%持证上岗；保健医生2人，100%持证上岗；厨房4人（2名厨师，2名厨工），保安3人，保洁2人。名师工作室1个。以"以人为本、育人为本、发展为本"为办园宗旨，以"真环境　真态度　真童年"为办园理念，坚持"用活教育，回归本真"办园目标，强调可持续发展的科学发展观，引导幼儿园的发展方向。2022年，教师陈钰莹、陈河妍获坪山区"五破

五立，深化新时代教育评价改革"主题征文比赛二等奖，王丽、陈钰莹获评坪山区优秀教师；幼儿园排演的舞蹈《我们都是小星星》获坪山区2022年中小幼校园舞蹈大赛三等奖；推选的案例在坪山区幼小衔接活动方案（含典型案例）征集品评中获二等奖；在全国教育系统教育教学成果大赛中获评"全国教育系统教研先进个人"1人，获一等奖2人、二等奖7人、三等奖2人；幼儿园获评2018—2021年度深圳市卫生保健优秀幼儿园、坪山区"更高水平平安校园"。

（袁　专）

【坪山区翠景幼儿园】创办于2020年9月，为由坪山区教育局直属管理的区一级公办园。位于坪山区龙田街道竹坑社区。占地面积4908平方米，建筑面积3234.76平方米，户外活动场地面积3749.48

平方米。园舍布局合理，区域划分科学。设有种植区、大型玩具器械、30米跑道、沙水区、种植区，运动场，可满足走、跑、跳、钻、爬、攀、平衡等需要，并配套相应的器械、玩具。2022年，有班级10个。其中小班3个94人、中班3个104人、大班4个139人，在园幼儿共计337人。有教职工55人（专任教师21人）。其中硕士研究生学历1人、本科学历19人，教师专业合格率、大专学历均达100%，本科及以上学历达58%。先后获评第十五届全国教育系统教育教学成果大赛"全国教育系统教研先进单位"，2022年坪山区"更高水平安全文明校园（平安校园）"；获坪山区中小学"2022年暑假综合实践活动及跨学科主题学习"幼儿园一等奖、坪山区2022年中小幼舞蹈大赛二等奖、坪山区幼小衔接活动方案（含典型案例）征集评选三等奖。教师获评"坪山区十佳青年教师"1人，"坪山区优秀教师"3人；在2022年坪山区"五破五立，深化新时代教育评价改革"主题征文比赛中获一等奖1人、三等奖1人；获坪山区教师信息技术应用能力提升工程2.0"教育教学创新精品课例"三等奖1人；获坪山区第一届"聚龙杯"中小幼教师教学能力大赛（第二期）学前教育组二等奖1人；获坪山区首届"聚龙杯"教育教学论文比赛二等奖3人、三等奖8人；获"童话之星"2022年第二十六届全国幼儿创意美术大赛组织一等奖1人、指导三等奖6人；获第十五届全国教育系统教育教学成果大赛"全国教育系统教研先进个

人"1人，论文一等奖3人、二等奖11人、三等奖4人，教案一等奖2人、二等奖4人、三等奖3人，优质课例三等奖1人。秉承"以人为本、育人为本、发展为本"办园宗旨，以"用活教育　回归本真"为办园理念，以陈鹤琴先生的"活教育"为办学基础，以"真环境　真态度　真童年"为办园目标，用接近自然的环境、真诚的态度，还孩子一个真正的童年，为社会主义现代化建设培养身心和谐发展的体魄健壮、自信表达、温暖乐群、探索求真、朴素真实的健康儿童。

（闵娟娟）

【坪山区龙坪幼儿园】于2020年9月正式开园。为坪山区第三幼教集团核心园，坪山区学前教育第三学区中心园，坪山区教育局直接管辖单位。位于坪山区坪山街道财富城一期。园所设计以现代化、国际化

为出发点，在室内设计中充分贯彻简洁、开放设计原则，同时注重室内环境的舒适性和安全性，打造新型、开阔的教学空间。崇尚原生态的自然特点，以期让每名幼儿可以享受到自主游戏、自由活动、自然发展的愉悦体验。拥有一支专业化、年轻化的教师队伍，温馨如家的集体氛围与时代发展相适应的教育观、儿童观和课程观，帮助教师明确成为幼儿的情感教师与游戏伙伴是其努力方向，让每名幼儿拥有幸福童年与美好未来。遵循幼儿园教育理念——尊重孩子的成长节奏，亲历孩子的成长脚步；儿童观——儿童是富有创造力的社会行动者；培养目标——培养终身的自主学习者。以张雪门行为课程为底色，开展亲爱自然力课程，首先注重幼儿对自然物和自然性的感知，然后由自然物自主感知自然性，达到亲自然课程的教育目的。培养幼

儿生活环节中的自我服务。各班级分别开展生活区活动，幼儿在生活区中制作美食、品尝美食，从食品的加工制作到分享的过程，体验生活的乐趣。在幼儿园种植生态里，幼儿一起种植、收获蔬菜和果实，期待下一次的丰收；在自然日活动中，根据幼儿的兴趣开展生成课程，生动的活教育让幼儿园的课程充满生命力。2022年，在消防月活动中，请消防员叔叔现场演示消防车的功能和使用；在交通安全日活动中，请交警叔叔讲解交通安全的重要性；在节日节气活动中，通过从人与自我、人与自然、人与社会的关系方面了解传统文化。

（冯琨兰）

【坪山区东成幼儿园】创办于2015年，原名为"坪山区东晟时代幼儿园"，2020年8月转型为公办幼儿园，为由坪山区教育局委托深圳市莲花二村幼儿园全面管理的成员园，深圳市一级幼儿园。位于坪山区坪山街道锦龙大道东侧深邮东城国际3栋。2022年1月，根据《坪山区学前教育集团化办学实施方案》，东成幼儿园成为坪山区第五幼教集团成员园。占地面积2717.46平方米，建筑面积2451平方米，户外活动场地面积2445.46平方米。设有阅览室、美工室、科学室等功能室，新增楼顶户外活动区、二楼社会理解区、三楼星光剧场等活动场地，是一所绿化、美化及生态环境与人文环境优雅和谐的现代化儿童乐园。2022年，开设全日制教学班级9个，在园幼儿284人。有教职工44人。其中中级职称1人，教师大专及本科学历

2022年6月1日，坪山区龙坪幼儿园举办庆"六一"儿童节活动

（龙坪幼儿园　供）

达 100%，有名师工作室成员 4 人。秉持"尊崇爱与智慧，点亮金色童年"办园理念，践行"让孩子在幼儿园的每一天快乐且有价值"办园承诺，依托莲花课程中先进的教育理念和成熟的教学模式，建构支持儿童个性化发展的园本课程。开展"四大节日"（童话节、艺术节、体育节、科技节）活动，形成主题探究和区域探究园本课程，融入奥尔夫音乐和武术两大特色；以温润的园所文化、智慧、人文管理模式，引领"有温度、具情怀、会研究、高品质"的教育团队，凝聚"信任尊重、积极阳光、全情投入"家园教育合力，共育"文明、自信、有个性、会学习、敢创新"的健康儿童。2022 年，该园通过"深圳市一级幼儿园"等级认定，积极开展"无烟校园"建设，各项工作务实有效，办园成绩和优质服务得到家长与同行的认可。　（高　虹）

【坪山区同育幼儿园】由坪山区教育科学研究院承办，2022 年 10 月通过深圳市一级幼儿园复评。位于坪山区碧岭街道汤坑社区汤坑同裕路 126 号。占地面积 4198.27 平方米，建筑面积 2130.96 平方米，户外活动场地面积 2067.29 平方米，绿化面积 800 平方米。户外活动场地宽阔，有直跑道 30 米，运动场 1947.29 平方米，满足幼儿各类运动需要；生态环境丰富多元，有各类果树、野趣沙水池、木工坊、泥工坊、多功能滑梯、树屋、攀爬组合、种植长廊等，是孩子们理想的成长乐园。有幼儿活动室 10 间，另配有音乐厅、美术工作室、图书阅览室、木工坊、科学启蒙

室；各班配有一体机、电脑、打印机、移动音箱等。2022 年，有大、中、小班级 10 个，幼儿 288 名，教职工 49 名，师生比为 1∶6，教师 100% 达到国家规定的幼儿教师聘用资格。拥有一支高素质、充满青春活力的教师队伍，关注孩子每一天，平等交流，用心走进孩子们的内心世界。坚持"育心、育行、育未来"办园宗旨，以"同心、共育、善育"为办园理念，以"健康·共育·快乐"三位一体课程为核心，通过一日活动和节庆专题、体育大循环、项目学习等，全面实施素质教育。做到教育与国际接轨，全面育人、发展个性，促进幼儿语言、认知、情感、社会、体能等身心和谐发展。获评坪山区平安校园、坪山区安全管理先进单位。
　（谭艳飞）

【坪山区中兴幼儿园】2022 年，坪山区中兴幼儿园向周边适龄儿童提供学位 466 个，共设教学班 15 个，其中 4 个小班 102 人、6 个中班 186 人、5 个大班 178 人。有教职工 70 人（专任教师 31 人）。其中：大专学历 8 人，本科学历 27 人，硕士研究生学历 1 人；中级及以下职称 5 人；区优秀教师 5 人，责任督学 2 人。年内，优化办园环境，更新教学设备设施。9 月，打造发展平衡、跳跃、投掷、钻爬和身体协调能力的大型户外玩具区，提高户外活动质量；12 月，打造现代化音体功能室，配备落地电子荧屏、音响系统，加快信息化校园建设步伐。安装人脸识别门禁系统，进一步优化幼儿园安保设备设施，加强校园安全防范，提高校园

安全管理水平。改变传统教学观念，加强教、研、培一体化专业发展思路，树立幼儿为先的一日活动及课程观念，不断推进幼儿园室内外学习环境创设和园本课程建设，提高区域活动的有效性，提高办学品质。10 月，顺利通过深圳市一级幼儿园评定。教师积极参与坪山区各类技能评比活动。年内，3 人获首届"聚龙杯"教育教学论文三等奖、1 人获教学能力大赛三等奖，获教师信息技术应用能力提升工程 2.0 教育教学创新精品课例三等奖 1 个；幼儿园获得区级游戏活动案例（游戏活动组）优秀案例，获中小幼校园舞蹈大赛幼儿组群舞一等奖、2022 年中小幼校园舞蹈大赛"最佳组织奖"。　（廖红英）

【坪山区秀新幼儿园】2022 年 6 月 7 日，由深圳市梅林一村幼儿园派遣输出强有力的管理团队进行管理。位于坪山区坑梓街道横坪路 3 号。占地面积 2829 平方米，建筑面积 5200 平方米，户外活动场地面积 2678.1 平方米。核定规模 9 个班。2022 年，有班级 8 个，其中小班 3 个、中班 3 个、大班 2 个，在园幼儿 238 人，教职员工 37 人（专任教师 17 人，专业合格率 100%，大专学历达标率 100%），教职工与幼儿比例为 1∶6.43。设正园长 1 人、副园长 1 人、主任 2 人，保健医生 2 人，信息员 1 人，保育老师 9 人。每班配备"两教一保"，持证上岗率 100%。坚持"尊重、平等、自主、责任、和谐、快乐"办园宗旨，倡导"尊重个体差异，相信儿童天赋，支持自主发展"儿童观，秉承"蹲下来对话，

2022年5月，坪山区秀新幼儿园大班拍摄毕业照 （秀新幼儿园 供）

抱起来交流，手牵手成长"教育观，构建"基于全环境支持系统的传统文化课程渗透"课程体系。规划有幼儿音体室、创意美术室、幼儿绘本馆、幼儿创客中心、种植区、沙水区、大型器械区、30米跑道等功能区域。 （刘 聪）

【坪山区育秀幼儿园】于2021年9月1日正式开园，为非小区配套公办幼儿园，分属于坪山区第六幼教集团，集团总园为由梅林一村幼儿园输出管理的坪山区乐庭幼儿园。占地面积3327.41平方米，建筑面积7925.65平方米。室内规划有音体活动室、食育坊、美术活动室、科学发现室、幼儿绘本馆、综合活动室，户外设置有玩沙区、戏水池、大型玩具区、30米跑道、运动场、种植区等，能够满足各年龄段幼儿运动、游戏和生活的需求。家具及教玩具材料安全环保，班级内配置触控一体机、消毒柜、直饮机、中央

空调、流动水等设施。核定规模12个班。2022年，开设班级11个，其中小班4个、中班4个、大班3个，在园幼儿325人，教职工51人，师幼比为1∶6.37。每班配备"两教一保"，教师专业合格率100%，教职工均持证上岗。秉承"求真、向善、尚美"办园理念，致力于培养身体健康、心灵愉悦、善良正直、充满智慧的儿童，打造一所管理优化、师资精良、保教优质、社会信誉高的幼儿园。获坪山区教育局专项督导评估认定为区第一批"学前教育普及普惠示范园"；通过"A级厨房"等级验收；获深圳市健康促进幼儿园铜奖，并被推荐为广东省健康促进示范单位；获评区级更高水平安全文明校园。在坑梓街道的大力支持下，幼儿园设置"道路交通安全模拟站"，成为坑梓街道道路交通安全试点幼儿园。"幼儿园幼小衔接的设计、实施与评价研究"课题获坪山区教科院2021

年度重点课题立项；幼儿园近20余篇论文在各级论文评比中获奖。
（吴 莹）

【坪山区乐庭幼儿园】于2021年9月1日开园，原名"坪山区富润乐庭幼儿园"，2022年9月更为现名。隶属于坪山区教育局，为小区配套公办幼儿园，由深圳市梅林一村幼儿园输出团队进行管理，引进市属公办园先进园所文化、优质管理经验、课程理念、课程内涵。占地面积2705平方米，建筑面积2838.67平方米，户外活动场地面积1268.45平方米，绿化面积600.55平方米。园舍建筑秀丽雅致。规划有音体室、绘本馆、机器人创客中心、种植区、饲养角、沙水区、30米跑道等功能区域；班级配备电脑、打印机、一体机、音箱、钢琴、饮水机、洗衣机、消毒柜、空调等设备，玩教具配备充足、种类多样；藏书5180余册，各类音像资料丰富；户外投放各类体育器械。2022年，有班级9个，其中小班3个班、中班3个班、大班3个班，在园幼儿264人。有教职员工47人（专任教师21人，专业合格率100%），设正园长1人、副园长1人，保健医生1人，保健员1人，保育员9人。每班配备"两教一保"。9月，幼儿园升级为坪山区第六幼教集团核心园、坪山区学前教育第六学区中心园，统筹学区内优质教育教学资源，打通园所资源边界，实现区域内各类幼儿园协同发展，为学区特色发展起到积极引领和示范作用。认真贯彻落实《幼儿园教育指导纲要》《3~6岁儿童学习与发展指南》精

神，以"成就孩子最美好的未来"为办园宗旨，以"尊重平等、自由责任、和谐快乐"为园所文化，倡导真实、自然、生活、融合、开放的课程理念。秉持"以儿童为本"和"以促进儿童主动学习为宗旨"价值观，融合中国优秀文化与世界优秀教育思想，致力于培养独立、自主、自由的具有国际视野和中国情怀的儿童。2022年，获评"A级厨房"；"新建公办园新入职教师集体教学组织能力提升策略的实践研究"获坪山区教育科学研究院2022年度课题立项；近30篇论文在省级论文评比中获奖，多名教师在市、区级比赛中获得奖项。

（刘乐清）

光明区幼儿园

【光明区凤凰东发幼儿园】为深圳市一级幼儿园，隶属于光明区实验学校（集团）。占地面积2091.11平方米，建筑面积2440.01平方米。2022年，开设教学班13个，在园幼儿352人，教职工59人。该园以"享自然·蔓生长"为办园理念，以园本生活化课程为主线，融合自然和语言艺术特色，回归自然、回归儿童、回归本真。秉承"让孩子通过聆听、触摸、观察、感知、探索自然的美"核心教育理念，精细、务实、开拓、创新，坚定地实施健全人格教育，培养自信勇敢、独立坚强、感恩有爱、好学善思的儿童。以"开放 接纳 温情 生发"为管理理念，从培训、教研上逐步完善教师的教育理念，让教师们获得不同层次的发展。园

所育人环境优美，干净整洁，布局合理，集绿化、美化、童趣于一体布局，色彩和谐悦目，为幼儿准备自由的、有秩序的、多元化的、丰富的学习环境和活动空间。

（凤凰东发幼儿园）

【光明区中粮云景幼儿园】创办于2020年4月，为一所公办幼儿园。2022年，有教学班12个，幼儿351名，教职工63名。秉承"用爱传递快乐，用心成就未来"办学理念，培养爱生活、爱运动、爱阅读、爱思考、爱创造的幼儿；构建以"爱·心"教育为主的园本课程，培养一支爱研、爱策、爱竞的教师队伍。致力于建设有内涵、有温度、有特色的高品质幼儿园。在第八届"深圳市教育改革创新大奖"评选中获"阅读特色学校（园）年度奖"；入选"光明区第一批建设深圳市红色阅读示范校

园"；2022年获评"光明区家庭教育宣传周活动先进单位"。

（中粮云景幼儿园）

【光明区马田将围幼儿园】成立于2020年7月16日，为光明区2020年第二批"民转公"幼儿园。位于光明区马田街道将围社区将石路14号。占地面积2377.72平方米，建筑面积2287.11平方米，户外活动场地面积1637.08平方米。2022年，办学规模12个班，在园幼儿345名，教职工56名。用"真善美"铺垫园所文化基底，用平凡的美好去点缀稚嫩的梦想。通过炫酷科技节、帐篷打卡日、游庙会等妙趣横生的主题活动引导幼儿的灵动发展。"二十四节气"传统节日课程，古色古香的文化在稚嫩的童心里沁润，让幼儿园孩子过好每个"中国节"。"三味蔬屋"生态园打造，让"绿色、自主、和谐"的

2022年11月6日，光明区中粮云景幼儿园师生在户外进行"老鹰抓小鸡"游戏
（中粮云景幼儿园 供）

三味品质生根发芽，滋生出蓬勃的活力，在环境的多重感知下激发孩子的探究之乐。2022年，在第二届全国幼儿教师专业基本功比赛中获"全国促进幼师专业发展优秀组织奖"、获评"全国促进幼师专业发展先进单位"；在第九届全国幼儿教师优秀论文评选活动中获一等奖1个、二等奖9个、三等奖13个；在第四届光明区全民健身运动会健身操比赛中获"最佳表演奖""优秀教练奖""幼儿啦啦操"一等奖、"成人工间操"一等奖。（林晓丹）

【光明区理创实验幼儿园】为非小区配套公办幼儿园。位于光明区马田街道根竹园社区芳园路。占地面积4006.59平方米，建筑面积2836.41平方米。2022年，有教学班14个，提供学位400个。有教职工62人，其中专任教师28人。践行"幼有善育、学有优教"办学思想，秉承"专业引领发展，初心

服务社会"办园理念，坚持"扎根善育，给孩子一个美好未来"办园宗旨，积极朝着打造"规范化、专业化、特色化发展的幼儿园"办园目标奋进，结合光明区"生态·科技·幸福"理念，构建"创·享"园本课程。以"创玩游戏、创新思维、创造美好"为课程核心目标，让幼儿在一日生活中乐于创造、乐享生活。依托乐高机器人与篮球特色课程，开展创玩科技节、创趣体育节、创美艺术节、创享书香节"四创"节庆活动，让幼儿在游戏活动体验中感受快乐、激发创造、缔造美好。先后获评"第二十届'当代杯'全国幼儿教师职业技能大赛先进单位""第八届幼儿教师优秀论文评选活动先进单位"；获"深圳市第十六届'沙沙讲故事'大赛（儿童组）光明区总决赛"一等奖、"深圳市第十六届'沙沙讲故事'大赛（儿童组）市级总决赛"三等奖。42人次教师论文在

国家级、省级期刊发表。（理创实验幼儿园）

【光明区雅苑幼儿园】为隶属于光明区第五教育集团成员园，小区配套公办幼儿园。位于光明区玉塘街道长贵路36号。占地面积1882.3平方米，建筑面积2006.45平方米。2022年，有教学班6个，在园幼儿180人。有教职工50人。其中，光明区优秀教师1人、光明区"苗圃工程"骨干1人、光明区教坛新秀1人，另有17人次获得国家级奖项、5人次获得区级奖项。园所环境融合自然、生态、绿色、科技理念，设施设备完善，活动室宽敞明亮、采光充足、绿色环保，能够满足日常教育教学需要，为幼儿身心和谐发展创建温馨、富有童趣、安全的成长环境，是孩子向往的童乐园、家长安心的保障园、教师职业的幸福园。先后获"全国少儿创意美术大赛"特等奖；获评"光明区第三批家长学校规范化达标单位""光明区第一批建设深圳市红色阅读示范校园"。（雅苑幼儿园）

【华南师范大学附属光明星河幼儿园】创办于2021年8月，2022年9月16日正式开学。为由华南师范大学与光明区教育局共同管理，按照广东省一级幼儿园标准设立的小区配套公办幼儿园。占地面积5400平方米，建筑面积4840平方米。核定办学规模18个班。2022年，开设班级15个，在园幼儿439人，教职员工71人。以"精心打造师生和谐共处 互相尊重 共同创造的乐园"为办园目标，秉承"幸福 创造 和谐 尊重"办

2022年5月23日，光明区理创实验幼儿园幼儿开展课间活动
（理创实验幼儿园 供）

园宗旨，以"微笑 文明 自然 唯一"为办园理念，在精神文化建设、物质文化建设、员工队伍建设、保教服务工作及家园共建方面不断探索经验，逐步形成"务实、创新、包容、赏识"的园风。以幼儿的终身发展为培养目标，依托"华附联盟"引领及优质资源，以"主题探究绘本阅读课程"为基础，推动传统文化、艺体融合、阳光体育等特色教育，构建具有华师特色的"1+N"课程体系，促进幼儿全面发展。获评"深圳市幼儿园跳绳特色推广园所"，先后通过"光明区第三批家长学校规范化建设验收""深圳市市场监督管理局光明分局A级验收"。　　（潘　霞）

【光明区科语幼儿园】隶属于光明区第四幼教集团，为一所由广东省一级幼儿园、深圳市首批优质特色示范园深圳市莲花二村幼儿园实行集团化统一管理的公办幼儿园。位于光明区凤凰街道长凤路与皇新路交界处。占地面积3614平方米，建筑面积6770平方米。2022年，有班级12个，教职工59人，提供优质学位360个。秉持"科学润童心，用爱慧童语"办园理念，坚持"让孩子童年快乐，为孩子一生奠基，对民族未来负责"办园宗旨，致力于培养"文明、自信、有个性、会学习、敢创新"的健康儿童；办成一所"营造温暖的家园、呈现自然的田园、开拓创新的智园、实现健康的乐园"。结合光明区教育"科技、生态、幸福"区域定位，开展"一月一特色"主题活动，其中有生态节、科技节、劳动节、"悦"童文化节等系列活动，

形成集科技特色、生态文明、幸福和美于一体的园所文化特色育人环境；打造出既传承莲花幼教文化精髓又展现汇聚科技与生态园本特色的高品质幼儿园。　　（贺冰冰）

【光明区九里幼儿园】为光明区政府产权小区配套公办幼儿园，光明区第六幼教集团下属成员园。占地面积2700平方米。2022年，办学规模9个班，幼儿103人，教职工31人。该园建有布局合理的现代化教室，有绘本馆、创客室、美术室、音体室等多功能室；室外有绿色自然生态体验区、蓝色运动场、五感路及野炊区。以"儿童时代应该是快乐、自由、游戏、学习和生长的时代"为办园理念，以尊重平等、自由责任、和谐快乐为办园宗旨，以食物营养、自然与生命、中华传统文化为主题开展班级课程探索。教室内的环境根据主题的推进不断丰富，墙面、区域的留白是供幼儿自由创作与表达的空间，让幼儿自由地打造属于自己的"小天地"。　　（张志斌）

【光明区公明李松萌幼儿园】创办于2020年3月，为深圳市一级公办幼儿园。位于光明区公明街道李松萌社区炮台路18号。占地面积2578.19平方米，建筑面积2888.99平方米。2022年，办学规模18个班，在园幼儿506人，教职工91人。以"让每颗种子都有成长的土壤"为办园宗旨，着力培养"和谐纯真、健善慧美"的儿童。设置12个室内共享学习中心和2个室外活动基地，打造"12+1+1"的"种子"生长土壤。

采用学习中心半日混龄走班模式，让幼儿在与不同年龄段同伴、不同材料、不同环境的实践互动之中习得多元经验，支持幼儿自主完成自己的创想和个性化的学习。先后获评"全国青少年足球特色试点园""深圳市生活垃圾分类新风尚幼儿园""深圳市儿童梦想中心亲子阅读中心""光明区幼小衔接试点基地园""光明区2022年度区级更高水平安全文明校园"；为广东时代教育研究院"十四五"教育科研课题"广东省幼儿园一日活动指引（试行）的实践"课题研究单位。　　（唐潇潇）

【光明区凤凰城实验学校塘家幼儿园】创建于2020年3月，为深圳市一级幼儿园，光明区第一批"民转公"园所。占地面积2953平方米，建筑面积3813平方米。2022年，开设教学班19个，有幼儿522人，教职工83人。坚持"相信每一粒种子都有最好的未来"办学理念，以"读懂·追随·引领"课程哲学与愿景，构建"RFG"园本课程。创新教研"7+N"模式（五大领域+两大特色+三个年级组+品宣），以"两大节日"（艺术节、足球节）、"三大栏目"（拍摄《对话·学前》《糖宝小记者》《糖宝MV》视频）形成新时代学前教育新品牌。　　（凌一零）

【光明区玉塘长凤幼儿园】于2020年3月1日转型为公办幼儿园。位于光明区玉塘街道长圳旧村。占地面积2993.29平方米，建筑面积3119.79平方米。2022年，有教学班12个，在园幼儿358人，教职

工 59 人。秉承"关爱每个孩子，成就幸福童年"办园宗旨，以"以人为本、以爱为源、办一所师幼成长的家园、花园、乐园"办学理念，开设"快乐足球、阳光运动""自然""节庆主题教育"等系列课程。构建起"基础性课程、活动性课程和特色性课程"三位一体的"长凤"课程体系，培养"体格美、心灵美、习惯美、行为美"的"四美"长凤儿童。获评"光明区一级幼儿园""光明区家长学校""2021 年度全国足球特色幼儿园示范园""深圳市学前教育科学保教示范项目参与园"。 （陈爱清）

【光明区东周幼儿园】为深圳市一级幼儿园，2020 年由民办园转型为公办园。占地面积 2994.77 平方米，建筑面积 5012.09 平方米。2022 年，有教学班 18 个，幼儿 520 人。有教职工 94 人。其中，市级先进 1 人、区级名师（含培养对象）13 人、区级优秀 5 人，有名师工作室 1 个。坚持"打造一所育人环境优美、管理科学，有内涵、有特色、有温度的高品质幼儿园"办园目标，明确"为孩子种下一颗真善美的种子"办园理念，贯彻多元、体验、传承、创新课程理念，围绕"培养求真、向善、尚美、创新儿童"目标，以"岭南文化"为课程内容，构建"蒲公英课程体系"。开展"18 个主题探究"（基础课程＋特色课程：岭南风光、岭南风俗、岭南风味、岭南传奇），"6 场大型活动"（生活自理养童品、岭南游戏锻童身、书香家园润童心、岭南文化传童情、

科技强国看童行、幼小衔接助童升），家园合力培养孩子德、智、体、美、劳全面发展，形成岭南文化办园特色。先后获评"深圳市第一批家门口优质公办园""深圳市百园扶百园帮扶园""光明区教育工作先进单位""光明区 2022 年度区级更高水平'安全文明校园'"；获"深圳市'捐书援西南'优秀组织奖""光明区校园文化评比优秀奖"；立项区级及以上课题 9 项。 （叶彩魂）

【光明区马田小学合欣幼儿园】于 2020 年 3 月正式转型为公办幼儿园，自 2022 年 9 月 1 日起归属光明区马田小学管理。占地面积 2344.47 平方米，建筑面积 4223.94 平方米。2022 年，共有 12 个班，其中小班 4 个、中班 4 个、大班 4 个，在园幼儿 348 人。以办人民满意教育为宗旨，以提升公益、普惠为原则，以打造优质学前教育为目标，秉承"用爱和专业守护孩子的幸福童年"办园理念，在马田小学"千里马"文化引领下，实现文化幼小衔接一脉相承，培养健康、快乐、主动成长的"小小马驹"，构建师生共同成长的"合·馨"幸福家园。秉承"融合爱与希望，让教育更温暖"的学前融合教育理念，搭建平台，加强对普班教师进行学前融合教育知识、理念的培训，以提升普班教师学前融合教育专业能力；对随班就读的特殊需要幼儿，以游戏为载体，将能力和技能的培养"看似无心却有意"地放在其中，促进特殊需要幼儿更好地发展。先后获评"广东省第三轮特殊教育内涵建设示范项目随班

就读示范园建设单位""深圳市一级幼儿园""深圳市垃圾分类新风尚幼儿园""深圳市红色阅读示范校园""深圳市垃圾分类绿色幼儿园"。 （李海霞）

【光明区新湖新星幼儿园】开办于 2006 年 2 月。占地面积 8003 平方米，建筑面积 5388 平方米。2022 年，共有教学班 20 个，在园幼儿 600 人，教职工 95 人。坚持以"为孩子终身发展奠基，为孩子后续学习铺路"为办园宗旨，以"努力达到办成一所一流的管理、一流的服务、一流的环境、一流的师资队伍，高品质的示范幼儿园"为办园目标，重视家、园和社会三者结合，为幼儿和家长提供全方位的服务。先后获评"深圳市一级幼儿园""深圳市 A 级食堂""光明区优秀校园文化园""光明区平安校园""光明区'巾帼文明岗'"。 （杨 红）

大鹏新区幼儿园

【亚迪新村幼儿园】2020 年 6 月，原亚迪幼儿园转型为由大鹏新区教育和卫生健康局主管的全日制市一级公办亚迪新村幼儿园。该园以"让师生在园的每一天都有意义和生命力"为办园目标，以"本真教育、自然成长"为办园理念，打造"让阅读陪伴孩子一生"办园特色。结合"生活化课程"开展主题探究活动，通过创设阅读环境、营造书香氛围、搭建各种阅读平台，如开展图书漂流、做绘本、演绘本、读书月系列活动等，提倡孩子、家

长、老师积极参与阅读活动，开展阅读交流，让阅读成为一种习惯，成为一种生活方式，让阅读陪伴孩子一生。获深圳市健康促进场所银奖；获评深圳市 2021 年消防安全管理标准化学校、深圳市绿色幼儿园。　　　（亚迪新村幼儿园）

【大鹏实验幼儿园】创办于 2016年，为由大鹏新区教育和卫生健康局管理的市一级公办幼儿园。2021年 7 月，深圳实验幼儿园正式对大鹏实验幼儿园进行管理。位于大鹏新区中山路 83 号。占地面积 2905平方米，设有大、中、小共 9 个班。园舍环境温馨雅致，建筑布局科学合理。配备中央空调、新风系统、高端净水系统，为幼儿提供健康、安全、舒适的生活环境。设有综合游戏室、阅览室、美工室、木工坊、音体室及具有大鹏本土特色的农家乐、扎染坊等多个室内外游戏区，充分满足幼儿个性化游戏、自主学习需求。沙池、种植区、野战区和运动场等多元化户外场地，是幼儿释放活力、凝聚快乐的绝佳场地。幼儿园为孩子们的全面发展、幸福成长提供有效保障和良好条件。先后获评中国教育专家网教师培训基地、家门口的优质幼儿园、"蒲公英" 校园和体育特色园。　　　（大鹏实验幼儿园）

【家天下幼儿园】创办于 2020 年，是深圳市示范幼儿园、绿色幼儿园，2022 年获评 "深圳市最受关注新锐校园"。秉承 "助孩子成长为他自己最喜欢的样子" 的教育理念，坚持高起点、高标准办园。按省一级标准配备教学设施，育人环境童趣、优美、生态；按优质幼儿园标准培训师资队伍，围绕 "儿童" "幸福" "未来" 构建园本课程。注重 "关系的构建"，用 "爱的教育"，做 "胸怀天下的中国小公民" 教育，携一支爱与智慧并存的教师队伍，共创一所具教育内涵、有儿童气息、呈中国特色的高品质幼儿园。用专业深耕幼教、用真情倾注儿童、用慧爱打造口碑，课程以儿童为中心、以家国情怀为一体，将优秀的中国传统文化渗透到孩子的一日生活中，让孩子们成长为健康活泼，积极勇敢、文明自信、亲近自然的新时代中国儿童。
　　　（家天下幼儿园）

深汕特别合作区幼儿园

【深圳市南山外国语学校（集团）深汕幼儿园】于 2021 年 9 月正式开园，是由区公共事业局举办的公办幼儿园，简称南外深汕幼儿园。位于深圳市深汕特别合作区深耕村内。占地面积 5889 平方米，建筑面积 3644.3 平方米，绿化面积1820 平方米。园所建筑场地独立完整，户外设置沙水池、植物角、游戏区、塑胶跑道，按照省级标准设有美工室、音体室、阅读室、科学室、生活馆等功能教室，各个教室配置投屏设备、空调、电脑、钢琴、消毒柜、紫外线消毒设备等。师生食堂配备全套现代化、安全、洁净的厨具设备，按照深圳市市场监督管理局标准做好 "明厨亮灶"工作。园内安装电子监控系统、有线广播系统、网络办公信息系统等。各项设施设备齐全、安全、先进，在硬件方面确保幼儿有一个安全、开放、自在的环境，进入集体活动时随时能跟同伴们 "边玩边学"。2022 年，有 3 个年级共 12个班，在校学生 309 人。拥有一支高素质、稳定的教职员工团队，所

2022 年 6 月 1 日，深圳市南山外国语学校（集团）深汕幼儿园开展 "欢乐童年　嗨翻六一" 水上嘉年华活动

［南山外国语学校（集团）深汕幼儿园　供］

有教职员工均持证上岗。秉承深圳市南山外国语学校（集团）"精致育人"办学思想，"像树一样成长"办学理念，致力于培养"健康、快乐、自信、友爱、乐学"的儿童。

（南外深汕幼儿园）

【深汕特别合作区鹅埠镇中心幼儿园】创办于 2015 年 9 月。位于深汕特别合作区鹅埠镇中兴街。占地面积 1500 平方米，建筑面积 715 平方米。拥有 1 栋教学楼、1 栋综合楼，操场铺设面积约 500 平方米。园内设有悬浮地板，配有美工活动室、小图书室及保健室等功能室。坚持"一切为了孩子，为了孩子的一切"办学理念，以"团结和谐　健康　快乐"为园训，致力于培养健康、阳光人才。2022 年，有班级 6 个，提供学位 220 个，有在园幼儿 220 人，学生主要来自鹅埠镇。　（鹅埠镇中心幼儿园）

【深汕特别合作区鹅埠镇培文幼儿园】创办于 2018 年 9 月。位于深汕特别合作区鹅埠镇创业村 1 栋。占地面积 3520 平方米，建筑面积 2980 平方米，有教学楼、教职工宿舍各 1 栋。建有 1066 平方米的户外操场，含游泳池、沙池、攀爬墙、大型玩具；有 12 间教室，每间教室平均面积 90 平方米；配有音体室、美工室、科学室、图书室等活动区域。幼儿园可提供学位 320 个。2022 年，有小班至大班共 7 个班，在园幼儿 202 人；有教职工共 30 人，教师团队平均年龄 23 岁。该园依托北京师范大学优秀学前教育资源办学，坚守"用爱和专业呵护孩子一生唯一童年"诺言，悉心做好学前教育工作。　（培文幼儿园）

2022 年 5 月 30 日，深汕特别合作区鹅埠镇中心幼儿园举办夏日泡沫活动
（鹅埠镇中心幼儿园　供）

基础教育学校

市直属中小学

【深圳小学】为深圳市教育局直属的唯一一所全日制六年制完全小学。占地面积 2.35 万平方米，建筑面积 2.71 万平方米，运动场地面积近 5000 平方米。校区 2 个。2022 年，有教学班 48 个，学生 2350 人。有教职员工 158 人。其中：正高级职称、高级职称 12 人，中级职称 66 人；特级教师 2 人；专任教师本科及以上学历 145 人（硕士 31 人）。有名校长工作室 1 个，名师工作室 2 个。秉承"求真务实，敢为人先"办学精神，秉持"快乐童年、幸福一生"办学理念，努力践行"做小事，成大器"校训，积极构建并实施多元课程体系，力争给每个孩子的成长与发展提供无限可能。基于这样的核心理念，深圳小学多年探索而成的"小种子"课程体系，在促进学生全面优质发展、促进教师专业素质提升、促进家校社融合等方面提供了优秀样本。2022 年 4 月，深圳小学与光明区政府正式签署合作办学协议，这是深圳小学发展史上具有里程碑意义的大事，是历史赋予百年深小的光荣使命。2022 年，深圳小学获评第二批广东省中小学劳动教育特色学校、深圳市教育工作先进单位、深圳市思政教育示范校、2022 年春季学期在线教学优秀学校、教育部教育信息化深圳市"双区"40 所智慧教育示范校、深圳市首批义务教育阶段学校"减负

提质"实验校，获第八届"深圳教育改革创新大奖"之"优质数字化智慧学校（园）"年度奖。

（陈书舫）

【深圳中学】创办于1947年，1983年获评深圳市唯一广东省重点中学，2004年获评国家新课改样板校，2007年通过国家级示范性高中评估，2017年获评第一届全国文明校园、第二批全国心理健康教育特色示范校，2018年获国家级教学成果奖、"全国工人先锋号"称号，2019年获"深圳市市长质量奖"特别贡献奖，2021年获首届全国教材建设奖，2022年加入WLA世界顶尖中学联盟。位于深圳市罗湖区。初中部占地面积2.2万平方米，老校区占地面积7.6万平方米，新校区占地面积10.3万平方米。深圳中学秉承"追求卓越、敢为人先"的精神传统，紧随国家和深圳经济特区的前进步伐，围绕拔尖创新人才培养，在办学理念、师资队伍、课程改革、校园文化、国内高考、学科竞赛、国际教育、科创教育、艺体教育、服务社会等方面做了大量探索和实践，成为深圳教育的"窗口"和"文化名片"。

办学理念 2017年，校长朱华伟提出"建设中国特色世界一流高中"办学定位，致力于"培养具有中华底蕴和国际视野的拔尖创新人才"。明确"教育的目的是为了实现学生的自由发展、充分发展、全面发展"教育理念；"人人皆可成才、人人尽展其才，为学生搭建多元发展立交桥，让每个人都有出彩机会"课程理念；"让最优秀的人教育下一代，培养出更优秀的人"师资理念；"爱是教育的灵魂，没有爱就没有教育。校长为老师服务，校长和老师一起全心全意为学生发展服务"管理理念。

广纳贤才 有博士教师100余人，清华大学、北京大学毕业的教师150余人，哈佛、麻省理工、牛津、剑桥等海外顶尖名校毕业的教师80余人，教授、特级教师、竞赛金牌教练、名班主任30余人。

课程建设 遵照"学校按需施教、学生按需选学"课程观，形成"一体两翼"课程模式（以多元课程为"主体"，以社团活动和学术竞赛为"两翼"），开设校本选修课360余门；融合优质资源，与华为、腾讯、清华、北大等著名企业、高校共建23个创新体验中心和创新实验室；拓展学术视野，开设"深中大讲堂"（主讲人为海内外著名学者）和"深中博士讲堂"（主讲人为深中博士教师）。

校园生活 学校有学生社团110余个，鼓励学生在真实的实践中学会选择、学会做事、学会共处、学会独立思考、学会价值判断、学会规划自我发展；倡导民主、平等的师生关系，营造教学相长良好氛围；张弛有度，主动留白：培养学生的时间管理能力、学习能力，促进学生自我教育、自我管理和自我完善。

高考成绩 2017—2022年，清华、北大录取206人，排名广东省第一。2022年，文理"屏蔽生"共3人，物理类2人（全省第二、第四），历史类1人（全省第一）；72%和74.2%的国内高考方向毕业生分别达到中山大学、华南理工大学录取线；北大、清华录取47人，排名广东省第一。

学科竞赛 2022年，在全国数、理、化、生、信五大学科奥林匹克竞赛中，100人获一等奖，39人入选省队，17人获金牌，22人获银

2022年8月5日，深圳中学与大鹏新区管理委员会签署合作办学协议，创办深圳中学大鹏学校

（深圳中学 供）

牌，7人进入国家集训队，39人获清北"强基计划"破格入围资格，入围人数全省第一。

海外升学　2017—2022年，USNEWS全美前10大学录取66人；USNEWS全美前30大学录取458人，录取率68%；USNEWS全美前50大学录取749人，录取率93.5%；牛津、剑桥录取27人，英国G5精英大学录取112人。2022年，USNEWS全美前10大学——普林斯顿大学、耶鲁大学、斯坦福大学、芝加哥大学、宾夕法尼亚大学录取13人；常春藤大学录取8人；USNEWS全美前30大学录取58人，录取率73%；USNEWS全美前50大学录取79人，录取率100%；牛津、剑桥录取3人，G5精英大学录取22人。

科创成果　2022年，该校学生获第八届中国国际"互联网+"大学生创新创业大赛（全国总决赛）萌芽赛道最高奖——创新潜力奖。

艺体教育　学校合唱团、舞蹈团、管乐团、民乐团均在国内享有盛誉。2022年，深中学生获深圳市高中4校体育联赛所有项目（足球、篮球、羽毛球、围棋、无线电测向）团体第一名，比分遥遥领先。

交流合作　为充分利用优质资源，发挥龙头学校示范引领和辐射带动作用，深圳中学先后创办深圳中学龙岗学校、深圳中学南山创新学校、深中坪山创新学校、深圳中学梅香学校、深圳中学光明科学城学校、深圳中学龙华学校、深圳中学大鹏学校等集团校，帮扶新疆喀什第五中学、广西百色高中、江西寻乌二中、深圳中学河源实验学

校，为促进教育优质均衡做出贡献。与德国丢勒中学和萨尔兹曼外国语学校、澳大利亚玛丽亚特维尔中学、新西兰罗托鲁阿湖高中、加拿大贝赛德中学、英国卡尔福德学校、芬兰耶尔文佩高中、美国普林斯顿国际数理学校结为友好学校，互促发展、共同进步。　（彭　凯）

【深圳大学附属中学】占地总面积7.8万平方米，建筑面积8.95万平方米。2022年，有教学班75个，在校生3409人，在编教职工280人（专任教师277人）。年内，该校持续深化课程改革，提升教育教学质量，培养德、智、体、美、劳全面发展的社会主义建设者和接班人，办人民满意的教育，取得优异成绩。高考总体重本率93.6%、文化特控率92.9%，双创新高；本科上线率100%，拿云创新班重本率100%，物理类3个拿云实验班重本率100%；美术类联考平均分排名全市第一，学生何道婉、郑

郁宸分别夺得中央美术学院造型艺术、艺术设计管理专业全国第一名。5月18日，深圳大学附属中学与深圳市福田区教育局签署合作办学协议，北环中学冠名为"深圳市福田区深大附中创新中学"。12月，学校3个课题入选广东省中小学教师教育科研能力提升计划项目；获评广东省普通高中新课程新教材实施省级示范校（第二批）。

党建引领，加强党的领导　加强政治学习。各支部通过"第一议题"、"三会一课"、主题党日、专题学习、专题党课等形式开展定期学习。做好广东省第十三次党代会学习培训工作。学习贯彻习近平总书记在庆祝香港回归祖国25周年大会暨香港特别行政区第六届政府就职典礼上的重要讲话精神。初高中党总支分别开展党课学习活动。完善党建工作。围绕市委巡视组反馈的基层党建情况，逐项落实整改。加强校园网络管理，整顿媒体

2022年5月18日，福田区教育局与深圳大学附属中学签订《合作办学协议》
（深圳大学附属中学　供）

不规范用语。根据学校发展，调整支部成员，并顺利完成支部换届工作。打造党建品牌。初高中总支为社区新冠疫情防控工作者送慰问、献爱心。组织教师志愿者奔赴社区核酸检测一线，支援社区防疫。开展"我为群众办实事"实践活动，组织党员、教师、义工主动走进社区开展教育咨询服务。创新思路，打造"疫"不容辞、教育有我，基于红色基因的"大思政课"育人路径研究，党建引领下的红色德育创新实施策略3个党建工作品牌。

五育并举，推动全面发展 活动育人。举办"喜迎二十大，献礼建团100周年"黑板报评比、"感悟大师的中学时光"之"五四"青年节活动等丰富多彩的主题教育活动；举办《红楼梦》主题视听音乐会等阅读节活动；组织"校长杯"足球赛、篮球赛、"羽你同行"羽毛球比赛等大型体育比赛；举办收纳整理小天才、居家清洁小能手、"空中菜园"我设计等劳动技能竞赛。课程育人。推出"乾坤未定，你我皆是黑马"心理减压、"亲子冲突巧化解"亲子沟通、"云端学习——从自由到自律"的自律行为、"少年维特之烦恼，我的情绪我做主"情绪转化等系列心理课程，实用性强，深受欢迎。管理育人。充分发挥班主任、班长、家委会在常规管理、班级建设、居家学习等方面的重要作用，开好相关例会，提出规范要求，提升综合育人效果。加强团委、学生会建设。高中部发展新团员46名，初中部发展新团员56名。运动队再创佳绩。乒乓球队勇夺省锦标赛甲组团体总分第三名，在市赛上夺得初中组、

高中组团体总分冠军；跆拳道队夺得省锦标赛初中组团体总分第二名；游泳队夺得省中学生运动会自由泳接力第二名、混合泳接力第三名、蛙泳第四名；羽毛球队夺得市青少年羽毛球比赛U16混双第一名、U15混双第四名。

打造品牌，提升教学质量 加强课程建设。高中重点开发"清北计划"课程和PBL课程。"清北计划"课程已开课，初步实现以学科组为单位跨年级教学；PBL课程已申报全国基础教育教研工作典型案例。初中以主题内容为模块完善"优+"课程。语文"优+"课程，着力主题分类阅读指导；英语"优+"课程，形成阅读与写作的体系课程；数学"优+"课程，整合相关知识要点，形成重点知识体系。推进课堂变革。高中以全面实施新课程、使用新教材（"双新"）为契机，推进基于学科核心素养的课堂教学改革，完成广东省学科示范基地考核，数学组获评"优秀"；初中全面落实国家"双减"政策，以作业改革反推课堂改革。深化评价改革。贯彻落实《深化新时代教育评价改革总体方案》，开展广东省评价改革试点工作。严抓常规，推动联考，完善评价体系，为全面科学评价奠基。高考、中考有新突破。高考总体重本率93.6%，文化特控率92.9%，双双创新高；本科上线率100%，拿云创新班重本率100%，物理类3个拿云实验班重本率100%；美术类联考平均分排名全市第一，学生何道婉、郑郁宸分别夺得中央美术学院造型艺术、艺术设计管理专业全国第一名。中考全部学科A以上比率突破42%，

实现逐年提升。学科竞赛有新成绩。生物奥赛中，谢京辰、曾宇枫夺得全国一等奖，另有12人分获二、三等奖；地理奥赛中，3人夺国家级银奖，13人省级奖项；"外研社杯"英语素养大赛，65人获省级奖项、1人获得全国一等奖；"叶圣陶杯"作文大赛中，2人进入全国决赛。

全员学习，促进队伍建设 加强学习培训。初、高中分部进行教师培训。初中探索"学生减负与课堂变革"，高中研究"基于2021年高考对2022年高考备考的思考与建议"。推进"青蓝工程"。从同步测试、板书设计、教育随笔、常规课、教育教学素养、教育教学成果、学生评价等7个维度完成"青蓝工程"考核。举办新一期职前教师适岗培训，督促新任教师习字、阅读，把握新教材方向。促进教研、科研。高中物理、历史、政治、地理、音乐、体育、美术，初中道德与法治、数学、英语、体育、物理等教研组举行教研周活动。大力开展听评课活动。教研组长共计听课32节次，行政"推门"听课154节次。支持教学竞赛。在深圳市高中英语教学教研资源征集评选中，教师郑潇珊获2个一等奖、1个三等奖，梅雪获1个二等奖、1个三等奖，王佳荔获1个二等奖；罗易获得第七届"中国移动和教育同步课堂杯"远程教育教学资源征集评比A类广东省三等奖；肖冰获广东省中小学思政课教学基本功展示交流活动市直属二等奖、广东省中小学生研学实践教育优质课程三等奖、深圳市首届中小学研学旅行活动设计方案初中组

二等奖、深圳市首届青少年智慧城市论坛决赛"优秀指导教师"奖。有11名教师在深圳市青年教师教学基本功大赛市直属选拔赛中脱颖而出，代表市直属学校参加全市决赛。

课题引领，升级智慧校园 升级学校信息化环境。加快推进智慧校园建设研究，广东省教育科学研究"教育信息化2.0背景下中学智慧校园建设研究"课题结题。促进信息技术与教育教学深度融合。完成深圳市教育信息化"双区"实验校项目方案论证，推进线上和线下、同步和异步、学科与技术学习相融合的新型教与学模式。提升师生信息技术应用能力。实施学校能力提升工程2.0"整校推进"计划，组织教师参加信息素养全员研训，积极申报"名师在线"公开课。　　　　　（深大附中）

【深圳技术大学附属中学】于2021年3月筹建，同年9月1日正式开学。是由深圳市政府投资建设、深圳技术大学管理的高起点、高水平、高标准全寄宿制市直属公办普通高中，为深圳市教育局及深圳技术大学直属独立法人事业单位。位于坪山区坑梓街道沙田社区。占地面积3.9万平方米，建筑面积7.3万平方米，运动场地面积1.66万平方米。2022年，有教学班36个，学生1200人。有教职工119人，其中，高级职称16人、中级职称10人，博士7人、硕士44人、本科19人。该校以"技术创新扬长教育"为办学特色，以"求真求实、动脑动手"为校训，以"让学生成为学校真正的主人"为办学理念。贯彻"没有选择的教育就不是最好的教育"课程理念，依托深圳技术大学优质教育资源，由深圳技术大学院士、教授和博士团队每周为学生提供多样化特色创新实践课程；选聘各学科优秀竞赛教练，开设"拔尖创新人才培养课程"，践行以赛促教教学理念；开展"校长杯"篮球赛、足球赛、羽毛球赛、乒乓球赛"四赛"活动；开通全市第一个智能家校互通平台，成功在禁止手机入校园前提下解决家长与在校学生沟通不便问题。首创学生俱乐部制度，建有动漫俱乐部、滑板俱乐部、吉他俱乐部、摄影俱乐部等25个学生个性化俱乐部。首建深圳高中劳动教育基地，高一年级每周一节劳动课，切实践行劳动教育，促进学生全面发展。学校先后获深圳市科创教育特色学校年度奖，深圳最美校园评选第二名。

（深圳技术大学附属中学）

【深圳第二外国语学校】创办于2010年，为深圳市教育局直属全寄宿公办普通高中，广东省一级学校。位于龙华区福城街道九龙山社区龙澜大道513号。占地面积11.9万平方米，建筑面积7万平方米。2022年，有教学班60个。有专任教师245人，其中：博士、硕士125人；正高级教师3人，特级教师3人，高级教师59人；省级骨干教师23人；市及以上名教师、名班主任工作室主持人5人。坚持"立德树人"根本任务，坚持走科技和人文融合发展办学路径。秉承"求真、向善、臻美、弘志"校训，以"建设特色鲜明的优质高中"为目标，以培养具有"中国情怀、世界眼光"高素质现代人为办学使命，让每一个孩子都拥有"国际社会通行证、现代公民合格证和身心人格健康证"，走出一条多元化、特色化发展的办学之路。在2022学年全国中小学信息技术创新与实践大赛中，学生李浩天、黄鹏升、李宇瀚、陈世哲获全国一等奖，陈俊宇、袁杰伟、郑茜匀、银浠汝获全国二等奖，余清源、江晔获全国

2022年4月23日，深圳技术大学附属中学举行一年一度的"校长杯"班级篮球赛
（深圳技术大学附属中学　供）

三等奖；教师骆坤、宋莹获评"优秀指导教师"；学校获评"校级组织工作先进单位"。3月22日，在首届"大湾区杯"南方中学生俄语风采大赛决赛上，学生李泽然获一等奖，姜添怡、李胤达获二等奖，谭雨菲获三等奖；俄语教师黄炼获评"优秀指导教师"；学校获"最佳组织奖"。在2022年"外研社杯"全国基础教育阶段多语种技能展示评选活动中，学生钟雍获法语全国二等奖，李胤达获俄语全国三等奖，胡静晧获德语全国三等奖；学校获"全国优秀校园组织奖"；德语教师于冰、蒋雯菁、聂嘉雯的作品《Hobbys》在"外研社杯"全国中学德语电子课件大赛中获一等奖。足球队共有12名学生入选广东省第十六届运动会深圳队集训大名单，其中张粤襄、梁忠翔、吴浩然、邵麒睿、周一鸣、张璋、吴泽彬、朱瀚宇、谢志豪9名学生进入比赛名单并代表深圳队征战省运会，最终深圳队以2∶0战胜传统劲旅梅州队并夺得冠军。在广东省第十三届中学生运动会游泳比赛中，游泳队狄泉霖、张芮国、李若茜3人取得3金、3银和1铜的优异成绩。其中：狄泉霖以28秒54的成绩打破男子50米蛙泳纪录，获评广东省第十三届中学生运动会"体育道德风尚奖运动员"；教师王军洁获评"体育道德风尚奖教练员"。校舞蹈队"追光舞蹈团"作品《远山不远》在2022年深圳市中小学优秀艺术团队交流展示活动中获一等奖，并代表深圳市参加广东省赛，获省赛二等奖。5月13日，深圳市政协2022年首场"委员讲堂"在深圳第二外国语学校开讲，主题为"未来农业的深圳机会"；5月29—30日，学校联合深圳市科技传播促进会举办龙华区2022年全国科技活动周启动仪式暨湾区校园创客日活动；7月11日，在深圳市人民政府外事办公室和深圳市教育局的策划和支持下，以"友好城市，共享未来"为主题的中日青少年线上"虚拟互访"活动在深二外举办；11月18日，举办由深圳市教育科学研究院组织的2022年深圳市新课程新教材背景下多语种（法语、德语、西语、俄语）课堂教学及高考备考培训研讨会议。年内，该校通过全国航空特色学校和广东省航空航天特色学校复评；获广东省国防教育特色学校和第八届深圳教育改革创新论坛科创教育特色学校年度奖；西安外国语大学、哈尔滨工业大学（深圳）、广东工业大学等高校授予该校"优质生源基地"称号。（深圳第二外国语学校）

【**深圳科学高中**】为深圳市市属公办高级中学，有坂田校区和龙岗分校2个校区，受龙岗区委托管理龙岗区五和学校以及龙岗区五园小学。坂田校区位于龙岗区坂田街道，占地面积12余万平方米，开设高中1—3年级，共计58个班，有近2900名学生；龙岗分校位于龙岗区坪地街道，占地面积12.7万平方米，有小学、初中、高中全学段共计66个班3000余名学生。2个校区共有专职教师399人，其中高级教师67人、中级教师156人、初级教师176人。该校为深圳市第一所实施党组织领导下的校长负责制学校。学校党委发挥党建引领作用，不断提升学校基层治理效能，推动学校大踏步发展。积极完成学科示范基地建设任务，制定多项教学管理制度，常态化开展"6+1"教研活动；规范线上教学要求，建立"学校—年级—班级"三级巡课体系，设计开发不同学段、不同类别多个版本教学情况反馈表及成绩分析系统；组织相关教师开展信息化技术培训，及时更新增配先进教学设备。推动课堂教学改革，促进教学质量提升。年内，办学质量再创新高。2022届高考特控率达85%，较上年大幅提升接近10个百分点，600分以上人数达213人。2022级高一新生录取分数线保持深圳第十，本部和分校录取分数线均大幅提升。学科竞赛取得新突破。陈纪余获全国高中生数学联赛（广东赛区）一等奖，王思迈获中国化学奥林匹克（广东赛区）一等奖，奚业朋作为高中组唯一选手代表广东省参加全国"学宪法讲宪法"总决赛并获得全国冠军。"三全教育"理念赋能领航，"三位一体"践行"立德树人"。在深圳市中小学青年教师基本功大赛、第十四届社科知识电视竞赛、深圳市直属学校中小学生田径运动会、深圳市中小学武术比赛、深圳市中小学校优秀艺术团队交流展示活动、深圳市第十三届名著新编短剧大赛、深圳市中小学粤韵操交流展示等活动中取得优异成绩。学校获第八届"深圳教育改革创新大奖"之"家校社协同育人学校（园）"年度奖；教师范波获评2022年"深圳市优秀教育工作者"，刘一真获评2022年"深圳市优秀教师"。持续抓实班主任培养工作，深入推进德育建设。李勇、隗彦巍、刘国芳 3 名教师入选深圳市第三批"名班主任工作室主持人";牛程获评 2022 年"深圳市优秀班主任";梁艳、朱叮叮在深圳市第三届班主任风采大赛暨"我最喜爱的班主任"评选活动中进入决赛。重视学生思想引领,德育工作喜获佳绩。学校被共青团中央评定为"小平科技创新实验室"建设示范学校;微团课"以青春之名,赴时代之约"获评广东省第三届"灯塔工程"中学团校"百佳微团课",作为优质精品团课向全省宣传展播;易李艾藜老师获第五届深圳市中学共青团团干、团员技能大赛特等奖。学校硬件提升进入快车道。本部校区翻新改造体育馆、STEAM 创新中心、多功能会议室、录播教室、报告厅、教师办公室等场所,更新空调、课桌椅、宿舍床、热水管道等设施设备;龙岗分校 12.3 万平方米教学区、生活区、运动区建设全面完成,打造更加先进、便捷、优美的校园环境,助力学校高质量发展,形成涵盖小学、初中、高中的十二年一贯制办学新格局,迎来"一校四部"高品质同步发展黄金期。　　　　(邓　鹏)

【深圳市第七高级中学】于 2015 年由深圳高级中学管理团队筹建,传承名校优秀办学经验,办学成绩显著,多次获深圳市高考工作卓越奖、超越奖。位于粤港澳大湾区核心区域,紧靠大空港、国际会展中心,毗邻海上田园风景区。占地面积 9.8 万平方米,建筑面积 7.2 万平方米。核定办学规模为 60 个教学班、3000 个学位。截至 2022 年年底,共有在校学生 2917 人,教职工 273 人(教师 230 人)。教师中正高级职称 2 人、高级职称 28 人、中级职称 75 人、本科及以上学历 208 人(硕士 145 人)。有广东省名师工作室 1 个。秉承"教育,让生命在场"办学理念,始终坚持以学生发展为中心,做有温度、有品质的教育。以教学为中心,牢牢把控教学质量关;以学习为根本,提升核心竞争力。先后输送数百名学生进入"985""211""双一流"院校;积极组织教师和学生参与各类竞赛,获多项全国、省、市荣誉,帮助教师和学生实现全方位提升。教师陈芳欣代表广东省参加全国中小学青年教师教学竞赛,获一等奖;周璇娜参加深圳市中小学教师微课比赛,获一等奖;另有 12 个学科、40 人次在深圳市青年教师基本功大赛、微课大赛、模拟命题大赛中获奖。学生刘轩语获第三十九届全国中学生物理奥林匹克竞赛(广东赛区)三等奖;叶芷宁进入"十佳文学少年"前 50 强;朱明钊获深港澳读书随笔征文特等奖;刘长乐入选广东省体工队;校舞蹈团获省级展演活动二等奖;音乐科组获市艺术展演一等奖。年内,学校被教育部评为"全国青少年校园足球特色学校"。　　　　(邱　静)

【深圳市高级中学】开办于 1997 年,为市属公办学校。2022 年,深圳市高级中学分四址办学,分别为深圳市高级中学中心校区、深圳市高级中学东校区、深圳市高级中学南校区和深圳市高级中学北校区。4 个校区总占地面积 26.56 万平方米,建筑面积 33.14 万平方米,运动场地面积 8 万平方米。2022 年,有教学班 261 个,学生 1.24 万人。有专任教职工 934 人。其中:正高级教师 6 人,副高级教师 220 人;中级教师 352 人,特级教师 4 人;市级及以上名师(学科带头人)9 人;研究生及以上学历 527 人。有广东省邵爱国名校长工作室、6 个名师、名班主任工作室。秉持"为了未来"校训,在"育人为先,科学发展"教育理念指导下,建立完善而独具特色的 GLOBE、科技、艺术、体育、安全、国际、3F、生涯规划、心理成长、研究型社团等十大课程体系。2022 年 9 月,深圳市高级中学高中园内的创新、理慧、文博 3 所高中以及龙岗区和盐田区委托管理的 2 所九年一贯制学校深圳市高级中学龙岗学校、深圳市高级中学盐田学校正式开学。新增的 3 个校区、5 所学校,涵盖小学、初中、高中 3 个办学层次,总占地面积达 26 万平方米,总建筑面积 40.5 万平方米。截至 2022 年年底,深圳高级中学(集团)已包括 7 个校区,涵盖小、初、高 3 个学段共 5 所高中、5 所初中、4 所小学,跨越福田、龙华、坪山、龙岗、盐田 5 个行政区,为深圳市教育局直属规模最大教育集团。"深授权,高赋能"的复合型教育集团探索获得 2022 年度"深圳教育改革创新卓越奖"。年内,深高深入开展学习宣传贯彻党的二十大精神系列活动;设置 29 个共产党员先锋岗示范岗,充分发挥共产党员示范、引领、带动和辐射作用;GLOBE 教育正式进入 2.0 时代,北校区举办深圳市首批义务教育阶段学校"减负提质"项目系列

2022年8月13日,深圳市高级中学百合合唱团成功举办"歌随心传 花已遍芳"25周年庆典音乐会
（深圳市高级中学 供）

研讨活动;学生舞蹈团《青少年舞蹈身心教学法》出版发行,坪山青少年舞蹈团揭牌,成功举办第二届粤港澳中小学音乐节系列活动;百合合唱团成功举办25周年庆典音乐会并获教育部主办的全国第七届中小学生艺术展演声乐类比赛一等奖。为迎接党的二十大召开,原创新时代交响作品《丰碑》由深圳交响乐团在深圳音乐厅演出;深高乐团在建校25周年文艺展演专场演出;戏剧团蝉联深圳市科普剧大赛冠军;北校区在第八届"深圳教育改革创新大奖"评选中获"美育特色学校(园)"年度奖。深高获选深圳市教育局备战第十三届广东省中学生运动会游泳项目备战学校,并代表深圳市参赛,获高中组团体总分亚军,健美操队获团体总分第一名、4个冠军、1个季军。四校区生态种植园先后建立,共建学科融合课程,开发农耕、劳动实践、社会调查课程等。在2022年全国中学生物理竞赛复赛中,4名学生入选省队,入选人数稳居全省第二名;人工智能社团6名学生在第五届全国青少年人工智能创新挑战赛

全国总决赛上获3金3铜;东校区被遴选为深圳市教育信息化"双区"建设实验校代表,作为"深高样本"走向全国,并于11月被教育部评选为教育信息化"双区"深圳市智慧教育示范校培育对象;作为坪山区首家安全教育体验馆的深高东校区安全体验馆开馆仪式在东校区小初部成功举行。至年底,深

高先后成为联合国教科文组织联系学校、IB世界学校、中央教育科学研究所先进实验学校、全国群众体育先进单位、全国优秀(示范)家长学校、中央教育科学研究所艺术教育示范基地、国家级示范性普通高中、全国学校毒品预防教育先进工作单位、广东省一级学校、广东省基础教育党建工作示范校、广东省优质基础教育集团、广东省绿色学校。 （深圳市高级中学）

福田区中小学

【福田区外国语小学】福田区外国语小学是福田区公办小学,成立于2003年9月,原名为福田区景田小学,于2022年7月更名为福田区外国语小学,纳入福田区外国语教育集团。位于福田区景田北五街6号。占地9999平方米,校舍

2022年11月10日,福田区外国语小学徐万兴校长在操场与学生促膝谈心
（福田区外国语小学 供）

建筑面积 7517 平方米，教学及辅助用房面积 6110.81 平方米，运动场馆 10074.21 平方米。现有 6 个年级 30 个教学班，学生 1326 人。校长徐万兴。学校拥有专任教师 93 人，副高级教师 8 人、中级教师 55 人，区级以上名师（学科带头人）14 人，本科及以上学历 87 人（硕士 9 人）。有福田区名师工作室 2 个。福田区外国语小学提出"以生命教育为核心，让每一个生命茁壮成长"的教育思想，秉承"以人为本，和谐发展"的理念，彰显"教育与智慧相伴，学习与生命同行"的办学目标，全面推动"自主、活泼、协作、奋进"的校风，"敬业、爱生、进取、奉献"的教风，"勤奋、文明、求实、创新"的学风；学校文化建设朝气蓬勃，书香弥漫。福田区外国语小学先后获得全国百佳阅读示范学校、粤港澳大湾区青少年创新科学教育基地成员校、深圳市绿色学校、福田区德育示范学校、区科技创新教育先进单位、区社会主义公民素养教育优秀实验学校、深圳市第十届运动会突出贡献单位等荣誉或称号，同时还是广东省国际象棋特色学校，深圳市网球特色学校，正式挂牌福田区网球训练基地，世界冠军龚睿那福田区外国语小学羽毛球训练基地，馆校结合科技教育基地学校，广东省校园篮球项目推广学校，中华诗教深圳市示范区试点学校。 （福田区外国语小学）

【福田区福强小学】创办于 2002 年 9 月，为纪念福田区成为"广东省教育强区"，同时校园北临福强路而得名，占地面积 1.12 万平方米。

2019 年 1 月，福田区政府对学校实施二期改扩建工程，建筑面积增加到 2.85 万平方米，拥有 STEM 综合大楼、地下恒温游泳池、地下运动场、影视英语剧场、中英文图书馆、乐队训练厅、足球场等特色场馆。2022 年，该校有教学班 39 个，学生 1820 人。有教职工 120 人，其中：特级教师 1 人，高级职称教师 8 人；福田区名师（或特色）工作室主持人 5 人，校级名师工作室主持人 4 人。秉持"福果强根，绿色发展"办学理念，围绕阅读好、运动好、习惯好、有特长"三好一有"培养目标，以英语影视英语 App 和语文分级阅读为载体，游泳进课堂、羽毛球进课堂等。先后获评"教育部——乐高创新人才培养计划基地实践学校""全国未成年人生态教育示范学校""国际技术与工程教育协会（ITEEA）会员学校""全国未来教育实验学校""深圳市教育系统先

进单位""2020 年度 STEM 教育典范学校"。学校党支部被市委授予"深圳市先进党组织"称号。2022 年，学校工会被市总工会授予"深圳市先进职工之家"；获第八届"深圳教育改革创新论坛"创新大奖、"教育创新领跑学校（园）"年度奖，获评新时代全球胜任力可持续发展优秀指导单位。 （孟 峰）

【福田区保税区外国语小学】创办于 2000 年 9 月，隶属于福田博雅教育集团。为全日制走读式民办学校，深圳市一级学校，深圳市优质民办学校，广东省标准化学校，全国民办学校十大课改样本。位于福田区银桂路 10 号，毗邻福田保税区。占地面积 9000 平方米，建筑面积 6000 余平方米。2022 年，有教学班 24 个，在校学生 881 人，教职员工 98 人（专任教师 67 人）。校园环境精致典雅，各类功能教室和现代化教育教学设备配置齐

2022 年 5 月 31 日，福田区保税区外国语小学"童心向党，幸福成长"年内第一批新队员入队仪式在学校活动中心举行 （保税区外国语小学 供）

全。学校实行理事会领导下的校长负责制，推行小班化教学、个性化教育，为学生量身定制个人成长方案，使每名学生都能得到充分发展。以英语教学为特色，构建独具特色的英语活动八大板块。倡导主题对话式教学，以兴趣为目标、以方法为突破、以能力为核心，实现学、思、用相结合；推行情感体验式德育，以体验明理、以规则导行、以关爱育心，坚持知、行、育并重；以追求本质教育为己任、以创理想学校为目标，恪守"为了孩子一生幸福"办学宗旨；坚持育"四有"新人（健康的生命、善良的心灵、智慧的头脑、高雅的情趣）培养目标，自主研发出包括生命教育、德育、智育、博雅教育在内的"幸福教育"课程，全面实施"幸福教育"。 　　（殷立伟）

【福田区下沙小学】为全日制六年制公办学校，有近百年的办学历史。位于福田区福荣路88号，毗邻国家级红树林自然保护区。占地面积1.05万平方米。2022年，有教学班36个，在校学生1600余人，教职工110人。倡导"生命教育"理念，以"让每个生命蓬勃向上"为办学理念，着力打造"向下扎根 向阳生长"红树文化；以"培养懂合作、善适应、能创新、有梦想的新时代阳光少年"为育人目标，以"办一所充满活力的学校"为办学愿景，致力于打造"朝气蓬勃 奋发向上"的活力校园。以"立德树人"为己任，瞄准"核心素养"，以"智学课堂"为基础、以"课题研究"为引领，着力构建"蓬勃红树 活力下沙"红树林3.0课程体系，推进学校高质量发展。学校的"红树林课程体系重构的实践研究"获深圳市教育科研优秀成果一等奖、福田区教育教学优秀项目。2006年，获评广东省一级学校；2016年，获评福田区阳光体育先进学校；2017年，获评深圳市教育先进单位、深圳市最具未来特色学校；2018年，获评广东省信息化建设示范校、福田区STEAM教育基地校、全国活力校园100强、全国足球特色学校、全国湿地教育示范学校；2019年，获评深圳市创意足球示范学校、广东省优秀校园足球特色学校、深圳市教科研基地学校、福田区首批课程建设基地学校；2020年，获评全国校园足球优秀特色学校、粤港澳大湾区青少年科创实验学校、深圳市人工智能实验学校、深圳市课程建设示范学校、深圳市STEM教育典范学校、深圳市线上教学先进单位；2021年，获评广东省信息技术中心学校建设成果优秀学校、广东省基础教育成果培育学校；2022年，获评深圳市"减负提质"实验校、深圳市中小学艺术教育特色示范校。 　　（下沙小学）

【福田区园岭外国语小学】创办于1987年，2012年9月更名为"福田区园岭外国语小学"。占地面积6563平方米，建筑面积1.18万平方米，运动场地面积1.26万平方米。2022年，有教学班38个，学生1662人。有教职工104人，其中：专任教师98人，平均年龄39.6岁；高级职称11人，中级职称65人；区级及以上骨干教师21人；本科及以上学历91人（硕士19人）。以"厚德博学、全能尚美"为校训，秉承"敢为人先，追求卓越"园岭精神，提出并践行"让每一个孩子成为最好的自己"办学理念，致力于校园文化建设、学校课程建构、自主课堂研究、综合素养提升等，加快推进教育现代化和国际化进程，努力探索教育优质发展之路。以"爱的教育"为主线开展德育系列活动，德育工作成效显著。学校少先队组织先后2次获评广东省"红旗大队"，多次获评深圳市"红旗大队"。《中国德育》《广东教育》《深圳晚报》等多家媒体宣传介绍学校德育工作特色和成绩。着力构建适合学生全面发展的课程，实施基础课程、拓展课程和特色课程，为学生个性发展提供支持。自主研发的校本课程"走进经典国学""小学西班牙语"获评"深圳市好课程"并被推广。该课程的成果已辐射到广东汕头、揭阳和新疆喀什及塔县等地友好学校。强化英语课程设置，突出外语特色，提高学生的外语技能，为学生提供展示外语才华的舞台。学校博雅管乐团、舞蹈团、合唱团、京剧社、乒乓球队等参加各级各类比赛成绩斐然。其中，博雅管乐团多次获市、区管乐比赛金奖。该校是经教育部确认的第一批"全国青少年校园篮球特色学校"；福田区STREAM教育实践基地学校、福田区首批中小学课程建设基地学校。2020年，获评深圳市"年度体育典范学校"；2021年，获深圳市"科创教育特色学校"年度奖；2022年，获"深圳教育改革创新大奖"之"家校协同育人"年度奖。 　　（汪涛）

【福田区福田小学】创办于1928年。广东省一级学校。位于深圳市中心公园东侧。占地面积1.53万平方米，建筑面积1.76万平方米。2022年，有教学班51个，在校学生2382人，专任教师144人。该校历史积淀深厚，办学理念先进，办学条件优越，校园环境优美，人文气息浓郁，师资队伍精良，社会影响深远。是一所见证深圳改革开放、让外来务工人员子女真正享受到高水平教育、为深圳经济特区建设做出贡献的"老字号"学校，也是一所学生乐学、教师善教、家长首肯、社会认可的高水准品牌学校。在"养正扬长、各美其美"办学理念引领下，系统梳理办学思想，顶层设计"十四五"规划，引领全体教职员工实践探索，以深圳经济特区改革开放和创新精神推动学校前行，以卓越的精细化管理护航课程改革，形成"尊重、激发、共生"和"主动、互动、灵动"课程文化，建立"共享共担，各有特色，彼此成就"教师共同体文化，构建多层次、特色化"养正扬长"课程体系，促进每一个孩子生动活泼、健康成长。在德育、诗教、艺术、体育、心理、科技创新教育等方面形成鲜明办学特色，打造福田小学6张"名片"：素养奠基辐射全国；创意纸艺蜚声海外；器乐合唱佳音频传；田径足球深圳闻名；科技创新教育成果卓著；心理教育深圳扬名。先后获评"全国青少年创新教育实验学校""全国信息技术教育示范学校""全国青少年计算机科技创新实践教育示范基地""全国校园文化创新学校""教育部基础教育课程教材中心网络实验学校""广东省校园足球推广学校""广东省纸艺特色教学与创作实验基地""广东省优秀文化传承学校""广东省巾帼文明岗""深圳市教育工作先进单位""深圳市创意教育示范学校""深圳市体育特色学校""深圳市足球特色学校""深圳市艺术教育典范学校""深圳市健康促进学校""深圳市心理健康教育特色学校""福田区德育示范学校""福田区教育科研先进集体""福田区科技特色学校""福田区公民教育示范学校""福田区首批课程建设基地学校""福田区首批国际理解教育特色学校"。

（福田小学）

9月28日，福田区福田小学举行2022级新生入学童蒙礼暨开笔礼

（福田小学 供）

【福田区红岭实验小学】是福田区政府举办的公立学校，为红岭中学（红岭教育集团）下属小学部。有安托山校区、侨安校区2个校区，均位于福田区中心，坐落于安托山脚下，毗邻香蜜公园。总占地面积1.88万平方米，总建筑面积5.49万平方米。2022年，总办学规模60个班，提供优质学位2700个。秉承"珍视每一个"教育哲学，致力于培养富有爱心、承担责任、乐于创造的终身学习者。学生通过与自然、社会、自我的真实互动，对真、善、美和自由、平等、正义的深入探索，形成对生活世界的深刻理解，进而适应现实复杂多变的世界，并为之开创更加美好的未来。课程设置基于跨界融合、理解本位、问题导向、真实表现、深度探究，让学生的学习过程是在真实的表现性任务中遇到问题，展开深度探究，并获得学科理解或跨学科理解，进而发展学科素养或跨学科素养的过程。作为福田区人事制度改革试点单位，为推进公办学校体制改革创新，福田区政府与万科集团合作成立红岭教育基金会，专项支持学校探索体制和教学改革创新。学校采取全新人事制度体制，因需

设岗、全员签约、分类聘任、分类管理。以短聘考察人才、固聘培养人才、长聘留住人才、特聘招揽高才。采用国际惯例，各岗位实行年度工作报告制度，按年度及聘期进行合约考核。工资按岗考核，绩效优先，浮动发放，最大限度激发教师队伍活力。学校先后获评深圳市在线教育工作先进学校、深圳市健康促进学校、深圳市教育工作先进单位、年度十大最受关注新锐学校、深圳市儿童友好型学校、福田区劳动教育示范校、福田区委党校现场教学示范点。（红岭实验小学）

【福田区华富小学】创办于1989年秋，于2012年7月改建，2013年8月建成使用，2018年7月配合小区更新整体拆建搬至文天祥小学借校办学。位于福田区华富村华富二街8号。占地面积9825.95平方米。2022年，有教学班26个，学生1166人。有教职工88人，其中特级教师1人，高级职称教师12人、中级职称教师37人。办学理念是："合作、共享、奉献、自主"，传统特色是校园足球和数学思维。以足球助力学生练就强壮体魄，以数学思维训练启迪学生智慧火花，以艺术教育陶冶学生心灵情操，以创客教育激发学生创新意识，以国学教育濡养学生的君子之气。获深圳市首届办学效益评估优秀奖。被列为深圳市重点投资建设学校。先后获评国际发明特色学校、中国年度创新型学校、首批全国青少年校园足球特色学校、国防教育示范学校、广东省一级学校、广东省绿色学校、广东省优秀现代教育实验学校、广东省巾帼文明示范学校、深

圳最具创新力学校、深圳市教育系统先进单位、深圳市文明单位、深圳市家校共育典范学校、深圳市美育特色学校、深圳市"园林式、花园式"达标单位、福田区科技与创客教育先进单位、福田区首批依法治校达标学校、福田区首批心理健康教育达标学校、福田区德育达标学校。2017年，在深圳市义务教育办学水平评估中，被评估专家誉为"华富社区家门口的一所办学有品质、学生有特质的精品学校，具有名校气质"。 （龚 开）

【福田区梅山小学】为福田区一级学校。占地面积1.3万平方米，建筑面积1.6万平方米，运动场地面积4500余平方米。2022年，有教学班37个，学生1622人。有教职工98人，其中，高级职称9人、中级职称39人，区级及以上名师（学科带头人）21人，本科及以上学历87人（硕士16人）。有未来教育名师工作室1个。以梅花为精神图腾，秉持"礼敬众生"办学思想，以"做有用的人"为校训，营造"以平等的态度对待人，以真挚的情感打动人，以新颖的形式吸引人，以高尚的境界陶冶人"教风，树立"知行合一"学风。微课程和特色思政课建设异彩纷呈；"小小全运会""小小大运会""小小奥运会"系列项目课程方兴未艾；"梅花银行"仿照银行运营机制建立师生成长数据库，为评价改革做出大胆尝试；"国学课堂"和"乒乓球综合课程"分别获评深圳市2015年和2016年"好课程"。实行扁平化管理，"服务中心"和"课程中心"各司其职且又共生共荣，党

支部授权、共青团支部指导成立的"青梅教师联盟"为青年教师成长提供优质平台。获评全国青少年足球训练示范校、广东省青少年足球训练示范校、中华文化经典教育实验学校、深圳市绿色学校、深圳市书香校园、深圳市"百校扶百校"先进单位、福田区德育示范学校。

（李文明）

【福田区景鹏小学】创办于1993年9月，为福田区属公办全日制小学。位于福田区新洲路以西、深南大道北侧，地理位置优越。占地面积8999平方米，建筑面积9582平方米。2022年，有教学班32个，学生1360名，教职员工80余名，校长周元。景鹏小学为一所设施先进、功能完备、环境优雅、学风优良的现代化学校。坚持"立德树人"教育目标，注重学生核心素养培养。以学业质量为标准，大力推进素质教育。积极开展学科课程与特色课程建设，不断提升教师专业化水平，不断提升学生创新精神与综合能力，社会满意度、办学美誉度逐年提高。语文、道德与法治、科学、信息技术、美术等多个教研组先后被评为福田区乃至深圳市示范教研组，是一所有内涵、有实力、有特色的学校。学校集体以及师生个人在国家、省、市、区各类竞赛中捷报频传，涌现出"最美南粤少年""福田好少年""深圳市故事大王"等一大批优秀学生；学生发明的多个创客作品被国家知识产权局授予"实用新型专利"；优秀科创作品分别登上CCTV少儿频道、深圳少儿频道。遵循"让每个孩子拥有精彩童年"办学理念，不

断促进学生幸福成长，围绕核心素养培育全面发展的人。积极建构以科创教育为龙头、艺体教育为特色、学科教育为基石的课程体系，积极践行"大德育""大语文"教育观，大力推进中华传统文化教育和公民素养教育。加强师德师风建设和校园文化建设，为实现中华民族伟大复兴的"中国梦"铸魂育人。特色课程日臻丰富和完善。开发的人文素养课程有国学、主题阅读、书法、文学及英语配音、外教口语等；创新素养课程有 3D 打印、小小实验家、无人车、VEX 机器人、发明创造等；艺术素养课程有水墨画、国画、软陶、合唱、舞蹈、拉丁舞、管乐、口风琴等；身心素养课程有田径、篮球、羽毛球、乒乓球、围棋、国际象棋、健美操等；创造性地开展红领巾义卖、安全教育与防近视教育等系列家校联动课程。艺术节、科技节、体育节等七彩节日课程内涵丰富，"景鹏好声音""英语趣配音""读书月经典诗文诵读""趣味运动""国旗下班班有成长""景鹏星亮晶晶"系列评选等主题活动课程异彩纷呈。获评广东省一级学校、深圳市绿色学校、深圳市阳光体育先进学校、深圳市首批中小学创客工作室、深圳市体育舞蹈特色学校、福田区科技特色学校、福田区公民教育教研示范校、福田区篮球训练基地、福田区 AI 赋能教学实验学校，获深圳市政府办学效益奖。　（景鹏小学）

【福田区福新小学】创办于 2006 年 9 月。位于福田区中心一路 33 号。占地面积 1 万平方米，建筑面积 1.07 万平方米。校园布局合理，环境优美，教学设备设施先进。2022 年，有教学班 31 个，学生 1342 人；教职工 84 人，其中专任教师 78 人，平均年龄 36 岁。该校以"让你，成长为最好的自己"为办学愿景，以"脚踏实地，放飞梦想"为校训，坚守"十年树木，百年树人"教育宣言，践行"诚实做人，认真做事，弘扬个性，和谐发展"育人理念和"规范于心齐给力，不待扬鞭自奋蹄"管理思想。重视高素质专业化创新型教师队伍培养，不断搭建更新教育观念、改革教学方式、提高教育教学能力各类平台；扎根中华传统文化，全力打造诗书特色品牌，精心创设精致校园环境与和谐人文环境，建成一所有一定影响力的诗书品牌学校；紧跟时代发展，立足未来人才需要，致力于学生创新精神和终身学习能力的培养，为把学生培养成"有梦想、有智慧、有情趣、有担当的时代新人"，把学校建设成"充满阅读书香、充满运动活力、充满艺术气息、充满创造力"的教育乐园而不懈努力。以学生素质"十个一"要求为导向，建构分层、分类、综合、特需"1+N"之"新星"课程体系，在上好国家规定的基础性课程基础上，开设一系列立德铸魂课程、素养提升课程和个性扬长课程。"学科周活动""诗词考级""诗书艺术节""国旗下才艺展示""新星大舞台""体育运动会"等特色活动满足学生的个性需求，促进其充分和谐发展。"好诗天天诵"和"家庭阅读套餐"被评为"福田区品牌课程"，"国际象棋""陶笛飞韵"成为学校特色课程。获评中国国际象棋协会"国际象棋教育特色学校""广东省巾帼文明示范岗""深圳市书香校园""深圳市绿色学校""深圳市教育系统先进单位""深圳市德育工作示范学校""深圳市语言文字规范化示范学校""深圳市广播操标兵学校"。　（杨岭）

【福田区福田中学】是一所具有 50 余年办学历史的全日制公办高级中学，广东省首批国家级示范性高中，广东省首批普通高中教学水平优秀学校，广东省首批德育示范性高中。位于福田区福田街道，地理位置优越，交通便利。占地面积 4 万余平方米，建筑面积 3.37 万平方米。2022 年，开设教学班 41 个，在校学生 2000 人。有教职工 250 人（专任教师 200 人）。其中：硕士、博士生 42 人（毕业于清华大学、香港大学、香港中文大学等世界著名学府博士 5 人）；高级教师 85 人，特级教师、全国模范（优秀）教师 5 人，广东省模范教师和教学能手 4 人，享受深圳市政府特殊津贴 1 人，深圳市劳动模范 1 人，南粤优秀教育工作者 1 人，深圳市名师、骨干教师、教坛新秀和学科带头人 43 人。学校教研氛围浓厚。有广东省名师工作室 1 个，深圳市名师工作室 2 个，深圳市名班主任工作室 1 个，福田区名师工作室、特色工作室 9 个，福田区名班主任工作室 2 个，北京师范大学名师工作坊 1 个，中国电影基金会校园电影工作室 1 个，深圳市国家级示范区学科示范基地 1 个；深圳市中小学精品课程 2 个，福田区品牌课程 5 个。坚守"努力实现学生全面而有个性地发展"理念，关注进步率、提升力，高考成绩屡创新高。连续多年获评深圳市高考工作先进单位，获深圳市高考工作超越奖、卓越奖、特色奖，实现深圳高考奖项"全满贯"。课程研发中心以"人本性、实践性和创新性"为课程研发主旨，以"学生有需要、教师有能力、学校有条件"为课程开设原则，先后开设科技创新、无人机操作及编程、生涯规划、双语数学、光影沙画、国乐鉴赏、肢体语言开发、中学生影视课堂、形体健康、暑期研学等多元有趣的校本课程。学生活动丰富多彩，色彩斑斓的30余个学生社团为学生提供张扬个性、展示才华的平台。深圳市"十佳"文学社、红树林文学社、深圳市"十佳"社团雏鹏电视台、无人机社、生涯社、梦马剧社、韩舞社、街舞社、TKD跆拳道社、心随舞动舞蹈团、吉他社、漫画社、九畹书法社、科学探索站、天地人地学社、"1+1"数学社、英语俱乐部（Wings of sky）、AI篮球社、足球社等学生社团业已成为学生挥洒智慧与激情的青春家园。校园"四节"——体育节、艺术节、科技节和微电影节，"校长杯"足球赛、篮球赛和学科活动周等亮点纷呈。尤其是全国首创的福田中学微电影节深受学生喜爱，影响力覆盖全国。

（刘真真）

【福田区梅山中学】创办于2000年7月，为全日制公办初中学校，广东省一级学校。位于福田区梅林街道梅林一村西侧。占地面积3.27万平方米，建筑面积2.15万平方米。2022年，有教学班36个，学生1566人。有正编专任教师105人，学历达标率100%。其中：高级及以上教师34人，占教师人数32%；有省级初中名师、省级骨干教师、南粤优秀教师、深圳市领军人才、深圳市十佳优秀青年教师标兵、深圳市先进工作者、深圳市优秀教师、深圳市优秀班主任等获省、市级及以上荣誉者26人次；有福田区优秀园丁4人、学科带头人5人，福田区十佳校长与十佳中层2人，中青年骨干教师9人，"领航工程"教师26人；有语文、英语、物理、美术、体育和班主任等名师工作室、"5个100工程"思政课工作坊。2022年，教师在各级各类活动中获奖者70余人次。注重提高教学质量，实施分层教学，使不同层次的学生都有最优的发展。每年均有一批学生考入深圳中学、深圳实验学校、深圳外国语学校、深圳市高级中学、福田区红岭中学等名校。着眼于学生的长远发展，培养出一大批优秀学生。学生常广思获评"深圳市十佳青年学生"；李欣陶、张薇、欧阳婧祎、欧子裔、梁毅鹏获评"深圳市十佳文学少年"，其中欧阳婧祎成为"十佳文学少年"首位学生评委；史佩佩在第26届大运会中担任场馆团队颁奖仪式礼仪主管；校吟诵队获深圳市两届经典诗文吟诵比赛特等奖；陈羲蕾等近百名学生获深圳市、福田区读书月活动特等奖和其他奖项；2022年有178名学生获全国作文大赛复赛晋级；在第九届香港国际音乐节比赛中获得金奖；李梓铭顺利通过全球知名工业工程设计软件SolidWords助理工程师考试，获得国际认可的工程师证书（机械类）。在自主课程基础上衍生出田径、足球、羽毛球、武术等30余个校园社团，学校成为省、市、区田径、足球、羽毛球、武术后备人才训练基地；武术队连续3年获得福田区团体冠军；义工社获评大运会优秀志愿团体；桥牌社获第十二届全国中学生运动会团体第三名。田径基地训练成果优异。学校田径队蝉联区级、市级田径运动会团体冠军，培养出多名优秀短跑选手，连续多年包揽深圳市短跑冠军。其中，梁劲生在2012年全国中学生田径锦标赛中获得冠军后，又在同年获得世界田径中学生锦标赛200米冠军、2015年全国青年200米冠军和2017年全运会4×100米接力冠军，是深圳本土第一个中学生世界短跑冠军、国家短跑队主力成员，并打破全国青年200米记录，是继苏炳添之后的又一位短跑新星。以梅山中学田径队为主的深圳市、福田区田径队参加历届广东省中学生运动会均取得较好成绩。梅山中学获"突出贡献奖""功勋教练奖"，学生多人获"雏鹰奖"。获评广东省田径传统体育特色学校、深圳市田径传统体育学校、福田区田径训练基地、全国作文教学先进单位、全国文学教育先进单位、广东省书香校园、广东省体育场馆向社会开放示范单位、深圳市教育系统先进单位、深圳市教师队伍建设先进单位、"深圳市最富内涵十佳校训人气奖"学校、年度阅读典范学校、深圳市年度体育强校、深圳市体育特色年度学校、"基于教学改革、融合信息技术的新型教与学模式"100所实验校之一、福田区作家协会梅山中

学小作家创作基地、中华文化创新文学示范校；获深圳市办学效益奖。　　　　　　（梅山中学）

【福田区外国语教育集团】福田区外国语教育集团（总部）创办于2005年2月4日。截至2022年年底，有总部校区、福保校区、香蜜校区和福外小学4个校区及3所幼儿园，覆盖幼儿园至九年级学段，教学班共计170个，师生8000余名。该集团以"尚礼　尚学　尚勇"为校训，以"鸣天"文化为精神引领，是高起点规划、高标准建设、高质量、高水准，有外语特色的教育集团。占地面积2.36万平方米，建筑面积1.5万平方米。初一至初三年级共32个班，学生1551人。共有教师122人。教师平均年龄39岁，35岁以下青年教师54人，占比44.3%；县（区）级及以上骨干教师37人，占比30.3%。有市级名师工作室1个，区级名师工作室2个。福田区外国语学校（福保）创办于2018年9月，占地面积1.93万平方米，建筑面积4.29万平方米，运动场地面积3.3万平方米。2022年，有教学班60个，学生2814人。有专任教师175人。其中：高级职称12人，中级职称76人；本科及以上学历174人（硕士69人）。福田区外国语学校（香蜜）创办于2021年9月，占地面积1.06万平方米，建筑面积3.07万平方米。2022年，有教学班24个，包括1—3年级和7—9年级学段，学生960人。有专任教师72人，其中，高级职称7人、中级职称14人，区级及以上名师（学科带头人）12人，本科及以上学历72人（硕士29人）。福田区外国语小学创办于2003年9月，原名为"福田区景田小学"，2022年7月更名为"福田区外国语小学"，纳入福田区外国语教育集团。占地面积0.9万平方米，建筑面积0.75万平方米，教学及辅助用房面积0.6万平方米，运动场馆面积约1万平方米。2022年，有6个年级30个教学班，学生1326人。有专任教师93人，其中：副高级教师8人，中级教师55人；区级以上名师（学科带头人）14人；本科及以上学历87人（硕士9人）。福外先后经历3个发展阶段：艰苦奋斗的创业期（2005—2014年），其间跻身品牌学校行列，继而成功孵化侨香校区（现福田实验教育集团侨香学校）；巩固务实的稳定期（2014—2016年），着眼"关爱教师、关怀学生"，提出巩固稳定管理目标；再上台阶的发展期（2016年起），纲举目张，执本末从，于2021年12月成立福田区外国语教育集团，为更多的辖区适龄学生提供优质教育，在传承中开拓、在实干中奋进，以期形成基础教育改革创新的"福外智慧"和"福外经验"。秉持"勤奋、乐学、智慧"理念，搭建以国家课程为核心、地方课程为补充、校本课程为特色的"鸣天"旨趣课程体系。初中部"鸣天"主旨课程覆盖生命与健康、科学与技术、人文与社会、数学与逻辑、艺术与审美、实践与创新、语言与文学以及道德与伦理八大领域；小学部"鸣天"趣味课程将核心素养发展与快乐学习生活紧密结合，包含幼小衔接、行为养成、实践拓展、学科素养四大领域。创建多姿多彩的"鸣天校园文化节"活动，每学年举办鸣天阅读节、鸣天艺术节、鸣天体育节、鸣天科技节、鸣天英语节、鸣天美食节等活动，以活动为载体，丰富学生的校园生活，营造愉悦的校园文化氛围，让学生在活动中感受快乐、在快乐中主动学习、在学习中不断成长。重视外语品牌建设与对外国际交流，先后与澳、美、英、俄等国家的8所名校结成姊妹学校。2017届学生周可欣曾作为中国代表团选手赴联合国总部参加模拟联合国世界青少年峰会。"鸣天"模拟联合国社团成为深圳市小有名气的品牌社团，学校模联分队参加哈佛大学的模联论坛。集团先后获评"全国青少年校园足球特色学校""全国地理科普教育先进单位""广东省巾帼文明岗""广东省国际象棋特色学校"，获"深圳市办学效益奖"。为深圳市四大名校之一的深圳外国语学校（集团）在全市唯一授牌的优质生源学校。　（凌玉珊）

【福田区红岭中学（红岭教育集团）园岭初中部】创办于1981年，是福田区红岭中学的发祥地和文化根基，深圳经济特区建立后建成的第一所中学、首批广东省一级学校，有深圳"中心城区第一学府"之称。占地面积3万平方米，建筑面积3.5万平方米，运动场地面积2.12万平方米。2022年，有教学班42个，学生2000余人。有教职工170人，其中：党员教师78人；正高级教师1人，副高级教师41人；"双一流"大学博士3人、硕士51人（毕业于北京大学、中国科学院大学、中山大学、北京师范大学、华东师范大学、香港理工大学、香港科技大学、纽约州立大学、伦敦大学、西南威尔士大学等世界著名学府研究生18人）。教师中获评国家、省、市骨干教师，学科带头人，年度教师，优秀教师，优秀班主任，劳动模范，师德标兵，"十佳"中层干部人数占总人数31.8%。有省、市、区名师工作室11个，"深圳市中小学好课程"1个，"福田区优秀教研组"7个，"福田区品牌课程"4个，形成"重学生、重习程、重素养"教学特色。中考成绩高分段人数、学科均分、优秀率、"A+"率等各项指标稳居市、区前列，被优质高中录取人数屡创新高。创新德育生态体系，落实"立德树人"方针。关注和激励每个学生个性特长发展，"校园之星"评选让80%的学生得到多元化评价。德育工作深入到"爱国主义""两会一有""书记校长思政课"等课程中，融进"四大节"活动中。"青春向党 奋斗强国"创意运动会受到《人民日报》宣传报道，并评价为"一场别开生面的党史课、爱国主义教育课"，网上点击量逾70万人次；以"四十载成就卓越 新征程再铸辉煌"为主题的校庆演出和爱心义卖活动，网上点击量逾470万人次。家校沟通，社区共建，"红岭好家风家庭""感动红岭模范家长""传承家庭美德好少年"等活动机制，持续在学校和家长之间形成良好正向激励。"五育并举"，文、艺、体、科全面发展。落实"双减"政策，提质增效，务实推进"课后延时服务"。上午开设50分钟阳光体育运动大课间，每学期推出50余

门社团校本课程。远岫文学社获第八届"鲁迅青少年文学奖"全国特等奖、全国第十届"文心雕龙杯"写作大赛一等奖。"七色光合唱团"赴奥地利参加世界和平合唱节并获金奖，代表深圳市参加中央电视台"改革开放40周年"庆典活动。交响乐团赴匈牙利参加国际管乐节并获金奖，获深圳市第18届校际管乐节金奖、东欧管乐节一等奖。软陶社团代表深圳市参加广东省教育厅举办的"第三届粤港澳大湾区学校美术作品展"获一等奖第一名，近百件作品被教育部礼宾处、深圳市大运会组委会、深圳市教育局、福田区教育局等收藏，作为礼物用于国际交流。校舞蹈队获第四届广东省少儿舞蹈大赛银奖；由初二年级学生组建的粤韵操队获"深圳市示范团队"称号。足球队获中国教科院青少年校园足球技能比赛一等奖、全国中学生阳光体育足球教学训练交流赛冠军。创客社在连续两届NOC全国总决赛中揽获大奖，获世界机器人大赛金牌；学生晏劭廷获"德国红点设计大奖"最佳设计奖，成为"红点奖"历史上最年轻的最佳设计奖获得者。话剧社、篮球社、田径队等成为深圳品牌学生社团。50余门社团校本课程，涉及学科知识延伸、艺术才能开掘、体育技能拓展、科学素质培养等各大门类，为学生个性化发展提供广阔平台，着力造就拔尖创新人才。学科知识延伸类教育成果：学生张雨潇、孙一鸣获"深圳读书月"英语辩论赛"最佳辩手"称号；邹瑞芸获"鲁迅青少年文学奖"全国特等奖；贺子懿、刘畅晓、曾文远获"深圳市十佳文学少年"称号；焦

思睿、单子墨、李松瑶获全国第十届"文心雕龙杯"写作大赛一等奖；曹明月获"恒源祥文学之星"全国作文比赛广东赛区优秀奖。艺术才能开掘类教育成果：学生冯可欣、朱杰获、刘佳逸、谷若怀、陈秋霖获广东省青少年动漫创意造型展一等奖；路畅获全国第十四届生肖邮票青少年创意设计大赛银奖；黄子鼎获广东省中小学艺术展演中学组一等奖。体育技能拓展类教育成果：学生李昱瑶获全国青少年网球比赛14岁年龄组单打第一名、广东省中小学生网球锦标赛初中女子单打第一名；李浩东获广东省第十六届运动会丙组重剑第一名、广东省中小学生春季击剑锦标赛初中男子重剑第一名，张振鹏获第十一届中国中学生击剑锦标赛初中男子重剑第一名。科学素质培养类教育成果：学生王奕智、李佳慕获2020年世界机器人大赛一等奖、2021年世界机器人大赛锦标赛冠军；黎尔卓获2021—2022全国青少年电子信息智能创新大赛总决赛一等奖。坚持为党育人、为国育才，努力打造本真、适才、普惠的优质教育，践行"正爱精高"核心价值观，为学生终身发展与成功奠定坚实基础，被称为"深圳基础教育领跑者"，被《南方日报》誉为"深圳基础教育先行者的标杆"，获评"深圳教育改革示范学校"。先后获评"全国心理辅导特色学校""全国校园足球特色示范校""全国示范校园文学社团学校""广东省中小学心理健康教育先进单位""广东省心理健康教育示范学校""广东省青少年科技教育创新团队学校""广东省信息化中心学校""广东省科

普教育基地""深圳市教育系统先进单位""深圳市首批心理健康教育特色学校""深圳市健康促进学校（银奖）""深圳市十大科技创新教育示范学校""十大深圳科技创新教育领军学校""深圳教育改革示范学校""深圳大学（深圳市）智能无人车创客教育实践基地""腾讯科技（深圳）有限公司战略合作校""福田区先进基层党组织"。

（陈　珺）

【福田区美林学校】为 2002 年批准成立的"九年一贯制"民办学校。位于福田区梅林梅北路，毗邻梅林公园，教育教学及生活设施均按照广东省一级学校标准配置。占地面积 8957 平方米，建筑面积 9071.31 平方米。2022 年，有教学班 36 个，学生 1270 人。有教职工 118 人。其中：专任教师 77 人，学历 100% 达标（硕士研究生学历 1 人、本科学历 63 人、专科学历 13 人）；平均年龄 33.6 岁，40 岁以下教师占 87.8%。实行小学、初中一体化教学，聘请知名教育专家管理学校。学校文化课程以英语作为主打特色，采用双教材加外教模式，语文强化国学特色，每星期举办英语日和国学日活动。学生积极参与各项课余活动，包括朗读、演讲比赛、征文比赛、书法比赛及每月出版校报等。数学学科以"数学源于生活"为教学理念，使学生能学以致用，并渗透奥数思想来培养学生的逻辑思维与数据处理能力。学校"突出英语特色，科科均有亮点"课程体系深得家长和社会好评。德育课程以培养学生良好习惯为主线，通过早会、升旗礼、德育

主题演讲和文明使者、文明班级评选及军训等培养学生从小养成良好习惯，进行爱党、爱国、爱校教育，强化"立德树人"根本。活动课程通过每周第二课堂为学生提供逾 40 个特长兴趣课程，包括趣味英语、诗歌朗诵、国学、数学思维训练、数学速算、信息技术、大合唱、小组合唱、器乐、羽毛球、舞蹈、跆拳道、国画、折纸、橡皮泥、跳棋、户外游戏、趣味游戏等，供学生自由选择。学校先后获评福田区英语特色教育先进学校、福田区德育示范学校、福田区中华文化经典教育实验学校、福田区学校安全示范单位。2013 年获深、港两地教育局认可开办港籍学生班；2014 年获评深圳市一级学校；2014 年、2020 年获评深圳市优质特色民办学校。

（美林学校）

【福田区红岭中学（红岭教育集团）高中部】创办于 1981 年，是深圳经济特区建立后建成的第一所公办中学。2015 年成立红岭教育集团，实行"一校六部"（高中部、园岭初中部、石厦初中部、深康学校、红岭实验小学、红岭大鹏中学）办学。截至 2022 年年底，共有在校学生 1 万余人、教职员工近千人，覆盖高中、初中、小学、幼儿园基础教育全学段教育，为深圳经济特区规模最大、类型最丰富的优质公办集团学校。红岭中学高中部最初建址园岭，与初中共处一个校区；随着办学规模的逐步扩大，2006 年高中部迁址安托山九路 3 号。先后获评国家级示范性高中，广东省国家级示范性高中，广东省校本研修示范校，省、市两级"双新"

示范校。占地面积 10 万平方米。2022 年，有教学班 81 个，学生 3800 余人。有教职员工 360 余人，其中：全国优秀教师 2 人；国家"万人计划"教学名师 1 人，广东"特支计划"教学名师 1 人；正高级教师 4 人，特级教师 6 人，高级教师 200 余人；"双一流"大学博士 4 人；国家级、省级、市级学科带头人和教学能手及骨干教师 110 人。有省、市、区级名师工作室、特级教师及特色教师工作室 14 个。形成在省、市有影响的学科领军人物和学科团队，先后有 10 余名教师被聘为国家或省级课程改革专家。学校名师荟萃，现代化教育设施一应俱全。高中部教师在国家、省、市级教学竞赛中获奖 300 余人（次），出版专著 60 余部，在国家核心期刊和省级刊物发表论文 400 余篇，其中 12 篇论文被中国人大报刊复印资料和《新华文摘》转载。红岭中学高中部崇尚质量，追求卓越，以"卓越绩效准则"为参照，在践行卓越绩效模式道路上取得突出成绩，获"深圳市市长质量奖·提名奖"。在逐年扩招情况下，教育教学质量持续攀升，高考成绩斐然，为深圳市区属学校中"最具实力的重点中学"。以学生"全面发展"为导向，以学生"成长至上"为工作出发点。通过国家课程规范落实，突出学生全面发展；通过学会选择引领未来，突出学生自主成长；通过成长所需大力支持，突出学生个性发展。创造性地实施国家课程，突破学科壁垒，推动课程整体重构，形成"三维九力、三层百门"领秀课程体系，构建以"跨界融合、深度探究"为特征的

红岭高中课程体系。红岭中学高中部凭借美丽的校园环境、优秀的师资力量和突出的办学成绩，赢得社会广泛赞誉，连续多年被评为深圳市"最具人气的重点中学"。获得的主要荣誉有：全国"巾帼文明岗"、全国"微课与翻转课堂"创新研究实验校、全国首批志愿服务示范校、全国心理辅导特色学校、全国教育网络系统示范单位、全国"百佳"校园电视台、全国文学教育先进单位、英特尔未来教育项目推广示范校、国家教育资源库建设研究项目合作研究校、教育部规划课题"中小学优质学校形成机制研究"科研示范校、广东省国家级示范性高中、广东省中小学艺术教育特色学校、广东省年度阅读典范学校、广东省"双新"示范校、广东省健康促进示范学校、广东省中小学教师校本研修示范学校、第二届南都"深圳教育改革创新大奖"改革创新领跑学校、深圳市文明校园、"深圳市市长质量奖"、"深圳市五一劳动奖章"、深圳市卓越绩效管理促进会"金牌会员"、深圳市高考"卓越奖"、深圳市教育工作先进单位、深圳市教师专业发展基地学校、深圳市全民阅读示范单位、深圳市 2020 年中小学在线教学工作先进单位、深圳市创意文化领航学校、深圳市创意足球示范学校。 （红岭中学）

罗湖区中小学

【罗湖教科院附属学校】于 2018 年 5 月 9 日创办，为罗湖区公办九年一贯制学校。位于罗湖区清水河一路与环仓东路交会处。建筑面积 2.36 万平方米。拥有一支学历层次高、研究能力强的教师队伍。截至 2022 年年底，有教师 112 人，其中博士研究生学历 6 人、硕士研究生学历 73 人，硕士研究生及以上学历占比 71%。坚持固守本真的（童年、人生、社会）价值，以创新教育促进学生丰富自由发展，让每名学生拥有幸福生活的能力和完善的人格。积极探索开展创新教育实验，实施一年级班主任驻班制和评价变革实验、探索"基于问题的课堂范式（PBL）"、开展创新作业实践及教育伦理审查机制研究、创建家校合育特色品牌——"清水之约"等一系列特色工作。建设以水文化为核心的清水课程体系，推进教育活动课程化，初步形成具有学校特色的升旗礼课程、午间课程、柔道课程、爬树课程、攀岩课程、科创课程、心理健康教育及家校社合育课程。始终坚持高起点、高标准、高要求办学方向，致力于办一所家长满意、学生热爱、教师有幸福感的区域性教改实验示范学校。获评全国首批人工智能创新教育国际合作项目学校、国家级攀岩特色学校、国家级柔道特色学校、广东省义务教育标准化学校、第一批广东省校园航空飞行营地、深圳市教育工作先进单位、深圳市年度"十大"最受关注新锐学校、深圳市科普教育培训基地、深圳市 STEM 教育典范学校、深圳教育创新示范校、罗湖区教育系统先进单位、罗湖区创客教育基地、罗湖区科技创新教育特色学校（人工智能）、罗湖区人工智能实验室授牌学校、罗湖区园足球特色学校、罗湖区小幼衔接实验学校、罗湖区课后服务特色示范学校；获"深圳教育改革创新大奖体育特色学校"年度奖、"深圳教育改革创新大奖家校社协同育人学校（园）"年度奖、罗湖区"大创客行动"创客基地建设突出贡献奖。 （张柏茂）

【罗湖区罗湖小学】创办于 1937 年，为罗湖区全日制小学。占地面积 5949 平方米，建筑面积 1.13 万平方米。2022 年，有教学班 29 个，学生 1331 人，教职工 82 人。学校报告厅、羽毛球馆、图书室、智慧教室、美术室、音乐室、计算机室、科学实验室、创客实验室、心理咨询室等功能场室齐全；有区、校两级名班主任工作室 7 个，儿童阅读研究工作室 1 个，音乐特色工作室 1 个。秉承"让爱充满校园，用心成就未来"办学理念；贯彻"与人为善，仁爱豁达"校训；坚持"五育并举"，倡导用关爱的力量培养温暖的孩子，打造"滋养型"学校。曾于 1993 年被中共中央宣传部、国务院办公厅、解放军总政治部、共青团中央联合授予"全国学雷锋先进集体"；先后获评国家级实验基地校、广东省少先队先进学校、深圳市学雷锋先进集体、深圳市少先队"红旗大队"、罗湖区教育系统先进单位。尊重每一个生命，将"儿童友好"概念贯彻于校园空间资源配置、育人文化体系、课程发展、教师队伍培养等方面，在心理健康教育、融合教育领域尤为重视，2022 年被评为深圳市儿童友好基地。在新时期学雷锋"五向"文化体系引领下，致力

2022 年 5 月 31 日，罗湖小学举行"亲子陪伴 逐梦成长"——庆"六一"主题活动
（罗湖小学 供）

于培养"雷锋精神"种子，引导学生以"正确信念与顽强意志、自主发展与上进成长、乐于助人且坚持行善、伙伴互助及团队成长、勤俭节约并感恩回馈"为品质目标，在"力行"课程、"钉子"课程、"百宝箱"课程等跨学科雷锋课程中践行向党、向上、向美、向阳、向行，并以明德星、启智星、健体星、博雅星、劳动星对学生予以评价，鼓励争章、争星。校内教育科研氛围浓厚，为教师专业成长、学校高质量发展奠定基础。教师先后开展国家、广东省、粤港澳大湾区、深圳市、罗湖区级研究课题近百项，同时以探究性课题、项目式学习撬动学生探究热情。在合作共育理念指引下，该校联动周边单位组建学雷锋亲子义工队，建设校外德育实践基地，构建完善的一体化"大德育"体系。 （王子英）

【罗湖区南湖小学】创办于 1987 年

6 月，为广东省一级学校。位于罗湖区友谊路 48 号。占地面积 8287 平方米，建筑面积 5200 平方米。2022 年，有教学班 29 个，学生 1352 名；教师 78 人，其中高级教师 6 人、市级骨干教师 1 人、市级

名师工作室主持人 1 人、罗湖区学科带头人 15 人。坚持"为每一个孩子的终身发展奠基"办学理念，以创建"师生的精神家园、孩子的成长乐园、示范性的现代化精品学校"为办学目标，致力于培养"有梦想、有作为、敢担当的未来中国人"。以"故事人文"为特色，创建校本德育课程"校长课堂"，以丰富多样的课程内容和资源激发学生兴趣爱好，开阔眼界，促进全面发展；推进"智慧多元"，通过平板电脑、"按按按"互动反馈技术与课程深度融合，变革教育模式，构建智慧课堂，落实新素质教育；落实"五学一体""五育并举"，发展"阳光体育"，开展网球、篮球、足球、帆船帆板、击剑、拉丁舞、爵士舞、少儿瑜伽、电脑绘画、超轻黏土等丰富多彩的艺体特色课程及社团活动，提升学生的艺体技能和审美，为学生的个性发展提供多样化平台，让学生"学会做

2022 年 6 月 17 日，深圳市南湖小学到罗湖区人民法院开展法治主题教育活动
（南湖小学 供）

人，学会认知，学会沟通，学会合作，学会生活"。致力于成为"教育生态探索者，城市文明典范校"，以故事立心、健体立身、智慧立校、生态育人，让教育有深度更有温度，努力办好人民满意的教育。获评教育部首批全国现代教育技术实验学校、全国中小学信息技术创新与实践活动实验基地、全国青少年校园网球特色学校、广东省依法治校示范校、深圳市"智慧校园"示范校、深圳市中小学"创客实践室"学校、罗湖区粤港澳姊妹合作实验学校。　　　　（朱贝贝）

【罗湖区翠茵学校】开办于1993年9月，2005年获评深圳市一级学校。占地面积1.01万平方米，建筑面积7546.04平方米。2022年，有教学班39个，学生1863人；教职工117人，其中高级职称12人、中级职称69人，本科及以上学历105人（其中硕士12人），区级及以上名师（名班主任）2人。有区级及以上名师（名班主任）工作室2个。秉承"萃集智慧，因学而教"办学思想，以"让阅读成为学生的第一爱好"为办学理念，以"各美其美"为校训，构建涵盖"体育与健康""人文与道德""艺术与审美""数学与科学"四大领域"萃学"课程体系，致力于培养"积极、尚善、立美、慎思"翠茵少年。先后获评全国教育科学规划课题"实验学校""亲近母语"实验基地、全国百强特色学校"十佳"先锋学校、全国百强特色学校、广东省书香校园、深圳市教育系统先进单位、深圳市依法治校示范校、深圳市少先队工作"红

旗大队"、深圳市广播体操标兵学校、罗湖区教育先进单位、罗湖区德育管理先进单位、罗湖区"巾帼文明示范岗"、罗湖区"好校园"。
　　　　　　　　　（张　仪）

【罗湖区东昌小学】创办于2003年9月，2018年10月成为深圳市翠北教育集团成员校。位于罗湖区翠竹北路9号。占地面积8487.4平方米，建筑面积7572.22平方米。2022年，有教学班34个，学生1594人；教职员工126人，其中高级职称6人、中级职称51人，区级及以上名师（学科带头人）20人，本科及以上学历88人（硕士9人）。以"乐·正·善·雅"为校训，以"快乐学习，健康成长，卓越发展"为办学理念，以"培养具有自主学习和健康生活的良好习惯，具备乐观、正直、善良、儒雅的良好品行，具有一定人文底蕴、科学素养的"乐·正·善·雅"好少年为育人目标。办学目标与发展愿景是：以精心的态度，建设精美的校园，实施精细的管理，打造精品课程，锤炼精湛的教学，创建师生和谐发展的优质学校。基于儿童成长的立场，让每一个生命精彩绽放。丰富"乐·善"文化内涵，形成学生乐学善学、教师乐教善育，师生善待自己、善待他人、善待环境文化氛围，实现传统文化与现代教育的完美结合。先后获评国家级健康促进学校、全国双语教学实验学校、广东省信息技术示范校、深圳市书香校园、罗区"课堂革命"试点学校。　　　（李　辞）

【罗湖区红岭小学】创建于1983年，

占地面积1.04万平方米。2022年，有教学班49个，学生2293人；教职员工145人，其中高级职称9人、中级职称51人，本科及以上学历109人（硕士24人）。学校功能场室齐全，校园环境优美，师资力量充足。以"培养善思善为的人"为办学理念，办学特色笃实鲜明，课程建设扎实推进，科技教育丰富多彩，体育和艺术教育特点突出。本着"提供好教育，培养有用人"办学宗旨，在德育方面创新性开展"国旗下展能""美食节+国际理解教育""社会热点问题小调查"等多个体验式、融合式德育活动项目，重视学生良好德行培养，为实现"立德树人"根本任务奠定坚实基础。注重学生科学精神和创新思维培养，着力打造"思辨型"课堂，培养学生综合素养。为促进学生全面发展，以"四大行动"（大阅读、大艺术、大体育、大创客）为支点，大力构建多元课程体系。截至2022年年底，已构建52个多元校本课程，开设有管乐、篮球、尤克里里、足球、水彩画、玩转科学等多个艺体社团。其中，学校管乐团获国家级、国际级和省、市、区多个奖项，篮球社团、尤克里里社团获评深圳市优秀学生社团。先后获评国家级健康促进学校、深圳市办学效益奖先进学校、深圳市绿色学校、深圳市"花园式·园林式"单位、深圳市全民健身先进单位、深圳市教育创新示范校、深圳市课堂改革示范学校、深圳市科创特色示范学校、深圳市艺术特色示范学校、罗湖区围棋特色学校、首批粤港澳姊妹合作实验学校等。　　　　（廖少君）

【罗湖区洪湖小学】创办于 1995 年。位于罗湖区洪湖五街 23 号，毗邻风景秀丽的深圳市洪湖公园。占地面积 1.12 万平方米。拥有现代化的图书馆、科创馆、艺术馆，校园 WIFI 全覆盖，实现无纸化办公，全校直播无障碍。2022 年，有教学班 39 个，学生 1800 余人。有教职工 108 人，其中：研究生学历 15 人，本科学历 80 人；高级教师 14 人，区级及以上名优教师 10 余人。有区级科学名师工作室 1 个。2012 年，通过深圳市人民政府教育督导室对义务教育阶段学校办学水平督导评估；2014 年，通过国家级义务教育发展基本均衡区督导验收，为深圳市义务教育阶段规范化学校。重视传承优良办学传统，以"精细化管理"为抓手，以"三风"（校风、教风、学风）建设为核心内容，以全校师生为主体，实施"荷美教育"发展战略。办学理念为："人荷共美，品能兼长"。从"以荷立品、以和善行、以合共赢、以核育能"四个方面入手，让荷之精神与品质深植师生心中；构建民主、和谐的工作和学习氛围；搭建家校社三方合作共育平台；培养具有"核心素养"和高洁品质的"荷美少年"。使每个"洪湖人"都能遵照"荷美教育"核心要求，自觉践行"各美其美、美人之美、美美与共"价值取向，努力形成师生共有"容颜之美、体态之美、品格之美、务实之美、众望之美"新型现代化素质教育学校。在"乐学、善思、尚美、求真"校训指引下，一代代"洪湖人"潜心耕耘、励志践行，以"立德树人"为根基，以学校、教师、学生可持续发展为目标，努力打造荷美品牌，形成风正、气新、人和、业兴的荷美校园。先后获评"联合国教科文组织中国可持续发展示范学校""联合国教科文组织可持续发展 20 年卓越团队""全国生态文明教育特色学校""广东省中小学心理健康教育示范校""广东省模范职工之家""深圳市教育先进单位""深圳市效益好学校""深圳市少先队红旗大队""罗湖区先进党支部""罗湖区教育先进单位"。　（罗依雨）

【罗湖区靖轩小学】于 1929 年创办，2018 年 9 月正式挂牌"深圳市螺岭教育集团靖轩小学"。占地面积 7368 平方米。2022 年，有教学班 29 个，学生 1372 人，教职工 78 人。聚焦校本课程建设，并通过课程建设对学科建设和教师队伍建设形成辐射。出版一批高质量校本教材，其中《我与城市同发展——小学研学课程》和《遇见　二十四节气》获"罗湖区品质课程奖"。其他已开发校本教材包括：劳动教育课程教材《劳动与创造——我是小小建筑师》、阅读与心理健康相结合的《悦读的力量——小学生整本书阅读伴读手册》等。在"规范现代学校制度建设""打造'慧＋'教师团队""开发靖轩'成长课程'""探究'智慧校园'"、创建"美丽校园"五个方向战略目标中取得一定成效。学校"十三五"期间圆满完成校园改造、信息化建设，在课程科研方面呈现出"局部优化、质量提升"良好态势。"十四五"规划在"十三五"基础上，赋能教师成长，深挖课程潜力，树立文化品牌，将学校建设成为区域课程创新名校、家校社协同建设优质学校、社区人文窗口学校。获评广东省一级学校、广东省依法治校示范校、广东省书香校园、深圳市一级学校、深圳市依法治校示范校、深圳市中小学心理健康教育特色学校、罗湖区一级学校。　（张晓涛）

【罗湖区莲塘小学】创办于 1952 年，已有 70 余年办学历史，是莲塘片区历史最悠久的学校。隶属于罗湖区教育局，为六年制公办小学。位于罗湖区莲塘街道聚宝路 111 号。占地面积 4683.5 平方米，建筑面积 2525 平方米。2022 年，有教学班 15 个，学生 697 人；教师 49 人，其中高级职称 4 人、中级职称 28 人，本科及以上学历 46 人（硕士研究生 3 人）。办学宗旨为："一切为了学生的和谐发展"；办学理念为："以人为本，和谐发展"；办学目标为："办'质量过硬、内涵丰富、文化优良、特色鲜明'的精品学校"；育人目标为："培养和谐发展的人"；校训为："认真做好自己的事"。把"和谐教育"确定为学校未来发展的核心与主题，建立"依法办学，自主管理，民主监督，社会参与"的现代学校制度；高举人本旗帜，坚持学生全面发展、和谐发展的素质教育；抓文化建设，抓课程教学，发扬传统，励精图治，形成团结合作、艰苦奋斗、乐于奉献的校园精神特质；建设一支师德优良、兢兢业业的教师队伍；打造一支富有爱心、善于合作的家委队伍；构建和谐教育校本课程体系；学校养成教育、书香校园、健康体育等办学亮点较为突出。先后获评"深圳市中小学广播体操标兵学校""深圳市阳光体育活动先进单位""深圳市绿色学校""罗湖区教育系统先进单位""罗湖区粤港澳姐妹学校先进单位""罗湖区劳动教育模范学校""罗湖区教育系统抗击新冠肺炎疫情先进集体""罗湖区中小学教师信息技术应用能力提升工程2.0'整校推进'优秀学校"。2021年年底,学校被列为"罗湖区新品质学校",受到区政府重点扶持,学校得到较快发展,办学质量和口碑大幅提升,逐步完成由"城中村小"向精品学校的蜕变。(李智明)

【罗湖区水田小学】 创办于1978年,2018年成为罗湖区翠北教育集团成员学校。位于罗湖区翠竹街道田贝四路水田二街1号。占地面积6591平方米,建筑面积1.3万平方米。2022年,有教学班30个,学生1407人;教职工84人,其

中教师本科学历占比76%、研究生学历17人,有区级名师、名班主任、"教坛新秀"共6人。秉承"阳光人生 绿色未来"办学理念,以"塑造心拥感恩、腹有诗书、身怀才艺的阳光少年"为育人目标,坚守"润泽心田 共享成长"校训。重视信息技术对教育教学变革的引领,以信息化建设为突破口,努力创建"人文与科技相融,爱心与幸福飞扬"的"智慧校园"。在体育特色项目、信息化与学科教学融合、思维导图深度应用、家校共育等方面形成特色,阅读教学、写字教育、思维发展型课堂正逐步成为学校独特的教学亮点。重视劳动教育,推进善行课程,营造和谐家庭亲子关系,提升学生劳动观念。关注每名学生的全面发展,结合课后服务大胆进行学生社团管理改革,创设"学生管乐团""鸣鸠琴社团""合唱团""舞蹈社团""创客社团""跳绳社团"等30余个

各具特色的学生社团。学校先后获评"全国'鸣鸠琴'教学示范校""广东省规范汉字书写教育特色学校""深圳市教育工作先进单位""深圳市书香校园""深圳市绿色学校""深圳市阳光体育先进学校""深圳市体育特色项目(跳绳)学校""深圳市语言文字规范化示范学校""深圳市'基于教学改革、融合信息技术的新型教与学模式'实验校"。 (许嘉萍)

【罗湖区港人子弟学校】 为深圳市第一所港人子弟学校,深圳市一级学校。占地面积6000余平方米,建筑面积1.08万平方米,运动场地面积3400余平方米。2022年,有教学班35个,学生1201人;教职工129人(含后勤人员),其中高级职称1人、中级职称9人,本科及以上学历75人(硕士2人)。学校集深港教育优势,坚持"有教无类、因材施教、全面育人、追求品质"办学宗旨,贯彻"为每一个学生的终生发展奠基"办学理念,以"培养胸怀祖国、放眼世界的追梦人"为培养目标,构建港校"深港教育课程体系"。"两文三语"为学校的教学特色,教研团队精心设计与之相配套的教材及特色课程。大部分课程采用普通话和简体字教学;英语课、外教课使用英文教学;常识课使用粤语和繁体字教学。重视英语教学,被评为"国家级双语实验学校"等。在深圳本地英语课程基础上,增加外教口语、英语阅读和口语训练等内容,营造"升级版"英语教学环境,综合提升学生的英语听、说、读、写能力。通过英语绘本阅读、英语剧表

罗湖区水田小学学生在"思乐课堂"展示"端午节"主题思维导图(2022年)　　　　　　　　(水田小学 供)

演、英语辩论赛、英语演讲等方式培养学生的英语学习兴趣。除校本课程外，还开设机器人课程、体育选修课程（高尔夫、网球、击剑、篮球、乒乓球等）、艺术选修课程（尤克里里、街舞、语言艺术、素描、趣味美术等）、国际理解课程、社会实践课外研学课程等。坚持开展"四节"（体育节、艺术节、科技节、英语节）和"深港杯"教学竞赛等活动，形成"两文三语"、全面发展和全员全程全方位育人三大特色。　　　　　　　（蔡　砾）

2022 年 5 月 16 日，深圳市美术学校高一学生在大鹏新区海边写生
（深圳市美术学校　供）

【深圳市美术学校】为一所面向全体学生开展艺术专业教学的公办艺术类普通高中。开设普高文化课程和美术专业课程，连续 19 年获评"深圳市高中教学工作先进单位"。2010 年，提炼出学校的文化基因——"成全"，从而明确学校的文化内核。以"成全、发展、健康、幸福"为校训，践行"成全"文化发展道路。倡导"心中有良知，做事有担当"思想观念，把陶行知先生"爱满天下"的精神融入教育教学活动，"立德树人"，培养具有"成全"情怀、审美素养、健全人格、知行合一的艺术人才，打造出深圳市美术学校独有的"成全"文化品牌。自有顶配师资：学校大部分教师毕业于 6 所部属师范院校以及清华大学、北京大学、中央美术学院、中国美术学院等名校，实现专业课和文化课师资顶级配置。系统特色教学：开设致力于学生终身发展的系统专业教学课程，建立科学、高效的艺考生文化教学备考模式，为学生度身制订个性化教学计划，集全校之力"成全"学生艺术梦想。遵循艺术教育规律，聚焦学生终身发展，为华南地区唯一持续 15 年组织学生外出写生的学校。开设飞盘社、说唱社、音乐社及服装设计社等系列近 30 个社团课程，丰富学生校园生活。唯一艺考考点：该校为广东省美术统考考点，深圳市唯一艺术专业院校校考考点，中央美术学院、清华大学美术学院、中国美术学院共同选定的美术专业高考校考考点学校。顶级美院加持：2020 年 1 月，深圳市美术学校与清华大学美术学院正式签约，成为广东省唯一一所清华美院生源基地实验学校。此前，该校已经于 2014 年经中国美术学院授权成为其首批生源基地实验学校。"成全"学生梦想：该校累计有 15 名学生考入清华大学美术学院，41 名学生考入中央美术学院，41 名学生考入中国美术学院，考入北京电影学院、中国传媒大学、广州美术学院等重点艺术院校学生 400 余人。考取全国重点美院总人数排名广东省第一。家长学生满意：在罗湖区教育局委托第三方机构开展的学校满意度测评中，深圳市美术学校学生家长满意度和学生满意度均在罗湖区高中学校中名列前茅。校园即将蝶变：该校位于深圳市布心片区的新校区正在建设中，将会迎来办学硬件的大提质。　　　　　　　（孙语擎）

【罗湖区桂园中学】创办于 1984 年，为广东省一级学校。占地面积 2.4 万平方米，建筑面积 2.03 万平方米，绿化面积 9500 平方米。2022 年，有教学班 51 个，学生 2562 人。有教职员工 201 人，其中：特级教师 2 人，正高级教师 1 人；广东省优秀教师 5 人，区级及以上名师（学科带头人）13 人；省、市先进 27 人次。有区名师工作室 2 个。坚持"五育并举"，对标"精品教育"目标，每学年举办

五大文化节（国语文化节、英语文化节、体育文化节、艺术文化节和创客文化节），为学生核心素养和关键能力培养提供舞台；开设课程"超市"（插花、衍纸画、无人机、编程设计等），有50余个活动课程或社团供学生自主选择，形成"展示教师优势，关注学生特长，体现学校特色"校本课程体系。学生在"广东省新时代好少年""深圳市'十佳'文学少年""大创客节""广东省'最美南粤少年—美德少年'"、英语"希望之星"全国CCTV总决赛等各项比赛和荣誉表彰中均有所获。教师扎根杏坛践初心，在各项教学技能大赛中屡创佳绩。年内，共有30余人次在国家、省、市等各级各类评比竞赛中获奖。教工团支部获评罗湖区"五四"红旗团支部，党总支被中共深圳市罗湖区教育局委员会授予"罗湖区教育系统先进基层党组织"称号；学校先后获评深圳市精神文明建设先进单位、深圳市绿色学校、深圳市教育系统先进单位、深圳市阳光体育运动先进学校。《人民日报》《光明日报》《南方日报》《晶报》等主流媒体围绕该校管理、教育教学、文化建设等作了8次专题报道；学校被《南方日报》和"南方+"评为深圳教育创新示范学校、深圳市课程改革示范学校、深圳市人文教育示范学校、深圳市阅读特色示范学校。学校的"深植文化之根，构建幸福校园"和"以课程为引领，打造阅读品牌"2个项目入选"南方+""特区40年深圳教育先行示范项目展示"。　（黄　晟）

【罗湖区红桂中学】创办于1968年。其前身为"深圳市铁路中学"，是一所完全中学，原隶属于广州铁路局，后由广深铁路公司承办；2004年7月，转由罗湖区人民政府办学，改为初级中学；2011年，更名为"深圳市红桂中学"，现为罗湖区属公办初中学校。位于罗湖区地王大厦商业中心地段，拥有一校两学区。占地面积1.79万平方米，建筑面积1.65万平方米。2022年，有教学班38个，学生1662人。有专任教师135人，平均年龄33岁，其中：81人毕业于"211"及"985"院校，占比60%；研究生学历46人，占比35.4%；市、区级名师及骨干教师21人，高级教师14人。秉承"根基教育成就师生发展，三全育人奠基幸福人生"办学宗旨，坚持"温柔善待每一位学生"育人理念，以"学有所成、教有所优、社会满意"为办学目标，以"身心健康、举止文明、特长彰显"为培养目标，在做好学校发展顶层设计、构建现代学校管理制度、打造特色校园文化、提升教育教学工作质量等方面全方位、大力度推进。高度重视教师队伍建设，根据学校青年教师多的特点，通过实施"青蓝工程"、成立"红桂中学青年教师成长联盟"等途径，有效促进青年教师迅速成长。积极探索基于根基教育理念的生态教学模式，遵循"以学生为中心、以学习为主线、以学情为依据、以习得为重点"指导思想，初步形成"先学后教、探展讲习"教学基本式，取得累累硕果。教师参与各级各类教学竞赛实力不俗，获得区级及以上奖项近200人次。学生参加中考及区统（调）成绩屡创新高，亮点纷呈；参加区级及以上各级各类竞赛捷报频传，获得国家、省、市、区级奖励近千人次。全面落实素质教育要求，在狠抓常规课程教学质量的同时，十分重视第二课堂的开设和活动课程的开展。基于学生需求，开辟"第二课堂自选超市"。尊重学生的自主选择，开设"机器人搭建及编程""创意智造""戏剧社""书虫俱乐部""手工编织"、篮球、舞蹈、播音与主持、文学社等40余个校级学生社团，基本实现全员覆盖。其中，学生男女篮球队、科技创客团队是学校社团闪亮的名片，多次获得奖项。举办一系列丰富多彩的大型校园文化活动，并已形成传统，体育节、艺术节、各类学科周等深受广大师生喜爱及社会好评。先后获评全国校园青少年篮球特色学校、深圳市绿色学校、深圳市"市民身边的好学校"、罗湖区足球特色学校、罗湖区办学先进单位、罗湖区教育教学管理先进单位等。　（胡玮石）

南山区中小学

【南山区海滨实验小学】创办于1995年9月。至2022年，形成"一校三部"办学格局，校区3个（愉康部、深圳湾部、海滨红树西岸幼儿部）。为深圳市首批素质教育特色学校，南山区教育改革实验校和示范校。占地面积3.88万平方米，建筑面积2.98万平方米，运动场地面积2.35万平方米。2022年，有教学班77个，学生3422人。有教职工205人，其中：正高级职称 1 人，高级职称 12 人，中级职称 102 人；全国优秀教师 1 人，特级教师 1 人，区级及以上名师 43 人；本科及以上学历 192 人（硕士 56 人）。坚持"以美启真"办学宗旨，走出一条"特色鲜明、全面优质"发展之路，培育和凝练鲜明办学特色。德育教育独辟蹊径。致力于学生健全人格塑造，建立"学生心理发展档案"，开设"心灵氧吧""特殊教育资源室"，建立"沙盘游戏室"，开辟"电影德育"和"艺术德育"新型德育渠道。素质教育特色鲜明。以艺术、体育、科技教育为突破口，构建门类齐全、运行灵活的素质教育活动体系，成立涵盖 50 余个门类 200 余个学生社团，其中包括"聂卫平业余围棋学校""天津师范大学棒球生源基地""深圳市少儿曲艺培训基地""南山区学生民乐团""南山区学生舞蹈团"。课程建设纵深推进。以课程重构撬动课程改革，成功构建基于学生核心素养发展的三大特色课程，包括"艺术 +"课程、"艺术德育课程"和"行走课程"。教育信息化深度应用。实现"双网覆盖"和"三通两平台"，创建优质"微课平台"，建立学校官方微博、微信公众平台、App 家校互动平台等，实现智慧管理、智慧教务、智慧教学、智慧家校、智慧人事、智慧后勤。教育国际化蓬勃开展。开展"留学生文化使者进校园""美国伟大原著培训计划"等国际化教育活动，建立国际姊妹校，引进和开发"英语自然拼读法""双语科学"等国际课程。先后获评"全国学校艺术教育工作先进单位""全国中小学舞蹈教育传统学校""广东省艺术教育特色学校""深圳市文明校园""深圳市艺术教育年度典范学校""深圳市智慧校园示范学校""深圳市少先队红旗大队"；2 次获"深圳市办学效益奖"。 　　　　（李　波）

【南山区南山小学】创办于 1921 年。2018 年，因旧校重建，搬迁至南山区南光路 106 号借址办学。深圳市一级学校。建筑面积 3 万平方米，运动场地面积 1.49 万平方米。2022 年，有教学班 52 个，学生 2113 人；教职工 152 人，其中专任教师 129 人（高级职称 9 人、一级职称 46 人，南粤优秀教师 1 人，市、区级名师工作室主持人各 1 人）。秉持"和·融"教育理念，怀着"培育学生核心素养，打造'和·融'未来学校"发展愿景。以"教之以智，育之以心"教风，"学以灵动，习以融通"学风，"和乐，和融"校风，"学以致用，思行并重"校训，打造具有教育情怀、专业能力和创新精神的现代教师团队，培育适应未来社会发展的、具备综合素养和关键能力的现代学习者。德育为先，课程育人，打造"和·融"校园文化，培养"和·融"少年；以学为本，强化教学质效，构建"和·融"课堂；项目式学习、创客式教育，走在教改前沿。从学情出发，实施"礼、善、信、和"的"四德教育"和以红色精神文化教育、绿色生命教育、蓝色理念信念教育"三色教育"为核心的学生自主发展德育体系。自编德育读本《小学生"四德教育"》上榜"深圳市中小学好课程"；在南山区德育行动"一校一案"评比中，该校德育方案获特等奖。重视师生协同发展，实施"143"工程——1 个"和·融"理念引领，学生发展、校园艺术、未来学习及教师发展 4 个中心建设，学校优质、教师精彩、学生幸福 3 个本原依归。参加区教学"百花奖"比赛，获特等奖 2 名、一等奖 5 名，2 名学生获"中国少年科学院小院士"称号。先后获评全国优秀信息化校园、21 世纪艺术教育先锋基地、全国中小学思想道德建设实践创新活动先进单位、中国少年科学院科普基地、全国硬笔书法教学实验基地、广东省艺术特色学校（面塑）、广东省现代技术实验学校、深圳市阳光体育传统学校、深圳市依法治校先进单位、深圳市绿色学校、深圳市课程改革示范校、深圳市科创特色示范学校、南山区教育先进单位、南山区排球传统学校。 　　　　（简玉海）

【南山区沙河小学】创办于 1961 年，历经 61 年风雨洗礼，先后经历部队办学、企业办学、政府办学 3 种办学体制，于 2000 年移交南山区政府，2018 年拆除重建，2021 年新校落成。为广东省一级学校、广东省义务教育规范化学校、广东省依法治校示范学校。位于南山区天河路 48 号。校内环境优美，空气清新，是一所名副其实的国际生态学校。占地面积 2.06 万平方米，建筑面积 3.61 万平方米。2022 年，有教学班 46 个，学生 1988 人，教职工 115 人（专任教师 108 人）。学校教学设施设备配套完善、功能空间完备，能够充分满足校内师生教育教学需求。秉承"教育的真谛在于提升生命质量"教育观，以"适应与超越"为办学理念，以"办适合学生发展的教育，建师生成长的乐园"为办学目标，坚持"儿童立场，人在中央"教育主张，并以此铸造学校文化脊梁，形成学校管理人性化、教育视野国际化、教育技术智能化、课程开发特色化办学特色。构建起"小沙枣·新生态"课程体系和"互联·自主·生成·高效"学习模式。积极推进教师学习共同体建设，学校综合实力提升等教育实践行动，致力于打造一所具有示范意义的教育法治化、国际化、智能化、特色化的富有现代气息的创新型学校。

（朱立新）

【深圳大学附属教育集团后海小学】2018年3月加入集团化办学，成为深圳大学附属教育集团成员校。为首批广东省一级学校。占地面积1.02万平方米，建筑面积7550平方米，运动场地面积2800多平方米。2022年，有教学班34个，学生1503人。有教职工89人，其中：高级职称5人，中级职称52人；区级及以上名师（学科带头人）15人；研究生及以上学历14人，占比16%。有名师工作室1个。坚持"为学生完整而适合的幸福生活奠基"育人目标，以"博爱、发展、创新、悦纳、悦学、悦创"为办学理念，以"构建充满爱意的学习型学校"为办学愿景，构建"一体两翼三维四美"幸福课程体系；开展"四节"（校园文化艺术节、健康体育节、科技创客节、英语文化节）、"四礼"（新生开笔礼、入队礼及换戴大领巾礼、十岁成长礼、毕业典礼）活动，形成阅读、科创和艺体等办学特色；建立全国首个"禁毒教育"课堂教学资源库。有民乐、合唱、口风琴、舞蹈、艺术体操、印染、校园足球、羽毛球、乒乓球、三棋及机器人等20余个学生特色社团。先后获评广东省交通安全示范校、广东省禁毒教育示范单位、深圳市首批最美图书馆学校、深圳市阅读典范学校、深圳市家校共育典范学校、深圳市美育典范学校、深圳市教育系统先进单位、南山区德育先进学校、南山区生涯教育实验学校、南山区家庭教育示范校，获南山区区长质量奖。

（赵妍娜）

【南山实验教育集团麒麟小学】于2001年9月开办，广东省一级学校。2022年，有教学班级35个，在校学生1563人。有教职工93人，其中，特级教师2人，副高级教师10人，各级名师骨干教师24人。秉承"教育就是播种爱"办学理念，以培养"四会六能十素质"未来所需要的高素质、多元化创新型人才为办学总目标，追求"创建适合每一个孩子教育"育人环境。以信息技术创新为抓手，语文读写实验、数学"信·趣"实验影响深远。通过学校"跨界"、教师"跨科"、学生"跨创"精心打造"激扬每一个生命"育人生态。在课题研究带动下，100%的学生可以根据自己兴趣选修课程，创设一年一届的"科普游艺节""体育节""艺术节""英语节""合唱节""读书月"等丰富多彩的活动，打造不让一个学生"隐形"的教育场域。坚定信念，发展精品项目，走科技教育内涵发展之路。在科技特色教育中植入"中国心"，让科技创新与人文底蕴相遇，共同培育未来社会所需要的人。获评全国少年儿童科学体验示范学校、全国科普教育示范基地、全国足球特色教育学校、广东省艺术教育特色学校、深圳市办学效益好学校、深圳市智慧校园

2022年10月9日，后海小学学生做实验现场　　（后海小学　供）

示范校、南山区首批科技教育特色学校；获第七届"深圳教育改革创新大奖"之"美育特色学校（园）"年度奖。 （吴惠玲）

【南山区前海港湾小学】创办于 2015 年 9 月。位于南山区怡海大道 5388 号。占地面积 1.52 万平方米，建筑面积 9352.17 平方米，运动场地面积 1.12 万平方米。2022 年，有教学班 37 个，学生 1555 人。有教职工 94 人，其中：高级职称 7 人，中级职称 16 人；区级及以上学科名师 2 人，骨干教师 21 人（含全学科全学段赛事区级一等奖及以上人员和名师工作室优秀成员）；本科及以上学历 94 人（硕士 33 人）。有名师工作室 1 个。学校设施设备先进。校风：崇德尚美、精进创新；教风：激趣启思、培养能力；学风：乐学善问、实践创新；校训：健康生命 赋能未来。以"爱的港湾，梦想起航"为核心教育理念，以创客文化为底色，打造"智慧、生态、审美"校园环境。通过建构"吾爱"（吾爱，音同 5 "i"，即：Informational 信息化，International 国际化，Integrated 综合化，Intelligent 智慧型，Innovative 创新型）课程体系，实现课程改革与创新，体现"传统和创新相融，科技与人文互进"鲜明特征。"立足前海、对话国际、引领创新，力求打造一所让教师尊荣、学生记忆、有温度的优质未来创新学校"，实现"为普通老百姓办最好教育"愿望。先后获评全国教师创客实践示范基地学校、中国教科院骨干校长教师挂职研修基地、广东省红旗大队、广东省基础教育小学体育与健康教研基地、广东省体育教与学课程实验基地校、深圳市办学先进单位、深圳市首批中小学创客实践室、深圳市阅读创新特色学校、深圳市首批"100 所智慧校园示范校"、深圳市"最具变革力学校"、深圳市"家校警"交通安全护航队标兵学校、首批南山少年创新院分院、南山区首批"家庭教育示范校"、南山区"智慧德育"先进学校、南山区教育局系统优秀党组织等；获南山区教育改革创新奖。 （王 萍）

【蛇口育才教育集团育才二中】为蛇口育才教育集团初中成员校，广东省一级学校。占地面积 2.48 万平方米，建筑面积 2.87 万平方米。2022 年，有教学班 42 个，学生 2012 人。有教职工 189 人，其中：正高级教师 1 人，高级教师 35 人，中级教师 52 人；研究生及以上学历 48 人。有名师工作室 4 个。围绕"创建一流学校，培育一代新人"办学目标，秉承"营造健康教育生态，呵护每棵树苗生长"教育理念，践行"一体两翼，全面发展"育人模式；开展"四节"（校园科技节、体育节、艺术节和语言文化节）、学科周活动，形成系列化课程特色；有 50 余门校本课程（社团），涵盖生活阅历、艺术素养、科技创新、身心健康四大类。先后获评教育部规划重点课题中小学心理健康教育实验基地、教育部"争先世纪"华南区南山足球基地重点校、教育部重点课题"面向未来的基础学校研究"基地学校、国家手球奥林匹克后备人才训练基地、全国手球高水平后备人才基地、全国学校体育联盟（教学改革）实验学校、全国青少年校园足球特色学校、全国德育科研先进单位、全国"百佳"文学社团、广东省绿色学校、广东省中小学心理健康教育示范学校、广东省校园排球推广学校、深圳市教育先进单位、深圳市首批文明学校、深圳市中小学创客实践室、深圳市德育工作示范学校、深圳市年度"最具变革力"学校、深圳市十大科技创新教育示范学校、粤港澳大湾区青少年创新科学教育基地成员校、深圳市十大科技创新教育领军学校、深圳市体育传统项目（手球、排球、足球）学校、深圳市"五四"红旗团委、深圳市少先队红旗大队、首批南山少年创新院分院、南山区传统文化教育特色学校，南山区高水平运动项目（手球）学校、南山区体育传统项目（排球、足球）学校、南山区班主任工作优秀学校、南山区教育先进单位、南山区科技创新先进学校、南山区中学示范团校等。 （付春媛）

【南山区教育科学研究院同乐实验学校】占地面积近 3 万平方米，建筑面积 2.28 万平方米，运动场地面积 2.12 万平方米。2022 年，有教学班 48 个，学生 2157 人。有教职工 150 人，其中：高级职称 22 人，中级职称 74 人；本科及以上学历 140 人（硕士 30 人）。以"为学生成才奠基，为家国兴盛育人"为办学宗旨；以"创建一所有灵魂、有担当、有温度的优质文化品牌学校"为办学目标。在"和谐共生、守道有为"办学理念指导下，取得令人瞩目的成绩。体育品牌明亮，板球队六获全国冠军，棒球队、跆拳道队、拳击队等多次获得省冠军；艺术特色鲜明，社团众多，同乐大舞台星光闪烁，为广东省艺术特色学校；文化特色别具一格，代表"爱国奋斗"价值观的校徽和代表"诚正勤精实竞"方法论的文徽双子闪耀，寓意丰富；教育教学特色突出，德育分段、教学分层、青年教师培养分级，进行常态分层教学和走班制分层教学。获评全国首批心理健康示范学校、全国首批绿色学校、全国节能先进学校、深圳市书香学校、深圳市创新学校。学校正面临发展机遇期，改扩建工程已经启动，未来的同乐实验学校将是一所占地面积 3 万平方米、建筑面积 6.9 万平方米的徽派建筑风格的更加现代化的学校。

（陈宜妹）

【南山区荔香学校】位于南山区南头街 86 号。地处南山文化中心城区，毗邻南山区文体中心、图书馆和博物馆，地理位置优越、交通便利。占地面积 2.7 万平方米，建筑面积 5.4 万平方米，布局优美，书香浓郁。2022 年，有教学班 60 个，中小学生共 2600 余人。有教职工178 人，其中专任教师 170 人（特级教师 1 人、高级教师 27 人、一级教师 58 人），均为本科及以上学历，研究生学历 62 人。教学设施设备齐全、先进。实验室、音乐室、美术室、手工室、天文观测室、体育馆和校园网络系统等一应俱全；720 平方米的图书馆可供 4个班学生同时阅读，总藏书量 9.1万册；有可容纳 500 余人的阶梯教室和多功能综合电教室，所有教室

及功能室均配置计算机辅助教学平台。坚持全面育人，落实"立德树人"教育根本任务，全面贯彻党的教育方针，坚持"五育并举"。建立三级课程体系，完成校本课程开发，校内外课程（社团、课后服务）共计 100 余门，包括文学、科技、艺术、体育、劳动等 8 个门类，为学生全面发展基础上的个性彰显提供良好平台。经过 30 余年的办学积淀，学校形成自身民主办学的制度优势，和谐共进的团队优势，课程改革的区域优势，特定校园文化的引领优势。以"教求永续发展，学达幸福人生"为办学理念，遵循"厚德载物，敏学砺志，知行合一，求真唯实"校训，初心致远、使命敦行、追求教育的可持续发展，为每一名荔香学生的幸福人生奠基。

（李慧强）

【南方科技大学教育集团（南山）第二实验学校】为南山区政府与南方科技大学合作举办的一所九年一贯制学校。于 2015 年 6 月创办，2017 年开办初中，2020 年举办御景峰幼儿园。占地面积 2.03 万平方米。2022 年，有教学班 42 个，学生 1859 人。有教职员工 131 人，专任教师 113 人。专任教师中，硕士研究生 43 人；高级职称 3 人，中级职称 25 人；省级名师工作室主持人 1 人，南山区精英教师 1 人，南山区骨干教师 18 人；多名教师获国家级奖励，其中 1 人代表中国参加国际大赛并获奖；外籍教师 4人。以"厚德启智、弘毅日新"为校训，以"创新"为关键词，以信息化推进学校现代化和全球化发展为思路，重点打造"信息化""全

球化""科技教育"和"课程改革"四大特色品牌。通过建构跨学科"统整项目课程"引领学校系统变革和创新发展，努力创造适合每一个孩子的教育生态，"让每个孩子都出彩"。先后获评《中国教师报》"中国课改 20 年专题"10 所样本学校"互联网＋跨学科改革样本"、全国第二届生涯教育实验学校、广东省信息技术提升工程 2.0 省优秀级试点学校、广东省财经素养教育研究基地、深圳市教育工作先进单位、深圳教育改革示范学校、第五届深圳教育改革创新大奖"年度十大教育改革创新领跑学校"、深圳市海洋文化意识教育基地、南山区教育先进单位、南山区阅读创新特色创新学校、南山区中小学课程建设基地校、南山区教师发展基地学校、南山区阅读创新特色学校、南山区少年创新院分院。课程改革成果先后入选 2016—2017 年度"全国基础教育信息化应用典型案例"（深圳唯一）、广东省教育信息化典型案例；获广东省基础教育成果一等奖、二等奖，南山区第三届和第四届教育改革创新一等奖，南山区第五届教育改革创新特等奖；教育专著《中小学在线教育指南》于 2020 年 11 月由中国人民大学出版社正式出版。

（罗媛媛）

【深圳（南山）中加学校】为深圳市唯一一所中外合作办学高中学校。位于南山区南头街道南光路166 号。占地面积 2.2 万平方米，建筑面积 2.1 万平方米。2022 年，有教学班 27 个，学生 702 人。有中外教职工 160 人。其中：中方教师 76 人，均为本科及以上学历

（研究生 41 人），海外大学毕业生 9 人；外方教师 15 人，博士学历 1 人、硕士学历 6 人，均有国外教师资格证书。学生实行双学籍、双学制管理，即中国学籍及加拿大学籍，执行两国课程。学生修满学分，成绩合格者可同时获得中国与加拿大两国毕业证书。积极推进教育教学改革，在学生管理上，建立以学生发展委员会为核心的学生自主管理体系，培养学生的领导力和自主管理能力；在教学上，积极推进以小组合作和智慧课堂为依托的学习型课堂建设，培养学生自主学习能力和终身学习习惯。学校升学是以加拿大为主方向的多元出口。学生在加拿大方向升学优势突出，每年超过 60% 的学生升入加拿大排名前五的大学，仅 2022 年就有 125 人被加拿大排名第一的多伦多大学录取（毕业生总人数 261 人）。每年还有一批学生被美国排名前五十、英国排名前八、香港排名前四的大学录取。优秀的升学成绩换来广泛的社会赞誉。先后获评广东省一级学校、国际圆方成员校、深圳市好口碑学校、南山区教育先进单位。　　　　　　（杨　光）

【南头中学】为国家级示范性普通高中，广东省一级学校、广东省教学水平优秀学校。由赵朴初题写校名，季羡林题写"有献、有为、有守"校训。占地面积 5.12 万平方米，建筑面积 6.09 万平方米，运动场地面积 1.08 万平方米。有 2 层大型体育馆、藏书 12 万册的 4 层图书馆和天文台等设施，有未来教室、美术教室、舞蹈教室、录播教室、校园电视台、大型报告厅、

各类实验室等诸多功能教室。2022 年，有教学班 60 个，在校学生 2653 人。有在编教职工 208 人（专任教师 201 人），其中正高级教师 2 人、高级教师 78 人、中级教师 95 人。营造"务实、规范、高效"校风，以"文化立校、传承创新、以文为本、和畅共生"办学理念，依托独具魅力的校园文化，打造"三有五育"成长型育人模式。构建分层、分类、发展、特需课程体系，开设基础、拓展、特长、综合等不同模块多元课程，满足不同个性特长学生多元需求。从常规教学、学力提升、研训合一、机制优化、综合保障等五个方面入手，实行全流程、精细化教学管理，并通过目标引领、评价引领、活动引领实现学生主动学习，确保稳定的教学质量。通过成立一个中心（学生成长支持中心），提供两类支持（师长支持、朋辈支持），实施三大教育（生命教育、生涯教育、自主教育），建立四大体系（课程体系、辅导体系、实践体系、咨询体系），搭建完整的学生成长支持体系，努力实现学生全面而有个性地发展。全年安排 30 余项大型学生活动，其中校庆嘉年华、南中游园会、社团文化节、天文观测、中山公园拓展、研学旅行、经典诗文吟诵大赛等成为独具特色的精品学生活动。有凤冈诗社、求索文学社、惊鸿汉服社、校园电视台、模拟联合国社、橄榄球社、服装设计社等数十个精品学生社团，有团委学生会、社团联合会、学长团、学生自律委员会、学生义工联等多个学生组织，打造学生自主发展良好平台。年内，获评深圳市先进基层党

组织、深圳市先进职工之家。
　　　　　　　　　　（南头中学）

【深中南山创新学校】2018 年 5 月 25 日，南山区人民政府、深圳中学、大疆公益基金会三方签署合作办学协议，政府、名校、名企三强联手，深中南山创新学校正式创建。为九年一贯制公办学校。位于南山区打石一路 221 号。占地面积 1.94 万平方米，建筑面积 4.35 万平方米。2022 年，有教学班 54 个，其中小学 36 个班、初中 18 个班。有教职工 166 人。其中：省级学科带头人 1 人；高级职称 14 人，中级职称 41 人；本科及以上学历 159 人（硕士 65 人）。有名师工作室 2 个。以"创新引领未来"为办学理念、以"具有中华底蕴和国际视野的未来公民"为培养目标、以"创建中国一流基础教育名校"为办学目标，努力打造未来"学习中心"，为培养创新人才提供沃土。创新课程与评价体系，构建本校评价体系，为培养创新人才提供发展标准。创新教与学新形式，探索"混龄教学"、模块化教学等教学新形式，为培养创新人才奠定基础。秉承"敢为人先"的深中精神，在各种教育改革大胆尝试与实践后取得傲人成绩，得到社会各界广泛关注。学生各级获奖近 200 人次。其中：校舞蹈团获国家级舞蹈大赛特金奖，戏剧团剧目获粤港澳大湾区校园中英文短剧大赛特金奖；获信息科创比赛广东省一等奖；包揽美国计算机科学思维挑战赛个人高分奖和团体金奖、银奖；USAP 全球赛中斩获金牌。教师各级获奖约 200 人次。其中：省

级教师基本功大赛获一等奖1人，区新岗班主任大赛中获特等奖1人，"百花奖"教学大赛中获特等奖2人、一等奖5人、二等奖5人。学校被各大媒体报道百余次。先后获评广东省义务教育标准化学校、深圳教育改革创新大奖——十大最受关注新锐学校、深圳市首批义务教育阶段学校"减负提质"实验校、深圳市"基于教学改革、融合信息技术的新型教与学模式"实验校、深圳市"航天科创之星"培养基地、深圳市科普教育基地、深圳大学教育硕士研习基地、深圳市儿童友好学校、深圳市垃圾分类绿色学校、深圳教育创新示范校，南山少年创新院分院。被誉为深圳市政府、名校、名企三方共治合作办学新模式典范。

（熊雪娟）

【南山区文理实验学校（集团）科创学校】成立于1995年8月，前身为西丽第二中学。2018年7月，南山区文理实验学校（集团）正式挂牌成立，西丽二中成为文理集团科创学校，并且从单一初中学校变为九年一贯制学校。为广东省一级学校。占地面积2.4万平方米；各类运动场地面积1.48万平方米，包括田径运动场、体育馆、篮球场、足球场、乒乓球馆和风雨操场。有网络多媒体教室52间，全部配备有电子白板和移动化投屏设备，可以满足教育教学对信息技术的要求。功能教室齐全。包括音乐、美术教室，物理、生物及化学实验室，未来教室，录播教室，图书馆（藏书6万余册）等。2022年，有教学班47个，其中中学部班级20个、小学部班级27个，

在校学生共2090人。有专任教师141人。其中外籍教师2人；市、区级名师、骨干教师22人；教师均为本科及以上学历（博士研究生2人，硕士研究生54人）；高级教师22人；深圳市优秀教师、优秀班主任6人，深圳市优秀团干3人，深圳市优秀少先队辅导员1人，深圳市"十佳"师德标兵1人，深圳市中青年骨干教师1人，南山区精英教师2人，区级优秀教师、优秀班主任15人次，南山区课堂教学"百花奖"大赛特等奖2人。秉承文理集团"跨界·融合"办学理念，树立"将来的你一定会感激现在拼搏的自己"校训，以"把学生培养成全面发展的思考者、学习者和沟通者，具有中国特质的全球公民"为培养目标，在传承优良传统基础上，争取有新的、更大的发展。获评广东省现代教育技术实验学校、广东省劳动教育特色学校、广东省体育特色学校、广东省绿色学校、深圳市教育系统先进单位、深圳市传统体育项目（足球、田径）基地学校、深圳市水土保持科普教育示范学校、深圳市年度体育典范学校、南山区高水平运动项目学校（武术）。

（张 超）

盐田区中小学

【盐田区乐群实验小学】于1921年由爱国华侨捐资创办，是一所历史文化底蕴深厚、办学成绩卓著的百年名校，又是一所在新时代坚持课程改革与创新，在全国具有影响力的教育高质量发展示范校。位于盐田区东海道272号，建筑面积1.3

万平方米。2022年，有教学班34个，在校学生1623人。有教职工139人，有11位引进人才，师资力量雄厚。包括全国模范教师、全国优秀教师、特级教师、省优秀班主任、全国教学大赛一等奖获得者等；有25位省、市、区名师。现代教学设备、设施齐全。基于"生态教育 和乐人生"办学理念，通过富有特色的生态课程体系培养"雅气质、善学习、富创意、悦合作、勇担当、会健身、乐生活"的走向世界的乐群少年，真正地"让每一个生命自由舒展"。在实施生态教育基础上，积极开展跨学科课程整合研究，出版相关著作11本，项目覆盖20个省、市近百所学校，受到教育家高度评价，与英国、芬兰等国内外千所学校交流考察，被央视、中新社、中国网、新华网等43家媒体作专题报道。2021年，学校党支部书记、校长王树宏主持的跨学科课程整合项目获广东省教育教学成果奖一等奖、深圳市第四届教育教学科研优秀成果奖一等奖。学校获评国际生态学校绿旗荣誉校、国际StarT项目式学习共同体实验学校、全国生态文明示范校、中国STEM教育2029创新行动计划种子学校、中国软式垒球实验学校、中芬学习创新研究合作学校、广东省基础教育实验基地学校、广东省中小学艺术教育特色学校、广东省第三批中小学中华优秀文化传承学校、广东省英特尔未来教育项目示范校、广东省体育特色学校、深圳市素质教育特色学校、深圳市综合素养试点校、深圳市第二批教育科研基地学校、深圳市第二批创客实践室、深圳市年度最

具未来特色学校、2020 年度国际 StarT 年度最佳实验学校、深圳市科技创新教育特色学校、中华诗教深圳示范区建设项目试点学校、深圳教育创新示范学校、深圳课程改革示范学校，获深圳市科创教育特色学校（园）年度奖。

（袁　颖）

【盐田区外国语小学】位于盐田区沙头角海景二路 1011 号。占地面积 1.49 万平方米，建筑面积约 2 万平方米。2022 年，有教学班 29 个，实施英语小班化教学。有教职工 77 人。其中：高级职称 12 人，中级职称 53 人；区级及以上名师 9 人；本科及以上学历 73 人（硕士 9 人）。秉持"行思"教育，"立德树人""五育并举"，坚持"儿童是第一主角"，以"培养走向世界的行思少年"为育人目标，构建以"1+"生活为核心的"行思"课程体系，打造"红领巾银行"、学生自治职业体系等创造性儿童生活教育范式。英语特色鲜明，先后有 8 名学生闯入 CCTV《希望之星》总决赛；每年定期举办 5 个"行思"学堂学科季（项目季、语文季、英语季、数学季、赛事季）；设有心田音乐厅、彳亍美术馆等学生舞台，学校天天有展示。有合唱团、民乐团、舞蹈队、创意设计工作室、英语戏剧工作室、海之梦篮球队、校园足球、国际象棋等九大精英社团及数十个学生体艺社团。其中，童声合唱团获评"深圳市中小学模范合唱团""全国小百灵十佳合唱团"。学校独创的红领巾德育评价体系被中国建设银行深圳市分行确立为深圳市小学领域财商

教育标杆项目，并联合首创建设银行—盐外小"少儿银行"品牌。家校工作"海星模式"成为品牌，并辐射至贵州省织金一小等学校。先后获评教育部中华经典诵读工程"最美诵读"实验基地、国际 StarT 项目式学习共同体最佳实验校、全国"巾帼文明岗"、广东省德育示范校、广东省书香校园、广东省中小学艺术教育特色学校、深圳市教育系统先进单位、深圳市"儿童友好"学校、深圳市"双区"实验校、深圳市中小学探究性小课题示范校、深圳市智慧校园示范校。（刘小雄）

【盐田区云海学校】创办于 2017 年，为盐田区第一所现代化、高起点九年一贯制公办学校。位于梧桐山下、盐田港畔。学校建校宗旨是"云海学校幸福教育铭"。即以"幸福"之名，立幸福之心，赋幸福之能，成幸福之人。校训是"让世界因我而更美丽"。创校校长和现任校长均为温克强，他提出五个"学会"，即：学会做人、学会做事、学会学习、学会生活、学会创新，并以此构建"幸福"课程体系。组织开展科技创新月活动，秉持"人人参与"原则，围绕"科技制作与展览""科技体验与创造""科普讲座""科普演讲比赛"四个主题，开设 3D 打印、激光切割、机械臂、VR 体验、机器人等体验项目，激发学生对科学技术的学习兴趣和探索欲望。学生午餐午托管理机器人、高空抛物探测器等小发明、小制作等一系列科创作品多达 400 余件。其中，1 件注册了国家商标，2 件获市一等奖，100 件获区一等奖。在盐田区第二十四

届科技节上获冠军，18 名学生被市教育局评为"明日科创之星"，获奖学生人数居全市第一。学校有 100 个学生社团助力学生全面发展。2022 届中考，146 名学生全部参考，考入市内国家级、省级示范性高中学生占比 80%。学校党支部推出党史微课，组织党员教师 15 人参与录制党团队微课，在微信公众号推出"党史微课"专栏。促进学习方式变革，推进项目式学习。11 月，在第三届"美好盐田"项目式学习展评活动中，学校"图书馆保卫计划"和"梧桐山山泉水保护计划"2 个项目获得全球 StarT 项目式学习金奖，前十名入选盐田区项目式学习精品案例，学生项目"再见了，反光——教室反光现象探究"获一等奖。学校每周一下午开展以班主任为主的明善德育论坛活动，形成"明善德育"月品牌、季品牌。学校形成系列化、层递性教师培训体系，其中"融入云海"师训课程涵盖入职教师、骨干教师和资深教师等不同阶段教师发展需求；构建以"云海书社"为代表的教师学习共同体，组织青年教师读书学习、定期交流分享；通过专题研修、梯队培养、个人研修与集体研修相结合等方式，培养好老师；立足学科做长线教研，每个学科组每周举行一次例行研修，包括读刊分享、学讲课标、大单元备课、教学技能展示等。开展教学竞技，促进教师专业技能提升。2022 年，在盐田区"四有杯"教学大赛和"青年教师基本功"比赛中，2 名教师获"区青功赛"一等奖，3 名教师获"区四有杯"一等奖；3 名教师参加深圳市青年教师基本功

比赛均获市二等奖。学校每个教室后排设有"家长听课专座"，家长预约即可到教室听课。家长公益讲师团定期开课、幸福家庭亲子秀、"家校杯"羽毛球赛、"与众步桐——环云海马拉松"等成为云海家校共育品牌。学校对家长义工进行专业培训，年内家长义工参与校园服务达万余人次。学校办学6年，先后获评中国教科院"未来教育联盟实验校"（2017年）、中国教科院"STEM教育2029创新行动计划领航校"（2018年），被教育部授予"校本课程实验校"称号（2018年），被南都传媒授予"年度最具未来特色学校"（2018年）。2022年，获评盐田区少先队红旗中队（6月）、第六届全国青少年无人机大赛（广东省赛）优秀组织单位（7月）、深圳市教育工作先进单位（深圳市云端学校联盟）（9月）、教育部教育信息化"双区"前40所深圳市智慧教育示范校（10月）。（盐田区云海学校）

【盐田区田东中学】创办于1996年秋。为公办初级中学，广东省一级学校。位于盐田区沙头角街道东和路56号。2022年，有教师161人。其中：高级教师68人，正高级教师1人；市级以上名师22人次，市、区级名师58人次；市名师工作室、市教育科研专家工作室主持人3人，区名师工作室主持人及区教科研专家各1人；市领军人才1人，区成长型人才2人。构建修身、养性、启智、健体、创新、国际六大校本课程体系，开设课程近50门，助力学生个性发展，其中国学、模联、桥牌、足球、网球、

茶艺、烹饪、游泳、太极等拓展性课程为特色品牌课程。恪守"人的发展"价值追求，提出师生发展十六字方针：学生发展——"身心健康，家国情怀，国际视野，创新能力"；教师发展——"师德高尚，敬业乐业，人生出彩，职业幸福"。以"质量优异，特色鲜明，社会满意，师生幸福"为愿景，秉承"知雅识礼，崇德尚美"校训和"德性启迪智慧，雅礼奠基人生"育人理念；建设"和谐·奋发"学校文化，努力打造深圳市特色鲜明的一流初中。围绕办学理念，展现生气勃勃的教育教学动态，以此引领人、陶冶人、培养人、激励人和塑造人。先后获评全国青少年校园足球特色学校、全国青少年校园网球特色学校、全国校园文学活动示范单位、全国十佳校园文学示范校、广东省德育示范学校、广东省信息化中心学校建设成效优秀学校、广东省中学生志愿服务示范校、广东省绿色学校、广东省语言文字规范化示范校、广东省中小学校本培训示范校、广东省现代教育技术实验学校、广东省依法治校示范校、深圳德育特色示范学校、深圳市智慧校园示范校、"基于教学改革、融合信息技术的新型教与学模式"实验校、深圳市文明单位、深圳市书香校园、深圳市教育工作先进单位、深圳市平安校园示范校、深圳市市民身边的好学校。（储媛媛）

【盐田高级中学】建校于1984年，原名"沙头角中学"。2014年9月，学校整体搬迁至盐田区青云路13号。为国家级示范性普通高中、广东省一级学校、广东省普通

高中教学水平优秀学校。占地面积9万余平方米，建筑面积8万平方米，各类体育场地面积2.4万平方米。教育教学设施先进，校图书馆藏书10万余册。依山傍海，环境优美，被誉为"深圳最美海景学校"。2022年，有教学班60个，师生3000余人。师资力量雄厚，高级教师占师资队伍半数以上，其中正高级、特级教师9人，获省级及以上荣誉名师75人。秉承"求实"校训，围绕"以人为本 激励成长 追求卓越"办学理念，以学生需求为根本出发点，精心打造"一体二翼三层四化"博邃课程体系，推行心育教育、家校共育、阳光体育和生涯规划四大德育行动，培养学生适应终身发展和社会发展需要的必备品格及关键能力。教学成果丰硕，美术音乐类傲人成绩更是夺冠全省。2022年，高考再创辉煌。832人参考，过特控线（一本）520人，一本率62.5%；过本科线812人，本科率97.6%。一本率高位运行，连续2年突破60%大关。继2021年物理类易婧、李文衍被北京大学录取，2022年廖凯丽、张瑞涵、吴雨桐被清华大学录取。众多学生从盐高出发，跨入"双一流"院校。盐高成为全市公认的快速、优质发展公办普高名校，成为"中进优出、高进杰出"办学典范。（唐 丹）

宝安区中小学

【宝安小学】创办于2006年9月，原名"宝安中学附属小学"，2014年8月更名为"宝安小学"，为宝

安区教育局在宝安新行政中心区设立的第一所直属小学，2022 年 12 月成为宝安小学（集团）领航学校。位于宝安区新安街道新安六路 1077 号。占地面积 2.2 万平方米，建筑面积 1.63 万平方米。2022 年，有教学班 42 个，学生 2104 人。有教职员工 136 人。其中：本科及以上学历 127 人（硕士 13 人）；高级职称 12 人，中级职称 87 人；特级教师 1 人，南粤优秀教师 2 人，深圳市中青年骨干教师 4 人，深圳市"十佳"青年教师 1 人，宝安区青年骨干教师学科带头人 10 人，宝安区少儿阅读推广人 2 人。有省级名师工作室 1 个，市级名师工作室 3 个，区级名师工作室 7 个；深圳市示范课组 2 个，区学科教研基地 1 个（涵盖教育科研、班级建设、数学、英语、科学、美术、党建等各个学科领域）。秉持"万物之中 成长最美"办学理念，坚持以人为本价值取向，从教育规律出发，以"自律 自信 自强"为训，以"善于学习、乐于分享、彼此成就、共同成长"校风和"倾心、倾听、倾教"教风，积极构建立体、开放、多元的"成长"课程体系，打造有趣、有味、有效的"善学"课堂，致力于培养"勤于学习、善于思考、勇于求真"的时代新人。"学科活动节"四季开花，健康素养课程、海量阅读课程、艺术课程特色鲜明。先后获评全国动漫特色学校、全国书法特色示范学校、全国校园足球特色学校、全国国际象棋特色学校、教育部"十一五"重点课题实验学校、全国青少年文明礼仪教育示范基地、广东省中小学动漫教学与创

作基地、广东省现代技术教育实验学校、广东省绿色学校、广东省少先队红旗大队、广东省少先队红旗中队。

（宝安小学）

【宝安区天骄小学】创办于 2002 年 9 月。位于宝安区宝城 75 区锦华路西侧。占地面积 2.6 万平方米，建筑面积 1.62 万平方米，运动场地面积 1.64 万平方米。2022 年，有教学班 48 个，学生 2378 人，教职工 147 人。教师梯队完整，平均年龄 38 岁，学历水平逐年提高。其中：高级职称 9 人，中级职称 79 人；硕士研究生 19 人，占比 13%；区级及以上名师、骨干教师 57 人，占比 39%。坚持党的领导，落实"立德树人"根本任务；坚持全面发展，落实"五育并举"；坚持培根铸魂，实现启智润心，春风化雨；坚持健康第一，实现阳光成长，探索体教融合；坚持德为世范，践行学为人师。办学成果丰

硕、特色鲜明、质量过硬，是群众广泛认可的"家门口"的好学校。聚焦教师专业发展，实施教学名师孵化工程，强化教师培训，以赛促教，名师示范引领成效显著。2022 年度，校长巨晓山获广东省基础教育信息化建设和应用典型案例优秀奖；教师谢琳在广东省青少年主题书画比赛中获"优秀指导教师"称号；林少敏、查玢玢、胡晓、曾盈盈、王小舟等 5 名教师获市级荣誉，钟品、陈媚媚等 20 余名教师获区级荣誉。聚焦课程建设，实施围绕国家课程的智力课程体系、"三会四能"的能力课程体系、五种思维训练的潜力课程体系、"新六艺"的魅力课程体系，该"四力"课程体系被《人民教育》《中国德育》《未来教育家》《南方教育时报》等媒体宣传报道。聚焦学生全面发展，实施"艺术＋体育"融合教育、"信息化＋国际化"于一体的特色育人模式，效果显著。年

2022 年 4 月，宝安区天骄小学党支部书记巨晓山给五年级学生上思政课

（天骄小学 供）

内，梁闻轩、曾令宇、陈乐仪3名学生在第五届全国青少年人工智能创新挑战赛决赛中获全国三等奖；校舞蹈团获评宝安区优秀学生艺术团队；校网球队在市、区级网球比赛中崭露头角。年内，该校获评"广东省书香校园""广东省中小学艺术教育特色学校"。（天骄小学）

【宝安区海港小学】创办于2013年9月。位于宝安区西乡街道兴业路与共乐路交会处。占地面积2.32万平方米，建筑面积1.53万平方米。2022年，有教学班38个，学生1879人。有专任教师117人，平均年龄34岁，学历达标率100%。其中：省级骨干教师培养对象1人，广东省"百千万人才培养计划"名教师培养对象1人，省级工作室入室学员1人；市级骨干教师1人，市、区级兼职教研员3人；宝安区级小学名师4人，区级骨干教师64人。先后涌现出深圳市先进教育工作者、深圳市优秀少先队工作者、深圳市脱贫攻坚工作突出贡献个人、深圳市减负提质标兵教师、深圳市优秀少先队辅导员、深圳市"我最喜爱的班主任"、宝安区"年度教师"提名奖、宝安区"十佳"少工委主任、宝安区"十佳"少先队大队辅导员、宝安区级教学能手、宝安区"最美中队辅导员"。教师在省、市、区各级各类比赛中屡获佳绩，其中国家级奖项6项、省级奖项9项、市级奖项46项、区级奖项225项。积极探索新时代人才培养路径。以"我能贡献什么"为精神引领，确立"专注六年，幸福一生"办学理念；以"培养有为少年"为育人目

标，建构"有为·领航"课程体系，涵盖"勇为、智为、善为、美为"四大维度，对应"有体魄、有担当；有善心、有善行；有智慧、有创新；有才艺、有情趣"八大素养，具体分为基础课程、拓展课程、自选课程、综合课程四大层级。"有为·领航"课程体系建设经验先后在"第一届全球基础教育论坛""基础教育学校改进原生态研究论坛"等多个平台上交流。课程成果发表于《人民教育》《中国教育报》《现代中小学教育》《未来教育家》等刊物，受到《中国教育报》、"中国教育新闻网"、"学习强国"、《南方日报》、《南方都市报》、《晶报》等多家媒体和平台宣传报道。将7个学科的14门拓展课程纳入课时计划，部分拓展课程编写配套课程学习资源包，其中"Phonics语音教学""攀登英语阅读""数学思维""立体绘本"4门课程获评"深圳市中小学好课程"。38门走班制自选课程和27门个性化精品社团课程有效提升学生综合素养。莺歌黄梅戏剧社获全国少儿戏曲"小梅花奖"金奖；立体绘本社团获评深圳市中小学优秀社团；女子篮球队多次斩获深圳市、宝安区小学女篮冠军。学生参加区级及以上各类比赛累计获奖3000余人次。先后获宋庆龄奖学金，广东省"红领巾奖章"四星章；获评广东省优秀少先队员，深圳市"最美鹏城少年"，深圳市中小学"明日科创之星"。学校先后入选广东省基础教育教研基地项目基地学校、宝安区共建教育现代化实验区"学校课程发展"项目学校；获评广东省书香校园、广东省校园篮球推广学

校、广东省国际跳棋特色学校、深圳市劳动教育特色学校、深圳市年度阅读典范学校、深圳市课程改革示范学校、深圳市课堂改革示范学校、深圳市绿色学校、深圳市红旗大队。 （海港小学）

【宝安区黄埔小学】创办于1950年9月，有70余年的办学历史。位于宝安区新桥街道满寿路2号。占地面积1.6万平方米，建筑面积2.95万平方米。校园经过改扩建，现代化气息浓郁，设施设备先进。2022年，有教学班30个，学生1412人，教职工98人。教师学历达标率100%，其中研究生学历18人、获区级认定的骨干教师34人。围绕"知行合一，智慧生长"办学理念，秉承"智出于学，慧源于习"校训，以培养基础扎实、个性鲜明、习惯优良、身心健康、热爱生活、勇于创新的有民族灵魂和国际素养的"智慧少年"为目标，在提高学生核心素养和学校教育教学质量基础上深入挖掘"智慧"资源，全面推进"智慧教育"。贯彻落实"立德树人"根本任务，旨在将学校建设成为智能化、个性化、多元化、生态化的智慧校园。构建"点彩"课程体系，以"智慧文化"为基础，从"文化""求学""审美""健康""共处""思辨""实践"7个维度，着眼学生的健康成长，开发多重资源，将国家课程、地方课程和校本课程紧密结合，学生社团活动开展得有声有色，起到较好育人效果。书法、体育、艺术、科技教育结出硕果，成为"智慧黄埔"的名片。截至2022年年底，培养出千余名"小书协"成

员；培养出 16 名中国少年科学院"小院士"；6 人次获国际大奖。足球、田径、乒乓球、梦想号管乐等学生社团在各级各类比赛中争金夺银。办学效益逐步提高。先后获评中国少年科学院科普教育示范基地、广东省中小学艺术教育特色学校、深圳市"小课题优秀示范校"、深圳市健康促进学校、深圳市绿色学校、深圳市中小学生小课题研究优秀示范学校、宝安区"双优"学校、宝安区书法教育示范学校、宝安区中小学依法治校示范校、宝安区科普教育示范基地、宝安区公民办中小学结对帮扶考核优秀单位。

（黄埔小学）

【宝安小学（集团）茭塘小学】为宝安区 2022 年新建 12 所公办义务教育学校之一。位于宝安区沙井街道南环路与环镇路交会处西北角。占地面积 1 万平方米，建筑面积 2.44 万平方米。校园环境优美，硬件设施先进，功能室齐全。核定办学规模 6 个年级 30 个班。2022 年，开设一年级教学班 5 个，在校学生 212 人。有教职工 21 人。其中：本科及以上学历 21 人（硕士 4 人）、宝安区骨干教师 8 人、宝安区名教师 1 人。有名师工作室 1 个。秉承"新生命教育"思想，践行"让每个生命自由舒展"办学理念，确立"茭展千姿，塘映一色"特色定位，构建以"体艺与科技"为底色的课程体系，以培养"身心健康、个性鲜明"的佼佼学子为课程育人目标。规划设计"致远工程""拔萃工程""千姿工程""共美工程""笃行工程"五大工程，从管理制度、教师培养、课程建设、校

园文化营造、学生习惯养成 5 个方面贯彻落实办学理念，推进学校高质量发展。在"新生命教育"思想指引下，茭塘小学按照生命的"长宽高"3 个维度打造"新生命教育"课程，初步构建"N+X"课程结构，为培养"自然生命""社会生命""精神生命"丰盈发展的时代佼佼者奠定坚实基础。重视体艺与科学教育，鼓励和支持社团课程百花齐放，重点推进朗诵、书法、唱歌、创意美术、跳绳五项普及课程，同时开展古筝、合唱、国画、跆拳道、趣味英语、玩转数学、围棋、演讲朗诵等特色社团课程，学生根据自身兴趣和特长自主选课，实现"人人有特长"美好教育生态。师生共获区级及以上奖项 25人次。

（茭塘小学）

【宝安区新桥小学】创办于 1918年，为百年老校。深圳市一级学校。位于宝安区新桥街道新桥一路4 号。占地面积 2.1 万平方米，建筑面积 1.38 万平方米，运动场地面积 5000 余平方米。2022 年，有教学班 36 个，学生 1796 人。有教职工 111 人。其中：高级职称 7 人，中级职称 40 人；区级及以上骨干教师（学科带头人）16 人；硕士研究生以上学历 17 人。有名师工作室 2 个。坚持"明德至善 日新渐进"办学理念，秉承"幼有善育，学有优教"价值追求，有序推进学校高质量发展。在"双减"教育政策下，致力于增效提质，加速教育融合，构建"三知"（知礼、知新、知用）、"三成"（成长、成人、成才）课程体系，打造"数字化德育、生活化智育、普及化体

育、精品化美育、常态化劳育"的"五育并举"教育格局。开展"四节"（读书节、体育节、艺术节、科技节）、"四周"（名师教研周、教学开放周、英语交际周、家教宣传周）活动，形成劳动教育、足球普及、阅读教学及思政教育四大办学特色。发挥资源优势，丰富社团活动，凝聚教育合力，开设足球、乒乓球、篮球、围棋、粤剧、醒狮、合唱、舞蹈、美术、书法、陶艺、人工智能等数十个学生社团，促进学生在德、智、体、美、劳等方面健康发展。2022 年，新桥小学大队彩蝶中队获评全国优秀中队（深圳市唯一）。学校先后获评全国青少年足球特色学校、教育部"2020 年度网络学习空间应用普及活动优秀学校"、教育部"基于教学改革 融合信息技术的新型教与学模式"实验校、广东省信息化中心校、深圳市绿色学校、深圳市健康促进学校（铜牌）、第七届深圳市教育改革"家校社协同育人"特色学校、深圳市红领巾示范校、深圳市少先队先进学校、宝安区信息技术应用能力提升工程 2.0 示范校、宝安区网络学习空间人人通专项培训基地、宝安区首批影视教育基地学校、宝安区家校社共育实践基地学校。

（新桥小学）

【宝安区拾悦小学】于 2019 年 9 月正式开学。为宝安区教育局下属公办学校。位于宝安区沙井街道宝安大道 8183 号。占地面积 6500 平方米，建筑面积 7500 平方米。2022年，有教学班 15 个，学生 654 人。教职工 47 人。其中高级职称 3 人、中级职称 7 人，本科及以上学历

47 人（硕士 9 人）。校名"拾悦"，与学校办学理念"悦纳成长　对话世界"相一致，寓意深厚："悦教"，以教书育人为乐，是教师最为朴素的职业情怀；"悦学"，如孔子所说"好之者不如乐之者"，通过价值引领和认知唤醒，让学生体验成长的快乐；"悦纳"，包括"悦纳"自己、"悦纳"他人、"悦纳"传统精粹、"悦纳"世界文化，教师"悦纳"不同的学生，尊重学生的个性发展，教学相长，师生共同发展。有绘本、舞蹈、音乐、美术、书法、电脑、科学、创客、乒乓球、国际象棋、电影、中央厨房等十余个功能场室，"拾悦书屋"（高年级图书馆）和楼顶的"劳动体验营"已开始规划建设。坚持把"立德树人"作为教育的根本任务，构建出"悦纳教育"系列课程，搭建"拾级而上"教育平台，开展校园"四节"（校园艺术节、体育节、大创客节、传统文化节）活动，开设篮球、乒乓球、跳绳、书法、口风琴等普及课程。精心开发"拾光里——拾悦教师讲二十四节气"课程。通过二十四节气课程的全面实施，让学生熟悉具有中国特色的传统文化。推出"拾光里——拾悦教师讲二十四节气"微课程 24 期；以儿童视角打造的"拾光里——拾悦学子探二十四节气"活动依时开展。2022 年，获评深圳市课程改革示范校、宝安区教育先进单位、宝安区中小学影视教育基地示范校、宝安区创文先进单位、宝安区家庭教育先进单位、宝安区书法示范校；在市、区级比赛中教师获奖 76 人次，学生个人获奖 100 人次。

（拾悦小学）

【宝安区松岗第三小学】创办于 2017 年。位于宝安区松岗街道松明大道 131 号。占地面积 1.21 万平方米，建筑面积 2.82 万平方米。核定办学规模 30 个班。2022 年，有教学班 25 个，学生 1205 人。有教职工 74 人，其中专任教师数 71 人。专任教师中，研究生学历 16 人，本科学历 55 人；高级教师 3 人，一级教师 14 人，二级教师 37 人。以"办有灵魂的教育，做有根有梦的中国人"为办学目标，践行"激发生命潜能，实现生命价值，彰显生命活力"发展策略，着力构建以"有根有梦"为核心的文化体系。围绕学校育人目标，根据学生的身心特点，以特色活动为抓手，着力加强学生行为规范养成教育、传统文化教育、安全法制教育和心理健康教育；结合学校"六自教育"校本课程体系，开展特色鲜明的主题教育活动。凝心聚力强队伍。抓党建凝心聚力，创造性开展党、团、工会组织工作，激发教师爱岗敬业、依法从教热情；实行导师制，开展备课组"小连环研讨课"和骨干教师"展示课"活动，助力教师专业成长。年内，教职工获各级荣誉 88 项。其中：教师赵婷获 2022 年宝安区第九届中小学班主任专业能力大赛小学低年级组一等奖；李琼宇在深圳市开展的首届中小学安全教育教学能力大赛中获得宝安区第一名；陈政恒在 2022 年宝安区第九届学校艺术节艺术作品比赛中获一等奖。开设口才、围棋、书法、合唱、舞蹈、足球、竖笛、小提琴等普及课程，开展社团活动。年内，学生获奖共计 263 人次。其中：学生邓云隆在 2022 年深圳无人机精英赛深圳选拔赛上获一等奖；邓云隆、徐云斌、廖俊瑛、卢芷萱、谭尚阳等在 2022 年深圳市青少年航空航天模型教育竞赛中分获一等奖、二等奖；张涵韵、林彦彤等参加 2022 年宝安区第六届中小学生国画现场比赛分获小学组一、二等奖；何佩莲参加广东省第九届中小学艺术展演获省书法类小学组二等奖。学校先后获评广东省义务教育标准化学校、深圳市校园足球特色学校、宝安区书法特色示范学校。

（松岗第三小学）

【宝安区潭头小学】创办于 1927 年，有近百年办学历史。位于宝安区松岗街道东辅路 6 号。占地面积 2.2 万平方米，建筑面积 1.7 万平方米。学校环境优美，设施设备齐全，师资队伍素质良好，办学特色鲜明，教育教学质量稳步提高。2022 年，有教学班 36 个，在校学生 1740 人，其中外来务工人员子女占比近 88%。有专任教师 103 人。其中：硕士学历 13 人；高级教师 7 人，中级教师 55 人；区级骨干教师 35 人；有省、市、区级及以上课题立项 17 项。美术、音乐、书法、国画、科学实验室、电脑、舞蹈等功能室升级完善，开放式书吧——文潭阁环境典雅，书香浓郁。崇德尚善，励志尚实，践行"以真启智、以善雅行、以美促德"办学理念，坚持"人人育人、事事育人、时时育人、处处育人"教学传统，注重学生习惯和品质养成教育，开展多样评比，提供展示舞台，在细微点滴之处促进学生"真实、善良、快乐、健康"全面发展。按照宝安区教育事业"十四五"发展规划提出的"好理念、好空间、好课程、好队伍、好生态"标准，全面贯彻"五育并举""三全育人"教育方针，着力促进教育公平。大力开展校园文化活动，举办欢腾节、感恩文艺汇演、体育节、古诗词大赛等大型活动，为学生搭建施展才华的舞台，培养学生健康、文明的兴趣爱好。教师累计获省、市、区级荣誉和奖项 220 余人次。其中，省级荣誉 2 人次、市级荣誉 10 人次、区级特等 16 人，一、二等奖项 110 余人次。学生累计获省级、市级、区级奖项 400 余人次。其中：获"第二十六届全国中小学生绘画书法作品比赛"全国奖项 10 余人次；获"广东省第十六届运动会竞技体育组足球女子冠军"1 人次、广东省"省长杯"女子丁组亚军、宝安区"满天星"校园足球联赛小学甲组亚军；获 2021 年宝安区小学生篮球比赛一等奖；在各学科竞赛中获市级奖项 50 余人次、区级一等奖 100 余人次。 （潭头小学）

【宝安区艺展小学】创办于 2018 年。位于宝安区松岗街道松福大道与松瑞路交会处。占地面积 1.22 万平方米，建筑面积 2.48 万平方米。核定办学规模 30 个教学班。2022 年，有教学班 24 个，其中小学一年级 5 个班、二年级 5 个班、三年级 5 个班、四年级 5 个班、五年级 4 个班，在校生共 1184 人。有教职工共 76 人，含专任教师 71 人。专任教师中研究生学历 18 人、本科学历 53 人，学历达标率达 100%；副高级教师 4 人；深圳

市"名师工程"骨干教师 2 人，宝安区"名师工程"名教师 2 人、教坛新秀 1 人，区名教师工作室主持人 1 人，区党员名师工作室 1 人，区骨干教师 16 人。以"让每个生命精彩绽放"为办学理念，以培养"具有家国情怀、国际视野、多才多艺的未来公民"为培养目标，以"办一所有美感、有故事、有温度、有人性的品牌学校"为办学目标。办学宗旨：办艺展教育，促幸福成长。办学精神：潜心艺展，行健致远。办学方略：依法治校、文化立校、科研兴校、特色强校。主题文化：艺香文化。校训：立德修身，通文达艺。教师成长目标：做学生生命中的幸福引路人。高质量通过广东省义务教育标准化办学水平评估。获评"全国国际象棋特色学校""广东省绿色学校""深圳市教育学会第七届理事会会员单位""深圳市阅读特色学校""深圳市年度新锐学校""深圳市少先队工作先进单位""宝安区教育先进单位""宝安区首届十佳思政教育示范校""宝安区文明校园""宝安区中小学创客实践室"实验学校、"宝安区国际象棋特色学校"；获"深圳市美育特色学校（园）"年度奖、"宝安区青年教师培训督导评估"优秀奖。 （艺展小学）

【宝安区天骄小学（集团）湖东小学】于 2020 年 10 月 7 日开工，2021 年秋季开始招生。为政府财政全额核拨公办学校。位于宝安区石岩街道长山塘路 2 号。占地面积 6500 平方米，建筑面积 1.8 万平方米。有普通教室、专用教室、体育场馆、地下停车场、教师休息

房，教室配有多媒体教学平台、监控摄像头、空调、护眼灯、广播系统等，建有图书馆、计算机室、美术室、舞蹈教室、多媒体教室、多功能礼堂、综合实验室、创客实验室等，能够满足现代化教育教学需求。核定办学规模 24 个教学班，学位 1018 个。2022 年，有教学班 8 个（一、二年级各 4 个班），学生 398 人；专任教师 27 人，师生比为 1：14.8。专任教师中研究生学历 9 人，教师资格证持有率 100%，学历达标率 100%，平均年龄 29.8 岁；区级骨干教师 5 人。有区级名师工作室 1 个。秉承"以人为本，成就美好人生"办学理念，以党建为龙头凝心聚力。有正式党员 16 人，占比 51.8%，是一支充满活力、求真务实、精诚合作、改革创新的队伍。2022 年，顺利通过广东省义务教育标准化评估。严格落实"双减"及延时服务工作，8 个班级共开设 9 种社团活动。开展"四美班级"（行为美、环境美、语言美、心灵美）周评比，重视"好习惯"养成教育。举办"四美课堂"（设计美、语言美、和谐美、形象美）比赛、"湖东论坛""教研沙龙""班主任经验交流"活动，整个学校具有浓厚学习和研究氛围。 （湖东小学）

【宝安区上屋小学】创办于 1936 年。深圳市一级学校。位于宝安区石岩街道上屋路 234 号。占地面积 3.07 万平方米，建筑面积 1.81 万平方米。有 35 个功能室，1 个生态园，一座建筑面积 2200 平方米的体艺楼，1 个 300 米塑胶跑道田径场，3 个篮球场。2022 年，有

教学班 40 个，学生 1958 人。有教职工 127 人，平均年龄 38 岁。其中硕士学位教师 8 人，副高级教师 7 人，深圳市优秀教师 3 人、优秀班主任 1 人、优秀少先队辅导员 2 人，宝安区名教师 5 人、教坛新秀 10 人、骨干教师 60 人。依照校"十四五"规划，全面促进教育高质量发展。积极探索党建新思路、新途径，不断丰富主题内涵，充分发挥党员干部队伍"排头兵""先锋队"作用。致力于满足师生多元发展需要，全面实施素质教育，办有爱、有文化、有自然气息、有书香氛围的学校。坚持举行"校园五大节"活动，抓好社会主义核心价值观教育，开展学习英雄活动，常态化开展心理辅导；坚持以"传统文化"为校园建设主题，结合开展节日纪念日活动，实现全面育人。开发"上善'6+1'"课程，打造"上善"课堂，建构"上善四学"课堂模式，即自学、互学、研学、展学。通过"青蓝工程"及"薪火计划"，结合教师特长，引入市、区名师进行跟踪指导，建设科组特色，实现教学相长。勇于开拓、务实创新，全面贯彻执行党的教育方针和"双减"政策，坚持"立德树人"，午餐午休和课后延时服务工作扎实开展。注重师德师风建设，努力建设和谐幸福家园，打造宝安区一流品牌学校。以围棋、书法、空手道为办学特色。2022 年获评全国围棋特色学校。先后获评"广东省书法特色教学与创作实验基地""深圳市宝安区文明校园""深圳阅读特色示范学校""深圳家校共育示范学校""深圳市语言文字规范化示范校"；学校党支部党员

名师"双培养"带动学校整体发展，获第三届深圳党建引领基层治理活动评选"最具推广价值案例"奖。师生参加各级比赛，累计获奖励 228 项。　　　　（上屋小学）

【宝安中学（集团）】由高中部、初中部、外国语学校、第二外国语学校、塘头学校、实验学校、海天学校、龙津中学、海滨中学、石岩外国语学校（筹建）和松岗地铁车辆上盖学校（筹建）11 个部组成。除正在筹建的 2 个校区外，其余 9 个校区正常运行。9 个校区占地总面积 46.14 万平方米，建筑总面积约 48 万平方米。2022 年，共开设教学班 401 个，有教职工 1576 人，其中高级职称 288 人、中级职称 514 人。有专任教师 1370 人，其中特级教师 16 人、区级及以上骨干教师 407 人、本科及以上学历教师 1332 人。紧抓"双区"建设背景下教育发展新机遇，对标先行示范区工作部署，贯彻落实区委、区政府对学校的各项要求，传承和弘扬"宝中精神"，全面高质量推进集团各项工作。深入研究确立各校区办学特色，以"宝中精神"为核心塑造宝中集团核心价值体系。按照"五统五分"工作要求，对各校区实施统一管理，使各校区实现高起点定位、高标准设计、高品质发展。2022 年，集团高考成绩实现高位稳步攀升，特殊类型院校招生控制线达线率 93.3%，600 分率达 46.5%，全省前 100 名 3 人、前 200 名 6 人、前 500 名 17 人、前 1000 名 34 人。排名全市同类学校第一，居全省前列。集团高中部获评宝安区高中教学工作先进单

位；初中部、外国语学校、第二外国语学校、实验学校 4 个校区同时获评宝安区初中教学工作先进单位。初中部入选深圳市首批"减负提质"实验校，获第八届"深圳教育改革创新论坛"教育创新领跑学校（园）年度奖；第二外国语学校获评教育部教育信息化"双区"深圳市智慧教育示范校培育对象，20 节课获评广东省省级"基础教育精品课"；实验学校获共青团中央青年发展部和中国青少年发展基金会联合颁发的"小平科技创新实验室"建设学校授牌。集团获第八届"深圳教育改革创新论坛"优质基础教育集团年度奖。教师在各类大赛中奋勇争先，屡获大奖。年内，集团党委书记程显友获评"深圳教书育人模范"；郑良凯获评"广东向上向善好青年"；孔令启代表宝安区参加全市角逐，以优异表现获深圳市"年度教师"称号；李志群获评"深圳市优秀班主任"，杨寅、林昭敏获评"深圳市优秀教师"。肖启星获第九届全国"新世纪杯"初中数学优质课大赛一等奖第一名及优秀选手；林睿的 4 项作品入选"全国中小学思政课教师教学基本功展示交流活动典型经验"；肖晓婷获全国"AI+OMO"数字化转型优秀在线教学案例征集活动一等奖；宋洋获广东省中学生物教学微课评选一等奖。在 2022 年青年教师基本功大赛中，集团共获深圳市一等奖 7 个（含 3 个一等奖第一名），初中部、外国语学校获优秀组织奖。学生综合素质优异，在"鲁迅青少年文学奖"、广东省青少年科技创新大赛、深港澳中学生读书随笔大赛、深圳市名著新编短

剧大赛、深圳校园"十佳"文学少年、宝安区中小学生乒乓球比赛等多项大赛中斩获大奖。

[宝安中学（集团）]

【宝安中学（集团）实验学校】为2018年9月开办的九年制公办学校，隶属宝安中学（集团）。占地面积5.5万平方米，建筑面积5万余平方米。位于宝安区新安街道上川二路与留仙二路交会处。由12栋教学楼及功能楼组成。整个校园呈徽派风格，校园清雅。核定办学规模72个班，为宝安区委、区政府重点打造的"高起点定位、高标准设计、高品质发展"新优质示范学校。2022年，有小一、小二、小三、小四、小五和初一、初二、初三共8个年级，学生总计2225人。有教职工186人，其中专任教师170人，平均年龄30岁。专任教师中正高级教师1人，高级教师13人；本科率100%，研究生学历占44.1%；"211"院校毕业生102人，占教师总数60%。以"和谐发展，学会生存"为理念，以师生共同成长的"幸福家园"、学生探寻自然的"科创乐园"、老百姓满意的新优质学校、基础教育科教融合的标杆学校为办学愿景，着力培养有强健体魄、有家国情怀、有公民素养、有合作精神、有创新素养、会思考的终身学习者，为学生的终身可持续发展奠基。办学特色为"个性化教育＋科技创新教育"，先后与中国科学院深圳先进技术研究院和西南大学教育学部建立战略合作关系。实施个性化教育，追求教育的精准与高效，制定《宝中集团实验学校个性化教育实施方案》，

建立多元智能测评中心，为每个学生订制有针对性的"个性化培方案"，积极实践个性化教育。借助中科院深圳先进院顶尖师资与高端资源，搭建学校科技创新教育课程体系，开设科学普及、科学行动和科学超能三大课程；制定科技创新教育"1+3+5"计划。研发9本校本科创学习手册，组建16个科创社团，获批国家级课题2个、市和区科创课题18个，为学生提供丰富的科创学习平台，学生科学素养得到有效提升。先后获评全国首批民族地区智能教育试验区试验校项目支持学校、广东省STEM科创创客教育项目学习示范学校、广东省STEM教育实验学校、深圳市"基于教学改革、融合信息技术的新型教与学模式"实验校、深圳"科学＋"联盟学校、宝安区初中教学工作先进单位、宝安区5G未来教育示范学校、宝安区科技教育基地学校；2022年10月，获共青团中央青年发展部和中国青少年发展基金会"小平科技创新实验室"建设学校授牌。

[宝安中学（集团）实验学校]

【新安中学（集团）】创办于2017年4月。是以建校于1988年的深圳市新安中学为龙头组建而成的宝安区公办优质基础教育集团，下属高中部、燕川中学、初中部、第一实验学校、外国语学校、第二外国语学校、龙田学校等7个校区。2022年，共有师生1.8万人。依托集团化办学优势，充分发挥名师工作室、特级教师引领作用，锻造一大批年富力强、业务精湛、爱生善教的业务骨干教师。有广东省中小

学名校长工作室顾问1人；广东省中小学名校长工作室1个，广东省名师工作室1个，深圳市名师工作室4个，宝安区名师工作室14个；正高级教师3人，特级教师6人，高级教师近180人，区级及以上骨干教师403人。初中部李强、第一实验学校杨轰获评2022年度宝安区"年度教师"。秉承"育人为本、和谐发展"办学理念，围绕集团办学目标，以资源共享、课程共建、教学共研、文化共生、家校共赢为抓手，加大集团统筹、协调和指导力度。采取制度保障、统分管理、项目推进、特色发展、品牌塑造等策略，积极探索和践行具有新中特色的集团化办学模式，不断深化集团化办学改革，促进集团各校区高质量发展。推进"五育并举"，促进学生全面发展。全面贯彻党的教育方针，落实"立德树人"根本任务，构建核心素养育人体系"双自"育人模式。其中，"自主学习、自我管理"是学生自主发展的基础，"自我发现、自我超越"是学生自主发展的目标。"双自"育人模式在提升"立德树人"成效，促进学生全面发展方面发挥重要作用。将学科育人作为落实"五育并举"的主阵地，将"五育"融入学科教学、社团活动、校外实践等全过程，贯穿于校园生活、家庭生活、社会生活全过程。各校区深入挖潜和利用校内资源、家长资源、社区资源、校外教育实践资源，开展形式多样、内容丰富的教育教学实践体验活动。因"校"制宜激发活力，促进各校区优质特色发展。高中部形成"课程改革创新＋综合实践活动"办学特色。获评广东省

国家级示范性普通高中、广东省高中教学水平优秀学校、广东省德育示范学校、广东省中小学心理健康特色学校、深圳市生涯教育试点学校、深圳市教育工作先进单位、深圳高中新课程新教材实施国家级示范区示范校（全市10所）；获深圳市高考工作卓越奖、深圳市普通高中教学工作卓越奖。初中部形成"德育创新＋体育艺术"办学特色。获评全国教育科研先进集体、广东省德育示范学校、深圳市中小学心理健康教育特色学校、宝安区初中教学工作先进单位。第一实验学校形成"科技创客＋体艺教育"办学特色。获评全国科技体育传统学校、全国机器人奥林匹克实验学校、广东省青少年科技教育创新团队、深圳青少年创客教育基地、深圳市科技创新教育特色学校、深圳市教育工作先进单位、宝安区初中教学工作先进单位。外国语学校形成"外语国际教育＋幸福生涯教育＋环境生态教育"办学特色。获评全国生态文明教育特色学校、全国生涯教育实验学校、广东省"基础教育县（市、区）教研基地"项目学校、深圳市教育工作先进单位、深圳市首批生涯教育试点小学；获宝安区初中教学工作卓越奖。第二外国语学校形成"外语国际教育＋国学人文教育"办学特色。获评广东省绿色学校、中国教育学会与宝安区共建教育现代化实验区"学校课程发展"项目实验学校、宝安区文明校园、宝安区体育传统（特色）项目学校。燕川中学和龙田学校2022年作为新成员校加入集团后，在集团党委领导下，按照高起点、高标准、高规格推进办学工作，得到社会各界高度赞誉。

〔新安中学（集团）〕

【新安中学（集团）高中部】于2011年投入使用。位于宝安中心区金科路1号。占地面积6万余平方米。各类功能场馆齐全，设施设备完善。作为深圳市新安中学（集团）龙头学校，高中部是全国生涯教育示范校、广东省国家级示范性普通高中、广东省一级学校、广东省高中教学水平优秀学校、广东省德育示范学校、广东省中小学心理健康特色学校、深圳市教育工作先进单位、深圳市普通高中新课程新教材实施国家级示范区示范校（全市10所）。2022年，有班级48个，学生2500人，教职工260人。坚持"依法治校、文化立校、质量强校、特色誉校"办学策略，以"课程改革创新＋综合实践活动"为发展特色，围绕新高考方向和新时代人才培养目标不断深化高中办学改革与创新。深入实施"双自"育人模式，构建"轻负担、有特色、高质量"教育体系。作为普通高中新课程新教材实施国家级示范区示范校及"广东省基础教育县（市、区）教研基地"宝安区项目学校之一，在课程建设、教学改革等关键领域积极探索，在开发选修课程、加强学生发展指导、实施综合素质评价等重点环节力求突破，并大胆创新综合实践活动和劳动教育方式方法，促进学校高质量特色发展。科创教育在学校推进"双新"示范、省教研基地建设中发挥着重要作用，成为享誉宝安、深圳乃至全国的"育人新标杆"。成功入选深圳市6所"认定授牌"类"小平科技创新实验室"建设学校之一。作为广东省中小学心理健康教育特色学校，开创性建设生命教育、心理健康教育、生涯教育一体化课程体系。根据课程特点与学生发展需要开展体验式教学，增强课程的趣味性，提升课程的吸引力。举办职场人士大讲堂、模拟招聘会、生涯游园会、心理游戏场等传统活动，从3个维度挖掘活动的育人功能，发挥活动的教育价值。用统整的思维将3个课程深度结合，互融互促，实现育人方式变革，提升学生的核心素养，促进学生健康成长，落实"立德树人"根本任务。生涯教育特色项目获广东省中小学特色学校建设成果一等奖，"扬生涯教育之帆·展学生梦想之翼——深圳市新安中学（集团）高中部生涯教育总体设计"获广东省高中生涯教育优秀案例评选第一名。在集团生命教育指导中心指导下，践行"拓展生命长宽高"生命教育新理念，内容完整、学段贯通，专设课程与其他课程教学及各类教育活动有机渗透、相互配合、共同推进，学校、家庭、社会三方参与的课程体系，探索出一条符合中国学校学情的生命教育课程实施路径。生命教育成果获全国教育改革创新典型案例奖、广东省基础教育教学成果特等奖。2022年，高中部教育教学成绩取得新突破，学生参加高考高分优先投档上线率逾70%，本科上线率达99%。年内，高中部教师参加各级竞赛获奖65人次，其中省级一等奖2人、市级一等奖4人、区级一等奖27人次；学校获深圳市教学能力大赛优秀组织奖、宝安区高考模拟比赛组织奖。学生参加各级竞赛获奖222人次，其中国家级奖13人次、省级一等奖16人次、市级特等奖5人次（一等奖9人次）。综合办学实力排名位居全市前列。[新安中学（集团）高中部]

【宝安区实验学校（集团）宝安实验学校】为宝安区第一所九年一贯制公办学校。占地面积5.68万平方米，建筑面积5.16万平方米。2022年，有教学班91个，学生4755人，教职工319人，其中专任教师292人。专任教师中高级教师64人，特级教师2人，南粤优秀教师3人，广东省中小学"百千万人才培训工程"培养学员1人，深圳市名校长、名师、名班主任工作室主持人4人，宝安区名师17人，宝安区名师工作室主持人7人，骨干教师及教坛新秀共177人。初中语文等5个学科组获评宝安区"示范教研组"，小学英语学科获评宝安区小学英语学科基地。秉承"在学习中领悟幸福真谛，在奋斗中启航幸福人生"办学理念，树立"实验"品牌，开发"奋斗幸福"校本课程体系。开设"家长进课堂"德育精品课程和模拟联合国、围棋、武术、校园高尔夫、马晓春围棋等59门特色课程，开发36种校本教材。有28个体育、艺术校队等学生社团。举办校园文化艺术节、体育文化节、英语文化节、科技节、读书节"五节"活动，形成校园文化、艺术教育和英语教学三大办学特色。2022年，获评全国围棋特色学校、广东省绿色学校、广东省校园篮球推广

学校、"大湾区青少年模拟联合国2022未来领袖峰会"优秀指导单位、深圳市人工智能教育实验校、宝安区中考先进单位、宝安区"超级丹"羽毛球特色学校。

[宝安区实验学校（集团）宝安实验学校]

【深圳市崛起实验中学】创办于2003年3月。为深圳市崛起教育集团辖属一所完全中学。位于宝安区新安六路1931号。占地面积1.35万平方米，建筑面积1.36万平方米。2022年，有教学班42个，师生2000余人。拥有一支由特级教师、高级教师、优秀青年教师组成的敬业爱岗、乐于奉献、专业精湛的教师队伍，建立由深圳市高中教学质量排名前10的各学校退休的学科带头人组成的特聘教师和首席教师团队。坚持"以学生发展为本、为幸福人生奠基"办学理念，以"理想崇高，意志坚强，为中华之崛起而读书"为校训，为不同起点学生提供适合发展的教育。重视构建以学生发展为本的育人体系，通过因材施教的分层教学、激发潜能的特长学科培养、套餐式选科走班与研究性学习、导师制合作学习小组等组合路径，构建起包括国家课程、订单式体育艺术校本课程、丰富多彩的活动课程、主题鲜明的德育课程等完整的课程体系，为学生成长与生涯规划提供多样的选择和参考，铺设有效、便捷的升学路径。美术、音乐、舞蹈、跆拳道等专业生高考成绩成为学校亮点之一。为成绩优异的高中生设立"凌云奖"奖学金，追求文化与专业综合发展，让所有的学生均能考

上理想大学。2022年，办学成绩显著，教研硕果累累。1月，获深圳市"优质民办学校（园）"年度奖；9月，获评深圳市教育工作先进单位；12月，在宝安区教育科学"十三五"规划2020年度立项的"新高考背景下培养学生'关键能力'的研究与实践"课题顺利结题。课题组共开设课题研究课及成果运用研究课近250节，形成10期《课题研究简报》、2本论文专辑，在全国核心期刊《中学物理研究》及《深圳教育研究》《宝安教育》《崛起教育》上共计发表论文10篇，成为宝安区民办学校课题研究鲜活样例。（崛起实验中学）

【宝安区航瑞中学】为宝安区于2020年8月建成并投入使用的一所高品质、高标准公办初级中学。位于宝安区航城街道金围路1号。占地面积1.3万平方米，建筑面积2.6万平方米。2022年，有教学班30个，学生1500人，教职工96人（专任教师85人）。专任教师中副高级及以上职称5人；硕士学位及以上教师44人，占比52%。课程理念是：通过统整更符合学生认知心理的学科知识，运用单元教学法，生成有目标、有体系、有实践的学科课程知识模块。基于学校内外部资源，在国内率先尝试开展综合教育实践课程，如设计综合教育、电影综合教育、主题展览综合教育等新型课程，力求为学生个性成长提供可选择的优质教育。致力于打造师生共享型优质教育共同体，努力为学生成长提供最优价值增量，争创最具示范区气质的学校。根据区教育局"存量

2022 年 9 月 21 日，宝安区航瑞中学与华中师范大学数学学院、外语学院召开联合教研会议 （航瑞中学 供）

优化，增量优质，办一所优一所"总体办学要求，确定以校训"我们"做指引的主要文化标识。核心办学理念为"师生共同成长"；校风为"实事求是"；教风为"教学相长"；学风为"发现自我"。年内，教师个人获国家级奖项 1 项、省级奖项 2 项、市级奖项 10 项、区级奖项 72 项；教师指导学生获国家级奖项 2 项、市级奖项 3 项、区级奖项 8 项。2022 年，为进一步落实学习型、专家型教师队伍建设工作，制定高水平教师培养计划，拓展教师培养路径，开展"专家引领＋名师指导＋共享教研"学科共建新模式。为走出一条独具特色的减负、增效、提质之路，带领教师尽快领会新课程标准的内涵，更好地指导教师的教学工作，与华中师大数学学院、外语学院通力合作，在数学和英语学科进行学科补短和学科突围。率先开启基于实践培养的"领航工程"，打

造"青年教师＋高校专家＋一线名师"联合教研，在教师专业成长、课堂教学、常态教研、技术融合、作业研究等方面进行系统性研究和实践性培养。率先在同类学校中搭建起汇聚核心数据的数据网络结构，通过前端数据采集设备形成核心数据汇聚的"课堂教学＋技术融合、学科评价＋技术融合、非教学时段学习管理＋技术融合、校本资源管理＋技术融合"技术架构。以"基于全过程数据采集的智能作业新模式研究与实践"作为实验项目，以学校数字化转型作为工作的切入点，通过技术支撑与引领对作业及作业关联行为进行数字化，形成高质量全过程伴随式数据，促进个性化精准教学，为学校高质量发展、品牌创建提供创新性渠道和路径。 （航瑞中学）

【宝安区西乡中学】创办于 1969 年。为大型寄宿制公办完全中学，

有初、高中 2 个校区，总占地面积 10.4 万平方米。初中部位于宝安区西乡街道龙吟二路 121 号，占地面积 3.2 万平方米；高中部位于宝安区西乡街道兴业路 3015 号，占地面积 7.2 万平方米。图书馆藏书共 25 万册。2022 年，有市、区级名师 23 人，市、区校级名师工作室 46 个。有正高级教师 1 人，高级教师 137 人，区级以上学科骨干、带头人 100 余人。班级建制 108 个，在校师生逾 6000 人。以"创造适合学生发展的教育，让师生成功幸福"为办学理念，以建设"'立足深圳、示范湾区、辐射全国'湾区特色名校"为学校高质量发展目标，聚焦"党建的现代化治理、质量的可持续化发展、学生的个性化发展、教师的专业化发展和学校的特色化发展"五个方面，打造"榕德"德育体系，推进全员、全面、全程育人；优化"融润"课程体系，提升学生强知、强能、强质；完善"荣曜"发展体系，促进教师成长、成功、成才；构建"容美"文化体系，聚焦品质、品格、品牌提升，不断丰富"适合教育"品牌内涵。高、中考成绩连年攀升，高考本科人数连续突破 800 人大关，并连续 9 年向清华大学、北京大学输送 12 名优秀学生。"左清华，右北大"已然成为西乡中学最耀眼的名片之一。高考成绩节节攀升，以"低进高出、高进优出、优进特出"教学加工能力助力学生展翅高飞。先后获评全国科技体育传统校、全国航空特色学校、首批高中新课程新教材实施国家级示范区学科示范基地、广东省国家级示范性普通高中、广东省一级学校、广

东省中小学艺术教育特色学校、广东省篮球推广学校、广东省音乐基础教育教研基地、深圳市教育系统先进单位、深圳市高考工作先进单位、深圳市高考特色学校；高中语文、政治、历史、物理、音乐、美术等六门学科被遴选为宝安区新课程新教材实施学科示范基地，美术、音乐学科被遴选为宝安区高中艺术素养示范基地。2022年，学校获评广东省排球推广学校；教师王建忠获得由国家知识产权局颁发的实用新型专利证书、外观设计专利证书；教师曾晓波在中国中学生跆拳道联赛总决赛中获"优秀教练员"称号；学生肖梓丹在中国中学生跆拳道联赛总决赛中获"优秀运动员"称号。 （西乡中学）

【深圳市富源学校】创办于1999年6月。为十二年一贯制双通道、全寄宿、全日制、高端民办学校。位于宝安区航城街道九围社区富源教育城内。占地面积38万平方米，建筑面积30万平方米。设有小学、初中、高中等3个学部。2022年，有学生1.06万人，其中小学部学生4925人、初中部学生3587人、高中部学生2046人。教职工1181人，其中专任教师804人。专任教师中高级职称39人、中级职称114人，特级教师2人。秉承"创造适合每一个学生的教育，让每一个孩子成为最佳的我"办学理念，以"培养具有领袖气质和国际竞争力的现代中国人"为育人目标。坚持"质量高、特色明、服务优"办学定位和"高分、高能、高德"培养目标，践行"激情教育"，实行"六大作风"建设，提倡"君子

文化"，着力打造"纪律最严、校风最好"的深圳"伊顿公学"。形成"武术教育、国学教育、君子文化、领袖气质教育、民族器乐进课堂、艺体教学、海量阅读、百日字功"等"十大"鲜明办学特色，并研发提升学生综合素养的"八大"校本课程体系。2022年高考，2名学生分别被清华大学、北京大学录取；100余人被"双一流"名校录取；高分学生均较上年有较大幅度增长。2022年中考，在中考参考人数大幅增长形势下，总均分及高分段比例均超过上年，再创历史新高：总分平均分达531.22分，优秀率达83.9%，居深圳市公民办学校前列。小学部狠抓常规落实，凸显精细化管理，致力于学生良好习惯的养成、意志品质的磨炼、核心素养的培育，教学质量高位提升，办学特色不断彰显，各年级各学科综合研试成绩名列全区公民办学校前茅。先后获评广东省一级学校、中国"十佳"民办学校、联合国教科文组织中国可持续发展教育项目示范学校、深圳市教育工作先进单位、深圳市高考工作先进单位、宝安区高考工作先进单位、宝安区教育工作先进单位、宝安区初中教学管理标兵单位；获深圳市民办学校规范优质办学奖、宝安区民办教育质量奖。2022年，获"大湾区青少年模拟联合国2022未来领袖峰会活动"中学组团体一等奖，获评"新时代全球胜任力可持续发展优秀指导单位"；在中国发明协会中小学创造教育分会第28届年会上获评"创新教育基地校"；获2022年度宝安区教职工书法创作大赛最佳组织奖、宝安区2022年高中

青年教师教学基本功比赛组织奖。
 （富源学校）

【宝安区航城学校】于2016年秋季建成开办，为九年一贯制公办学校。位于宝安区航城街道航空路10号。占地面积3.5万平方米。2022年，有教学班64个，学生3180人。有教职员工219人。其中高级教师11人，一级教师77人，宝安区名师工作室主持人2人，宝安区德育导师团成员2人，市、区名师及骨干教师20余人，宝安区教师培训重点项目"薪火计划"骨干教师培养对象13人。以"立德启慧，幸福生长"为办学理念、"开明睿智，大气谦和"为价值取向，深入践行"以人育人，德慧相长"德育理念，培养德、智、体、美、劳全面发展的幸福阳光少年。初步形成具有航城学校特色的"两翼并举"（在顶层设计上构建"立德启慧、德慧相生"育人理念体系）、"三全齐驱"（在常规德育工作中实现全员、全程、全方位育人）、"四维拓展"（着力打造科技、艺术、国际、中华优秀传统文化四大教育特色）、"立体评价"（让学生实现全面而有个性的发展）德育工作模式。通过一系列高品位文化活动和校园环境建设，形成同事关系和睦、师生关系和美、学校发展和顺良好校园氛围。积极开发校内外资源，努力打造学校特色，国际教育、艺术教育和科技教育等特色项目建设初见成效。学校、教师、学生累计获市、区级奖项和荣誉300余项。学校先后获评"深圳市教育工作先进单位""深圳市少先队先进学校""深圳市绿色学

校""宝安区文明校园""宝安区青少年法制教育基地""宝安区（首批）初中数学学科教研基地""宝安区第二届中小学德育工作示范校""宝安区教育工作先进单位"；连续2年获"宝安区初中教学卓越奖"。吸引多所学校到校参观交流，《宝安日报》等媒体多次对学校进行宣传报道。　　（航城学校）

【宝安区福永中学】创办于1976年，为广东省一级学校。位于宝安区福永街道立新路70号。占地面积4.65万平方米。2022年，开设教学班48个，有学生2392人；教职工198人，其中专任教师183人。专任教师中高级职称39人、中级职称78人，本科及以上学历174人（硕士78人），特级教师1人，广东省南粤教师1人，深圳市优秀教师、深圳市优秀班主任6人，区名师（含名师培养对象）、区兼职教研员15人，区优秀教师、优秀班主任、年度教师等近百人。有名师工作室6个，名班主任工作室3个，国学工作坊1个，教育创新工作坊1个，美育实践工作坊1个。坚持"立德树人，务实创新，和谐发展"办学理念、"福于立心，永善求真"等"一训三风"，主张以福善文化与海洋文化立校，形成中华优秀传统文化、外语、体育、艺术和科技"五位一体"办学特色。通过创新"求真课堂"教学模式，完善幸福生态校本课程体系，探索国学与国际化教育特色融合教育之路，打造科技节、读书节、外语节、艺术节、体育节等品牌活动。开展"五生教育"特色活动，开设围棋、版画、舞蹈、国画、大提琴、机器人、跆拳道、健美操、各项球类等60余项课后服务项目，构建"五能"综合素养评价体系等，致力于培养德、智、体、美、劳全面发展的时代新人。办学成果喜人，获评全国中小学智慧校园实验校、全国青少年校园篮球特色学校、全国青少年校园足球特色学校、团中央"小平科技创新实验室"建设学校、全国优秀家长学校实验基地、全国文明礼仪教育示范基地、全国"生态·好教育"联盟学校、广东省科学教育特色学校、广东省依法治校示范校、深圳市教育工作先进单位、深圳市年度教育创新领跑学校、深圳市品德素养实验学校、深圳市美术书法特色学校、深圳市中小学创客实践室、深圳市课后服务示范校、深圳市"基于教学改革、融合信息技术的新型教与学模式"实验校、深圳市中小学教师信息技术应用能力提升工程2.0示范校、深圳市海洋教育示范校。　　（福永中学）

【深圳市华侨（康桥）书院】于2002年开办。为深圳市一级学校，深圳市优质特色民办学校。位于宝安区航城街道洲石路526号。占地面积6.21万平方米，建筑面积3.45万平方米。图书室藏书5.8万册。2022年，开设教学班76个，在校生3484人，其中小学1664人、初中970人、高中850人，包括寄宿生1695人。有教职工300人，其中专任教师191人。专任教师中：高级职称5人，中级职称15人；本科及以上学历175人；骨干教师27人。教学质量稳步提升。秉持"五育并举"宗旨，苦练内功，全面提升教育教学质量。小学部教育教学质量稳居全区民办学校前列；初中部获宝安区2021年初中教学工作"超越奖"；高中部针对学情，以学生为主体，实施五步教学法，促进课堂教学方式转变。结合"数据驱动下信息技术与学科教学深度融合"校本研究课题，优化课堂教学方式，实施精准教学，促进教学质量稳步提高。艺体教育硕果累累。根据学生兴趣和特长，开设舞蹈、合唱、武术、剪纸艺术、书画、足球、篮球等50余项校本特色课程，提升学生综合素养，促进学生全面发展。组建合唱团、舞蹈团、京剧社、篮球队等多个校级学生社团。学校中、高考成绩连续6年大幅跃升。2022年高考本科率、重本率提升幅度名列全市前茅。特色课程、学生社团成绩斐然。校舞蹈团连续7年获宝安区舞蹈比赛金奖，获市"少儿艺术花会"特等奖，并应邀参加市、区各类大型庆典活动展演；合唱团连续6届获宝安区合唱比赛一等奖，深圳市"童话节"合唱比赛银奖，广东省全民才艺比赛金奖。通过艺术节、体育节、读书节、家长开放日、科技节、学科节等系列活动，为学生提供展示舞台，挖掘学生潜力，多元发展，践行"以德立人、以美启智、以练强体"办学理念。2022年9月，校长袁华云作为民办学校唯一代表参加宝安区委书记王守睿组织的教师代表座谈会；11月，深圳市人民政府教育督导室对学校进行办学水平评估，给予"高端全学段优质民办学校、政府与百姓心目中的好学校"的高度评价。先后获评"深圳市优质特色民办学校""深圳市艺术教育先进单位""深圳市优质化规范办学民办学校""宝安区优质化学校""宝安区双优学校""宝安区安全文明校园""宝安区德育绩效示范学校""宝安区高考先进单位""宝安区中考先进学校""宝安区阳光体育先进学校"。

［华侨（康桥）书院］

【深圳市宝安中学（集团）龙津中学】为深圳市委、市政府 2022 年"高起点、高规格、高标准"重点打造，宝安区教育局直接管理的现代化寄宿制公办高中学校。2022 年 12 月成为宝安中学（集团）成员校。位于宝安区沙井街道海上田园片区。占地面积 6.7 万平方米，建筑面积约 11 万平方米。校园整体以"步步高"为构景手法，红墙赤瓦，典雅厚重，彰显岭南地域特色，极具艺术人文气息。核定办学规模为 60 个教学班，提供优质高中学位 3000 个。2022 年，首届高一面向全市招生 1000 人。有教职工 105 人。其中：特级教师 2 人，正高级职称 1 人、高级职称 12 人、中级职称 8 人；全国优秀教师 2 人，区级以上名师 25 人。有清华大学、北京大学、复旦大学、伦敦大学等一批国内外名校毕业生 51 人，有名师工作室 2 个。坚持"育人至上，教师第一"办学思想，移植宝中集团管理模式，吸纳先进办学经验，把"培养和谐发展的高素质现代中学生"作为学校发展的根本追求。与集团龙头校区高中部全面对接，共建"课程建设、教学管理、教育科研、教师发展、学生成长"五大发展共同体，全方位、多渠道提升教育教学水平。精心打造合唱团、舞蹈团、街舞社、辩论队、文学社、心理社、动漫社、摄影社、天文社、篮球队等精品学生社团，丰富活动，悦动校园。关注学生心灵成长，全方位涵养提升学生科学、人文、创新素养，让每一个学生实现全面而有个性的发展，成人、成才、成功。确立"信息化带动教育现代化"思路，依托现代信息技术特别是智能化手段打造智慧校园特色。从"差异化教学、个性化学习、精细化管理、智能化服务"四个方面强力推进智慧校园建设，将"教学考管"纳入相互协同的一体化体系，实现网络环境、教学资源、学习方式、管理手段、生活空间全面数字化，为师生提供全新智能感知环境和强大便捷的信息服务平台，为学校高质量发展和高效率管理赋能。 （龙津中学）

【宝安中学（集团）第二外国语学校】创办于 1990 年。原为"上寮学校"，2011 年转制为九年一贯制学校，2017 年 4 月加入宝安中学（集团）。位于宝安区新桥街道河滨南路 2 号。占地面积 2.59 万平方米，建筑面积 1.93 万平方米。2022 年，有教学班 54 个，学生 2700 余人。有教职工 191 人，其中专任教师 185 人。专任教师中高级教师 16 人，一级教师 83 人；有党员教师 67 人。落实美育育人，促进学生全面发展。"春之声"管乐团从小学到初中共有 5 支梯队、300 余名队员，连续 2 次受邀参加"中华杯"全国优秀管乐团展演，获广东省优秀管乐团展演金奖；在深圳市管乐节比赛中连续 6 年摘金，被中国音协评为全国优秀乐团，获管乐发展贡献奖。获评全国校园足球特色学校、深圳市高水平运动项目学校、深圳市体育传统特色学校。加强教师队伍建设，专业成长效果显著。郑丹虹的主题教研示范课在中共中央宣传部"学习强国"平台展播；学校 20 节课例入选广东省省级基础教育精品课及推荐参评部级精品课课例，占宝安区 1/2；在 2022 年深圳市微课大赛宝安区选拔赛中，教师共获 1 个一等奖、4 个二等奖、4 个三等奖。落实"立德树人"根本任务，办成市民身边的好学校。2022 年，获评教育部教育信息化"双区"深圳市智慧教育示范校培育对象、"深圳市教育工作先进单位"、深圳市"基于教学改革、融合信息技术"的新型教与学模式"实验校、宝安区初中教学工作先进单位。

［宝安中学（集团）第二外国语学校］

【宝安区清平实验学校】创办于 2018 年 9 月。为宝安区教育局下属九年一贯制公办学校。位于宝安区新桥街道中心路 269 号。占地面积 3.4 万平方米，建筑面积 6.26 万平方米。2022 年，有教学班 49 个，教职工 168 人。教职工中高级职称 16 人，中级职称 59 人；区级以上名师骨干教师 52 人；硕士研究生占比 70%。有市、区级名师工作室 5 个。基于"汇融并蓄，择善求真"办学理念，致力于中西优秀文化的包容互补、融会贯通。以中华优秀传统文化为根，培养中华民族伟大复兴"中国梦"的践行者；放眼世界优秀文化，胸怀全人类福祉，培养人类命运共同体的捍卫者。在"诗意生长"课程理念引领下，构建生命"三感六维"课程体系。其中"三感"分别指生命的"质感""动感""美感"，分别对应"六维"中的"有德有才""有胆有为""有爱有趣"。形成核心课程、拓展课程、个性课程协调发展课程结构，开发儒家经典课程、戏剧课程、项目研究型课程等精彩纷呈的校本特色课程。开设拓展课近百门，组建校队10余支。培养学生多种兴趣爱好，发展学生个性天赋。开设专属于清平特色的活动体验型精品校本课程——校园诗意四节：视创科技节、诗歌戏剧节、文化体育节、人文读书节。在视创科技节中，将科创与学科融合，放飞奇思和妙想；在诗歌戏剧节中，致敬莎翁，演绎茶馆的人情冷暖；在文化体育节中，乐舞民族风，呈现世界电影之旅，展现力和美的融合；在人文读书节中，浸润中西方名著经典，感受文学魅力。先后获评"广东省围棋特色学校""中国教育学会与深圳市宝安区人民政府共建教育现代化实验区'学校课程发展'项目实验学校""深圳市教育工作先进单位""深圳教育改革创新家校共育典范学校""宝安区教育工作先进单位""宝安区德育教育示范校"；获"深圳教育改革创新最受关注新锐校（园）"年度奖、"深圳教育改革创新阅读特色学校（园）"年度奖。

（宝安区清平实验学校）

【宝安区上星学校】创办于2019年7月，2020年9月正式启用。为九年一贯制公办学校。位于宝安区新桥街道富通路与企安路交会处东南角。占地面积2.12万平方米，建筑面积4.83万平方米。核定办学规模为小学36个班，初中12个班。2022年，开设小学26个班、初中8个班，学生共计1700人，教职工120人。该校由政府出资、万科地产规划设计建设而成。建筑采用下沉式、庭院式设计理念，建筑空间得到充分利用。地下停车场、恒温游泳馆、风雨操场、网球场等配套设施一应俱全。校园景观设计以自然、生态为主题，将绿色生态、教育科普、交流互动融为一体，为师生提供多层次户外活动平台和多彩趣味空间。凭借优质办学条件和先进办学理念，吸引市内外精英骨干教师，汇聚一批来自清华大学、北京大学等国内"双一流"及国外名校优秀毕业生倾情加盟。从"做幸福教师，育快乐学生"办学理念到"阳光、勤奋、感恩、创新"校训，从上星"三大节"、创新开办游泳课到首创"分批入队"少先队发展模式，作为全区第一所代建制公办新学校，天生不同的上星学校已将"创新"的基调深刻融入教育教学的方方面面，为"创新"二字赋予"上星"的独特内涵。

（宝安区上星学校）

【宝安区荣根学校】为香港爱国人士陈荣根先生于1983年捐资兴建的一所九年一贯制公办学校，广东省一级学校。位于宝安区沙井街道环镇路88号。占地面积5.58万平方米，建筑面积3.8万平方米。2022年，有教学班60个（小学48个班、初中12个班），学生共3007人；专任教师183人，其中高级教师24人、研究生学历42人、区级名师7人。坚持强化管理，内聚人心、外树形象，提升质量，奋力创建湾区品牌学校。以"办好新时代人民满意学校"为目标，不断夯实发展根基。党建赋能，未来可期。加强党建工作，举行"信仰底色，五彩铸就"快闪、瞻仰洪田七烈士纪念碑、参观东江纵队司令部旧址等系列主题活动。有效做好校园新冠疫情防控工作，主动协助社区抗击疫情。按时完成党总支及3个党支部换届选举工作。网课期间，力求提升"双减"成效，网课呈现"疫"路精彩。科组教研成果有关微文在宝安学科教研微信公众号及学校微信公众号平台推送，英语科组网课教学经验在全区进行云分享。教师队伍蓬勃发展。以青年教师能力提升为抓手，以各级各类比赛为平台，助力青年教师成长。在2022年各类教师比赛中，青年教师共获市、区级奖项45项。五育融合，硕果盈枝。坚持五育融合，开设校级精品社团30个、特色素养课程80多门。先后获评广东省随班就读示范学校、广东省第四届校际管乐节"示范团队"、深圳市教育工作先进单位、宝安区小学青年教师教学基本功比赛优秀组织单位。

（荣根学校）

【深圳外国语学校（集团）宝安学校】是由宝安区投资建设，宝安区与深圳外国语学校合作办学的一所公办九年一贯制学校。2022年正式启用永久校址，位于宝安区新桥街道丰山二路56号。总设计办学规模102个班，包含2个校区。总占地面积4.49万平方米，总建筑面积 10.74 万平方米。其中：九年一贯制校区占地面积 3.12 万平方米、建筑面积 6.87 万平方米，可提供 78 个班 3690 个学位；小学校区占地面积 1.37 万平方米，建筑面积 3.87 万平方米，可提供 54 个班 2430 个学位。2022 年，共开设 39 个班，在校学生 1582 人。有教职工 136 人，其中专任教师 116 人。专任教师中骨干教师占比 13%，博士研究生学历 1 人、硕士研究学历 73 人（占比约 63%）。有名师工作室 12 个。秉持“教师为先，学生至上”师资建设理念，努力打造一支师德高尚、业务精湛、结构优化、富于创新活力的“用心、吃苦、坚持、智慧”特质的教师队伍。坚持育人为本、德育为先，培养学生君子品格，培育校园文化，推动德育“446”工程深化构建。注重校园活动实践效果，结合“深外宝新君子”德育培养目标，依托“深外六大节”，创新活动方式，开展爱国主义教育、中华传统文化教育、国防教育等系列活动。打造“四有”好课堂，提升教育教学质量。充分利用集团办学优势，组织集团内校际交流，开展教研活动。师生在各级比赛中均崭露头角。其中：学生获国家级奖项 25 人、省级奖项 28 人、市级奖项 172 人、区级奖项 231 人；教师获国家级奖项 5 人、省级奖项 6 人、市级奖项 13 人、区级奖项 126 人。校图书馆获评深圳市“2021 最美校园图书馆”。2022 年，协同实施治理结构变革、君子品格培育、育人方式创新、教师队伍建设、智慧教育培育、书院制度推进、办学特色打造、和美文化培育、开放办学“九大行动”，创建外语、艺术体操、书法、书院制育人“四大特色”。顺利通过广东省义务教育标准化学校督导评估。

［深圳外国语学校（集团）宝安学校］

【宝安区沙井中学】创办于 1956 年，为深圳市最早的 4 所完全中学之一。位于宝安区沙井街道东岳路 1 号。占地面积近 10 万平方米，建筑面积近 7 万平方米，运动场地面积 1.8 万平方米。2022 年，有教学班 72 个，学生 3500 余人。有教职工 309 人，其中专任教师 273 人。专任教师中，中学高级教师 69 人、中学一级教师 107 人；硕士研究生学历 89 人，市、区名师 1 人。践行“健康、健美、健全”办学理念，从“初心”出发，以“良知”保驾，携“真知”探索，持“恒心”远航；以生立本，以师探源，发展构建“足球”“绿色生态”“云霖美术”“阳光心理”四大特色品牌教育；探索“五步探引”“五五课堂”课程开发体系，融合“一训三风”创新“楼名文化”，坚毅、方正、圆融、博雅、精进。关注教师成长，推动“两手”评比（教育能手、教学能手），启动“青蓝结对”工程。丰富延续校园“四节”（读书节、科技节、体育与艺术节、外国语言文化节）文化。连续 14 年获评深圳市高考先进单位，7 次获深圳市高考“超越奖”。教师在市、区“我最爱的班主任”、高考命题比赛、深圳市中小幼青年教师教学能力大赛、微课大赛、青年教师基本功比赛、实验教学技能竞赛中频频获奖。培养大量优秀学生考入“985”“211”院校，培养艺术生考进北京体育大学、中央美术学院、中国传媒大学、中国音乐学院、北京舞蹈学院等知名院校。学生在深圳市中等学校优秀学生评比、“特区模范少年”、中小学校园足球联赛、田径锦标赛、生涯规划大赛等比赛中成绩斐然。发

2022 年 6 月 16 日下午，宝安区沙井中学以“放松心情，放飞梦想”为主题开展首届初三中考考前心理游园活动
（宝安区沙井中学　供）

展学生个性化特长，开展中国画、Python 探索之旅、围棋、法律电影鉴赏、羽毛球、青少年体适能、生物技能、小主播训练营、歌曲写作与创编、剪纸、英语配音、走进化学、中国青铜器等 40 余个课后延时服务活动。坚持"以人为本、全员育人、全程育人、全方位育人"理念，将德育、教育落实在活动中，促进学生综合能力提升。坚持隐性文化和显性文化并举，在"四化"（净化、雅化、文化、美化）基础上，深入"四思"（思源、思辨、思过、思远）建设。

（沙井中学）

【宝安区松岗中英文实验学校】创办于 2003 年 6 月。为广东省一级学校，位于宝安区松岗街道松白路 7035 号。占地面积共 2.97 万平方米，建筑面积共 3.62 万平方米，运动场地面积 2.18 万平方米。2022 年，小学、初中、高中共有教学班 115 个，学生 4382 人。有专任教师 291 人。其中：本科及以上学历 287 人，研究生学历 17 人；高级职称 7 人，中级职称 33 人；区级骨干教师 102 人。有科学实验、电教、美术、音乐、舞蹈、心理咨询、图书等功能室 30 余间。2020 年 9 月，自小一、初一年级开始全面实施"小班化"教学，逐步实现由满足学位到提供选择，由追求规模到提升内涵的转变。"小班化"教学在开齐国家课程的同时，制定学校课程实施计划，包括文化课程、国际课程、校本课程三大系列。其中，校本课程有实践课程、礼仪课程、特色课程、国学课程、家长课程等，以"让每个孩子

得到最适合的教育"为核心，开启"求质量、铸精品"优质教育之路，致力于培养具有中国灵魂和世界眼光的世界公民。把"学会做人，学会学习"作为育人理念，通过创设"一个育人环境"（绿色、书香、和谐校园）、推出"双育双导"（爱育、心育）、践行"三个规范"（三行、行为、文明礼仪）、开展"四项活动"（演讲、表演、展示、评比）、开通"五条育人渠道"（课堂、活动、媒体、环境、基地）系列科学育人方略，形成丰富多彩的育人内涵。2022 年，继续开设多元化校本课程，注重创新精神和实践能力的培养，内容涉及实践、才艺、活动、素养课程。充分利用"两个阵地"（第二课堂和专业队训练）、"两个节日"（文艺节和英语节）、"两赛两展"（运动会、学科竞赛和书画展、科技创新展），为学生搭建施展才华的舞台，拓宽育人渠道。先后获评"深圳市办学效益优秀学校""深圳市教育先进单位""宝安区教育先进单位"等 80 余项荣誉。（松岗中英文实验学校）

【新安中学（集团）燕川中学】于 2022 年 9 月正式开学。为深圳市委、市政府高起点、高规格、高标准建设的公办寄宿制高端品牌高中学校，2022 年底正式成为新安中学（集团）（以下简称"新中集团"）成员校。位于宝安区燕罗街道广田路 108 号。占地面积 8.7 万平方米，建筑面积 11 万平方米。核定办学规模 60 个教学班，共有 3000 个高中优质学位。2022 年，开设 20 个班，高一年级面向全市招生 1000 人。以"立德树人、创

新发展"为核心办学理念，以"智慧教育、航天科技教育、个性教育"为办学特色，致力于打造全国有影响力和示范意义的中国一流航天科技高中、教育新基建新样态特色化优质高中。潜心组建一支高素质教师队伍，面向全国选聘覆盖全学科的省、市、区级骨干名师共 30 人，从新加坡南洋理工大学、中山大学、北京师范大学等国内外重点名校招聘一批优秀毕业生。教师队伍结构合理，学历高（硕士以上占比 77.25%）、职称高（副高以上职称占比 17.5%）、专业化程度高（师范生占比 88%）、"985""211"等名校占比高（名校毕业生占比 81%）。把航天科技教育特色作为学校办多样化有特色普通高中、培养创新人才的重要抓手和关键突破口。2021 年，与中国航天科技国际交流中心合作共创"全国一流航天科技高中"。2022 年，建成全市中小学唯一一个航天科技教育体验馆。编制航天科技教育三年规划与实施计划，持续邀请知名航天专家开设航天科普讲座。开设火箭班、卫星班、北斗班、天问班作为航天实验班，分别开设相关航天科技实践类课程。高标准建设智慧校园，打造"数实相融"教育新基建，赋能学校高质量发展。充分运用互联网、人工智能、大数据等新一代信息技术，着力建设"新基建、新网络、新平台、新应用、新治理"的新样态高中。坚持"五育并举"，促进学生全面而有个性地成长，指导学生科学选科，并根据学生的兴趣和志向开设多元课程或开展多样化社团活动，包括日语、俄语以及航天科技教育等

10 门课程，共组建 22 个学生社团，开展 10 余项精彩纷呈的校园活动。

［新安中学（集团）燕川中学］

【宝安区燕山学校】1999 年由燕川、罗田、塘下涌 3 所村小合并成立燕山小学，2009 年改制为九年一贯制学校。为广东省一级学校，广东省绿色学校。位于宝安区燕罗街道洋涌路 2 号。占地面积 5.22 万平方米，建筑面积 3.17 万平方米。2022 年，有教学班 60 个，其中小学部 36 个、中学部 24 个，学生 2936 人。有教职工 215 人，其中专任教师 195 人（平均年龄 35.1 岁）。专任教师中：高级职称 15 人，中级职称 109 人；区级及以上名师（学科带头人）4 人；本科及以上学历 182 人（硕士 52 人）。有区级名师工作室 2 个。践行"新八德教育"，和谐奋进、担当有为，采取积极手段，寻求改变力量，通过一系列切实有效的举措开启学校新一轮改革发展。先后获评"全国书法教育示范学校""深圳市教育工作先进单位""深圳市绿色学校""深圳市现代学校制度建设示范学校""宝安区初中教学管理标兵单位"。2022 年，教师齐光创作并辅导的舞蹈作品《引狮斗趣》参加教育部主办的第五届"传承的力量"展示活动并进入评选环节，在教育部主办的中外交流小使者活动中进入决赛并在央视频中播出。2022 年 8 月，教师陈锦棠辅导的学生作品《今晚的菜》入选第五届全国青少年雕塑作品展览，获"评委提名"并被收藏。教师杨汇滢扎根龙川山区支教 2 年，为山区孩子奉献支教教师的大爱，带去光和热，先后获评深圳市"十佳"师德标兵、河源市"十大最美教师"，获"感动深圳"教育任务年度奖。

（宝安区燕山学校）

【宝安中学（集团）塘头学校】创办于 1927 年，原名"塘头小学"。学校几经变迁，于 2017 年 4 月加入宝安中学（集团）。位于宝安区石岩街道英才路 8 号。占地面积 4.36 万平方米，建筑面积 5.05 万平方米，运动场地面积 1.34 万平方米。学校按照国家示范性学校标准进行建设，拥有 5 栋教学大楼、1 栋综合大楼、1 栋 3 层体艺大楼、1 栋信息科技大楼和 300 米标准运动场、1.3 万平方米地下停车场及相关功能室。核定办学规模为 72 个班。2022 年，有教学班 68 个，学生 3247 人，其中小学部 2105 人、初中部 1142 人，平均班额 48 人；教职员工 217 人，其中专任教师 206 人（在编教师 167 人，派遣教师 39 人）。专任教师中：大专及以上学历 206 人、本科学历 130 人、研究生学历 67 人，学历达标率达 100%；高级职称 10 人，中级职称 66 人。全面贯彻落实党的教育方针，坚持"立德树人"根本任务，坚持以人为本、民主办校、依法治校、科学发展。秉承集团"和谐发展，学会生存"办学理念，依托集团化办学优势，以成人、成才、成功为校训，以提升学生综合素养为核心任务，全面落实素质教育。按照集团化办学的规划部署，致力于发展生态科技教育特色和特色运动项目，从师资培养、特色生态科技、劳动课程和学生劳动实践特色基地打造等多方面探索适合学校特色发展的创新型教育教学模式。获评全国青少年校园足球特色学校、全国青少年校园网球特色学校、广东省现代教育技术实验学校、广东省绿色学校、深圳市教育先进单位、深圳市办学效益先进学校、深圳市书香校园、深圳市"园林式、花园式"单位、深圳市健康促进学校（银奖）。

［宝安中学（集团）塘头学校］

【宝安区官田学校】创办于 1922 年，1998 年官田村筹资征地择现址新建，2009 年升级为石岩街道第一所公立九年一贯制学校。位于宝安区石岩街道官学路 1 号。占地面积 4.32 万平方米，建筑面积 3.63 万平方米。图书馆面积 1500 余平方米，藏书 20 余万册。有体育馆 1 个，艺术馆 1 个，塑胶 300 米跑道运动场 1 个，足球场 1 个，高标准曲棍球场 2 个，曲棍球训练场 1 个，篮球场 6 个。2022 年，有教学班 76 个，学生 3773 人。有教职工 235 人。其中：研究生学历 37 人，本科生学历 183 人；外教 1 人；高级职称 31 人，正高级教师 1 人；广东省南粤优秀教师 2 人，深圳市名教师 2 人，市级及以上优秀教师 9 人，宝安区高层次人才 2 人。有宝安区名（教）师工作室及教研工作室 5 个。办学理念是"官田学富，美好生活"；秉承"勤爱智勇"校训，以"学富五车，幸福人生"为育人目标；为实现"办一所具有区域品牌影响力的幸福学校"办学愿景而不懈努力。学生连续 5 届获评宝安区"阳光少年"。教师专业化成长硕果累累，宝安区名教师工作室、宝安区名教师及骨干教师数量逐步攀升。素质教育之花竞相开放，体育节、艺术节、读书节、科技节等学生活动精彩纷呈。先后获中国创新教育学校、全国文明城市示范单位、全国校园足球推广特色学校、广东省绿色学校、广东省青少年毒品预防教育示范学校。2022年，各项工作稳步推进。宝安区中小学艺术教育百校展演暨官田学校建校100周年主题晚会盛大举行。举办教师基本功大赛，实施"薪火计划""青蓝工程"青年教师培养工程，提升教师职业素养。进一步做实课题研究和名师工作室涵养辐射，完善智慧校园等，优化教学路径；开展教师读书分享活动，提高教师文化素养。进一步优化各类教研活动区环境，校园文化整体提升。开展与汕头市潮南区及宝安区域内民办学校支教帮扶和交流活动。基于学生自主体验德育目标，利用社团活动促进学生个性发展，玩皮工坊、曲棍球、足球、篮球、啦啦操等社团在各级比赛中成绩优异；通过社会实践活动，提升学生自主生活能力，借力全国文明城市创建开展爱国主义教育；基于幼小衔接、中小衔接夯实学生规范；举办读书节、艺术节、体育节、科技节等活动，促进学生全面发展；通过"开学第一课""中考百日誓师"等主题教育，引领学生精神成长；关注学生身心健康，持续推进德育类学富课程。完善课程体系，减负增效抓质量。严格按照国家"双减"和"五项管理"政策开展教学工作，不折不扣完成延时服务任务，开设近60个校级社团，进一步完善学富文化课程体系。抓好集体备课，提高课堂实效，实现

从"教师课堂"向"学生学堂"转变；瞄准优质平台，技术赋能课堂，先后多次举办区级课堂教学研讨教学实例展示。 （官田学校）

【宝安区石岩湖学校】创办于1946年，前身为"宝安区石岩中心小学""宝安区石岩小学"，2018年转型升级为九年一贯制学校。位于宝安区石岩街道青年路96号。占地面积3.43万平方米，建筑面积1.09万平方米。核定办学规模72个教学班，可提供优质学位3600个。2022年，小学部有6个年级46个教学班，学生2211人；初中部有3个年级24个教学班，学生1143人。有专任教师共222人。其中，高级教师13人，硕士研究生学历73人（占比33%）。提出"为未来而教"办学理念。坚持教育以社会为本、学校以教师为本、教师以学生为本，顺道攀岩，求真向善，知行合一。实施人性化制度管理，打造灵动润泽课堂。推行"费曼教学法"，培养坚韧厚实、灵动智慧、适应未来的阳光少年。师生参加各类竞赛累计获奖900余人次，其中柔道、京剧、合唱、美术、书法等体艺特色成绩显著。大力倡导"奔跑精神""歌唱精神"。师资培养自成体系。为帮助新教师科学规划职业生涯，树立正确的教育理念，缩短角色转变的适应期，促进其快速成长，形成暑期开展新教师研修活动传统；在师德、师能、师艺、师趣、师仪"强师工程"基础上，每年进行"魅力教师"评选，以整体提升教师专业素养。致力于将初中部打造成为学校教育的"精神高地""人才高

地""品质高地"，将小学部打造成为"根基巩固""活力创新""特色明显"的教育园地。先后获评全国柔道特色学校、广东省书法特色教学与创作实验基地、深圳市高水平运动项目学校（柔道）、深圳市劳动教育示范学校、宝安区体育传统项目学校（柔道）、宝安区"十佳"校园书法长廊、宝安区"十佳"最美图书角、宝安区"教工幸福之家"；获2021年度深圳教育改革创新卓越奖、第七届深圳教育改革创新大奖——劳动教育特色学校年度奖。2022年，获评全国营养健康学校建设示范单位、深圳市教育工作先进单位、深圳市少先队工作先进单位；获深圳市中小幼青年教师教学基本功比赛初中组优秀组织奖、第八届深圳教育改革创新大奖——劳动教育特色学校年度奖、宝安区科创教育先进单位、宝安区初中教学工作先进单位。

（石岩湖学校）

【宝安区湖光学校】创办于2021年。为九年一贯制公办学校。位于宝安区石岩街道民兴路与德政路交会处。占地面积1.3万平方米，建筑面积3.08万平方米。2022年，有教学班23个，学生1077人。有教职工79人。其中：高级职称3人，中级职称2人；区级及以上名师（学科带头人）1人；本科及以上学历74人（硕士25人）。立足"人人进步，个个精彩"办学理念，以学生为主体，构建以"志远、求真、明理、崇美、笃行"五大板块内容为支撑的精彩课程体系。开发特色校本课程，完善多元精彩课程体系建设，打造教育新生

态。深化落实"减负提质",搭建以学促做平台,助力教师成长。形成"在学习中创造"的一体化结构与"问""思""探""得""展"五要素相融合的"一体两翼五要素"教学范式。打造以校训为圆心、以德育课程和活动为半径、以培养"致远少年"为育人目标,坚持立德为先、五育并举,把德育融入日常教学和主题教育活动中,探索贯穿学生道德发展全要素、全过程、全领域的"可视化德育"综合素养评价体系。坚持课题引领,创新德育体系,立足学校实际,以课题研究促进学校特色德育体系发展,建设具有湖光学校特色的校本德育课程体系。坚持落实"立德树人"根本任务,切实提升德育实效。开设华容道社团、象棋社团、国旗方阵社团、少儿主持艺术社团、古筝社团、美术社团、经典绘本阅读社团、篮球社团等10余个学生体艺社团。创建全国规范化家长学校实践活动学校,学校义工队有志愿成员近200名,开展交通文明劝导志愿服务活动累计300余场次,服务时长达1000余个小时,协助校内外创建文明城市宣传及学校大型文明实践活动近30场。2022年,在全国青少年航空航天模型教育竞赛活动中斩获多枚奖牌;获评广东省航空航天特色学校。 (湖光学校)

【宝安区龙田学校】创办于2022年。为九年一贯制公办学校。位于宝安区石岩街道石龙社区。占地面积1.7万平方米,建筑面积4.5万平方米。核定办学规模为36个教学班。2022年9月,借址石岩金大华幼儿园和湖光学校办学。开设小学一年级4个教学班(借址金大华幼儿园)和二年级1个教学班(借址湖光学校),共有学生244人,教职工21人。2022年12月,区教育局将该校纳入新安中学教育集团,为学校未来高质量发展提升起步台阶。接纳新中集团"育人为本,和谐发展"文化辐射,形成"光融天下"学校文化。秉承"潜龙在田,光融天下"办学理念,践行"潜·追光·融天下"校训,弘扬"正·海纳·流光其声"校风,充分尊重教育及学生成长规律,以培养"谦虚好学、敢闯敢创、全面发展并以天下为己任的青少年"为使命,建设一所有光的未来学校。为响应"全民阅读"活动号召,于2022年秋季学期开始开展社区阅读推广活动,累计开展社区读书会活动12期,1512名学生参与活动,推出美篇125篇。社区读书会成为学校活动一大亮点。每个周末学生都活跃在羊台山广场、石岩图书馆、石岩湖湿地公园等不同的场馆,家长带领孩子遨游在图书的海洋,既培养了孩子的阅读习惯,也是家校联动的好方法,为学校与家庭、社区搭建沟通的桥梁,共同承担起育人的责任,给学生创造一个"有意思有意义"的读书环境。

(龙田学校)

龙岗区中小学

【龙岗区安良小学】为龙岗区一级学校。位于龙岗区横岗街道安良路140号。占地面积9000平方米,建筑面积8500平方米,功能场室20余个。2022年,有教学班24个,学生1158人。有教职工86人。其中:高级职称5人,中级职称43人;区级及以上名师(学科带头人)10人;本科及以上学历56人。

2022年,龙岗区安良小学学生舞蹈作品《走山的孩子》获龙岗区中小学生舞蹈大赛一等奖、深圳市童话节"童话之舞"金奖、深圳市第十一届艺术展演舞蹈类金奖,并在中央电视台少儿频道播出 (安良小学 供)

有名师工作室2个。致力于办充满活力、人民满意的特色学校，全面推进素质教育，开设社团37个，学生参与率达100%。敢为人先，开拓创新，"全面发展"与"学有特长"相结合，取得良好成效。以校园艺术节、体育节、科技节、读书节等"四节"为代表的第二课堂及"四点半"课堂活动开展得有声有色，成为学校办学中的一个特色和亮点。为全国影视校园春节联欢晚会优秀参演单位；舞蹈节目《山里娃》在央视少儿频道展播。获评龙岗区首批"一校一品"舞蹈特色学校；舞蹈社团获评深圳市首批"优秀社团"；先后获评深圳市文明单位、深圳艺术教育先进单位、深圳市教书育人先进集体、深圳市标准化学校、深圳市绿色学校、深圳市阳光体育学校、深圳市中小学广播体操标兵（传统）学校、深圳市毒品预防教育示范学校、深圳市安全标准化学校、深圳市无烟学校；为深圳市重点课题"学习力研究"实验基地校。　　（何茂元）

【龙岗区大康小学】创办于1946年。为广东省绿色学校。位于龙岗区横岗街道育英路26号。占地面积1.45万平方米，建筑面积8892平方米。2022年，有教学班24个，学生1151人。有教职工91人。其中：高级职称3人，中级职称53人；南粤优秀教师1人，区级及以上名师6人；本科及以上学历68人（硕士3人）。有区级小学校园足球工作室1个。以"着眼未来，为健康的人生启航"为办学理念，坚持"依法治校、质量立校、特色兴校、文化强校"办学方针，积极

构建"香樟文化"引领下的"快乐育人"体系。坚持"融入自然的成长家园"办学目标，多维度、全方位贯彻"为谁培养人、培养什么样的人、怎样培养人"教育思想。将客家传统文化与"香樟文化"育人体系相融合，构建以"致孝、友悌、教子、敦爱、劝学、处世"等为核心内涵的客家家训德育体系，以德育人铸精魂，全面贯彻落实"五育并举"，促进学生全面发展。体艺双馨，多元发展。有舞蹈、足球、篮球、书法、弹唱、美术、编程等多个体艺社团组织。女子足球获"全国首届中国城市少儿足球联赛"第三名，多次获得深圳市冠军，九次蝉联龙岗区小学生校园足球联赛冠军。客家山歌弹唱团弘扬客家光荣传统，参加全国、省、市各级演出和比赛，成绩斐然。先后获评全国青少年校园足球特色学校、全国教育科学规划课题实验学校、深圳市教育系统法制宣传先进

单位、深圳市广播体操标兵学校、深圳市毒品预防教育示范学校、深圳市少先队"红旗大队"、深圳市体育足球传统学校、深圳市年度体育典范学校、龙岗区文明学校、龙岗区安全管理工作先进集体、龙岗区教育先进单位、龙岗区教育系统宣传先进单位。　　（何　杰）

【华南师范大学附属龙岗乐城小学】创办于2016年9月，是由龙岗区人民政府为落实"引进名校办名校"发展战略，与华南师范大学签约创办的一所政府资助型学校。位于龙岗区园山街道坳背路28号。占地面积1.5万平方米，建筑面积1.21万平方米，运动场地面积6090平方米。2022年，有教学班24个，学生1126人，教职工90人。秉承华南师范大学"以人为本"精神内核，依据学校实际，确立"为每位师生的缤纷生活而教育"，即树立"缤纷教育"办学理

2022年11月17日，华南师范大学附属龙岗乐城小学举行"以二十四节气为主线的立体融通劳动教育新模式"启动仪式，校长朱群霞现场观看学生"制作营养早餐"劳动课　　（华南师范大学附属龙岗乐城小学　供）

念。"缤纷"的生活是有趣的、快乐的、美好的。"乐"是缤纷教育的核心，"美"是缤纷教育的追求。学校致力于"乐"文化的建设，把"乐"体现在课程建设中，建构"乐美课程"体系；把"乐"呈现在课堂上，建构"大单元问题化教学"的"乐"课堂；把"乐"贯穿在学生评价中，开展以"乐成长银行"为载体的学生综合素质"乐评价"。先后获评全国生态语文教育先进示范校、广东省义务教育标准化学校、华南师范大学卓越教师协同培养基地、深圳市教育工作先进单位、深圳市深化新时代教育评价改革试点项目、深圳市劳动教育特色学校、深圳市艺术典范学校、深圳市消防安全示范校、深圳市垃圾分类示范校、深圳市优秀"红旗大队"、龙岗区教育系统先进单位、龙岗区智慧校园示范校等；已立项、结题的国家级课题子课题、省级规划课题、市级规划课题、区级规划课题41项，其中校长主持的课题8项；学校的《素养培育与学科融通：大单元问题化教学探索》专著由上海交通大学出版社出版。

（赖丽娜）

【龙岗区吉祥小学】开办于2013年9月。位于龙岗区布吉街道吉政路70号。占地面积1.38万平方米，建筑面积9000平方米。2022年，有教学班32个，学生1579人。有教职工110人。其中：高级职称6人，中级职称32人；区级及以上骨干教师13人；本科及以上学历90人（硕士15人）。坚持"生本教育造就最好自己，适合教育成就幸福人生"办学理念，始终坚持走

2022年9月15日，龙岗区吉祥小学举办一年级新生入学"幼小衔接迎新"活动，校园吉祥物"吉娃""祥宝"迎接新生入校 （吉祥小学 供）

特色化、内涵式发展之路，构建以学为中心的生本课堂，探索新型教与学模式，不断开创教育教学新局面。重视活动育人，以活动为依托，每学年开展"一秀"（达人秀）、"三节"（读书节、体育节、艺术节）、"五周"（语文周、英语周、科技周、学科文化周、劳动周）活动，以活动锻炼人、培养人、成就人，努力形成校园文化、体艺教育办学特色，获评艺术教育特色示范基地。课程特色鲜明，走班体育课让每一名学生至少拥有一项运动技能。有鼓号、合唱、舞蹈、尤克里里、"笔客"钢笔画、动漫设计、校园足球、羽毛球、篮球、国际象棋、围棋等数十个学生体艺精品社团，其中"笔客"钢笔画社团获评龙岗区优秀学生社团。先后获评全国"百社千校书香童年"阅读活动基地学校、全国国际象棋特色学校、广东省棋类特色学校、深圳市教育系统先进单位、深

圳市防震减灾科普示范学校、深圳市"巾帼文明岗"、龙岗区教育系统先进单位、龙岗区教育系统先进基层党组织、龙岗区少先队"红旗大队"、龙岗区智慧校园建设示范学校、龙岗区教育系统安全管理先进集体、龙岗区教师培养基地校。

（蒋联碧）

【龙岗区外国语学校（集团）爱联小学】创办于1940年。2021年1月，爱联小学成为龙岗区外国语学校（集团）正式成员。位于龙岗区龙城街道爱南路668号。占地面积近2万平方米。园林式设计，自然与人文相映成趣。2022年，有教学班30个，学生1443人。有教师96人。其中：高级职称5人，中级职称59人；区级及以上学科带头人培养对象2人；本科及以上学历96人（硕士3人）。坚持"与美好同行，与国际接轨"办学理念，在龙外集团"玉兰花开"课程

体系引领下，以学校总体工作部署为指针，以服务教育教学工作为中心，以集团成员校为标杆，改方法、提效率、抓质量、创成绩。2021—2022学年，教师队伍在各类比赛中发挥出色，累计获区集体奖项3项、个人市赛奖项4项、个人区级奖项64项，荣誉称号8个。各科组开展教研活动43次，组织各类学生活动共15项。秉承集团"美好教育"核心理念，以培养"三会"（会友好相处、会智慧求知、会优雅生活）、"三有"（有民族灵魂、有国际视野、有创造能力）为育人目标，引领师生走向美好。结合爱联小学历史，开展红色革命特色活动，让"红色精神"流淌在每一名学生心中。开设麒麟武术、STEAM创客机器人、尤克里里、水墨绘画、烘焙、校园篮球、跳绳、田径等23个精品社团、30个普及社团及7个校训队。先后获广东省"花园式学校"、广东省"巾帼文明"示范岗、深圳市依法治校示范校、龙岗区教育系统先进单位、龙岗区数字化生态文明环保教育实践创新试点学校、龙岗区首批"智慧校园"示范学校，获龙岗区家校社协同育人学校（园）年度奖。　　　　（蔡子媛）

【龙岗区外国语学校（集团）和美小学】于2020年9月开办，同年加入龙岗区外国语学校（集团）。为龙岗区政府重点打造的高起点、高标准公办区直属学校。位于龙岗区坂田街道禾堂光街1号。占地面积1.3万平方米，建筑面积2.8万平方米。2022年，有教学班18个，学生885人，教职工66人。在强大的集团背景下，学校通过集团内部交流、区内外引进等方式打造强大的师资队伍。有市、区级优秀教师、骨干教师、名班主任、学科带头人、学科中心组成员，占比60%。在课程建设方面，以集团本部"玉兰花"课程体系为母体课程，衍生出"玉兰花——和·美"课程体系，潜心培育会友好相处、会智慧求知、会优雅生活的国际化人才，致力于营造"童心飞扬、和乐美好"教育生态。通过特色课程体系与多彩活动助力学生核心素养提升。举办活力四射的体育节、乐趣无穷的乐考嘉年华、趣学并进的学科周等活动，让每一名学生在理念前沿的系列课程中"启智"、在多彩纷呈的实践活动中"行知"。通过外引内拓方式，整合内外资源，以跳绳、啦啦操两项体育活动、版画一项艺术专项组成和美特色体育艺术"2+1"，并结合区域特色开设"和美云创2041"特色课程活动空间—— 以"科技启蒙"科技特色、"寻根传承"中华传统文化特色"双特色"系列课程，成立10余个特色工作室和探究室，旨在给孩子更多接触的机会、寻趣的机会、选择的机会和发展的机会。2022年，获评"中国少年培育联盟学校"、龙岗区"基于教学改革，融合信息技术的新型教与学模式"实验校；获龙岗区"最受关注新锐学校"年度奖。　（李施雨）

【龙岗区龙西小学】创办于1923年。创办之初校名为"光禄学校"，之后先后易名为"巫氏学校""启宇学校""龙西学校"；几易校址，1994年搬迁至现址龙城街道学园路12号。占地面积2.64万平方米，建筑面积1.18万平方米。2022年，有班级36个，学生约1800人，教职员工130余人。坚持"彼此成就，幸福龙西"教育理念，坚持进行责任教育，塑造学生良好品格；贯彻落实减负提质要求，开展体育、书法、绘画、音乐、航空等各

2022年10月，龙岗区龙西小学女子足球社团合影　　（龙西小学　供）

类社团活动，以拓展学生的视野，促进全面发展，让校园真正成为既能学习知识又能快乐玩耍的成长乐园。先后获评全国首批篮球及足球特色学校、全国青少年五好小公民"阳光校园·我们是好伙伴"主题教育读书活动示范学校、广东省传统文化传承学校（岩彩画）、第三批广东省中小学中华优秀文化传承学校、深圳市体育传统项目学校（篮球）、深圳市"花园式园林式"单位、深圳市"安全文明小区"标兵、深圳市"绿色学校"、深圳市"广播体操标兵"学校、深圳市"中小学校依法治校示范校"、龙岗区业余体校男子篮球训练网点、龙岗区教育系统先进单位、龙岗区"岩彩特色学校"、龙岗区"雅洁校园"。

（杨妙丽）

【龙岗区南湾实验小学】为一所按照《龙岗区义务教育学校建设标准提升指引》文件精神高标准、严要求设计与建设的公办小学，深圳市首个校园"绿色建筑"。位于龙岗区南湾街道翠岭路 2 号。占地面积 9200 平方米，建筑面积 2.28 万平方米。2022 年，有教学班 22 个，学生 1086 人。有教职工 79 人。其中：高级职称 4 人，中级职称 15 人；市优秀班主任 1 人，市优秀教师 2 人，区优秀督学 3 人，区骨干班主任 2 人，区骨干教师 5 人；本科及以上学历 57 人（硕士 20 人）。有校级名师、名班主任工作室 6 个。以"教育高质量发展"为办学初衷，秉持"关爱每个孩子，成就美好未来"办学理念，构建特色课程体系，形成"成长"文化，举办"学科节"（读书节、数学周、英语

周）与"体艺节"（体育节、艺术节、足球联赛、合唱比赛），重视教育教学质量与体艺活动，实现学生综合素质全面发展；有学生社团 35 个，分为文化语言类、学术科技类、体育运动类、艺术兴趣类、实践类及其他类等六大类社团。其中有舞蹈、合唱、礼乐弦歌、灌篮高手等发展特长学生社团 12 个，有思维万花筒、本草社、古筝乐队、数学纸艺、劳动 DIY、科学探秘社等面向全体学生的社团 23 个。先后获评龙岗区教育系统先进单位、龙岗区中小学教师专业发展基地学校；获龙岗区中小学生"护苗"手绘作品展优秀组织奖、龙岗区首届《中华人民共和国家庭教育促进法》普法活动优秀组织奖、2022 年龙岗区第六届运动会青少年系列趣味田径比赛团体赛第三名、2022 年龙岗区趣味田径比赛乙组团体总分第三名；2022 年成功立项国家级课题"中华优秀传统文化背景下礼乐弦歌琴的融创教学初探"。

（林 颖）

【龙岗区坪地中心小学】为深圳市一级学校。位于龙岗区坪地街道深惠路 181 号。占地面积 1.5 万平方米，建筑面积 9000 余平方米。2022 年，有教学班 24 个，学生 1209 人。有教职工 86 人。其中：高级职称 5 人，中级职称 38 人；本科及以上学历 62 人。以"出实招，办实事，求实效"为工作原则，以"为学生的发展奠基"理念为航向，秉承优良传统、积极适应形势，勇创教育、教学新格局。积极探索和实践精细化管理模式及管理机制，努力强化师资队伍建设，

细化教学过程管理，优化素质教育环境，扎实推进学校内涵建设，实现学校办学质量新提升。年内，深入学习"双减"工作有关文件，领会并内化文件精神，通过"一课突破一教学要素"精准教学，实现"减负不减质"。坚持"自主学习"课堂教学模式，把"预习交流、任务驱动、分组合作、展示提升和巩固训练"贯穿于课堂教学。开展"'读'具匠心"的书香校园活动，打造国学经典书香校园。积极为学生的个性发展提供优质、高效服务，开展文化、艺术、体育、信息、心理、劳动等类别共 38 个社团活动。加强德育教育，培养有爱国情怀、有责任担当、有坚定意志的社会主义事业建设者。做好幼小衔接工作，强化环境创建和课程建构，让学生在轻松的氛围中快乐成长。创设绘本区、益智区、活动区、生态区四大区域，多方位促进学生健康成长。加强教研工作，注重教学过程的活动化、游戏化和生活化，让学生学有所得。2022 年11 月，联合对接的 6 所幼儿园面向全区开展幼小衔接研修活动，在交流中探索、在探索中获得，推动幼小衔接教育再上新台阶。

（林 佳）

【龙岗区盛平小学】创办于 1943 年。2005 年获评深圳市一级学校，2009 年通过深圳市义务教育规范化学校评估验收。为全日制公办小学。位于龙岗区龙城街道盛华路 19 号。占地面积 1.13 万平方米，建筑面积 6740.36 平方米。2022 年，有教学班 24 个。有教职工 85 人。其中：高级职称 8 人，中级职称 42 人；学历

达标率100%；有全国优秀教师1人，广东省名师工作室主持人1人，广东科技教育工作室主持人1人，南粤优秀教师（教坛新秀）1人，区学科带头人培养对象2人，区骨干教师3人，区骨干班主任3人，区骨干教师培养对象6人，区教坛新秀5人。秉承"为师生持续生长赋能，为学生一生健康发展奠基"办学理念，坚持"丰盛·公平"教育追求，推崇以"坚毅"为核心的校园文化，走内涵式发展道路。围绕"培养有国际视野、有优良传统、有创新精神、有学识内涵的时代新人"育人目标，以课堂教学、课程改革和教育评价为重点，不断深化素质教育；开展"三节"（科技节、体育节、艺术节）、"四周"（语文周、数学周、英语周、劳动周）及"读书月"等活动，"五育并举"。有田径、女子篮球、男子篮球、女子足球、少儿漫画、毛笔书法、舞蹈、合唱、武术等10余个学生社团。其中，田径队竞技水平名列区域前茅。队员获2022年深圳市中小学生田径比赛小学组团体总分第一名、女子团体总分第一名和男子团体总分第一名，学校获评"2019—2022年深圳市田径高水平运动项目学校"（深圳市唯一一所小学田径高水平运动项目学校）。积极探索教改新思路，利用新建的劳动教育基地——盛园，开设劳动种植课程，将学科知识与劳动实践密切结合，广受学生喜爱和家长好评。获评全国书法教育艺术实验学校、全国艺术教育特色单位、中华文化经典诵读示范学校、广东省中小学校本培训优秀示范学校、广东省体育特色学校、广东省依法治校示范校、深圳市办学效益优秀学校、深圳市美术书法特色学校。　　　　　（唐　伟）

【龙岗区坂田实验学校】创办于2018年，为公办九年一贯制学校。位于龙岗区坂田街道虎山路1号。占地面积2.2万平方米，建筑面积3.1万平方米。校园建筑注重排水、通风、防风、采光等设计，整体明亮清新，是深圳市海绵城市示范项目。2022年，有教学班52个，学生2343人。有教职员工212人，其中专任教师162人，平均年龄32岁。专任教师中：高级职称13人，中级职称52人，初级职称70人；本科及以上学历162人（研究生学历62人）；学科带头人、骨干教师30余人。有名校长工作室1个，名师工作室3个；区级及以上立项课题40余个。以课程建设作为学校工作的核心，在办学多元、竞争态势明显的办学背景下，全程贯彻"心向自然、浸润阳光一代"办学理念。发扬"求精求实、向尚向美"学校精神，树立"立高尚人格""启科学智慧""扬自我专长"课程目标，以"光"文化孕育为根基，以教师终身成长为关键，以"三维一体"浸润课程实践为核心，努力创建高品质、有风格、现代化民众满意学校，办学成效显著。先后获评"特区四十年教育改革创新最受关注新锐学校""深圳市健康学校""深圳市消防安全示范单位""深圳市节水型单位""龙岗区教育先进单位""龙岗区'智慧校园'示范学校"。　（任韶华）

【龙城高级中学（教育集团）东兴外国语学校】创办于2017年，为九年一贯制区属公办学校。位于龙岗区坪地街道坪西南路99号。占地面积2.89万平方米。核定办学规模54个教学班，分两期建设，一期开设36个班。2022年，有教学班38个，学生1824人。有教职工137人。其中：高级职称13人，中级职称27人；区级及以上名师（骨干教师7人、学科带头人1人、教育专家1人）9人；本科学历91人，硕士研究生及以上学历35人。有名师工作室2个。致力于"让每一个孩子健康快乐成长，做高素养的现代中国人"，力争办成一所"高质量、现代化、特色鲜明、国际性"知名外国语学校。将德育作为"五育"之首，党建引领团队发展，开展微型党课、校长思政课、主题团课、入团入队仪式、师德师风月等系列活动；将质量视为教学生命线，科学、高效开展幼小、小初学段衔接系列活动，举办"读经典·闻书香·润人生"主题读书月系列活动，开发形态多样的劳动教育课程和丰富多彩的课外劳动实践活动。在2022年广东省学生无线电测向冠军赛中，参赛学生获2个比赛单项冠军和12个一等奖、15个二等奖；在2022年青年教师教学基本功比赛中，2名教师获市二等奖、3名教师获区一等奖。让安全成为工作底色，织密防控网，筑牢防护墙，守护师生平安健康，安全教育常抓不懈。端午节晚上学校4名救火小英雄教科书式的救火操作被央视新闻微博、《南方日报》、《深圳晚报》、"深圳教育"、"龙岗发布"等媒体和平台转载，赢得社会各界广泛好评。先后获评"中国管理科学研究院校园心理危机干

龙城高级中学（教育集团）东兴外国语学校 4 名"救火小英雄"合影（2022 年）
（东兴外国语学校 供）

预能力建设示范校""教育部'互联网+'中小学教学管理创新实验学校""广东省义务教育标准化学校""深圳市'中小学人工智能教育项目'实验学校""深圳市健康促进学校""深圳市公共机构节水型单位""龙岗区校园心理危机干预能力建设示范校"。 （魏碧玉）

【龙岗区甘李学校】创办于 2012 年 9 月。为九年一贯制公办学校。位于龙岗区布吉街道甘李路 4 号。占地面积 2.86 万平方米，建筑面积 1.68 万平方米。有教学办公综合楼 3 栋及食堂、风雨操场、田径场、门卫室等附属用房。小学部设有 1200 个学位，中学部设有 600 个学位。2022 年，共有教学班 41 个，学生 1283 人。有教职工 184 人。其中：高级职称 8 人、中级职称 64 人，中小学专任教师本科及以上达标率 100%。有名师工作室 1 个。以"尊重与爱"为办学宗旨，致力于创建

一个"让学生喜欢，让家长放心，让社会满意"的教学环境，鼓励学生发现自我、追求梦想。教师与学生平等相处，彼此关爱，共同成长。立足于地区特色开设客家文化体验课，让学生充分感受客家文化的魅力。以生为本，力求课改创新，通过多样化活动培养学生小组学习能力，提高学生课堂参与度，提升课堂效率。校园活动丰富多彩，凸显学科特色，培养学生综合素养。设有"四节"（体育节、语言节、艺术节、读书节），举办校园王牌活动课本剧、中英文合唱比赛、田径运动会。形成地区特色、艺术教育、阳光体育、学科特色相结合的"融创"教育。开设校园足球、艺术体操、合唱等 10 余个艺体社团，为学生提供课堂之外的学习成长平台。开设 4 个特教班，通过专业与爱心，陪伴特殊"向日葵"成长，获得各方一致好评。获评"龙岗区教育系统先进单位""龙岗区数字化

生态文明环保教育实践创新试点学校""龙岗区义务教育招生工作先进单位""龙岗区公共机构节水型单位"。 （刘槿晨）

【香港中文大学（深圳）附属道远学校】为龙岗区人民政府与香港中文大学（深圳）在基础教育领域合作举办的一所九年一贯制公办学校。2021 年，该校开办元年即被列入龙岗区首批"卓越学校"培育对象，为全区 10 所入选学校之一。位于深圳市龙岗大运新城核心区域，毗邻香港中文大学（深圳）。地理位置优越、交通便利、硬件高端、办学优势突出。一期占地面积 1.55 万平方米，建筑面积 4.93 万平方米；二期规划建设中。2022 年，有教学班 31 个，学生 1514 人。有教职工 118 人。其中：高级职称 5 人，中级职称 35 人；特级教师 1 人，区级及以上名师（学科带头人）8 人；本科及以上学历 116 人（硕士 46 人）。有名师工作室 5 个。坚持"顺木之天、以致其性，竭尽所能、以显其材，和合共育、以成其人"教育主张，以"让学生拥有幸福、快乐而又有意义的人生"为办学使命，致力于培养人格健全、学识扎实、个性自由的"完整的人"，努力办成一所令人尊重、令人向往的"卓越学校"。在开足、开齐国家课程的基础上，开发"博文约礼"校本课程。"博文"课程侧重于知识文化课程的学习，"约礼"课程侧重于道德情操和个人修养的培养，主要涵盖国家必修课程、拓展型课程、探究型课程、综合实践课程、品格涵养课程五大模块。努力构建"主动、互动、灵

动"课堂生态,探索自主、合作、充满活力的课堂教学范式,创新探索跨学科融合课程,融通学业与素养,开设主题式、项目化体系课程;实施分层走班,突破年级、班级局限,针对特殊学生的个性需求和现实状况,灵活提供适切的课程单元和模块,特别是课后延时个性化辅导,精准培优补差,让学生浸润在综合性、体验式、开放式、探究式教学新样态中重构学习。践行"如水"的德育理念,推行"1+N"成长导师制,营造全员育人、全时段育人、生活育人新模式。积极与大学联动,在集团少年文学院、少年健康学院、少年艺术学院、少年科学院、少年商学院引领下,通过"大手拉小手""空中书院""港中深游园会""学长团"等课程,形成大学生与中小学生教学相长生态。积极为学生搭建更广阔的发展平台,自主开发或引进各具特色的近80门社团课程,帮助学生拓展思维、丰富生活。　　（王玮）

【华南师范大学附属龙岗大运学校】于2016年秋季建成开学。隶属于深圳市龙岗区教育局,为政府资助型公办全日制九年一贯制学校。位于龙岗大运新城龙飞大道106号。占地面积2.96万平方米,建筑面积2.42万平方米。教学设施设备先进,功能室、室外教学园地、运动场等设施完备。2022年,有教学班级37个,教职工150人。教师均为本科及以上学历,其中硕士学历25人,占比20%。教师队伍稳定,年轻有活力;教师梯队发展态势良好,学科研究院、"青蓝结对"工程、"云清沙龙"座谈会、

"学术委员会"共促教师成长。依托华南师范大学"华附联盟"教育集团教育教学资源,由华南师范大学教育发展中心负责全方位指导,实行科学化、扁平化管理,设有教师发展中心、课程发展中心、学生发展中心、家长发展中心、资源管理中心和校务办公室6个部门。以"制度创新、聚力凝心、培核育芯、成长欢欣、家园温馨"为核心内涵和重要追求,以"止于至善"为校训,培育和沉淀大运"新"文化,形成"平等民主、自由和谐"校风、"务实创新、追求卓越"教风、"自主合作、明辨笃行"学风。形成"四个坚持"（坚持梦想引领、坚持改革创新、坚持质量立校、坚持全面发展）大运创校精神。办学质量和社会美誉度逐年提高。小学部中高年级全区学科抽测全部优秀,中考成绩逐年稳步提升,跃居全区公办学校前列。获评教育部智慧教学试点项目、全国国际象棋特色学校、华南师范大学卓越教师协同培养基地、深圳教育改革典范学校、深圳市少先队先进学校、龙岗区红旗党支部、龙岗教育先进单位。　　（王洁琼　陈洁华）

【龙岗区外国语学校（集团）星河学校】创办于2012年。2018年,加入龙岗区外国语学校（集团）（广东省第一批省级优质基础教育集团）,为龙岗区外国语学校集团化办学最早的试点学校;2019年9月,升格为九年一贯制学校。占地面积1.5万平方米,建筑面积0.81万平方米。学校改扩建工程预计2024年完成,届时建筑面积将达3.8万平方米。2022年,有教

学班27个,学生1200余人。有教职工105人。其中:高级职称11人,中级职称45人;南粤优秀教师1人,区级及以上名师骨干31人;本科及以上学历97人。有名师工作室5个。以"让每一颗星星都闪亮,让美好教育更美好"为发展理念,开展"美好教育"校本实践,打造新兴优质品牌学校。营造"国际味、书香味、人文味"三味校园氛围,开展六大"主题月"活动（淑女节、君子节、雅言雅行月、学科活动月、体育节、文化艺术节）;推进"星·和"课程体系（星·德、星·知、星·光、星·美、星·探）,开发"艾"生活等统整年级课程项目,深化师生阅读、武美少年特色教学;举办元宵市集、节气美育等传统文化活动,推进"线上+线下"双线混融劳动教育;联动家校实施基于美好教育下的自然探索课程,构建体验式教学等课堂教学模式。获评全国国际象棋特色学校、深圳市教育工作先进单位、深圳市体育传统项目学校、深圳市首批生涯教育试点学校、第八届"深圳教育改革创新大奖"阅读特色学校、龙岗区教育系统先进基层党组织、龙岗区"巾帼文明岗"、龙岗区初中书香校园、龙岗区体育特色学校;获广东省中小学教师专业阅读征文优秀组织奖;"星河样本"入选龙岗教育集团化办学优秀案例。　　（陈杰）

【龙岗区外国语学校（集团）云和学校】创办于2005年,原为"龙岗区万科城实验学校",于2021年1月加入龙外（集团）,是龙岗区直属九年一贯制公办学校。位

于龙岗区坂田街道坂雪岗大道北4004号。占地面积3.56万平方米，建筑面积2.3万平方米。2022年，有教学班55个，学生2449人。有教职工246人。其中：高级职称23人，中级职称77人；区级及以上教坛新秀39人，骨干教师14人，学科带头8人；本科及以上学历185人（硕士36人）。有名师工作室6个。作为龙外（集团）教育蓝图"一主两翼"规划的重要成员校，该校定位为"高质量、未来云端学校"。以"教育让生命更美好"为价值追求，肩负"学有优教""为未来而教"重大使命，以"美好教育"文化战略图为蓝本，通过美好环境、美好教师、美好管理、美好教学、美好德育等方面谋定学校发展新路径，践行美好教育理念，全力打造成为美好教育品牌下的创新型标杆学校。依托集团文化资源，启动改扩建工程，对校园环境进行美好"焕新"；多渠道引进高层次人才，建立一支师德高尚、业务精湛、理念先进的教师团队；以龙外（集团）"玉兰花"特色课程体系为母本，构建"为未来而教、为未来而学"的"云创"课程体系，开设无人机、机器人、击剑、阮乐、羽毛球、足球、跆拳道等88个"云创"社团，为学生提供充足的个性发展空间；开展"五节"（淑女节、君子节、艺术节、体育节、社团节）、"三月"（雅言雅行月、学科活动月、静心月）活动，进行"三会""三有"美好学子考核认证，培养阳光向上的美好学子。获评中国少年培育联盟学校、广东省绿色学校、深圳市教育工作先进单位、深圳市"基于教学

改革、融合信息技术的新型教与学模式"实验校、深圳市德育示范学校、深圳市依法治校示范校、深圳市"巾帼文明岗"、龙岗区宣传工作先进单位、龙岗区生命教育实验学校；获深圳市科创教育特色学校（园）年度奖、深圳市体育特色学校（园）年度奖。　（谢蔓君）

【龙岗区木棉湾学校】创办于1994年。2020年9月完成第一期改扩建工程并投入使用，计划于2023年9月完成第二期改扩建工程。2021年12月，该校成为华中师范大学龙岗附属中学（集团）校。为广东省一级学校。位于龙岗区布吉街道育苗路1号。占地面积2.3万平方米。2022年，共有教学班56个，学生2693人。有教职工190人。其中：高级职称15人，中级职称56人；区级名师（学科带头人）2人，区级骨干教师（骨干班主任）19人；本科及以上学历143人（硕士40人）。有名师工作室1个。坚持"让每一朵木棉花开"办学理念，坚持"和悦教育"办学特色，积淀"和而不同，悦仁向善"特色内涵。贯彻开放、多元、选择、体验现代课程理念，构建木棉湾"和悦"课程体系，形成基础性课程、拓展性课程、选择性课程、综合性课程四部课程同步实施；建立新型师生关系，以师生互动为抓手，实现课堂自主化、生活化、情感化，培养学生包括思维能力、创新能力在内的综合素质，为学生将来步入社会奠定良好基础。开展"四周三节一月"（语文周、数学周、英语周、心理健康周，科技节、体育节、艺术节，读书月）活

动。形成校园文化、艺术教育和体育教育三大办学特色。优秀的教育理念、优质的教育资源、优良的教学业绩得到上级部门、家长、社会高度认可和广泛赞誉。有合唱、科技、STEAM、创客、编程、书法、国画、舞蹈、武术、校园足球、篮球、羽毛球、国际象棋、围棋等数十个学生体艺社团。先后获评广东省暑假"读一本好书"优秀组织单位、深圳市教育系统先进单位、深圳市绿色学校、深圳市"园林式花园式"学校、深圳市校园足球特色学校、深圳市广播操标兵（阳光体育）学校、深圳市2022年春季在线教学管理落实情况优秀学校、深圳市优秀"红旗大队"、龙岗区先进单位、龙岗区教育系统先进基层党组织、龙岗区首批智慧校园示范校、龙岗区文明学校、龙岗区"巾帼文明岗"、龙岗区中小学德育示范校、龙岗区少先队优秀"红旗大队"、龙岗区中小学心理健康教育特色学校、龙岗区《中华人民共和国家庭教育促进法》普法活动优秀组织单位。　（李惠新）

【龙岗区平湖第二实验学校】于2020年9月正式开办，为九年一贯制公办学校。位于龙岗区平湖街道老琅路2号。占地面积2.48万平方米，建筑面积5.42万平方米，空中操场面积3022平方米。核定办学规模54个教学班，其中小学36个班、初中18个班。2022年，有小学26个班、初中18个班，学生总数2111人。有教职工144人。其中：高级职称9人，中级职称29人；区级及以上名师20人；本科及以上学历144人（硕士

78人）。有名师工作室3个。践行"融会贯通，赋能未来"办学理念，遵循"养正扶志，创造未来"校训，以文化引领发展、以特色彰显品质，致力于实践"融教育"，办一所基于智能化场域，开展智慧化学习的"智慧谷"式学校。专业打造"融文化"课程体系，开设"融正、融智、融悦、融志"4个系列共77个社团课程，其中小学社团46个、初中社团31个。开展党、团、队"三旗联动"等党史教育活动，艺术节、科技节、体育节等实践活动，生命教育、心理教育、学科文化周等主题活动，以党建为核心、以高质量发展为中心，实现"为党育人、为国育才"教育目标。先后获评广东省红领巾省级统筹项目"鼓号嘹亮"建设校、深圳市"基于教学改革、融合信息技术的新型教与学模式"实验校、深圳市党史学习教育示范校、深圳市少先队"红旗大队"、深圳市少先队"红旗大队"三星章集体、龙岗区法治教育基地校、龙岗区先进基层党组织、龙岗区教育系统先进单位、龙岗区首批中小学思政课名师工作室暨思政教育示范校、龙岗区德育特色示范校、龙岗区少先队先进学校、龙岗区第五批幸福家长学校共建单位。

（郑淑文）

【龙岗区南湾沙塘布学校】开办于2016年9月。位于龙岗区南湾街道沙塘布路23号。占地面积1.9万平方米，建筑面积2.7万平方米。2022年，有学生2539人。有教职工219人。其中：高级职称14人，中级职称54人；特级教师1人，区级及以上名师（学科带头

人）22人；本科及以上学历173人（硕士53人）。有名师工作室3个。坚持"让生命鲜活，让成长无限"生长教育办学宗旨，贯彻尚德、博学、励志、健美、体验、合作、探究现代课程理念，构建"共生共长"课程体系；开展"五节"（校园文化艺术节、体育文化节、美食文化节、英语文化节、科技文化节）、"五周"（特长展示周、教学开放周、学科兴趣周、社会实践周、毕业感恩周）活动，逐步形成学校阅读特色、艺体特色、小组合作学习特色；坚持"立德树人"和"五育并举"，在学校生长教育办学理念指引下，构建生长德育多元、体验、沉浸式德育模式。通过开展丰富多彩的艺体活动、校园文化活动、心理活动和家校社活动，创建心理健康教育、生命教育和家长学校特色学校。为促进学生全面发展，开设有管乐、合唱、舞蹈、黏土、国画、篮球、羽毛球、武术等数十个学生体艺社团。先后获评

深圳市教育系统先进单位、深圳市"家校警"交通安全护航队标兵学校、龙岗区心理健康教育特色学校、龙岗区生命教育实验学校、龙岗区幸福家长学校共建单位、龙岗区首批"蒲公英"校园、龙岗区少先队"红旗大队"、龙岗区"生命化教育 大问题教学"课题实验学校。

（许玉璇）

【深圳科学高中五和实验学校】为深圳科学高中旗下一所九年一贯制学校，龙岗区打造龙岗教育西部质量高地的重要组成部分。位于龙岗区坂田街道第五园社区。占地面积1.57万平方米，建筑面积2.6万平方米。2022年，有教学班40个，学生1916人。教职工142人，其中专任教师128人。学校师资力量雄厚。有全国优秀教师1名，特级教师2名；各级骨干教师、优秀班主任一批，以及来自全球前100名的名校、国内"985""211"重点高校的硕士毕业生。以"科学高效

2022年12月，深圳科学高中五和学校VEX IQ机器人社团课堂

（深圳科学高中五和实验学校 供）

五育和谐"为办学理念,致力于培养有高度、有温度、有习惯的创新型学生。积极践行"三全"育人理念(全员育人、全程育人、全方位育人),贯通育人时间和空间,拓宽育人视野和格局。在"双减"政策指导下,秉承"以德为先"育人理念,培养学生"爱国、敬业、诚信、友善"品格;以提高教师专业发展为重点,以提高教育质量为核心,丰富教育形式和内容,增强学生服务国家、服务人民的社会责任感;开展丰富多样的学生社团、比赛项目及各种延时服务活动,促进学生"健康素养、艺术素养、阅读素养、语言素养、信息素养、全球素养"发展。通过"卓越工程"、进修学习、引进资源、吸纳才俊、课程开发等途径,提升教师整体素养,逐步培育出一支品德高尚、业务优良的教师队伍;使"能力为重"成为学生的发展目标,重点培养学生的认知能力、合作能力、实践能力、创新能力等关键能力。获评广东省语言文字规范化示范校、深圳市改革创新榜样学校、深圳市教育科研基地学校、龙岗区"走进市民身边好学校"。 （李 晖）

【龙岗区仙田外国语学校】 为一所经高标准、严要求设计并建设的九年一贯制学校。位于龙岗区龙岗街道龙凤路99号。占地面积3.79万平方米,建筑面积6.99万平方米。规划建设72班。2022年,有64个班,学生3100余人。教职工216人,其中:博士2人,硕士108人;有12名教师在市、区青年教师基本功大赛中获一等奖;深圳市"年度教师"1人。有名师工作室3个。秉承"以人为本,立德树人"办学理念,全力构建教师、学生、家长、社区"四位一体"并共同成长的和谐伙伴关系。致力于打造"生长"课程体系,创设与构建推动学生核心素养终身发展的各种情景,创设"个性化、精准化、陪伴式"教育模式。小学部课程以普及和体验为主,开设科学实验、艺体专项和中国象棋、国际象棋等"多语种、高质量、一条龙"特色外语教学体验课,力图打造"五育融合"活动课程。初中部课程的核心是自主与选择。艺术、体育课程分类个性化开展,建设"自主选修模块"课程体系;数学、英语开设"分层自主走班",培养拔尖学生的同时坚持"抱紧最后一个"原则。构建"全员伙伴计划",形成系统化、可视化星级少年养成系统,建立家校伙伴机制,不断完善"家庭教育常规指引"。在校园文化与环境建设上,提出花园、学园、家园、乐园"四园"学校场域建设目标。有艺术类功能场室20间、科创类功能场室16间、学科类多功能实验室15间、各类社团室40余间,增添龙凤书院、伙伴中心、仙田半亩、融媒体中心等文化场馆,为学生提供高标准学习场所,满足各学科教师开展技能性和实验性教学需要。 （邹雨芯）

【龙岗区平湖信德学校】 创办于2014年9月,为九年一贯制义务教育学校。位于龙岗区平湖街道辅城坳片区。占地面积2.65万平方米,建筑面积1.81万平方米,运动场地面积1.3万平方米。2022年,有教学班39个,学生1919人。教职工154人,其中:高级职称9人,中级职称63人;特级教师1人;本科及以上学历111人(硕士24人)。有名师工作室1个。以"立信立德,好学尚美"为办学理念,全面落实"立德树人"根本任务,全面实施素质教育;贯彻"幼有善育、学有优教"先进示范区目标要求,探索新时代教育教学方法,切实提高育人质量,推动学校高质量发展。注重传承红色基因,厚植家国情怀,从党的百年奋斗历史经验中汲取智慧和力量,真正做到以文化人、以德育人、培根铸魂、启润心智,引导学生"扣好人生的第一粒扣子"。重视教师专业成长,通过"内培"和"外引",为年轻教师"造血"和"输血",提供全方位、全过程专业指导,使年轻教师在教育教学中立起来、强起来,建设高素质、专业化、创新型教师队伍。积极推进书香校园创建,培养学生良好阅读习惯,让学生在人生的"拔节孕穗期"沐浴在浓厚的书香之中,厚植中华传统文化基因。致力于发展学生的兴趣特长,开设30余个社团及兴趣班,学生参与率达100%。成立汉晋古砖研究工作室,收藏有汉、晋、唐古砖280余块,涵盖吉语、年号、图案等。曲棍球社团获全国青少年曲棍球锦标赛男子组第八名,队员入选"国家少年男子曲棍球奥林匹克后备人才基地夏季训练营"。学校于2018年9月顺利通过深圳市义务教育阶段学校办学水平督导评估。先后获评"深圳市体育传统项目学校""龙岗区教育系统先进单位""龙岗区初中教学质量先进单位""龙

岗区小学生体质健康发先进单位"。　　　　（谢坤明）

【龙岗区园山实验学校】为由龙岗区政府投资、高标准兴建的一所区属公办初中。位于龙岗区园山街道横坪公路 271 号。占地面积 2.43 万平方米，建筑面积 2.07 万平方米。2022 年，有教学班 38 个，学生 1814 人。教职工 170 人，其中：高级教师 1 人；高级职称 10 人，中级职称 63 人；名师工作室主持人 3 人，学科带头人 7 人，骨干教师 21 人，教坛新秀 26 人，骨干班主任 8 人，区教科院中心组成员 9 人；本科及以上学历 147 人（硕士 47 人）。坚持"办一所放飞少年梦想的学校"办学理念，遵循"志存高远、勤学笃行"校训，以"文化立校、质量强校、特色兴校"为办学策略，在"与学生同行，与家长同心，与时代同音"征途上踔厉奋发、勇毅前行。从初一习惯养成教育到初三生涯规划教育，从"凤凰花"课程体系到"追梦少年"德育课程体系，从"四大节"（读书节、科技节、体育节和艺术节）到全员社团，让每个少年都敢于筑梦、勇于追梦、勤于圆梦，培养有理想、有本领、有担当的时代新人。在 2022 年各级各类比赛中，教师阙持武获广东省青少年足球教学展示活动一等奖，教师马丽莎、刘淑凤获深圳市教师基本功比赛二等奖，3 人获区教师基本功比赛一等奖；学校女子足球队先后获全国女足 U13 锦标赛冠军、广东省第十六届运动会竞技体育组足球比赛女子丙组冠军、广东省"省长杯"青少年足球锦标赛女子丙组亚

军；在深圳学生创客节中方卓勋获一等奖，在龙岗区首届中小学劳动技能大赛中胡铭洋、刘晨燨、张梓游获一等奖；初一（1）中队获评"深圳市少先队红旗中队"。学校党支部升格为党总支，开展"三同三建""三进三帮"等主题系列活动，被评为龙岗区党建宣传先进单位。学校正式加入全国新教育共同体，挂牌"全国新教育实验学校"，并与 21 世纪教育研究院建立长期性战略合作伙伴关系。成功申报龙岗区首批思政教育示范校、龙岗区首批体育特色学校。获评深圳市消防安全管理标准化学校、深圳市健康促进学校、深圳市无烟学校、龙岗区教育系统先进单位、龙岗区更高水平安全文明校园。《广东教育》《语言文字报》《深圳侨报》先后报道该校办学成效，获得优良办学口碑。　　　　（王玮琛）

龙华区中小学

【龙华区龙华中心小学】创办于 1923 年。为最早一批广东省一级学校，深圳市规模最大的公办小学之一。位于龙华区龙华街道三联路 3 号。占地面积 2.5 万平方米，建筑面积 2.4 万平方米。2022 年，有教学班 61 个，学生 3000 余人。师资力量雄厚。有全国优秀教师 2 人，南粤优秀教师 2 人，广东省劳模 1 人；正高级教师 2 人，高级教师 12 人，广东省特级教师 3 人；广东省名师工作室主持人 1 人，深圳市名师工作室主持人 2 人；区名师 12 人，区骨干教师 40 余人。以"办中国特色、世界一流、引领未来的幸福学校"为办学目标，秉承"以人为本，和美育人"办学理念，重视人才培养，先后为龙华区

2022 年 11 月，龙华区龙华中心小学在体育名家巴特尔工作室进校园暨"校长挑战杯"篮球赛上"小龙人"男队和女队欢乐开赛 （龙华中心小学 供）

培养和输送 40 余名校级领导。围绕培养目标，构建特区精神、中华情怀、全球视野、和美少年四大系列"龙心"校本特色课程体系，形成 39 个成熟特色课程。重视教育教学改革，推行融合教育科研、校本教研、校本培训于一体的"五步研训策略"，践行"三个中心"，即学校发展以质量为中心、教育教学以学生为中心、行政工作以教师为中心。重视以学生为中心的活动文化建设，定期开展汉语言文化节、创客节、数学节、英语节、音乐节、美术节、体育节、特教和心理健康节等特色活动，校园活力满满。先后获评全国艺术教育先进单位、全国青少年篮球和足球特色学校、全国信息技术创新与实践先进单位、广东省一级学校、广东省文明校园、广东省德育示范学校、广东省依法治校示范校、广东省现代教育技术实验学校、广东省红旗大队、深圳市教育教学先进单位、深圳市教育科研基地学校、深圳市心理健康特色学校等。　（王　欣）

【龙华区和平实验小学】创办于 2017 年 9 月。为龙华区高起点规划、高标准建设，重点打造的一所实验型优质公办小学。位于龙华区和平路与新区大道交会处。占地面积 1.48 万平方米，建筑面积 2.5 万平方米。2022 年，有教学班 36 个。专任教师 116 人，其中：特级教师 1 人；全国优秀教师 3 人；省级名师、学科带头人 10 人；深圳市优秀教师 9 人，龙华区优秀教师 15 人。秉持"让每个生命绽放色彩"办学理念和"做个性化基础教育的实践者，引领者"办学目标，坚守

教育本真，尊重每个学生的独特性和成长节奏，激发每个学生不同的天赋，为学生提供个性化课程选择，用"仁爱""意志""发展"的教育之光为每个生命的成长赋能。办学效益深得社会各界和教育同行认可。为教育部"未来学校 2020 指南""未来学校（小学）学习空间创新设计实践与研究空间建设"课题承担单位，龙华区教育局与北京师范大学"学生社会情感能力发展的学校管理综合变革研究"项目实验校。构建"三大学院"课程体系，在学科融合与课程整合方面进行大胆探索实验，形成"彩色赋能光谱"课程体系，根据课程和学生需求实施弹性课时、艺术选修走班上课、英语动态分层教学。将数学、科学和综合实践整合为 STEM 基础和拓展课程，开发实施"四周四节四礼"特色课程，为每个学生提供个性化课程选择和最适合的教育。先后接受来自全国各地教育同行近 200 人次到校，围绕未来学校空间建设、课程改革探索、儿童社会情感能力培养等主题进行参观交流，在区域内形成良好影响力和示范性。　（娄桂香）

【龙华区牛栏前学校】创办于 2003 年。为九年一贯制民办学校，深圳市一级学校。位于龙华区民治街道牛栏前社区。2022 年，有教学班 79 个，学生 3751 人。教职员工 258 人，其中专任教师 224 人（研究生学历 5 人、本科学历 188 人）。学校按照广东省一级学校标准配有电脑室、科学实验室、音乐室、美术室等 18 个功能室，建有 6 个羽毛球场、4 个灯光篮球场和 2 个小

型篮球场及 250 米塑胶环形跑道。秉持"以学为主，育人为本，改革创新，内涵发展"办学指导思想及为"学生的一生发展和幸福奠基"办学理念，紧抓安全、质量两条主线，以德育特色课题"三四五六"养成教育为抓手，打造学校德育特色教育，努力锻造一支教学能力强、思想过硬的教师队伍。获评广东省标准化学校、深圳市绿色学校、龙华区德育特色学校、龙华教育教学管理先进单位、龙华区教育工作先进单位、龙华区公民办学校结对帮扶优秀单位；获深圳市民办中小学"规范优质办学奖"、龙华区民办教育质量奖。　（周　鸽）

【龙华高级中学教育集团高中部】创办于 2018 年。2020 年 12 月，该校成为龙华高级中学教育集团领航学校。位于龙华区民治街道华玺路 9 号。占地面积 2.92 万平方米，建筑面积 6.97 万平方米，运动场地面积 4000 余平方米。2022 年，有教学班 42 个，学生 1800 人。教职工 165 人，其中：高级职称 40 人，中级职称 40 人；特级教师 14 人；区级及以上名师（学科带头人）65 人；本科及以上学历 145 人（硕士 87 人）。有名师工作室 10 个。坚持"为学生幸福奠基、为民族复兴育人"办学宗旨，秉承"怀天下、行仁爱、向未来"校训，发扬"荣誉、责任、创新、奋斗"学校精神，锚定高质量、有特色、研究型一流名校宏伟蓝图，聚焦有理想、有本领、有担当未来英才的育人目标。全面实施"123456"高质量发展战略，即：坚定一个方向，坚持党对学校工作的全面领导，开

创党建引领新格局；抓牢两大主题，围绕提升办学质量核心，抓牢平安、和谐、超越和高质量、卓越发展两大主题，奋进高质量发展新征程；突出三个关键，在集团化治理、育人方式、"双一流"建设三方面实现新进展，跑出教育改革新速度；构建四大体系，聚焦构建教师队伍发展体系、学生发展体系、教育教学评价体系、集团化办学治理体系，强化集团办学新优势；做好五项示范，在党建领航、师德师风、培根铸魂、内涵发展以及在集团化治理体系和能力等五个方面做好先行示范，争当深圳教育新标兵；落实六大举措，坚持党建领航，坚持内涵发展，坚持人才强基，坚持管理创新，坚持文化引领，坚持协同育人，作出区域名校新贡献。坚持质量强校，打造以高质量、研究型为优势的办学特色。学校被教育部基础教育课程教材发展中心遴选为普通高中新课程新教材实施国家级示范区学科示范基地。成为广东省物理学会理事单位、《广东教育》理事单位、广东教育学会生涯教育专业委员会常务理事单位；获评深圳市教育工作先进单位、深圳教育创新示范学校、深圳市年度 STEM 教育典范学校、深圳党建引领基层治理立德树人示范项目；成为西北工业大学、电子科技大学等重点高校优质生源基地。　　（刘　静）

【龙华区大浪实验学校】创办于2009 年 6 月。为政府全额投资的九年一贯制公办学校。位于龙华区大浪街道永乐路 48 号。占地面积 3.66 万平方米，建筑面积 2.52 万平方米。2022 年，有一至九年

级各 6 个班，在校学生 2600 余人。教职工 187 人，其中研究生学历教师 42 人、副高级教师 17 人、市级及以上名师团队 12 人、龙华区名师 2 人。践行"以人为本，健康发展"办学理念，遵循"诚、勤、弘、毅"校训，向"特色教育，和谐校园"办学目标不断迈进。对学生的培养目标是，培养具有传承中华传统美德和弘扬现代人文精神、兼具国际视野的现代公民；对教师的培养目标是，打造一支高素养、高水平、高学力的教师队伍；学校发展目标是，打造艺术、体育、书香、课程创建等多方面特色。获评全国中华民族传统美德教育百家示范学校、广东省首批国际化教育实验学校、广东省"五四"红旗团委、广东省绿色学校、深圳市健康学校、深圳市书香校园、深圳市优秀少先队、深圳市中小学中华优秀文化传承学校、龙华区班主任队伍建设示范校、龙华区德育示范学校、龙华区教学先进单位、龙华区教育工作先进单位、龙华区特色教育实验学校、龙华区馆校合作美育研学实践基地学校。（佟　玲）

【龙华区华南实验学校】创办于2018 年 9 月。为九年一贯制公立学校。位于龙华区民治街道民康路 72 号。占地面积 2.87 万平方米，建筑面积 3.54 万平方米。2022 年，有教学班级 58 个，学生 2795 人，教职工 190 人。旨在让每个学生都有对话世界的能力，打造无边界、生活化的学习场景，既共建"民族＋世界"的未来梦想之城，又突破城市、打破壁垒、回归自然，建成博物馆式、美术馆式、花园

式学校；构建"LOGO"课程体系和"至诚"德育体系，为学生走向世界提供关键帮助，努力成为学生终身受益的乐学园。坚定不移地走优质特色发展之路，在组织结构改革、课程体系构建、空间环境打造、师资队伍建设、减负提质增效、学生全面而有个性地发展等方面作出大胆尝试和创新，并取得可喜成绩。先后获评教育部基础课程改革实验区课程领导力项目、教育部基础课程改革实验区 STEAM 教育课程实验学校、全国舞蹈美育示范校、广东省中华优秀文化传承学校、广东省绿色学校、深圳市"减负提质"实验校、深圳市科普示范点、龙华区儿童友好学校、龙华区教育评价改革示范单位、龙华区先进教育工作单位；2022 年 12 月，高分通过深圳市义务教育办学水平评估。（沈祥忠）

【龙华区潜龙学校】创办于 2008 年6 月。为龙华区首所九年一贯制公办学校，全国首家通过教育部国际化评估（NCCT）公办学校。位于龙华区民治街道民丰路 220 号。占地面积 2.53 万平方米，建筑面积2.63 万平方米。2022 年，有主校区 1 个，附属幼儿园 3 所。主校区教学班 55 个，学生 2646 人。教职工 171 人，其中：高级职称 27 人，中级职称 83 人；特级教师 1 人；区级及以上名师、骨干教师 26 人；本科及以上学历 167 人（硕士 53人）。有区级及以上名师工作室 4 个。坚持"一切为了学生的快乐成长"办学宗旨，秉持"每位潜龙人都重要，做最好的自己"办学理念，强调多元、发展、探索、实践现代课

程理念，打造"活力大课堂"，构建"乐活课程体系"；大力推行"月·节"（国学节、英语节、家庭节、学习节、科技节、悦读节、体育节、艺术节）文化，开展"每班一台戏""班级风采展示""最美中队评比"等活动，形成以平等、尊重为核心，以体艺教育和国际教育为优势的办学特色，培养具有传统底蕴、国际素养和创新精神的现代公民。开设中小学舞蹈、合唱、国画、书法、动漫、校园足球、武术、健美操、羽毛球、三棋等数十个学生体艺社团。获评全国小学科学技术创新与实践活动教育创新实验校、全国优秀阅读教育先进集体、教育部第三批"国防教育特色学校"、全国足球特色学校、广东省艺术特色示范学校、广东省教育国际化实验学校、广东省"巾帼文明岗"、深圳市教育工作先进单位、深圳市办学效益优秀学校、深圳市市民身边好学校、深圳市素质教育示范学校、深圳市首批中小学教师专业发展基地学校、深圳市年度最具创新力学校。　　　（张圆媛）

【龙华区观澜第二中学】开办于1991年9月。为龙华区教育局主管的公办学校，广东省一级学校。位于龙华区观湖街道大和路314号。占地面积5.31万平方米，建筑面积4.55万平方米。2022年，有教学班51个，学生2600人，教职工219人。秉承"和谐扬长"办学理念，持续深化"和而不同、美美与共"校训，提炼、完善以"和美"为核心价值观的学校文化体系。秉承"励精图治、奋发图强"学校精神，发挥教师专长、发展学生特长，形

2022年5月，龙华区观澜第二中学举行"校长杯"足球赛
（龙华区观澜第二中学　供）

成课程改革、心理健康教育、体艺教育等一系列享誉省、市、区的办学特色。聚焦学生成长核心素养，以校本课程为拓展性课程，开设人文底蕴、学科拓展、科技创新、体艺技能、劳动实践五大类"和美"课程，为每一个学生创造开发潜能的天地。大力实施"校级名师工程""金牌种子教师训练营""青年教师成长营""青蓝工程"四位一体教师培养策略，定期开设"和美论坛"，分享教师智慧，助力教师实现由新秀、能手到骨干名师的华丽蜕变。教师获评深圳市"我最喜欢的班主任"、深圳市名师、深圳市优秀教师、龙华区学科带头人、龙华区骨干教师、龙华区骨干班主任、龙华区教坛新秀等共60余人次。有区级及以上名师工作室4个。承担国家、省、市、区级课题40余项。办学成果丰硕。先后获评全国校园足球特色学校、广东省书香校园、广东省心理健康特色

学校、广东省安全文明校园、广东省健康促进示范学校、深圳市传统体育项目特色学校、龙华区初中教学管理标兵单位、龙华区初中教学管理先进单位、龙华区首批中小学特色学校（德育工作特色学校、课程改革特色学校、体育工作特色学校）。《南方日报》《南方教育时报》《深圳特区报》《宝安日报》等众多知名传媒对该校办学成果进行全方位深度报道。　　　（陈孝媛）

【龙华区创新实验学校】创办于2019年。为龙华区教育局下属九年一贯制公办学校。位于龙华区龙华街道鸿创路。总占地面积2.4万平方米，其中小学部1.1万平方米、初中部1.3万平方米；总建筑面积6.1万平方米，其中小学部建筑面积3.1万平方米，初中部建筑面积3万平方米。2022年，办学总规模为60个教学班，其中初中部教学班18个、小学部教学班42

个；学生总人数 2989 人。教师总人数 183 人，其中：博士 1 人，硕士 98 人；正高级职称 1 人，高级职称 12 人；特级教师 1 人，区级及以上名师 12 人。有市级名校长工作室 1 个、市级名师工作室 1 个。校长叶志青为香港教育大学全日制教育硕士研究生、湖南大学公共管理硕士、南粤优秀教育工作者、深圳市名校长、深圳市叶志青名校长工作室主持人、深圳市十佳校长、深圳市优秀督学。积极推动学校创新教育特色。以"日新盛德"校训、"推陈出新、实事验理"校风、"修心问学，日知月能"学风和"能近取譬，务实惟新"校风实现"双师"制、双班主任制等教育创新；构建以学养育、学养课程、学本治理"三位一体"创新教育体系；开展"创未来"系列活动，以语创未来、数创未来等学科专题活动、社团活动、梦想课程等培育学生的创新素养，唤醒学生自主潜能，落实"育人为本"，促进人的现代化。以"学养课程"为课程体系，坚定"立德树人"、高新教育理念，落实"学会学习"核心素养，建构以学生为本、以学习素养为本、以素养学习为本的"学养课堂"。实践以学生选课走班制、线上线下混合学习，国家课程校本化、生本化、素养化等为抓手从内容上构建学习素养、学科素养、综合素养三维立体课程体系；尊重学生认知差异，开展分组分类分层学习；注重开展"学养评价"，探索"创新素养"评价，通过学期学习评估、学习素养展示等方式推动落实。课堂从以学为本深化为以学养为本，转变学习动机，将学生学习目的从分数转向

培育终身学习能力和发展核心素养。创新实施"学本治理"治理机制，建构课堂民主治理、社区联合治理、家校协同治理的以学生学习为本的现代学校治理制度。聚焦"管理育人"，转变学校管理重心，从管理教师转向治理学生。将学生学的方式向"生本""学本""学养"的教育方式转变，同时倒推教学内容、教学评价、学校制度改革。协同家长形成校内校外联动"学本"治理机制，通过建立家长治理委员会、定期举办家长学堂、实施家务劳动学分制等教育活动推动家校共育，实现学生学养的培育；完善内部治理机制，从班级"学本"治理、教师绩效治理、学校结构治理等不同方面推进学校共建共治共享，并以精简为原则推动学校内设机构改革，充分保障一线教学力量和学生学习环境。

（梁枫烨）

【深圳外国语学校（集团）龙华学校】创办于 2018 年 9 月。为龙华区教育局和深圳外国语学校（集团）高起点规划、高标准建设的九年一贯制区属公立学校。位于龙华区民治街道华玺路 1 号。占地面积 3.07 万平方米。各功能场馆一应俱全。2022 年，有教学班 42 个，学生 1952 人。教师 129 人，其中，正高级教师 1 人，高级教师 14 人，特级教师 4 人，省级名师 5 人。累计引进高层次人才 9 人，从市内外选调优秀教师 25 人；集聚后备力量，从北京大学、中国人民大学、复旦大学、南京大学、香港大学、伦敦大学学院等海内外重点高校选拔优秀应届毕业生 75 人，硕士研究生及以上学历占比 90%。以"以

德立校、依法治校、特色强校、科研兴校"为办学思路，秉承深外本部"以人为本，和谐发展，为学生终身幸福奠基"办学理念，探索"适合师生发展的教育环境"，将"打造赋能课程，实现优质教育"思想体现在工作中。以"学习能力、团队精神、责任意识"三大核心，"倾听、思考、表达、分享、合作、包容、关爱、感恩、创新"九大素养为学生赋权增能，构建多元领域、多元层级的"赋能"课程体系，覆盖学生成长的诸多领域。"赋能"课程不断丰富，持续提升课程的专业化、体系化程度，着力打造深外"好课堂"。累计开设国际素养、科技探索、艺术生活、人文素养、体音竞技、生活拓展等六大类 92 种"赋能"课程，通过辩论、管乐、足球等 35 个校内精英社团以及播音主持、动漫、街舞等 57 个外聘特色社团，充分挖掘学生的个性潜能。致力于培养"中国心灵"与"国际视野"兼备的学生，开设多语种课程，涵盖英语、法语、西班牙语、德语等语种，把"人文性"与"工具性"紧密结合，把世界带入课堂，让课堂与生活联结，让学生与国际接轨。学校蓬勃发展，师生快速成长。学校集体及师生个人获得国家、省、市、区级荣誉和奖励共 612 项，其中教师获各种荣誉称号和奖励 158 项，学生在各级各类比赛中获奖 436 人次。学校先后获评"广东省绿色学校""龙华区文明单位""龙华区优秀党支部""龙华区教育先进单位"。学校两届中考均分、"A+"率、普高率等多项指标均在龙华区同类学校中名列前茅。（邓秋凌）

【龙华区玉龙学校】于 2014 年 9 月 1 日正式开办。为龙华区"十二五"规划建设的九年一贯制公办学校。位于龙华区民治街道玉龙路与致远南路交会处。占地面积 3.27 万平方米，建筑面积 2.74 万平方米，运动场面积 6000 余平方米。2022 年，有教学班 66 个（含 1 个特教资源教室），学生 3196 人。专职教师 190 人，其中：高级职称 15 人，中级职称 61 人；特级教师 3 人，区级以上名师（学科带头人）25 人；本科及以上学历 158 人（硕士 52 人）。有名师工作室 3 个。秉承"生活为源，发展为本"办学理念，践行"五育并举"，构建新生活教育课程体系，凸显劳动教育特色，为学生终身幸福奠基；举办"七节"（欢乐开学节、君子节、体艺节、国际文化节、生活节、社团节、家长节），为学生提供多样成长舞台，致力于培育具有生活素养、创新能力和国际视野的现代君子。获评国家美育劳动教育数字资源建设与应用众筹众创共同体、全国体育联盟学校、广东省劳动教育特色学校、广东省深化新时代教育评价改革试点项目、深圳市创新改革领跑学校、深圳市课程改革示范校、深圳市教学工作先进单位；获广东省基础教育教学成果一等奖、广东省中小学特色学校创建一等奖、广东省中小学特色学校建设成果征集活动一等奖、广东省中小学特色教材评选二等奖。
（徐祥梓）

【深圳香港培侨书院龙华信义学校】开办于 2021 年。为全国第一所内地及香港课程兼备的十二年一贯制民办学校。位于龙华区民治街道深圳北站西北侧。占地面积 4.5 万平方米，建筑面积约 18 万平方米。建有科学实验楼、大型图书馆、大型剧院、多功能演讲厅、演奏厅、标准草地足球场及田径场、室内恒温游泳馆、室内体育馆等功能场馆。2022 年，有班级 66 个，其中香港课程班级 48 个、内地课程班级 18 个；学生共 2126 人，其中港籍学生 1592 人；教职工 383 人，其中香港教师 115 人。以"科学人文相长、中学西学相融，促进香港内地人心相通、文化相融"为办学理念，在深港两地政府的关心支持下，打造深港教育融合办学特色，将香港的课程、教学法、师资与语文、数理、中华文化、传统品德等内地传统优势学科相融合，借助深港两地繁荣的国际文化背景，给学生提供特色鲜明的国际化学习环境，培养学生思辨敏锐、求真好问、热爱中华文化、兼具国际视野的优秀品质，让学生在新世纪能够把握机遇、发挥所长，致力于为深港继续繁荣、为中国走向世界培养新生代人才。
（张飞琴）

【龙华区博恒实验学校】创办于 2005 年 9 月。为十二年一贯制民办学校。位于龙华区大浪街道上岭排水泰路 119 号。占地面积 5.7 万平方米，建筑面积 4.65 万平方米。2022 年，有教学班 101 个，学生 4903 人，专任教师 274 人。围绕"为每位孩子的幸福人生奠基"办学理念，以"打造新时代特色鲜明的一流教育"为办学目标，充分发挥党建引领作用，优化学校管理机构，助推内部精细化管理，提升部门管理效率；狠抓教师队伍建设，打造教师人才梯队；关注

2022 年 2 月 18 日，龙华区玉龙学校开展健走活动　（玉龙学校　供）

学生综合素养，以积极教育理论为支撑，致力于培育学生"六大品格"；推行"4+8+1"综合素养特色，开发"博士帽"系列校本课程。2021—2022年，学校获省级集体荣誉1个、市级集体荣誉4个、区级集体荣誉9个；在各级各类比赛中师生获区级及以上奖项共计211人次。2021—2022学年度，被龙华区教育局评为龙华区教育工作先进单位；被龙华区教育科学研究院认定为首批龙华区5G先行示范校、学校游泳馆被认定为首批"云校+"主题学习空间。　　　　　　（谭　鹏）

【深圳市汉开数理高中】开办于2021年。为龙华区以数理见长的民办特色高中。位于龙华区福城街道淑女路7号。占地面积3.5万平方米，建筑面积6.5万平方米。建有图书馆、理化生实验室及数学工坊、理化生探究与创新等特色实验

室和书法教室、美术教室、舞蹈房、武术馆、六道300米运动场、篮球场、排球场、开放式体育馆等教学功能设施。2022年，有教职工136人（专任教师87人）。专任教师中，硕士35人、高级职称31人、特级教师3人。秉承"明辨不惑，力行有品"校训，以"研究性教与学"为教育策略，打造"研究性、国际化、高质量"办学特色。在教学管理中落实"尝思美"教学策略，注重教学"三流程"（明标、探标、达标）、课堂"三突破"（重点、难点、混淆点）、作业"三独立"（独立思考、独立解决、独立订正），着重培养以"思考力、领导力、学术力、创造力、教养力"为核心的学生特质，通过活动课程、汉开讲堂、汉开英雄培养与分享、积极心理学、品格教育等主题课程，实现教学与学生成长双进阶。注重教师专业成长，外聘来自深圳中

学、红岭中学、深圳市教科院等学科顾问13人到校指导教学；发挥集团教育资源共享优势，建立中心教研组12个。累计开展区级及以上集中教研活动7次，组织"牛鼻子项目"分享会10次，选派教职工参加市级及以上培训40人次，教师参与各级比赛获奖26人次。　　　　　　（章　琼）

【龙华区博观外国语学校】创办于2017年8月。为九年一贯制民办学校。位于龙华区观澜高尔夫大道8号。占地面积1.25万平方米。2022年，有教学班12个，学生230人，教职工114人（专任教师41人，均为本科及以上学历），师生比为1∶5。毗邻国家AAAAA级旅游景区观澜湖高尔夫度假区，与度假区共享近5万平方米的户外活动大草坪、4000余平方米的手艺工坊、7140平方米的真草足球场、7个网球场及216洞高尔夫球场。以探究式学习为特色课程理念，将学生的学习能动性作为课程设计和实施中心，强化学生双语能力，提高学术成绩，促进全面发展。打造学生领导的院舍制度、社团和丰富多彩的课外活动，建设涵盖体育、创新STEAM、学术和艺术等四大门类校本课程体系，面向全体学生推出网球、高尔夫、金工、陶艺、朗诵、辩论、LAMDA、数学竞赛、编程、机器人等多项特色校本课程。被评为"广东省义务教育标准化学校""深圳市优质特色民办中小学校"。先后获第二届龙华区中小学高尔夫校际赛团队总杆冠军、龙华区中小学高尔夫校际赛团体第一名、龙华区公民办中小学高

2022年8月21日，深圳汉开数理高中为高一学生举行录取礼。图为校长王占宝向高一年级主任授级旗　　　　　　（汉开数理高中　供）

龙华区博观外国语学校科学实验课（2022 年）　（博观外国语学校　供）

尔夫比赛最佳参赛单位奖、龙华区中小学高尔夫比赛暨第三届"柒拾壹杯"校际赛团体第二名。

（魏彩萍）

【龙华区诺德双语学校】创办于2019 年。为九年一贯制民办学校。位于龙华区观澜街道桂月路339 号。占地面积 1.72 万平方米，建筑面积 1.64 万平方米，可容纳1000 余名学生。2022 年，有教职工 64 人，其中本科 29 人、硕士26 人、博士 1 人。向学生提供具有国际化特色的多元教育，在严格实施国家九年义务教育课程标准的同时，融入科学的国际化教学方法及教学元素。以"3R"——责任（Responsibility）、尊重（Respect）和毅力（Resilience）为学生培养基本理念，致力于培养学生个人品格、学术发展和社会交往的全面发展。开展丰富多彩的校园活动，组建高尔夫、马术、篮球、射箭、羽毛球、魔术艺术、沙画、街舞、陶艺等体艺类和财商、无人机等科技商业类及趣味法语、辩论、演讲等语言类学生社团，为学生提供展示自我的机会。以"高瞻远瞩、远大志向、个性化发展"为长远发展规划，本着"从制度到文化，从标准到质量"核心理念，致力于凝聚优秀教育工作者队伍，营造和谐学术氛围，发展独特校园文化，展现师生优秀形象，将学生身上的光芒传递给世界。

（梁舒颖）

坪山区中小学

【坪山区坑梓中心小学】创办于1986 年，2002 年 9 月迁至现址。为广东省一级学校。位于坪山区坑梓街道吉康西路。占地面积 6.14万平方米，建筑面积 2 万平方米，绿化面积 1 万平方米。2022 年，有教学班 60 个，学生 2774 人，专任教师 169 人。教师学历达标率100%。有广东省特级教师 1 人，市、区级名校长、名师、名班主任、骨干教师、教坛新秀 19 人，南粤优秀教师 2 人，广东省优秀辅导员 1 人，深圳市教书育人模范、先进教育工作者、优秀班主任、优秀教师、"十佳"青年教师等 10

人。有市、区两级名师工作室 12个。秉持"以爱营造幸福生态"办学理念和"建设师、生、家、校幸福联动，和谐共生，内涵丰富，特色鲜明的'生态型幸福学校'"办学目标，以"培养幸福的人"为育人目标，注重学生全面发展、个性发展。围绕学生核心素养和关键能力，在开足、开齐国家课程的基础上研发各类校本课程，采取顶层设计和自主开发相结合方式，构建富有特色的"幸福百花园"校本课程体系。开发出"明德园、启智园、健体园、向美园、乐劳园、思创园、弘文园" 7 个类别 100 门课程，充分拓展学生幸福成长空间。"幸福百花园"课程体系于 2017 年6 月获坪山区课程规划评比一等奖；2017 年 11 月获广东省特色课程建设方案评比二等奖。关注课堂改革，先后在全校范围内掀起多轮课改行动。随着"双减"政策的落地实施，课改紧跟"双减"要求，向"提质增效"纵深处推进。在专家指导下，经过全校教师的努力，形成富有校本特色的"互动共生"课堂教学模式，构建"语文 + 美术""英语 + 音乐""体育 + 心理"等跨学科课堂，实现"双师"教学和"多师"教学。课堂成为学生幸福成长的主阵地，提升学生的学习效率和教学实效。学校实现跨越式、内涵式发展。获评中国少年科学院科普实践基地、全国校园足球特色学校、"中国好老师"公益行动计划基地学校、广东省安全文明校园、广东省书香校园、广东省艺术特色示范学校、深圳市教育先进单位、深圳市中小学教师专业发展基地。

（闫彬彬）

【坪山区碧岭小学】创办于1968年。位于坪山区马峦山北麓碧岭社区。占地面积3.66万平方米，建筑面积1.12万平方米。2022年，有教学班29个，学生1313人。教职员工90人（专任教师83人）。专任教师中，硕士研究生学历14人，南粤优秀教师1人，区级骨干教师13人。教师队伍形成名师、骨干教师、青年教师梯度团队，为学校的发展注入源源不竭的力量。认真落实"双减"政策，加强教师队伍建设，有效提升教育教学和管理工作品质。坚持探索"生动教育"，构建"多元课堂"。实施"岭秀工程"，构建班主任共同体、青年教师共同体、碧岭风采秀平台，发挥不同层级教师优势，以平台助力教师专业成长。初步形成"岭秀"课程体系，开设"岭心""岭言""岭思""岭艺""岭创""岭健"课程，多元特色校本课程让学生个性特长得以发展。先后获评"全国和谐校园先进单位""广东省绿色学校""广东省安全教育基地学校""广东省校本研修示范校""深圳市阳光体育活动先进学校""深圳市德育示范学校""深圳市书香校园""深圳市广播体操标兵（传统）学校""深圳市园林式、花园式单位"。教师获"2022年粤港澳姊妹学校中华美文诵读比赛（广州）"三等奖、"广东省中小学项目式学习案例征集活动"三等奖等奖项241人次；学生获"2021—2022学年度深圳市青少年科技创新教育系列活动（学生创新成果）"三等奖等奖项85人次。 （吴冬兰）

【坪山区金田小学】于1998年2月由原金沙、沙田2所村小合并择址新建而成。2022年8月，成为深圳市坪山外国语教育集团成员学校。位于坪山区坑梓街道金康路。占地面积3.15万平方米，建筑面积1.47万平方米。有功能场室36个。2022年，有教学班级38个，学生1766人。在职教师117人，其中：研究生学历16人，占比13.7%；本科学历101人，占比86.3%。坚持"师生共同成长"办学理念，提升学生素养，提高教学质量，实现教育科学发展。让学生在求知发展过程中享受成功，让教师在专业发展过程中实现自我价值，让学校成为学生健康快乐成长的乐园。坚持以人为本，注重学生的全面发展和终身发展。定期举办科技节、校运会、读书月、爱心义卖、英语周等活动，不断提升学生学习素养、创新素养、审美素养、信息素养等。设立红领巾广播站、文明值周班级、金田国旗班等多个实践活动平台，让队员自愿参与学校管理，提升学生自主组织、管理、实践能力，培养学生的创新素养。紧扣办学理念，重视教师团队建设，形成"名师工程——引领成长""师徒结对——加快成长""部门合作——协同发展"等促进教师专业发展运作机制，促进教师快速成长。以"精致化教育"为核心，全面构建"精致化"课程体系。融国家课程、地方课程与校本课程于一体，着眼于未来，着力于创新，注重于学生的全面发展、个性发展和终身发展。让"精致化"办学思想落地生根，开花结果。2022年，在教育集团引领下，以落实"双减"为中心，以提升教育教学质量和学生综合素养为工作重点，超前规划区域"品质课程系列"建设框架，提升课程综合育人水平，打造高品质可持续发展东部教育高地，为面向未来社会发展培养创新型人才。结合课后延时服务开展"1+N"多元智能特色课程，涉及近60个社团。优化社团活动，在原有校级社团基础上外聘14个社团项目，广泛开展体育、艺术、科技等社团活动。2022年7月，学生参加"我爱祖国海疆"全国青少年航海模型竞赛，获得一等奖7项、二等奖9项、三等奖7项。学校先后获评"全国巾帼文明示范岗""深圳市体育传统项目学校""深圳市规范化学校""深圳市毒品预防教育示范学校""深圳市绿色学校""深圳市安全文明校园""深圳市航空航海车辆模型运动先进单位"等。 （高　雪）

【坪山区龙田小学】创办于1950年。2022年8月29日，纳入深圳市坪山外国语教育集团管理，为坪山区第一批教育集团成员校。位于坪山区龙田街道龙兴北路51号。占地面积2万余平方米，建筑面积1万余平方米。2022年，有教学班28个，师生1400余人，其中教职工97人（专任教师85人）。全面贯彻党的教育方针，落实"立德树人"根本任务，确立"润心教育"办学理念。以"智慧学园，美丽家园，成长乐园"为办学愿景，以"向美向上，自律自强"为校训，引领师生人生航向。在教育教学中倡导"诚信友善，团结活泼"校风、"深耕细作，浸润心田"教风，积极营造"知行合一，日事日

2022 年，坪山区龙田小学在坪山区 U 系列足球锦标赛中获女足 U10 第一名、男足 U12 第二名　　　　　　　　　　　（龙田小学　供）

毕"学风，努力让每棵小苗都茁壮成长，培养具有现代公民基本素养的学生。坚持开齐、开足国家课程，努力推进区品质课程和外国语教育集团特色项目课程；融合集团课程文化，探索开展"感恩、赞美、公益、悦己、道歉"等德育实践课程；结合实际开设课后延时服务社团课程，特别是在推进课外阅读方面做到全覆盖、常态化。2022 年，该校与香港姊妹学校进行传统文化课堂教学线上交流。年内，该校学生获得区级及以上竞赛奖项 31 人次，其中竞技项目屡获佳绩。女子足球队的叶欣怡、吴雯萱在 2022 年广东省"省长杯"青少年足球锦标赛中获亚军；贺怡、吴雯馨在 2022 深圳市青少年足球精英联赛暨第一届中国青少年足球联赛（深圳赛区）U10 组中获第一名；在 2022 年坪山区 U 系列足球锦标赛中，女足获得 U10 第一名，男足获得 U12 第二名；在国家学

生体质健康测试中，全校合格率达 99.23%，优良率达 61.06%，各项数据均创历史新高，达到区达标水平。文化项目硕果累累。龙娃诵读社团分别获得 2022 年坪山区师生经典诗词诵读大赛和坪山区小学语文阳光阅读"亮"课程中华经典诵写讲大赛一等奖；梁书皓获 2022 年坪山区师生经典诗词诵读大赛二等奖；杨煊获 2022 年坪山区"我最喜爱的课外书"比赛一等奖。

（李　锟）

【坪山区锦龙小学】2019 年 8 月正式开办。为坪山区高起点、高标准、高投入重点打造的高品质学校。位于坪山区马峦街道振碧路 1 号。占地面积 1.6 万平方米，建筑面积 5.45 万平方米。2022 年，有教学班级 38 个，学生 1551 人，教职工 105 人。坚持"立德树人"，以"和美"核心理念引领内涵发展，提出"每棵小树都有一片梦想

的天空"办学思想，确立"建设一所家长向往、学生快乐、教师幸福的区域性品牌学校"办学目标和"培养具有家国情怀、国际视野、深圳特质的和美少年"育人目标。遵循"各美其美、美人之美"校训，营造"美于品、笃于志、敏于行"校风，倡导教师"知童心、激童趣、伴童长"，引导学生"爱学习、乐探究、善合作"，助力学生成长为一名德、智、体、美、劳全面发展的社会主义建设者和接班人。充分发挥党对共青团、少先队、教师队伍的引领作用，擦亮学校特色党建品牌。创新安全教育载体，丰富安全教育内容，将安全教育渗透到学校教育教学全过程，切实提高师生安全防范意识。完善"和美校园"建设，不断改善办学条件，全方位、高标准做好后勤服务和支持保障。聚焦教学提质，赋能"和美课堂"。立足常规，抓实日常教学工作；推进教研，以老带新示范引领；强化课程建设，形成百花齐放态势。坚持活动育人，彰显德育特色。构建全员、全面、全程、全方位育人新格局，加强德育队伍建设，开辟德育特色阵地。搭建多元平台，助力教师成长。推动课题立项研究，鼓励教师积极参赛。

（罗雪怡）

【坪山区科悦实验小学】于 2022 年 9 月开办。位于坪山区碧岭街道同富路 66 号。占地面积 1.08 万平方米，建筑面积 4.29 万平方米。建有多功能报告厅、舞蹈教室、音乐教室、图书馆、体育馆等各具特色的功能场室，一流的教学设备为学生提供寓教于乐的学习实践空间。

坪山区科悦实验小学举行一年级启智礼仪式（2022 年）

（科悦实验小学　供）

核定办学规模为 30 个教学班，可提供 1350 个学位。2022 年，招收小学一年级 6 个班，学生 264 人。教职工 31 人，其中专任教师 21 人。专任教师中，中级职称 7 人，市级名师 2 人，区级骨干教师 1 人，本科及以上学历 21 人（硕士 9 人）。有区级名师工作室 2 个。以"给予儿童眺望未来的力量"为办学理念，以"做时代的弄潮儿"为育人目标，以"立潮头，敢争先；有志气，爱拼搏；会学习，能创新"为价值追求。悦己，悦人，悦世界；潮起，潮涌，潮教育。钟灵之府，集天地之灵气；毓秀之地，创最"潮"之教育。2022 年 8 月 29 日，坪山实验教育集团成立，科悦实验小学率先加入坪山实验教育集团，通过集团化办学，打造优质、均衡发展共同体，在更大范围、更高层次、更深程度上实现教育的公平优质，真正办好人民群众满意的教育。　　（科悦实验小学）

【深圳市聚龙科学中学】于 2022 年 9 月开学。为深圳市高质量发展规划的首批重点建设学校，是高起点规划、高标准配置的大湾区科学教育特色示范公办高中。位于坪山区坑梓街道秀沙路 80 号。占地面积 6.7 万平方米，建筑面积 11 万平方米，基建投入 8.8 亿元。核定办学规模为 60 个教学班、3000 名学生。2022 年 9 月，面向全市招收 1000 名首届高一新生。教职工 107 人，其中：高级职称 8 人，中级职称 4 人；特级教师 1 人；本科及以上学历 91 人（硕士 57 人、博士 2 人）。适应现代、面向未来、整合资源，聚焦学生全面发展，确立"大科学"教育观，秉承"人文培根，科学立身"办学方向；坚持"立德树人""五育并举"，科学构建国家课程、校本课程、融合课程三级课程体系；制定系列青年教师培养计划，引领青年教师快速成长；完善制度建设，提升学校治

理水平和能力；整合软硬件应用系统，提升校园公共服务能力；依托智慧校园建设，全面融合 5G、AI、大数据和云空间等技术，创建新型智慧教学管理系统，全力打造深圳教育信息化示范样板，目标为打造成理念先进、质量一流、面向未来的研究型、实践型、创新型品牌高中。作为深圳市政府重点打造的科学特色公办高中，坐落于深圳国家高新区坪山园区内，临水望山，幽静清新，环境优美，交通便利，拥有面向未来的设计理念，设计方案获得第五届 REARD 全球地产设计大奖教育类金奖，并入围伦敦设计奖。配置功能多样、空间联动、技术一流的智能图书馆、黑匣子剧场、STEAM 教室、室内恒温游泳馆等现代化场馆；搭建智慧校园管理系统，让"数据"服务于师生的学习、生活。坚持"质量立教"，以常规管理为抓手，优化课程设置，落实课程计划，稳步推进教育教学教研工作，完成阶段性办学目标。各学科组推出青年教师优质课、骨干教师示范课共计 70 余节；开展"一课三研"活动，锤炼教师教学基本功。2022 年，教师在各类教学竞赛中共获得省级奖项 1 人次，区级奖项 7 人次。开展经典诵读、英语"趣"配音、书法比赛、百米画卷、吉祥物设计大赛、"迎春送福"写春联等活动，丰富学生的校园生活，营造书香四溢的校园氛围。　　　　（黎明诗）

【深圳市坪山实验学校】于 2010 年 9 月创办。位于坪山中心城区，地理位置优越，环境优美。文化场馆建设全市领先。校图书馆入选

2022 年广东省中小学"最美阅读空间"。2022 年 8 月 29 日，深圳市坪山实验教育集团挂牌成立，为坪山区首批九年一贯制公办教育集团。该集团以坪山实验学校为核心校，以锦龙小学和科悦实验小学为成员校，采取"核心校＋成员校"模式，利用核心校品牌效应带动 2 所成员校快速发展。核心校坪山实验学校中考成绩连续 10 余年排名全区前列。该校分北、南、东 3 个校区，总占地面积近 9 万平方米，总建筑面积 18.1 万平方米。2022 年，有教学班 153 个，在校生 7200 余人，教职工 514 人。学校教学质量优异，先后获全国教育科研工作先进单位、全国优秀家长学校、广东省书香校园、深圳市最具变革力学校、深圳市中小学生探究生小课题优秀示范校等 200 余项国家、省、市、区级荣誉称号。以"麒麟文化"为主线，由"各美其美，美美与共"提炼出"平等尊重、崇实求是、守正创新、共享发展"集团文化，确立"学生快乐、教师幸福、家长满意、社会认可"共同愿景，提出办一个具有国际视野、中国本色的现代化教育集团。实行"四统一"管理，即：统一开展教学教研活动，统一开展文体及竞赛活动，统一实施学业质量监测，统一开展干部及教师业务培训，确保集团在课程共建与共享、教师交流与发展、课堂教学与教研、质量监测与评价上的整体推进，实现资源互补与共享。丰富课程供给，打造思政"金课"、名优课程、课后服务课程等优质特色课程。推进跨学段开设学段衔接课程，实现部分特色项目学生联合培

养，形成多元化学生发展评价体系和可持续发展人才培养体系。从学校到集团的转型发展之路，在建立起依法办学、民主管理、多元协同治理新格局的基础上，不断扩大优质教育资源的辐射作用，实现品牌增值。不断深化改革，扩大社会影响力，为集团化办学提供"坪实模式"。2022 年，教师在各类教学竞赛中共获得国家级奖项 6 人次、省级奖项 11 人次、市级奖项 37 人次、区级奖项 339 人次。　　（林柳东）

【坪山同心外国语学校】创办于 2014 年 9 月。为全日制九年一贯制公办学校。位于坪山区锦绣中路 3 号。2022 年，有教学班 95 个，学生 4436 人，教师 306 人。以"对标世界一流，建设区域名校"为办学目标，以制度建设为根基，以教育科学理论为指导，以教师队伍建设为核心，以提升学生素养为根本任务，探索和完善课程建设，在对标世界一流的道路上勇敢前行。打造相对稳定和优质的教育教学质量，某些领域已经形成学校特色。积极构建面向未来的课程体系，形成基于德、智、体、美、劳"五育并举"以及与学校培养目标融为一体的整体课程规划方案。开设的课程与培养目标之间建立有机的逻辑关系，课程均为实现培养目标而设立。着力做好建设规划，做细财务管理，提高财政资金绩效，学校硬件设施全面提质，优先满足教育教学需要。构建师生荣誉体系和奖教奖学体系，荣誉和奖励涵盖师生的方方面面，并以制度保证公开、公平评选。着力培养一批面向未来教育的管理干部，培养一批适应新课

程标准的教师和能实现教与学变革的教师。　　　　　　（林　婷）

【坪山区第二外国语学校】创办于 2019 年 9 月。为区属九年一贯制公办学校。位于坪山区马峦街道均田二路 1 号。占地面积 2.46 万平方米，建筑面积 5.1 万平方米。拥有空中田径运动场、"中式园林"教学楼。2022 年，有班级 44 个，在校生 1997 人。在编教师 108 人。全国选聘名校长 1 人、名师 5 人，优秀青年教师 11 人，研究生及以上学历占比 60%（83% 毕业于"双一流"A 类院校、部属师范院校、特殊类院校、"211"院校等知名院校，其中 7 人毕业于海外世界排名前 100 高校）。以"创建可传承百年的湾区一流学校，培育有国家民族灵魂的未来建设人才"为办学目标，坚持"每一个孩子都是独特的鲜活生命，教育的真谛是尊重生命，长养生命"办学理念，秉持"国家　未来"校训，营造"尊重、包容、创造、担当"校风，扎根"五育融合"的"生命之树"课程体系，开设 73 个特色社团，涵盖外语原著阅读、戏剧表演、外语影视配音特色课程，开发舞麒麟、趣味麦斯、生命科学探索、STEAM 工程技术、编程启蒙、Python 程序设计等多元学习平台。围绕科创教育，特设创客教室 8 间、信息教室 4 间、理化生及科学探究室 7 间。依托 C-STEAM 教育平台进行跨学科教学探索，开发科创实践活动校本课程，鼓励、引导学生参与到科技创新体验中。艺术氛围浓厚，组建的"小百灵合唱团""铜管重奏团""星光舞团""客家舞麒

麟少年队"等特色项目深受好评。"魅力戏剧，活力校园"戏剧节呈现名片效应，原创音乐剧《让你的光芒闪耀》作品在市、区艺术类比赛中多次亮相获奖。先后获评"全国美育先进单位""全国水彩画教学基地""粤港澳大湾区青少年创新科学教育基地成员校""深圳市少先队工作先进学校""深圳市双减示范校""深圳市劳动教育特色校""深圳市科创教育特色校""坪山区戏剧教育试点校""坪山区生涯教育试点校""坪山区 STEAM 教育试点校""坪山区美术创意工作坊"。　　　　（高诗尧）

【坪山区新合实验学校】于 2020 年 9 月开办。为坪山区高标准建设、高起点定位、高质量办学九年一贯制公办学校。位于坪山区马峦街道文和路 1 号。占地面积 3.75 万平方米，建筑面积 10.61 万平方米。核定办学规模 72 个班，分两期建设。第一期于 2020 年 9 月开办，第二期于 2022 年 9 月正式投入使用。2022 年，有学生 1785 人。专任教师 126 人，其中硕士 74 人，占比 59%。主要为 QS 排名前 100 学校和国内"双一流"、部属师范院校等应届毕业生及从市内外选调的名师，已初步形成以特级和高级教师引领、各级各类名师把关、优秀青年教师为中坚的"星辉"师资团队。秉承"星彩教育"核心理念，践行"让每一颗星星都绽放光彩"育人理念，孕育"心中有光彩，人生有华章"校训和"点亮、辉映、添彩"学校精神。坚持"科技、创新"办学特色，注重知行合一，培养"阳光自信、乐于合作、

敢于创新"的"星彩"少年。累计获区级及以上奖项 784 项，其中国家级 17 项、省级 26 项、市级 81 项、区级 660 项。获评教育部"基于教学改革、融合信息技术的新型教与学模式"实验校、广东省绿色学校、深圳市中华诗教学校、深圳市儿童友好学校。培养出广东省"三八红旗手"、深圳市优秀教师、深圳市委教育工委优秀党务工作者等优秀教师；培育出广东省优秀学生、广东省优秀少先队员和深圳市中等学校优秀学生。　（张梓筠）

【坪山区科源实验学校】由原"汤坑小学"改扩建而成，发展至今已有 80 余年的办学历史。2022 年 7 月更为现名，2022 年 9 月办学层次由原村小升格为九年一贯制学校。位于坪山区碧岭街道同裕路 123 号。改扩建后，新校园占地面积 3.8 万平方米，建筑面积 7 万余平方米。核定办学规模 60 个班（小学 36 个班、初中 24 个班），2820 个学位。2022 年，开设班级 42 个，有学生 1893 人，专任教师 133 人（6 名为区级名师培养对象）。以清新、活泼、现代化的风格构造丰富、立体、集约的现代校园；以"十字轴"为规划结构，打造立体复合的街院式校园。南北向多维立体运动景观轴，联系一层架空层、两层活动平台、三层篮球运动场；东西向文化行政轴，从入口广场到入口景观台阶，再到图书馆、报告厅、行政综合楼，体现庄重且有文化内涵的轴线空间。秉承原"汤坑小学"幸福教育理念，人文氛围浓厚，学科结构合理，力求将学校打造成科技创新、教书育人

的主阵地，培养朝气蓬勃、阳光活力的学生。2022 年度，获评"全国围棋特色学校"。　（卜文静）

【坪山区锦绣实验学校】2022 年秋季正式开学。为坪山区倾力打造，坪山区教育局直属，高起点规划、高标准设计、高质量建设的现代化九年一贯制公办学校。位于坪山区坑梓街道聚青路 10 号。占地面积 2.44 万平方米，建筑面积 7.67 万平方米。建制规模 54 个班。2022 年，开设 1—8 年级共 26 个班，有学生 1195 人。教职工 92 人。其中专任教师 79 人，研究生学历占比 85%，平均年龄 28.8 岁。有新名师工作室 3 个。秉持"为锦绣人生奠基"办学理念，以"实·美"为核心文化，以"崇实尚美"为校训，致力于培养德行笃实、知识富实、身体健实、审美朴实、劳动踏实的"锦绣少年"，为学生的终身发展和锦绣人生奠基。努力将学校打造成为物理空间优美的"曲街游园"，育人环境精美的"诗画学园"和师生和谐共美的"锦绣校园"。立足外显性文化，依托自然景观与城市景观，教学区、运动区、生活区布局合理、有机整合。建有双层大型图书馆、恒温游泳馆、篮球馆、多功能报告厅、展览厅、科学探究室、心理咨询室等，充分利用屋顶空间搭建屋顶花园。有独立的师生宿舍楼，为师生创造舒适、雅致的校园生活条件，打造有温度、有记忆点的校园环境。以文化建设引领学校发展，以队伍建设促进学校发展，以机制建设保障学校发展，开启德育、教研、管理、服务探索实践，建设学校文化，扎实开

展各项工作。筑牢校园安全防线，保障学校各项工作平稳运行。

（刘江南）

【坪山区精致实验学校】 为2017年2月经坪山区教育局批准创办的九年一贯寄宿制学校。是知名教育品牌"邓继新教育工作室"旗下学校之一。位于坪山区龙田街道老坑工业区六巷一号。占地面积2.01万平方米，建筑面积1.1万平方米，绿化覆盖率50%。建有电教室、电脑室、电子阅览室、图书室、心理健康室、科学教室、化学实验室、物理实验室、多功能教室、美术室、书法室、音乐舞蹈室、体育器材室、广播室、会议室、少先队队部室等16个功能齐全、设施完善的功能室，有标准篮球场4个、乒乓球台6个、羽毛球场5个、200米环形跑道3条、操场1个。2022年，有教学班33个，学生1239人，教职工93人，学历达标率100%。全面贯彻落实党的教育方针，高举素质教育大旗，实施"三红工程"（红珊瑚德育培训工程、红蔷薇教研教学工程、红树林管理提升工程），全方位提升人员素质和管理水平，初步形成具有特色的德育体系、教研体系、管理体系。大力提升办学内涵，以"办事流程化，教学目标化，德育活动化，管理精细化，服务精到化"为抓手，确立全员参与、各科渗透、多管齐下、正面疏导、以活动为载体的育人模式，开展"精致之星""三精教室""我与精致共成长"等多项评选活动。对学生时时肯定、周周表扬、月月激励，学生从不同层面都可以获得表扬和赞

美，充满自信。秉承"二多三少"教育方式，即教育关注多、沟通多、漠视少、忽略少、盲点少，让学生受到更多的关注与教育。在学校管理、队伍建设、教学常规、后勤保障等方面实施全过程精细化管理，走专家治校、名师执教的实力办学和品牌发展之路。 （田铭月）

光明区中小学

【光明区玉律学校】 前身为创办于1937年的"玉律学堂"，1949年更名为"玉律小学"；2020年3月升格为九年一贯制学校，正式更名"玉律学校"。位于光明区玉塘街道玉律社区三区168号。占地面积3.3万平方米，建筑面积6.8万平方米。2022年，有班级53个，学生2585人。教师171人。其中特级教师1人，深圳市高层次专业人才1人，区级骨干教师、教坛新秀18人，本科及以上学历170人（硕士50人）。有市级及以上名师工作室3个，区级名师工作室8个。以"玉汝于成，律己达人"为校训，在"为了每一个学生主动发展的快乐，为了每一位教师自我超越的幸福"办学理念指引下，管理重心下移，一批中层管理者和骨干教师自主自觉成长，充分发挥区域骨干带头示范作用；课堂教学注重开放互动，形成以遵循四季自然发展规律、以"校园生活四季"为主题，立足学生立场、着眼学生自觉成长的学生校园系列活动。先后获评"全国中小学中华优秀传统文化传承学校""全国中小学舞蹈教育传统校""全国青少年校园足球

特色学校""中国财经素养教育协同创新中心实验基地""广东省红领巾示范校""广东省首批艺术教育特色学校""首批广东省中小学中华优秀传统文化传承学校""广东省水墨教学与创作基地""广东省校园足球推广学校""广东省安全文明校园""广东省红旗大队""广东省信息化中心校""深圳市教育工作先进单位""深圳市科创特色示范校""深圳市年度教育改革创新领跑学校""深圳市平安校园示范校""深圳市消防安全示范学校""深圳市中小学智慧校园""深圳市绿色学校""深圳市青年文明号""深圳市巾帼文明岗""深圳市最具变革力学校""深圳市高水平运动项目（手球）学校""深圳市全民健康生活方式行动健康单位""深圳市健康促进学校（银奖）""光明区教育工作先进单位""光明区校本培训先进单位""光明区阳光体育先进学校""光明区先进基层党组织""光明教育优秀宣传集体""光明区家长学校"。 （贺功臣）

【光明区长圳学校】 创办于1949年，原为"曾氏学堂"。历经2次迁址、5次改制，2015年9月增设初中部，更名为"长圳学校"，为光明区九年一贯制公办学校。位于光明区玉塘街道长圳路42号。占地面积2.97万平方米，建筑面积1.96万平方米。2022年，有教学班42个，学生2047人。专任教师142人。其中研究生及以上学历38人，南粤优秀教师1人，区级以上名师12人，光明区2020年基础教育系统"薪火·PICK UP名

师工程"名师 8 人，骨干教师 43 人。以"头雁领航，强雁护航，雏雁启航"的"鸿雁文化"为引领，秉承"为学生的幸福人生奠基"办学理念，构筑起"常规立校、科研兴校、特色强校、名师名校"办学模式，以"雁阵六大工程"磨炼、打造"强雁"名师团队。头雁领航，强雁护航，开创特色"鸿雁讲坛名师引领"活动。办学成效显著。先后获国际奖项 10 项、国家级奖项 100 余项，省、市、区级奖项近 1000 项。1 名教师获广东省首届美育教师教学基本功二等奖、6 名教师获深圳市教师基本功比赛一等奖。多名学生在第 74 届德国纽伦堡国际发明展 iENA 中获金奖 1 项、银奖 2 项；在第 15 届世界创意节中获金奖 1 项、银奖 2 项。获评"国际发明特色学校""全国生态文明教育特色学校""全国创新名校""全国艺教工程实验校""深圳市教育工作先进单位"等 51 项区级及以上集体荣誉。　　　　　（古惠嘉）

【光明区外国语学校】创办于 2017 年 9 月。为九年一贯制公办学校。位于光明区凤凰街道丰成路 16 号。2022 年，有年级 9 个，教学班 59 个（小学 41 个班，初中 18 个班），学生共 2872 人。专任教师 178 人，其中：研究生学历 52 人，本科学历 126 人；特级教师 2 人，高级教师 18 人；市优秀教师 2 人，市先进教育工作者 1 人；区各类名师 4 人，区名师培养对象 21 人；外教 1 人。在争创一流教育教学质量基础上，大力打造外语特色（"一主多样"，即英语为主、小语种多

样）、心理健康教育特色、阅读教育特色，努力培养学生成长为自主、自信、自强，有国际视野、民族情怀，能够适应未来社会发展的学习者。先后获评"全国青少年校园足球特色学校""广东省校园篮球推广学校""广东省中小学'最美阅读空间'""深圳市中小学'最美校园图书馆'""光明区教育工作先进单位""光明区心理健康教育特色示范学校""光明区体育特色项目学校"。　　　　（童芳芳）

【光明区理创实验学校】创办于 2018 年 9 月，原名"光明区马山头学校"，为九年一贯制公办学校。位于光明区马田街道龟岗东路。占地面积 3.65 万平方米。2022 年，有教学班 51 个，在校生 2463 人。有国家级专家 1 名、省级专家 2 名、省级名师 4 名、市级名师 3 名、区级名师 33 名。学生参加各种区级及以上比赛，获国家级奖项 5 项、省级奖项 30 项、市级奖项 342 项、区级奖项 253 项；教师获国家级荣誉 3 项、省级荣誉 16 项、市级荣誉 37 项、区级荣誉 206 项。学校先后获评"全国家校共育创新实验校""全国学校心理危机干预能力建设示范校""人民教育出版社名著阅读教学实验校""全国校园冰雪运动特色学校""小平未来科技创新实验室""广东省绿色校园""广东省科技创新教育实验学校""广东省防震减灾示范校""深圳市中小学消防示范校""深圳市儿童友好实践基地"；成为华中师范大学、广西师范大学、广东第二师范学院、韩山师范学院等院校教学实践基地。　　　　（明　媛）

【光明区百花实验学校】创办于 2019 年 9 月。为九年一贯制公办学校。位于光明区光明街道白花一路 100 号。占地面积 3.06 万平方米，建筑面积 4.3 万平方米。2022 年，有教学班 47 个，学生 2197 人，教职工 164 人。秉承"百花齐放，人人出彩"办学理念，以培养"求真、崇善、尚美、知雅、至博"的时代担当少年为目标，构建兼具优秀传统文化和现代科学智慧的文化体系；打造活力课堂、智慧课堂，开设 35 门特色校本必修类课程；开设探秘科学、智慧数独、玩转物理小实验、无人机、京剧、啦啦操、武术、民乐、绘画、书法、葫芦丝社团等多彩精品社团，充分发挥教师教育教学的"花匠精神"，让每一个学生都能精彩绽放。师生累计有 469 人次获得区级及以上各类奖项，其中教师 89 人次、学生 380 人次。成功申报省级课题 1 项、市级课题 1 项、区级课题 8 项。先后获评"广东省绿色学校""广东省篮球推广校""广东省依法治校达标学校""深圳市光明区'双减'示范校""深圳市光明区红色阅读示范校""深圳市最受关注新锐学校""深圳市中小学科普学分制光明区试点学校""深圳市光明区中小学第二批中华优秀传承学校"。　　　　（潘剑映）

【光明区第二中学】于 2018 年 9 月开办，为光明区属公办初级中学。位于光明区马田街道松白路 4491 号。占地面积 1.35 万平方米，建筑面积 2.04 万平方米。2022 年，开设教学班 24 个，学生 1200 余人，教职工 99 人。秉持"培养具有强

健的体魄、积极的品格、敏捷的思维、流畅的表达的四有阳光少年"办学宗旨,不断探索课程改革,打造适合学生全面发展的课程体系。从"优质发展、个性发展、全面发展"三个维度出发,设计开发德育拓展方面、个性拓展方面及学科拓展方面三大类课程,开设21门校本课程,包括管乐团、合唱团、武术队、趣玩3D造物工作室、开心农场、好奇宝宝实验室、绘画社、立体书社和校园足球、篮球、羽毛球、象棋等18个学生社团。先后获"粤港大湾区童话节校园朗诵艺术节优秀组织奖",获评"深圳市语言文字规范化示范学校""深圳市思政教育示范校""深圳市青少年维权岗创建单位""深圳市光明区'双减'示范校""深圳市中小学科普学分制光明区试点学校"。（孟筱羽）

【光明区实验学校（集团）华夏中学】创办于2021年8月,为光明区实验学校（集团）下属初级中学,光明区首个"名校办新校"集团校。位于光明区光明街道华夏路。2022年,办学规模36个班,提供学位1800个。占地面积1.87万平方米,建筑面积5.05万平方米。制定发展规划和科创五年计划,依托光明区科技创新中心、少年科学院、深圳科技馆和深圳湾实验室培养学生科技创新意识;与中山大学深圳校区、中科院深圳理工大学2所大学紧密联系,打造与世界一流科学城相匹配的优质教育。大力拓展助力学生全方位发展的课程体系,适应光明科学城建设发展需要,力求打造光明区教育高质量、高颜值发展新标杆。在"人心向学·学以成人"办学思想的指引下,努力培养"心向学习、心向学校、心向未来"的学生。（董雪林）

【深圳技术大学附属学校（光明）】于2022年秋季正式开学。为光明区人民政府与深圳技术大学合作办学的一所高起点、高规格初级中学。位于光明区玉塘街道明侨路。建筑面积4.93万平方米。2022年,办学规模为36个教学班。秉承深圳技术大学办学理念和学校文化,以"国际视野 大家风范 工匠精神 人文情怀"为学生培养目标,以"求真求实 动脑动手"为校训,以"技术创新 扬长教育"为特色,以"办中国一流附校"为办学目标,以"深技大附校人都要努力成为国家的栋梁"为价值追求,致力打造成为一所以匠心文化为主线,具有东方语境、岭南意蕴的国际化未来学校。构建充满活力、满足生命成长需求的课程体系。课程建设以塑造健全人格为核心,以适应学生多元、多层次发展需求为目的,凸显学校STEM（科学、技术、工程和数学）创新特色。实施基础教育与高等教育衔接贯通和联合培养模式,以扬长教育为重点,培养学生的学习能力、科学态度、人文素养、匠心精神、国际视野和创新与实践能力,形成基于学校教育哲学、符合学生成长需要、遵循学科认知规律和适应社会发展需求的课程体系,包括基础型课程、拓展型课程和特需型课程三大课型,人文与经典、语言与文化、社会与发展、数学与逻辑、科学与实验、技术与创新实践、艺术与审美、体育与健康等八大领域。深圳技术大学附属学校（光明）不负所托,"以匠人之名,筑教育之梦",用心感召每一个学生,不舍昼夜,匠心打磨每一节课堂,以匠心点亮初心,为打造世界一流科学城和深圳北部中心贡献力量。（张雪）

【光明区光明小学】创办于1958年。广东省一级学校。位于光明区光明街道碧桂园路4号。占地面积3.57万平方米,建筑面积2.28万平方米,运动场地面积2.1万平方米。2022年,有教学班48个,学生2425人,专任教师157人（省级名师2人,市级名师1人,区级名师9人,光明区骨干教师、教坛新秀24人）。秉承"生命自觉成长"办学理念,以"做自觉创生的幸福教师,育主动发展的幸福少年"为育人目标,以办"校园美、特色精、质量高"的幸福学校为办学目标。践行学生发展好品格、好体魄、好习惯、好思维、好创意、好口才、好文章、好才艺等"八好课程"目标要求,为学生搭建丰富多彩的成长舞台,助力学生快乐幸福成长。先后获评"全国校园影视教育研究实验学校""全国软式棒垒球基地学校""全国青少年校园足球特色学校""全国跳绳运动推广学校""广东省文明校园先进单位""广东省红领巾示范学校""广东省少先队工作先进学校""广东省传统文化传承学校""广东省首批信息化中心学校""粤港澳大湾区青少年创新科学教育基地""广东省足球特色学校""深圳市智慧校园建设示范学校""深圳市校园安全管理标准化达标学校""深圳市教师队伍建设年先进单位""深圳市教育系统先进单位""深圳市游泳、足球、棒垒球及定向运动特色项目学校""深圳市中小学人工智能教育项目实验学校""深圳'基于教学改革　融合信息技术的新型教与学模式'实验校"等。

（陈晓宇）

【光明区东周小学】创办于1985年8月。广东省一级学校。位于光明区光明街道华夏路52号。占地面积3.13万平方米，建筑面积5.71万平方米。2022年，有教学班43个，学生2184人，专任教师137人。坚持"培养自立、求真、创新的新时代好少年"育人理念，贯彻开放、多元、选择、体验现代课程理念，构建"科学・人文"课程体系；开展"三礼"（开学礼、入学礼、毕业礼）、"四节"（科技文化节、体育文化节、校园艺术节、校园书香节）活动，形成科技教育、艺术教育两大办学特色；着眼学生全面发展、个性发展需求，坚持"五育并举"，实施多元课程育人，开设科创、艺术、体育、文学、劳动实践等多个门类社团61个。先后获评"全国青少年校园足球特色学校""广东省青少年科学教育特色学校""广东省安全文明校园""深圳市教育工作先进单位""深圳市科普教育基地""深圳市少先队先进学校""深圳市中小学艺术素质测评示范校"。

（杨　波）

【光明区楼村小学】创办于1938年。深圳市一级学校。位于光明区新湖街道楼村公常路182号。占地

面积2.38万平方米，建筑面积1.42万平方米。2022年有教学班36个，学生1809人，教职工111人。是一所历史悠久、布局合理、设施齐全、文化氛围浓郁的现代都市学校。秉承"科技・生态・幸福"教育理念，推行育人工程行动方案，彰显激励内涵，展示教育情怀。确立"夯基础、养习惯、强素质、创特色"办学思想，践行"人人有特长、人人能成才、人人会成功"办学理念，树立"身心健康、品学兼优"培养目标；以"明理、自律"为校训，以"和谐、向上"为校风，以"敬业、创新"为教风，以"乐学、善思"为学风，引领学校品质提升，展示校园激励文化神韵。先后获评广东省书香校园、广东绿色学校、广东省航空航天特色学校、广东省色粉画特色教学与创作实验基地、广东省中小学艺术教育特色学校、深圳市教育工作先进单位。

（杨景江）

【光明区公明第一小学】1945年创办于一座祠堂，命名为"公明合水口小学"；1978年更名为"宝安县公明镇中心小学"，2005年更名为"宝安区公明第一小学"，2008年更名为"光明新区公明第一小学"，2018年定名为"光明区公明第一小学"。位于光明区马田街道柏溪路60号。占地面积2.57万平方米，建筑面积2.47万平方米。2022年，开设教学班38个，在校学生1849人，教职员工119人。秉承"一切为了师生的阳光成长"办学理念，传承"爱勤严美"校训，发扬"团结、合作、阳光、自信"精神，积极打造"阳光、和

谐、互爱、进取"校风，"爱生、严谨、探究、善教"教风，"刻苦、好学、勤思、善问"学风，形成象棋、体育、艺术、英语口语、科技五大办学特色。先后获评"全国引探教学实验基地""全国青少年科普教育基地""全国足球特色学校""广东省一级学校""广东省体育特色学校""广东省巾帼文明示范岗""广东省象棋特色学校""广东省绿色学校""广东省语言文字规范化学校""深圳市教育工作先进单位""深圳市阳光体育先进学校""深圳市办学效益优质学校""深圳市书香校园""深圳市百所禁毒示范校"。

（黄晓婷）

【光明区田寮小学】创办于1946年。先后四迁校址，1990年秋迁入现址。位于光明区玉塘街道文明路66号。占地面积1.18万平方米，建筑面积7843.46平方米。2022年，有教学班30个，学生1473人，教职工91人。先后获评"全国优秀家长学校""全国青少年篮球特色项目学校""深圳市德育示范校""深圳市书香校园""深圳市绿色学校""深圳市体育传统项目篮球特色学校"。篮球特色项目成绩斐然。2019年在深圳市中小学生篮球赛中获得小学男子组冠军、女子组亚军；2020年在深圳市首届中小学生班级篮球联赛中获小学组冠军；2021年在光明区中小学生校园篮球班级联赛中获小学男子组冠军；2021年在光明区第十四届中小学生篮球比赛中获小学男、女子组亚军；2021年在广东省小学生篮球锦标赛中获小学女子组一等奖。

（黎伟发）

【光明区东宝纪念小学】前身为创办于1945年、具有悠久历史和优良革命传统的东宝中学；1964年更名为下村小学；为传承东宝中学优良传统和学校内涵发展，2022年8月正式更名为光明区东宝纪念小学。位于光明区公明街道下村路40号。占地面积1.13万平方米，建筑面积8393平方米。2022年，有教学班24个，学生1197人，教职工88人。坚持"依法治校、质量立校、科研兴校、特色强校"方针，倡导"人无自信不立，学无自信不获，事无自信不成"信心教育理念，坚持"阳光自信，幸福成长"办学理念，探索"以学生为本，以学习为本，以学情为本，以学力为本"的"学本课堂"教学模式。推行制度与人本相结合的管理方法，加强师德师风建设，全面实施素质教育，努力建设"平安、质量、书香、幸福"生态型学校。先后获评第二批"全国中小学中华优

秀文化艺术传承学校""全国象棋特色学校""广东省依法治校示范校""广东省绿色学校""广东省足球特色学校""深圳市教育系统先进单位""深圳市书香校园""深圳市体育传统项目（乒乓球）特色学校"。　　　　　（刘　鸿）

【光明区修远小学】创办于2021年。位于光明区光明大街399号。占地面积6800平方米，建筑面积2.4万平方米。2022年，办学规模24个班，提供学位1200个。规划知识阶梯、休闲座椅、绿化空间、连廊露台、室内运动场等现代化功能空间，营造涵盖文化体艺、科技创新、户外体验等承载儿童成长记忆空间的校园文化氛围。以"路其修远，共向光明"为办学目标，遵循"七彩童年　精彩生命"办学理念，依据儿童发展认知规律，确立学生六大核心素养目标，拟定童真课程、童乐课程、童趣课程、童梦

课程、童稚课程、童享课程等六大课程。在此基础上，构建学科融合发展与社团特色发展齐头并进的特色课程体系。2022年，获评"2022年度光明区'巾帼·启航'妇女儿童服务项目最佳合作单位""中华优秀传统文化与外语教育融合创新研究项目实验基地"。（赵子怡）

【光明区秋硕小学】创办于2016年3月。为光明区区属公办小学。位于光明区马田街道深阳路223号。占地面积1.13万平方米，建筑面积1.23万平方米，校园绿化面积8756平方米（含楼顶绿化）。2022年，有教学班24个，教职员工100人（专任教师72人）。秉承"让每一个生命都自由硕实"办学理念，本着"精耕励学，日有所进"校训，致力于师资队伍建设，培养"懂礼仪、讲诚信、敢创新、有特长"的学生。着力构建秋硕小学5S"硕实"课程，课程体系分为硕礼（生活德育系列）、硕读（学科素养系列）、硕创（劳动＋科创的延伸系列）、硕健（艺体系列）、硕美（美育系列）。倡导"深耕课堂""构建学校共同体"。先后获评"全国低碳校园""全国校园大课间啦啦操推广示范单位""全国啦啦操二星级俱乐部""粤港澳大湾区青少年创新科学教育基地成员校""广东省绿色学校""深圳市首批减负提质实验校""2022年度深圳双减示范校""深圳市中小学科普学分制光明区试点学校""深圳市课程改革示范学校""光明区2022年生态文明教育特色学校""2022年光明区儿童友好型学校"；入选"基于教

2022年12月11日，光明区东宝纪念小学少年足球队参加光明区校园足球联赛获得冠军
（东宝纪念小学　供）

学改革、融合信息技术的新型教与学模式"实验校。　　(苏　明)

【光明区龙豪小学】于 2021 年 12 月 31 日开工建设，2022 年 9 月正式借址开办。位于光明区马田街道新围路 5 号（借址光明高级中学）。2022 年，办学规模为一年级 5 个班，学生 223 人，教职工 28 人。在"温润生命绽放己美"办学理念引领下，着力构建"人文龙豪、诗意龙豪、科技龙豪、生态龙豪、活力龙豪"五大课程体系，促进学生德、智、体、美、劳全面发展。　　(陈　陆)

【光明区公明中英文学校】创办于 2001 年。为九年一贯制民办学校，深圳市远恒佳教育集团辖属学校。位于光明区公明街道别墅路 6 号。占地面积 2.4 万平方米，建筑面积 2.45 万平方米。2022 年，有教学班 59 个，其中中学 12 个班、小学 47 个班，在校学生 1929 人，教职工 206 人。秉承"焕发美好的人性，培养美好的人格，拥有美好的人生，建设美好的教育"美好教育理念，实施高端化、差异化办学。以"小班化、个性化、国际化"为导向，以"培养具有民族情怀和国际视野的优秀公民"为目标，让每一个孩子享受优质、精致的小班化教育。自主开发学以致用英语课程、阶梯分级阅读课程和全员学艺课程，构建普及、社团、特色、特长四级体育课程体系，让学生文有修养、艺有特长。先后获评"全国校园文化优秀学校""广东省义务教育标准化学校""广东省绿色学校""深圳市优质民办学

校""深圳市德育示范校""深圳市平安校园示范校""光明区教育先进单位""光明区初中教育特色学校""2022 年光明区义务教育品牌课程创建校"。　　(程　俊)

【光明区精华学校】创办于 2002 年 9 月，为九年一贯制民办学校，于 2022 年 1 月转型升级迁至光明区玉塘街道田胜路 69 号。占地面积 2.95 万平方米，建筑面积 2.29 万平方米。2022 年，有教学班 63 个，在校生 2956 人，专任教师 164 人。先后获评"广东民办教育四十周年突出贡献机构""深圳市优质民办学校""深圳市平安校园示范校""深圳市传统体育学校""光明区教育先进单位""深圳市第 35 届'青年文明号'""光明区科研工作先进单位""光明区中小学第二批中华优秀文化传承学校""光明区'五四'红旗团委"。　　(钱先军)

大鹏新区中小学

【大鹏新区大鹏第二小学】前身为 1921 年由大鹏所城望族李氏开办的"李屋书房"。1927 年，原宝安县第七区鹏一乡政府将私塾"李屋书房"改制为公立"鹏飞小学"，首任校长黄树芬。改制后，学校曾用名有"鹏飞学校""鹏一中心小学""鹏城学校""鹏城小学"。学校几经迁址，几易其名。2001 年 9 月，由华商苏晃南先生、黄真秀女士、吴荣基先生、黄启泰先生捐资，各级政府和鹏城社区居委会大力支持，于现址大鹏新区大鹏街道银滩路 7 号，建成新校，定名为

"大鹏第二小学"。为大鹏新区公办六年义务制学校。占地面积 2.46 万平方米，建筑面积 1.85 万平方米，体育活动场地面积 1.35 万平方米。有图书室 1 间（上下两层），藏书 7.41 万册；有音乐室、舞蹈室、美术室、创客室、电脑室等功能室 10 间。2022 年，有教学班 24 个，学生 1015 人。教职工 88 人，其中专任教师 71 人。教师学历达标率 100%，其中硕士 5 人；有一级教师 23 人，深圳市骨干教师 1 人，区级学科带头人 1 人，区级中青年骨干教师 3 人，区级骨干教师后备人才 20 人，市级优秀班主任 1 人，市优秀教师 1 人，新区"年度教师" 2 人，区级核心学科组首席教师 2 人。有区级名师工作室 2 个。承袭鹏城文化精神，立足教育规律，做"有根有梦的生长教育"。以"一起扎根一起长"作为核心表达，将"生命有根，生长无界"确定为办学理念，用"深扎根、自在长、跃未来"课程理念构建适合学生生长的"鹏成课程"，培养具有大鹏二小特质的鹏"成"少年，以此达到"学求深、品从善、行向宽"育人目标。先后获评全国校园足球示范学校、全国"小小志愿者"试点学校、广东省语言文字示范学校、广东省安全文明学校、深圳市足球特色学校、深圳市书香校园、深圳市中小学中华优秀文化传承学校。　　(大鹏第二小学)

【深圳市葵涌第二小学】创办于 1943 年，原名"葵涌小学"。2013 年 1 月，更名为"深圳市葵涌第二小学"，是一所历史悠久、文化源远流长的学校。2003 年 9 月，迁

至现址大鹏新区葵涌街道葵兴西路30号。为广东省一级学校。占地面积2.32万平方米，建筑面积1.13万平方米，体育活动场地面积1.08万平方米。运动区内有300米跑道田径运动场1个。2022年，有教学班40个，学生1811人。教职工130人，其中专任教师120人。专任教师中，高级职称4人、中级职称62人，本科及以上学历113人（硕士5人），市级及以上学科带头人、骨干教师4人，区级及以上各类名师11人。有区级及以上名师工作室4个。秉承"智圆行方"办学理念，坚持"立德树人"，坚持"以法治校、以德立校、特色兴校、科研强校"追求。开展"四节一赛"（体育节、艺术节、科技节、英语节，足球联赛）校园活动，积极建设"方圆教育"文化，推进争当"五品方圆少年"和争创"五品方圆班级"活动，将特色化办学举措在学校文化建构中提炼、升华。以课程改革、评价创新、队伍建设为主要抓手，促进学校、家庭、社会联动，以多彩的课程文化滋润学生素养，取得丰硕办学成果，提升学校品质。先后2次获广东省教育教学成果奖；获评教育部最美诵读实验基地、全国优秀"动感中队"、全国校园足球特色学校、中国财经素养教育协同创新中心实验基地、广东省红领巾示范校、广东省书香校园、广东省"红旗大队"、广东省体育特色学校、广东省依法治校示范校、深圳市教育先进单位；特色课程"快乐足球""电池环保""趣味科技"等获评深圳市"好课程"。新华社、教育部《校园足球》杂志、《中国少年报》、

《广东教育》、"深圳政府在线"、"大鹏网"等多次报道学校在生态文明建设、校园足球以及科技创新方面的活动。　　　（葵涌第二小学）

【人大附中深圳学校】创办于2017年。为深圳市大鹏新区管委会下属、人大附中承办的全日制公办学校，是人大附中联合学校总校成员校，是人大附中在北京市外承办的第一所公办学校。该校包含九年一贯部（深圳市大鹏新区葵涌街道丰树山路5号）和高中部（深圳市大鹏新区葵涌街道溪坪南路80号）2个校区。总占地面积约14万平方米，总建筑面积16万平方米。配备理化生等高端实验室、视听教室等功能教室90间；建有4480平方米面朝大海的现代化图书馆，2000平方米能容纳1200人的专业剧场，以及4620平方米能容纳1800人同时就餐的现代化食堂。全校共有班

级105个，学生4850人，教职工393人。教师队伍包含全国优秀教师4人，特级教师7人，正高级教师1人，省级及以上学科带头人、骨干教师26人，博士及博士后23人，硕士研究生及以上学历教师占比70%以上。继承和发扬人大附中"爱和尊重"核心理念，以"崇德、博学、求实、创新"为校训，以"尊重个性，挖掘潜力，一切为了学生的发展，一切为了祖国的腾飞，一切为了人类的进步"为办学理念，致力于培养"全面发展＋突出特长＋创新精神＋高尚品德"鹏程英才，创办"具有人大附中特色，深圳领先，全国一流的生态型、智慧型、创新型学校"。课程理念是"为了每一位学生的发展"。以新课程、新教材实施为载体，以社会主义核心价值观统领学校课程建设，尊重每一位学生，坚持以学生的发展为中心，构建"基础课

2022年11月，人大附中深圳学校小学巴扬手风琴乐团、小学合唱团、民乐演奏小组应邀参加深圳广电集团少儿频道"童心向党　逐梦启航"少儿文艺汇演，展演《唱支山歌给党听》
（人大附中深圳学校　供）

程＋拓展课程＋研究课程"三维课程体系，包含国家课程、近百门各级各类选修课和数十个社团，达成学生全面而有个性的发展。2022年，在市教育局、市教科院组织的各类教学比赛中32人次获奖，8个名师工作室和语文、数学、物理3个学科获评"深圳市新课程、新教材实施国家级示范区示范学科基地"；学校获评"深圳市教育工作先进单位"，获深圳市青年教师基本功大赛"高中教育组校级优秀组织奖"、第八届深圳教育改革创新大奖评选"家校社协同育人学校（园）"年度奖。2022年，学校中、高考成绩优异。截至2022年年底，学校已与香港中文大学（深圳）、南方科技大学、华南理工大学、深圳大学、华南农业大学等10余所高校签订学生培养协议，获评"优质生源基地"。

【深圳市正德高级中学】2022年5月由深圳市教育局批准成立。位于大鹏新区大鹏街道布新路12号。占地面积4.8万平方米，建筑面积近3万平方米，可容纳学生1200名。有特级、正高级教师7人，高级职称教师占比达53%。学校硬件设施设备均按高标准配置。先进的希沃教学平台进入每一间教室，拥有独一无二的学生高端别墅社群、逾2000平方米的室内自主学习空间、3000平方米的花卉植物园、1000平方米的草地音乐广场。学校环境优美宜人，人文艺术气息浓厚，是高中学生读书求学、成长、成才的理想摇篮。以"刚健中正，德行天下"为校训，以"为师生的美好未来生活奠基"为办学宗

旨，以"培养适应未来需求、全面发展的学生"为育人目标，以"办多元发展的高端优质高中"为办学目标。强化"三风"建设，即树立"树正厚德 立己达人"学风、"德艺双馨 知行合一"教风、"多元发展 超越自我"学风。以"立足山海大鹏 润泽湾区东西 仁智大江南北"为办学愿景，以高水准建校标准组建师资团队，创建课程体系，规划校园硬件，推行多元特色校园文化。以分层走班、小班化、个性定制方式开展教育教学，提供完善的国内、国际升学学习资源、条件与路径，致力于打造集定制化、智能化、生态化、现代化于一体的"标杆型"高级中学。积极探索多元发展升学路径，在扎实的国内高考课程基础上，开设音体美传媒术科班、港澳台联考班、香港DSE课程实验班、中日融合班、中加创新课程班5门特色升学课程，涵盖国内与国际升学方向，兼顾文理学科及特长专业升学规划，为学生成才提供强有力的保障。

（正德高级中学）

深汕特别合作区中小学

【南外（集团）深汕西中心学校】于2020年9月正式开学。为深圳市南山区与深圳市深汕特别合作区合作共建的公办学校，深圳市南山区教育局下属南山外国语学校（集团）成员学校，深汕特别合作区首个以深圳标准、深圳质量建设的九年一贯制学校。位于深圳市深汕特别合作区创富路与鹅埠路交会处。占地面积5万平方米，建筑面

积8.12万平方米。2022年，有教学班41个、学生1671人。拥有一支成长型的教师队伍。其中高级职称2人，清华大学、南开大学、北京师范大学、东北师范大学等"双一流"高校毕业生12人，爱丁堡大学、韩国檀国大学等海外留学生7人，"985""211"高校毕业生27人，硕士学位教师占比逾50%。

［南外（集团）深汕西中心学校］

【深圳市第二高级中学深汕实验学校】于2021年2月开工，2022年9月投入使用。为深圳市深汕特别合作区首所高中。位于深圳市深汕特别合作区赤石镇宝安路1号。占地面积12.3万平方米，建筑面积11万平方米。核定办学规模60个班，提供学位3000个。

（深圳市第二高级中学深汕实验学校）

【百合深汕高中（筹）】由深圳市百外教育集团有限公司投资建设，深圳市百合外国语学校举办。开设高中班级72个，提供学位约3600个。位于深圳市深汕特别合作区鲘门镇。占地面积11.5万平方米，建筑面积25.7万平方米，总投资约16亿元。计划在取得土地使用权后的6个月内，对该项目进行报建并动工建设。分两期建设，3年内完成全部项目建设并开始招生办学。 ［百合深汕高中（筹）］

【深圳中学高中园（筹）】项目位于深圳市深汕特别合作区赤石镇片区。占地面积30.67公顷，建筑面积39.7万平方米。拟新建3所公办普通高中，办学规模为198个班、

9900 个学位。概算批复投资 32.97 亿元。　　[深圳中学高中园（筹）]

中等职业教育学校

【深圳市第一职业技术学校】创办于 1983 年。为深圳建市后成立的第一所公办职业高中。2021 年 6 月，学校牵头组建的深圳第一职业教育集团成功入选教育部第二批示范性职业教育集团培育单位。先后获评首批国家级重点职业高级中学、首批国家中等职业教育改革发展示范学校、首批国家现代学徒制试点学校，为教育部职业教育提质培优行动计划建设单位、广东省高水平中职学校建设单位、广东省中职学校"三全育人"典型学校培育建设单位。有福田和坪山 2 个校区，包含职业高中、综合高中，有完善的教学、实训设备和校园服务体系。有计算机、电子信息、财经

商贸、艺术设计、环境与检测、公共基础、思政体艺、综合高中 8 个专业部，包含计算机应用、电子信息技术、建筑智能化设备安装与运维等 18 个专业。其中，国家示范校重点建设专业 3 个、省级重点专业 2 个、市级品牌专业 5 个。2022 年，有教职工 303 人，其中：高级教师 59 人，中级教师 71 人，初级教师 52 人；研究生及以上学历 71 人，占比 38%，大学本科 114 人，占比 62%；全国优秀教师、优秀德育工作者 1 人，全国职业院校技能大赛优秀指导教师 20 人，全国技术能手 1 人，南粤优秀教师 6 人，广东省、深圳市名班主任工作室主持人各 1 人，广东省优秀共产党员 1 人，广东省技术能手 2 人，地方级领军人才 1 名，后备级领军人才 1 名。有广东省和深圳市名班主任工作室各 1 个。2022 年，招生 1071 人，其中职高 975 人、综合高中实验班 96 人。在校生共计

2022 年 12 月 15 日，深圳市第一职业技术学校与华为技术有限公司签署框架合作协议，携手培养高质量数字化人才　（深圳市第一职业技术学校　供）

3308 人，其中职高在校生 3014 人、综合高中实验班在校生 294 人。全面贯彻党的教育方针，坚持社会主义办学方向，落实"立德树人"根本任务，教学模式不断创新，办学成效不断凸显，社会认可度及家长满意度不断提升。获 2022 年教育创新领跑学校（园）年度奖；获评 2022 年度十大深圳教育改革创新示范校。在 2022 年全国职业院校技能大赛（中职组）中获一等奖 2 个、二等奖 5 个、三等奖 1 个，是深圳市参赛中职学校中获得金牌数和奖牌数最多的学校，在中职院校获奖排行榜中排名全国第六。在世界机器人大赛人工智能技术应用赛项中获全国一等奖。在广东省职业院校"技能成才　强国有我"主题教育活动中斩获 47 项荣誉，学生获奖达 94 人次，其中一等奖 9 人次、二等奖 43 人次、三等奖 42 人次。2022 年 10 月，20 名学生参加深圳市直属学校田径比赛，斩获 6 金、6 银、5 铜，获高中职校组团体总分第二名。在 2022 年高职类高考和普通高考中取得优异成绩，再创历史新高。有 62 名职高学生考入本科院校。加强校企合作，深化产教融合，积极探索校企"双元"协同育人机制。推进现代学徒制。以"职教 1 人、就业 1 个、幸福 1 家"为目标开办的现代学徒制试点班已有两期学徒顺利毕业。来自江西寻乌和广西百色的第二期 17 名学徒实现"毕业即就业"无缝衔接。强化校企合作。积极推进"双元"育人模式，与腾讯公司签订校企战略合作协议，联合开发定制教材，打造"高精尖缺"人才培养方案。年内，学校与华为技术有限公司签署框架

合作协议，成为全国第一所与华为公司签署框架合作协议的中职学校；推进深圳市中—高职教育集团建设，与深圳信息职业技术学院签订战略合作协议。　　　　（深圳一职）

【深圳市第二职业技术学校】创办于1984年。为国家中等职业教育改革发展示范学校、全国首批新疆中职班承办学校、广东省重点中等职业学校、深圳市西部职业教育集团中心成员学校、全国民族团结进步模范单位、全国职业院校实习管理50强案例学校、广东省依法治校示范校、广东省安全文明校园、中德先进职业教育合作项目首批试点院校。占地面积11.6万平方米，建筑面积10万平方米。2022年，开设专业15个，学生3622人，其中新疆中职班444人。有教职工286人，其中：高级职称55人，中级职称115人；特级教师1人；本科及以上学历237人（硕士73人、博士2人）；全国技术能手2人，广东省技术能手4人，深圳市技术能手4人。有市级名师（名班主任）工作室3个。秉持"立人、立业"校训，潜心探究"知识＋能力＋素养"的"三位一体"人才培养模式，不断优化人才培养方案，系统构建涵盖思想政治、文化基础、专业理论、专业实操、综合素养、社团活动等在内的课程体系，旨在培养"基础宽厚、专业过硬、素质优良"的优秀技能人才，助力学生在职教高考、中职升本、技能大赛、就业创业等不同职教赛道中彰显自信。在2022年职教高考中，4人进入全省前10名，13人进入全省前100

名；24人被广东技术师范大学等省属公办本科院校录取，公办本科录取人数排名全市中职学校一位；382人被深圳职业技术学院和深圳信息职业技术学院录取，占当年高考录取总人数的45%。年内，学生在全国职业院校技能大赛中获得一等奖2项、二等奖4项；连续第二年在省级技能大赛中获奖成绩排名全市同类学校前列；38名学生通过技能大赛获得深圳职业技术学院免试入学资格。学校获评深圳市教育系统先进单位、广东省高水平中职学校；为省级"三全育人"典型学校、省级信息化标杆学校、省级课程思政教学研究示范中心、省级示范性虚拟仿真实训基地、省级教学创新团队建设单位。　　（桂幼林　刘惠敏）

【深圳市奋达职业技术学校】创办于2009年。为广东省重点中等职业学校，深圳市首家全日制民办职业技术学校。占地面积6.8万平方米，建筑面积7.29万平方米。2022年，在校学生3053人，共有5个（课）部，教学班78个。教职员工216人，其中专任教师160人（高级职称教师37人，专业教师85人，"双师型"教师73人）。体育运动场地1.54万平方米，美育、音乐场地1119.2平方米；图书室建筑面积678.7平方米，纸质版藏书9万余册、电子图书4万余册。所有专业均建有设施完备、满足专业标准教学要求的实训室，共有实训室23个、功能室6个，为全面提升学生综合实践能力奠定坚实保障。坚持以习近平新时代中国特色社会主义思想为指导，以加强

党建为学校发展立"根"，以落实党组织的"三全"工作为学校发展立"魂"。为谋划学校长远发展，分阶段制定"五年发展规划"，聘请业内专家作为学校顾问，助推学校教育教学高质量发展。以"思政＋"模式将思想政治工作贯穿于人才培养全过程，扎实推进思政工作落地见效。采用工学结合、订单制、现代学徒制、中高职衔接等培养模式，在满足学生未来发展需求的同时，有效提高人才培养质量。坚持"以学生成长为中心"的核心价值观，践行"快乐A6"和"自主管理"培养模式，有各类社团59个。以新生入校时的三年规划"梦想版"制作行动为依托，将学生划分到具体教职员工，将目标细分到学期，全员育人，相伴成长。学校近三年毕业生就业、升学情况良好，就业率逐年稳增，超过全省平均水平。2022届毕业学生935人，就业率99.89%，对口就业率99.21%；升学学生682人，升学率72.94%，连续7年大专上线率达100%。学校被评为深圳教育盛典三好评选"特色学校"；获市级及以上综合荣誉7项、区级奖项14项。1名教师获国家级书画比赛金奖。学生48人次、教师66人次获区级及以上综合性表彰。教师参加各类职业技能竞赛获国家级二等奖1项、三等奖2项，省级三等奖7项，市级二等奖3项、三等奖11项，区级一等奖1项、二等奖5项、三等奖2项。学生参加各级技能大赛获省级二等奖2项、三等奖6项，市级二等奖1项、三等奖1项，区级二等奖1项。

（深圳市奋达职业技术学校）

【深圳市宝安职业技术学校】创办于 1985 年。为国家级重点中等职业技术学校、首批国家中等职业教育改革发展示范学校。2022 年，被广东省教育厅列为广东省首批中职学校"三全育人"典型学校培育建设单位，获评深圳市首批"中学团校示范校"、宝安区中华优秀文化传承校、宝安区文明城市创建工作先进单位，获《南方都市报》第八届"深圳教育改革创新大奖——优质数字化智慧学校（园）"年度奖，入选 2022 届 Education Plus 世界职业教育大会国际教育合作与交流典型院校。重视德育。学生林俊烯培养案例先后获《南方都市报》《深圳特区报》、"宝安融媒"等报道；5 名学生获国家奖学金；1 名学生获评"广东省优秀学生骨干""深圳市最美南粤少年'智慧好少年'"，获"宝安青年五四奖章"；1 名学生获评 2021—2022 年度"深圳市优秀共青团员"。培养可持续发展技能人才。2022 年升学 1318 人，占应届毕业生总数的 97%，16 名学生被全日制本科院校录取。重视技能教学。组织学生参加 2022 年全国职业院校技能大赛，获一等奖 1 项、二等奖 2 项、三等奖 1 项；参加广东省职业院校技能大赛，获一等奖 11 项、二等奖 14 项、三等奖 6 项；参加深圳市职业院校技能大赛，获一等奖 4 项、二等奖 8 项、三等奖 9 项；参加 2022 年"一带一路"暨金砖国家技能发展与技术创新大赛，获二等奖 2 项。全面加强教师队伍建设。建设省名师工作室 1 个、区名师工作室 3 个。教师团队参加 2022 年广东省职业院校技能大赛

2022 年 5 月 8 日，深圳市宝安职业技术学校开展"技能：让生活更美好"职业教育活动周——实训基地开放日活动 （宝安区职业技术学校 供）

教师教学能力比赛，获二等奖 2 项、三等奖 2 项；参加 2022 年深圳市中等职业学校技能大赛教学能力比赛，获二等奖 3 项、三等奖 2 项；参加 2022 年中职青年教师教学能力比赛，获一等奖 1 项、二等奖 2 项、三等奖 5 项。深化产教融合校企合作。走访调研区级实训实习基地 2 家，申报示范性职工培训基地，打造"中高企"产教联合体，探索完善"一体两翼四平台"产教融合新模式。加强对外交流合作，提升社会服务水平。对口帮扶广东龙川、广西都安和大化巴马等地职校；派遣 7 名教师赴广西（都安、大化）和西藏等地职校进行组团式帮扶，其中副书记 1 名、副校长 1 名。

（宝安区职业技术学校）

【深圳市博伦职业技术学校】创办于 1993 年。为南山区人民政府开办的唯一一所全日制、公办省级

重点中等职业技术学校。占地面积 8.16 万平方米，建筑面积 6.36 万平方米。配备功能室 67 间，可满足 1950 人住宿。2022 年，有教学班 71 个。师资力量雄厚。有全国技能大赛金牌教练，全国及广东省技术能手，深圳市"年度教师"，深圳市技能菁英，市级学科带头人，市、区教育技术名师等 30 余人；研究生学历 65 人，本科及以上学历教师占专任教师总数的 100%；高级教师 68 人，中级教师 87 人，校内专任教师 204 人，"双师型"教师占专业教师的 84%；聘请 32 位企业和行业优秀管理人员、优秀工匠、工程技术人员担任专业教师或实习指导教师。有 3 个名师工作室和国内首个珠宝专业大师工作坊。有首饰设计与制作、宝玉石加工与检测、电子商务、物联网技术应用等 11 个专业。其中广东省中职学校"双精准"示范建设专业和广东省首批高水平中职学校

建设单位专业群核心专业2个，并与深职院达成"工匠精英"人才培养中高职衔接贯通培养计划。秉持"面向市场，能力为主"，提供最适合学生发展的教育，构建人才成长的"立交桥"办学理念，致力于建设"学校有特色、专业有特点、教师有特技、学生有特长"的"四特"学校。坚持产教融合、校企合作，坚持工学结合、知行合一，为学生未来发展营造就业有路、升学有门、出国有途、创业有方的"四有"格局。努力让无助者有助，让有志者成才，让奋进者辉煌，努力让全体师生都有人生出彩的机会。先后获评中国珠宝玉石首饰行业协会中国十大院校、广东省中等职业技术学校教学诊断与改进试点学校、广东省优秀学生会、广东省首批高水平中职学校建设单位、深圳市教育工作先进单位、深圳市就业工作先进单位、深圳市改革创新领跑学校、深圳市心理健康特色学校、深圳市推进现代学校制度建设先进校、深圳年度最具未来特色学校、深圳校企融合典范学校、深圳中小学教师信息技术应用能力提升工程2.0市级试点校、深圳市优秀学生社团、深圳市"五四"红旗团委、深圳市党史学习教育示范校、深圳市基础教育党建工作示范校、南山区最美清新校园、南山区先进基层党组织。　　（陈亚萍）

特殊教育学校

【深圳元平特殊教育学校】创办于1991年。为深圳市第一所公办特殊教育学校。是为听力障碍、视力障碍学生提供小学、初中、高中教育，为智力障碍等其他类型特殊学生提供高中阶段职业教育的综合性特殊教育学校，是"中国教育科学研究院特殊教育实验基地""广东省特殊教育基地""深圳教育改革创新年度产教融合典范职业学校"，深圳市特殊教育指导（资源）中心。占地面积7.2万平方米，建筑面积5.3万平方米。2022年，有教学班85个，在校各类特殊学生共计730余名。教职工472人，其中专任教师283人。专任教师中，本科及以上学历达99.65%，研究生学历达37.6%。坚持内涵发展，以"课程、教材、教师、教法"为核心，深化教育教学改革，形成课程改革、职业教育、康复教育、信息技术、特奥运动五大办学品牌。职业教育创新发展，坚持"以服务为宗旨，以就业为导向"办学方针，打造"双师型"职业教育专业师资队伍、6000平方米职业教育基地、面向就业市场的现代化职业教育课程体系，努力构建"职业教育、就业培训、就业安置一体化"的"立交桥"模式。坚持创新校企合作机制，提出"三进三出"校企合作新模式。2022年秋季学期，与深圳职业技术学院合作举办的中高职贯通培养"三二分段"中高职班正式开班。探索合作开展残疾人高等教育，共同实施五年一体化人才培养。"三二分段"中高职班将打通特殊学生的职业上升通道。坚持"以人为本、育残成才"办学宗旨，紧紧围绕"建设全国特殊教育强校"目标，积极创建中国特殊教育、中国人权事业"两个窗口"，努力打造教师队伍建设、特殊教育改革和人权保障水平"三个高地"。教师先后有9人次获"全国先进工作者""全国模范教师""全国优秀教师"等国家级荣誉。学校是全国第一个国家级"特奥培训基地"，学校特奥健儿多次参加国际、国家及省、市各级各类比赛，共获得金牌405枚、银牌326枚、铜牌263枚。获评"全国教育系统先进集体""全国特殊教育先进单位""全国三八红旗集体""全国特奥工作先进单位""全国巾帼文明岗""全国工人先锋号""全国特殊教育信息化先进单位""全国创建绿色学校活动先进单位"8项国家级荣誉，被誉为中国特殊教育的一面旗帜。学校编写的《智障学生职业教育模式》获教育部第五届全国教育科学研究优秀成果三等奖，是全国基层特殊教育学校唯一获奖的科研成果。　　（刘旸）

【宝安区星光学校】创办于2016年8月，原名"宝安区特殊教育学校"，为深圳市第一所区属十五年一贯寄宿制公办特殊教育学校。2020年秋，校本部（燕罗校区）启用，学校开始一校一中心（区特殊教育资源中心）和一校三址（校本部、区福利中心教学部、区残联学前教育部）办学。位于宝安区燕罗街道塘下涌。截至2022年年底，共有教学班50个，学生494人+80人（送教上门）+N（随班就读）；一校三址教职工259人+19人（资源中心），其中专任教师199人。校本部占地面积1.61万平方米，建筑面积4.78万平方米。与深圳

"无障碍城市"建设接轨，建有综合办公楼（康复楼）、教学楼、生活宿舍楼、体育馆、运动场、康复功能室等。2022年，坚持一手抓疫情防控，一手抓教育教学常规，攻坚克难，各项工作稳步推进，再上新台阶。获评"深圳市先进教育单位"；3项课程获省级立项。坚持融合共促学生发展，完善宝安区随班就读各项工作。完成第一轮随班就读学校巡回指导工作，规范随班就读"一人一案"。组织开展融合教育宣导工作，不断完善和规范送教上门制度流程等。创新学校外联运转机制，形成家—校—社融合联动育人。成立星光学校义工联团体，拓展学校发展外部空间；集中授课与自学指导相结合，家长参与集中授课累计达550余人次，269人（次）参与父母课堂读书分享会；携手燕罗街道办、宝安区科技馆、宝安区图书馆开展共建花园、绘画展览和校园科技嘉年华等活动；与大湾区姊妹学校——香港红十字会玛嘉烈戴麟趾学校联合举办以港深城市景观为主题的系列绘画比赛。校园文化建设有新突破。完成阶梯式学术报告厅、星光书院（图书馆）和校史馆建设，编印《点亮星光》（办学成果汇编）和《星光学校制度汇编》。大力推进教育科研，为教师专业成长提供平台。率先成立AAC教研组，编制校本AAC实操手册。教师承担各级科研课题合计26项，其中国家级课题1项、省级课题5项、市级课题5项、区级课题15项；参加各级各类竞赛获奖数百项，其中国家级奖项15项、省级奖项40项、市级奖项26项。　（星光学校）

【龙华区润泽学校】创办于2019年8月。为龙华区九年一贯制培智类特殊教育学校。位于龙华区观澜街道环观南路与龙环大道交会处东北侧。2022年，有教学班18个，为残疾儿童少年提供优质学位180个。专任教师68人，其中高级职称2人、中级职称8人，硕士占比23.5%。以"爱润生命，乐泽成长"为办学理念，秉持"向阳而生"校训，积极践行"因材施教，寓教于乐"教风，构建"7+5+N"三级课程体系，坚持"五育并举"方针，从乐艺（艺术）、乐创（科技）、乐康（体育）、乐技（劳动）、乐智（认知）五大板块建立融合课程体系；重点探索生活游戏和童剧社交等特色项目课程；大力推进全员育人导师制，积极开展"温馨家园"服务项目，创新育人模式；着力打造学校四大品牌节（生活节、游戏节、艺术节、体育节）活动。教师队伍在教学教研中喜获佳绩，累计获国家级和省、市、区级荣誉200余项，在龙华区教育示范先行创新成果展评选中，紧紧围绕办人民满意的特殊教育学校目标，以"缤纷·个性"课程特色项目与"向阳·关爱"德育特色项目为主打，创新展示教育教学成果，分获课程、德育2个项目一、二等奖。精品课程"童剧社交"及内涵项目"游戏浸润生命　快乐成就生活——以游戏实践促进学生发展"，成功入选广东省教育厅第二批特殊教育精品课程建设、第二轮特殊教育内涵建设示范项目。学生积极参加各项活动，获奖70余人次。学校依托龙华区特殊教育资源中心开展全区融合教育工作。龙华区特殊教育资源中心统筹负责全区特殊教育资源建设，指导全区随班就读教育教学研究工作，全方位为普通学校随班就读工作提供管理、咨询、研究、评估、指导和服务。资源中心派出46名资源教师在各普通学校开展融合教育工作，全区形成"1个资源中心+5个融合教育支持小组+22个融合教育驻点小组"的支持保障格局，实现"零拒绝、全覆盖、多模块、个别化"的全区特殊教育管理体系和服务机制，惠及更多的特殊儿童。　（罗　妍）

【光明区特殊教育学校】于2021年9月创办。过渡校区位于光明区公明街道建设西路，永久校区选址光明区公明街道李松蒗社区。占地面积1.71万平方米，建筑面积3.11万平方米。建筑物主要包括2栋3层教学楼，配备烘焙教室、家居技能室、乐高教室、蒙氏教室、舞蹈教室、感统训练室等专业教室，让学生找到自己的兴趣点进行潜能开发。核定办学规模为30班义务教育部和6班学前部，为精神（自闭症）、智力障碍、肢体（脑瘫）、多重障碍适龄特殊儿童少年提供九年义务教育学位360个。2022年，有教学班10个，在校生93人。专任教师38人，本科学历100%，研究生学历占比33%。坚持让每一个孩子充分、和谐、多元发展办学宗旨，秉持平等、融合、共享、博爱办学理念，致力于打造一支专业、博爱的教师团队，建设一个自然、温暖、和谐、安全的校园。　（杨美雅）

高等教育院校

深圳大学

【概况】深圳大学于1983年经教育部批准设立。秉承"自立、自律、自强"校训，锐意改革，快速发展。在较短时间内形成从学士、硕士到博士完整的人才培养体系以及多层次科学研究和社会服务体系，形成"特区大学、窗口大学、实验大学"办学特色，培养近30万名各类创新创业人才，其中95%以上扎根粤港澳大湾区。2022年，学校有粤海、丽湖2个校区，校园总面积2.72万平方米，总建筑面积200.74万平方米。有教学学院27个，本科专业101个；国家级特色专业5个，国家级一流本科专业建设点34个，省级一流学科17个；硕士学位授权一级学科39个，专业硕士学位授权类别27个；学术学位博士授权一级学科15个，专业学位博士授权类别2个；博士后科研流动站9个，博士后工作站1个。有全日制在校生4.34万人，其中普通本科生2.85万人、硕士研究生1.37万人、博士研究生721人、留学生（学位生）505人；成人教育本科生1.72万人，成人教育专科生7924人。有纸质图书451.48万册，订阅报刊2408种；电子图书303万册，全文电子期刊12.79万种，多媒体资源15种。2022年10月，丽湖校区中央图书馆全面启用。

【党建工作】2022年，深圳大学深入学习贯彻习近平新时代中国特色社会主义思想和党的二十大精神，践行"两个维护"，严格落实"第一议题"制度。全年组织党委常委会和校长办公会"第一议题"学习48次、校党委理论学习中心组学习会10次；组建学习贯彻党的二十大精神深圳大学宣讲团，举办宣讲200余场，举办主题影像巡展、微党课等50余场次；组织校内专家撰写理论阐释文章，多篇刊发在人民网、《光明日报》、《中国教育报》等中央级媒体。推进全面从严治党向纵深发展。落实《关于建立健全坚决落实"两个维护"十项制度机制的实施方案》，制定任务清单；修订完善党委会议与校长办公会议议事规则；组织开展基层党建全覆盖检查和基层党组织书记述职评议，强化党建主体责任落实。加强基层组织体系标准化建设。全校党支部完成集中换届，专任教师党支部百分之百配备"双带头人"支部书记；全年发展党员1083名；推进党建精品项目建设，5个课题获省级立项；推进党建示范创建和质量创优工作，人文学院本科生党支部被列为第三批"全国党建工作样板支部培育创建"单位。加强干部队伍建设。探索在16个试点学院（部）增设分管师资队伍建设副院长；选派和组织881人次领导干部参加各类培训。持续深化思想政治工作。严格落实"思政第一课"制度，组织校院两级98名主要负责人授课，听课学生总数达14.1万人次；结合思政教育与主题实践、志愿服务和创新创业等，组织开展"行走的大思政课"等思政活动；加强党建带团建，组织主题团日活动；启动首届"深大青年先锋奖章"评选。严格落实意识形态安全工作责任制；持续深化党风廉政建设；推进省委巡视检查组"回头看"反馈意见整

2022年6月7日，深圳大学党委书记李清泉在粤海校区汇星楼1号报告厅为师生讲授题为"领悟习近平总书记'青年观'，做有责任有担当的新时代青年"思政课

（庞审 摄）

改，深化整改成效。

【内涵建设】2022年，深圳大学坚持特色一流，不断开创学校高质量内涵式建设新局面。修订《深圳大学章程》，确保学校管理体制和运行机制规范化、制度化、长效化；优化《深圳大学"十四五"发展规划》，强化"内涵特色差异化"发展思路和要求；完善《深圳大学高水平大学第三期建设规划实施方案（2022—2026）》。超额完成高水平大学二期建设关键指标，办学声誉和影响力再度提升，服务国家战略和"双区"建设需求能力更加突出。在公认的四大权威世界大学排名中，该校综合实力排名国内第27位、国际第377位。在2022年自然指数年度榜单上，排名内地高校第34位；排名世界第132位，较上年进步31位。

【学科发展】2022年，深圳大学ESI全球前1%学科数量快速增长，前1‰学科实现"零的突破"。年内，新增农业科学、植物学与动物学、神经科学与行为学、精神病学与心理学、分子生物学和遗传学等5个学科进入ESI全球前1%，截至2022年年底，共有ESI全球前1%学科15个；工程学、材料科学、计算机科学首次先后进入ESI全球前1‰学科，包揽深圳本土高校ESI全球前1‰学科。首次开展专业学位博士招生，适应学科建设高速发展态势。在2022年QS世界大学学科排名上，新增材料科学、数学、生物学3个学科，累计6个学科上榜，排名内地高校第32位。30个学科进入软科一流学科榜单，

排名广东高校第2位。启动新一批博士点申报培育工作，围绕国家重大战略、关键领域、区域重大需求遴选博士点培育项目12个，培育和支持设计学、区域国别、金融科技、集成电路、人工智能、健康管理等交叉学科学位点发展。

【师资引育】2022年，深圳大学坚持引培并举，加快构筑先行示范区人才高地。拓宽引才渠道，加速高层次人才集聚。2022年，共引进全职特聘教授44人；新入职教师224人，其中博士学位人员148人、境外留学归国背景人员108人；新入职管理人员4人、技术人员6人、辅导员32人；灵活补充教职工队伍，聘请客座教授44人、兼职授课教师80人。加大学术骨干和领军人才培育力度。推进"3+1"工程，新增"荔园优青"23人；有4人新当选国外院士，1人新当选IEEE Fellow；4名教师入选国家"优青"，其中3人通过该校"3+1"人才工程自主培养产生。深化人事制度改革，激发人才活力潜力。制定《深圳大学讲席教授聘任及管理办法》，健全深大特色学术荣誉体系；探索建立科学分类评价体系，构建多维人才发展通道；推动探索在16个试点学院（部）增设分管师资队伍建设副院长；推行"荔新奖励计划"和"荔园留菁计划"，激发博士后和专职研究人员队伍活力；举办青年科学家论坛拓展"以会引才"新渠道，设立"荔园伯乐奖"调动引才工作积极性；落实企业年金制度，保障人才养老待遇。截至2022年年底，全校有教职工4033人，其中专任教师2606

人（其中，教授586人、副教授802人、讲师1178人）、技术人员588人、管理人员839人；有博士后1220人，专职研究人员698人；有国家级高层次人才179人，广东省高层次人才96人，深圳市高层次人才2093人。

【教育教学】2022年，深圳大学以专业和课程建设为重点，积极推进教育教学内涵建设与质量提升。本科方面，优化本科招生专业设置，适应学生多元化发展需求。新增3个中外合作办学专业、5个卓越班和2个特色实验班。推动专业结构优化。2022年，获国家级一流本科专业建设点8个、省级一流本科专业建设点10个；环境工程、高分子材料与工程、教育技术学、物理学完成或通过相关专业认证；推进专业迭代更新与新专业建设，推进传统专业自我优化调整，19个本科专业暂停招生，"物流管理"专业迭代升级为"供应链管理"并首次招生；获批金融科技、电子商务、信息管理与信息系统3个中外合作办学专业并首次招生；打造适应新技术、新经济、新业态的跨学科应用型微专业，立项建设"经济学与数据科学""数字智能创新与创业管理"2个微专业，全校微专业达33个。建设优质课程，提升课程质量。获批第二批广东省一流本科课程30门，学校累计一流本科课程94门（国家级17门、省级77门）；加强MOOC建设，持续拓展UOOC联盟影响力，截至2022年年底，有加盟高校136所，共803门课程，累计选课人次突破165万。2022年度，获第十届

2022 年 9 月 27 日，首届"深大青年先锋奖章"颁奖仪式举行（庞审　摄）

广东省教育教学成果奖 8 项；累计有国家级教学成果奖 9 项、省级教学成果奖 58 项。5 名教师获第二届全国高校教师教学创新大赛广东分赛一等奖。完善成教办学管理机制，全年开办市外干部短期培训班 25 期，培训近 1500 人次；获批第十一批国家级专业技术人员继续教育基地。

【人才培养】2022 年，深圳大学深入落实《深圳大学一流本科教育行动方案（2020—2025）》，推动本科人才培养特色化、内涵式、高质量发展。加强拔尖创新人才培养模式改革，持续建设六类特色实验班，实施创新人才分层分类培养，强化学科交叉和校企协同育人特色。2022 年度，立项建设特色班 6 个，累计在建特色班 36 个，开办特色班 53 个。主动契合国家战略需求，开展人工智能领域与其他学科交叉研究方向的设置与招生工作；完善多元

化、个性化研究生培养体系，新增 3 个学科交叉育人平台和 3 个产教融合育人平台；跨界联合培养硕士项目增至 24 个。构建本、硕、博贯通培养体系；加强课程体系顶层设计，推进本研一体化人才培养；修订完善研究生培养

方案，强化研究生课程教学检查和质量督导；出台《深圳大学优秀研究生学位论文评选办法（试行）》，鼓励研究生提高学位论文质量；"优博计划"评选出 55 名人选；严格导师认定和管理，推进落实研究生导师"立德树人"职责。实践育人水平不断提升，创新创业教育成果显著。全年本科生学科竞赛项目立项资助 46 项，排名广东省第三；参加各级各类竞赛获奖 1061 项，包括学科竞赛 808 项、文艺和体育竞赛 191 项、创新创业活动及技能竞赛 62 项。在第八届中国国际"互联网+"大学生创新创业大赛中获国赛 1 金、1 银、3 铜，1 人入围，实现深大及深圳本科高校国赛金奖"零的突破"；在 2022 年世界游泳锦标赛中，深大学生杨浚瑄摘得首金，汤慕涵获得铜牌；在 2022 华为软件精英挑战赛·全球总决赛上，深大代表队从全球 826 所高校的

2022 年 5 月 21—22 日，深圳大学代表队从全球 826 所高校 3290 支参赛队伍中脱颖而出，获本年度华为软件精英挑战赛·全球总决赛冠军（深圳大学　供）

3290 支队伍中脱颖而出获得冠军。新获批 5 个省级研究生联合培养示范基地；实施系列研究生教育创新项目和改革项目，获批广东省研究生教育创新计划项目 23 项。大湾区创新创业教育实践基地获评广东省创新创业教育实践基地。

【科学研究】2022 年，深圳大学创新科研体制机制建设，全面提升服务区域发展和国家战略能力。科研管理制度改革持续深入。出台《深圳大学十大科技进展评选办法》，通过自筹经费设立重大项目、重点项目、探索项目进行前瞻布局和自主培育；实施《深圳大学年度十大人文社科成果评选办法》，加强智库建设，加快构建具有深大特色的哲学社会科学体系。2022 年，科研总到账经费 18.92 亿元，其中自然科学类 18.41 亿元、人文社科类 0.51 亿元；新增各类科研项目共 1579 项，其中自然科学类 1210 项（含国家自然科学基金项目 303 项）、社科类 369 项（含国家社科基金项目 40 项）。高水平科研项目实现新突破。生命与海洋科学学院教师获批深大"十四五"首个国家重点研发计划"揭榜挂帅"项目；"孔雀计划"团队项目、可持续发展项目立项数和资助金额创历史新高；经济学院教师获国家优秀青年科学基金项目资助，实现文科教师获国家级"优青"项目"零的突破"；国家社科基金年度重大项目、国家社科基金后期资助项目立项数排名广东省高校第二，均创深大历史新高。高水平学术成果攀升新高度。发表 SCI 论文

11 月 16 日，2022 湾区校长论坛暨深圳大学 40 周年校庆学术论坛在深圳大学粤海校区举行　　　　　　　　　（庞审　摄）

6572 篇，10 人次入选 2022 年度全球高被引科学家；全年办理成果转化 100 项，合同金额 2273.27 万元；获教育部自然科学奖一等奖 1 项、科技进步奖 1 项，各奖种二等奖 8 项，创历史新高。谢和平院士团队研究成果"新技术可在海水里原位直接电解制氢"在 *Nature* 发表，破解海水直接电解制氢半个世纪难题，入选"2022 年中国十大科技进展"。2022 年度，CSSCI 收录论文 235 篇，SSCI 收录论文 660 篇，A&HCI 收录论文 30 篇；在 SSCI Q1 区期刊、中科院 1 区 TOP 期刊等国内外顶级期刊发表多篇高水平论文。高水平科研平台与智库建设取得新业绩。申报或参与申报全国重点实验室 6 项，其中"射频异质异构集成全国重点实验室"获批立项建设，实现深大全国重点实验室"零的突破"；土木与交通工程学院、建筑与城市规划学院、化学与环境

工程学院科研团队参与全国重点实验室重组或新建；申报广东省各类平台 7 项。学校被认定为广东省习近平新时代中国特色社会主义思想研究中心研究基地；文化数字化与文化创新性发展重点实验室获批为广东省哲学社会科学重点实验室；深圳城市文明传播创新研究基地获批深圳市人文社科重点基地；获批 7 个广东省社会科学普及基地，占全市立项数 1/3；5 篇咨政成果获中央主要领导肯定性批示。

【交流合作】2022 年，深圳大学稳步推进国际化行动计划。以《深圳大学国际化指标体系（试行）》为抓手，以"线上＋线下"方式开展国际科研合作与学生交流交换；与德国亚琛工业大学等 23 所境外合作高校签署或续签合作协议；共选派 117 名学生及 1 名交换教师赴境外交流学习。学校首个中外合

作办学机构——深圳南特金融科技学院正式获得教育部批准，并实现首次本科招生，中外合作办学取得重要突破；首个境外合作办学项目——深圳大学日本东京学院筹建工作取得实质性进展，已与日方正式签署合作协议；深圳高校首个孔子学院——沙特苏尔坦亲王大学孔子学院获批建立；印度研究中心正式获批教育部国别与区域研究中心。2022年度，共录取学历国际学生238人，其中硕、博层次国际学生录取152人，占比64%。在校学历留学生占留学生总数比例大幅提升（从2019年的40%到2022年的74%），其中留学博士生占学历留学生比例高达45%，顺应学校高水平国际化发展的需求。

【疫情防控】2022年，深圳大学以国务院联防联控机制《关于对新型冠状病毒感染实施"乙类乙管"的总体方案》为指导，完成疫情防控重心从"防感染"到"保健康、防重症"的转段过渡。过渡期内，及时调整教学考试安排，积极为感染的师生员工做好隔离保障，确保师生安全。全年组织召开39场全校疫情防控工作视频会，参加60多场省、市疫情防控专班调度视频会，迎接中央和省、市各项检查督查20余次。全校实行"白名单"制度，各校门全面推行电子哨兵。严格校园进出管理，严格重点人员排查，分级分类做好防控指导和健康管理。积极稳妥推进新冠疫苗接种；规范进行校园疫情防控演练，处置涉疫突发事件。按每万人150个床位标准建设校园健康驿站，并

按要求配齐后勤保障人员和医疗防疫物资。

【助力第24届冬季奥林匹克运动会】2022年2月，深圳大学动态精密工程测量团队和优视摄影测量团队科技助力第24届冬季奥林匹克运动会。深圳大学动态精密工程测量团队联合发明一种轮式惯性平整度测量机器人，实现地面相对高程精密测量以及平整度的全面评估。该团队所参与的项目"国家速滑馆动态高精度施工测量关键技术及应用"获2021年度测绘科学技术奖一等奖。深圳大学优视摄影测量团队运用"优视摄影测量技术"针对国家游泳中心"冰立方"进行数据采集，为助力冬奥会奉献科技力量。

【深大学生获"中国青年五四奖章"】2022年5月，由共青团中央、全国青联组织的第26届"中国青年五四奖章"评选名单揭晓，共有49人获授"中国青年五四奖章"。其中，深圳共有3人获此荣誉，均为深圳大学学生。分别是：中国游泳运动员汤慕涵，就读于深大体育学院运动训练专业，曾与队友以7分40秒33的成绩勇夺东京奥运会女子4×200米自由泳接力冠军，创造全新世界纪录；中国游泳运动员杨浚瑄，就读于深大体育学院运动训练专业，为女子200米自由泳亚洲纪录创造者；中国乒乓球运动员陈梦，深大校友，为深圳大学乒乓球俱乐部成员，在近两年内获得9个国际比赛冠军，世界排名第一。"中国青年五四奖章"是共青团中央、中华全国青年联合会授

予中国14~40周岁优秀青年的最高荣誉。

【深大学生在2022年世界游泳锦标赛中摘金夺铜】2022年6月18日至7月4日，第19届世界游泳锦标赛在匈牙利布达佩斯举行。6月22日，在世界游泳锦标赛女子200米自由泳决赛中，深圳大学体育学院运动训练专业学生杨浚瑄、汤慕涵分别摘金夺铜。其中，杨浚瑄以1分54秒92的成绩摘金，拿下中国游泳队在此届世锦赛上的首枚金牌；汤慕涵后来居上，以1分56秒25的成绩拿到1枚铜牌。此为杨浚瑄、汤慕涵的首枚世锦赛单项奖牌。此次世界游泳锦标赛采用2021年10月全运会成绩选拔参赛选手，深圳大学共有杨浚瑄、汤慕涵、彭旭玮、劳丽慧、葛楚彤、孙嘉珂、张周健等7名学生代表中国游泳队参赛。

【深大获X9高校院所联盟第一届赛艇联赛总冠军】2022年11月6—15日，深圳西丽湖国际科教城X9高校院所联盟第一届赛艇联赛在南山区大沙河站、光明茅洲河站、南山区大学城站3个赛段举行，深圳大学赛艇队以总积分第一名的成绩获得首届联赛总冠军。此届比赛共设学生组男子8人单桨有舵手、男女混合8人单桨有舵手、专家8人单桨有舵手3个项目，由院士、教师、科研人员和学生共计360人组成的24支队伍参赛。赛事采用总积分制，各参赛单位根据分站赛所获名次进行积分累计，决出总冠军、一等奖、二等奖等奖项，并评选出"体育道德风尚奖""优秀

2022 年 11 月，深圳大学获深圳西丽湖国际科教城 X9 高校院所联盟第一届赛艇联赛总冠军　　　　　　　　　　（庞审　摄）

组织奖""最佳领队奖""最佳舵手奖""最佳划手奖""院士划手奖"等单项奖。经激烈角逐，深圳大学、北京大学深圳研究生院、清华大学深圳国际研究生院作为总积分前三名，获得首次联赛一等奖。

【谢和平院士团队破解海水直接电解制氢难题】2022 年 11 月 30 日，深圳大学谢和平院士团队的研究成果"新技术可在海水里原位直接电解制氢"，破解长期困扰海水制氢领域近半个世纪的重大难题。以 "A membrane-based seawater electrolyser for hydrogen generation" 为题在 Nature 发表，并入选"2022年中国十大科技进展"。该研究颠覆了电解水制氢必须采用纯水的传统制氢模式，首次以物理力学与电化学相结合的全新思路，建立力学机制驱动的海水直接电解制氢理论模型，开创电化学反应协同海水迁移动态自调节稳定电解制氢方法，

实现无淡化过程、无副反应、无额外能耗且高效的海水直接电解制氢。与此同时，谢和平院士团队研制出全球首套 400 升 / 小时海水原位直接电解制氢技术与装备，在深圳湾海水中连续运行逾 3200 个小时，从海水中实现稳定和规模化制氢过程。该原理技术可探索推广到多元化水资源（如河水、废水、盐湖等）直接原位制氢，为资源富集浓缩与能源生产提供多效利用新思路。　　　　　　　　　　（江　婷）

哈尔滨工业大学（深圳）

【概况】2022 年，哈尔滨工业大学（深圳）立足国际学术前沿，紧密结合广东省、深圳市经济社会发展战略目标，开展人才培养、师资队伍建设、学术研究、合作交流等各项工作。该校共设 10 个学院和 4 个研究院，69 个各级创新载体，形成涵盖理、工、管、经、文、艺 6 个学科门类，24 个一级学科，9 个硕士专业学位类别与 7 个博士专业学位类别学科专业布局。

【人才培养】2022 年，哈尔滨工业大学（深圳）全面落实"立德树人"根本任务，深入推进思政课程和课程思政建设，稳步推动人才培养供给侧改革，着力构建人才培养新格局。年内，有在校生 1.03 万人，其中本科生 5308 人、硕士

2022 年 12 月，哈尔滨工业大学（深圳）"南工麟云"战队在第十五届 VEX 亚洲机器人锦标赛中国选拔赛中获总冠军　　〔哈尔滨工业大学（深圳）供〕

研究生 3729 人、博士研究生 1292 人。本科生源质量稳步提高，在粤本科普通批物理类录取最低分位次升至 2583 名，自设立独立招生代码以来连续 5 年蝉联省内高校理科首位；硕士研究生中"双一流"高校生源占比达 54%，博士研究生中"双一流"高校及境外高水平院校生源占比达 68%。围绕新时代人才培养供给侧改革需求，拟制本、研培养方案修订实施细则，瞄准学术大师、工程巨匠、业界领袖和治国栋梁 4 类人才培养目标，加强分类别、分层次、分轨道教学资源建设，突出"全方位课程思政、'2+X'深层次本研一体、个性化培养、多领域实践创新"人才培养特色。强化大课程、大专业培养，推动相近学科门类专业"打通"大类平台课，促进多学科专业交叉融合；与西丽大学城四校开展课程互选与学分互认，推动校际优质教育资源共享。发扬"政治引领、典型引路、品牌带动、校训育人"思想政治工作传统，完善"必修 + 选修"思政课程体系，设立 5 个示范学院，充分发挥学院及教师育人主体作用，将思想政治教育贯穿学生培养全过程。稳步推进一流课程和教学名师培育。新增获批中国教育学会课题 1 项，省、市级教研课题 18 项，3 门课程获评广东省一流本科课程，15 项成果获省、市级教育优秀成果奖。持续深化校企协同育人。与乐聚共建智能机器人实践平台，形成"基地—课程—培训—创新竞赛—实习实践"人才培养过程。以赛促学、校企协同育人新模式受到《中国教育报》《中国青年报》报道，14 个项目获批教育

部 2022 年度第一批产学合作协同育人项目，新增 24 个校外实习实践基地。毕业生积极服务国家重大领域与地方区域发展。2022 届毕业生到国防科技工业单位就业 151 人，59.9% 在粤港澳大湾区就业，52.1% 在深圳就业；签约世界 500 强企业 451 人，同比增长 24.6%。年内，该校学生在各级各类竞赛中获国家级奖项 195 项、省级奖项 758 项，其中：首次获得全国大学生智能汽车竞赛室外专项赛、全国大学生物理实验竞赛、全国大学生物联网设计竞赛、"外研社杯"全国英语阅读大赛一等奖；在美国大学生数学建模竞赛中获特等奖提名 3 项、一等奖 11 项，为学校参赛以来最佳成绩；蝉联 ICRA RMUA 高校人工智能挑战赛、BOTEC 国际智能机器人技术挑战赛、中国大学生物理学术竞赛（CUPT）、"高教杯"全国大学生先进成图技术与产品信息建模创新大赛冠军 / 一等奖；在全国大学生操作系统设计赛

中一等奖获奖数及获奖总数全国居首；在全国大学生数学建模竞赛中国奖获奖数量在粤居首。

【师资队伍建设】2022 年，哈尔滨工业大学（深圳）持续优化师资队伍结构，加强师德师风建设，深化人事体制机制改革，全力打造人才高地。截至 2022 年年底，共有教职工 1218 人，其中：专任教师 655 人，97% 以上具有博士学位，近 80% 具有海外经历；实验技术人员 88 人；在站博士后 170 人。全年引进教师 78 人，新增国家级高层次人才 17 人。年内，获批首批广东省卓越青年团队 1 项、广东省教育厅创新团队 3 项、深圳市高层次人才团队项目 3 项。师德师风建设不断强化。出台《关于完善教职工思想政治和师德师风建设工作体制机制的实施办法》，建立党委教师工作委员会，构建学校党委、各学院党委、教师党支部三级联动工作机制；强化思想引领，通

2022 年 3 月 15 日，哈尔滨工业大学（深圳）7 名教职工加入首批青年战"疫"突击队，于防控期间在南山区南山街道南园村开展志愿服务，入户开展数据统计、信息核对、物资配送等工作　　　　　［哈尔滨工业大学（深圳）供］

过举办"八百壮士"宣讲会、"师德教育月"等活动强化榜样示范作用；严格师德考核，制定《教职工师德考核评价实施办法》，将师德第一标准贯穿教师管理与职业发展全过程。人事制度改革持续深化，遵循科技创新及人才成长规律，坚持"破五唯""立新标"，加快推进人员分类制度建设。制定教学研究系列教师分级设置与晋升管理办法，拟定教学系列岗位设置要求、工程技术人员岗位分级设置与聘用管理办法，推进教师分类评聘，实现教师各系列间双向流动。年内，学校多位教师及团队获各级荣誉称号。材料科学与工程学院教授毛俊获评"全国向上向善好青年"；机电工程与自动化学院空间电源创新团队获得"广东青年五四奖章"；土木与环境工程学院教授王旭获得"深圳青年五四奖章"。3 名教师获 2 项重量级社会力量人才奖和 1 项深圳市人才奖，其中：土木与环境工程学院教授王爱杰获何梁何利基金奖（科学与技术创新奖）；材料科学与工程学院教授肖淑敏获中国青年女科学家奖；计算机科学与技术学院教授廖清获深圳市青年科技奖。

【学术研究】2022 年，哈尔滨工业大学（深圳）聚焦国际学术前沿、国家与区域战略需求，强化组织谋划和沟通协调，在高水平学术成果、重大项目申报、平台基地建设、成果转化、哲学社会科学研究等方面取得新突破，科研整体实力与竞争力全面提升。2022 年度，累计科研到账经费 9.1 亿元，其中纵向科研经费 7.4 亿元、横向科研经费 1.7 亿元；新增纵向项目 511 项，其中科技部重点研发计划课题、国家自然科学基金、国家社会科学基金等国家级项目 139 项。年内，共发表 SCI 收录论文 2029 篇，184 篇论文入选 ESI 高被引文章，22 篇论文收录于 *Nature*、*Science* 系列刊物；新增专利申请 719 件，获授权专利 441 件，同比增长 22%，其中授权发明专利 379 项，达 86%。全年获省部级奖励 6 项、市级奖励 3 项、社会力量奖 17 项，包括工业和信息化优秀研究成果奖一等奖 1 项、教育部高等学校科学研究优秀成果奖（科学技术）二等奖 2 项、北京市科技进步奖一等奖和二等奖各 1 项、吉林省自然科学奖一等奖 1 项、深圳市科学技术奖二等奖 2 项、建筑行业最高奖——华夏建设科学技术奖（一等奖）。科研平台基地建设取得重要进展。2022 年度，获批成立"印刷电子技术工业和信息化部重点实验室""广东省普通高校航天遥感大数据智能处理与应用重点实验室""广东省普通高校密码应用创新工程技术研究中心""广东省集成光电子芯片重点实验室"4 个省部级平台；获批"深圳市数据安全重点实验室""深圳市无线智联网通信重点实验室""深圳市先进功能碳基材料研究与综合应用重点实验室（筹建启动）"3 个市级平台及"深圳市有机卤化物钙钛矿微型光电器件工程研究中心"提升项目 1 个。与深智城集团、河钢数字技术股份有限公司建立战略合作关系，与深圳开鸿数字产业发展有限公司、深圳讯策科技有限公司等企业成立校企联合实验室 14 个。智库影响力与日俱增。全年各级智库累计报送决策参考百余篇，其中《中国特色社会主义更好管理资本的建议》获习近平总书记批示；获深圳市领导批示 8 篇；被中央级有关刊物采纳 6 篇，广东省委办公厅采纳 16 篇，深圳市委办公厅采纳 33 篇。

【对外交流合作】2022 年，哈尔滨工业大学（深圳）面对疫情给对外交流带来的不利影响，坚持开展丰富多彩的对外交流活动，营造良好校园环境，协同推进与境外友好院校和机构之间的合作，优化对外合作布局。年内，与新加坡国立大学、爱丁堡大学、新加坡管理大学、伦敦玛丽女王大学、都柏林圣三一大学、昆山杜克大学等签署联合培养协议；与香港科技大学、西交利物浦大学开展本科生直博项目合作；与诺丁汉大学、滑铁卢大学推进学生培养项目合作；与汉阳大学达成中外合作办学意向。多措并举助力人才国际化培养。开展语言工作坊、留学规划、全球语言文化巡礼等活动 57 场，吸引 3000 余名师生参加活动；开展"新青年全球胜任力人才培养项目"，为学生创造一个宽视域、多视角的思维空间和交流平台；以《飞跃手册》形式整理学生留学申请案例 380 余个，为学生提供有益和现实参考；组建由校友、教师等组成的海外朋辈导师团队，为学生提供个性化咨询，组建模拟联合国队伍，增强学生参与国际事务的意识和能力。发挥粤港澳联盟平台作用。成功举办粤港澳高校工科联盟年会暨医工融合论坛，开设"生物医学信息学""智能医学工程"和"生物材料与3D打印发展"分论坛，29位医工领域专家和900余名师生线上线下参加活动；组织召开粤港澳高校会计联盟首届智能会计教学研讨会，16所联盟成员高校及全国其他高校会计教师和学生近80人与会，共同探讨智能会计教学改革和发展问题。

【办学二十周年庆祝大会】2022年6月12日，哈尔滨工业大学（深圳）举行办学二十周年庆祝大会，各级领导嘉宾、国内外高校代表、海内外校友、全体师生员工和关心哈工大（深圳）建设发展的各界人士通过线上线下方式参会。深圳市副市长郑红波，市政协副主席吴以环，市委教育工委原书记、市教育局原局长、市人大常委会一级巡视员郭雨蓉，市委教育工委书记、市教育局局长陈秋明，市外事办主任曹赛先出席大会。受深圳市市长覃伟中委托，郑红波代表深圳市政府

对哈工大（深圳）办学二十周年表示热烈祝贺，向全体教职员工和广大校友表示诚挚问候和良好祝愿。大会由哈工大（深圳）党委书记吴德林主持，哈工大（深圳）校长、中国工程院院士周玉致欢迎辞，哈工大党委常委、副校长、哈工大（深圳）常务副校长甄良做哈工大（深圳）办学二十周年情况报告。

【本科学生在国际会议或期刊上发表论文多篇】2022年，哈尔滨工业大学（深圳）本科生在高水平国际会议或期刊上发表多篇高质量论文。计算机科学与技术学院本科学生叶峻崎在世界数据挖掘最高级别学术会议之一——国际数据挖掘与知识发现大会（ACM SIGKDD）上发表论文"A Stochastic Shortest Path Algorithm for Optimizing Spaced Repetition Scheduling"；计算机科学与技术学院本科学生朱晨阳、何汶钰在EAI多媒体技术和强化学

习会议（EAI ICMTEL 2022）上发表的"Deep Factorized Multi-view Hashing for Image Retrieval"获会议最佳论文；机电工程与自动化学院本科学生林铂涛发表的论文"A Modular Lockable Mechanism for Tendon-driven Robots：Design，Modeling and Characterization"被机器人领域顶级旗舰会议 IEEE International Conference on Robotics and Automation（ICRA）录用；经济管理学院本科学生封雁翔、谭馨漾的论文"The Value of Higher Education to Entrepreneurial Performance：Evidence from Higher Education Expansion in China"在 SSCI 1区期刊《中国经济评论》（*China Economic Review*）发表，为学校经济学专业本科学生首次在国际一流期刊发表学术论文。

【2022年北京冬季奥运会网络安全保障】2022年，哈尔滨工业大学（深圳）—奇安信数据安全研究院研发的"国产密码仿真调试平台"支撑2022年冬奥会数据安全专项，成为冬奥历史上第一个上线的安全专项。"国产密码仿真调试平台"能容纳"50+"以上信息系统的密钥集中统一管理，能够满足高安全要求（等保三级），适配高复杂环境（国内外、云环境、本地环境），实现密码技术与网络安全密切配合。赛事期间，中国工程院院士、哈工大（深圳）首席学术顾问、数据安全研究院学术委员会主任方滨兴担任中央网信办冬奥会网络安全专家研判组组长，哈工大（深圳）计算机科学与技术学院教授、数据安全研究院执行院长刘川

2022年6月12日，哈尔滨工业大学（深圳）举行办学二十周年庆祝大会
[哈尔滨工业大学（深圳）供]

哈尔滨工业大学（深圳）– 奇安信数据安全研究院研发的"国产密码仿真调试平台"应用于 2022 年北京冬奥会网络数据安全保障工作，成为冬奥历史上第一个上线的安全专项　　　　　　　〔哈尔滨工业大学（深圳）供〕

意担任 2022 年冬奥会密码专项负责人，助理研究员韩培义等多名科研人员组成研发团队全程参与冬奥会网络数据安全保障工作，全方位保护冬奥会网络安全。

【肖淑敏团队科研成果入选"2021 中国光学十大进展"】2022 年 5 月 23 日，中国激光杂志社发布"2021 中国光学十大进展"，哈尔滨工业大学（深圳）材料科学与工程学院教授肖淑敏团队的"偏振不敏感宽带二氧化钛消色差超构透镜在近红外生物成像中的应用"入选"2021 中国光学十大进展"。该成果为轻薄小巧的超构透镜替换传统透镜提供可能，也为医疗成像领域机载光学器件的进一步小型化和集成化带来希望。相关研究成果以"High-efficiency broadband achromatic metalens for near-IR biological imaging window"为题发表于《自然·通讯》（*Nature Communications*）。

【机电学院空间电源创新团队获"广东青年五四奖章"】2022 年 4 月 28 日，共青团广东省委员会、广东省青年联合会联合印发《关于颁授第二十四届"广东青年五四奖章"的决定》，哈尔滨工业大学

（深圳）机电工程与自动化学院空间电源创新团队获得"广东青年五四奖章"。该团队围绕国家重大需求，打破技术封锁，完成空间电源从基础研究、技术攻关、研制鉴定到推广应用全链条自主创新，研制的卫星电源控制器在多个关键技术指标上处于国际领先水平，全部核心技术均拥有自主知识产权，创新成果首次成功应用于高压大功率卫星，实现"零的突破"。截至 2022 年年底，该团队累计培养博士后 16 人、博士研究生近 30 人、硕士研究生近 1000 人，先后获得国家技术发明奖、国防技术发明奖等多项国家、省部级奖励，为服务国家电源产业发展提供人才支撑和科技支撑。

【智慧水系统创新中心成立】2022 年 8 月 18 日，哈尔滨工业大学（深圳）与百度智能云联合创建的"智慧水系统创新中心"正式挂牌成立。该中心将会聚国内外智慧水领域领军人才和整合优质创新资源，

2022 年 8 月 18 日，哈尔滨工业大学（深圳）与百度智能云联合创建的"智慧水系统创新中心"正式挂牌　　　　　　　　　　　〔哈尔滨工业大学（深圳）供〕

在城市水系统智慧管控技术研发、人工智能平台及水务互联网建设、在线教育培训与社会服务等方面通力合作，共同探索和实践水行业数字化创新模式。推动新型基础设施建设，推动水行业智慧化转型和科技人才培养模式创新，打造国际先进水平的智慧水创新研究机构、产业创新源和成果转化基地，形成智慧环境领域工程科技人才智库。

【第四届数据智能与安全国际学术会议】2022 年 8 月 24—26 日，哈尔滨工业大学（深圳）与 Institute for Electrical and Electronics Engineers（IEEE）等 7 家单位联合主办第四届数据智能与安全国际会议。会议采用"线上 + 线下"相结合的方式举行，来自全球 15 个国家和地区的 200 余名学者参会。会议围绕"安全与隐私中的数据智能"与"数据智能中的安全与隐私"两大话题进行，设置"数据安全""入侵检测及脆弱性检测""应用密码学、区块链及联邦学习"等 10 个分会场，并同步举办广东省安全智能新技术重点实验室研讨会、"昂楷杯"数据安全竞赛、ICDIS 数据库参数调优大赛等多项卫星会议及卫星赛事，为深入探讨数据智能和数据安全领域最新发展提供国际性学术交流平台。

【粤港澳高校工科联盟年会暨医工融合论坛】2022 年 4 月 29 日，粤港澳高校工科联盟 2022 年年会暨医工融合论坛在哈尔滨工业大学（深圳）举办，来自联盟 5 所成员院校的 29 位医学、工科领域专家学者和 900 余名师生代表线上线下参加论坛。与会学者围绕"医工协同优势互补，智慧融通共谋发展"分别从智能医学工程、生物医学信息学、生物材料与 3D 打印 3 个方向展开深入研讨，共同探索跨学科学术交流与实践。以创新驱动发展战略为指引，以医工交叉融合为引擎，进一步促进粤港澳大湾区在医工领域互联互通，在协同创新中为建设大湾区工科教育高地作出贡献。

（李晓琳）

南方科技大学

【概况】南方科技大学是教育部批准建立的公办新型研究型大学。2022 年 2 月 14 日，教育部、财政部、国家发展和改革委员会公布第二轮"双一流"建设高校及建设学科名单，南方科技大学及数学学科入选。该校以理、工、医为主，兼具商科和特色人文社科，在本科、硕士、博士层次办学。占地面积 198 万平方米，建筑面积 86 万平方米。固定资产总额 91.62 亿元，其中科研仪器设备资产额 39.67 亿元（占比 43.29%）。图书馆建筑面积 2.6 万平方米，有纸质图书 28.2 万册、电子图书 69.39 万种、电子数据库 132 种。多媒体教室 111 间，总带宽 11.3GB/s，电子邮件系统用户 2.37 万个，管理信息系统数据总量 1252GB。有学院 8 个，系（院）中心 35 个，中外合作办学机构 1 个。

【党建工作】2022 年，南方科技大学以习近平新时代中国特色社会主义思想为指导，认真学习贯彻党的二十大精神，落实广东省第十三次党代会部署，以筹备开好该校第二次党代会为契机，围绕"基层党建强基年"主题，坚持和加强党的全面领导，着力提升基层党组织建设质量，深入贯彻落实《广东省加强党的基层组织建设三年行动计划（2021—2023 年）》并推动实施方案落实落地。有基层党组织 181 个，其中职能部门党组织 30 个、教学科研单位党组织 127 个、学工书院党组织 24 个；2022 年新建 3 个院系党委。新发展高层次人才党员 12 名、积极分子 3 名，恢复党组织关系 1 名，接收 1 名院士入党；有在册党员 3968 名，其中正式党员 3255 名、预备党员 713 名。启动基层党建"南雁工程"（2022—2025 年），印发《中共南方科技大学委员会实施加强基层党组织建设"南雁工程"工作方案（2022—2025 年）》。制定实施《学习宣传贯彻党的二十大精神工作方案》，召开多场座谈会，成立师生宣讲团，各级党组织开展宣讲 176 场，听讲人数近 8000 人。举行学习贯彻党的二十大精神市委宣讲团宣讲报告会暨校党委理论学习中心组（扩大）学习会，是深圳市委宣讲团在高校举行的首场报告会，省委宣讲团成员、市委宣讲团成员、校党委书记、讲席教授李凤亮为全体师生做学习贯彻党的二十大精神专题宣讲报告。举办"培铸'大学之魂'，勇担时代使命"践行校训精神展、"中国共产党伟大建党精神"专题展。

【学科建设】2022 年 2 月，南方科技大学获批新增 3 个本科专业，分

2022 年 11 月 20 日，南方科技大学第十次学生代表大会在第一科研楼报告厅召开
（南方科技大学　供）

别是自动化（专业代码：080801）、光电信息材料与器件（专业代码：080418T）和新能源科学与工程（专业代码：080503T）；7 月，获批集成电路科学与工程一级学科硕士学位授权点。有博士学位授权一级学科 7 个，硕士学位授权一级学科 9 个，硕士专业学位授权类别 7 个，本科专业 37 个（其中工学专业 19 个、理学专业 13 个、经济学专业 3 个、管理学专业 1 个、医学专业 1 个），学士学位授予权专业 27 个，广东省重点建设学科 8 个，ESI 全球前 1% 学科 9 个，入选国家级一流本科专业建设点 9 个。

【人才培养】2022 年，南方科技大学连续第十一年采用基于高考的"631"综合评价录取模式，面向 24 个省（自治区、直辖市）招收本科生；22 个省份录取新生生源百分比进入省前 2%（同比增加 3 个省份），其中 7 个省份进入省

前 1%；在广东录取 271 人（同比增加 66 人，增幅 32%），录取新生最低高考成绩在广东省理科排名连续 4 年排名省内高校第一。在籍本科生 4797 人（含留学生 55 人），授予毕业本科生学士学位 1012 人；2021 级新生入党申请人 517 名，占新生总数 45%；2022 届本科生升学就业率 96.29%，境内外升学深造比例 72.06%，300 余名本科毕业生选择境外升学，其中 52% 被世界排名前 50 高校录取，直接就业比例 24.23%。研究生招生 1916 人，其中博士研究生优秀生源 82%；学籍在读研究生 4534 人，其中硕士研究生 3142 人、博士研究生 1392 人；与 11 所境外高校联合培养博士研究生 113 人；在校研究生留学生 30 人，其中硕士研究生 3 人（皆为本校学籍）、博士研究生 27 人（本校学籍 13 人，境外联培 14 人）。首位自主培养的本校学籍博士研究生获得理学博士学位。

【师资队伍建设】2022 年，南方科技大学有教师 1315 人，其中教研系列教师 676 人、研究系列教师 537 人、教学系列教师 102 人。教研系列教师中，讲席教授 137 人、教授 103 人、副教授 240 人、助理教授 196 人。博士生导师 786 人，硕士生导师 1050 人。菲尔兹奖获得者埃菲·杰曼诺夫院士全职加入。中国科学院院士、中国工程院院士及国际院士 59 人（全职 43 人），"国家自然科学基金杰出青年基金"获得者 50 人，"国家自然科学基金优秀青年基金"获得者 29 人，"广东省特支计划"入选者 23 人，深圳市海外高层次人才 734 人，深圳市高层次专业人才 287 人。

【科学研究】2022 年，南方科技大学获批纵向科技项目 949 项，获批总经费 14.06 亿元；国家自然科学基金项目立项 291 项，获批经费 2.5 亿元；科技部项目立项 82 项，获批经费 2.74 亿元；科技部国家重点研发计划项目负责 12 项、课题负责 26 项，均创历年新高；人文社科及软科学竞争性科研项目立项 37 项，获批经费 575 万元。各类项目中，国际合作项目 38 项，获批经费 2824 万元。高层次人才项目方面，获批国家杰出青年科学基金项目 5 项、国家优秀青年科学基金项目 4 项、广创团队项目 5 项（居广东省首位）、深圳市高层次人才团队 4 项（居深圳市第一）。平台建设方面，获批各级项目 52 项，新增资助经费 2.82 亿元，包括国家野外科学观测研究站 1 项、广东省重点实验室 2 项、广东省野

外科学观测研究站 1 项、广东省普通高校重点实验室 3 项、深圳市重点实验室筹建启动 12 项、深圳市重点实验室组建 3 项、深圳市工程研究中心 1 项；新增 3 个文科基地。2022 年，该校教师共发表论文 6461 篇，其中 SCI 收录 4761 篇（分别同比增长 6% 和 8%）；自然指数（Nature Index）稳步上升。2022 年年末数据显示，自然指数 FC 值达 287.33（2021 年 12 月 1 日至 2022 年 11 月 30 日），位列世界大学第 25 位、中国大学第 12 位。2021 年，该校在 *Nature*、*Science*、*Cell* 主刊发表论文 19 篇，其中以第一作者或通讯作者单位发表 CNS 主刊文章 13 篇（该结果结合 WOS 统计与 Incite 分析）。

【社会服务】2022 年，南方科技大学签订横向技术合同 327 项，合同额 3.15 亿元，新成立校企联合科技机构 25 家。申请专利累积达 4238 件，授权 1559 件，登记计算机软件著作权 114 件。2022 年，申请专利 957 件（同比增长 7.5%），授权 568 件（同比增长 60%）。积极与地方政府、重点企业开展战略合作，加强技术协作，打造合作共赢校地校企融合发展模式，为区域经济高质量发展赋能助力；服务国家战略需求，推进粤港澳优势资源深度融合，建设粤港澳大湾区量子科学中心；贡献区域经济社会发展，助力深圳加快建成全球海洋中心城市，推动深圳海洋大学筹建；与贵州省人民政府签署战略合作协议，共建"贵州绿色产业技术研究院"；与中国联合网络通信有限公司广东分公司、中煤能源集团有限公司、TCL 科技集团股份有限公司、迈瑞医疗等重点行业龙头企业和中国科学院大连化学物理研究所等科研机构展开合作，通过共建研究院、联合攻关重大课题等形式，共同探索行业尖端和学术前沿，攻克"卡脖子"技术难题，打造原创技术"策源地"，为国家实现高水平自立自强贡献"南科力量"。

【对外交流合作】2022 年，南方科技大学对外交流合作再上新台阶。英国医学总会将"南方科技大学伦敦国王学院医学院"列入其授权授予英国临床医学学位新机构名单；与瑞典开展广泛交流合作，成立纳米科学与应用研究院，著名纳米材料学家乐思（Lars Samuelson）受聘为院长。国际排名方面，位列"泰晤士高等教育世界大学排名"第 166 位、"美国新闻与世界报道全球最佳大学排名"第 213 位、"QS 世界大学排名"第 226 位、"软科世界大学学术排名"第 151~200 位。有本科生境外交流项目 118 个，其中与南科大开展学生交换项目的高校由 2019 年的 1 所增至 16 所，覆盖北美、欧洲、亚洲等主要留学地区；派出本科生 355 人参加境外学习交流项目（同比增长 61.4%）；派出学生到南科大交换的境外合作高校新增 3 所，分别是韩国高丽大学、德国莱茵瓦尔应用技术大学、香港理工大学；有本科生留学生 55 人，研究生留学生 30 人；接收来自韩国高丽大学、加拿大多伦多大学、美国纽约州立大学石溪分校、德国莱茵瓦尔应用技术大学和香港理工大学 5 所境外合作高校共 19 名学期交换生到校学习。

【文化传承】2022 年，南方科技大学聚焦"品牌创新年"，持续推动大学精神内核建设，探索新时代高校文化创新发展的"南科路径"。立足迈入"双一流"建设高校行列新起点，统筹文化建设在新起点上谋篇布局，以一流文化引领一流大学建设，丰富文化品牌体系，增强思想文化工作的覆盖面和有效性。着重以顶层设计引领校园文化高质量发展，以品牌创新持续提升大学文化影响力，以融合发展强力探索"文化+"协同发展路径。

【南方科技大学及数学学科入选国家"双一流"建设高校及学科建设名单】2022 年 2 月 14 日，教育部、财政部、国家发展和改革委员会公布第二轮"双一流"建设高校及建设学科名单，南方科技大学及数学学科入选，是深圳首所跻身"双一流"建设高校行列的本土高校，也是中国最年轻的"双一流"建设高校之一。

【南方科技大学教师获国际国内重要奖项】2022 年，南方科技大学教师先后获数十项国际国内重要奖项，在学术界充分展示南方科技大学教育工作者的科研贡献和学术风采。其中：校长薛其坤获 2020 年度菲列兹·伦敦奖、日本东北大学"国际奖"；副校长、理学院院长杨学明院士获"未来科学大奖—物质科学奖"；地球与空间科学系讲席教授、中国科学院院士陈晓非和创新创业学院院长、澳大利亚国家工程院外籍院士刘科获第九届"侨界贡献奖"一等奖；物理系讲席教

2022 年 8 月 21 日，南方科技大学副校长杨学明院士获本年度"未来科学大奖—物质科学奖"
（南方科技大学　供）

授卢海舟被全球华人物理与天文学会（OCPA）授予 2021 年度"亚洲成就奖"；讲席教授乐思（Lars Samuelson）获瑞典皇家工程科学院 2022 年"大金奖"等。

【南方科技大学科研成果入选国际物理学十大进展】2022 年，南方科技大学围绕国家和区域重大战略需求，聚焦深圳"20+8"产业集群，布局战略性新兴产业，培育高水平交叉研究和协同创新团队，建设重大科技基础设施和国家级科研机构，产出标志性成果。物理系和量子科学与工程研究院教授范靖云课题组关于"量子力学的基本问题之一：复数的根本地位"实验研究成果入选美国物理学会"最具有代表性的十项重要工作"。年内，南方科技大学先后成立 7 个校级实体科研机构，为深圳综合性国家科学中心建设贡献力量。举行系列重磅学术会议，包括中国物理学会 2022 秋季学术会议、未来科学大

奖系列活动、第二届"青年科学家 50² 论坛"等。　　（张人天）

香港中文大学（深圳）

【概况】香港中文大学（深圳）是一所经教育部批准，参照《中外合作办学条例》设立的大学。以创建

一所立足中国、面向世界的一流研究型大学为己任，致力于培养具有国际视野、中华传统和社会担当的创新型高层次人才。办学特色是国际化氛围、中英并重教学环境、书院制传统、通识教育、新型交叉学科设置和以学生为本的育人理念。2022 年，为港中大（深圳）建校 8 周年。8 年间，港中大（深圳）扎根深圳，勤勉耕耘，向全社会展示累累硕果。有 6 个学院、1 个研究生院、20 余个研究院、5 所书院，有 25 个本科招生专业、31 个研究生招生专业，在校学生 9000 余人。占地面积逾 130 万平方米。2022年，港中大（深圳）在学科建设及科研创新、招生录取、人才引进、国际交流、书院建设等各方面都取得新进展、新成就。

【学科建设及科研创新】2022 年，香港中文大学（深圳）学科建设进一步完善。截至 2022 年年底，有经管学院、理工学院、人文社科学院、数据科学学院、医学院、音

2022 年 8 月 3 日，香港中文大学（深圳）与香港中文大学医院签订战略合作框架协议
［香港中文大学（深圳）　供］

2022年9月2日，锦玺唐向香港中文大学（深圳）捐赠协议签署仪式举行

[香港中文大学（深圳）供]

乐学院6个学院以及1个研究生院。其中，医学院包括临床医学专业和生命与健康科学学院的生物信息学、生物医学工程、药学、生物科学4个专业。4月，申请的材料科学与工程专业、电子与计算机工程专业、音乐学专业、作曲与作曲技术理论专业通过教育部审批。建校以来，以创新驱动为指引，以粤港澳大湾区需求为导向，研究领域契合国家战略发展需求，涵盖地方新兴产业和未来产业发展方向，包括人工智能与机器人、大数据与数据科学、信号与信息处理、类脑研究、生物医药、生物信息、先进材料、新型电子元器件、智能电网、新型网络、金融物流等。

【招生录取】2022年，香港中文大学（深圳）顺利完成23个省（自治区、直辖市）本科招生录取工作，共录取1387名内地本科生。其中，通过普通提前批录取472人，通过综合评价录取848人，外

语类保送生30人，艺术类考生（音乐类）录取37人。2022年，该校录取生源质量水平稳定在全国前列。录取学生高考英语平均分高达137分，其中32.3%的学生英语超过140分，较上年占比提高12.3%。连续第七年成为广东省内院校录取分数最高的大学，继续名列省内知名高校榜首。

【人才引进】截至2022年年底，香港中文大学（深圳）已面向全球招聘引进520余名国际知名优秀学者和研究人员。其中包括：诺贝尔奖得主5名，图灵奖得主2名，菲尔兹奖得主1名，中国工程院院士、中国科学院院士、美国工程院院士、美国科学院院士、加拿大皇家科学院院士、加拿大皇家工程院院士等30余名，国家级专家人才70余名。

【交流合作】2022年，香港中文大学（深圳）在新冠疫情影响及国际局势复杂背景下，对外合作与交

流依然稳步前行。截至2022年年底，开展实质性交流与合作的境外院校共130所，遍布世界29个国家和地区，各类国际合作项目达228个。

【书院建设】2022年9月2日，香港中文大学（深圳）第五所书院——道扬书院落成启用。道扬书院由深圳市百合控股集团有限公司董事长凌国强先生捐资成立。院名"道扬"旨在纪念凌国强先生的祖辈、香港中文大学创办者之一——凌道扬博士。同日，港中大（深圳）第六所书院——厚含书院（锦玺唐捐赠）正式创立。（邵　童）

中山大学（深圳校区）

【概况】中山大学（深圳校区）为中山大学主体校区之一。位于深圳市光明区，占地面积为3.14平方千米。截至2022年年底，中山大学（深圳校区）有院系16个；有支撑基础医学等22个一级学科博士点，计算机科学与技术（智能交通）等3个二级学科博士点，生物与医药等6个专业学位博士点；有9个学科进入"双一流"建设学科名单。有2家附属医院，为广东乃至全国提供高水平医疗服务。6月28日，中山大学举行2022届毕业典礼暨2022年学位授予仪式。12月11日，中山大学举行医学部成立暨干部聘任仪式，是中山大学自启动学部制改革以来成立的第二个学部。8月12日，中山大学附属第八医院"健康驿站管理新模式"获"第七季改善医疗服务行动——

2022 年 11 月 11 日，中山大学（深圳校区）开展系列活动，献礼学校 98 周年校庆。图为学生宿舍楼宇点亮"我爱你，中山大学"字样向学校深情告白
〔中山大学（深圳校区）供〕

全国医院擂台赛"全国总决赛铜奖，3 个案例获评"百强案例"。

【中山大学 98 周年校庆】2022 年是纪念孙中山先生诞辰 156 周年暨创办中山大学 98 周年，中山大学（深圳校区）师生开展系列活动为中大生日献礼。11 月 11 日晚，深圳校区校庆亮灯仪式开幕。全校区师生在东园、西园学生宿舍楼宇点亮"我爱你，中山大学"的字样向学校深情告白；公常路边的学科组团楼宇，以"1924—2022"字样讲述学校走过的 98 载峥嵘岁月；校区正门内的逸仙楼，以"大鹏展翅"字样展示学校鹏程（城）万里的自信。

【医学部成立】2022 年，中山大学医学部成立。将更好地统筹学校医科发展，更有效地推进深圳校区医科院系和附属医院的发展，协调好深圳校区医科各学院和医院的医学教育工作，提升中山大学医科生的培养质量。

【中山大学附属第七医院通过"三甲"现场评审】2022 年 7 月 25 日，经广东省卫健委专家组评审，中山大学附属第七医院以优异成绩通过"三甲"现场评审。评审期间，专家组深入医院各部门、科室，通过现场访谈、查阅资料、现场演练、个案追踪等形式，对医院医教研管理等方面进行全方位、多角度检查，对医院在管理、医疗、药事、院感、护理等各项工作中取得的成绩和亮点给予充分肯定和高度赞扬。

【师资队伍建设】2022 年，中山大学（深圳校区）坚持"适度规模、优化结构、注重质量、追求卓越"基本原则，积极做好人才引育工作。聚天下英才而用之，吸引、集聚一大批海内外优秀学术精英奋斗在教学和科研第一线，在粤港澳大湾区高水平人才高地建设、深圳高技能人才高地建设中发挥显著人才支撑作用。截至 2022 年年底，该

校区有专任教师 505 人，其中：教授 122 人、副教授 299 人，副高级及以上占比 83%；45 岁及以下青年教师占比 82%；国家级高层次人才 38 人，省级人才 46 人，市级人才 305 人。7 月 13 日，中山大学党委书记陈春声专访报道《加快建成大湾区首所中国特色世界一流大学》在《南方日报》刊发；11 月初，中山大学校长高松专访报道《筑牢立德树人根本 面向国家战略关键》在新华社《瞭望》新闻周刊刊发。

【人才培养】2022 年，中山大学（深圳校区）办学规模继续扩大，人才培养质量不断提升，人才供给能力日益增强。截至 2022 年年底，中山大学（深圳校区）在办本科专业 21 个，本科在校生 8000 人，已毕业本科生 2681 人。在办本科专业中，15 个入选国家级一流本科专业建设点，4 个入选省级一流本科专业建设点；获省级教学成果一等奖 1 项，校级教学成果一等奖 5 项、二等奖 3 项；省级一流本科课程 5 门，校级一流课程 12 门；校级教学名师 1 人；在教学改革项目方面获国家级新工科研究与实践项目立项 1 项，省级质量工程及教改项目立项 7 项，市级教育科学研究课题立项 1 项，校级质量工程与教改项目立项 132 项。截至年底，深圳校区各学院已有 1429 名（含附属七院、八院）研究生毕业，其中 2022 年全年毕业研究生 694 名（含附属七院、八院）。共开设公共必修课（研究生）3 门次、专业必修课（研究生）424 门次、专业选修课（研究生）201 门次。年内，该

校一支队伍获第八届中国研究生未来飞行器创新大赛全国总决赛一等奖。

【科学研究】2022年，中山大学（深圳校区）全面推进科研工作。聚焦"四个面向"，紧抓"双区"建设重大机遇，着力加强有组织科研，提升科技自主创新能力，以高质量创新服务"双区"建设发展。

科研规模再创新高　各学院和附属第七医院、附属第八医院共到账科研经费5.6亿元，同比增长33%，再创历史新高。国家自然科学基金立项147项，批准经费6647万元，较上年分别增长22%和28%；获批国家重点研发计划项目5项，立项数为上年的2.5倍，立项总经费5453万元，较上年增长13%；国家高层次科技领军人才实现"零的突破"；深圳市科技计划项目立项数首次突破100项，较上年增长近2倍；产学研合作项目千万元级以上重大项目3项，是上年的3倍。人文社科领域到账科研经费30.5万元，其中获批教育部人文社会科学研究规划基金项目1项，批准经费10万元。

科研平台建设上新台阶　2022年，新增1个广东省临床医学研究中心、3个深圳市重点实验室、1个广东省教育厅国际暨港澳台科技创新合作平台、1个广东省药品监督管理局重点实验室。稳步推进精密测量交叉平台建设，深度参与深圳综合粒子设施建设。

重大科技创新成果不断涌现2021年度广东省科学技术奖于2022年4月公布，该校获奖17项，其中深圳校区获奖2项；教授庄宏

成成果"以用户为中心的智能无线网络关键技术及应用"获广东省科技进步奖一等奖，教授胡玲玲成果"拉胀材料的力学行为机理和增强机制"获广东省自然科学奖二等奖。

服务区域经济社会发展能力提升　积极与企业深入开展产学研合作，进一步健全科技成果转移转化体系，推动科技成果转移转化。2022年，与深圳市企业开展产学研合作149项，服务深圳市企业108家，总经费1.05亿元，成果转化11件、转化专利28件，比上年均有提升。

【合作交流】截至2022年年底，中山大学（深圳校区）在对外交流合作方面，已与全球40余个国家和地区逾290所院校签署校级合作协议，开展与高水平大学多层次、宽领域务实合作。

对外合作网络布局优化　优化对外合作网络布局，推动人才培养

和科研创新国际合作。优化全球合作网络布局，拓展合作新空间。年内，学校与24个国家54所大学和机构签署63份交流合作协议，其中校际框架合作协议16份、国际科研合作协议43份，积极推进校际合作框架协议落地落实；新拓展阿根廷、罗马尼亚和塔吉克斯坦3个国家合作网络；16份校际框架合作协议中，包括4所世界百强高校、9所世界学科前50高校。发展平台网络，建设学术共同体。新加入中国与葡语国家海洋研究联盟2个联盟组织，至年底已加入18个世界和区域大学联盟。促进学科交流，助力科研创新能力提升。实施高水平学科伙伴交流专项，推动与世界一流大学或学科开展合作交流。全年与伙伴高校和机构举办交流会、研讨会52场，推进多学科领域国际合作交流。推进高端外国专家引进，引智项目申报踊跃。获科技部、广东省各类引智经费共计1041.7万元，获批项目57个，各

2022年，中山大学—澳门大学大科学平台"中山大学"号科考船研学活动开展
［中山大学（深圳校区）供］

学科领域均有获批项目。积极发挥中方院校办学主体作用，建立健全孔子学院工作机制体制，推进院系建孔院，为孔子学院提供专业、人员、经费支持保障。

港澳台高校教育交流合作 推动与港澳台高校的教育交流合作，发挥大湾区教育创新引领作用。不断提升对港澳高校战略合作的层次与水平。稳步推进与香港中文大学15个领域、岭南大学4个领域的战略合作，新增启动与澳门大学在7个领域的战略合作，组建"中国旅游教育合作联盟"等合作平台。推动粤港澳高校联盟扩大发展。新增香港科技大学（广州）入盟，成员院校数量增至42所；新增组建11个专业联盟，专业联盟总数达48个，合作领域持续增加；召开联盟工作会、理事会，举办校长论坛，制作年度重大活动视频，凝心聚力融合发展；举办各类高端学术交流活动逾千场，组织10个专业联盟举办青年学者论坛，品牌效应受到广泛认可；继续推出"夏日学院"系列课程，共享优质教研资源；积极与优秀大学联盟及社会组织开展交流，扩大合作。打造形式丰富的对港澳台师生交流项目。主动突破疫情限制，全年举办对港澳台师生交流项目12项，逾1000名港澳台师生参加交流学习；积极参与岭南青年行、海峡两岸高等教育论坛，维系对台交流不断线。

校级外事活动 开展校级重要外事活动，扩大学校国际影响力。7月1日，校长高松受邀出席2022年全英华人教授协会第三届年会开幕式暨中英大学校长论坛，并发表题为"加强中英合作，推动创新发展"主旨演讲，介绍该校过去几年建设高水平重大科技基础设施和创新平台并面向全球开放共享的举措，介绍该校构建"学校—学部—院系"三级学术治理体系，探索校内与校外多种形式的教师聘用模式，坚持以学生成长为中心，帮助学生培养强大的学习力、思想力、行动力，以及通过数字化提升教育发展质量等治校措施。11月30日，常务副校长肖海鹏以视频方式出席2022年中法非三方高等教育论坛并发表演讲，向与会代表介绍该校近年与法国和非洲知名高校开展务实合作情况，并表示中法非高校应该在三方合作中发挥引领作用。

〔中山大学（深圳校区）〕

暨南大学深圳校区

【概况】2022年，暨南大学深圳校区共设有旅游学院及旅游管理系、酒店管理系、电子商务系、英语系，开办旅游管理、酒店管理、会展经济管理、风景园林、商务英语、电子商务6个本科专业（同时，金融科技本科专业已通过教育部公示），培养旅游管理专业硕士、博士研究生和金融专业硕士研究生。共有教职工141人，其中专职教师59人。专职教师中博士45人，高级职称43人；教育部新世纪优秀人才1人；深圳市领军人才1人、后备级人才7人、"孔雀计划"C类人才1人。该校区通过高端人才项目，柔性引进国内外知名专家作为人才队伍的重要补充。6月22日，学校党委书记林如鹏、校长宋献中一行拜会深圳市副市长郑红波，就暨南大学深圳校区建设发展等事宜达成共识。

【科研平台建设】截至2022年年底，暨南大学深圳校区共有16个科研平台、1个国家级实验教学示范中心。年内，梁晓峰教授团队的暨大－康泰疫苗产业研究院在深圳校区设立办公室，基因工程药物国家工程研究中心（深圳）和广东

2022年8月19日，暨南大学校长宋献中、副校长张宏一行赴深圳市龙岗区政府拜访，并围绕暨南大学深圳校区扩建进行座谈讨论

（暨南大学深圳校区 供）

省舆情大数据工程技术研究中心等基础研究机构建设工作持续开展。基于该校与前海管理局签署战略框架协议，暨南大学前海中心相关项目已完成前期论证工作，后续稳步推进。众多科研平台的落户，极大提升该校区学科广度和深度，为进一步发展校区学科群奠定基础。

【教学科研】2022年，暨南大学深圳校区"旅游休闲管理"学科在"软科世界一流学科排名"中名列前茅，酒店管理、旅游管理专业获评"A+"，旅游管理专业入选国家级一流本科专业建设"双万计划"，专业上榜率高达100%。在研国家自然科学基金及哲学社会科学基金9项；获3项广东省自然科学项目资助，在研省部级课题8项，提交结题材料1项；在研横向课题5项，发表高水平论文数十篇。申报的2022年大创项目，获批立项22项，其中国家级2项、省级4项、校级16项；完成2021年大创项目结题与中期检查工作，结题28项；2022年度，开放实验项目申报立项20项，结题28项；结题验收校级教学改革研究项目8项，通过中期检查3项；申报广东省2022年度"质量工程"建设项目7项，申报广东省2022年度课程思政改革示范项目3项；申报暨南大学2022年度课程思政改革示范项目4项，获得立项2项；验收通过暨南大学省级"教学质量与教学改革工程"建设项目1项，为提高人才培养质量和创新人才培养模式奠定良好基础。

【社会服务】2022年，暨南大学深圳校区面向政府部门、文旅企业、金融业等领域大型企事业单位开展定制培训服务；开展成人高考和自学考试业务、职业技能认证及专业资格证书考试业务。教育培训学院共有76名学生毕业，包括45名港澳联考学生、12名留学辅导班学生和19名高考考前辅导学生。承办的各类政企培训班，培训150余人次。落地成人高考项目后，成人高考报名人数1100余人，计划2023年3月入学人数600余人。积极服务深圳经济建设，参与深圳市各级政府部门举办的重大活动，校区应邀成为第十六届深圳国际金融博览会参展单位和2022中国（深圳）金融科技全球峰会参会单位；积极参与福田区金融工作局金融科技人才实习政策制定，促成12名教师加入深圳市金融科技工程专业技术高级职称评审委员会。5月31日，参与共建的喀什大学旅游学院揭牌，设有旅游管理和酒店管理2个专业，共有616名在校本科生。

【人才培养】2022年，暨南大学深圳校区共有318人毕业。内地升学的有北京大学、武汉大学、中央财经大学等知名高校，境外升学的有香港中文大学、杜伦大学、曼彻斯特大学等多所高校；就业质量维持较好水平，腾讯、顺丰、北京环球、兴学科技等知名企业均有录用。校区在"抖音""B站""小红书"等自媒体平台推出"趣"世界旅行云上科普日活动，获评2022年广东省优秀科普活动、全国科普日优秀组织单位，为广东省唯一在列高校。在学校第十一届"挑战

杯"大学生课外学术科技作品竞赛中，校区推荐参加校赛作品共18项，最终获得校赛三等奖3个，其中港澳台侨学生专项赛三等奖1个。在学校第八届中国国际"互联网+"大学生创新创业大赛中，推荐作品通过初赛参加校赛作品共4项，获得"青年红色筑梦之旅"赛道金奖1个、高教主赛道铜奖1个，参与产业命题赛道作品1个。

（暨南大学深圳校区）

深圳北理莫斯科大学

【概况】2022年，深圳北理莫斯科大学汇聚办学强大合力，蹄疾步稳推进各项事业建设。增设化学、汉语言2个本科专业和无机化学、国家审计、国际经济（商）法3个硕士专业，共开设9个本科专业，联合开设10个硕士专业方向和2个博士学科，筹建化学系和英语中心，共有8个系5个中心。招收本科生580人、硕士111人、博士8人，在校生总数1837人。全年引进教学科研人员104人，引进1个国家级人才团队和1个高层次人才团队，聘任1名加拿大皇家科学院、工程院双院士并达成引进意向，聘有中国"两院"双院士1名、外籍院士8名，国家级人才3名，"珠江学者"1名，省海外名师团队1个，市高层次人才34名，教学科研人员总数388人。6月，在深圳市教育局组织的5年办学评估中，办学水平获得评估组专家充分肯定。年内，隆重举办活动，庆祝中俄两国元首向学校首届开学典礼致贺辞5周年；举办为期45天

10月23日，深圳北理莫斯科大学首届知识科学文化节系列活动——"2022级本科生俄语文艺汇演"在学校礼堂举行

（深圳北理莫斯科大学　供）

的首届知识科学文化节；推动召开办学三方第一次联席会议；与龙岗区人民政府、中国电信深圳分公司、科大讯飞、中广核研究院、厦门火炬集团等25家国内机构建立合作；与俄罗斯联邦政府金融大学、莫斯科鲍曼技术大学、莫斯科国际关系学院、俄罗斯航空公司等12个机构签订合作协议。

【党建工作】2022年，深圳北理莫斯科大学持续加强党的领导和党的建设，进一步探索中外合作办学党建工作新模式。深入学习宣传贯彻党的二十大精神，举办10余场专题讲座和10余项主题活动，创新实施"党建＋招生"模式，更好地发挥党员先锋模范作用。全年培养发展师生党员38名，成立学校工会，成立深圳市中外合作办学高校首个知联会。严肃处理2名违纪违规干部职工，加强作风建设，持续开展明察暗访和专项检查，扎实开展"纪律教育学习月"6项主题活动，推动师生纪律规矩意识进一步提升。

【学生培养】2022年，深圳北理莫斯科大学坚持"立德树人"，筹建马克思主义理论教研部，系统开设思政课和"四史"选修课，构建"大思政"，获评深圳市思政教育示范校、全国党建工作样板支部。坚持质量为先，推进4个省一流本科专业建设，制定、修订9项管理制度，组织校级教改项目、教育教学成果评选和教学大赛，启动第一轮精品教材建设，新获批1门省级一流本科课程，获批2项省级教改项目。全年学生获得100余项学科竞赛奖项，包括全国高校经济学综合博弈实验竞赛一等奖、第八届"互联网＋"大学生创新创业大赛铜奖；学生发表高水平学术论文39篇，其中6名本科生参与发表14篇论文。第二届128名本科毕业生就业去向落实率达95.3%。其中111人攻读硕士研究生，升学率达87%，90%就读于世界排名前100高校，11名学生被华为、中国建筑、建设银行、珠海市税务局等单位录用。

【科学研究与社会服务】2022年，深圳北理莫斯科大学首次入选国家自然科学基金依托单位，有8个项目获批（包括2项外国学者研究基金项目）。获教育部专项1项，省自然科学基金面上项目1项、联合基金3项，省社科基金共建项目1项，省教育厅普通高校重点实验室1项、创新团队2项、重点领域专项4项、认定项目14项，省党建项目1项，深圳市项目13项。全年获得1273.45万元经费资助。教师发表论文约150篇，其中SCI 98篇。教师张晔获国际数学家大会柯瓦列夫斯卡娅奖；材料系4名教师联合在国际材料领域顶级期刊《材料视野》上发表高水平论文。附属幼儿园开园；附属实验中学筹建全面启动，计划于2023年正式招生；组织2次HSK考试，服务校内外考生110人；面向校外组织11班次培训活动，累计培训2080人次；举办"迎春花市"活动，迎接20余万人次入校参观游览。

【文化传承与交流】2022年，深圳北理莫斯科大学承办第十八届中国（深圳）国际文化产业博览交易会深圳北理莫斯科大学分会

2022 年 10 月 13 日，深圳北理莫斯科大学与俄罗斯圣彼得堡美术家协会签署仪式暨"时间的光影——双个展"开幕式举行（深圳北理莫斯科大学　供）

场，开展十大板块活动，吸引 20 余万观众通过线上直播等方式参与；举办"纪念孔子诞辰日学《论语》活动""中华经典诵读""中俄艺术夜""中俄文化荟萃"及国际象棋比赛等 28 项活动，常设"中共六大""留苏百年""俄罗斯油画""普希金之秋"等主题展览；注册文创商标并推出系列作品；启动校史馆、国际象棋博物馆建设；中、俄、英三语校报《高度 Высота》等 4 个作品获广东省新闻类奖项。举办为期 45 天的首届知识科学文化节，全方位、立体式展现学校发展成效、中俄两国人文交流和教育领域合作成果。承办"上合组织青年科技创新论坛青年创新合作平行论坛"、2022 海上丝绸之路国际产学研用合作会议，举办第六届反演问题计算方法及其应用国际会议、"罗蒙诺索夫"国际青年学者论坛、中德数字化转型与

企业创新战略等国际学术交流会议约 30 场次。积极开展国家留基委有关项目。41 名赴莫大读研学生获国家公派留学资格，人均资助 24 万元；24 名学生赴莫大插班学习获得资助，人均资助 8 万元。32 名国际学生获得深圳大运基金资助，人均资助 2.2 万元。

【校园服务保障】2022 年，深圳北理莫斯科大学校园服务保障进一步提升。图书馆新增纸本图书 3 万余册，其中俄文纸本文献 7000 余册；开通 25 个数据库使用权限，增幅 56%；开通 6 个世界知名数据库，启用特色学习空间。获评 2021—2022 年度 CALIS 联合目录俄文数据库建设先进单位。投入 400 余万元完善实验教学条件，启动 6 个系的教学实验室建设，制定 8 项实验室管理制度，做好仪器设备运维、试剂耗材购置分发、实验室日常管理等工作。智慧校园项目竣工验收，完成约 3600 套硬件设备的安装部署、70 余套业务系统部署，开发 292 个新需求，实现各类软硬件系统全年"零故障"。完成 OA 系统二期项目。新增健身器材、室外篮球场、三人制足球场等体育设施，附属幼儿园项目建设完成并顺利开园。推进"绿色学校"创建工作，通过市级绿色学校评估验收。统筹校园疫情防控和教育教学工作。严格落实新冠疫情防控措施，开展 7 次演练，做好校园封闭式管

2022 年 12 月 27 日，印象俄罗斯——第十八届中国（深圳）国际文化产业博览交易会深圳北理莫斯科大学分会场开幕式在学校礼堂举行

（深圳北理莫斯科大学　供）

理及外籍师生入境隔离各项服务保障,未发生校园聚集性感染。排查并整治60余项风险隐患,组织20次实战演练与技能培训,层层落实安全责任,确保全年师生平安。

【学校治理】2022年,深圳北理莫斯科大学召开14次校长办公会、19次党委会和各类专题会议,开展12次"深调研"活动,修订完善20余项规章制度,清理汇编各类制度174项,顺利通过办学5年审计并获得充分肯定。多渠道筹措办学经费,教育基金会获得社会各界捐赠400万元;开展重要事项法律审查120余次,对26项重点工作实施督查督办,顺利完成4项专项审计,以有力监督促进学校治理能力逐步增强。 (邓 婷)

北京大学深圳研究生院

【概况】2022年,北京大学深圳研究生院继续立足粤港澳大湾区,构筑国际化、复合型、创新型人才培养新高地,努力打造"双区"战略下解决"卡脖子"难题新平台,探索前沿领域、区域产业联动发展新范式,创建人才培养—学术研究—区域产业相耦合的北大—深圳校地协同创新共同体。截至2022年年底,共有信息工程学院、化学生物学与生物技术学院、环境与能源学院、城市规划与设计学院、新材料学院、汇丰商学院、国际法学院以及人文社会科学学院等8个学院;教职工810人,其中全职教师280人;在校研究生3655人,其中博士研究生430人、硕士研究生

3225人,留学生183人。

【党建工作】2022年10月16—22日,中国共产党第二十次全国代表大会在北京胜利召开。北京大学深圳研究生院党委第一时间按照北大党委部署,将学习宣传贯彻党的二十大精神作为当前和今后一个时期全院首要的政治任务和头等大事,制定工作方案,按照"三个结合"统筹各项学习宣传贯彻活动,迅速在全院掀起学习宣传贯彻党的二十大精神热潮。党政主要领导和领导班子成员带头学习宣讲党的二十大精神,通过党委理论学习中心组学习、党委(扩大)会、业务系统会等多种形式带头讲党的二十大精神专题党课,示范带动深圳研究生院各级领导和师生骨干积极参与党的二十大精神学习宣讲活动。各基层党组织、各业务口分类分级组织宣讲和传达,结合多媒体、新媒体宣传优势,逐步做到师生全覆盖。各师生党支部、团支部开展形式多样的主题党团日活动,结合学习工作实际,深入学习宣传贯彻党的二十大精神。10月24日,北京大学召开学习党的二十大精神大会,深圳研究生院设置分会场,党委委员、纪委委员、各基层党支部书记和学生党员代表在分会场参加大会,认真学习会议精神,深刻体悟发展道路与前进方向。11月24日,深圳研究生院召开党的二十大精神宣讲会暨教工党支部书记"头雁成长"研讨会。党委书记谭文长与党委委员、各基层党组织负责人等党务工作者,以"深学真悟践行党的二十大精神"为主题进行宣讲。积极贯彻

落实北大第十四届党代会精神。始终坚持党委会"首要议题"工作制度,持续加强政治建设;不断完善基层党组织建设,持续提升组织力;凝心聚力、团结一致,加强领导班子和干部队伍建设;以"钉钉子"精神抓好长期整改任务落实,推进全面从严治党向纵深发展;以"胸怀大局、凝心聚力、守正创新"为工作理念,推动宣传思想工作高质量发展;以"时时放心不下"的政治警觉,扎实抓好安全稳定工作;坚持党建、统战、群团工作"一盘棋"思路,强化统战群团工作。

【学科建设】2022年,北京大学深圳研究生院为贯彻落实国家建设世界一流大学和一流学科战略部署,对接粤港澳大湾区发展规划,加强顶层设计,布局和建设世界一流学科领域,立足学科交叉、应用学术,建设围绕生物医药、先进材料、电子科技、绿色生态、城市规划、跨国法律、经济管理、人文社科8个领域的学科体系。深圳研究生院正式纳入广东省新一轮高水平大学重点学科建设序列,"材料与化学基因组学""电子科学与技术""人居环境科学与技术""应用经济学"4个学科获批建设,学科建设迈上新台阶,将更好地服务国家区域发展战略。面对新时期、新形势、新任务,确立基于AI for Science(AI4S)重置科研新范式的交叉研究能力提升路径,深化多学科跨界交叉融合,推动形成以AI人工智能为核心技术纽带,以前沿科学问题和重大战略技术问题为牵引,驱动实现在新材料、生命

2022 年 12 月 4 日，北京大学深圳研究生院以全线上方式召开"未来之后（Next-Post-Future）"AI4S 鹏城学术论坛　　（北京大学深圳研究生院　供）

健康与生物医药、智慧城市和江河治理、数字经济—金融科技—创新法治等领域的群体突破，聚焦国家"卡脖子"关键领域核心技术，支撑深圳战略性新兴及未来产业高质量发展。

【师资建设】2022 年，北京大学深圳研究生院将该年度确定为深圳研究生院"人才战略年"。全年共引进教师 23 人。其中教授 5 人，助理教授 15 人，讲师 3 人；教学岗教师（讲师）2 人，研究岗教师 21 人（含博士后留校转专职科研 11 人）。截至 2022 年年底，该院共有教职工 810 人，其中教师 280 人（含专职科研）、实验技术 171 人、行政 236 人、博士后 105 人、工勤 18 人。

人才认定　通过深圳市通道申报"长江学者"讲席学者 1 人，"海外优青"项目 14 人、入选 2 人。自 2021 年打通经本部申报青年拔尖人才项目通道，2022 年通过本部上报青年拔尖人才项目 2 人，入

选 1 人。全年申报并入选广东省"珠江人才计划"2 人。申报深圳市杰出人才选拔培养计划 2 人，入选 1 人。申报深圳市政府特殊津贴 4 人。完成 2021 年鹏城"孔雀计划"特聘岗位 30 人年度考核及奖励发放。深圳市人才工作局核定 2022 年鹏城"孔雀计划"特聘岗位额度 1167 万元，拟评聘 2022

年度特聘岗位人员 31 人。积极开展高层次人才服务，完成高层次人才奖励补贴及任期评估申请共 110 人次。

高层次师资引进　为充分利用本部优势人才资源，增强深圳研究生院相关领域师资力量和科研竞争力，年内，该院采用南北联动形势，引来"北燕南栖"，信息工程学院迎来 3 名"杰青"加盟；完善与鹏城国家实验室合作，促进人才双聘。探索设立"南燕博士后"，加强博士后队伍建设。

人事管理　出台《北京大学深圳研究生院行政职员体系管理规定》并推动实施，将现有职员队伍人员确认相应的职员职级，并配合职员职级体系调整薪酬结构，为职员提供上升发展空间与激励预期前景。人事信息系统一期开发完成并上线运行。已投入运行的业务模块包括组织信息、人员信息、入离调转、人事合同、人事证明、人事统计、人才管理、考勤管理、薪酬模

2022 年 11 月 22 日，北京大学深圳研究生院新增获批深圳市人文社会科学重点研究基地　　（北京大学深圳研究生院　供）

块、公租房管理。出台《北京大学深圳研究生院教职工退休及返聘管理办法（暂行）》。通过策略性制定资深高级专家返聘管理条件，延长其学术生涯，充分发挥高层次人才的引领作用。

教师荣誉　信息工程学院教师张盛东的"显示屏栅驱动薄膜晶体管集成电路技术"成果入围教育部高等学校科学优秀成果奖（科学技术）一等奖；化学生物学与生物技术学院教师李子刚"新型稳定多肽的生物医学应用"入围教育部高等学校科学优秀成果奖（科学技术）二等奖；信息工程学院教师李挥"高安全可信媒体主权互联网技术及应用"成果获深圳市科技进步奖二等奖；信息工程学院教授田永鸿及其工作组获 IEEE 新兴技术奖及标准金牌奖；城市规划与设计学院教授赵鹏军入选自然资源部科技领军人才工程；教师仝德获 2021 年度中国城市规划学会青年人才奖。化学学科领域院士张锦、力学领域教授谭文长、材料科学与工程学科领域教授潘锋、应用经济学领域教授朱家祥、生物学领域教授李汉璋入选 2021 年度"中国高被引学者"榜单；谭文长等 10 位学者入选 2022 年度全球前 2% 顶尖科学家"终身科学影响力"榜单；吴云东等 22 位学者入选 2022 年度全球前 2% 顶尖科学家"年度科学影响力"榜单。汇丰商学院教授海闻获评《中国经济评论》2021 年度"十大经济学家"。信息工程学院王荣刚、环境与能源学院许楠获"2021 年深圳市优秀教师"称号，化学生物学与生物技术学院赵亚波获"深圳市优秀班主任"称号。信息工程学院

张敏获北京大学教学优秀奖，教务处李迎飞获北京大学教学管理奖。

【教学工作】2022 年，北京大学深圳研究生院共计录取研究生 1320 人，（硕士研究生 1181 人、博士研究生 139 人）。其中，北京大学—鹏城实验室联合培养博士研究生专项 2022 级招收 22 人，招生专业为微电子学与固体电子学、计算机应用技术、通信与信息系统。完成国家"卓越工程师"培养招生计划，积极组织开展北京大学深圳研究生院专场招生宣传活动。年内，共开设课程 721 门，新开课程共计 69 门，顺利完成线上线下融合教学任务。落实领导听课、巡课等日常监督制度，加强对教学过程的监督管理，对教学质量严格把控。该院通识教育中心在课程思政、大学城课程共享等重大项目中发挥重要作用，推动通识教育发展。年内，共组织开设公共必修课 14 门、通识素质类课程 16 门。有 1074 名学

生顺利完成答辩并取得学位，其中，硕士 986 人、博士 88 人。全日制毕业生共计 796 人，就业落实率 99.75%，其中，留深率 24.3%，助力粤港澳大湾区发展；有 65 名毕业生签约选调，约占北大毕业生签约总数 1/10，排名居首。举办继续教育培训班 15 个，共计完成学时 610 个，培训 1786 人次，提供讲座、素质拓展、学员企业互访等多种服务。年内，学生获奖硕果累累。积极组织学生参加深圳市 X9 联盟赛艇比赛，开展专项训练，赛艇代表队在深圳市 X9 高校院所联盟第一届赛艇联赛三站总积分排名第二，获一等奖；学生辩论队卫冕第七届"思维之星"深圳大学生思辨大赛冠军，实现四连冠，获"深圳读书月"辩论比赛冠军；新材料学院学生郑世胜获北京大学"学生五四奖章"，国际法学院学生廖辉获"深圳青年五四奖章"；校友李圣泼、李慧获评"深圳十大杰出青年"；化学生物学与生物技术学院

2022 年 11 月，北京大学深圳研究生院蛟龙赛艇队获深圳 X9 高校院所联盟第一届赛艇联赛一等奖
（北京大学深圳研究生院　供）

学生王冠学位论文获评北京大学优秀博士学位论文；国际法学院代表队在第二十届 Jessup 国际法模拟法庭比赛中获全国一等奖；汇丰商学院学生 Gurianova Daria 和城市规划与设计学院学生王渊分别获得深圳大运留学基金会来华硕士和出国（境）博士留学资助金资助。深圳研究生院研究生会获评"广东省优秀学生会"；学生博雅金融学社获评北京大学"十佳学生社团"。

【科研工作】2022 年，北京大学深圳研究生院科研项目经费、高水平论文发表和科研创新载体建设等方面都取得重要进展。2022 年度，新增科研经费共计 1.39 亿元，其中：纵向科研项目 73 项，合同金额 1.14 亿元；横向项目 51 项，合同金额 2619.1 万元。师生共发表学术论文 920 篇，其中 SCI、EI、ISTP、SSCI 收录 828 篇，包括 *Nature* 2 篇（1 篇为研究论坛，1 篇为评述），*Nature* 子刊 2 篇。申请专利 124 项，授权专利 79 项；出版专著 21 部。组织申报国家、省、市等各级各类项目 392 项（含参与项目 42 项）。获批国家自然科学基金 25 项，参与国家自然科学基金项目 4 项；获批国家社科基金项目 1 项。获批广东省自然科学基金项目 9 项，获批广东省区域联合基金 7 项。获批深圳市科技计划项目 18 项，参与其他单位深圳市科技计划项目 11 项；获批深圳市哲学社会科学规划项目 1 项。继续获得深圳市高等学校稳定支持计划资助，新增稳定支持项目 10 项。2022 年，新增获批深圳市人文社会科学重点研究基地——超大城市空间治理政策模拟社会实验基地，该基地为深圳研究生院首个深圳市级人文社科基地。环境与能源学院与中交一公局集团有限公司合作创建"生态环境与资源效率研究实验室"；广东省红树林工程技术研究中心、广东省柔性光电材料与器件重点实验室、萨金特数量经济与金融研究重点实验室、北大汇丰智库等省级平台建设有序开展。新申请广东省先进半导体与集成显示重点实验室和广东省智能计算与交叉科学应用重点实验室。2022 年度，教授杨震获批立项"公共安全风险防控与应急技术装备"专项应急项目；教授宋令阳、助理教授陆磊、研究员雷凯等牵头申报的 3 项国家重点研发计划项目获得中央财政专项资金资助。12 月 4 日，"未来之后"AI4S 鹏城学术论坛以全线上方式举办，通过《南方都市报》、"快手"、"抖音"和"微信视频号"等进行线上直播，吸引 280 余万相关领域学者与观众收听收看，该院科研活动品牌影响力进一步提升。

【学生工作】2022 年，北京大学深圳研究生院秉承"学生是最成功的产品，最响亮的品牌"理念，构建以"立德树人"为总目标的"三全"育人体系，做好学生成长成才引领支持工作。以走访各学院、学工系统例会、学生骨干谈心谈话、班主任工作经验交流、院系重点学生会商等为抓手，逐步构建起导师、职能部门、主管学生工作负责人、学工老师、班主任、第二班主任、学生兼职辅导员之间分工明确、协同有力、齐抓共管学生工作的管理格局。全院共有学生党支部 56 个，其中在京支部 3 个；党员 1334 名，占比 44.48%。制定《关于迅速兴起学习宣传贯彻落实党的二十大精神"八个一百"宣讲热潮的实施方案》，开 20 场展全方位、立体化、多角度研究生宣讲团宣讲活动，1 人获评北大"十佳"党支部书记。年内，67 个学生团支部

6 月 23 日上午，北京大学深圳研究生院 2022 年毕业典礼以"线下＋云直播"形式开展，国际法学院留学生代表 Natalia Sabova 同学在线上发言
（北京大学新闻网　供）

2022 年，北京大学深圳研究生院新材料学院学生郑世胜获北京大学"学生五四奖章"
（北京大学深圳研究生院 供）

围绕"请党放心，强国有我"主题，共开展 110 余项党团日联合主题教育活动；开展走进中小学、社区志愿服务活动 10 余次，其中团委与深圳团市委共同主办冬奥主题讲座，来自福田区的 6 所中小学 1000 余名学生参与活动；举办"迎新杯"、校园"十佳"歌手大赛、音乐夜跑嘉年华、国庆迎新生晚会、青年文化沙龙，推动各学院品牌活动开展。牵头组织四川、浙江等 7 个省份选调生考试（深圳），设置深圳考场，为学生节约京—深往返食宿费用逾百万元人民币；就业创业指导服务站顺利通过深圳市人社局公共就业服务中心验收，获得每年 20 万元专项经费。顺利完成危机干预队伍专业培训，包括学生骨干危机识别和处理培训、一线教师和辅导员 20 种危机处理方案培训及专兼职心理咨询培训；提供心理咨询服务，学生心理咨询 353 人，个体咨询 2402 人次、团体咨询 64 人次。

【校园环境和校区国际化建设】2022 年，北京大学深圳研究生院完成多项校园基础设施建设。以 6 号楼一个项目统筹带动完成新增宿舍资源、宿舍硬件设施、高质量户外运动设施、"一站式"学生交流中心、"一体化"生活区景观等生活区品质提升，完成专家公寓配置、运动场翻新、6 号楼负一层健身房扩建及"YOUNG+"建设；推进三期修缮、新大楼、智园空间、新大门、智慧校园建设工作。以二食堂招标和 6 号楼咖啡厅建设为契机，全力推进校园餐饮品质提升；强化问题清单机制，提升后勤服务质量，获评"深圳市垃圾分类绿色校园"；积极推进基础数据平台、院内门户、"一卡通"信息化建设，升级完善"南燕"防疫系统、教务系统，开发学生活动中心预约系统，调研并推动大型仪器设备管理系统、采购系统、实验室化学品管理系统建设，不断改善校园基础设施条件。扎实推进校区国际化建设。年内，全院共有 183 名留学生和交换生；66 名外籍教职工（其中 54 名教师、8 名博士后），分别来自 18 个国家和地区。1 月 19 日，北京大学汇丰商学院与伦敦政治经济学院商务孔子学院签署工商管理硕士与汉语学习教育合作备忘录，启动非全日制工商管理硕士教育合作；9 月 30 日，北京大学汇丰商学院英国校区正式成为汉语水平考试（HSK）考点，将承办汉语水平考试（HSK）、商务汉语考试（BCT）、中小学生汉语考试（YCT）等国际汉语考试服务工作；11 月 19—20 日，国际法学院举办"世界各地的法律改革国际研讨会"，来自世界各地知名大学和学术研究机构的法律领域优秀专家学者通过云端对话形式，围绕当代国家法律实践和改革情况相关议题进行为期 2 天的深入研讨。

【基金会工作】2022 年，北京大学深圳研究生院基金会积极筹备参评工作，最终获得社会等级评估最高 5A 级别（有效期为 5 年）。协议捐赠金额逾 5000 万元，待签协议意向捐赠金额近 5000 万元，合计逾 1 亿元，其中部分捐赠已经落地并开始执行。积极打造精品项目，如校友爱心项目等，切实帮助特困校友渡过难关；在运行项目数量逐渐增多，众多项目受益人数累计逾 500 人次。积极组织基金会规章制度制定及修订工作，累计修订规章制度 21 项。全年召开 5 次理事会并完成换届，新一届理事会成立。

【校友会工作】2022 年，北京大学深圳研究生院举办校友活动、提供各类校友服务共计 120 余项次，打造校友精神和生活家园。召开校友会第二届第二次理事会会议，完成会长和常务理事变更。整合资源，联络促成多个维度的校友"反哺"。与北京大学校友会和深圳市北京大学校友会保持密切联系，共同塑造北大人在深圳校友品牌，提高学校在大湾区影响力。　　（姚大伟）

清华大学深圳国际研究生院

【概况】清华大学深圳国际研究生院是清华大学服务于"双区"建设的重要办学机构，是清华大学在国内成建制进行国际教育合作的唯一基地，位于大湾区科教创新高地西丽湖国际科教城中部，占地面积约50 公顷，由大学城西院区（已建成）、西丽湖院区（规划建设中）和大学城东院区（建设中）组成"一院三区"整体空间布局。2022年，国际研究生院继续积极探索国际化办学新思路、新模式和新机制。至年底，共有全职教师 217 名，其中院士 4 名，15% 的全职教师为国家级人才，70% 拥有海外知名大学博士学位。优先布局清华大学一流工科学科并辅以创新管理，形成"6+1"主题领域，包括材料科学、信息科技、医药健康、海洋工程、未来人居、环境生态和创新管理。在各主题领域领军人才方面，医药健康领域有新西兰皇家科学院院士 Peter Lobie，未来人居领域有外籍院长 Peter Russell，海洋工程领域有中国工程院院士何友，材料科学领域有中国科学院院士郑泉水，信息科技领域有加拿大工程院院士张晓平。着力打造学术型博士教育和专业学位教育并重的培养格局。博士教育面向国家重大战略、人类重大问题和新兴产业创新，更多地聚焦源头创新和颠覆式技术创新，解决重点技术领域"卡脖子"问题；专业学位教育突出实践和应用导向，服务产业转型需求，凸显深圳特色，鼓励学生在跨学科研究和国际化氛围中培养创新性思维和创造力，在"社会—学校"多元协同、不同学科门类"大交叉平台"上培养创新创业能力。在校全日制研究生 4753 人，其中硕士生 4082 人、博士生 671 人。以公共科研平台、科研机构等为载体，面向学科重大科学问题和区域经济社会发展重大需求，产生一批国内外有重要影响的科研成果。共发表 SCI 论文 8691 篇，EI 论文 1.2 万篇，并在 *Science*、*Nature* 及子刊等国际权威刊物上发表文章 23 篇；获国家级奖励 13 项，省部级奖励 62 项；申请专利 3910 项，获授权 1886 项。

【党建工作】2022 年，清华大学深圳国际研究生院多措并举，扎实推进党建工作。党政协同，始终以习近平新时代中国特色社会主义思想为指导，全面深入贯彻党的教育方针，积极推动政治建设、思想建设、组织建设、作风建设、纪律建设。在人才引进、教师聘用、晋级晋升、年终考核、评奖评优等全过程做好政治把关与师德师风考核评价。通过高质量完成党建标杆创建单位验收、校党委内部巡视整改、机关改革"回头看"等多项重要工作，发挥推进各项事业发展的积极作用。作为学校首批二级党校试点单位之一，国际研究生院于 6 月正式挂牌成立院党委党校。深入开展主题教育活动。结合"求是"讲坛、入党积极分子学习班、知行读书会、巴士课堂、书记下午茶等形式构建面向党员、干部、群众多层次、多形式的学习教育平台，做到全体师生员工理论学习全覆盖，深入学习宣传贯彻党的二十大精神。在全院学生党支部中开展"一对一"谈心谈话等积极分子培育工作，党员发展人数连续 6 年持续提升；开展"领雁工程"、党员骨干读书班、新老支委传帮带、支委培训等系列活动，全方位提升学生党员骨干的党建业务能力。推进落实教职工党员发展"向日葵计划"，切实增强基层党支部的凝聚力和战斗力。

【学科建设】2022 年，清华大学深圳国际研究生院基于新时期深圳市和粤港澳大湾区科技创新及产业发展的需求，材料科学、数据信息、医药健康、海洋工程、未来人居、环境生态和创新管理"6+1"学科领域建设初具成效，发展水平持续提升。完成广东省高水平大学建设专项（2023—2026 年）工作方案和成效指标的制订。2022 年度，以国际研究生院学科水平单独统计，"化学""工程学""环境与生态学""材料科学"4 个学科首次进入 ESI 全球前 1% 榜单，其中"材料科学"排名为 2.84‰。创新载体和科研平台体系建设稳步推进。国际科技信息中心实现全球顶级期刊文献资源实时获取及智能信

2022年6月25日至7月9日，清华大学深圳国际研究生院海洋工程研究院在珠江口海区开展"出海实践"春季和夏季课程

（清华大学深圳国际研究生院　供）

息服务，并推出助力于信息处理的AI应用。年内，获批新一代互动媒体技术创新、智能融合、泛在数据赋能以及生态修复与固碳增汇4个市级重点实验室，启动全国首个眼科影像数据库建设。积极推动科研平台共享服务，盘活已有设备资源，整合优化和规划建设国际研究生院科研条件平台，依据学科特点制定合理的规范，初步形成科研平台可持续运行和管理模式。连续两年获深圳市科研平台共享考核"优秀"（全市排名第一），获评深圳市西丽湖国际科教城科研仪器设备共享示范机构。

【师资队伍建设】2022年，清华大学深圳国际研究生院深入贯彻落实学校人才工作会议精神，紧密契合深圳市建设人才高地目标，努力建设高水平国际化教师队伍。完成创

新教育系列设立和薪酬调整，新建专任研究人员体系，师资分系列设岗、发展、评价和薪酬体系更加完善；启动"冠名教授制度"与"青年启航计划"，为引育杰出人才和骨干青年教师提供有力支持；推进高效能、高素质、国际化职工队伍建设，健全人才支持保障体系。截至2022年年底，国际研究生院有全职教师217人，其中教研系列教师110人（21.3%为外籍及港澳台教师）、院士4人；7名教师入选2022年度"高被引科学家"名单。

【研究生培养】2022年，清华大学深圳国际研究生院立足深圳、根系清华，持续完善创新人才培养模式，研究生培养规模、质量"双提升"。优化课程体系，加强研究生培养全过程质量保障体系建设和培养环节管理；建设高质量思政课与高水平思政课教师队伍，加强导学思政；立项启动工程实践教学平台建设，开设交叉创新系列实践课程，推进"卓越工程"人才培养模式改革；持续加强对学生心理健康

2022年11月，清华大学深圳国际研究生院赛艇队在深圳西丽湖国际科教城X9高校院所联盟第一届赛艇联赛中获多项荣誉

（清华大学深圳国际研究生院　供）

和职业发展的指导和支持；推进优质课程资源向社会开放。截至 2022 年年底，全日制在校生 4753 人。教学评估连续 14 学期高于清华大学均值。毕业研究生 1060 人，优秀学位论文 57 篇。学生就业率 99.34%（留粤率 30%、留深率 24.7%）。

【科研成果与转化】2022 年，清华大学深圳国际研究生院科研成果与转化工作取得突破。科研面向学科前沿和区域经济社会发展需求。年内，获批 2 项国家重点研发计划项目、3 项重点研发计划课题，获批省、市团队各 1 个。首次作为依托单位申报国家自然科学基金项目，获批项目 39 项，其中重大项目 1 项，为建院 20 余年首次牵头国家自然科学基金最高级别项目之一。获科研奖励 23 项，其中 2 个团队在 2022 年日内瓦国际发明特别展获金奖。环境学科教师作为第一作者在 Science 正刊发表论文。完成 84 个项目概念验证入库工作，完成技术转移项目 12 项，在办技术转移项目 4 项。

【交流合作】2022 年，清华大学深圳国际研究生院对外合作迈上新台阶。进一步完善全球合作体系。巩固对美合作，与加州大学伯克利分校共同推进二期合作；确立对欧合作支点，与作为旗舰合作伙伴的慕尼黑工业大学开展全方位合作，包括联合举办第二届 TUM-Tsinghua SIGS 智能材料科研工作坊、Tsinghua-TUM Talks，活动规模和影响力进一步扩大，共有逾 3 万人次线上观看；着力拓展亚洲合作，与亚洲大学联盟学校加强合作交流，签署首份与新加坡国立大学的合作备忘录，与京都大学等高校的合作项目已形成品牌效应；深化与港澳地区合作，承办清华大学第三届港澳会讲，发挥清华及国际研究生院在促进深圳与港澳对话交流中的作用和影响力。持续提升校园对外交流合作水平。面向港澳台师生开展形式多样的跨文化交流活动，增强归属感和认同感；承办亚洲大学联盟生物多样性摄影大赛和摄影展巡展，影响力从校园辐射至深圳市乃至亚洲 15 所高校。

（马静宜）

深圳技术大学

【概况】2022 年，深圳技术大学围绕"一流研究技术型大学"办学目标，大力推进协同创新、协同育人，不断丰富高水平应用型人才培养模式，完善创新平台支撑体系建设，持续推进学校高质量发展。占地面积 59.4 万平方米，建筑面积 112 万平方米。截至 2022 年年底，有学院 15 个、专业 30 个，在校本科生 9312 人，专任教师 489 人。馆藏图书 55.94 万册，可访问电子图书 199.96 万册，电子期刊 215.5 万册，学位论文 1436.08 万册。有实验室 390 个，包括广东省教育厅重点实验室 1 个、广东省高校工程技术研究（开发）中心 5 个、深圳市市级重点实验室 3 个、校企联合共建实验室 20 个。2 月，教育部公布 2021 年度普通高等学校本科专业备案和审批结果，该校申请增设的集成电路设计与集成系统、财务管理、市场营销和中药学 4 个专业获批。3 月，首批"教育部—瑞士乔治费歇尔智能制造创新实践基地培育建设单位"名单发布，该校从逾 180 所参选单位中脱颖而出，成功获批首批教育部—瑞士 GF 智能制造创新实践基地建设单位并立项，为广东省 2 所获批本科高校之一。4 月，教授阮双琛团队项目"百瓦级紫外皮秒/纳秒激光器关键技术及系列智能制造装备"获 2021 年度"广东省科技进步奖"一等奖。6 月 2 日，广东省学位委员会下发《广东省学位委员会关于批准深圳技术大学为学士学位授予单位的通知》，该校获批学士学位授予单位，机械设计制造及其自动化、物联网工程、光源与照明、交通运输、汽车服务工程、工业设计 6 个专业获批学士学位授予专业。9 月 8 日，教师阮双琛、罗来金获评"深圳教育改革先锋人物"。

【教育教学】2022 年，深圳技术大学正式获批学士学位授予单位，新增 6 个学士学位授权专业。获批 4 个新增专业，招生专业达 30 个。申请新设 6 个专业通过广东省教育厅评审，上报教育部。工业设计专业和交通运输专业获批省级一流专业建设点。获批省级质量工程项目立项 1 项，省级教改项目立项 3 项。成立大湾区第一所集成电路与光电芯片学院，与华为联合建设深圳首个未来技术学院。

【人才培养】2022 年，深圳技术大学招生省份增至 19 个，录取 3396 人，较上年增加 501 人。省内物理类录取线排名广东本土高校第 9

位，艺术类录取线首次闯入全省前十。省外理科 / 物理类大多高于当地一本线 50~70 分录取，省外文科 / 历史类大多高于当地一本线 20~30 分录取。招收硕士生 202 名、博士生 10 名。资助 12 个研究生校企合作研究基金项目，设立 4 个专业硕士研究生校外实践基地。"项目式"学习成果丰硕。开设教授负责制下项目工作课程 36 门，开展项目 651 项，参与学生 2694 人次。赛车、机器人、无人机、半导体、工业软件、安全、传感器、艺术与科技等工作室蓬勃兴起。获得省级及以上奖励 30 项。首次参加全国大学生机械创新设计大赛，获全国赛一等奖 3 项、二等奖 1 项、三等奖 2 项；获第十届全国大学生机械创新设计大赛慧鱼组竞赛暨慧鱼工程技术创新大赛一等奖、二等奖、三等奖各 1 项；首次获得全国大学生节能减排社会实践与科技竞赛国赛二等奖 3 项、国赛三等奖 2 项。大数据与互联网学院无人机社团参赛队在 ICRA 2022 RoboMaster 机甲大师高校 Sim2Real 挑战赛总决赛中取得第二名，获二等奖，为参赛深圳本土高校最佳成绩；数模与算法协会获"第七届中国高校计算机大赛—团体程序设计天梯赛"全国总决赛团队一等奖。孵化大学生企业 50 家。"大学生创新创业训练计划"立项 36 个，其中国家级 5 个、省级 10 个，资助资金 222 万元，参与学生约 240 人，共发表论文 7 篇，申请专利 20 项，成立公司 9 家。6 月 25 日，举行 2022 年毕业典礼暨学位授予仪式。毕业生中，有 32 人获硕士学位，690 人获学士学位。毕业生总体毕业去向落实

良好。119 人考取纽约大学、中国科学技术大学、中山大学等境内外名校研究生；99 人被华为、腾讯、中芯国际、大疆、字节跳动等头部企业录用。5 月 30 日，第十三届"挑战杯"广东大学生创业计划竞赛在广东外语外贸大学举行，报送的 12 个项目揽获金奖 1 项、银奖 4 项、铜奖 4 项，实现学校"挑战杯"省赛金奖"零的突破"；8 月，创意设计学院学生郑雨菲、郭能敏设计的"城市洪涝期防坠井盖"产品获得米兰设计周—中国高校设计学科师生优秀作品展国赛三等奖、广东分赛区二等奖；11 月，2022 年"高教社杯"全国大学生数学建模竞赛结果揭晓，大数据与互联网学院选派的 2 支学生团队获国家一等奖 2 项，获国家二等奖 2 项，获广东省赛区一等奖 6 项、二等奖 10 项、三等奖 25 项，获奖成绩创历年新高。

【师资建设】 2022 年，深圳技术大学高水平师资引育力度不断加大。年内，引进市级及以上高层次人才 29 人，首批入选鹏城"孔雀计划"特聘岗位自主评聘单位。新引进教职工 216 人，其中专任教师 96 人（含外籍 12 人）。截至 2022 年年底，有全职聘用教职工 1082 人，其中：教学科研序列人员 543 人（含专任教师 489 人），实验技术人员 130 人，行政教辅人员 409 人；副教授及以上人员占比 49%，博士学位教师占比近 80%，45 岁以下中青年教师占比 76%，有海外学习或研究工作经历教师占比 52%，有企业技术研发经验专业教师占比近 50%。"五一"前夕，深圳市机关

事业单位工会发布《关于命名第一批深圳市机关事业单位工会系统劳模和工匠人才创新工作室的决定》，深圳技术大学练军峰、李和言、李立全、刘士文、赖明明 5 名教师领衔的工作室被命名为市机关事业单位工会系统第一批劳模和工匠人才创新工作室；练军峰获"深圳市五一劳动奖章"，以表彰其在数控技术方面积极创新、勇于攻关、认真授业取得的优异成绩。

【校企合作】 2022 年，深圳技术大学产学研协同创新、协同育人水平不断提升。年内，新增 11 家签约企业，签约企业累计达 236 家。向合作企业征集 31 项技术课题，审批立项 17 项。新增企业实习实训基地 13 个，设立腾讯安全班、光电芯片英才班、工业软件英才班、顺丰英才班等企业定制班 6 个。首次设立校级产业化研发项目。

【国际合作】 截至 2022 年年底，深圳技术大学合作伙伴扩展至全球 17 个国家及地区的 69 所高校、机构。"工程经济学"国际课程通过线上平台全年开课 9 门，联合海外合作伙伴开设 5 门工科、社科类国际课程。首次录取奥地利国籍学历生 1 名，派出 2 名本科交换生。成功获批首批教育部—瑞士 GF 智能制造创新实践基地建设单位。完成首届"伦琴 AI 实验班"全程培养和留学申请，首批遴选 30 名"伦琴 AI 实验班"学生。

【科技研发】 2022 年，深圳技术大学科研项目和成果量质齐升。激光领域团队研发项目获广东省科技

进步奖一等奖。获 2022 年度中国光学工程学会科技创新奖二等奖 1 项。获国家重点研发计划申报 22 项，国家自然科学基金项目集中接收期申报 168 项，国家、省、市人文社科类项目申报 140 项。首次获国家重点研发计划重点专项项目资助，"晶体薄片加工及新一代增益器件制备"项目获科技部立项资助。获批深圳市人文社会科学重点研究基地 1 项。授权国内专利 225 项，SCI 论文 490 篇。集成光电子中心、超强激光综合实验平台等重大平台立项建设工作稳步推进。

【深圳首个未来技术学院建设】2022 年 1 月，深圳技术大学与华为技术有限公司正式签署校企合作协议，联合建设面向新型 ICT 技术及应用的深圳市首个未来技术学院，推动在 5G、AI、鸿蒙三大方向的合作。未来技术学院校企合作主要涵盖课程资源建设、ICT 类专业群共建、"三中心 + 三基地"建设、师资队伍建设、学生就业、人才认证、社会服务等多领域，将紧密对接产业研发需求，协助企业解决核心技术问题，推动学科建设与技术发展，实现校企共赢。

【集成电路与光电芯片学院揭牌成立】2022 年 7 月 10 日，深圳技术大学集成电路与光电芯片学院正式揭牌成立，世界纳米激光及半导体器件领域领军人、教授宁存政出任院长。中国科学院院士祝世宁，美国国家工程院院士常瑞华，中国科学院院士俞大鹏，中国科学院院士郑泉水，坪山区委副书记、区长赵嘉，深圳技术大学校长阮双琛等出席揭牌仪式。该学院将通过校企合作、产教融合等方式，建立一套培养高等技术领导者、未来技术原创者和技能卓越践行者的全新模式，培养湾区产业发展急需的半导体和集成光电高端人才，努力打造全国集成电路领域亮眼名片，以最优异的成绩服务深圳"双区"建设。

【2022 年高考投档线居全省前列】2022 年，是深圳技术大学独立招生第四年，招生省份增至 19 个，录取 3396 人，较上年增加 501 人。省内物理类录取线 557 分，最低排位 61641，列广东本土高校第 9 位；艺术类录取线 517 分，最低排位 3938，较上年上升 162 位，投档线首次闯入全省前十；历史类投档排位逐年上升，录取线 535 分，最低排位 18760，较上年上升 1060 位。

【承办第十届全国大学生机械创新设计大赛决赛】2022 年 8 月 22 日，"唯实杯"第十届全国大学生机械创新设计大赛决赛开幕式在深圳技术大学举行。全国大学生机械创新设计大赛评审委员会主任、中国工程院院士邓宗全等 20 位专家评委和 50 多位评审专家出席开幕式。全国大学生机械创新设计大赛为两年一度的大学生科技盛会，代表全国大学生机械设计能力最高水平。此届大赛主题为"自然·和谐"，内容为设计与制作仿生机械和生态修复机械。大赛由全国大学生机械创新设计大赛组委会、教育部高等学校机械基础课程教学指导分委员会主办，深圳技术大学为大赛决赛承办单位。参加此届大赛全国决赛评审的作品来自 123 所高校，共 200 项，只占全国省赛切题作品总和的 3.7%，代表全国 5415 项切题参赛作品的最高水平。深技大参赛团队获慧鱼组竞赛暨慧鱼工程技术创新大赛一等奖、二等奖、三等奖各 1 项。

2022 年 1 月 6 日，深圳技术大学与华为技术有限公司签署未来技术学院校企合作协议
（深圳技术大学　供）

【"腾讯安全英才班"开班】2022年11月,深圳技术大学大数据与互联网学院"腾讯安全英才班"正式揭牌,首次选拔学生40名。腾讯安全实验室是国际顶级安全实验室,深技大"腾讯安全英才班"是国内第一个依托腾讯安全实验室设立的安全方向特色班。该项目将按安全领域实际需求开设特色课程,建设实习实训环境,为学生优先提供安全实验室实习就业机会,致力于打造高端应用型安全人才培养标杆。特色班从2022年开始,每年从深圳技术大学大数据与互联网学院选拔30~40名学生进行培养。

【64项科技创新成果"云"亮相"高交会"】2022年11月15—19日,第24届中国国际高新技术成果交易会在深圳以线上线下"双引擎"会展模式开幕。深圳技术大学精心遴选64项科技创新成果亮相线上展会,参展项目涵盖新一代信息技术、先进装备与智能制造、大数据、光电显示、智慧医疗、新材料与新能源等行业领域,吸引大量线上观众参观。在此届展会上,该校获"优秀组织奖";工程物理学院副教授郭晓杨的成果"啁啾光纤布拉格光栅制备技术"获"优秀产品奖"。

【获批首个国家重大项目】2022年12月,科技部2022年度国家重点研发计划"新型显示与战略性电子材料"重点专项立项通过公示,深圳技术大学教授阮双琛作为项目负责人牵头申报的"晶体薄片加工及新一代增益器件制备"项目,获科技部立项资助。此为深技大作为项目牵头单位获批的首个国家重大项目。该项目致力于实现若干前沿突破、开拓和发展具有中国自主知识产权和特色的高能量全固态薄片超快激光技术,有望解决大尺寸高性能薄片激光增益介质的制备及精密加工、可靠键合、高性能镀膜以及封装技术等方面的瓶颈问题,全面提升中国在薄片晶体加工及新一代增益器件制备研究领域的国际竞争力。

【深技大成果获激光行业顶级大奖】2022年12月18日,"红光奖"第五届中国激光行业创新贡献奖颁奖典礼举行,深圳技术大学副教授郭晓杨领衔申报的"色散管理反射器"获得"激光器件创新奖"。郭晓杨带领团队对色散管理反射器进行系统性、体系化攻关,研制出CFBG刻写系统,刻写的CFBG色散量覆盖0.2—100ps/nm范围,成功应用于高功率FCPA系光纤锁模振荡器及脉宽展宽,取得优异结果,并实现全产业链自主化。截至2022年年底,已有10余家科研院所和企业试用了该团队研制的CFBG样品,反馈效果良好。

相关链接:"红光奖"是中国激光行业全产业链顶级大奖,是展示中国激光行业最新技术比拼和引领行业方向发展的一项标志性奖项。

(夏鋆婕)

天津大学佐治亚理工深圳学院

【概况】天津大学佐治亚理工深圳学院(Georgia Tech Shenzhen Institute, Tianjin University)是深圳市人民政府和天津大学、佐治亚理工学院合作举办的中外合作办学机构。2020年3月25日,教育部下发《关于同意设立天津大学佐治亚理工深圳学院的函》,正式批准设立天津大学佐治亚理工深圳学院。经深圳市委机构编制委员会批准,2021年5月19日,深圳市事业单位登记管理局核准该学院登记设立为独立法人事业单位。截至2022年年底,已开设电子与计算机工程、计算机科学、分析学(大数据分析)、环境工程、工业设计5个全日制硕士专业,在校全日制硕士研究生301人,教职工70人(教学科研人员23人、行政管理人员47人)。天津大学佐治亚理工深圳学院融汇中美、扎根深圳、引领未来,以建设成为中国特色、世界一流的"新工科"示范学院为目标,坚持以"立德树人"为根本,以谋求人类福祉与社会进步为己任,致力于创办引领未来的创新教育,成为世界工程教育与科学技术发展的领航者。

【管理体制】2022年5月、12月,天津大学佐治亚理工深圳学院联合管理委员会分别召开2022年第一次、第二次会议,审议通过2021年度财务决算、2022年度财务预算和变更学院机构住所等重大事项。联合管理委员会是该学院重大事项决策机构,由深圳市政府和天津大学、佐治亚理工学院三方共同组建。联合管理委员会委员共8名,深圳市政府推荐2名,天津大

2022 年 11 月，天津大学佐治亚理工深圳学院推出线上访谈栏目《GTSI 招生会客厅》
（天津大学佐治亚理工深圳学院　供）

学和佐治亚理工学院各推荐 3 名。天津大学校长金东寒任管委会主任，佐治亚理工学院学术事务执行副校长、教务长史蒂文·麦克劳林和深圳市教育科学研究院副院长潘希武任管委会副主任。

【人才培养】2022 年秋季学期，天津大学佐治亚理工深圳学院增设佐治亚理工学院全美排名第一的工业设计专业，实现教育部所有批复硕士专业全面办学。通过坚持高标准招生录取、完善双硕士培养方案、加大人才引进与选派力度等举措，进一步提升新工科人才培养质量。秋季学期共收到入学申请近 2000 份，录取学生 147 人，其中双硕士学生 69 名，近 95% 的学生来自"双一流"高校；单硕士学生 78 名，近 20% 的学生本科毕业于

境外知名高校。截至 2022 年年底，在校生 301 人，同比增加 45.4%。

【师资队伍】2022 年，天津大学佐治亚理工深圳学院继续面向全球选聘高水平师资。按照佐治亚理工学院学术标准，由佐治亚理工学院本部进行学术评议，聘用教师均来自斯坦福大学、佐治亚理工学院、滑铁卢大学等世界一流大学。积极协调佐治亚理工学院派出 8 名教授、副教授来深授课，保障学生学习体验与培养质量。加大力度推动建立多元化导师队伍，依托天津大学师资力量，遴选双聘导师，丰富导师专业类型；借助大湾区高新技术企业人才资源，延揽企业导师。

【科学研究】2022 年，天津大学佐治亚理工深圳学院继续推动科研工作管理体系建设，推进科学研究工作。拓展国家级科研项目申报渠道，获批广东省粤港澳团队项目 1 项、青年基金项目 1 项；获批深圳市抗疫专项项目 1 项、可持续发展科技专项项目 1 项、国际科技合作研究项目 1 项。首次纳入深圳市高等院校稳定支持计划，获批科研经费 200 万元，支持基础研究项目 8 项。2022 年度，该院获批科研项目合同经费共 1096 万元，已到账 526 万元。

【校园建设】2022 年 10 月 25 日，天津大学佐治亚理工深圳学院永久校区建设项目概算获深圳市发展和改革委员会批复，总投资 17.99 亿元。校园占地面积 16.67 万平方米，建筑面积 19.04 万平方米。综合造价 9446.78 元 / 平方米，投资水平

2022 年 11 月 20 日，天津大学佐治亚理工深圳学院校内空间"变身"创意街区，通过海报、有奖答题、屏幕互动等方式展示本学期专业成果或科普有趣的专业知识点
（天津大学佐治亚理工深圳学院　供）

位于深圳市高校校园建设项目前列。作为深圳市批准建设的第一个"近零碳"校园，入选深圳市"近零碳"排放区第一批试点项目。学生活动中心以远高于"零能耗"建筑技术标准，获得中国建筑节能协会最高标准认证——产能建筑设计认证，成为深圳市首座产能建筑。10月30日，永久校区开工建设，预计2025年竣工验收。

（天津大学佐治亚理工深圳学院）

深圳职业技术学院

【概况】2022年，深圳职业技术学院共有留仙洞、西丽湖、官龙山、华侨城、凤凰山、深汕等6个校区。总占地面积3000.63万平方米，总建筑面积111.79万平方米（教学、行政用房面积70.47万平方米），教学科研仪器设备价值17.79亿元。截至2022年年底，共有校内理实一体化教学场所101个，生产（经营）性实训基地8个，校外稳定顶岗实习基地456个；图书356.33万册，其中纸质图书206余万册、电子图书150余万册；全日制在校生2.84万人，开设专业88个、专业群15个；有专任教师1579人，其中教授179人、副教授559人，副高及以上专任教师占比46.74%；引培各级各类高层次人才454人次，其中国家级教学名师2人、享受国务院特殊津贴专家1人、国家级教学团队4个、全国技术能手6人、"珠江学者"5人。有教育部首批"黄大年式"教师团队1个；引进美国霍夫曼诺奖团队等一批重量级团队，成立霍夫曼先进材料研究院、

智能科学与工程研究院、智能制造研究院、新时代中国职业教育研究院、社会与经济发展研究院等高端平台。实践教学课时占比61.58%；顶岗实习时间达6个月；有产教融合、校企合作项目55个，与华为等39家规上企业签署合作协议，与华为、比亚迪等500强企业或行业领军企业共建特色产业学院15个。有国家重点支持建设示范专业12个，国家级教学成果奖14项（特等奖1项、一等奖3项），国家职业教育专业教学资源库5个，中央财政支持实训基地12个；获批省部、市区级科研平台65个，获省、市级奖励74项。重视社会服务，发挥品牌优势，致力于推动现代职业教育培训体系和学习型社会建设。年内，重点对口帮扶14所职业院校，累计对口支援西藏、新疆、贵州等13个省、自治区的200余所职业院校；组建西丽社区学院、大鹏旅游学院等社区学院，与社区共同培养技能人才，打造开放办学、产教融合"职教特区"。

【党建工作】2022年，深圳职业技

术学院党委开展"第一议题"学习49次、党委理论学习中心组学习11次；制定《学习宣传贯彻党的二十大精神工作方案》，制定任务清单31项；学生获"这十年·青年讲"全国高校宣讲联赛二等奖并入选教育部党的二十大精神师生巡讲团。扎实做好党建"双创"工作。深圳职业技术学院党委获评"全国党建示范校培育创建单位"，电信学院电子党支部获评"全国党建工作样板支部培育创建单位"。不断完善《"三全"育人工作方案》，"三全"育人工作案例入选教育部优秀案例并获《中国教育报》等媒体宣传报道；"深职范式"专题片《踔厉奋发 笃行不息——广东职业教育十年发展经验》获教育部新闻办向全国推介。

【教育教学】2022年，深圳职业技术学院创新创业学院获批教育部"国家级创新创业学院"，学生在"互联网+"大赛全国总决赛中获2金1银；学校劳动教育经验做法入选全国职业院校校园文化建设示范成果和典型案例。立项"金课"274

2022年11月13日，深圳职业技术学院在第八届中国国际"互联网+"大学生创新创业大赛中获2金1银
（深圳职业技术学院 供）

门，10 门课程获推荐参与国家在线精品课程评选，17 项成果获推荐参与国家教学成果奖评选；学生获全国职业院校技能大赛一等奖 9 项、二等奖 7 项、三等奖 4 项，领跑全国职业院校；获金砖国家职业技能大赛一等奖 4 项、二等奖 2 项、三等奖 1 项，一等奖数量排名全国第一；获国际基因工程机器大赛金奖 1 项，连续 4 年摘获金奖；首届世界职业院校技能大赛斩获银牌 1 枚，为广东省高职院校最好成绩。

【招生就业】2022 年，深圳职业技术学院面向全国 17 个省（自治区）招生，招生专业 86 个，招生计划 1.07 万人，首次突破 1 万人。其中：普通高考省外招生计划 920 人，市内招生计划 1288 人，市外省内招生计划 1940 人（含与华南师范大学高本衔接三二分段培养招生计划 100 人），学考招生计划 3824 人，自主招生（含中职技能大赛获奖免试生）计划 589 人，职高高考招生计划 2039 人，中高职衔接三二分段招生计划 100 人。17 个招生省（自治区）中有 14 个超过本科录取分数线（不含江西），超本率 77%，新生报到率 89.7%，均高于上年。广东省内普通高考、学考、职高高考多个专业组招生录取分数线均继续稳居全省同类院校前列。广东省大学生就业创业服务平台数据显示，深圳职业技术学院 2022 届毕业生 8492 人，毕业去向已落实 8379 人，毕业去向落实率 98.66%。

【师资队伍建设】2022 年，深圳职业技术学院有教职员工 2697 人，其中职员 1472 人、雇员 114 人、

2022 年 5 月 26 日，由深圳市城市管理和综合执法局主导，深圳职业技术学院牵头联合深圳市园林行业企业专家及一线技术骨干人员共同开发的"树艺师"职业技能证书正式发布 （深圳职业技术学院 供）

预聘 – 长聘制人员 339 人、聘任制人员 225 人、外教 20 人、劳务派遣等非在编员工 527 人。有正高职称 190 人、副高职称 656 人，博士 677 人。有 4 个国家级教学团队、14 个广东省优秀教学团队，累计有 500 余人次入选各级高层次人才项目。全年引进特聘讲座教授 13 人，全职高层次人才 21 人，博士后 9 人。新增国家级高层次人才 2 人、"广东省特支计划" 2 人、广东省新一轮职业教育"双师型"名

教师工作室主持人 2 人、深圳市海外高层次 A 类人才 1 人、深圳市高层次人才地方级领军人才 4 人、丽湖系列人才 23 人。全年新入职教职工（职员、员额）共 209 人，其中博士 115 人。实施学历、能力"双提升"，注重"双师"教师素质建设，专任教师"双师"比例达 95.59%。

【科技研发】2022 年，深圳职业技术学院立项省部级科研平台 4 个、

2022 年 6 月 1 日，深圳职业技术学院科学技术协会正式成立 （深圳职业技术学院 供）

市厅级科研平台 6 个；新增院士工作站 3 个，总数达 5 个；新增校级应用技术研究院、公共技术服务中心 4 个；在深圳高校率先成立社科联，成立科学技术协会。科研总投入 4.53 亿元，其中科研项目到账经费 1.16 亿元。新增国家自然科学基金项目 15 项、国家社会科学基金一般项目 2 项；获生态环境部环境保护科学技术奖二等奖 1 项、广东省科学技术奖二等奖 1 项、广西壮族自治区科学技术进步奖二等奖 1 项；首次在《科学》（Science）发表文章；获第八届"鲁迅文学奖"短篇小说奖 1 项，为深圳时隔 17 年再次摘获"鲁迅文学奖"。

2022 年 9 月 14 日，深圳市委副书记、市长覃伟中率队赴深汕特别合作区调研，指导深圳职业技术学院深汕校区及深汕职教园区等相关项目建设

（深圳职业技术学院　供）

【社会服务】2022 年，深圳职业技术学院筹建深圳市退役军人培训学院、乡村振兴培训学院和深圳市社区网格管理学院，开展以技术技能升级为主的在职人员高端培训。该校获批国家级职业教育"双师型"教师培训基地（装备制造大类），获评"全国退役军人服务保障先进单位"。重点帮扶西藏职院、喀什大学等 14 所高职院校，累计开展各类对口帮扶活动 40 余场次。组建深圳高校首支"青年战疫突击队"，选派 4 批次共计 19 名青年干部全脱产参与街道社区新冠疫情防控工作。

【深职院深汕校区（筹）】2022 年，深圳职业技术学院深汕校区（筹）为按照深圳标准高质量打造的一所服务本地、辐射粤东的应用型高等院校。年内，深汕校区取得《建设项目用地预审和选址意见书》《深圳市规划和自然资源局深汕管理局

关于提供深圳职业技术学院深汕校区项目规划管理范围线的函》，正式确定校区总占地面积 100.14 公顷、一期建设用地面积 53.24 公顷、规划管理范围线内用地面积 46.9 公顷。该项目被列为广东省科技教育重大项目建设专项指挥部重大项目、深圳"近零碳"排放区试点项目，并再次列入省重点项目、市重大项目。土地整备完成集体土地征地协议及 27 户（9 栋）房屋搬迁补充安置协议签订。该项目选址于深圳市深汕特别合作区赤石片区科教走廊北侧，由深圳市财政投资，分两期建设。初步计划一期办学规模 1 万人，总投资 38.1 亿元；二期至 2035 年办学规模达到 1.5 万人。9 月 14 日，深圳市委副书记、市长覃伟中率队赴深汕特别合作区调研，指导深圳职业技术学院深汕校区及深汕职教园区等相关项目建设。深圳市教育局党组书记、局长陈秋明，

市发改委党组书记、主任郭子平，深汕特别合作区党工委副书记、管理委员会主任吴曲波陪同调研。深职院深汕校区建设办常务副主任王冰峰、副主任曲东华等汇报校区建设有关情况。11 月 15 日，深圳市教育局主任督学蔡茂洲率队，会同市发改委社会处二级调研员吴刚一行赴深汕特别合作区调研深汕职教园区建设并考察深职院深汕校区。

【合作交流】2022 年，深圳职业技术学院与科特迪瓦国立理工学院、埃及教育及技术教育部签署合作协议，推进建设深圳职业技术学院卢克索学院；举办 2022 年"一带一路"职业教育国际研讨会、"中国—巴西职业教育合作研讨会"等国际交流活动。成功申报并启动联合国教科文组织"职业技术教育数字化"教席，为全国第一个职业教育类教席，也是全球唯一设置在高

2022 年 11 月 24—25 日，"一带一路"职业教育国际研讨会分别在深圳、北京、上海、泉州四地以线上线下相结合形式举办 （深圳职业技术学院 供）

职院校的教科文组织教席；完成"联合国教科文组织发展中国家职业教育创新中心"市内审批流程，报教科文全委会秘书处；新增 3 所海外技术与职业教育培训中心。稳步推进与香港职业训练局人才联合培养，开展 4 个新的人才联合培养项目；粤港澳大湾区特色职教园区装修工程基本完成，预计年底可开园运营。牵头制定、推广"深圳协议"；完成《高职教育数字化专业教学标准》（英文版）编制，向国际职教界推广；《世界职业教育联盟建设方案》获教育部采纳。作为中国唯一院校代表，学校党委书记杨欣斌在世界职业技术教育发展大会主论坛发表题为"奋力当好中国职业教育创新发展第一艘冲锋舟"主旨演讲；校长许建领在大会平行论坛上以"数字化时代高职院校人才培养模式转型"为主题做专题报告。

【全国高校毕业生就业能力提升培训基地开展培训服务】2022 年 6

月 8—12 日，深圳职业技术学院"全国高校毕业生就业能力提升培训基地"为来自中山大学、深圳大学、广东海洋大学、深圳技术大学、深圳北理莫斯科大学、广州城市理工学院、深职院等 34 所高校共计 526 名本、专科毕业生提供培训服务，完成全年培训任务的 131.5%。组建由 45 名知名专家、人力资源专家、知名企业家、专业教师组成的"双百导师团"，全面提升培训成效。

（深圳职业技术学院）

深圳信息职业技术学院

【概况】深圳信息职业技术学院创办于 2002 年 4 月，是经广东省人民政府批准、教育部备案，由深圳市人民政府举办的公办全日制高等院校。该校坚持始终与党的教育方针同心同向，始终与特区改革开放事业同呼吸共命运，始终与信息技术发展同频共振的"三同"办学理

念，生动体现特区办高校的根本遵循、根本动力和根本规律。为中国特色高水平高职学校和专业建设计划（简称"双高计划"）第一轮建设单位（B 档），国家示范（骨干）高职院校、国家示范性软件职业技术学院、教育部"中德职教汽车机电合作项目"试点院校，有 3 个国家级高等职业教育专业教学资源库（含 1 个备选项目）。占地面积 92.5 万平方米，建筑面积 58.48 万平方米。2022 年是该校建校 20 周年，也是"十四五"起势奋进的关键年。瞄准建设世界一流职业院校目标，以"立德树人"为中心，把握人才培养和科技研发两翼齐飞办学基点，各项事业取得丰硕成果，为创建世界一流职业院校奠定坚实基础。截至 2022 年年底，有教职工 1358 人，其中专任教师 714 人；有全日制在校生逾 2 万人。开设信息类为主的专业 47 个；70% 以上的专业都紧密契合信息产业的研发、应用和服务，是面向新一代信息技术和国家安全战略专业体系比较完备的高职院校之一。

【党建工作】2022 年，深圳信息职业技术学院统筹推进学习贯彻党的二十大精神全覆盖，制定学习宣传贯彻党的二十大精神工作方案，在全校迅速兴起学习宣传贯彻党的二十大精神热潮。推进"双高""双创"重大项目建设申报。坚持"两手抓、双促进"，遴选申报省标杆院系，推荐 3 个支部申报省样板支部，并相应同步开展校级标杆院系、样板支部立项培育，连续 5 年保持"双带头人"100% 覆盖率，推进"一示范两标杆四样

板"示范引领效应充分发挥。推进党史学习教育。开展"党委书记、校长为学生新学期上第一堂思想政治理论课"活动，利用线上线下相结合方式开启"润、潮、云"新型思政课。把"党史+"融入育人各环节，引导青年大学生自觉听党话、跟党走。完成5集党史学习教育专题片摄制，举办线上线下经典导读活动14场。推动巡察整改工作取得新成效。坚持以巡促改，全力做好市委驻校巡察及巡察整改各项工作，制定《配合巡察工作方案》及《巡察整改工作方案》。成立学校党外知识分子联谊会，组织召开党外知识分子联谊会第一届理事会及党外知识分子联谊会成立大会，选举产生首届知联会会长、副会长。推动干部监督工作走深走实。出台《深圳信息职业技术学院中层领导干部兼职管理办法（2022年修订）》，进一步明确中层领导干部兼职兼薪相关规定；扎实做好出入境管理工作；持续抓好干部个人有关事项报告工作，以审促改，促进和加强财经管理和党风廉政建设。持续提升正面舆论影响力，发挥校内新闻宣传作用，发布"深信要闻"约350篇、"动态新闻"约680篇；明确规范"外宣发布分级审批流程"，发布外宣报道211篇次。

【校园建设】2022年，深圳信息职业技术学院强化校园软硬件建设。加强校园空间规划及办学保障建设，完成学校扩建工程项目立项申报工作，获批总建筑面积22.33万平方米。完成校园规划修编，开展扩建工程可行性研究报告编制及概

2022年7月7日，"深信创新港"在深圳信息职业技术学院揭牌

（深圳信息职业技术学院　供）

念性方案设计工作，推进解决盐龙大道等多条市政线路穿越校园问题，推进申请增加办学用地面积工作，推进深汕校区规划前期工作；第一批50间智慧教室建设工程及教学设备项目已实施完成，组织开展2次共6场智慧教室使用培训。加强实践教学实训基地建设，形成以党建领航工作展厅为中心，知行楼、学思楼东西两翼齐飞规划布局。在知行楼2栋建设党建领航工作展厅，以知行楼为核心的西翼注重科技研发，培养学生实操能力，建设腾讯高等工程师学院、华为ICT国际人才交流中心、深信创新港、世界光电技术国家实训基地、新型装配式建筑与智能建造一体化产学研中心、智能制造专业群实训基地、教育部5G虚拟仿真实验室。以学思楼为核心的东翼注重素质赋能，提升学生综合能力，建设素质赋能中心、学生心理健康中心、国防教育基地。深入推进教学资源建设。有5项广东省教学成果奖推荐至教育部遴选，有6门国家在线精品课程通过省教育厅遴选并向教育

部推荐。组织6个广东省一流高职院校建设计划高水平专业建设项目按照省高职教育一类品牌专业建设项目进行验收。组织开展2022年省高职教育专业教学资源库和精品在线开放课程验收工作，有1项专业教学资源库、4门精品在线开放课程通过验收。组织开展2022年度广东省高等职业教育教学质量与教学改革工程验收工作，共验收项目52个。有2个产教融合实训基地、2个虚拟仿真实训基地、3个校外实践教学基地、3个教学团队、3门精品在线开放课程、1个专业教学资源库、16个教学改革研究与实践项目获得省教育厅立项（认定）。组织开展校级教师教学创新团队申报立项工作，立项教师教学创新团队11个。组织开展47部2020年高水平立体化教材编写任务检查工作。组织开展2023年新增专业申报与备案工作，计划新增智能互联网络技术、智能建造技术和体育艺术表演3个专业。

【校园安全管理】2022年，深圳信

息职业技术学院筑牢校园安全防护屏障，落实落细安全责任。学校政治安全办、维稳办、综治办、应急办、安监办、国家安全人民防线小组6条主线分工协作、相互配合，形成"党委总揽全局，各小组（办）组织协调，各部门、二级学院各司其职，师生员工全员参与、齐抓共管，群防群治"安全工作新格局。全年未发生重大安全事件（故）。筑牢校园安全基石。全年组织召开各类安全工作会议71次，排查校园安全生产隐患点176处，解决163处，整改率达93%；排查消防隐患1146次，督促整改59次；接"110"报警台有效警情133宗，办结率92.3%；报送上级相关安全材料92次，发布校园安全提示54次，清理校园"僵尸车"2辆，联合属地公安、国安开展校园安全宣传教育培训6次，编印《校园安全防范知识读本》2万册。持续做好常态化防疫工作。做好学校2万余人核酸检测后勤保障工作，完成核酸检测约260万人次。后勤物资保障组、医疗保障组设立健康观察区、组织核酸检测，进行环境消毒、防控培训、人员排查、分流供餐，专业、规范开展疫情防控工作。坚持实行保密工作领导负责制和岗位目标责任制。扎实做好保密自查工作，加强涉密人员队伍建设；坚持有针对性地开展保密宣传教育和保密技术培训，不断提高保密意识。

【"双高"建设】2022年，深圳信息职业技术学院立足特色统筹推进，"双高"建设成绩显著。高站位统筹本科层次职业学校申报。落

2022年7月18日，深圳信息职业技术学院与中望软件召开校企合作研讨会，共建国产工业软件战略合作示范基地　　（深圳信息职业技术学院　供）

实《深圳信息职业技术学院本科层次职业学校申办迎检工作方案》，高质量对接省教育厅和市政府教育督导室对本科申办的各项要求。高质量推进"双高"建设与管理。构建有力的"双高"推进机制，组织召开4次"双高"建设调度会，将"双高"建设工作纳入学校绩效考核工作，完成"双高"绩效2022年度考核。高质量完成中期考核工作，并在中期绩效评价中获评"优秀"。高水平推动世界一流职业院校建设。完成"创新强校工程"2022年度考核工作；积极落实部省推进深圳职业教育高端发展争创世界一流工作部署。截至11月，该校承接的47项任务已完成42项，剩余4项按计划推进。围绕世界产教融合大会，积极宣传职业教育数字化转型，形成落实方案。完成提质培优行动计划2022年度执行绩效数据采集工作。组织申报广东省高职教育数字化标杆学校。

【素质赋能工程实施】2022年，深圳信息职业技术学院实施素质赋能

工程，完善一流协同育人新架构。完善"三全"育人机制构建。开设特色班，编制特色班人才培养方案。有56个"1+X"证书试点，覆盖专业47个。组织开展2020年校级课程思政示范课备选项目认定工作；组织完成百校联合行动课程思政典型案例撰写报送工作。组织开展2022级专业人才培养方案编制工作。共计开设线上线下混合式教学课程1210门，参与班次3594个，共计检查试点课程线上资源近1800门次。强力推进素质赋能核心课程建设。统筹部署"美育导引"等9门素质赋能精品课程和规划教材建设；完成47门新技术赋能精品拓展课程申报与建设，全部投入新学期教学；推动7门项目化赋能精品课和5部校本活页式赋能教材建设。在全国职业院校中率先构建"大赋能"协同育人格局，形成四大育人亮点。构建学生核心素养赋能体系。组织"五朵祥云助教学，青春深信创一流"主题活动；对2022级147个新生团支部书记进行二十大精神学习培训；举办大

学生讲思政课大赛，组织"青马工程"学员集体备课活动，形成"线上自主研学，线下讨论实践，任务驱动式教学，问题导向式反思"多层次的"青马工程"培养体系。组织以"有你有我、阳光同行"为主题的心理健康月活动。学生服务中心线下服务2.86万人次。开展家庭经济困难学生认定工作，共有3452名学生通过家庭经济困难认定。有序推动招生就业工作。春季高考招生及夏季高考招生共录取专科新生6599人，其中春季高考招生录取3581人、夏季高考招生录取3018人。2022届毕业生6620人，毕业去向落实率96.66%，其中1481人升入普通本科院校，升学率22.37%，创历史新高。大力推进创新创业教育。在中国国际"互联网+"创新创业大赛上获三银四铜好成绩。在第五届中华职业教育创新创业大赛上斩获全国一等奖，为广东省参赛队伍中唯一获国赛一等奖团队。学校获全国大学生创新创业就业服务基地立项；入选广东省大学生创新创业教育示范学校。积极做好高技能学生培养工作。高职专业学院积极探索"集中+分散""线上+线下""一点一策"混合式教学模式，联动11个二级学院（教学部）和14个合作办学机构，积极协调8个专业49个行政班日常教学管理工作，协助招聘并培训外聘兼职教师88名，受理调课200余次。学生竞赛获奖颇丰。学校77支队伍参加广东职业院校学生专业技能大赛，6个赛项获得省赛承办资格，获一等奖37项、二等奖22项、三等奖15项；全国职业院校技能大赛获一等奖2项、

二等奖3项、三等奖1项；参加首届中国大学生跳绳联赛、广东省第十一届大学生运动会等15项国家级、省级、市级赛事，获七金、四银、十一铜等奖牌41枚；派出游泳、田径、乒乓球、羽毛球、武术套路、定向运动、男篮、女篮、足球9支队伍参加广东省第十一届大学生运动会，获七金、两银、三铜，竞赛奖牌数排名丙组54所高校第5名，其中男女4×50米混合泳、男子50米蝶泳两项在获得金牌的同时打破省大运会纪录。

【师资队伍建设】 2022年，深圳信息职业技术学院优化教师引培体系，建设高水平师资队伍高地。以制度为抓手推进人事改革。印发《深圳信息职业技术学院岗位管理和考核实施办法相关内容调整方案》等支持文件，完成第三轮岗位聘用，开展年度教师职称评审工作。出台《深圳信息职业技术学院高层次人才引进管理办法（试行）》等12个文件，进一步明确高层次人才引进流程，完善教师分类培养

通道和体系，强化"双师型"教师培养举措，规范教职工校外兼职和经商办企业管理。打造高水平师资队伍聚集高地。组织完成7次大规模招聘工作，共招聘教师、辅导员45人。推荐第二批全国职业教育教师企业实践基地1个；组织完成广东省教育厅质量工程项目申报和认定工作，完成广东省高职教育领军人才验收7人，推荐省级技能大师工作室2个、省级高层次技能型兼职教师2人；组织完成"珠江学者"期满考核1人，"鹏城学者"年度考核2人。推荐2022年思政工作骨干在职攻读博士学位6人，推荐深圳市学校美育专家4人、广东省学生心理健康教育专家指导委员会专家1人、省教育系统内部审计专家3人、广东省教育评价改革专家3人、"双师型"名教师工作室入室学员4人、国家级档案专家1人。培训、培养高水平师资队伍。选派38人参加2021年度和2022年度广东省高职院校教师素质提升项目；组织128人参加广东省高校新入职教师岗前培训班；共

2022年12月14日，深圳信息职业技术学院党外知识分子联谊会成立大会举行

（深圳信息职业技术学院 供）

培训新入职教师 31 人。出台《深圳信息职业技术学院教师企业实践管理办法（试行）》，选派教师连续超 3 个月下企业实践 54 人，教师下企业实践共 354 人。全面加强师德师风建设。进一步健全师德师风建设长效机制，修订完善师德建设长效机制实施办法和师德失范行为处理办法。对教师师德失范行为坚持"零容忍"，依法依规依纪从严处理教师师德失范行为。健全高层次人才支持政策。全面做好各类高层次人才认定、考核、补贴申报等服务工作。申请深圳市高层次人才补贴 81 人，完成深圳市高层次人才任期评估备案 24 人，完成高层次人才事项变更 15 人；申请龙岗区"深龙英才"认定 64 人，申请龙岗区"深龙英才"补贴 102 人；申请深圳市博士后科研资助和生活补贴 61 人，申请深圳市新引进博士人员生活补贴 7 人。

【应用研发和服务】2022 年，深圳信息职业技术学院注重产业发展需求，应用研发和服务成绩斐然。高水平科研平台建设成绩显著。学校新增省级科研平台 1 项，市厅级科研平台 3 项，市级公共技术服务平台 1 项。创新港建设阶段性工作圆满完成。科研立项取得标志性业绩。共承担各级各类纵横向项目 372 项，其中：国家级 8 项，是上年立项数近 3 倍；横向项目立项 109 项，较上年有所增加。平台团队方面，立项省级科研平台 1 个、市厅级平台 1 个、科研创新团队 2 个。共组织各级各类课题申报工作近 60 批次。以 7 项、批准经费总额 210 万元创该校国家自然科学基金项目立项数量及批准经费历史新高。科技成果转化工作成绩斐然。共签订横向项目 109 项，合同经费 3118.13 万元，其中 30 万元以上合同 28 项，100 万元以上合同 8 项。共完成科研成果转化项目 8 项，实现成果转化收益 300 余万元，涉及专利和软件著作权 13 项。组织多次参赛参展活动，其中广东高校科技成果转化路演大赛有 3 项进入决赛，深圳市科普讲解大赛获优秀组织奖，粤港澳大湾区高价值专利培育布局大赛有 1 项专利获评"战略性新兴产业集群百强项目"。高起点部署产教融合工作。形成《深圳信息职业技术学院关于深化产教融合的实施意见》（草案），加快产业学院高水平发展，其中 2 个产业学院立项为省高职教育示范性产业学院。组织申报工信部"专精特新"产业学院建设。推动工业软件职业教育集团建设，建立高水平校企合作模式。2 个案例获评教育部 2021 年产教融合校企合作典型案例。与头部企业共谋高等工程师学院建设路径。牵头举办"职普融通、产教融合、科教融汇的创新实践"产教融合高端论坛，与学术界、科创界、产业界共同建立全链条人才培养示范基地，成立培养现场工程师的"腾讯高等工程师学院"，探索中国式现代化背景下职业教育产教融合发展新范式。社会服务工作成效显著。成功获批国培项目 12 项、省培项目 3 项。成功入选国家级职业教育"双师型"教师培训基地。承接市教育局中小学和幼儿园教师资格考试面试工作。完成"双高计划"职工培训基地建设工作。举办"送教进企业"职工培训专题讲座 23 场，服务中小微企业职工 3080 人次。招标采购深信息社区教育网络学习平台，为市民终身学习提供便捷服务平台。继续推进社区学院和党群服务中心建设，"双高校"5 所社区学院建设任务全部完成，20 个党群服务中心全部建成。"全民学习周"活动期间开展公益培训 10 场，开展民族文化传承活动 4 场，获得广东省 2021 年继续教育质量提升工程社区教育示范基地项目立项；成功

2022 年 11 月 26 日，深圳信息职业技术学院举办"职普融通、产教融合、科教融汇的创新实践"产教融合高端论坛　　　（深圳信息职业技术学院　供）

入选中国成人教育协会"职业院校服务全民终身学习"项目第一批实验校。健全教育帮扶长效机制。持续承担河源市连平县上坪镇驻镇帮镇扶村乡村振兴任务，参与汕尾市陆河县基础教育高质量发展工作，对口帮扶喀什职业技术学院、培黎职业学院、哈尔滨科学技术职业学院、赣州职业技术学院、百色职业学院、汕尾职业技术学院、广东创新科技职业学院。派驻河源市连平县上坪镇驻镇干部2人，外派汕尾职业技术学院挂职干部2人，接收培黎职业学院到校长时进修教师4人，接收赣州职业技术学院到校短期跟岗教师25人；投入教育扶贫资金79.9万元，引入社会捐赠资金约40万元；组织召开教育帮扶工作会议（含线上会议）60余次，完成结对帮扶院校师资培训2881人次。

【对外合作】2022年，深圳信息职业技术学院全面推动国际化办学，一流国际合作再现新成果。精心打造国际ICT教育品牌。学历生国际化教育覆盖10个二级学院19个专业。推进中国与巴基斯坦教育联合示范项目成功签约并实现招生，输出软件技术专业标准。推动与巴西多家院校和机构签署合作协议，联合华为公司共建海外数字孪生实验室，筹建教育部"鲁班工坊"，培育中资企业海外用工和产业生态圈人才。促成与印尼中文本科院校签署合作框架协议共建ICT国际学院，并面向印尼7个班级开展远程教学，所授课程及标准被纳入印尼院校ICT课程教学体系。持续推进联合国教科文组织IIOE项目，输

出优质课程资源，支持亚非发展中国家青年教师提升技能。深化与国际组织和多边机构合作。作为首批发起成员加入金砖国家职业教育联盟和欧洲全球工匠联盟；联合腾讯、亚马逊结成联合体共同加入世界职业技术教育发展联盟；在欧洲职业教育最具影响力的国际会议上协同英国皇家学历认证中心发布全球"桥梁计划"，加入"中国—埃塞俄比亚职业教育发展联盟"，覆盖范围拓展至英国、意大利、瑞士、德国、新加坡、埃塞俄比亚等国。面向全球推广深信高等工程师学院模式，受到欧洲职教代表广泛关注。与法国高等信息工程师学院建立合作关系，探索职教本科办学路径；与意大利院校签署合作备忘录；中韩联合教育项目被广东省考试院批准实施，连续招收两届学生。推动深—港—澳高等专科学历互认试点工作。与香港都会大学试办双向联合培养项目，商务英语和学前教育深港合作完成签约、报批并招生，被深圳市教育局复函认定为"推动学历框架和资历框架对接取得重大突破"；开拓与澳门大学、澳门科技大学及澳门劳工事务局的合作关系，面向澳门从业人员和在校大学生开展人工智能等技术培训；与台湾半导体协会探索集成电路相关证书培训与合作，搭建海峡两岸暨港澳科技人文交流平台。国际"中文+ICT"技能教育形成引领优势。申报建设教育部中外语言交流合作中心"国际中文新一代信息技术教育实践与研究基地"，牵头研制教育部"国际中文＋新一代信息通信技术技能汉语标准"并发布团队标准，填补领域空白。

（深圳信息职业技术学院）

广东新安职业技术学院

【概况】广东新安职业技术学院（简称"新安学院"）成立于1998年，位于深圳市南山区。占地面积12.03万平方米，建筑面积7.69万平方米。固定设备资产总额4795.596万元，其中教学、科研仪器设备资产2577.142万元。校内实训基地166个。2022年，开设有8个系（部）、37个专业；全日制在校生6648人，成人教育学生6112人；教职工339人（专任教师248人），其中高级职称教师60人、硕士及以上学位教师133人；新生报到率77%，就业率95.4%，毕业生广受用人单位青睐和欢迎。学校在广东省民办高校年度检查中连续3年获评"合格"；"创新强校"排名全省民办高职院校第三。2022年，引进一批硕士研究生和专家教授，并聘请一批兼职教授和客座教授，教师队伍实力进一步增强；专插本上线人数实现历史新突破；3名系主任和1名校领导被聘为全省教指委委员，彰显该校教育教学在省内的参与权；教育部、广东省人民政府联合出台的《关于推进深圳职业教育高端发展 争创世界一流的实施意见》中，明确提出"支持广东新安职业技术学院创建民办品牌高职院校"。

【党建工作】2022年，广东新安职业技术学院已形成党建工作品牌，并把党的建设写进学校章程，放在学校章程重点突出位置。认真履行

2022 年 11 月 26—27 日，由中国职业技术教育学会党建委员会主办、广东新安职业技术学院承办的 2022 年职业院校宣传工作论坛在深圳举行

（广东新安职业技术学院　供）

好"第一责任人"职责，充分夯实副书记和委员职责，建立党委班子"党建联系点"制度。高质量完成 12 个党支部换届工作，百分之百落实"双带头人"，进一步推动二级系部执行党政联席会议制度。出台党支部工作标准化、规范化建设和党支部常态化整顿机制，促进基层党支部建设更加科学规范。深化"我为群众办实事"长效机制，重点完成校园整体提升改造项目、改善校园配套设施、对实训室进行升级改造等 20 余项民生实事。由党委负责的中国职业技术教育学会重点课题"职业院校红色文化育人教育教学资源建设研究与实践"结题；实现 2 个省级样板支部、4 个校级样板支部创建目标；打造 1 个"优秀党支部工作案例"、1 个"精品党课"。由学校党委书记任编委会主任，开发"深圳红课"项目，《深圳红课》读本作为学校校本思政课程选择性必修课，在深圳市高校和职业院校形成推广和辐射效应。11 月，出色完成"2022 年全国职业院校宣传工作论坛"承办工作，得到中国职业技术教育学会和

党建工作委员会领导一致好评。

【学校管理】2022 年 3 月，《广东新安职业技术学院章程》经广东省教育厅核准通过，进一步健全董事会、监事会、行政班子、党委机构，明确各自管理职能；将章程挂到官网信息公开栏，并确定为新入职教职工培训内容及新生入学必学内容。围绕新章程，启动新一轮规章制度梳理工作，完成原有 193 项规章制度"废立改"，修订《广东新安职业技术学院公文处理办法》《广东新安职业技术学院教科研成果奖励办法》等制度 12 个，制定《广东新安职业技术学院教职工周转房管理试行办法》《广东新安职业技术学院横向项目经费管理办法》等制度 5 个，定期对管理制度进行梳理，在 OA 办公系统"文件柜"完成更新，形成常态化机制。依托广东新安职业教育服务标准化试点项目，编写并实施标准 124 项，进一步优化以党建为引领、学校章程为准绳、制度管理为规范、各职能部门相互配合的良好运行机制，形成高效、科学的职业教育服务新模式。

【教学科研】2022 年，广东新安职业技术学院以深入推进"创新强校"八大质量工程项目建设为抓手，全面提高办学质量和办学水平。紧密对接区域经济、科技、产业发展需求，在校企合作、专业调整、升级与改造、"三教"改革、

2022 年 5 月 13 日，由广东新安职业技术学院牵头组建的深圳新安职业教育集团正式揭牌

（广东新安职业技术学院　供）

"1+X"证书试点等领域积极探索创新，构建符合学校实际的教育教学管理制度和机制。5月，经广东省教育厅批准由该校牵头组建的深圳新安职业教育集团揭牌并进入实体运作阶段；建成具有新安特色的产业学院6个，2022年新增1个；开设现代"学徒制"试点专业3个，新增试点专业2个；建设一批校外实习实训基地，扩大"订单班"培养。按照学校、企业和学生三方共赢思路，逐渐形成"人才共育、过程共管、成果共享、责任共担"校企合作体制机制。通过实施学分制、适应多元需要基于专业群重构课程体系框架，完善教学运行组织体系。根据市场需求变化，尤其是学生报读和就业情况，通过数据分析开展专业结构调整，进行专业升级和数字化改造。年内，新增1个护理专业。10月，通过对近5年招生报名数据、报到数据和就业数据的分析，对2023年招生专业进行结构调整（停招9个专业），推动学校专业结构进一步优化。优化课程体系框架设计，学生通过 X 证书课程组或任意选修课，学习和考取自己选择的 X 证书。修订《广东新安职业技术学院竞赛奖励和管理办法》，鼓励师生积极参赛，强化赛教融合，以赛促教、以赛促学。2022年，学生参加省级职业技能竞赛获一等奖2项、二等奖4项、三等奖13项。

【师资队伍建设】2022年，广东新安职业技术学院有教授17人、副教授43人，其中博士学位6人、硕士学位130人。启动"名师工程"和教师教学创新团队项目建

2022年5月26日，广东新安职业技术学院党外知识分子联谊会成立大会召开
（广东新安职业技术学院　供）

设，培育"新安优秀青年教师"15人、"新安名师"8人、"新安首席教师"2人，教师教学创新团队7个；完成"名师工程"立项、教师教学创新团队组建，启动职称评审工作，稳步推进"双师型"教师队伍建设。建强师资队伍，为学校改革发展奠定人才基础。

【对外交流合作】2022年，广东新安职业技术学院充分运用区域与自身优势，深化国际教育交流合作。与英国、荷兰等国家开展对外交流和合作办学，开设"3+1"留学专升本—学分互认出国班。与4个国家和地区的7所院校建立长期稳定合作关系。与马来西亚一大学计划开展交换生项目和教师学历提升合作。注重职业教育与高等教育的衔接，同华南师范大学、华南农业大学、深圳大学等国内知名大学开展合作，创建学生"专升本"学历提升平台。加大校企合作、产教融合力度，牵头成立"深圳新安职业教

育集团"，参编深圳市地方标准2项、团体标准1项，建设产业学院3个。截至2022年年底，共有校企共建技术研发机构、培训中心、实训基地、产教融合联盟等平台28个，合作项目40个，产教融合型企业27个，开发相关标准与资源82项。年内，企业"订单式"培养493人；省级现代"学徒制"试点专业3个，参加试点101人；企业接受顶岗实习学生1498人、接收毕业生就业449人，为学校提供校内实践教学设备价值89.5万元。

【硬件设施建设】2022年，广东新安职业技术学院（南区）校园提升改造项目及（南区）校园配套设施提升改造工程初见成效。党建多功能会议室、党建公园、党建广场等部分项目已投入使用，部分校舍工程完成装修改造。2022年，实习实训场所达2.75万平方米；教学仪器设备总值达2539.73万元，比上年增加13.7%；完成监控系统三

期建设，着手进行校园信息化二期工程建设。

【社会服务能力】2022年，广东新安职业技术学院申报的"广东新安职业教育服务标准化试点项目"获国家标准化管理委员会批准，成为第七批社会管理和公共服务综合标准化试点项目，也是全国职业院校首个获批立项项目，填补全国职业教育服务标准化领域空白。以项目为抓手，围绕职业教育功能、人才培养模式与质量标准等方面，按照国家要求，制定121项服务标准，并贯标试行，为职业教育服务社会提供更高效、更科学的教育服务新模式。与陆丰市教育局实施结对帮扶；面向社会开展非学历培训项目25项，参训人员达1.34万人/日。

（广东新安职业技术学院）

深圳开放大学

【概况】2022年，深圳开放大学全面实施"十四五"发展规划，立足

开放大学新发展阶段，贯彻新发展理念，构建新发展格局。弘扬伟大建党精神，统筹发展和安全，深入实施"1234"转型发展战略，以新担当、新作为推动学校各项事业发展提质增效，实现高质量发展。截至2022年年底，共有7所分校、10个二级学院、20个教学点和下属1所中等职业技术学校。内设7个管理和教辅机构、8个教学机构（含残疾人教育学院）。教职工共计349人，其中高级职称50人、研究生学历154人。全年开放教育共计招生2.24万人，比上年增长9.72%；成人高考招生152人，上升35.7%。

【思想政治建设】2022年，深圳开放大学党委提高政治站位，带头全面学习贯彻党的二十大精神。主要领导先学一步、深学一层，带头落实"第一议题"制度，落实集体学习要求，学校党委班子成员、各支部书记、学院院长、校外专家累计讲党的二十大专题党课12次。订购和发放《党的二十

大报告》《党的二十大报告学习辅导百问》《二十大党章修正案学习问答》等书籍200余本，组织各支部党员干部在认真自学和集中学习基础上，围绕主题积极开展专题交流研讨，坚持学懂弄通做实党的创新理论，不断增强政治判断力、政治领悟力、政治执行力。制定《关于学校党委委员、学院负责人讲授思想政治理论课的实施意见》，启动《深圳开放大学课程思政校内名师培育行动方案》，推进基于移动端的直播课堂教学和基于混合教学模式的教学改革。党委书记、校长采用远程直播与线下面授相结合的混合教学模式，为全市系统内师生讲授"开学思政第一课"2场。依托"思政大课堂"，举办"百位名师名家进思政大课堂"活动15场，组建40人的思想政治课程教师团队。召开"党的二十大精神进思政课"集体备课会，完成共7门思政课和3门通识课教学与考核工作。面向全市办学系统举办课程思政教学设计大赛。全面推进市哲学社会科学重点课题"从'红船精神'到'深圳精神'研究"和市教育规划重点课题"深圳特区思政教育体系研究"的研究工作。

【乡村振兴工作】2022年，深圳开放大学选派1名干部以教育人才"组团式"帮扶人选身份，赴广西河池开展支教工作。选派1名扶贫干部到河源市和平县浰源镇驻镇帮镇扶村。制定乡村振兴工作三年实施方案，推动帮扶单位建立健全联席会议机制、议事协调制度，开展防返贫监测、产业调研规划、抗洪防汛救灾、"三清三拆"人居环境

2022年9月22日，深圳开放大学党委书记、校长、疫情防控工作领导小组组长钟志红主持召开秋季学期疫情防控工作会，强化校园疫情防控举措

（深圳开放大学　供）

整治、"厕所革命"等工作，对易致贫易返贫突发严重困难户开展救助。发放慰问金 8.02 万元；捐赠大米和食用油等生活物资 7.56 万元；捐赠口罩、防护服等防疫物资 5.94 万元；为浰源中学和黄田小学教学点修复围墙栅栏，捐赠乒乓球桌 16 台，免费招收 2 名浰源中学学生就读下属深圳市开放职业技术学校，消费帮扶近 10 万元，筹集爱心物资价值 130 万元。

【学习资源建设】2022 年，深圳开放大学教材、教辅资料采购量 23 万余册，总码洋 761.27 万元。数字图书馆藏书 2.2 万册，涵盖政治、经济、文化等 30 余个门类。录像教材资源 35 套、IP 课件资源 444 个、CAI 课件资源 38 个、微课资源 252 个、慕课资源 32 个、直播视频 9050 余集，其他文字及音视频类资源 1600 余集，引进"中国知网"期刊论文 900 余万篇，超星电子图书约 170 万册，博看人文电子期刊 60 余万册。建学历账户 10 万余个。"深圳终身教育学分银行建设及实践应用"项目入选广东省教育厅 2021 年继续教育质量提升工程项目立项。

【校园文化】2022 年，深圳开放大学动员师生参加第八届中国国际"互联网 +"大学生创新创业大赛，组织 25 名指导教师参加培训并获得结业证书，1 个项目入围省赛初赛。推进全校学生评优工作，评选出 2021 年度国开优秀奖学金获奖学生 226 名，2022 年度深开奖学金获奖学生 221 名，2022 年深开特等奖学金获奖学

生 5 名、优秀学生（含优秀学生干部、优秀毕业生）102 名。积极开展"永远跟党走，奋进新征程，喜迎二十大""追寻红色足迹 弘扬伟大建党精神""讲乡村振兴故事 做奋进有为青年""青年心向党，建功新时代"等系列主题活动，以党建带团建，全方位打造开放大学健康向上特色校园文化，引导广大学生争做社会主义核心价值观的坚定信仰者和模范践行者。

【开放教育】2022 年，深圳开放大学充分利用新媒体开展招生宣传，组织线上招生。按照学校"10+n"系统建设规划，探索直属分校建设模式，加强分校、教学点管理，合并成立中心分校，加大专业整合力度和范围，建立联系人制度。与中德职业培训学院等 17 家合作办学单位签订补充协议，与深圳智理技工学校和深圳市宝安区科达培训中心签署合作办学协议。入选 2022 年共青团深圳市委员会"圆梦计划"广东省新生代产业工人骨干培养发展工程高校目录。出台《开放教育招生工作管理办法》《开放教育学习中心设置与管理实施细则》等制度，进一步规范全系统招生工作。

【老年教育】2022 年，深圳开放大学挂牌运作深圳老年大学，出台《深圳开放大学终身学习三年行动计划》《深圳老年大学五年发展规划（2023—2027 年）》《深圳老年大学兼职教师管理办法》，开设养生班、表演歌唱班、粤曲班等 7 个教学班招收老年学员 1116 人。创

新探索开展网上教学实践活动，录制教学微课小视频 41 个。深化"湾畔学堂"品牌项目实践，"湾畔学堂线上线下实践教学活动案例报告"入选中国教育在线 2021 年度老年教育工作优秀案例。1 名教师获评 2021 年终身学习"深圳百姓学习之星"。6 月，与深圳大学附属华南医院成功签署合作框架协议，筹备成立深圳开放大学老年病医学院，为深圳建设社会主义先行示范区，实现"老有所养、病有良医"提供支撑。

【终身教育】2022 年，深圳开放大学建成"深 i 学"全民终身学习平台，创新设置党史学习、文明素养提升、乐学光明等板块，建成融 App、公众号、H5 智能页面于一体的多终端入口，新增智能直播、智能陪练、学分银行等多项功能。截至 2022 年年底，该平台已建设课程资源 18 万个，注册用户 238 万个，访问量 556 万人次。依托该平台开展活动 71 场，线上线下参与活动逾 70 万人次。培育"文明第一课"活动品牌，累计开展活动 15 场，近 2 万名市民参与活动，受到社会广泛关注。深圳开放大学"深 i 学"平台项目成功入选教育部职业教育与成人教育司"智慧助老"优质工作案例。

【非学历教育】2022 年，深圳开放大学克服新冠疫情不利影响，成功组织各类技能证书考试共计 6214 人次。其中，注册会计师全国统一考试 2345 人次、全国英语等级考试 1264 人次、全国统考课程自学考试 930 人次、全国税务师职业

2022 年 12 月 8 日，深圳开放大学学生在国家开放大学春季学期组织的首届学生英语能力挑战赛总决赛中，包揽英语本科专业组第一名和英语专科专业组第一名 （深圳开放大学　供）

资格考试 1675 人次。组织专家学者免费为社区居民讲疫情防控及疫情下心理疏导专题课，为深圳巴士集团、深圳市西部公共汽车有限公司、欧姆龙电子部件（深圳）有限公司等企事业单位开展安全生产培训、生命安全教育、网络诈骗防范知识，赢得市民交口称赞。

【残疾人教育】截至 2022 年年底，深圳开放大学承办的国家开放大学残疾人教育学院在全国共设有 30 个教学点，累计招生 2.06 万人，在籍 3427 人。与百胜餐饮（深圳）有限公司合作开展"天使圆梦计划"，招收企业残疾人员工 10 人。来自残疾人教育学院连云港教学点的 5 名学子光荣担任 2022 年北京冬残奥会"护旗手"和"火炬手"。

【中职教育】2022 年，深圳开放大学下属深圳市开放职术学校龙岗校区建成 12 个实训室，校园网、公共机房建设项目基本完成，全面启动图书馆、校园广播系统项目，正式运营学校师生食堂，教育教学条件得到显著改善。参加广东省职业院校学生专业技能大赛中职组计算机检测维修、WEB 前端开发、虚拟现实（VR）制作与应用、融媒体内容制作、互联网营销直播比赛，获 3 个二等奖、3 个三等奖。

【合作交流】2022 年，深圳开放大学与香港岭南大学联合培养研究生项目共计 7 人获得入学通知书。签订《国家开放大学、深圳开放大学、戈洛卡大学共建国家开放大学（深圳）巴布亚新几内亚学习中心协议书》，成功建设海外学习中心，顺利开班汉语普通话课程，在继续

教育高质量发展、对外教育高水平开放方面走出坚实一步。

（深圳开放大学）

深圳大学城

【概况】深圳大学城创建于 2001 年，占地面积 1.54 平方千米，有清华大学深圳国际研究生院、北京大学深圳研究生院和哈尔滨工业大学（深圳）3 个办学机构。2022 年，共有 8 个学科门类，包括工学、理学、管理学、经济学、哲学、文学、法学和艺术学。本科专业方向 24 个，硕士专业方向 89 个，博士专业方向 57 个，专业学位 37 个。全日制在校生 1.8 万人，含留学生 302 人。全日制在校生中博士生 2362 人，硕士生 1.03 万人，本科生 5308 人。全职教职工 3046 人（专任教师 1258 人、博士后 438 人、实验室技术人员 447 人、行政教辅人员 903 人），"双基地"教师 133 人；在大学城工作或领衔科研课题院士 14 人，"长江学者" 22 人。专任教师中，外籍教师 106 人，占专任教师比例 8.43%；留学归国人员 592 人，占专任教师比例 47.06%。累计承担科研项目 1415 项，其中纵向 775 项、横向 640 项。2022 年到账科研经费 18.44 亿元。被 SCI、EI、CSSCI 三大检索收录论文 7723 篇。新申请专利 1372 项，获授权专利 703 项。

【深圳大学城管理服务中心】是为管理和服务大学城而设立的市教育局直属创新机构，按照"不是大学、服务大学，不是政府、代表政

府工作"定位，推动三校稳定办学。设有综合和研究部、资源和建设部、网络和安保部业务部门3个。全额拨款编制在职人员18人，其中专业技术人员5人、高级职称7人。2022年，各项工作稳步推进，为深圳大学城三校及深圳高等教育发展助力。

常态工作 牢牢把握"服务"要义，牢牢抓住常态工作重点。守护"舌尖上的安全"，做好膳食保障服务。严格落实各项新冠疫情防控措施，做好疫情防控和食品安全隐患排查工作。通过建立食堂自查—第三方抽查—本级督查管理体系，建立健全日管控、周排查、月调度工作机制，紧紧把握"查源头、验过程、看结果"关键环节，以保障食品安全为导向，加强源头控制，完善过程管理，加强隐患排查，落实整改结果。落实落细餐饮单位食品安全风险专家评审、开学食品安全专项排查、食品安全培训等工作，有效提升餐饮单位食品安全意识；用心用情解决师生合理诉求，切实做好食堂商铺服务单位沟通工作，及时协调处理运营中的突发问题。倡导健康饮食理念，督促经营服务商不断提升服务水平，科学合理进行营养配餐，不断提升师生满意度；每月对所管辖的食堂商铺开展安全生产专项检查，及时发现问题、督促整改，扎实做好大学城后勤保障工作。

常态化疫情防控 严格执行上级单位疫情防控工作要求，积极联络配合各院（校）、街道、防疫、公安机关等单位部门开展疫情防控工作；组织保障师生核酸检测，协助医务人员开展相关工作。严格实

行"白名单"制度，不断完善硬件建设，创新使用科技手段提高治理效能。大力推动"电子哨兵"设备报批接入市政务服务数据管理局平台，同时满足对乘车人员、骑行人员、行人等各类人群的刷脸验证及核查。通过人脸识别授权技术应用，精准核验匹配人员身份和健康信息，有效提高各出入口检查效率，确保信息核查"全覆盖"。

创新工作新常态 在疫情防控常态化背景下，大学城体育中心各场馆严格执行入馆政策，高效完成年度教学保障计划，满足师生日常运动需求。除高校例行教学安排，体育中心主动探索发现新需求，扩大选修课覆盖面，开发热门培训课程，发展线上挑战赛，逐步形成线上线下全覆盖新选择体系；积极对接、配合做好深圳市第一届X9赛艇联赛相关工作。会议中心充分发挥专业会务服务平台优势，提高服务效力及专业度。疫情常态化管理后，优化对接流程，提高服务

质量，协助举办高规格的西丽湖论坛，提升大学城专业会务平台价值。

文化建设 大学城校园文化平台以文化外溢方式与外部平台强强联动。年内，举办"说古道今·博采众长"深圳高校青年学子辩论邀请赛、深圳大学城硕博研究生专场毕业生就业（见习）校园招聘会、"百校千企万岗"高校毕业生校园招聘会深圳大学城专场、大学城片区综合运动会等一系列具有广泛影响力的活动，积极对外宣传和繁荣大学城校园文化。

【高校课程互选、学分互认】2022年，深圳大学城管理服务中心积极谋划和推进西丽湖国际科教城高校课程互选、学分互认工作。该项工作为市教育局年度重点工作。西丽湖国际科教城片区5所高校于2022年秋季学期推选79门共享互选课程、1142个选课名额，课程层次

2022年7月8日，西丽湖国际科教城高校课程互选、学分互认工作会议召开

（深圳大学城 供）

涵盖研究生和本科课程，课程类型包括专业课和通识课，同步开发上线课程互选信息化平台，及时公布互选课程信息。西丽湖国际科教城高校课程互选、学分互认工作成果突出高校联盟合作机制创新、优质教学资源共享创新、信息技术支撑平台创新，是大学城管理服务中心积极探索人才培养新模式、推进优质教育资源互惠互补，对深圳高等教育合作创新发展的"新答卷"。

【深圳西丽湖国际科教城 X9 高校院所联盟秘书处工作】2022 年，深圳西丽湖国际科教城 X9 高校院所联盟成立，深圳大学城管理服务中心承接联盟秘书处工作。X9 联盟立足于充分发挥西丽湖国际科教

城高水平大学、研究机构、高新技术企业和高层次人才集聚优势，旨在促进全市高校（研究机构）之间资源共享、协同创新、人才联培、科教融合、产教结合，全面提升深圳高等教育服务国家战略、区域战略产业和新兴未来产业能力。深圳大学城管理服务中心申请作为联盟秘书处所在单位，高效率、高质量完成深圳西丽湖国际科教城 X9 高校院所联盟章程和联盟协议的起草工作，提出联盟定位、发展宗旨、组织架构、运行机制及十大合作领域等重要内容，并协调召开联盟成员单位研讨会，争取各院校共识，为联盟后续发展筑好"同心基"；积极筹备高规格的联盟成立仪式，协调深圳大学举办首届"湾区校长

论坛"，搭建联盟成员及湾区高校学术交流高端平台，组织策划相关宣传推广，营造良好社会影响。

【深圳大学城新一代校园"一卡通"系统升级】2022 年，深圳大学城管理服务中心积极推进深圳大学城新一代智慧校园建设。年内，实现新一代"一卡通"系统升级。充分践行智慧校园建设规划，注重网络与信息安全，以丰富的应用入口覆盖全业务应用场景，实现信息高度共享，推进应用融合、互联互通。全面实现"自助化、线上化、一体化"金融、生活服务接口，促进"服务信息化"演进，切实提高师生用户体验，构建稳定、便捷、高效的校园服务体系。建立金融数据中心、身份认证中心、数据资源中心，形成多核心、总线式、柔性化准金融系统架构，建立综合管理、综合服务平台。引入无卡支付、电子支付、聚合支付、货币支付，形成多支付体系，实现"一卡通"管理统一、标准统一、数据统一。结合数据审计，提升系统运行信息安全性，系统和应用能力得到极大提升。作为高校唯一一家具备银行卡与校园卡合一及银校互联和全国首家虚拟卡免密支付创新园区，大学城园区智慧校园建设成为全国高校园区中具有示范性、领先性、标志性的系统，不断助力深圳大学城建设成为国内知名科教园区。

（朱晓超）

2022 年 11 月 6 日，西丽湖国际科教城 X9 高校院所联盟成立仪式暨第一届赛艇联赛开幕式在大沙河生态长廊举行。深圳市市长覃伟中为联盟首届轮值理事长单位授旗
（深圳大学城 供）

人物选介和荣誉名录

Introduction of Selected People and Honor List

包小华 女，2022 年度教育部高等学校科学研究优秀成果奖（科学技术）一等奖（第一完成人）获得者。1983 年 10 月生，安徽砀山人，博士，教授，博士生导师，中共党员。国家优秀青年基金获得者，深圳市海外高层次人才，深圳市高层次专业人才，深圳大学土木与交通工程学院副院长。担任"中国岩石力学与工程学会"理事，"中国公路学会隧道与地下工程分会"理事，《岩石力学与工程学报》期刊编委，《现代隧道技术》期刊青年编委，"深圳市土木建筑学会轨道交通专业委员会"副秘书长，"深圳市土木建筑学会岩土工程专业委员会"委员，"深圳大学青年科学家联谊会"理事。从事岩土、隧道与地下结构方面的科研、教学与人才培养工作。科研工作面向国家重大需求，进行岩土本构关系与数值模拟、土与结构相互作用及抗震分析、隧道病害及监测检测等方面研

究，揭示可液化地层中地下结构地震动力耦联灾变机理，提出地层—结构一体化控制关键技术，取得具有国际影响的研究成果。主持和参与国家级科研项目 11 项，包括主持国家自然科学基金优秀青年基金 1 项、重点研发计划专项 1 项、重点研发计划专项 1 项、面上基金 1 项、青年基金 1 项；主持省、市级科研项目 5 项；主持和参与重大工程项目 7 项。在岩土、隧道与地下结构方面发表学术论文 100 余篇，授权发明专利 23 件、美国专利 2 件，参编规程规范 5 部。研究成果获得教育部科技进步一等奖（第一完成人，2022 年），中国岩石力学与工程学会科技进步一等奖（第一完成人，2022 年），中国岩石力学与工程学会特等奖（第三完成人，2021 年），广东省科技进步一等奖（第五完成人，2021 年），江西省科技进步二等奖（第四完成人，2020 年），教育部科学技术进步二等奖（第三完成人，2019 年）。其中，2022 年"地层—地下结构动力耦联灾变机理及控制关键技术"项目以

第一完成人获得教育部科技进步一等奖；"地下结构地震灾变机理与控制综合技术"项目以第一完成人获得中国岩石力学与工程学会科技进步一等奖。获奖项目践行"韧性城市"建设和"双碳"国家战略，成果应用于 62 项工程地下结构抗震分析和结构加固保护中，极大减少了振动和噪声扰民投诉件数，显著提升地下结构韧性，增强抗动力耦联灾变能力，经济社会效益显著。其中"地层—结构共同作用动力灾害预测理论与方法""弹性砂浆＋钢纤维混凝土隧道增韧技术"等达到国际领先水平，有力推动行业技术进步。在课程教学中推行研究性教学法，积极进行教学改革实践，将现场工程经验与科研成果制作成教学课件用于研究生教学。

郭仁忠 2022 年广东省科学技术进步一等奖（第一完成人）获得者。1956 年 8 月生，江苏盐城人，中共党员，中国工程院院士、国际欧亚科学院院士、中国地理学会会士、中国地理信息工程专家，教

授，博士生导师。现任深圳大学智慧城市研究院院长，深圳大学教授委员会主任，曾任深圳市规划和国土资源委员会（市海洋局）巡视员，兼任武汉大学博士生导师，自然资源部城市土地资源监测与仿真重点实验室主任、自然资源部科技专家咨询委员会委员、中国城市科学研究会副理事长、中国土地学会副理事长、中国测绘地理信息学会副主任、广东省数字政府专家委员会副主任、广东院士联合会副理事长、深圳市数字政府专家委员会主任等。从事数字城市技术研发和工程应用 30 余年，先后主持完成各类研究和应用工程 30 余项，出版著作 4 部，发表论文 100 余篇，被引用 2000 余次。曾 20 次获国内外各级各类科技奖励，其中国家科技进步二等奖 2 项（均为第一完成人）、省部级科技进步一等奖 5 项、国际奖 2 项，在数字城市领域取得多项重要成果。郭仁忠院士是我国国土资源信息化主要开拓者之一，主持建成我国第一个大型空间型管理信息工程——深圳市规划国土管理信息化工程，为我国国土资源管理信息化建设的全面推进作出开拓性贡献。在国际上首次研发成功基于三维拓扑模型的三维地籍技术，确立了我国在三维地籍研究领域的国际前沿地位。其中，三维地籍关键技术及应用获得国土资源科学技术奖二等奖（2018 年）。近年来，致力于智慧城市领域技术研发和工程应用，在智慧城市顶层设计、关键技术与工程实践方面进行深入探索，提出整套关键技术体系。长期坚持在教育教学第一线，作为地图制图与地理信息学科带头人，教育

学生求真务实，努力推进地理信息创新实践主导的课程建设。指导学生以第一作者在国内外发表高水平论文 20 余篇，并在三维综合、自适应表达等领域获得多项发明专利与软著，相关教学成果在 2022 年 5 月获得第十届广东省高等教育教学成果奖特等奖。

吴正治 2022 年当选乌克兰国家工程院外籍院士，2022 年度教育部高等学校科学研究优秀成果奖（科学技术）二等奖（第一完成人）获得者。1964 年 12 月生，湖南邵阳人，中共党员，医学博士，教授、研究员、主任医师，博士生导师、博士后合作导师，美国加州大学（UCLA&UCSD）博士后、高级访问学者，国家中医药管理局三级实验室及国家中医药管理局重点研究室主任／学科带头人，深圳大学附属第一医院／深圳市转化医学研究院老年医学研究所所长（副院级）。1998 年起享受国务院（自然科学突出贡献）政府特殊津贴，为国家级突出贡献专家、广东省十大杰出青年科技标兵、广东省省管优秀专家、深圳市杰出专家、深圳市高层次领军人才、美国加州大学圣迭戈分校（UCSD）"杰出医学人物"、广东二十世纪重要科技人物、2016 年"科学中国人年度人物"。先后入选英国剑桥《世界名人榜》（名人录）、《百年中国》、《中国科技脊梁》及《影响中国的 500 位专家》等名人传记。为国家科学技术奖励评审专家，高等医药院校老年医学教材编委会副主任委员，国家自然科学基金项目和人才评审专家，并兼任世界传统医学研究会副会长以

及 SCI 期刊客座主编等 10 余个专业学术职务。主要从事老年神经病学与中西医结合精准医学研究，包括无创分子诊断、原创新药（现代中药新药、小分子化药、海洋生物药、纳米靶向药）与精准药食同源产品以及中西医智能诊疗与康复机器人三大方向，为"微观辨证学"新学科主要开拓和创建者。先后主持和主要参研国家重大新药创制项目、科技部重点研发计划、国家科技攻关、国家自然科学基金等各类科研项目 50 余项，获得国家教委自然科学一等奖、中国中西医结合学会科学技术一等奖、广东省科学技术二等奖等科技成果奖 28 项；出版著作 48 部，为高等医药院校教材《老年神经病学》主编和国家规划高校教材《中医药膳学》副主编，在国内外发表学术论文 300 余篇，IF 最高 21.566 分，SCI 总影响因子 530 余分，总被引 3000 余次；申请并获得国内外技术发明专利 200 余项；培养博士后、博士等高层次专业技术人才 60 余名。2022 年获教育部高等学校科学研究优秀成果奖（科学技术）二等奖（第一完成人）。

朱建波 2022 年度广东省科学技术奖——青年科技创新奖、教育部高等学校科学研究优秀成果奖（科学技术）一等奖（第一完成人）获得者。1983 年 9 月生，山东临沂人，深圳大学教授，博士生导师，深地科学与地热能开发利用广东省重点实验室执行主任、深地科学与绿色能源研究院副院长。担任《岩石力学与工程学报》（*Rock Mechanics and Rock Engineering, RMRE*）、《地

球力学与地球物理：能源与资源》（Geomechanics and Geophysics for Geo-Energy and Geo-Resources,G4）等 4 个国际知名 SCI 期刊编委，兼任国际岩石力学学会岩石动力学专委会理事，中国岩石力学与工程学会岩石动力学专委会副主任委员、矿山冲击地压专委会副主任委员。长期从事工程扰动岩石动力学和深部动力灾害研究工作。先后主持承担中组部海外高层次人才引进计划青年项目，科技部国家重点研发计划项目课题及专题，基金委国家重大科研仪器研制项目（部门推荐）课题、面上项目及青年项目等科研任务。发表 JCR 1 区期刊论文 68 篇（通讯 / 第一作者论文 46 篇），其中岩石力学领域两大期刊《国际岩石力学与采矿科学杂志》（International Journal of Rock Mechanics and Mining Sciences, IJRMMS）和《岩石力学与工程学报》（RMRE）论文 36 篇，科学引文索引数据库（Web of Science）核心库论文总被引 2048 次，H 指数 28；授权 / 公开发明专利 54 件。研究成果获教育部自然科学一等奖（2022 年，R1）、中国岩石力学与工程学会自然科学一等奖（2021 年，R1）和特等奖（2016 年，R4）。获得瑞士国家基金委未来研究员奖（2011 年），入围全球前 2% 顶尖科学家榜单（2022 年）。2022 年 2 月，获 2022 年度广东省科学技术奖——青年科技创新奖。研究项目"裂隙岩体三维裂纹动态扩展规律与破断机制"获 2022 年度教育部高等学校科学研究优秀成果奖（科学技术）一等奖。

汤慕涵 女，2022 年 5 月，获中国青年五四奖章。2003 年 9 月生，吉林长春人，中国女子游泳运动员、深圳游泳运动员，深圳大学体育学院运动训练专业学生。2019 年 8 月，获中华人民共和国第二届青年运动会游泳项目体校乙组女子 1500 米自由泳冠军。2020 年 10 月，获 2020 年全国游泳冠军赛女子 400 米自由泳冠军。2021 年 7 月，与杨浚瑄、张雨霏、李冰洁组成的中国队获 2020 年东京奥运会女子 4×200 米自由泳接力冠军，并打破该项目世界纪录。2021 年 9 月，获中华人民共和国第十四届运动会女子 400 米自由泳冠军和女子 200 米自由泳冠军。曾获全国体育系统先进工作者、全国五一劳动奖章、广东省五一劳动奖章、深圳青年五四奖章、深圳十大杰出青年等荣誉。

杨浚瑄 女，2022 年 5 月，获中国青年五四奖章。2002 年 1 月生，山东淄博人，中国游泳运动员，深圳大学体育学院运动训练专业学生。女子 200 米自由泳亚洲纪录创造者，男女 4×100 米混合泳接力项目世界纪录保持者。2017 年，获全国夏季游泳锦标赛江西赣州站女子 200 米仰泳冠军、全国游泳锦标赛女子 200 米自由泳冠军。2018 年获全国游泳锦标赛山西太原站女子 100 米自由泳冠军。2019 年，与陈洁、于静瑶、张雨霏组成的中国队夺得军运会女子 4×100 米混合泳接力冠军；与张雨涵、张雨霏、王简嘉禾组成的中国队夺得军运会女子 4×200 米自由泳接力冠军。2021 年，在东京奥运会女子 4×200 米自由泳接力决赛中，与张雨霏、李冰洁、汤慕涵组成的中国队获得冠

军，刷新世界纪录；获 4×100 米男女混合泳接力项目银牌；在第十四届全运会上获女子 4×200 米自由泳接力冠军、女子 100 米自由泳冠军等。曾获评 2020 年中国体育十大人物、全国体育事业突出贡献奖、全国五一劳动奖章、全国三八红旗手、全国体育系统先进工作者等荣誉。

陈 梦 女，2022 年 5 月，获中国青年五四奖章。1994 年 1 月生，山东青岛人，中国乒乓球运动员，国家级教练（竞技体育教练员），深圳大学乒乓球俱乐部运动员，深圳大学校友。2007 年获澳大利亚青年赛女团、女单、女双三项冠军。2011 年获世青赛女团、女单、女双和混双冠军。2014 年获仁川亚运会乒乓球女双金牌。2017 年获亚锦赛女双冠军、女单亚军，获国际乒联总决赛女双冠军、女单冠军。2018 年 1 月，成为女单世界第一，成为第九位登顶世界第一的中国女乒选手；9 月，搭档朱雨玲获 2018 年全锦赛女双冠军；12 月，获 2018 国际乒联世界巡回赛总决赛女单冠军。2020 年 10 月，夺得全国乒乓球锦标赛女单冠军，与王曼昱组合夺得女双冠军；11 月，获 2020 年女子乒乓球世界杯女单冠军、2020 年国际乒联总决赛女单冠军；12 月，所在的深圳大学乒乓球队获 2020 年中国乒乓球俱乐部超级联赛女子团体冠军。2021 年 5 月，获 2021"直通 WTT（世界乒乓球职业大联盟）大满贯·世乒赛"暨奥运模拟赛女单冠军；7 月，获 2020 年东京奥运会乒乓球女单冠军；8 月，代表中国队获东京奥运会乒乓球女

团冠军。2022 年 3 月，获 WTT 新加坡大满贯女单冠军；5 月，当选中国共产党第二十次全国代表大会代表。曾获 2020 年中国体育十大人物、全国五一劳动奖章、全国三八红旗手、中国青年五四奖章等荣誉。

张　晗　2022 年 2 月，获广东青年科技创新奖；5 月，获广东青年五四奖章。1984 年 12 月生，湖北黄冈人，深圳大学特聘教授，博士生导师，国家级高层次人才。广东省政协常委，民盟中央委员、广东省委委员、深圳市委副主委。长期致力于研发满足国家重大战略需求的高性能光电子芯片，取得以下成果：研制适用于高速光调制和光计算的集成器件，开发国际上首次达到 40G 大宽带的石墨烯光调制器件；提出光子成簇规律间隔短回文重复序列（CRISPR）生物传感新方法，研制快速精准甄别病毒分型的高特异性传感器件与检测肿瘤标志物的超高灵敏传感芯片，可满足痕量微生物分型检测、癌症早期诊断等需求；联合深圳万物传感科技公司研制全球首台基于 CRISPR 生物芯片的全自动化痕量微生物智能监测机器人，可在气溶胶、液体等介质中实现多类别的全天候无人值守痕量监测，在广东、福建等地试点，在疾控、机场、海关等部门应用于环境污水变异毒株监测，填补国内外技术空白，对搭建全方位生态安全屏障具有重要意义。

吴　松　2022 年 2 月，获广东青年科技创新奖。1986 年 9 月生，安徽安庆人，深圳大学特聘教授，博士生导师，深圳大学医学部副主任。现任深圳大学附属华南医院院长，深圳大学医院管理研究院院长，深圳大学泌尿外科研究所所长，深圳市泌尿外科诊疗质量控制中心主任。担任中国医师协会泌尿外科分会委员、广东省医学会精准医学与分子诊断分会副主任委员、深圳市医学会人工智能机器人专委会主任委员等学术职务。曾获全国五一劳动奖章、中国产学研合作创新促进奖、深圳科技进步一等奖等，被评为广东省科技创新领军人才、广东省医学领军人才。主要从事泌尿系统疾病临床诊疗转化研究与开发工作，同时致力于医院精细化管理和卫生体制改革研究，构建高水平数字研究型医院。作为泌尿外科医生和临床科研工作者，聚焦泌尿外科临床问题：运用前沿交叉技术，解析膀胱癌分子驱动机制与血管生成调控通路；应用多组学技术，构建膀胱癌复发进化树；剖析膀胱癌复发起源细胞特征；鉴定泌尿系疾病早期诊断多维生物标志物，搭建尿液智能诊断体系。以第一 / 通讯（共同）作者身份在《欧洲泌尿外科杂志》（*European Urology*）、《自然—通讯》（*Nature Communication*）、《自然—遗传学》（*Nature Genetics*）等期刊发表相关研究成果。主编尿液检测全民健康类科普书籍，获授权 8 项尿液诊断技术国家发明及实用新型专利，开发家用智能尿液检测产品。

黄　惠　女，2022 年 3 月，获评广东省南粤巾帼十杰和广东省三八红旗手标兵。1977 年 11 月生，湖北武汉人，中共党员，教授，博士生导师，国家级高层次人才。深圳大学首批腾讯冠名特聘教授，计算机科学与技术学科负责人，计算机与软件学院院长，可视计算研究中心主任，广东省 3D 内容制作工程技术中心主任，国家级计算机教学实验示范中心主任。研究领域为计算机图形学，在三维获取与点云表示、几何建模与场景理解等方向保持国际领先水平。近年来发表计算机顶刊顶会论文 100 余篇，其中《ACM 图形事务》（*ACM TOG*）/ 计算机图形图像特别兴趣小组（SIGGRAPH）（被誉为"图形奥斯卡"）顶级论文 48 篇；授权美国发明专利 30 项，中国发明专利 77 项；搭建产业示范应用服务平台 10 个，研发的"低成本高保真无人机自主采集和三维重建技术"入围 2022 世界人工智能大会卓越人工智能引领者（SAIL）奖 TOP30；开源研究工作代码 / 数据集 53 个，其中大规模城市数据集 UrbanScene3D（城市场景 3D）获得中国计算机学会"图形开源数据集奖"；主持（完成）国家重点项目 5 项，省部重点项目 9 项，深圳市重点项目 8 项；获得中国计算机学会"自然科学一等奖"（排名第 2），中国图像图形学学会"高等教育成果二等奖"（排名第 1）；现任国际计算机图形学顶级期刊《ACM 图形事务》（*ACM TOG*）和可视化顶级期刊《IEEE 可视化与计算机图形汇刊》（*IEEE TVCG*）编委，是计算机图形图像特别兴趣小组（SIGGRAPH）技术论文咨询委员会和欧洲计算机图形学会议（EUROGRAPHICS）执行委员会唯一华人代表；2022 年、2023 年连续 2 年入选 AMiner 人工智能领域"全球最具影响力学者"榜单和"全球顶尖女性学者"名录（Fellow of Women in AI）。自 2010 年执教至今，多次获广东省教育厅立项资助，获多项荣誉。2022 年，面向研究生新生以全新的授课模式和教学内容开设"计算机前沿技术研究生创新示范课程"，向全国计算机专业研究生开放旁听，被列为校庆 40 周年精品课程向全校推广；主导举办深圳大学首届全国优秀大学生计算机夏令营，吸引来自全国众多高校的 1300 余名优秀本科生咨询关注。

杨学明　中国科学院院士。2022 年"物质科学奖"获得者。1962 年生，浙江德清人。1991 年获得加州大学圣巴巴拉分校博士学位。南方科技大学讲席教授。2022 年任国家自然科学基金委化学部主任、中国化学会副理事长、《中国化学物理学报》（CJCP）主编、《中国化学学会会刊》（CCS Chemistry）副主编、第十三届全国人大代表。曾获国家杰出青年科学基金资助，获评"全国优秀科技工作者"，研究成果两次入选"中国十大科技进展新闻"，一次入选"中国十大科学进展"。曾获国家自然科学二等奖 2 项、国务院政府特殊津贴、何梁何利基金科技进步奖、高层次人才成就奖、陈嘉庚科学奖、布罗依达奖、洪堡研究奖、全国创新争先奖等。曾主持国家自然科学基金科学中心项目、国家重大科研仪器设备专项等 20 余项科技项目。主持研制成功中国第一台大型自由电子激光科学研究用户装置，是世界上唯一运行在极紫外波段的自由电子激光装置。

培养的博士研究生中 7 人获中国科学院院长特别奖，1 人获全国百篇优秀博士论文奖。发表研究论文 420 余篇，其中《科学》（Science）论文 16 篇、《自然》（Nature）论文 1 篇。

张绪穆　俄罗斯工程院外籍院士。2022 年，获第六届中国化学会赢创化学创新奖杰出科学家及中国科技产业化促进会科学技术奖科技创新二等奖。1961 年 10 月生，湖北鄂州人，南方科技大学讲席教授。1992 年 6 月毕业于美国斯坦福大学取得博士学位，到斯坦福大学进行博士后阶段研究工作，先后在美国宾夕法尼亚州立大学、新泽西州立大学担任助理教授、副教授、教授和杰出教授。2005 年 8 月任职于武汉大学，2015 年 8 月加入南方科技大学，任理学院副院长、化学系讲席教授及南方科技大学坪山生物医药研究院院长职务。2022 年 4 月，当选俄罗斯工程院外籍院士。发表学术论著 400 余篇，在《科学》（Science）、《美国化学会杂志》（J. Am. Chem. Soc.）、《德国应用化学》（Angew. Chem.）等学术刊物上发表学术论著 350 余篇，论文他引 1.5 万次，其中单篇论文他引 1800 余次，H 指数大于 75。2002 年获美国化学会亚瑟·科普学者奖（Arthur C. Cope Scholar Awards），是第一位获此奖的中国内地科学家；2018—2021 年连续被评为爱思唯尔中国高被引学者，2021 年进入全球前 2% 顶尖科学家终身榜单，2021 年获深圳市自然科学一等奖。发现张烯炔环异构化反应，因其重要性成为以其姓氏命名的人名

反应，全球仅有少数几位华人有此殊荣。长期致力于发展高效、高选择不对称催化反应研究，利用原创手性配体工具箱技术平台，以重大药物合成为产业化突破口，开发有自主知识产权、安全、环保、低成本、高质量的药物绿色合成新工艺。近年致力于拓展小分子化合物库并开展高通量生物筛选、分析药效团构效关系，研发新型小分子药物。先后成立凯瑞斯德（苏州）（Chiral Quest，技术产品）和凯特立斯公司（Catalys，技术平台）。

毛　俊　2022 年获评全国向上向善好青年。哈尔滨工业大学（深圳）材料科学与工程学院教授。2011 年，毛俊在本科求学阶段产生"能否通过优化热电材料的性能实现对电子器件的高效制冷"想法。为此，于 2014 远赴日本和美国求学。在美国休斯顿的德州超导研究中心，坚持周六、周日无休，每天工作 10 小时以上，5 年如一日，放弃休假回国机会。经过刻苦钻研，终于通过半导体能带结构非对称性思路来设计材料，成功探索到一种新型 Mg_3Bi_2 基热电制冷材料。该新型半导体材料具有高性能、低廉价格以及高机械强度特性，不仅对热电材料的相关研究有着巨大意义，并且非常有望推动热电制冷器件的升级以及热电制冷产业的更新换代。该成果以第一作者身份发表于《科学》（Science）国际顶级学术期刊上。评审专家一致评价："由 Mg_3Bi_2 基材料所构成的热电器件表现出了更高的制冷性能这一结果非常引人注目。"该工作得到物理网（Phys. org）、物理世界（Physics World）、

每日科学（Science Daily）等多家新闻媒体转载和报道。在此基础之上，针对新型热电制冷材料探索与制冷器件研制的展望以综述形式发表于国际学术期刊《自然—材料》（*Nature Materials*）上。2021年，毛俊回国后加入哈尔滨工业大学（深圳）。在日常科研工作中，秉承"规格严格，功夫到家"的哈工大校训精神，瞄准国际科技发展趋势，主动承担学科发展前沿的重大课题，先后发表学术论文近80篇，其中包括以第一作者身份发表的《自然》（*Science*）、《自然—材料》（*Nature Materials*）、《美国国家科学院院刊》（*PNAS*）等论文被引5100余次，多篇入选ESI高被引论文，主持国家、深圳多个项目，经费1200余万员。

宋明亮 2022年1月，获评中国大学生自强之星。共青团员。2001年8月生，江西新余人。高中阶段学习期间技能出众，获深圳市技能大赛二等奖、广东省职业院校专业技能大赛二等奖2次、2019年全国职业院校专业技能大赛二等奖、2018—2019年中等职业教育国家奖学金。入学深圳职业技术学院后，参加2021年广东职业院校技能大赛高职组（汽车技术）赛项团队获一等奖，晋级全国职业院校技能大赛。在备战全国大赛期间，历经4个多月，克服种种困难，最终在2021年全国职业院校技能大赛高职组（汽车技术）赛项中获全国第一名，实现广东省在该技能竞赛"零的突破"。曾获2020—2021学年度和2021—2022学年度国家奖学金、2018—2019学年度中等

职业教育国家奖学金等荣誉。2022年，参加首届世界职业院校技能大赛汽车技术赛项，获团体银牌。

李健平 2022年1月，获评广东省技术能手。1986年6月生，湖南衡阳人，中共党员，工学博士。深圳职业技术学院汽车与交通学院副教授，全国新能源汽车关键技术竞赛专家。从事新能源汽车技术方面教学、技能竞赛与科研工作。在教学与技能竞赛工作方面先后指导学生获2019广东省职业院校技能竞赛新能源汽车技术与服务赛项一等奖（排名第1）、2020广东省职业院校技能竞赛汽车技术赛项一等奖（排名第2）、2021广东省人力资源和社会保障厅主办的新能源汽车关键技术职业技能竞赛一等奖、2021全国职业院校技能竞赛汽车技术赛一等奖第一名（排名第1）、2022首届世界职业院校技能竞赛汽车技术赛项银牌（排名第1），获2020广东省职业院校技能大赛教师教学能力比赛一等奖（排名第1）、2020广东省职业院校技能大赛教师教学能力比赛国赛遴选二等奖（排名第1）、第五届广东省高校青年教师教学能力比赛三等奖（排名第1）、2021广东省职业院校技能大赛教师教学能力比赛二等奖（排名第2）。为深圳职业技术学院"丽湖菁英"人才培养对象，担任2019年、2020年人力资源和社会保障部"新能源汽车关键技术"竞赛项目专家，获2021深圳职业技术学院教学质量测评优秀、年度考核优秀，获评2021深圳职业技术学院优秀教师，主编校企合编教材《电动汽车充电技术》。在科研工作方

面，主要从事燃料电池、制氢技术、磁电子功能材料季器件相关领域研究和科研人才培养工作，主持广东省自然科学基金项目1项，参与国家863重大科技专项1项、国家973自然科学基金子课题项目1项、省基金项目多项，有较为丰富的理论知识和相关科研工作经验。在《材料化学杂志A》（*Journal of Materials Chemistry A*）、《IEEE传感器学报》（*IEEE Sensors*）、《粉末技术》（*Powder Technology*）、《合金与化合物杂志》（*Journal of Alloys and Compounds*）等国内外期刊上发表论文10余篇，授权发明和实用新型专利各2项。

李占玉 2022年1月，获评广东省技术能手。1983年9月生，广东河源人，中共党员。深圳职业技术学院汽车与交通学院汽车技术专业教师，副教授。广东省优秀教学团队成员，深圳市技能菁英，曾获广东省教学成果一等奖和广东省职业院校教学能力比赛一等奖，被评为深圳职业技术学院校级优秀教师。深圳市职业技能鉴定高级考评员，主要从事汽车技术教学与科研工作，主持多项省、市级科研课题，发表论文10余篇，获得发明专利及实用新型专利授权10余项。

何健标 2022年1月，获评广东省技术能手。1981年6月生，广东五华人，中共党员。深圳职业技术学院电子与通信工程学院专业教师、副教授。曾主持广东省教育科学研究规划课题以及全国工业和信息化职业教育教学指导委员会重点科研课题，参与项目获2018年全国

教学成果奖特等奖。研究方向为数字通信技术与信号处理，发表学术论文 10 余篇，其中 SCI 检索 4 篇，并获得多项发明专利授权。

王贤辰 2022 年 1 月，获评广东省技术能手。1982 年 8 月生，山东郓城人，民盟盟员。现任深圳职业技术学院移动互联专业主任、深圳市示范性劳模和工匠人才创新工作室主持人，曾任广东省太阳能照明应用工程技术研究中心主任、深圳太阳能半导体照明技术工程实验室主任。曾获"广东省五一劳动奖章""广东省南粤优秀教师""深圳市技能菁英"等荣誉。主持国家火炬计划项目 2 项、深圳重大科技攻关项目 1 项。授权发明专利 8 项，专利产品多次中标国家发改委和生态环境部应对气候变化援外项目，广泛应用在"一带一路"沿线国家，创造较大经济和社会效益，获广东省科技进步奖 1 项、深圳市专利奖 2 项。主持制定国家教学、等级认证标准 3 项，主编"十二五"规划、"1+X"系列教材 7 本。个人参加广东省职工技能竞赛获 2 次第一名，指导学生 4 次获全国技能比赛一等奖、10 余次获广东省第一名。

曾启明 2022 年 1 月，获评广东省技术能手。1984 年 4 月生，广东清远人，中共党员。深圳职业技术学院集成电路技术专业主任，副教授，是一名在教学、教研、技能竞赛、科研和文体等多方面表现突出的优秀教师。爱岗敬业，忠诚党的教育事业。从教 9 年，连续 9 年教学工作获评优秀，先后获评深圳市十佳青年教师、校级优秀教

师、教书育人标兵，获教学工作特别奖等，是学校首届校长教学质量奖评选中教龄最短的获奖教师。教研上勇于承担，追求创新和高效课堂。近 5 年主持和参与国家级教研项目 5 项，主持市校级教研项目 6 项，所建设课程获全国教育教学信息化大奖赛二等奖。2021 年，获广东省新技术技能大赛集成电路工程技术人员赛项金奖，被授予广东省技术能手称号。近 5 年指导学生竞赛获全国一等奖 4 项、二等奖 7 项，获省一等奖 10 项；主持和参与市级以上科研项目 6 项，发表论文 9 篇，专利授权 9 项，集成电路布图 13 项。

王苏南 2022 年 1 月，获评广东省技术能手。1984 年 6 月生，河南项城人，中共党员。深圳职业技术学院通信技术专业教师，曾获深圳市首批五四青年奖、深圳市十佳青年候选人、深圳市技能精英、深圳市优秀教师等荣誉。业务能力突出，主持国家级通信技术虚拟仿真示范基地建设、广东省重点领域科研项目等，获得国家级教学成果奖及省、市科技进步奖。作为基层样板党支部书记，国家首批"双高"（A 档）专业、省一类品牌专业主任，他紧抓党建和专业建设"双驱动"，合力发展锻铸品牌。提前进行学科布局，利用国家教学资源库和虚拟仿真平台，推广虚实结合教学模式，在新冠疫情防控工作中发挥巨大作用。在 2022 广东省人力资源和社会保障厅组织的全省"信息通信网络机务"竞赛中获第一名，被广东省人社厅授予"广东省技术能手"称号。

齐坤 2022 年 7 月，获深圳市五一劳动奖章。中共党员。深圳职业技术学院电子与通信工程学院信息安全技术应用专业专任教师。有多年企业网络安全工作经历，技术技能过硬。通过 IT 领域顶级认证——HCIE（华为公司认证互联网络专家）数据通信（Datacom）和网络安全（Security）两个方向认证；曾参加第三届全国电子通信行业职业技能竞赛信息安全测试员（信创方向）赛项获得职工组第 1 名；参加深圳市第十一届职工技术创新运动会暨 2021 年深圳技能大赛网络安全技术与应用赛项获第 1 名，被授予"深圳市五一劳动奖章"。2021 年，指导学生获得全国职业院校技能大赛信息安全管理与评估赛项二等奖；2021—2022 年，连续两年指导学生获得广东省职业院校技能大赛信息安全管理与评估赛项一等奖。潜心教学研究，主编、参编"十四五"职业教育国家规划教材《网络互联技术（华为）》（第 3 版）、"十三五"职业教育国家规划教材《网络系统建设与运维（高级）》、工业和信息化部"十四五"规划教材《华为云计算 HCNA 实验指南》（第二版）、华为信息与通信技术（ICT）认证系列丛书《网络安全技术与应用》等专业教材。

李桂娟 女，全国五一劳动奖章获得者。硕士，2017 年 12 月调入深圳，任深圳市教育科学研究院党总支副书记、副院长；2021 年任深圳市教育科学研究院党总支书记、院长。正高级教师（二级），深圳市地方领军人才，兼任广东省教育评

估协会副会长，深圳市教育学会副会长。曾获全国三八红旗手（2009年），全国女职工建功立业标兵（2009年），全国妇女创先争优先进个人（2012年），国务院政府特殊津贴专家（2015年）。在任期间，带领全院开展教育政策研究。组织专家参与起草《深圳市中小学思政课校本课程开发指南》《高校课程思政教学指导意见》《中小学学科德育指导意见》等思政教育研究文稿，组织研制深圳重大教育政策100余项，开展近40个重大教育政策研究项目；加强科研成果和教学成果培育，组织研制《深圳市教育教学奖励办法》《深圳市教育科研专家工作室建设和管理办法》等，组织推进成果培育，在2021年广东省基础教育教学成果奖评审中，深圳市获得6项特等奖、11项一等奖和20项二等奖，获奖数量居全省第一；深圳市获2022年基础教育国家级成果奖28项，其中一等奖4项、二等奖24项，占全省46%。积极推进院平台建设。认真落实市长覃伟中提出的"四个体系"，组织研制《深圳市教育教学研究体系建设方案》，同时组建3个团队，全力配合市教育局开展教育经费保障体系、校长教师发展体系和评价体系建设；推动广东省基础教育教研基地项目建设，积极创建国家基础教育综合改革示范区、普通高中新课程新教材实施国家级示范区、信息技术与学科教学融合示范区。全力以赴推进"减负提质"工作。调动全院教科研人员力量研制《深圳市教育局关于加强义务教育学校作业管理的通知》《深圳市义务教育阶段学校减负提质实施方案》《深圳市义务教育学校学科非书面作业指引》，组织研发义务教育各年级、各学段、各学科作业设计样例一万余个，组织编制《知识与能力》系列辅导资料，形成工作成果。各类赛事喜获佳绩。在第三届广东省中小学青年教师教学能力大赛决赛中，深圳市共获得38项一等奖，其中中小学教育组一等奖第一名17人、学前教育一等奖1人，在总决赛中获得2个决赛一等奖，被授予广东省五一劳动奖章。在第四届广东省中小学青年教师教学能力大赛总决赛中，7项总冠军中深圳占4席，被授予省五一劳动奖章；其中，本次大赛深圳教师获得一等奖（含第一名）共计42人，占全省的17.5%；荣获一等奖（第一名）15人，约占全省的28.8%，推荐进入总决赛的深圳选手21人，在全省占比为25%，为我市参加该赛事以来的历史最好成绩。在2021年广东省职业院校技能大赛中，深圳市共获259个奖项，其中一等奖70个、二等奖103个、三等奖86个，获奖数量排名全省各代表队第一。深度探索中小学英才教育，认定1922位深圳市中小学"明日科创之星"，在连续3年国际"互联网+"中学生创新创业大赛萌芽赛道中，深圳市共获10项金奖，占全国1/6，名列全国第一。

黄宏武 2022年基础教育国家级教学成果奖一等奖获得者。1972年11月生，广东五华人，中共党员，在职研究生。1996—2011年在深圳市第二实验学校工作。现任深圳市教育科学研究院德体艺教学研究中心主任，广东省特级教师，正高级教师，中国教育学会美术教育专业委员会常务理事，华南师范大学兼职硕士生导师，深圳大学客座教授。先后获评深圳市优秀教师、深圳市高考工作先进个人、深圳市教学工作先进个人等。20余篇论文在《课程·教材·教法》《美术学报》《中国美术教育》《中国中小学美术》等核心期刊发表，出版《美育一城——深圳中小学美术教育"创·变"实践》《童心创造》《我的社团我做主》《百变大单元》等美育专著，主编教育部审定的普通高中艺术教科书《艺术与文化》（广东版）、义务教育美术教科书《美术》（广东版）、义务教育美术教科书《美术》（人美版）、普通高中艺术教学参考用书《现代媒体艺术》（人美版）等多套中小学艺术教材与教参。在2017年、2019年、2021年、2023年广东省教育厅主办的青年教师教学能力大赛中指导的12名美术教师全部获一等奖，其中10名教师获得一等奖第一名。撰写的论文获全国艺术教育科研论文一等奖、广东省教育科研论文一等奖，申报成果《大观念·真情感·新方式·全历程——中小学美术"整体育美"的实践研究》获2022年基础教育国家级教学成果奖一等奖，2019年、2021年2次获得广东省教育教学成果奖（基础教育）一等奖，2021年获深圳市第四届教育教学科研优秀成果奖一等奖。2015年在全国率先提出打造"美育之城"概念，以全员、全科、全域、全源"四全"美育助推城市美育纵深发展；研发出"四环式"创新教研，助力教、科、研、训高效落地；创造性提出中小学美术特色课程建设"四维范式"育人模型，为深圳市中小学美术教育特色发展、学科建设、人才培养、品牌传播等作出积极贡献。

陈骏安 2022年获评全国青年岗位能手。1999年2月生，江西抚州人，大学本科，2020年7月参加工作，深圳信息职业技术学院微电子学院专任教师，香港中文大学（深圳）研究助理。积极响应习近平总书记"大力弘扬劳模精神、劳动精神、工匠精神，激励更多劳动者，特别是青年一代走技能成才、技能报国之路"号召，努力提升技能水平，学习并弘扬工匠精神，为全面建设社会主义现代化国家贡献力量。被认定为深圳市后备级高层次专业人才。坚持立足岗位，以赛促教，心怀工匠精神，带徒传技。为学校构建技能人才梯队，开展多层级技能培训，因材施教，引导学生朝着青年技能人才方向发展。指导学生先后获得深圳技能大赛一等奖、二等奖，全国电子实用技术职业技能竞赛学生组一等奖、二等奖，获评深圳工匠之星、深圳市技术能手。2020年，陈骏安获全国第一届职业技能大赛光电技术项目金牌、广东省第一届职业技能大赛光电技术项目一等奖；2021年，被人力资源和社会保障部授予"全国技术能手"称号，被广东省总工会授予"广东省五一劳动奖章"，被共青团广东省委员会授予"广东青年五四奖章"，被广东省人力资源和社会保障厅授予"广东省技术能手"称号。

曾 坤 2022年获评深圳市基础教育系统年度教师。1987年7月生，湖南衡阳人，中共党员。毕业于中国人民大学文学院，获文学硕士学位，现为深圳市福田区红岭中学高中部语文教师。从教基础教育10年，培养学生对知识和学问的热爱，激发学生的求知欲和读书热情，尽力做好学生求学的引路人。遵奉"读书万卷宜子弟"教育格言，坚持多读书，开拓知识视野，带动学生求知热情。6年里编辑750万字的高校教师论文供学生阅读，所选论文涉及文学、史学、哲学、社会学、数学史、物理史、科技史等多个学科门类。坚持邀请全国各地专家学者到班级给学生开设讲座，让学生近距离感受名家风采，先后共邀请37位专家学者到班级开设讲座。获评深圳市优秀班主任。曾获得全国语文教学论文大赛一等奖，并在全国核心刊物、重点刊物发表论文53篇。获广东省校本教材评选一等奖。所开发的"中学重要文言实词文化释读"课程入选深圳市好课程项目，多节公开课课例入选深圳市教育局优秀课例展播项目。在湖南教育出版社出版教育类图书2部。在全国优秀报刊《语文报》开设专栏"字里乾坤"，深挖汉字文化，弘扬中华优秀文化传统，受到全国师生读者欢迎和好评，3次获得《语文报》优秀通讯员称号。多次前往湖南乡村学校讲授中国古典诗词细读与中国文化概论等课程，培养乡村学生对中国古典诗词、中华优秀文化的热爱，提振乡村学校文化自信。

钟 杰 女，2022年获评深圳市年度教师。光明区光明中学教师。2016年获评"广东省名班主任工作室主持人"，2017年获评深圳市"我最喜爱的班主任"，2019年先后获评"广东省名班主任""全国优秀教师""第五届深圳市教育创新改革大奖年度十大教育人物"。扎根教育教学一线32年，从事语文和道德与法治教学工作，并一直担任班主任，长期致力于班级管理技巧研究。根据青春期学生的成长规律，针对青春期学生成长困惑，为青春期学生量身打造"男女生青春课程"，有效帮助学生度过青春期。以自己所带班级为试验田，进行深度专业研究，先后在教育核心期刊发表文章16篇，在省级刊物发表文章近200篇，先后出版《治班有道——班主任智慧手册》《孩子，这不是你的错》《这样做班主任才高效》《教育让希望重生》《做个能说会做善写的班主任》《乘风破浪做好班主任》等教育专著16部，并在全国各地为一线班主任老师做培训300余场，培训内容实操性强、效果好，深受一线班主任老师欢迎。参研课题"广西中小学班主任专业化建设研究"获2017年广西基础教育教学成果一等奖，其成果《农村班主任德育执行力提升的团队研修实践与研究》获2018年国家级教学成果二等奖，其主持的省级课题成果《中学起始班级高效带班策略》由福建教育出版社出版，好评如潮。钟杰是《班主任》《班主任之友》《新班主任》等杂志封面人物，是《中国教师报》《中国教育报》《教育时报》《德育报》《南方都市报》等主流报刊特别报道人物。

叶颢铭 2022年获评全国优秀少先队员、广东省最美南粤少年"美德好少年"、深圳市新时代好少年、南山区先锋志愿者和深圳市"蒲公英校园之星"金奖。2008年10月生，共青团员，南山区第二外国语学校（集团）海德学校学生。叶颢铭热爱祖国、明礼诚信、崇尚英雄、乐善尊师，有坚定的理想信念和正确的价值观。连续5年暑期以"国防建设""公益助学""饮水思源""重走长征路""建党百年""建团百年"为红色主题，前往全国83个红色爱国主义教育基地实地学习，红色研学近3万千米。10岁起，他以环保志愿教师身份在华侨城国家湿地公园为市民解说湿地自然生态，累计服务100余个团队；在香蜜公园带领10余个团队探秘宜居之都丰富的植物世界；作为学校首位"学生领袖讲师"，开设劳动教育课50节，讲授耕种技能，探索校园生态。宣讲垃圾分类，践行环保公益。2019年，父子并肩奔赴垃圾分类"攻坚战前线"，任务新、责任重、时间紧，最终完成12个社区的入户调研、30余次夜间督导和10余场宣讲活动，为推动全市垃圾分类贡献出"红领巾力量"。他坚持参加社区独居老人探望、交通疏导、捡拾垃圾等活动，慰问社区新冠疫情抗疫人员。2019年、2020年连续2年获评"深圳市最美南粤少年'美德好少年'""深圳市优秀环保志愿者"；2019年、2020年、2021年、2022年连续4年获评"南山区美德好少年"和"南山区优秀少先队员"；2020年获评"深圳市十佳少先队员"；2020年、2021年、2022年连续3年获评"深圳市优秀少先队员"；2021年获评南山志愿服务25周年25位先进

典型之一"最美志愿者"；2021年、2022年连续2年获评"广东省优秀少先队员""深圳市最美鹏城少年'美德好少年'"。

艾迪斯 女，2022年获深圳市五一劳动奖章。1991年7月生，湖北襄阳人。中共党员，研究生学历，2013年7月参加工作，是南山外国语学校（集团）科华学校地理教师，担任过科组长、年级长、班主任等，现任教研室副主任、中学二级教师。从北京师范大学毕业后便从事一线教学工作，铭记"学为人师，行为世范"校训，时刻以共产党员标准要求自己。是省级初中地理学科教研基地成员。在各级各类教学比赛中获80余项奖励，包括第二届广东省中小学青年教师教学能力大赛决赛一等奖第一名、第六届广东省初中地理命题比赛一等奖等。从教10年，在省级重点高中带过两届高中生，获"高考功勋团队成员"奖，在南山区带过四届初中生，先后指导15名学生获省级比赛一等奖。紧跟教研团队，边研边学。近年，主持和参与4项课题，撰写数十篇教育论文，发表多篇论文，参与编写和开发2项"深圳市好课程"，与科组教师组织实践博物馆系列课程，探索校本课程"四库农书"，推进"味道南山""信息技术2.0"等项目，组织协调校内大型活动等。引导学生参加省知识竞赛、小课题汇报等。在省科普大赛、地理知识竞赛等活动中被评为"优秀指导教师"。新冠疫情期间，加入公益答疑团队，在线公益授课、答疑，为省、市平台提供多套微课资料，为30万名贫困地区学

生提供学习资源。2020年，在物资紧缺情况下，创新教学方式，上好地理实验课；在物流停运条件下，自制实用教具，完成优质线上探究课。2021年产后不久，请缨完善微课，为深圳市教育云平台贡献多套高质量课程资源。在市教育局搭建的"新岗教师纽扣计划"中，成为2020年南山区12名新岗地理教师的青年导师。在省、市、区、校各级部门组织下开设专题讲座，积极参与跨区、市等教学交流活动。其中包括2022年广东省中考各学科教学与备考研讨会地理讲座、2020年河源市源城区中小学骨干教师培训专题讲座、2022年深圳市"名师在线"公开课等，为培养新岗教师、骨干教师作出贡献。

李 吉 2022年获评广东省五一劳动奖章，享受深圳市政府特殊津贴。1968年10月生，广东揭西人，1990年7月参加工作，2002年7月加入中国共产党，教育硕士，深圳市龙华区实验学校教育集团党委书记、校长。扎根深圳从教30年，始终秉持"心方正，行善美，创未来"价值追求，在办好人民满意教育方面业绩显著。2017年，获"深圳市五一劳动奖章"，获评深圳市教育科研专家工作室主持人。2018年，自主研发设计"实验创意书桌"，获国家专利证书；在全国首创构建"观试论问"问题解决课堂模式，编著出版150万字特色教学资源《问题解决玩中学做中学》；出版30万字专著《"问题解决"教学转型》，获广东省第九届教育教学成果奖一等奖；获评广东省特级教师，广东省名教师工作室主持

人。2019 年，获评深圳市地方级领军人才；课改成果获评"2019 年全国中小学课堂改革年度十大样本"，所属学校为广东省唯一入选样本学校，获《中国教师报》专题报道。2021 年，获评广东省名校长工作室主持人；所属学校入选教育部《传承的力量》中秋篇节目组现场拍摄学校，为全国 6 所、广东省唯一入选学校，中华优秀文化传承实践成果在教育部官网和"学习强国"平台同步展播，产生积极和广泛社会影响；获龙华区突出贡献团队奖。

刘锐娟 女，2022 年 5 月获评广东省优秀少先队工作者。中共党员，毕业于华中师范大学，任深圳市福田区教育科学研究院附属小学校长、党支部书记，正高级教师。先后获评"广东省百千万人才培养工程中小智能教育名校长""南粤优秀教师""广东省中青年骨干教师""广东省优秀少先队辅导员""广东省优秀少先队工作者""深圳市名教师""深圳市语文名师工作室主持人""深圳市语文学科中青年骨干教师""深圳市阅读点灯人""深圳市第六届党代表""深圳市巾帼标兵""深圳市先进教育工作者""福田区首席教师""福田区思政课工作坊主持人""福田区教育系统优秀共产党员"。受聘于中国教育学会会员、华南师范大学校外硕士生导师、韩山师范学院兼职教授、粤东基础教育语文学科群首席专家组成员、深圳市教育学会理事、福田区责任督学。积极推动课堂变革，实施"互联网＋混合式教学"模式，激励教师在教学中采用线上线下相结合的混合式教学模式，稳步推进课堂教学方式变革。2022 年 10 月，在"课堂革命·福田表达"深圳福田课堂变革新生态全国展示活动中面向全国执教语文课《忆江南》。其开放式的教学风格深受师生欢迎，获全国小学语文课堂教学录像课比赛二等奖、广东省综合实践课例一等奖、广东省心理健康论文评比一等奖、深圳市微课比赛一等奖，20 余次受邀到广州、东莞、贵州、兰州、喀什等地上示范课或举办讲座。主持或参与国家级和省、市、区级课题 17 项；在《人民教育》《中国教师》等杂志发表论文 53 篇，主编《红领巾心向党》《我爱听爷爷讲故事》《国学经典绽放》《我爱阅读》《我爱写字》等，出版个人专著《行走在教育路上》。坚持"立德树人"宗旨，以培养学生德、智、体、美、劳全面发展的创新型学生为己任，秉承"上善乐活"教育理念，构建开放、动态、生长的"上善乐活"课程。大力推行信息化、智慧化校园建设，以信息技术赋能教育教学，培养知书达礼、德善笃行、有梦敢为的上善少年，办一所充满书卷气、学术味、大家范、未来感的优质学校，让每一个生命精彩绽放，真正为学生的全面发展奠定基础。形成福田教科院附小"五育＋"全域育人途径及"智慧＋"五育并举校园实践范例，铸造福田教科院附小"上善乐活"教育五大品牌："乐活"德育、"乐活"智育、"乐活"体育、"乐活"美育、"乐活"劳育。2022 年，发挥广东省"百千万智能教育中小学名校长"辐射引领作用，带领教职员工、共同体学校，把福田教科院附小牵头的教育部"教育信息化教学应用实践共同体项目"落到实处，辐射引领全国 33 所中小学校。

郎丰颖 女，2022 年获深圳市五一劳动奖章。1976 年 5 月生，黑龙江省哈尔滨人，中共党员，本科学历，1995 年 6 月参加工作，现为深圳大学附属教育集团外国语小学德育主任、高级教师。立足课堂教学，深耕语文教学，致力于班级管理与学科教学相结合，多年坚持探索童谣育人，促进学生知情意行发展新模式。实践证明，"融合课程＋"模式符合校情学情，学生得到全面发展，在素养提升上作出新实践。与孩子一起品尝阅读乐趣，小学六年完成唐诗 300 首、宋词 100 首、元曲 50 首、古文 100 首打卡计划，2005 年编写《经典伴我成长》一书由光明日报出版社出版，深受好评，数次翻印。多次参加校、区、市乃至国家级教学比赛，2004 年 12 月与教育家于永正同台进行小学语文提前读写大赛展示，获一等奖。撰写多篇论文在核心期刊发表。坚持做学生成长记录工作，每个孩子毕业后都会收到一个厚厚的成长册，看得见的班会课、小手课程、"我和国旗合个影"等主题项目深受师生、家长好评。曾获评深圳市首届名班主任，第二届、第三届两届名班主任工作室主持人，南山区首届灯塔奖工作室主持人，所带中队获评国家级优秀特色小队、深圳市红旗大队、南山区优秀中队等。新冠肺炎疫情防控期间制作 100 多副便捷骨折撑板放至社区共用，学习急救知识在社区多次开展辅助培训。作为南山区家庭指导师成员，利用业余时间考取国家级高级指导师证书，到辖区幼儿园开展幼小衔接讲座 40 余次，分享育儿经验。

谭晓君 女，获评 2021—2022 年度广东省优秀共青团员。1995 年 12 月生，广东阳江人，本科学历，任深圳市坪山区坑梓中心小学教学处副主任、团支部书记。多次辅导学生参加各级各类比赛，取得优异成绩。积极参加"青年大学习"等培训及校内外义工服务。2020—2021 学年，听从组织安排，到坪山区教育局人事科挂职锻炼一年。挂职期间，负责全区教师队伍建设、名师评审管理、评优评先、支教帮扶等工作，出色完成各项工作任务。任职大队辅导员、团支部书记期间，参与组织学校师德师风建设主题月、"阳光下，我们幸福成长"团员教师主题生活会等活动，带领团支部获评 2019—2020 年度"深圳市五四红旗团支部（总支）"。积极开展少先队特色活动，带领坑梓中心小学获坪山区少先队鼓号队检阅比赛一等奖，并获评 2018—2019 年度"深圳市少先队红旗大队"。在坪山区"庆祝新中国成立 70 周年暨少先队建队 70 周年·我们都是追梦人"系列活动中，通过"同唱一首歌""我与国旗合个影""红色故事我会讲"等活动获"优秀组织奖"。多次指导学生参加各类比赛取得优异成绩。2 年内指导学生获评省、市级"优秀少先队员"、深圳市"最美南粤少年"5 人次。精心设计"寒暑假综合实践特色作业"，通过职业生涯体验、动手创新制作、志愿服务参与等各类活动，丰富学生课余生活；组织开展"致敬逆行先锋""红领巾'云'行动，争做抗疫小卫士""学雷锋'云'行动"等活动，丰富少先队员生活，带领队员用实际行动为抗"疫"贡献力量。多次承担市、区级公开课和讲座，曾送教到揭阳。先后参与市、区级课题 4 项，参与编写《小学英语自主学习的探索与实践》、校本教材《快乐拼读》。获评 2021 年度"深圳市优秀共青团员""坪山区先进教育工作者""坪山区首批教坛新秀"。以赛促长、以研促教，获深圳市 2022 年中小幼青年教师教学基本功比赛二等奖。

荣誉名录

2022年深圳市教育系统国际及国家级荣誉集体

获奖集体名称	项目名称		获奖等次（名称）
	组织评奖或颁奖单位	获奖名称	
深圳大学人文学院本科生党支部	教育部办公厅	第三批"全国党建工作样板支部"培育创建单位评选	培育创建单位
深圳大学	中国高等教育学会	第二届全国高校教师教学创新大赛	优秀组织奖
香港中文大学（深圳）尹峰、崔曙光教授团队	中国通信企业协会	2022年度ICT中国创新奖评选	三等奖
香港中文大学（深圳）张寅教授团队	国际数学优化学会	国际数学优化学会Paul Y. Tseng纪念奖评选	成果奖
香港中文大学（深圳）罗智泉教授团队	中国工业与应用数学学会	中国工业与应用数学学会首届王选应用数学奖	成果奖
深圳北理莫斯科大学团体舞《醉春风》	俄罗斯格涅辛音乐学院、欧洲联合管弦乐团（奥地利）、俄罗斯Artix-Fest艺术节协会	第六届Concerto Virtuoso国际艺术节大师赛	民族舞团体项目一等奖
深圳北理莫斯科大学团体舞《光之舞》			大师赛半古典组一等奖

（续表）

获奖集体名称	项目名称		获奖等次（名称）
	组织评奖或颁奖单位	获奖名称	
深圳北理莫斯科大学代表与深圳职业技术学院组成的中外手拉手联队	中华人民共和国教育部、国家发展和改革委员会、天津市人民政府等	首届世界职业院校技能大赛	汽车技术赛项银牌
深圳北理莫斯科大学代表队	中国大学生体育协会、中国国际象棋协会、莱西市人民政府	"莱西·体彩杯"2022年全国大学生国际象棋网络锦标赛	团体第五名
中山大学附属第八医院	国家卫生健康委员会医政医管局	第七季改善医疗服务行动——全国医院擂台赛	全国总决赛铜奖，三个案例获"百强案例"
深圳信息职业技术学院	教育部	全国职业院校技能大赛	一等奖2项、二等奖3项、三等奖1项
	教育部、人社部	金砖国家职业技能大赛	一等奖4项、三等奖3项
	教育部	第八届中国国际"互联网+"大学生创新创业大赛国赛	铜奖
深圳中学	美国国家保护基金会	环保马拉松Envirothon	全国第一
	美国麻省理工学院（MIT）	国际基因工程机器大赛（iGEM）	高中组金奖
深圳市第七高级中学	教育部	全国青少年少年校园足球特色学校评选	校园足球特色学校
深圳市第三幼儿园	教育部	全国足球特色幼儿园评选	足球特色幼儿园
福田区皇岗中学附属幼儿园	中国国际象棋协会	全国国际象棋特色学校评选	国际象棋特色学校称号
福田区红岭中学（集团）深康学校			
福田区荔园小学（荔园教育集团）	教育部	全国优秀少先队集体评选	优秀少先队集体称号
福田区园岭小学	中国网教育频道	活跃课堂优秀基地校评选	优秀基地校奖
		中国网小记者探校活动	优秀作品奖
福田区华强职业技术学校	中国成人教育协会	"职业院校服务全民终身学习"全国首批百所实验校评选	校级单位优秀奖
南山区教育局关工委	教育部关工委	全国教育系统关心下一代工作先进集体评选	先进集体
南山区教育局	教育部中外人文交流中心	青少年中外人文交流教育特色区评选	中外人文交流教育特色区
南山区哈尔滨工业大学（深圳）实验学校	国家体育总局、中国棒垒球协会、中国教育学会体育与卫生分会	2022年全国软式垒球锦标赛	冠军
南山区中国科学院深圳先进技术研究院实验学校	共青团中央青年发展部、中国青少年发展基金会	小平科技创新实验室评选	小平科技创新实验室

（续表）

获奖集体名称	项目名称		获奖等次（名称）
	组织评奖或颁奖单位	获奖名称	
南山区育才中学科创社	教育部	第八届中国国际"互联网+"大学生创新创业大赛萌芽赛道总决赛（科创产品"智安齐——书包智能收纳革新者"）	金奖——创新潜力奖
南山区西丽小学	教育部	全国青少年校园足球特色学校评选	校园足球特色学校
南山区前海学校			
南山区丽湖学校	澳门创新发明协会、中国发明协会等	2022年第十届澳门国际创新发明展览会（"聋哑外卖员语音助手"）	金奖
南山区南海小学		2022年第十届澳门国际创新发明展览会（"无棋子棋盘""季节模拟器"）	金奖
盐田区田东中学	中国中学生体育协会、中国网球协会	第九届中国中学生网球锦标赛	初中男子团体赛第四名、初中男子双打比赛亚军
盐田区梅沙双语学校	新浪教育、微博教育联合博辞教育	新浪&微博2022教育盛典·国际教育峰会	国际教育创新融合课程奖
盐田区实验学校	共青团广东省委员会	广东省五四红旗团委评选	五四红旗团委
盐田区庚子革命首义中山纪念学校	共青团广东省委员会	广东省少先队红旗中队称号评选	少先队红旗中队称号
盐田区乐群实验小学	广东省教育厅	广东省第三批中小学中华优秀文化传承学校评选	中华优秀文化传承学校
盐田区盐港小学	国际StarT项目式学习共同体	全球StarT项目式学习评选	全球金奖
盐田区教科院附属田东小学	中国中学生体育协会	中国中学生网球锦标赛	团体第四名
盐田区乐群实验小学	世界青少年合唱艺术家协会	2022世界合唱节国际合唱比赛（线上）	金奖
盐田区外国语小学	教育部、国家语委	第四届中华经典诵写讲大赛	二等奖
盐田区教科院幼儿园	中国教育基金学前教育研究会	童话之星·第二十五届全国幼儿美术大赛	特等奖
宝安职业技术学校	金砖国家工商理事会	一带一路暨金砖国家技能发展与技术创新大赛之小程序应用开发赛项国内赛	优秀组织奖
宝安区福永中学	共青团中央青年发展部	小平科技创新实验室评选	小平科技创新实验室
宝安区燕山学校	教育部中外人文交流中心	中外人文交流小使者第三届全国总展示	集体一等奖
宝安区松岗第二小学	中国国棋协会	全国围棋特色学校评选	围棋特色学校
宝安区兴华幼儿园	中国围棋协会	全国围棋特色幼儿园评选	围棋特色幼儿园

（续表）

获奖集体名称	项目名称		获奖等次（名称）
	组织评奖或颁奖单位	获奖名称	
龙岗区乐淮实验学校	中国教育部	（全国）教育书画协会基础书法教育会员单位评选	会员单位
龙岗区外国语学校（集团）星河学校	中国国际象棋协会	全国国际象棋特色学校评选	国际象棋特色学校
	湖南师范大学古典教育研究中心	中国少年培育联盟学校评选	联盟学校
龙华区外国语学校教育集团	教育部体育卫生与艺术教育司	全国第七届中小学生艺术展演活动中小学美育改革创新优秀案例评选	一等奖
光明区高级中学	广东省体育局、广东省教育厅	2022年广东省第十三届中学生运动会定向运动比赛	乙组团队总分第二名、甲组团队总分第三名
光明区理创实验学校	教育部关工委、央视网、央视影音	教育部关工委"新时代好少年 强国有我"主题教育读书活动	朗诵作品《读中国》在央视网专区展示
光明区中山大学深圳附属学校	国家卫生健康委员会教育部	国家营养与健康学校评选	国家营养与健康学校
大鹏新区亚迪学校	2022年德国纽伦堡国家发明展	2022年德国纽伦堡国家发明展	2项金奖
大鹏新区人大附中深圳学校	肯尼迪航天中心约翰逊航天中心	第29届国际太空城市设计大赛	中国区决赛冠军
大鹏新区南澳中心小学	教育部	全国青少年校园足球特色学校评选	校园足球特色学校
大鹏新区半山海幼儿园	教育部	全国足球特色幼儿园评选	足球特色幼儿园示范园

2022年深圳市教育系统国际及国家级荣誉个人

姓名	单位名称	项目名称		获奖等次（名称）
		组织评奖或颁奖单位	获奖名称	
薛其坤	南方科技大学	国际纯粹物理和应用物理联合会（International Union of Pure and Applied Physics，IUPAP）	第29届国际低温物理大会评选	菲列兹·伦敦奖
杨学明		科学家、企业家群体	未来科学大奖评选	物质科学奖
卢海舟		全球华人物理与天文学会（International Organization of Chinese Physicists and Astronomers，OCPA）	OCPA亚洲成就奖评选	OCPA亚洲成就奖
张绪穆		中国科技产业化促进会	中国科技产业化促进会科技创新奖评选	科技创新奖
陈晓非		中国侨联	中国侨界第九届贡献奖评选	贡献奖
刘科				贡献奖
林玉峰		国际大地测量学与地球物理学联合会（International Union of Geodesy and Geophysics，IUGG）、地球深部研究委员会（The Committee on Studies of the Earth's Deep Interior，SEDI）	第17届 Study of the Earth's Deep Interior 会议	SEDI Doornbos Memorial 奖

（续表）

姓名	单位名称	项目名称		获奖等次（名称）
		组织评奖或颁奖单位	获奖名称	
胡佳顺	南方科技大学	亚洲–大洋洲地球科学学会（Asia Oceania Geosciences Society，AOGS）	第19届AOGS Kamide Lecture（亚洲–大洋洲地球科学学会青年科学家）奖评选	Kamide Lecture（青年科学家）奖
杨鹏		中国航空学会	中国航空学会技术发明评选	二等奖
Lars Samuelson		瑞典皇家工程科学院	瑞典皇家工程科学院大金奖评选	大金奖
刘俊国		世界科学院（TWAS）	2022年TWAS社会科学奖评选	社会科学奖
付成龙		中国自动化学会	中国自动化学会科技进步奖评选	二等奖
冷雨泉				二等奖
融亦鸣				二等奖
高振		亚洲通讯与光子学国际会议（Asia Communications and Photonics Conference，ACP）	2022年ACP青年科学家奖评选	青年科学家奖
曾振中		亚洲–大洋洲地球科学学会（Asia Oceania Geosciences Society，AOGS）	第19届AOGS Kamide Lecture奖评选	Kamide Lecture（青年科学家）奖
冯炼		中国地理学会	2021年度中国地理学会科学技术奖评选	青年科技奖
王俊坚		中国土壤学会	中国土壤学会优秀青年学者奖评选	优秀奖
于洪宇		中国发明协会	2022年度中国发明协会发明创业奖评选	二等奖
汪青				二等奖
曾晓亮		美国会计协会（American Accounting Association，AAA）	2022 Distinguished Contributions to Accounting Literature Award（会计文献杰出贡献奖）评选	2022年会计文献杰出贡献奖
徐嗣群		第四届全国高校混合式教学设计创新大赛组委会	第四届全国高效混合式教学设计创新大赛	优胜奖
何继善	香港中文大学（深圳）	中国工程院	中国工程管理特别贡献奖评选	人才奖
唐本忠		国际学术网站Research.com	全球顶尖科学家排名	中国第4（世界排名第263）
李琦		专业媒体机构Poets & Quants	2022年全球最佳本科商学院教授评选	人才奖
黄建华		2022年国际运筹与管理协会	影响奖评选	人才奖
俞江帆		百度人才智库（TIC）、百度学术、天津大学复杂管理系统实验室、中国科大国金院商业智能中心	百度全球AI华人青年学者评选	全球AI华人青年学者

（续表）

姓名	单位名称	项目名称		获奖等次（名称）
		组织评奖或颁奖单位	获奖名称	
徐扬生、罗智泉、朱世平、熊伟等50余人次	香港中文大学（深圳）	美国斯坦福大学	2022年度全球前2%顶尖科学家评选	全球前2%顶尖科学家
唐本忠（2人次）、黄宪达、张瑞		科睿唯安科学信息研究所	2022年度全球高被引科学家评选	全球高被引科学家
唐本忠、张瑞		爱思唯尔	2022年全球顶尖科学家评选	全球顶尖科学家
张晔	深圳北理莫斯科大学	国际数学联盟（IMU）	国际数学家大会柯瓦列夫斯卡娅奖评选	柯瓦列夫斯卡娅奖
夏梓天、张家界		莫斯科国立大学	《罗蒙诺索夫—2022》青年学者会议	"Призёр"（获奖者）称号
和思蓉、郭家琳、李湛		美国数学及其应用联合会	2022年美国大学生数学建模竞赛（MCM/ICM）	一等奖（Meritorious Winner）
张家界		莫斯科国立大学	第32届门捷列夫化学竞赛	三等奖
韩卓延		俄罗斯格涅辛音乐学院、欧洲联合管弦乐团（奥地利）、俄罗斯Artix-Fest艺术节协会	第六届Concerto Virtuoso国际艺术节大师赛	个人赛一等奖
李之一		莫斯科音乐协会	第六届格里埃尔国际音乐比赛	二等奖
部哲、赵健凯、莫利、王浩帆		中国工业与应用数学学会（CSIAM）和深圳市科学技术协会	"深圳杯"数学建模挑战赛优秀论文评选	二等奖
张嘉贤		中华人民共和国教育部	2021年第十四届全国高校俄语大赛	三等奖
吴雨昊、索轶男、杨明华、杨淇淇		"尖烽时刻"中国赛区组委会	第14届"尖烽时刻"全国商业模拟大赛	二等奖
周骥		中国工信部人才交流中心	第十二届蓝桥杯全国软件和信息技术专业人才大赛	国赛优秀奖
石宴宁		中国翻译协会、北京第二外国语学院	"永旺杯"第十五届多语种全国口译大赛	俄语交传组三等奖
李博文、侯骏杰、焦煜涵		中国商业经济学会	第五届全国高校经济决策虚仿实验大赛	经济学综合博弈实验赛道全国总决赛一等奖
路琬晴、廖婉彤、陈冰钰				经济学综合博弈实验赛道全国总决赛二等奖
赵泽鹏、党若晟、韩林刚				国际经济分析与决策赛道全国总决赛一等奖

（续表）

姓名	单位名称	项目名称		获奖等次（名称）
		组织评奖或颁奖单位	获奖名称	
毛　俊	哈尔滨工业大学（深圳）	共青团中央	2022年"全国向上向善好青年"评选	全国向上向善好青年
樊　悦			2021年度全国大学生"返家乡"社会实践活动	表扬个人
张瑞霖		共青团中央、全国学联指导，中国青年报社、新东方教育科技集团、中国青年创业就业基金会	2021年度"中国大学生自强之星"评选	中国大学生自强之星
宋明亮	深圳职业技术学院	共青团中央	2021年度"中国大学生自强之星"	中国大学生自强之星
余佳幸　林松鑫 林尚欣　刘育辉 黄小玲　沈嘉晟 曾文俊　叶志洪 黄邦顺　毛红清 韦　霖　郑佳莹 杜开翔　唐清权 冯浚宇　程秋瑜 李焕鸿　余　涵 杨君君　王冬璇 任红余　刘隆濠 王星星　宋明亮 侯池姗　林卓纯 黄子珊　邹　妃 刘赢正　周媚媚 相丽妮　麦　芷 冰戴晔		财政部、教育部	普通高等学校国家奖学金评选	奖学金获得者
陈骏安	深圳信息职业技术学院	共青团中央、人力资源和社会保障部	第21届全国青年岗位能手评选	全国青年岗位能手
朱华伟	深圳中学	中华全国总工会	全国五一劳动奖章评选	全国五一劳动奖章
尹砺节、冯小唐		牛津大学、英国物理学会和Odgen基金会	英国物理奥林匹克（British Physics Olympiad，BPhO）	超级金奖
张溢洋、赵一苇、谢雨璇、张雨昕、张绍熙、林子瑄、何心悦、龙凤、花蓉		英国皇家化学学会	英国化学奥林匹克竞赛（UKCHO）	金奖
张绍熙、杜钰皓林子瑄、李安之赵一苇、张雨昕何心悦、谢雨璇		澳大利亚科学创新学会	澳大利亚化学奥赛（Australian Science Olympiads of Chemistry）	一等奖
张雨昕、谢雨璇		中国、美国、英国、加拿大、澳大利亚、新西兰等国家的相关学术马拉松组织	国际学术马拉松（Academic Marathon，简称AM）	全球第一名（化学）

（续表）

姓名	单位名称	项目名称		获奖等次（名称）
		组织评奖或颁奖单位	获奖名称	
王隽然	深圳中学	The Concord Review（TCR，《康科德评论》）杂志社	全球历史类研究论文"艾默生奖"（The Emerson Prize）	全球十位"艾默生奖"获奖作者之一
李悦颖、袁梓萱		商科职业发展教育组织（FBLA-PBL）	2022年FBLA北美商赛	全国第一名
聂鸢锋、王天行		全国中学生生物学竞赛山西赛区委员会和山大附中	第31届全国中学生生物学奥林匹克	金牌
金子越		中国计算机学会（CCF）	第39届全国青少年信息学奥林匹克	金牌
李沐恒、赵一帆、陈斯扬、傅嘉玺、葛昱辰、张计昊辰、黄德民		中国物理学会	第三十九届全国中学生物理竞赛	金牌
田一丁、龙凤、王欢烁、袁忠、张绍熙、叶宸章、严亦敏、尹嘉妮		中国国际"互联网+"大学生创新创业大赛	创新潜力奖评选	创新潜力奖
黄楠		清华大学丘成桐数学科学中心	第二届丘成桐女子中学生数学竞赛	铜奖
孙昊喆、刘锦泽、朱泊儒		中国化学会	第36届中国化学奥林匹克竞赛	金牌
陈芳欣	深圳市第七高级中学	中国教科文卫体工会全国委员会	全国中小学青年教师教学竞赛	一等奖
查伟伟		中国当代文学研究会	第十九届"叶圣陶杯"全国新作文大赛	全国三等奖
骆坤	深圳第二外国语学校	城乡统筹发展研究中心、中国人工智能学会	2021—2022学年"全国中小学信息技术创新与实践大赛"决赛	优秀指导教师奖
宋莹				优秀指导教师奖
孙炜佳		中国儿童中心	第二十六届全国中小学生绘画书法作品比赛	指导工作二等奖
何玉明		中国文章学研究会、新作文杂志社	全国第二届"文章杯"高考语文"下水作文"作品	一等奖
阮月华				二等奖
张冬兰				二等奖
颜启婵				二等奖
王亚利				三等奖
张冬兰			首届"文章杯"全国优秀校园社团评选	优秀指导奖
于元林				优秀指导奖
聂婷		国际英语外语教师协会中国英语外语教师协会全国中学英语教师教学基本功大赛组委会	第十六届全国高中英语教学优秀课展评、说课活动	一等奖
聂婷				最佳课件使用奖

（续表）

姓名	单位名称	项目名称		获奖等次（名称）
		组织评奖或颁奖单位	获奖名称	
李浩天、黄鹏升	深圳第二外国语学校	城乡统筹发展研究中心、中国人工智能学会	2021—2022学年"全国中小学信息技术创新与实践大赛"决赛	机器人越野高中组等奖
李宇瀚、陈仕哲				机器人越野高中组一等奖
陈俊宇、袁杰伟				机器人越野高中组二等奖
郑茜匀、银浠汝				机器人越野高中组二等奖
余清源、江晔				机器人越野高中组三等奖
王佳宁		中国儿童中心	第二十六届全国中小学生绘画书法作品比赛	绘画优秀奖
杨芊芊				绘画优秀奖
吴子轩				绘画优秀奖
刘宇星				绘画优秀奖
梁菀珊				绘画二等奖
杨乐彤				绘画二等奖
黄江梅				绘画二等奖
张瑞雪				绘画二等奖
赖丁莹				绘画二等奖
陈仕哲				摄影二等奖
王嘉懿				绘画三等奖
石惠				摄影三等奖
钟雍			2022"外研社杯"全国基础教育阶段多语种技能展示评选活动	法语 二等奖
李胤达				俄语 三等奖
胡静皓				德语 三等奖
潘涛	深圳市第一职业技术学校	教育部等	2022年全国职业院校技能大赛中职组网络安全赛项	优秀指导教师
彭德欣				优秀指导教师
郑雄升、李锦春				二等奖
黄泽均			2022年全国职业院校技能大赛中职组建筑CAD赛项	优秀指导教师
雷黎				优秀指导教师
刘婷婷、詹舒欣				一等奖
潘涛			2022年全国职业院校技能大赛中职组网络搭建与应用赛项	优秀指导教师
孙正				优秀指导教师
刘亚祺、张佳灿				一等奖
李士权			2022年全国职业院校技能大赛中职组机电一体化设备组装与调试赛项	优秀指导教师
练俊灏				优秀指导教师
谢志远、詹永熙				二等奖

深圳教育年鉴 2023
SHENZHEN EDUCATION YEARBOOK

（续表）

姓名	单位名称	项目名称		获奖等次（名称）
		组织评奖或颁奖单位	获奖名称	
李士权	深圳市第一职业技术学校	教育部等	2022年全国职业院校技能大赛中职组物联网技术应用与维护赛项	优秀指导教师
练俊灏				优秀指导教师
刘家诚、李泳濠				二等奖
李士权			2022年全国职业院校技能大赛中职组液压与气动系统装调与维护赛项	优秀指导教师
邓浩聪				二等奖
林龙威			2022年全国职业院校技能大赛中职组建筑智能化系统安装与调试赛项	优秀指导教师
吴丙苧、蔡健均				二等奖
潘涛			2022年全国职业院校技能大赛中职组计算机检测维修与数据恢复赛项	优秀指导教师
陈杰、曾宇涛				三等奖
宾文心			2022年全国职业院校技能大赛中等职业学校班主任能力大赛	一等奖
潘涛			2022年全国行业职业技能竞赛第三届全国电子通信行业职业技能竞赛信息安全测试员赛项	职工组一等奖
林龙威			2022年全国行业职业技能竞赛——安全防范系统安装维护员（智慧园区安全）赛项	职工组二等奖
林龙威			2022年全国行业职业技能竞赛——"宇视杯"安全防范系统安装维护员职业技能竞赛总决赛	职工组一等奖
胡曼晓	福田区实验教育集团侨香学校	教育部北京师范大学基础教育课程研究中心	新世纪小学数学第四届全国名师工作室教学设计与课堂展示"儿童符号意识发展"主题专场活动	一等奖
杨舜杰		中国儿童中心	第二十六届全国中小学绘画书法作品比赛	绘画类一等奖
万伊伊				绘画类三等奖
吉贤卓				绘画类优秀奖
梁蓝天		国家体育总局航管中心、中国航空运动协会	第二十三届"飞向北京、飞向太空"全国青少年航空航天模型教育竞赛活动总决赛（深圳赛区）	橡筋动力扑翼飞机一等奖
刘子宸				橡筋动力扑翼飞机二等奖

· 368 ·

（续表）

姓名	单位名称	项目名称		获奖等次（名称）
		组织评奖或颁奖单位	获奖名称	
赵乾允	福田区实验教育集团侨香学校	国家体育总局航管中心、中国航空运动协会	第二十三届"飞向北京、飞向太空"全国青少年航空航天模型教育竞赛活动总决赛（深圳赛区）	橡筋动力扑翼飞机二等奖
江子和				橡筋动力扑翼飞机二等奖
汪子博				橡筋动力扑翼飞机二等奖
温杰	福田区深大附中创新中学	国家体育总局航管中心、中国航空运动协会	第二十三届"飞向北京、飞向太空"全国青少年航空航天模型教育竞赛活动总决赛（深圳赛区）	火箭助推滑翔机一等奖
臧临碣				火箭助推滑翔机一等奖
李旷达				无人机多轴飞行器三等奖
李新宇				初级橡筋动力飞机二等奖
刘正轩				初级橡筋动力飞机二等奖
赖洪锐				初级橡筋动力飞机三等奖
谢思锐				初级橡筋动力飞机三等奖
苏炜杰、张留嘉、邓伟昊	红岭中学（红岭教育集团）石厦初中部	中国下一代教育基金会	第二届少年硅谷——全国青少年人工智能教育成果展示大赛总决赛	三等奖
吴昱东、吴楷睿、何政宏				一等奖
龚子谦、李奕潇、刘媛				三等奖
贾丹妮、李文芊、王秉泽				二等奖
廖雨诗	福田区华富中学	国际音乐教育家协会、澳门钢琴邀请赛广东组委会	"2023年第十二届澳门钢琴邀请赛"全国选拔赛	钢琴独奏少年A组三等奖
岳朗		城乡统筹发展研究中心、中国人工智能学会	2021—2022学年"全国中小学信息技术创新与实践大赛"决赛	FEG智能车赛项初中组三等奖
左希超、刘蓉蓉、杜柳依、沈琳	福田区华强职业技术学校	教育部等	2022年全国职业院校技能大赛教学能力比赛	中职公共基础课程组二等奖
张娟娟、蒋辉辉、郑源、刘磊				中职公共基础课程组三等奖
夏乐		城乡统筹发展研究中心、中国人工智能学会	2021—2022学年"全国中小学信息技术创新与实践大赛"决赛FEG智能车赛项	一等奖
林良骏				一等奖
范一鸣				二等奖
刘沃东				二等奖
何博				二等奖
于锦熙				二等奖

（续表）

姓名	单位名称	项目名称		获奖等次（名称）
		组织评奖或颁奖单位	获奖名称	
何佳玟	福田区华强职业技术学校	全国金融职业教育教学指导委员会	全国金融银行技能比赛	营销技巧二等奖
				金融技能团体二等奖
				单证录入二等奖
洪雪华				营销技巧二等奖
				金融技能团体二等奖
				点钞三等奖
郭曜榕				营销技巧二等奖
				金融技能团体二等奖
陈龙杰				银行柜台业务处理三等奖
郑岳杉				银行柜台业务处理三等奖
陈俊升			2022年全国证券模拟大赛金融与证券投资模拟	（团队）二等奖
王坤				
詹耿明				
陈龙杰				（团队）二等奖
郑岳杉				
林家乐				
陈东盛				（团队）三等奖
林梓敏				
黄锦霖				
李宇静				
廖宇洁				
陈知春				
许灿杰				
肖宇彬				
陈佳豪				
徐曼琦				
陈依琳				
雍家瑶				

（续表）

姓名	单位名称	项目名称		获奖等次（名称）
		组织评奖或颁奖单位	获奖名称	
涂妤 柯晓婷 曾婧淇	福田区华强职业技术学校	全国金融职业教育教学指导委员会	2022年全国证券模拟大赛金融与证券投资模拟	（团队）三等奖
陆心雨、陈家仪、王明阳		一带一路暨金砖国家技能发展国际联盟	一带一路暨金砖国家技能发展与技术创新大赛"数智供应链财务应用"赛项国内总决赛	二等奖
刘嘉乐、林灏		金砖国家职业技能大赛组委会	2022金砖国家职业技能大赛选拔赛"IT网络系统管理"赛	二等奖
刘嘉乐		教育部、人力资源和社会保障部	2021至2022学年度中等职业教育国家奖学金评选	国家奖学金
陈新杰				国家奖学金
肖绍国	福田区园岭实验小学	国家教育部	新时代中小学名师名校长培养计划（2022—2025）	名校长培养对象
陈梓蔚	福田区实验教育集团黄埔学校小学部	中国航空学会	第六届全国青少年无人机大赛旋翼赛个人飞行赛	小学组一等奖
邱钰涵				小学组一等奖
李俊覃				小学组优秀辅导员
许江瑞				小学组优秀辅导员
张明姣	荔园外国语小学（香蜜湖）	教育部、国家语委举办；第四届中华经典诵写讲大赛组委会颁奖	第四届中华经典诵写讲"诗教中国"诗词讲解大赛	三等奖
郑雅心	福田区美莲小学	中国音乐家协会	中国音乐家协会钢琴评选	八级良好
		英国剑桥大学考试委员会	剑桥考试评选	First Certificate in English（剑桥英语三级证书）
谢其浩		全国小学生学习能力测评组织委员会、小学生学习能力培养活动中心	全国小学生数学学习能力测评	全国三等奖
		美国数学协会	American Mathematics Competition 8（美国数学竞赛8年级）	Certificate of Achievement（全球荣誉奖）
		澳大利亚数学信托基金（AMT）	Australian Mathmatics Competition（澳大利亚数学竞赛）	Certificate of Distinction（全国二等奖）
		数学花园探秘科普活动组委会	数学花园探秘科普活动	小高组 全国三等奖

（续表）

姓名	单位名称	项目名称		获奖等次（名称）
		组织评奖或颁奖单位	获奖名称	
谢其浩	福田区美莲小学	希望少年俱乐部组织委员会	希望数学思维挑战闯关活动	五年级组 希望小学士 全国三等奖
		蓝桥杯全国软件和信息技术人才大赛组织委员会 工业和信息化部人才交流中心	蓝桥杯全国软件和信息技术专业人才大赛 Python中级创意编程	一等奖
		希望数学国际邀请赛组委会	希望数学国际精英挑战	五年级组 中国赛区 个人二等奖 团队一等奖
		信息技术新工科产学研联盟、中国软件行业协会	TCTY 全国青少年信息技术与计算思维等级认证	编程基础组三级
		中国软件行业协会	TCTY 全国青少年信息技术与计算思维等级认证	编程基础组二级 优秀 96分
		青少年冰心文学征稿活动组委会	冰心作文大赛	三等奖
		Mathematics League United States of America（美国"大联盟"）	The Mathematics League（美国"大联盟"）比赛	Honor Roll of Distinction Certificate（TOP 8%）
刘晋成、陈梓煜	罗湖区翠园中学	教育部科技司、共青团中央学校部、中国科协青少年科技中心、中国卫星导航系统管理办公室	全国青少年航天创新大赛（"北斗美好生活"）	一等奖
曾盈之		中央文明办、教育部、共青团中央全国妇联、中国关工委	2022年"新时代好少年"先进事迹发布活动	2022年"新时代好少年"称号
张澄	罗湖区百仕达小学	中国帆船帆板运动协会	2022全国青少年帆船联赛（厦门站）	U12级冠军，总排名第二
刘奕辰				女子总排名第六、U15第二
钟礼健				Topper级别组冠军
卢紫琪、张原武	罗湖区向西小学	教育部科技司、共青团中央学校部、中国科协青少年科技中心、中国卫星导航系统管理办公室	全国青少年航天创新大赛（"基于北斗系统的精准定位智能龙舟"）	一等奖
朱哲予	深中南山创新学校		第十三届中国青少年科技创新奖评选	创新奖
周辰瑞、乐洋序	南山区第二外国语学校（集团）海德学校	中央文明办、教育部、共青团中央、全国妇联、中国关工委	第二十三届"希望之星"风采展示大会	特等奖
叶颢铭		共青团中央	2022年度全国优秀少先队员评选	全国优秀少先队员称号
胡保卫	盐田区教育科学研究院	教育部、国家语委	第四届中华经典诵写讲大赛"诗教中国"诗词讲解大赛	优秀指导教师奖

（续表）

姓名	单位名称	项目名称		获奖等次（名称）
		组织评奖或颁奖单位	获奖名称	
龚锦亮	盐田区云海学校	国家科学技术奖励工作办公室	2022年度恩欧希教育信息化发明创新奖评选	全国最高奖项
袁浩泰				
陈牧轩				
杨承博				
黄颖霖、黄一鸣		中国电子学会	第七届世界机器人大赛总决赛	（亚军）全国一等奖
何益男、秦楚越				（第五名）全国一等奖
唐杨剑、张子诚、龚锦亮				（季军）全国一等奖
刘益民、郑培涵、刘泽铭				全国三等奖
杨承博、陈牧轩		中国人工智能学会	2022年全国中小学信息技术创新与实践大赛	全国一等奖
龚锦亮、袁浩泰				全国一等奖
朱楚睿、张小东				全国一等奖
樊一竣、谢锦润				全国一等奖
刘雨鑫、谭晴月		中国航空学会	第六届全国青少年无人机大赛总决赛	亚军（全国一等奖）
翁天泽、张瑶				全国三等奖
林灵钰	盐田区田东中学	中国少年儿童造型艺术学会	全国青少年美术书法作品大赛	金奖
梁思雨				金奖
谢文珍	盐田区外国语学校	中国红树林保育联盟	全国红树林儿童画征集比赛	优秀奖
耿可馨				二等奖
林依诺				三等奖
陆柳儿				优秀奖
高伟迪				优秀奖
王宇聪				优秀奖
柯熙蕾				优秀奖
朱紫菡	盐田区梅沙双语学校	英国物理奥林匹克活动组委会	英国物理测评（初级）	全国金奖
陈嘉恒				全国金奖
邢唯				全国金奖
洪紫楠				全国金奖
翁立衡				全国金奖
周末				全国金奖
屈雨葶				全国金奖
李锦城				全国金奖
弓瀚铭				全国银奖

（续表）

姓名	单位名称	项目名称		获奖等次（名称）
		组织评奖或颁奖单位	获奖名称	
曾骏炜	盐田区梅沙双语学校	英国物理奥林匹克活动组委会	英国物理测评（初级）	全国银奖
张玹溪				全国铜奖
朱俊宇				全国铜奖
易天黍				全国铜奖
卢奕之				全国铜奖
施昊航				全国铜奖
张旻森				全国铜奖
郭兆康				全国铜奖
鄢正皓				全国铜奖
陆妍希				全国铜奖
凌一诺				全国铜奖
肖尔泰				全国铜奖
胡一韬				全国铜奖
刘翔阳				区域优秀奖
尹建浩	盐田区外国语小学	教育部、国家语委	第四届"迦陵杯"中华经典诵写奖大赛	一等奖
赵一诺	盐田区外国语小学东和分校	日本九州日中友好协会	第二十四届中日友好青少年书画展	银奖
夏雨菲				银奖
王建忠	宝安区西乡中学	国家知识产权局	实用新型专利证书、外观设计专利证书	专利证书
曾晓波		中国中学生跆拳道协会	中国中学生跆拳道联赛总决赛	优秀教练员
肖梓丹		中国体育总局	2022年中国中学生跆拳道联赛总决赛	优秀运动员
周宏谦、吴婧齐、王梓涵、杨梦泽	宝安中学（集团）实验学校	中国下一代教育基金会	第二届（2021—2022学年）少年硅谷—全国青少年人工智能教育成果展示大赛创意机器人竞技挑战赛总决赛	一等奖金奖
许汕、张桐言、陈东昊、王藤逸、彭曦瑶、吴乾玄、彭俊烨、吴弘宇				二等奖
林子祺、温嘉隆、李舒语、徐梓皓、马尚笑、周旻骏、何悦然、陈鸿宇、金元浩、曾玺毓、张云溪、何梓文、郑翰庭、刘钧霆、何松浩				三等奖

（续表）

姓名	单位名称	项目名称		获奖等次（名称）
		组织评奖或颁奖单位	获奖名称	
孙奥轩	宝安区燕山学校	中国人工智能学会、城乡统筹发展研究中心	全国中小学信息技术创新与实践大赛	一等奖
高钦扬				一等奖
于滨其				AI少年工程师
黄浩宇				AI少年工程师
冯小妹				优秀指导教师
齐光		教育部中外人文交流中心	2022年中外人文交流小使者第三届全国总展示	优秀指导教师、优秀编导
庞韬		城乡统筹发展研究中心、中国人工智能学会	全国中小学信息技术创新与实践大赛	一等奖
陈彦承	宝安职业技术学校	金砖国家工商理事会	2022一带一路暨金砖国家技能发展与技术创新大赛	小程序应用开发赛项国内赛优秀指导老师奖
曾君豪				小程序应用开发赛项国内赛二等奖
罗伟平、曾国锋	宝安职业技术学校	金砖国家工商理事会	2022一带一路暨金砖国家技能发展与技术创新大赛	小程序应用开发赛项国内赛优秀指导教师
张伟翔				Web技术赛项三等奖
涂喆		教育部	全国职业院校技能大赛（中职组）	工业产品设计与创客实践赛项一等奖
黎俊强、郇锦鹏、李鸿销				数控综合应用技术赛项二等奖
郑铭岳				汽车营销赛项二等奖
房文茜、彭俊耀、张里祥、胡可豪				现代物流综合作业赛项（中职组）三等奖
李凤		中国汽车流通协会与广东省汽车流通协会	2022年全国行业职业技能竞赛——全国汽车流通行业职业技能竞赛广东省选拔赛采购师线上选拔赛	学生组第一名
许云一				学生组第二名
徐婧				教工组第一名
徐小娟、黄春鼎、赵攀、曾珊		教育部	2021年全国职业院校技能大赛教学能力比赛	中职组专业技能课程一组二等奖
陈凌云、黄璟、张曼、张亚鸽				中职组专业技能课程二组二等奖

（续表）

姓名	单位名称	项目名称		获奖等次（名称）
		组织评奖或颁奖单位	获奖名称	
曾令宇 陈乐仪 梁闻轩	宝安区天骄小学	中国少年儿童发展服务中心	第五届全国青少年人工智能创新挑战赛	三维程序创意设计专项赛铜奖
谭琼、李丹、钟秋平	宝安区黄田小学	全国小学教学特色设计大赛组委会	第十五届全国小学教学特色设计（教研论文）大赛	一等奖
张建诚	龙岗区南联学校	中国航天科技国际交流中心	全国青少年航天创意大赛总决赛	太空之旅机器人竞技赛二等奖
张建诚、梁骐超		2022世界机器人大赛组委会秘书处	2022世界机器人大赛锦标赛	ATC探索者科技挑战赛项一等奖（亚军）
方辰豪	龙岗区同心实验学校	城乡统筹发展研究中心、中国人工智能学会	2021—2022年全国青少年电子信息智能创新大赛总决赛	三等奖
罗子昊				三等奖
李俊颖、黄佳煜			第二十届全国中小学信息技术创新与实践大赛	一等奖
陈卓然、李博绅				一等奖
薛梓域、张睿哲		第六届全国青少年无人机大赛组委会	第六届全国青少年无人机大赛	二等奖
蒋宇浩、胡搏涛				二等奖
冯一帆	龙岗区珊蒂泉外国语学校	城乡统筹发展研究中心、中国人工智能学会	全国中小学信息技术创新与实践大赛	二等奖
晏子钦				二等奖
曾衍奇				二等奖
陈浩杰				二等奖
林桢勇				二等奖
谢飞翔				二等奖
陈敬夫				二等奖
龚嘉涵				二等奖
曾煌				二等奖
廖梓翔				二等奖
郭文超				三等奖
陈家豪				三等奖
梁骐超				三等奖
罗鹏飞				三等奖
温煜琛				三等奖
范俊豪				三等奖
万龚博				三等奖
陈家楷				三等奖

（续表）

姓名	单位名称	项目名称		获奖等次（名称）
		组织评奖或颁奖单位	获奖名称	
王易	龙岗区珊蒂泉外国语学校	城乡统筹发展研究中心、中国人工智能学会	全国中小学信息技术创新与实践大赛	二等奖
兰灏明				二等奖
郑燃				二等奖
彭曦				二等奖
赖娴芷	龙岗区仙田外国语学校	全国书画大赛评委会	"为亚运喝彩"全国青少年儿童书画大赛	幼儿组二等奖
赖娴芷		中国儿童文学研究会	2022年"致敬英雄"全国少年儿童文化艺术创作主题教育活动	小学低龄组书画像银奖
赖娴芷		广东省硬笔书法协会	第二届全国硬笔书法大赛	青少年组三等奖
张墨涵	龙岗区布吉高级中学	中国化学会	第36届中国化学奥林匹克（初赛）	三等奖
王湘婷	龙岗区外国语学校	中华人民共和国教育部	第十五届宋庆龄奖学金评选	宋庆龄奖学金
张昕扬		中国计算机协会	全国信息学奥赛	提高组CSP-S复赛二等奖
张昕扬				提高组CSP-S初赛一等奖
张昕扬				普及组CSP-J复赛一等奖
张昕扬				普及组CSP-J初赛一等奖
孟楷瑞				普及组CSP-J初赛一等奖
孟楷瑞				普及组CSP-J复赛二等奖
童岩				普及组CSP-J初赛一等奖
童岩				普及组CSP-J复赛二等奖
宋一兴				普及组CSP-J初赛一等奖
黄鼎				普及组CSP-J初赛一等奖
林泽鹏	上海外国语大学附属龙岗学校	国家体育总局社会体育指导中心	2022年全国跳绳联赛线上总决赛一分钟棉纱绳单摇跳项目	公开儿童甲组男子组国家级一等奖
钟子翔、刘明烨		城乡统筹发展研究中心、中国人工智能学会	全国中小学信息技术创新与实践大赛	二等奖
胡芫琋、余银展、钟子翔、陈熠鑫		中国航天科技国际交流中心	2022年全国青少年航天创新大赛太空之旅总决赛	一等奖

（续表）

姓名	单位名称	项目名称		获奖等次（名称）
		组织评奖或颁奖单位	获奖名称	
贾智博、杨胜坚、周梓均	上海外国语大学附属龙岗学校	中国电子学会	2021世界机器人大赛总决赛	AI探索赛一等奖亚军
余银展、钟子翔				AI探索赛一等奖季军
陈熠鑫			2021—2022全国青少年电子信息智能创新大赛获全国总决赛	互联网+无人驾驶主题赛二等奖
贾智博				互联网+无人驾驶主题赛三等奖
钟子翔				互联网+无人驾驶主题赛三等奖
任泽远				互联网+无人驾驶主题赛三等奖
周梓均				互联网+无人驾驶主题赛三等奖
薛爱勤				互联网+无人驾驶主题赛三等奖
杨胜坚				互联网+无人驾驶主题赛三等奖
郭景瑞				互联网+无人驾驶主题赛优秀奖
赖纳		中国下一代教育基金会	少年硅谷——全国青少年人工智能教育成果展示大赛	二等奖
彭睿				二等奖
许宏瑞				二等奖
杨智越、陈玺越		城乡统筹发展研究中心、中国人工智能学会	全国中小学信息技术创新与实践大赛机器人越野全国总决赛	小学组三等奖
薛爱勤、贾智博				小学组三等奖
刘易洋、孙奕星				小学组三等奖
钟子翔、刘明烨				小学组三等奖
马睿诗		中国发明协会中小学创造教育分会	第五届中小学创新创造教育教学说课大会	初中语文课程组一等奖
陈培杰				小学语文课程组一等奖
周兴权		中国发明协会	2020全国中小学信息技术创新与实践大赛	优秀指导教师

（续表）

姓名	单位名称	项目名称		获奖等次（名称）
		组织评奖或颁奖单位	获奖名称	
李睿	上海外国语大学附属龙岗学校	美国数学协会	American Mathematics Competition 8（美国数学竞赛8年级）	Certificate of Achievement（全球荣誉奖）
刘东鹏				
徐楷承	龙岗区石芽岭学校	城乡统筹发展研究中心、中国人工智能学会	全国中小学信息技术创新与实践大赛	一等奖
杨恪辰				一等奖
杜林				二等奖
李雨泽				二等奖
李裕			2021—2022年全国青少年电子信息智能创新大赛	一等奖
张娟	龙华区外国语学校教育集团	中华人民共和国教育部	美育案例《中小学歌唱教学GVC模式的创新实践》获全国第七届中小学生艺术展演活动中小学美育改革创新优秀案例	二等奖
莫浩粮、刘绵甫	龙岗区可园学校	中国航空运动协会	第二十三届"飞向北京-飞向太空"全国青少年航空航天模型教育竞赛活动总决赛	（小学组）一等奖
陈卓恺、李思远、连崇贵				（小学组）三等奖
罗骏鹏、周梓沐				（初中学组）一等奖
肖炜雄、黄柯亦				（初中学组）三等奖
龙浩宇、潘泽轩、罗元浩、赵学仁、谭博文、陈炜轩		广东发明协会	2021—2022年全国中小学信息技术创新与实践大赛	WER工程创新赛二等奖
范丽花	龙岗区智民实验学校	青少年冰心文学征稿活动组委会	第十八届青少年冰心文学小作家全国会员作品展	辅导教师银奖
邝丽芬	龙岗区怡翠实验学校	中国少年儿童发展服务中心	第五届全国青少年人工智能创新挑战赛	优秀辅导教师
范振宇				优秀辅导教师
范宝涵				三维程序创意设计专项赛金奖
黄新岚				三维程序创意设计专项赛金奖
王卿澄				三维程序创意设计专项赛金奖

（续表）

姓名	单位名称	项目名称		获奖等次（名称）
		组织评奖或颁奖单位	获奖名称	
李林风	龙岗区智民实验学校	青少年冰心文学征稿活动组委会	第十八届青少年冰心文学小作家全国会员作品展示	小学组银牌
吕梓淇	龙岗区智民实验学校	中国儿童中心	第二十六届全国中小学生绘画书法作品比赛	绘画类"二等奖"
林子睿	龙岗区承翰学校	中国电子学会	2021—2022年全国青少年电子信息智能创新大赛总决赛	二等奖
阮士骞				三等奖
林皓轩		城乡统筹发展研究中心、中国人工智能学会	全国中小学信息技术创新与实践大赛	二等奖
白云天		中国少年儿童发展中心组委会	第五届全国青少年人工智能创新挑战赛	太空探索智能机器人专项赛银奖
叶凯奕	龙岗区乐淮实验学校	中国儿童中心	"同一个地球，绿色家园"第二十六届全国中小学生绘画书法作品比赛	（小学低年级组绘画类）一等奖
田睿琪				（小学高年级组绘画类）一等奖
陈科武	龙岗区南湾沙塘布学校	中国人工智能学会	全国中小学信息技术创新与实践大赛（NOC）	AI创新编程优秀指导教师奖
陈杨志				AI创新编程一等奖
张喆				AI创新编程二等奖
黄珈楠				AI创新编程三等奖
郭静萱	龙岗区六联小学	教育部语言文字应用管理司	第四届中华经典诵写讲大赛"诵读中国"	二等奖
邓羽倩	龙岗区清林径实验小学	全国中小学信息技术创新与实践大赛组织委员会	全国中小学信息技术创新与实践大赛	三等奖
周子航		中国少年儿童发展服务中心	全国青少年人工智能创新挑战赛	银奖
程子祺	龙岗区水径小学	中国电子学会	2021—2022年全国青少年电子信息智能创新大赛总决赛	图形化编程挑战赛二等奖
韩弈				图形化编程挑战赛二等奖
刘德乐		中国少年儿童发展服务中心	第五届全国青少年人工智能创新挑战赛	编程创作与信息学专项赛银奖
丁程耀				编程创作与信息学专项赛二等奖
刘德乐				编程创作与信息学专项赛一等奖

（续表）

姓名	单位名称	项目名称		获奖等次（名称）
		组织评奖或颁奖单位	获奖名称	
张梓鹏	龙岗区莲花小学	中国人工智能学会	2021—2022年"全国中小学信息技术创新与实践大赛"Coding创意编程赛 小学高年级组	复赛资格
林城宇	香港培侨书院龙华信义学校	丹麦文化艺术发展委员会	2022安徒生（国际）艺术奖	金奖
刘彬月				金奖
文深仪				银奖
张可涵				铜奖
王爱珊妮				铜奖
王爱珊妮		联合国教科文组织和平中心	第二届PEACE ART国际青少儿艺术大赛	亚军
崔语笑				季军
欧阳宛儿				优异奖
刘语嫣				特等奖
翁晴				特等奖
徐诗然				特等奖
绫百合		联合国教科文组织和平中心	第二届PEACE ART国际青少儿艺术大赛	金奖
曾铭翰				金奖
欧阳晓瞳				金奖
李思瀚				银奖
黄梓婷				银奖
薛天扬		美国物理教师协会（AAPT）	American Physics Bowl（美国"物理杯"）2022	全球优秀奖/Honor Roll
郭颖宸		IYAC（国际青少年儿童美术大赛组委会）	IYAC国际青少年儿童美术大赛	全球卓越奖/Honor Roll of Distinction
刘语嫣		全国青少年美术书法大赛组委会	全国青少年美术书法作品大赛	铜奖
刘语嫣		第五十三届世界儿童画展中国组委会	世界儿童画展（中国区）	季军
罗晨时		中央音乐学院全国艺展组委会	中央音乐学院全国青少年艺术展演	金奖第一名
林子傲		国家体育总局	全国儿童青少年跳绳挑战赛	15天强心挑战赛一等奖
刘明哲				15天强心挑战赛一等奖

（续表）

姓名	单位名称	项目名称		获奖等次（名称）
		组织评奖或颁奖单位	获奖名称	
刘楷楠	香港培侨书院龙华信义学校	国家体育总局	全国儿童青少年跳绳挑战赛	15天强心挑战赛一等奖
刘楷楠				速度段位挑战赛一等奖
刘楷楠				速度耐力段位挑战赛一等奖
廖瑾萱				速度段位挑战赛一等奖
张嘉璐		中国儿童中心	第二十六届全国中小学生绘画书法作品比赛	一等奖
黄晨曦	龙华高级中学教育集团	叶圣陶杯全国中学生新作文大赛组委会	第十九届"叶圣陶杯"全国中学生新作文大赛	一等奖
曾嘉豪				一等奖
俞凯馨				一等奖
张涵哲				一等奖
陈凯琳				一等奖
魏瑾思				一等奖
阴思佳				一等奖
景一凡				一等奖
何学畅	龙华高级中学教育集团高中部	全国中学生生物学竞赛委员会、中国植物学会、中国动物学会	全国中学生生物学联赛	二等奖
王睿	龙华高级中学教育集团观澜校区	城乡统筹发展研究中心、中国人工智能学会	全国中小学信息技术创新与实践大赛创意编程类全国决赛	二等奖
范子舟				二等奖
李佳林				二等奖
马蕴航			2022年"全国中小学信息技术创新与实践大赛"AI创新编程复赛中学组	一等奖
漆靖雨	龙华区格致中学	中国计算机学会	NOIP2022（全国青少年信息学奥林匹克联赛）	二等奖
覃凯			非专业级软件能力认证CSP-S（提高级）	二等奖
朱航	龙华区新华中学教育集团	城乡统筹发展研究中心、中国人工智能学会	全国中小学生信息技术创新与实践比赛——AI梦想家选拔赛初中组	一等奖
刘海俊		国家体育总局社会指导中心	2022年全国跳绳联赛线上分站赛第七站	优秀教练员
李致远				1分钟单摇跳（并脚跳）第一名

（续表）

姓名	单位名称	项目名称		获奖等次（名称）
		组织评奖或颁奖单位	获奖名称	
练锐琪	龙华区新华中学教育集团	国家体育总局社会指导中心	2022年全国跳绳联赛线上分站赛第七站	2×30秒双摇接力（混合组）第一名
孙雪怡				2×30秒双摇接力（混合组）第一名
刘学沂				2×30秒双摇接力（男子组）第一名
李致远				2×30秒双摇接力（男子组）第一名
曾梓灵				2×30秒双摇接力（女子组）第一名
钟昀果				2×30秒双摇接力（女子组）第一名
李致远				30秒单摇跳（双脚轮换跳）第一名
孙雪怡				30秒间隔交叉单摇跳第一名
滕锦鸿、谭志雄、孙雪怡、胡宏煊				4×30秒单摇接力（混合组）第一名
滕锦鸿、孙雪怡				一分钟一带一单摇跳（混合组）第一名
刘学沂、练锐琪				一分钟一带一单摇跳（男子组）第一名
钟昀果、石书涵				一分钟一带一单摇跳（女子组）第一名
滕锦鸿				1分钟单摇跳（并脚跳）第一名
李悦萌				1分钟单摇跳（并脚跳）第一名
王芷萱				连续三摇跳女子第一名
张惠哲				1分钟棉纱绳单摇跳第一名

（续表）

姓名	单位名称	项目名称		获奖等次（名称）
		组织评奖或颁奖单位	获奖名称	
艾希晨	龙华区新华中学教育集团	国家体育总局社会指导中心	2022年全国跳绳联赛线上分站赛第七站	个人花样 难度四级第一名
齐欣璐				30秒单摇（女子）第一名
徐雯浠				连续三摇跳女子第一名
邓思晨、唐菁藜				一分钟一带一单摇跳（女子组）第一名
熊瑛	龙华区教科院附属学校	教育部数字化学习支撑技术工程研究中心	第十六届全国小学信息技术与教学融合优质课大赛	三等奖
陈瑞屹、孟德轩、林嘉熙	龙华区第二外国语学校	中国科协、国家教育部	全国青少年科学调查体验活动	优秀作品
黄子怡、许洛芊、詹洁欣				
梁佳雯、何运彬、宋佩怡				
尹航	龙华区厚德书院	中国武术协会	第二届全球太极拳网络大赛	陈式太极拳竞赛套路境内男子C2组一等奖
尹航		中国青少年宫协会	2022年全国青少年传统体育项目比赛	优秀指导教师
尹航		国家体育总局群众体育司	2022年新春网络健身大联欢活动	武术一等奖
李炯霖				二等奖
崔景棠				二等奖
王鹏基		广东省中学生生物学竞赛委员会	2022年全国中学生生物学联赛	国家级二等奖
张天凯	龙华区第三实验学校	中国人工智能学会、城乡统筹发展研究中心	全国中小学信息技术创新与实践大赛深圳选拔赛	一等奖
黄耿贤				一等奖
蓝静怡				二等奖
丁俊杰				二等奖
刘梅	龙华区万科双语学校	中国人工智能学会、城乡统筹发展研究中心	2021—2022学年"全国中小学信息技术创新与实践大赛"决赛创新思维编程赛项	优秀指导教师奖
檀嘉奕				小学低年级组一等奖
陈彦霖	龙华区同胜学校	中国计算机学会	CSP-JS非专业级软件能力认证提高级	二等奖
龙佳丽	龙华区六一学校	北京冬残奥会组织委员会、中国人民对外友好协会	《祝福冬奥·圆梦冰雪》国际青少年绘画邀请展	优秀奖

（续表）

姓名	单位名称	项目名称		获奖等次（名称）
		组织评奖或颁奖单位	获奖名称	
何佩恩	龙华区六一学校	北京冬残奥会组织委员会、中国人民对外友好协会	《祝福冬奥·圆梦冰雪》国际青少年绘画邀请展	优秀奖
林佳慧				优秀奖
韦泳稔				优秀奖
彭彦芝				优秀奖
袁远		共青团中央宣传部	"永远跟党走"全国美术书法作品征集活动	三等奖
张嘉意				三等奖
朱业楷		中国人工智能学会、城乡统筹发展研究中心	2021—2022学年全国中小学信息技术创新与实践大赛	二等奖
田瑞来	光明区高级中学	全国中学生物理竞赛委员会	39届全国中学生物理竞赛	三等奖
童鑫				三等奖
张美娜	光明区凤凰城实验学校	中国健身气功协会	2022年全国健身气功八段锦网络视频大赛	一等奖
郭梓玉	光明区理创实验学校	教育部关工委、央视网、央视影音	"新时代好少年 强国有我"主题教育读书活动	优秀证书
刘宇鑫		中国曲棍球协会	2022年全国男子曲棍球锦标赛	优秀裁判员
韦林飞	光明区中山大学深圳附属学校	全国跳绳推广委员会	全国跳绳联赛线上总决赛	个人花样二级难度第二名
				一分钟棉纱跳绳第一名
冷明航		全国"三新"作文教学研究会、新作文杂志社	"新作文杯"全国第六届作文教学"创课"比赛	"教学设计"评比活动一等奖
文泳欣		广东省体育局	2022年广东省无线电测向冠军赛	成年女子定向猎狐第二名
王逢春				优秀教练员
				三等奖
谢小天	光明区李松蓢学校	中国电子学会	2021—2022全国青少年电子信息智能创新大赛总决赛	优秀指导教师
杨沁怡	光明区东周小学	第74届德国纽伦堡国际发明展（iENA）暨第15届世界创意节组委会	第74届德国纽伦堡国际发明展iENA暨第15届世界创意节发明作品《小学生电话手表智能存取箱》	优秀指导老师
江茵				优秀指导老师
杨波		中国人工智能学会	2021—2022学年"全国中小学信息技术创新与实践大赛"决赛机器人越野赛项	优秀指导老师
陈淑玲				优秀指导教师奖
潘华				优秀指导老师

2022年深圳市教育系统省级荣誉集体

获奖集体名称	项目名称		获奖等次（名称）
	组织评奖或颁奖单位	获奖名称	
深圳大学	广东省教育厅、广东省高等教育学会	第二届广东省高校教师教学创新大赛	优秀组织奖
	广东省总工会、广东省教育厅	广东省第六届高校（本科）青年教师教学大赛	优秀组织奖
深圳大学经济学院2021级金融学类07班团支部			"十佳"项目
深圳大学经济学院2021级金融学类4班团支部			
深圳大学心理学院2021级心理学（卓越班）团支部			
深圳大学经济学院2021级金融学类02班团支部			
深圳大学医学部2020级临床医学系01班团支部			
深圳大学外国语学院2020级日语系2班团支部			
深圳大学数学与统计学院2021级数学类01班团支部			
深圳大学化学与环境工程学院2021级化学班团支部			
深圳大学管理学院2021级工商管理全英专业01班团支部			
深圳大学外国语学院2019级英西双语专业01班团支部	共青团广东省委员会	广东省高校"活力在基层"主题团日竞赛活动	"千人围"项目
深圳大学法学院2020级法学08班团支部			
深圳大学数学与统计学院2021级数学与应用数学（师范）班团支部			
深圳大学外国语学院2020级法语2班团支部			
深圳大学法学院2021级法学系07班支部			
深圳大学管理学院2020级工商管理系01班支部			
深圳大学经济学院2020级物流管理系02班团支部			
深圳大学人文学院2019级国学精英班团支部			
深圳大学生命与海洋科学学院2021级生物大类1班团支部			

（续表）

获奖集体名称	项目名称		获奖等次（名称）
	组织评奖或颁奖单位	获奖名称	
深圳大学微众银行金融科技学院2021级金融科技本科团支部	共青团广东省委员会	广东省高校"活力在基层"主题团日竞赛活动	"千人围"项目
深圳大学人文学院2019级汉语言文学（师范）班团支部			
深圳大学传播学院深圳"科创家·口述史"实践团		2022年广东省大中专学生志愿者暑期文化科技卫生"三下乡"社会实践活动	优秀团队
深圳大学毕业生在藏基层工作专访调研实践团			
清华大学深圳国际研究生院	海南省科学技术厅	输变电设备绝缘性能湿热环境适用性关键技术及应用评选	科学技术进步奖二等奖
	广东省科技厅	超高清大屏终端AI交互技术研发及应用评选	科学技术进步奖二等奖
香港中文大学（深圳）陈天石教授团队	广东省教育厅	广东省一流本科课程评选	成果奖
哈尔滨工业大学（深圳）机电工程与自动化学院空间电源创新团队	共青团广东省委员会、广东省青年联合会	广东青年五四奖章评选	五四奖章
共青团哈尔滨工业大学（深圳）委员会	共青团广东省委员会	广东省五四红旗团委评选	五四红旗团委
深圳职业技术学院	广东省教育厅	2022年广东省大中专学生志愿者暑期"三下乡"社会实践活动	优秀单位
	共青团广东省委员会	第十三届"挑战杯"广东大学生创业计划竞赛	优秀组织奖
深圳职业技术学院党委	广东省委	广东省先进基层党组织评选	先进基层党组织
深圳信息职业技术学院	广东省人民政府征兵办公室、广东省教育厅	征兵工作先进单位评选	先进单位
	团省委、省教育厅、省科技厅、省科协、省学联主办	第十三届"挑战杯"广东大学生创业竞赛	2金3银10铜
	广东省教育厅、省体育局主办	广东省第十一届大学生运动会	7金2银3铜
	广东省教育厅主办	广东省职业院校学生专业技能大赛	一等奖37个、二等奖22个、三等奖15个
深圳信息职业技术学院	教育部高等学校国家级实验教学示范中心、中国陶行知研究会主办	"学创杯"全国大学生创业综合模拟大赛广东省赛	一等奖1个、二等奖1个
	广东省总工会、广东省教育厅主办	广东省第六届高校（高职）青年教师教学大赛	一等奖4个、二等奖7个、三等奖9个
深圳中学	广东省教育厅	广东省劳动教育特色学校评选	劳动教育特色学校
		广东省第七届中小学生艺术展演活动	一等奖
深圳第二外国语学校	广东省教育厅	广东省国防教育特色学校评选	国防教育特色学校
	广东省航空航天学会	广东省航空航天特色学校评选	航空航天特色学校
深圳市第一职业技术学校	广东省教育厅	2022年广东省职业院校"技能成才强国有我"主题教育暨文明风采活动	优秀组织奖
深圳市中学生啦啦队	广东省教育厅	2022年广东省第十三届中学生运动会啦啦操比赛	团体总分第一名

（续表）

获奖集体名称	项目名称		获奖等次（名称）
	组织评奖或颁奖单位	获奖名称	
福田区华强职业技术学校	广东省卫生健康委员会	广东省健康促进示范校评选	健康促进示范校
	广东省教育厅	广东省首批中职学校"三全育人"典型学校培育建设单位评选	典型学校培育建设单位
		广东省校园篮球特色推广学校评选	校园篮球特色推广校
福田区园岭实验小学	广东省教育厅	全省第七届中小学生艺术展演	器乐类一等奖
		广东省校园篮球特色推广学校评选	校园篮球特色推广校
福田区百花小学	广东省教育厅	从小学党史，永远跟党走主题教育活动	优秀组织单位
福田区上沙小学附属幼儿园	广东省体育局、广东省教育厅、共青团广东委员会、少先队广东省工作委员会	2022年"奔跑吧·少年"儿童青少年主题健身暨"粤运动·越健康"线上运动健身活动	一等奖
福田区外国语学校北校区附属幼儿园	广东省卫生健康委员会	广东省健康促进示范幼儿园评选	示范幼儿园
福田区梅园小学附属幼儿园			
福田区翰林实验学校附属幼儿园			
福田区皇岗中学附属幼儿园			
福田区基建幼儿园			
南山区教育局	广东省教育厅	广东省基础教育高质量发展示范区评选	基础教育高质量发展示范区
南山区第二外国语学校（集团）海德学校	广东教育学会国际教育专业委员会	大湾区青少年模拟联合国2022未来领袖峰会	中学组团体特等奖
南山区深圳湾学校	广东省教育厅、广东省体育局	2022年广东省中学生排球锦标赛	（初中女子组）亚军
南山区南山外国语学校（集团）大冲学校	广东省体育局	广东省男子中小学击剑锦标赛	初中男子重剑乙组团体冠军
南山区育才三中（男子排球队）		2022年广东省中学生锦标赛	男子组冠军
		广东省第十六届运动会	男子乙组冠军
南方科技大学教育集团（南山）第二实验学校	广东省中小学信息技术应用能力提升工程办公室	广东省信息技术提升工程2.0	试点学校
南山区南头城学校	广东省教育厅	全省中小学粤韵操交流展示活动	一等奖
南山区育才二小		艺术教育特色学校评选	艺术教育特色学校
南山区荔湾小学		广东省中小学足球主题大课间展示活动	二等奖
南山区松坪第二小学		广东省中小学第三批中华优秀文化传承学校（传承项目"童味本草"）评选	优秀文化传承学校
南山区育才四小		广东省信息化中心学校建设成效优秀校评选	学校建设成效优秀校
南山区鼎太小学	广东省文化馆	广东省"非遗少年学"优秀传承学校评选	优秀传承学校

（续表）

获奖集体名称	项目名称		获奖等次（名称）
	组织评奖或颁奖单位	获奖名称	
盐田区教育团工委	共青团广东省委员会	"灯塔工程"·广东省第二届中学生思想政治引领项目评选	"新媒体"类精品项目
盐田区庚子革命首义中山纪念学校大队博乐中队	共青团广东省委员会	广东省少先队红旗中队评选	少先队红旗中队
宝安职业技术学校	广东省职工职业技能大赛组织委员会	2022年广东省供应链建模设计职业技能竞赛	优秀组织奖
	广东省教育厅	广东省首批中职学校"三全育人"典型学校培育建设单位评选	典型学校培育建设单位
宝安区西乡中学	广东省学生体育艺术联合会	广东省中学生春季跆拳道锦标赛团体	第二名
宝安区荣根学校	广东省教育厅	随班就读示范学校评选	示范学校
宝安区燕山学校	广东省教育厅	广东省第七届中小学生艺术展演	一等奖
宝安区松岗中学党委	中共广东省委组织部	广东省先进基层党组织评选	广东省先进基层党组织
宝安区航城学校五（3）班向阳中队	少先队广东省工作委员会	广东省"红领巾奖章"评选	四星章（集体）荣誉
龙岗区吉华街道怡翠实验学校	生态环境部宣传教育中心	广东省"迈向碳中和湾区少年行"	首批试点学校
龙岗区科城实验学校	广东省直属机关关心下一代工作委员会、广东省科学技术协会关心下一代工作委员会	2022广东省第九届科技七巧板创意制作比赛	优秀组织单位
龙岗区丰丽学校	广东省环境保护宣传教育中心	2022年广东省青少年环保创意大赛	优秀组织单位
龙岗区珊蒂泉外国语学校	广东省航空航天学会	第六届全国青少年无人机大赛（广东省赛）	优秀组织单位
龙岗区外国语学校（集团）新亚洲学校	共青团广东省委办公室	"灯塔工程"第三届广东省中学团校"百佳微团课"评选展播活动	"百佳微团课"
龙岗区外国语学校（集团）	中共广东省委教育工委	推动党史融入思政课程评选	三等奖
龙岗区上海外国语大学附属龙岗学校	广东省航空航天学会	第六届全国青少年无人机大赛（广东省赛）	优秀组织单位
		广东省航空航天特色学校评选	航空航天特色学校
龙岗区南湾学校	少先队广东省工作委员会	广东省"红领巾奖章"评选	红领巾奖章
龙岗区南湾学校大队五（1）中队			红领巾奖章
龙岗区坪地兰陵学校四（3）中队			四星章（集体）荣誉
龙岗区清林径实验小学	广东省教育厅	广东省劳动教育特色学校评选	劳动教育特色学校
龙华区教育局	广东省教育系统关心下一代工作委员会	广东省"朝阳读书"活动	优秀组织奖
龙华区教育科学研究院	广东省教育厅	广东省教育教学成果奖（基础教育类）	特等奖
龙华区民治中学教育集团			特等奖
龙华区外国语学校			二等奖

（续表）

获奖集体名称	项目名称		获奖等次（名称）
	组织评奖或颁奖单位	获奖名称	
龙华区广培小学	共青团广东省委员会、广东省教育厅、少先队广东省工作委员会	广东省优秀少先队红旗大队	优秀少先队红旗大队
		广东省"红领巾奖章"评选	集体四星章
坪山区中山中学	广东省学生联合会	广东省优秀学生会评选	优秀学生会
坪山区坪山实验学校	共青团广东省委员会、广东省教育厅、少先队广东省工作委员会	广东省少先队先进学校评选	少先队先进学校
坪山区弘金地学校	广东省地震局、广东省教育厅	广东省防震减灾科普示范学校评选	防震减灾科普示范学校
坪山区马峦小学	广东省学生体育艺术联合会	获2022年广东省学生跳绳公开赛（佛山站）	公开小学组团体总分第一名
坪山区坪山第二小学	广东省教育厅	2022年广东省小学生篮球锦标赛	小学男子组二等奖
坪山区第一幼教集团	广东省教育厅	广东省第二批省级优质基础教育集团培育对象评选	防震减灾科普示范学校
光明区高级中学	广东省体育局、广东省教育厅	2022年广东省第十三届中学生运动会定向运动比赛	乙组团队总分第二名、甲组团队总分第三名
光明区外国语学校	广东省教育厅	广东省中小学"最美阅读空间"评选	最美阅读空间
光明区中山大学深圳附属学校	广东省体育局	广东省无线电测向冠军赛	优秀组织单位
			3.5MHz团体接力赛第一名（吕皓、梁木辉、古伟康）
			3.5MHz团体接力赛第一名（李梓璇、刘紫彤、曾淑荟）
			短距离144MHz团体接力赛第一名
			短距离3.5MHz团体接力赛第四名
			短距离3.5MHz团体接力赛第五名
			144MHz团体接力赛第一名（李梓璇、刘紫彤、曾淑荟）
光明区实验学校	广东省第十三届中学生运动会组织委员会	广东省第十三届中学生运动会定向运动比赛	乙组团体总分第二名
			甲组团体总分第三名
	广东省教育厅	广东省教育厅"暑假读一本好书"征文活动	先进单位
	广东省中小学教师信息技术应用能立提升工程办公室	广东省深圳市中小学教师信息技术应用能力提升工程2.0推进典型案例	一等奖
	广东省中小学教师信息技术应用能立提升工程办公室	深圳实验光明学校智慧校园整校推进案例	一等奖
光明区李松蓢学校	广东省教育厅	广东省中小学劳动教育特色学校评选	中小学劳动教育特色学校

（续表）

获奖集体名称	项目名称		获奖等次（名称）
	组织评奖或颁奖单位	获奖名称	
光明区理创实验学校	广东省体育局	广东省第十六届运动会	曲棍球项目女子乙组亚军
			曲棍球项目男子乙组季军
光明区东周小学	广东省科学技术协会、广东省教育厅、广东省科学技术厅	"广东省青少年科学教育特色学校"评选	青少年科学教育特色学校
	广东省教育厅	广东省中小学第三批中华优秀文化会传承学校评选	中华优秀文化会传承学校
	广东省学生体育艺术联合会	2022年广东省中小学春季定向运动锦标赛	精英组小学甲、乙组团体总分一等奖
大鹏新区大鹏中心小学	中共广东省委	广东省学雷锋活动示范点评选	学雷锋活动示范点

2022年深圳市教育系统省级荣誉个人

姓名	单位名称	项目名称		获奖等次（名称）
		组织评奖或颁奖单位	获奖名称	
周艳	香港中文大学（深圳）	霍英东教育基金会	第18届高等院校青年科学奖评选	二等奖
赵俊华		广东省电机工程学会	广东电力科学技术奖评选	人物奖
李镇		中国通信学会	中国通信学会青托计划评选	人才奖
王东		中国工业与应用数学学会	2022年中国工业与应用数学学会青年人才托举工程评选	人才奖
张芷薇	深圳北理莫斯科大学	广东省教育厅	广东省大学生英语演讲大赛暨"外研社杯"全国英语演讲大赛（广东赛区）	一等奖
李甜舒、关之惠、江政桦		中国工业与应用数学学会	2022年全国大学生数学建模竞赛广东省分赛区	一等奖
安家澍	哈尔滨工业大学（深圳）	广东省学生联合会	2021—2022年度广东省优秀学生骨干评选	优秀学生骨干
潘天宇		共青团广东省委员会	2021—2022年度广东省优秀共青团员评选	优秀共青团员
张三立			2022年广东省大中专学生志愿者暑期"三下乡"社会实践活动	社会实践活动优秀个人
周罗慧				社会实践活动优秀个人
谢春红		广东省教育厅	广东省教育系统党史学习教育优秀理论成果评选	三等奖

（续表）

姓名	单位名称	项目名称		获奖等次（名称）
		组织评奖或颁奖单位	获奖名称	
陈惠军	深圳职业技术学院	共青团广东省委员会	2021—2022年度广东省优秀共青团干部评选	优秀共青团干部
骆南钦			2021—2022年度广东省优秀共青团员评选	优秀共青团员
刘育辉			2021—2022年度广东省优秀学生骨干评选	优秀学生骨干
王威			2022年广东省大中专学生志愿者暑期"三下乡"社会实践活动	社会实践活动优秀个人
黄露露				社会实践活动优秀个人
李美娜				社会实践活动优秀个人
李枫乾	深圳职业技术学院	共青团广东省委员会	2022年广东省大中专学生志愿者暑期"三下乡"社会实践活动	社会实践活动优秀个人
汤桢梓				社会实践活动优秀个人
许丽桐				社会实践活动优秀个人
刘昆鹏	深圳信息职业技术学院	广东省人民政府征兵办公室、广东省教育厅	征兵工作先进个人评选	征兵工作先进个人
郭芳		广东省教育厅	第九届广东高校辅导员素质能力大赛	二等奖
王希林	清华大学深圳国际研究生院	广东省科技厅	输变电设备绝缘性能湿热环境适用性关键技术及应用评选	科学技术进步奖二等奖
贾志东				科学技术进步奖二等奖
张颢			超高清大屏终端AI交互技术研发及应用评选	科技进步奖二等奖
张文涛、张上伟、林健、黄文辉、张建强	深圳中学	广东省教育厅	广东省教育教学成果奖评选	特等奖
徐国龙			广东省第十三届中学生运动会科学论文报告会	一等奖
胡天弄				二等奖
陈凯				二等奖
田一丁		中国科协、自然科学基金委、共青团中央、全国妇联	第36届全国青少年科技创新大赛省赛	一等奖
王晴晴	深圳第二外国语学校	全国中学生地球科学奥林匹克竞赛委员会、中国地震学会、中国地球物理学会、中国灾害防御协会	荣获"海亮杯"2021—2022学年全国中学生地球科学奥林匹克竞赛预赛广东赛区	优秀指导教师奖
黄楠				优秀组织奖
陈东昇				一等奖
黎晓东				一等奖
唐飞燕				三等奖

（续表）

姓名	单位名称	项目名称		获奖等次（名称）
		组织评奖或颁奖单位	获奖名称	
王军洁	深圳第二外国语学校	广东省第十三届中学生运动会组织委员会	广东省第十三届中学生运动会	体育道德风尚奖
李泽然		广东省语言文字工作协会南方俄语教育专业委员会	2022年"大湾区杯"南方中学生俄语风采大赛	高年级组一等奖
姜添怡				高年级组二等奖
李胤达				高年级组二等奖
姜添怡				最佳风采奖
王辰歌				最佳优胜奖
陈思妍				最佳优胜奖
谢添琛		广东省航空学会、广东省青少年科技教育协会	2022年广东省青少年航空航天科普嘉年华线上活动——青少年中航国际杯模拟飞行航母起降赛（高中组）	三等奖
杨见微			2022年广东省青少年航空航天科普嘉年华线上活动——青少年中航国际杯模拟飞行航母起降赛（高中组）	三等奖
刘兆萌				三等奖
江震				三等奖
罗永康				三等奖
段博涵				三等奖
夏树素	深圳市第七高级中学	广东省宋庆龄基金会评审委员会及理事会	2022年度广东省宋庆龄奖学金评选	宋庆龄奖学金
潘泓睿		广东省教育厅	2022年广东省中小学科技劳动教育实践活动"科创实践类—科创智造"赛项	团体一等奖
戴晓敏				团体一等奖
雷黎	深圳市第一职业技术学校	广东省教育厅	2022年广东省职业院校技能大赛中职组建筑CAD赛项	优秀指导教师
黄泽均				优秀指导教师
黄天宝、詹舒欣				一等奖
雷黎			2022年广东省职业院校技能大赛中职组3D打印应用综合技术赛项	优秀指导教师
黄泽均				优秀指导教师
姬丘彤、阙舒圻				三等奖
李土权			2022年广东省职业院校技能大赛中职组机电一体化设备组装与调试赛项	优秀指导教师
练俊灏				优秀指导教师
王默涵、赵圳鑫				一等奖
潘涛			2022年广东省职业院校技能大赛中职组网络搭建与应用赛项	优秀指导教师
孙正				优秀指导教师
刘亚祺、张佳灿				一等奖
陈铭杰、刘炫宏				二等奖

（续表）

姓名	单位名称	项目名称		获奖等次（名称）
		组织评奖或颁奖单位	获奖名称	
潘涛	深圳市第一职业技术学校	广东省教育厅	2022年广东省职业院校技能大赛中职组计算机检测维修与数据恢复赛项	优秀指导教师
徐子谦				优秀指导教师
陈柏璇、刘念				一等奖
陈杰、李全鑫				二等奖
王冶			2022年广东省职业院校技能大赛中职组会计技能赛项	优秀指导教师
陈桐茵、张鹏宇				一等奖
王冶			2022年广东省职业院校技能大赛中职组税务技能赛项	优秀指导教师
赵浩				优秀指导教师
陈冰丽、陈桐茵、李子丹				一等奖
潘涛			2022年广东省职业院校技能大赛中职组网络安全赛项	优秀指导教师
彭德欣				优秀指导教师
龚蕊、袁仕鹏				二等奖
李锦春、郑雄升				二等奖
崔敏			2022年广东省职业院校技能大赛中职组智能家居安装与维护赛项	优秀指导教师
林文浩				优秀指导教师
曾宇翔、巫淮武、郑永涛				二等奖
列霭婷、谢恩、杨硕				二等奖
宾文心			2022年广东省职业院校技能大赛中职组短视频技术与应用赛项	优秀指导教师
颜语欣				二等奖
彭夏冰			2022年广东省职业院校技能大赛中职组广告设计与制作赛项	优秀指导教师
俞一凡				二等奖
赵霞			2022年广东省职业院校技能大赛中职组云计算服务	优秀指导教师
孙正				优秀指导教师
周阳				二等奖
曾嘉凯				二等奖
林龙威			2022年广东省职业院校技能大赛中职组建筑智能化系统安装与调试赛项	优秀指导教师
林效民、袁锦				三等奖
齐民			2022年广东省职业院校技能大赛中职组柔性制造及信息集成技术应用赛项	优秀指导教师
李春林				优秀指导教师
黄耀祖、黄金海、张健				三等奖

（续表）

姓名	单位名称	项目名称		获奖等次（名称）
		组织评奖或颁奖单位	获奖名称	
王丽坤	深圳市第一职业技术学校	广东省教育厅	2022年广东省职业院校技能大赛中职组工业分析检验	优秀指导教师
赵良雨				优秀指导教师
梁婷、郑晓婷				三等奖
孙正			2022年广东省职业院校技能大赛中职组无人机应用技能与创新赛项	优秀指导教师
徐子谦				优秀指导教师
陈诗贵、叶子鸿				二等奖
陈志康、林俊钦				二等奖
李士权			2022年广东省职业院校技能大赛中职组物联网技术与应用赛项	优秀指导教师
崔敏				优秀指导教师
练俊灏				优秀指导教师
张绍辉				优秀指导教师
凯杰、张学缤				三等奖
李泳濠、刘家诚				三等奖
练俊灏			2022年广东省职业院校技能大赛中职组通信与控制系统集成与维护赛项	优秀指导教师
张绍辉				优秀指导教师
崔敏				优秀指导教师
李士权				优秀指导教师
曾嘉生、兰星宇、吴浩康				一等奖
黄仕洪、林佳伟、温韩梓				二等奖
李士权			2022年广东省职业院校技能大赛中职组液压与气动系统装调与维护赛项	优秀指导教师
何伟宁				优秀指导教师
邓浩聪				三等奖
苏建博				三等奖
张俊玲			2022年广东省职业院校技能大赛中职组智能硬件应用开发赛项	优秀指导教师
陈君瑜				优秀指导教师
吕佩锜、吴婷婷、赵崇凯				二等奖
陈俊龙、姜钧、谢淼斌				三等奖
林汝茵			2022年广东省中等职业技术学校班主任业务能力大赛	最美中职班主任提名
伍丽娟			2022年广东省职业院校"技能成才强国有我"主题教育暨文明风采活动	优秀指导教师
李瑞娟				优秀指导教师
杨曼笛				优秀指导教师
邓慧红				优秀指导教师

（续表）

姓名	单位名称	项目名称		获奖等次（名称）
		组织评奖或颁奖单位	获奖名称	
阳海华				优秀指导教师
刘薇				优秀指导教师
余心畅				优秀指导教师
曾颖睿			2022年广东省职业院校"技能成才强国有我"主题教育暨文明风采活动	优秀指导教师
黄艳				优秀指导教师
黄婷				优秀指导教师
陈晓梅				优秀指导教师
王艳红				优秀指导教师
黄燕娜				优秀指导教师
陈欢				一等奖（老师）
阳海华			广东省中等职业教育名班主任工作室主持人评选	中等职业教育名班主任工作室主持人
柯紫瑶				一等奖
杨文婷、陈温琦				一等奖
曹佳漫				一等奖
黄维豪				一等奖
刘嘉慧	深圳市第一职业技术学校	广东省教育厅		一等奖
郑嘉玲、马多娜				一等奖
杨俊松				一等奖
徐涵蕾				二等奖
孙心宜				二等奖
曾湘南				二等奖
韩艾琳、李嘉洵、陈嘉幸、陈欢琴、吴旖、刘宛淇、李欣雨、章媛嘉、钟可			2022年广东省职业院校"技能成才强国有我"主题教育暨文明风采活动	二等奖
朱周伟、洪泽敏、江鹏、张观贵、江诗彤、曾庆豪、曾泽钰、吴佳蔓、王伟源、麦梓滢、卢晓彤、沈音孜				二等奖
俞一凡、田伊芸				二等奖
曹佳漫、郑家宝、黄元泰、钟琪、范鲁豫、施可、张琪琪、王璨				二等奖
王宇强				二等奖

（续表）

姓名	单位名称	项目名称		获奖等次（名称）
		组织评奖或颁奖单位	获奖名称	
周筱雪	深圳市第一职业技术学校	广东省教育厅	2022年广东省职业院校"技能成才强国有我"主题教育暨文明风采活动	二等奖
林佳怡、詹永熙				二等奖
刘嘉慧				二等奖
范鲁豫				二等奖
柯紫瑶				一等奖
张梓铭				二等奖
陈佳祺				二等奖
郑嘉玲、高庆真				三等奖
苏浩钦				三等奖
郭晓昕			2022年广东省职业院校"技能成才强国有我"主题教育暨文明风采活动	三等奖
左翼东				三等奖
韦璇				三等奖
钟琪、谭家洁				三等奖
孙心宜、卢薇				三等奖
郑欣阳、黄贞炼、叶然、郭媛媛、郑善茹、左一泓、柯紫瑶、张晓静、胡萍、朱周伟、李诗晴、郑雨佳				三等奖
韩艾琳、谢惠雯、郭雅琪、余恩善、张婷婷、曹佳漫、杨语、傅佳燕、徐涵蕾、邱悦				三等奖
高庆真、曾宇恒、曹佳漫、谭家洁、钟琪、黄娟玲、孙心宜、卢薇、黄世扬、胡王吉、郑嘉玲、胡成寿			2022年广东省职业院校"技能成才强国有我"主题教育暨文明风采活动	三等奖
吴丙苧				三等奖
王潇钧				三等奖
傅宥涵				三等奖
明阳				三等奖
刘玉曼				三等奖
蔡灿寅		广东省宋庆龄基金会	第14届2022年广东省宋庆龄奖学金评选	宋庆龄奖学金
阳海华		广东省教育厅	广东省中职德育"十三五"规划2019年度课题评选	优秀课题

（续表）

姓名	单位名称	项目名称		获奖等次（名称）
		组织评奖或颁奖单位	获奖名称	
王帆	深圳市第一职业技术学校	金砖国家工商理事会、一带一路暨金砖国家技能发展国际联盟、中国科协一带一路暨金砖国家技能发展与技术创新培训中心等机构	2022一带一路暨金砖国家技能发展与技术创新大赛——金融科技创新应用能力赛项（中职组）	优秀指导老师
王治				优秀指导老师
张晓鹏	福田区梅林中学	广东省宋庆龄基金会、广东省教育厅	广东省宋庆龄奖学金评选	宋庆龄奖学金
周子涵	福田区深大附中创新中学	广东省学生体育艺术联合会	2022年广东省中小学春季击剑锦标赛	初中乙组女子佩剑个人第三名
刘以诺				初中甲组女子重剑个人第三名
刘以诺、刘以恒、李欣媛			2022年广东省中小学春季击剑锦标赛	初中甲组女子重剑团体第二名
杨超云、钟子跃、陈韬睿				初中乙组男子佩剑团体第二名
刘润田、赵想、张钋铭				初中甲组男子重剑团体第三名
方思妘、方思妍	福田区实验教育集团翰林学校	广东省第十六届运动会组织委员会	广东省第十六届运动会	（竞技体育组）花样游泳比赛丙组第二名
刘泽辉	福田区红岭实验学校（上沙）	共青团广东省委办公室	灯塔工程广东省中学团校百佳微团课评选活动	百佳微团课
邹酬云	福田区竹香学校	广东省教育厅	2022年广东省教育"双融双创"教师信息素养提升实践活动	二等奖
汪姣姣				二等奖
余婷		广东省少工委办公室	广东省2020—2021年度"红领巾奖章"四星章	四星章
曾明	福田区实验教育集团侨香学校	广东省教育厅	2022年广东省中小学实验精品课遴选活动	二等奖
钟嘉燕	深圳市福田区华强职业技术学校	广东省教育厅	广东省第三届青年教师教学能力大赛（中职组）	一等奖
王军				三等奖
乔沐、窦维鑫、陈秋燕、张敏			2021年广东省中职质量工程项目	"课堂革命"典型案例
李宇婷、朱成、姚雅迪、杨硕				课程思政教育案例

（续表）

姓名	单位名称	项目名称		获奖等次（名称）
		组织评奖或颁奖单位	获奖名称	
赵盟、左希超、刘蓉蓉、杜柳依	深圳市福田区华强职业技术学校	广东省教育厅	2022年广东省职业院校技能大赛教学能力比赛	二等奖
陈丽、钟智滨、杨亚、赖锋				二等奖
任志豪、钟嘉燕、郭玉林、夏毓林				二等奖
张小裴、魏艳华、宋慧杰、姚又中				二等奖
邓娟、罗琼、连鹏菲、宋骁				三等奖
乔沐、陈秋燕、胡玲丽、陈慧				三等奖
陈慧、乔沐、胡玲丽			2022年广东省教育"双融双创"师生信息素养提升实践活动	二等奖
刘蓉蓉、沈琳、杨亚				三等奖
蒋辉辉、张娟娟、刘磊				三等奖
刘嘉乐			广东省职业院校学生技能大赛（中职组）	一等奖
林灏				一等奖
吴斌				三等奖
杨泽鸿				三等奖
吴其烨				一等奖
陈新杰				一等奖
何弘亨				一等奖
胡龙				二等奖
刘越				二等奖
马昊				一等奖
郑燕珍				一等奖
孙雍			广东省职业院校学生技能大赛（中职组）	三等奖
李同声				三等奖
黄益涛				三等奖
李灿				一等奖
李淑群				一等奖
李欣健				一等奖
陈少敏				二等奖
王小瑾				二等奖
许思婷				二等奖

（续表）

姓名	单位名称	项目名称		获奖等次（名称）
		组织评奖或颁奖单位	获奖名称	
黄培铮	深圳市福田区华强职业技术学校	广东省教育厅	广东省职业院校学生技能大赛（中职组）	二等奖
罗嘉				二等奖
杨雯慧				二等奖
汤晨忆				一等奖
林立贤				一等奖
郑永炫				一等奖
郑清华				一等奖
蔡依键				一等奖
尹织阳				一等奖
夏志鹏				二等奖
朱继武			广东省职业院校学生技能大赛（中职组）	二等奖
梁晓婷				二等奖
张心睿				二等奖
傅洁		广东省总会计师协会	广东省中等职业学校"财经素养教育"课程实践学生主题演讲比赛	二等奖
郭曜榕				二等奖
石晓宇	荔园外国语小学（天骄）	广东省教育厅	广东省第七届"教育同步课堂杯"教学资源征集比赛	优胜奖
张明姣	荔园外国语小学（香蜜湖）	广东省教育厅、广东省语言文字工作委员会	广东省中华经典诵写讲大赛之"诗教中国"诗词讲解大赛	三等奖
汪冷月	梅华小学	广东省教育厅	广东省"暑假读一本好书"比赛	二等奖
柯锦濠	美莲小学	算法编程设计专项赛组委会	图形化创意赛（广东）选拔赛	二等奖
栗辰轩		工业与信息化部人才交流中心	第十三届蓝桥杯全国软件和信息技术专业人才大赛青少年省赛广东赛区EV3初级创意编程组	三等奖
林晓云	福田区园岭小学	广东省教育厅、共青团广东省委员会、广东省作家协会、少先队广东省工作委员会、南方报业传媒集团	小学生诗歌季活动	优秀指导奖
梅燕歧		广东省教育厅	2021年广东省教育教学成果奖评选	一等奖
刘晋				一等奖
申戈				一等奖
陆昕				一等奖
唐瞻波				一等奖

（续表）

姓名	单位名称	项目名称		获奖等次（名称）
		组织评奖或颁奖单位	获奖名称	
刘方	福田区园岭小学	广东省教育厅	2021年广东省教育教学成果奖评选	一等奖
梅燕歧				二等奖
陆昕				二等奖
胡泊				二等奖
吴柳冰	深圳市福田区荔园外国语小学东校区附属幼儿园	广东省教育厅	广东省首届美育教师教学基本功比赛	幼儿园组美术类一等奖
赵陈涛、赖圳琴、黄凯旋			2022年度广东省教育"双融双创"教师信息素养提升实践活动	一等奖
曹路	南山区赤湾学校	广东省教育厅	广东省中小学实验精品课遴选	二等奖
姚葳				一等奖
庞敏	南山外国语学校（集团）高级中学	广东省教育厅	2022年广东省中小学实验精品课	高中化学一等奖
周舟		广东省总工会、广东省教育厅	第三届广东省中小学青年教师教学能力大赛	高中教育组总冠军
周舟		广东省总工会	广东省五一劳动奖章评选	五一劳动奖章
陈欣彤	南山区育才二中	广东省少工委	广东省"红领巾奖章"评选	个人四星章
杨译		广东省人民政府办公厅、广东省运会组委会	广东省第十六届运动会	短距离个人赛季军、乙组团体第二名
涂任轩、喻思远	南山第二外国语学校（集团）海德学校	广东省人民政府办公厅、广东省运会组委会		冰球男子甲组、乙组比赛金牌
杨清新				竞技体育组花样滑冰比赛女子丁组自由滑冠军
邓中艳	南山区博伦职业技术学校	广东省教育厅	第四届广东省中小学心理教师专业能力大赛	决赛一等奖
邓玉琳、杨洲、黄鑫	南山区南头小学	广东省教育厅	广东省报送2022年国家基础教育教学成果奖评审活动	特等奖
王英华、陈家梁	南山区实验一小	广东省教育厅	广东省教育科研成果奖评选	一等奖
徐翌源、温琛、张朝河、李奕秀、林晨	南山区松坪第二小学	广东省教育厅	广东省中小学科技劳动教育实践活动	一等奖

（续表）

姓名	单位名称	项目名称		获奖等次（名称）
		组织评奖或颁奖单位	获奖名称	
王淑文	盐田区教育科学研究院	共青团广东省委员会	"灯塔工程"·第三届广东省中学团校"百佳微团课"评选	"百佳微团课"精品课程
卢婉玲	盐田高级中学	广东省教育厅	广东省普通高考优秀评卷教师评选	普通高考优秀评卷教师
徐依烊			2020—2021年度广东省优秀共青团员评选	优秀共青团员
臧钰博			2020—2021年度广东省优秀学生干部评选	优秀学生干部
龙旋			2021年度广东省宋庆龄奖学金评选	宋庆龄奖学金
林娟			南粤优秀教师评选	南粤优秀教师
李高梅			广东省特级教师评选	特级教师
朱楚睿、张小东	盐田区云海学校	城乡统筹发展研究中心、中国人工智能学会	2022年全国中小学信息技术创新与实践大赛（广东省选拔赛）	一等奖
樊一竣、谢锦润				一等奖
翁天泽、张瑶		中国航空学会	第六届全国青少年无人机大赛（广东省赛）	一等奖
刘雨鑫、谭晴月				一等奖
宋海昱、王国梁				一等奖
单江涵、王彦宁				一等奖
黄知行、傅辰丰				一等奖
龙绍睿				二等奖
王子晗、吴瑞桓				二等奖
古峻川	盐田区云海学校	广东发明协会	第十九届"广东省少年儿童发明奖"评选活动	二等奖
洪梓龙				二等奖
佐佑				二等奖
张瑶、赵瑞				三等奖
曲高峰				三等奖
印子宁、张铠驿				少儿创新奖
杨栎桐		广东发明协会、广东教育协会	第十九届广东省少年儿童发明奖	二等奖
梁思雨				一等奖
郑媛				一等奖
钟健飞	盐田区田东中学	广东省网球协会	"新侨杯"第三届"中外人文交流小使者"网球展示活动暨广东省青少年网球排名赛	男子双打第一名
钟健飞		"穗明杯"广东青少年网球巡回赛组织委员会	2022年"穗明杯"广东青少年网球巡回赛东莞站比赛	男子单打第三名

（续表）

姓名	单位名称	项目名称		获奖等次（名称）
		组织评奖或颁奖单位	获奖名称	
钟健飞	盐田区田东中学	广东省网球协会	2022年广东省青少年网球排名赛"中国体育彩票杯"深圳站	男子双打第三名
潘明明	盐田区外国语学校	广东省教育厅	广东省基础教育精品课评选	基础教育精品课
周之凌		广东发明协会	第三届广东省青少年创新思维及科技实践大赛	二等奖
郭林丹	盐田区盐港小学	广东省教育厅	广东省教育"双融双创"教师信息素养提升实践活动	三等奖
杨颖				三等奖
邹都	盐田区外国语小学海涛分校	广东省体育局	广东省第十届运动"中国电信天翼杯"竞技体育组乒乓球比赛	男子丁组团体冠军
邹都				男子丁组单打亚军
曹诗婷		广东省疾病预防控制中心	广东省中小学生"环境健康杯"绘画比赛	二等奖
张雯馨				三等奖
王玮烨				三等奖
王祀柠				三等奖
张屿轩				优秀奖
黄熙杰				优秀奖
傅文轩				优秀奖
李沐阳、李扬、陈韵茵、曾子晴	盐田区外国语小学东和分校	广东省教育厅	广东省第七届中小学生艺术展演活动	小学甲组一等奖
胡瑞雯				优秀指导教师奖
吴雯			2021年广东省教育"双融双创"教师教学信息化交流活动	一等奖
温骐豪、袁晟、戴宇涵、林楚悦			广东省中小学科技劳动教育实践活动	二等奖
李雪芹			荣获2021—2022年度"广东省优秀少先队辅导员"评选	优秀少先队辅导员
刘娓	宝安区福永中学	广东省教育厅、广东省体育局	广东省第十三届中学生运动会（广东省第五届）中小学体育教师教学技能大赛	一等奖
付艳平	宝安区海湾中学	广东省教育厅	2022年广东省教育教学成果评选	二等奖
许惠宁		共青团广东省委员会、省精神文明办、省人民政府港澳事务办公室、省少先队工作委员会	广东省"湾区少年说"粤港澳青少年交流展示活动复赛	一等奖

（续表）

姓名	单位名称	项目名称		获奖等次（名称）
		组织评奖或颁奖单位	获奖名称	
王建忠	宝安区西乡中学	广东省教育厅	37届广东省青少年科技创新大赛科技教育创新成果竞赛项目	一等奖
郑洋洋、罗伊	宝安区沙井中学	广东省教育厅	广东省美育浸润行动计划主题曲	二等奖
韩雅男		广东省教育厅	2022年广东省"双融双创"教师信息素养提升实践活动微课比赛	三等奖
陈科行		广东省教育厅	广东省年度"红领巾奖章"评选	四颗星
李欣欣	宝安中学（集团）第二外国语学校	广东省教育厅	2022年教育部基础教育精品课评选	基础教育精品课
杨元				基础教育精品课
饶秉莉				基础教育精品课
赖翠洁				基础教育精品课
江逢秀				基础教育精品课
朱玲				基础教育精品课
潘春娟				基础教育精品课
方雨桐				基础教育精品课
丘丽峰				基础教育精品课
姚伊秀				基础教育精品课
魏玮				基础教育精品课
林昭敏				基础教育精品课
陈宏				基础教育精品课
龙梅			2022年教育部基础教育精品课评选	基础教育精品课
徐沛				基础教育精品课
李柳秋				基础教育精品课

（续表）

姓名	单位名称	项目名称		获奖等次（名称）
		组织评奖或颁奖单位	获奖名称	
杨珊	宝安中学（集团）第二外国语学校	广东省教育厅	2022年教育部基础教育精品课评选	基础教育精品课
雷艳				基础教育精品课
李思琪				基础教育精品课
康凌				基础教育精品课
林俊烯	深圳市宝安职业技术学校	广东省体育局	广东省第十六届运动会	龙狮项目传统南狮少年组冠军
梁梓熙				传统南狮青年组二等奖
陈杰林				男子舞龙三等奖
林莹莹				女子舞龙三等奖
郭淑怡				女子舞龙三等奖
赵菁		广东省教育厅	2022年广东省中等职业学校班主任业务能力大赛	三等奖
靳利波			2021年广东中职学校心理健康教育活动课优秀教案征集活动	一等奖
赵淑君				二等奖
李琼珍			2021广东中职学校心理健康教育优秀个体辅导案例征集活动	三等奖
何晓谊、莫霏			2022年广东省职业院校技能大赛	服装设计与工艺赛项（中职组）一等奖
蔡菁菁、甘思莹				服装设计与工艺赛项（中职组）二等奖
张智星、兰梦婕			2022年广东省职业院校技能大赛	服装设计与工艺赛项（中职组）二等奖
罗嘉奕、陈嘉毅				服装设计与工艺赛项（中职组）三等奖
李妍希				模特表演赛项（中职组）二等奖

（续表）

姓名	单位名称	项目名称		获奖等次（名称）
		组织评奖或颁奖单位	获奖名称	
文诗婷	宝安区水田实验学校	广东省教育厅事务中心	广东省第七届"中国移动和教育同步课堂杯"远程教育教学资源征集与应用评比	优秀奖
董倩茹		广东省少工委	广东省"红领巾奖章"评选	四星奖章
何佳谕				四星奖章
佘许加				四星奖章
王乾瑞				四星奖章
李晓	宝安区航城学校	广东省少工委	广东省"红领巾奖章"评选	四星奖章
林子轩		中国电子学会	2021—2022全国青少年电子信息智能创新大赛·华南赛区（广东）电子控制工程赛	三等奖
林奕澄				三等奖
胡琛琛	宝安区航城学校	中共广西壮族自治区委员会和广西壮族自治区人民政府	"援桂工作纪念章"荣誉勋章评选	荣誉勋章
陈依晴	宝安区翻身实验学校（西校区）	广东省少工委	广东省"红领巾奖章"评选	四星奖章
葛俊亭	宝安区星光学校	广东省教育厅	第十一届广东省师德主题征文幼儿园征文评选活动	三等奖
高燕玲		广东省教育厅	2022年广东省教育"双融双创"教师信息素养提升实践活动	一等奖
葛俊亭		广东省教育厅	广东省第十一届师德主题征文及微视频征集活动	三等奖
潘嬿竹、刘馥怡、胡梓童、余嘉敏、潘悦、陈静璇	宝安区万丰小学	广东省少工委	广东省"红领巾奖章"评选	四星奖章
倪翊瑾		广东省教育厅	2022年广东省中小学科技劳动教育实践活动数字创作类微视频劳动素养专项比赛	小学组二等奖
李伟霖				小学组三等奖
徐晓蝶	宝安区黄田小学	广东省教育厅	广东省教育"双融双创"教师信息素养提升实践活动	二等奖
赵媛、伍红英、卢丽春	宝安区兴华幼儿园	广东省教育厅	广东省中小学幼儿园STEM课程案例征集活动	一等奖

（续表）

姓名	单位名称	项目名称		获奖等次（名称）
		组织评奖或颁奖单位	获奖名称	
单欣欣	龙岗区教师发展中心	广东省委改革办	广东省学前教育改革情况评估组成员评选	学前教育改革情况评估组成员
单欣欣		广东省教育厅	第二批广东省基础教育教研基地项目负责人	负责人
单欣欣		广东省教育厅	广东省学前教育"新课程"科学保教示范项目中期检查	双优秀（优秀项目及优秀课程资源）
陈祺峰	龙岗区珊蒂泉外国语学校	广东省航空航天学会	第六届全国青少年无人机大赛广东省赛	固定翼无人机巡航竞速赛一等奖
张镇嘉				
毛志毅				
李鑫荣				
冷昊泽				
张墨涵	龙岗区布吉高级中学	广东省宋庆龄基金会、广东省教育厅	2022年度广东省宋庆龄奖学金评选	宋庆龄奖学金
张昕扬	龙岗区外国语学校	广东省计算机协会	广东省大湾区青少年信息学编程认证	U18组一等奖
郑虹	华南师范大学附属平湖学校	广东省教育厅	2022年6月广东省第五届中小学体育学科教师技能大赛	一等奖、团体第一
张竹	龙岗区上海外国语大学附属龙岗学校	广东省教育厅办公室	第十五届广东省中小学"暑假读一本好书"活动	一等奖
周乐铷				一等奖
阳元元				二等奖
林心怡				三等奖
温炜森		中国工信部人才交流中心	第十三届蓝桥杯全国软件和信息技术专业人才大赛个人赛省赛	一等奖
徐玥琳、关之惠、欧阳磊落、谢鹤鸣				二等奖
颜润宇、邓智博、李湛、祝子成、江政桦、蒋正韬、石家杰、叶昀				三等奖
邓紫轩、宋佳家等30人	龙岗区可园学校	广东省教育厅	广东省中小学粤韵操比赛	二等奖
林柏瀚		城乡统筹发展研究中心 中国人工智能学会	第三届广东省青少年创新思维及科技实践大赛	一等奖
张谷菱		中国外语教材与教法研究中心、广东省基础外语教育研究工作室、外教社杯英语整本阅读测评活动组委会、上海外语教育出版社有限公司	"外教社杯"第14届英语整本书阅读测评活动	一等奖
丛筱淇、王思琪、刘皓宸				一等奖
吴立洋	龙岗区布吉贤义外国语学校	工信部人才交流中心蓝桥杯大赛组委会	蓝桥STEMA考试	Scrach程序设计组U14（中级）

（续表）

姓名	单位名称	项目名称		获奖等次（名称）
		组织评奖或颁奖单位	获奖名称	
丘思安	龙岗区乐淮实验学校	广东省教育厅	2022年广东省中华经典诵写讲大赛之"笔墨中国"——第十四届广东省规范汉字书写大赛	一等奖
萧锐聪				一等奖
许家怡			广东省基础教育精品课优秀课例	优秀课例
季言昊		广东省教育厅	2022年广东省暑假读书观后感比赛	一等奖
熊婷	龙岗区怡翠实验学校	广东省环境保护宣传教育中心、羊城晚报社	2022年广东省青少年环保创意大赛	优秀指导教师
刘童敏				初中组二等奖
赵夕媛				初中组三等奖
金亦轩		广东发明协会、广东教育协会、广东省知识产权、广东省少先队工作学会	第十九届"广东省少年儿童发明奖"评选活动	三等奖
罗梓洋				三等奖
朱冰冰	龙岗区科城实验学校	广东省直属机关关心下一代工作委员会、广东省科学技术协会关心下一代工作委员会	2022年广东省第九届科技七巧板创意制作比赛个人赛	小学高年级组二等奖
周语涵				小学高年级组二等奖
钟宇晴、郑秀果			2022年广东省第九届科技七巧板创意制作比赛团体赛	亲子组二等奖
李林风	龙岗区智民实验学校	青少年冰心文学征稿活动组委会	第十八届青少年冰心文学小作家广东省会员作品展示	小学组二等佳作
刘诗恒	龙岗区坪地兰陵学校	广东省少工委	广东省"红领巾奖章"评选	四星奖章
方子莫				四星奖章
叶小沛				四星奖章
吴堃键				四星奖章
范宇菲				四星奖章
梁芊芊				四星奖章
覃芗菡				四星奖章
龚雨晨				四星奖章
杨国栋	龙岗区德琳学校	中国电子学会	2022年全国青少年电子信息智能创新大赛	一等奖
陈硕生				二等奖
曾思铭				二等奖
张博文				二等奖
邹彩霞		广东省教育厅	广东省宋庆龄奖学金评选	宋庆龄奖学金

（续表）

姓名	单位名称	项目名称		获奖等次（名称）
		组织评奖或颁奖单位	获奖名称	
曹江玲、张巧秋、李琳	龙岗区南湾沙塘布学校	广东省教育厅	广东省中小学粤韵操交流展示	三等奖
林辰霞	龙岗区沙湾中学	广东省少工委	广东省"红领巾奖章"评选	四星奖章
刘子萱				四星奖章
邹梓月				四星奖章
利益君	龙岗区石芽岭学校	广东省教育厅	广东省中小学实验操作与创新技能比赛	一等奖
利益君				创新奖
李傲	龙岗区建文外国语学校	广东省教育厅	广东省宋庆龄奖学金评选	宋庆龄奖学金
付茜娜			2022年普通高考优秀阅卷教师评选	高考优秀阅卷教师
张建诚	龙岗区南联学校	2021—2022全国青少年电子信息智能创新大赛组委会	2021—2022年全国青少年电子信息智能创新大赛华南赛区（广东）	互联网+无人驾驶主题赛一等奖
牛语馨		广东省少工委	广东省"红领巾奖章"评选	四星奖章
苏韵竹				四星奖章
李尚乘	龙岗区布吉街道信义小学	广东省教育厅	广东省第十五届暑假"共读一本好书"征文活动	一等奖
陈冰	龙岗区布吉街道信义实验小学	广东省教育厅	广东省第十五届暑假"共读一本好书"征文活动	优秀指导教师
罗旭玲				指导老师三等奖
龙以谦				三等奖
刘作瀚		中国计算机学会	全国青少年信息学奥林匹克入门级第一轮广东省比赛	二等认证
韩弈	龙岗区水径小学	中国电子学会	2021—2022年全国青少年电子信息智能创新大赛华南赛区（广东）	图形化编程挑战赛一等奖
程子祺				图形化编程挑战赛二等奖
丁程耀				图形化编程挑战赛三等奖
李厚熠				图形化编程挑战赛三等奖
丁程耀		算法编程设计专项赛组委	算法编程设计专项赛暨世界机器人大赛选拔赛（PythonTurtle设计赛（广东）选拔赛	一等奖
黄伟娴	龙华职业技术学校	广东省妇女联合会	广东省"三八"红旗手评选	"三八"红旗手

（续表）

姓名	单位名称	项目名称		获奖等次（名称）
		组织评奖或颁奖单位	获奖名称	
阮银兰	龙华区教科院附属学校	广东省教育厅	2021年广东省教育"双融双创"信息交流微课大赛	二等奖
李吉	龙华区实验学校教育集团	广东省总工会	广东省五一劳动奖章评选	五一劳动奖章
冯理	龙华区丹堤实验学校	共青团广东省委员会、广东省教育厅、少先队广东省工作委员会	广东省优秀少先队辅导员评选	优秀少先队辅导员
刘小菁	龙华区新华中学教育集团	广东省共青团	广东省优秀团员评选	优秀团员
胡仁萱	深圳香港培侨书院龙华信义学校	国家文化部人才中心	2022德润音才音乐展演	决赛声乐B6组银奖
柳智瀚				决赛声乐C组金奖
刘朗				决赛声乐B5组金奖
莫佳妮				决赛声乐C组银奖
姚羽彤		国家文化部人才中心	2022德润音才音乐展演	决赛钢琴B1组金奖
张嘉乐				决赛钢琴B4组金奖
王洛羲				决赛钢琴B6组金奖
吴江楠				决赛小提琴C组银奖
伍凌薇				决赛小提琴B3组银奖
邓巧文	龙华区观澜中学	广东省教育厅、广东省总工会	第三届广东省中小学教师教学能力大赛	优秀指导老师
李亚宁		广东省教育厅	2022年广东省"双融双创"教师信息素养提升实践活动	三等奖
罗铭淇	龙华区外国语学校教育集团	广东省文化艺术行业协会	第十二届青苗杯国际艺术节	一等奖
陈凤葵		广东省教育厅	2021年广东省教育教学成果奖	二等奖
曾慕妍、贺湘玉、曾雪艳	龙华区第二外国语学校	广东省科协、广东省教育厅	广东省2022年青少年科学调查体验活动	一等奖
黄子怡、杨雯、何运彬				二等奖
陈明涛、熊玮博、叶瑾萱				三等奖

（续表）

姓名	单位名称	项目名称		获奖等次（名称）
		组织评奖或颁奖单位	获奖名称	
喻银初	龙华区清泉外国语学校	广东省教育厅办公室	第十五届广东省中小学"暑假读一本好书"活动	特等奖
魏宝林	龙华区格致中学	广东省教育厅	2022年广东省中小学实验精品课	二等奖
何冠彬		广东省教育厅	广东省教育教学成果奖（基础教育）	二等奖
林惠梅		广东省教育厅	2022年广东省中小学实验精品课遴选活动 高中化学组	一等奖
吴光正	龙华区高峰学校	广东省教育厅	广东省第七届中小学生艺术展演活动	二等奖
陈厚含	龙华高级中学教育集团	广东教育学会、广东省少年队工作学会、广东省知识产权研究会、广东发明协会	第十九届广东省少年儿童发明奖	一等奖
曾敏	龙华高级中学教育集团高中部	广东省教育厅	广东省中小学生研学实践教育优质课程评选	二等奖
徐莉				二等奖
李晓军				二等奖
苍莉				二等奖
陈东军				二等奖
马蕴航	龙华高级中学教育集团观澜校区	广东省电子学会	第十九届全国中小学信息技术创新与实践大赛广东赛区决赛之人形机器人赛项	二等奖
李佳林				二等奖
杨逸				二等奖
邹裕宸				二等奖
李宇鑫				一等奖
王睿				一等奖
邓锐斌				一等奖
袁振鹏	龙华高级中学教育集团观澜校区	工业和信息化部人才交流中心、蓝桥杯大赛组委会	十三届蓝桥杯全国软件和信息技术专业人才大赛青少年省赛广东赛区Python中级创意编程组	二等奖
张嘉铭		广东省电子学会	广东省中小学信息技术创新与实践展示交流活动"VEX机器人赛"	二等奖
范清清	龙华区第三实验学校	广东省总工会、广东省教育厅	第三届广东省中小学青年教师教学能力大赛	一等奖
陈文浩		广东省教育厅	广东省中学物理和小学科学实验教师实验操作与创新技能竞赛	创新奖
陈文浩				一等奖

（续表）

<table>
<tr><th rowspan="2">姓名</th><th rowspan="2">单位名称</th><th colspan="2">项目名称</th><th rowspan="2">获奖等次（名称）</th></tr>
<tr><th>组织评奖或颁奖单位</th><th>获奖名称</th></tr>
<tr><td>吴佳颖</td><td rowspan="2">龙华区同胜学校</td><td>广东省体育局</td><td>广东省第十六届运动会</td><td>女子U12足球赛第一名</td></tr>
<tr><td>张永芝</td><td>中国计算机学会</td><td>广东省青少年信息学竞赛指导教师</td><td>优秀指导教师</td></tr>
<tr><td>罗淋淋</td><td>龙华区红山中学</td><td>广东省教育厅</td><td>2022年广东省中小学实验精品课遴选</td><td>三等奖</td></tr>
<tr><td>尹航</td><td rowspan="4">龙华区厚德书院</td><td rowspan="4">广东省武术协会</td><td rowspan="4">2022年广东省第二届演武大会</td><td>男子C2组传统太极拳金奖</td></tr>
<tr><td>尹航</td><td>男子C2组传统太极长器械金奖</td></tr>
<tr><td>尹航</td><td>男子C2组陈式太极拳竞赛套路金奖</td></tr>
<tr><td>尹航</td><td>六段少林拳段位套路金奖</td></tr>
<tr><td rowspan="3">张蒙</td><td rowspan="5">龙华区观澜第二中学</td><td>广东省学生体育艺术联合会</td><td>首届广东省中小学及高校（美术教育）师生中国画作品展</td><td>一等奖</td></tr>
<tr><td rowspan="4">广东省教育厅</td><td>“百年华诞 翰墨薪传”第二届广东省教师书法作品比赛</td><td>优秀奖</td></tr>
<tr><td rowspan="2">广东省第七届中小学生艺术展演活动</td><td>中学组二等奖优秀指导教师奖</td></tr>
<tr><td>俞楚莹</td><td>中学组二等奖</td></tr>
<tr><td>都大伟</td><td>第十四届广东省中小学“暑假读一本好书”活动</td><td>教师组二等奖</td></tr>
<tr><td>刘晨宇</td><td rowspan="4">深圳外国语学校龙华学校</td><td rowspan="5">广东省教育厅</td><td rowspan="4">2022年广东省中小学科技劳动教育实践活动</td><td>人工智能创意应用专项一等奖</td></tr>
<tr><td>苏晨鑫</td><td>人工智能创意应用专项一等奖</td></tr>
<tr><td>曾泺</td><td>创意智造专项二等奖</td></tr>
<tr><td>彭振轩</td><td>创意智造专项二等奖</td></tr>
<tr><td>郭海萍</td><td>龙华区龙华中心小学</td><td>2022年广东省教育“双融双创”教师信息素养提升实践活动</td><td>特等奖</td></tr>
</table>

（续表）

姓名	单位名称	项目名称		获奖等次（名称）
		组织评奖或颁奖单位	获奖名称	
冉冉	龙华区六一学校	广东省教育系统关心下一代工作委员会	广东省青少年"红心向党"主题书画大赛	铜奖
刘伯仪				铜奖
黄焯				银奖
陈小金				金奖
王崇镔				金奖
李诗含				金奖
陈一卿				金奖
谢嘉敏		广东省关心下一代工作委员会、羊城晚报业集团	2022"百旺杯"华语手抄报大赛暨羊城晚报第二十七届手抄报创作大赛	优秀指导老师
曾伟娜				优秀指导老师
张凤				优秀指导老师
梁婷				二等奖
蔡宇秦				二等奖
吴梦宇				特等奖
黄梓晴				特等奖
王之睿	龙华区桂花小学	广东省教育厅、省教育厅事务中心（省电化教育馆）	广东省中小学科技劳动教育实践活动	一等奖
林子轩				一等奖
兰博文				二等奖
龙汉华				二等奖
李晓虹		广东省教育厅	2022年"双融双创"教师信息素养提升实践活动融合创新应用教学案例比赛	一等奖
谭咏竹	龙华区龙为小学		2022年广东省中小学实验精品课评选	二等奖
万磊	坪山区坪山高级中学	广东省教育厅	第三届广东省中小学青年教师教学能力大赛	一等奖
黄磊	坪山区新合实验学校	广东省教育厅	广东省教育厅"五'破'五'立'深化新时代教育评价改革"主题征文活动	优秀奖
邱喜珊	坪山区外国语文源学校	广东发明协会、广东教育学会、广东省知识产权研究会、广东省少先队工作学会	第十九届广东省少年儿童发明活动	优秀辅导教师
罗倩茹				优秀辅导教师
刘奈	坪山区中山小学	广东省教育厅	小学天地格写字综合性学习课程的研发与实践	2021年广东省教育教学成果奖二等奖
蔡若绵	坪山中心小学		广东省教育厅"五'破'五'立'深化新时代教育评价改革"主题征文活动	二等奖

（续表）

姓名	单位名称	项目名称		获奖等次（名称）
		组织评奖或颁奖单位	获奖名称	
谭晓君	坪山区坑梓中心小学	共青团广东省委员会	广东省优秀共青团员评选	优秀共青团员
张文锋	光明区高级中学	广东省体育局	广东省青少年游泳锦标赛	优秀教练员
周凤良		广东省教育厅	广东省美育浸润行动计划主题曲征集活动	三等奖
涂贞				三等奖
胡修鹏	光明区第二中学	广东省教育厅	广东省首届美育教师基本功比赛	一等奖
胡摇兰	光明区李松蓢学校	广东省教育厅	2022年广东省中华经典诵写讲大赛之"诗教中国"诗词讲解大赛	三等奖
林俊豪		广东省排球协会	2022年广东省晋升排球裁判员评选	一级裁判员
池戈		广东省教育厅	第十五届广东省中小学"暑假读一本好书"	优秀指导教师
陈远贵				三等奖
陈泽群	深圳实验光明学校	广东省教育厅	广东省教育教学（基础教育）成果奖	一等奖
王传俊	光明区理创实验学校	广东省发明协会、广东省教育学会、广东省知识产权研究会	第二十届"广东省少年儿童发明奖"评选活动	优秀辅导教师
刘宇鑫		广东省体育局	广东省第十六届运动会曲棍球项目	优秀裁判员
刘瑞	光明区实验学校	广东省教育厅	广东省中小学"学百年党史，做时代新人"主题征文活动	优秀指导教师
陈唯			广东省教育厅"暑假读一本好书"征文比赛	优秀指导教师
刘瑞				二等奖
刘璐				优秀指导教师
魏访奇				优秀指导教师
文泳欣	光明区中山大学深圳附属学校	广东省体育局	2022年广东省无线电测向冠军赛	成年女子定向猎狐第二名第二名
王逢春				优秀教练员
王逢春				标准距离3.5MHz个人赛M21三等奖（第四名）
陈淑玲	光明区东周小学	广东省发明协会、广东省教育学会、广东省知识产权研究会	第二十届"广东省少年儿童发明奖"评选活动	优秀辅导教师
郭科延				优秀辅导教师
江茵				优秀辅导教师
杨沁怡				优秀辅导教师
林育琛				优秀辅导教师

（续表）

姓名	单位名称	项目名称		获奖等次（名称）
		组织评奖或颁奖单位	获奖名称	
陈树海	光明区公明第一小学	广东省体育局	2022年广东省中小学田径锦标赛	优秀指导老师
宋飞船				
周迪书				

2022年深圳市年度教师

姓　名	单位名称
曾坤	福田区红岭中学（红岭教育集团）
孔令启	宝安区宝安中学（集团）高中部
姜严	龙岗区龙城高级中学
刘米竹	龙华区红山中学
钟杰	光明区光明中学

深圳发布教育发展"十四五"规划

（《中国教育报》2022年1月28日第1版　刘文玲　刘　盾）

记者今天从深圳市教育局获悉，《深圳市教育发展"十四五"规划》近日正式颁布实施。《规划》提出了全面落实立德树人根本任务、推动教育高质量发展、提升教育服务城市发展能力、构建支撑教育先行示范的"四个体系"，以及全面加强党的建设五项发展改革任务，并重点谋划了基础教育优质发展工程、高等教育卓越发展工程、职业教育创新发展高地建设工程等十大工程。

为推动教育高质量发展，深圳全力保障常住人口子女入学需求，5年内将新建90.8万个基础教育学位。其中，新建12.5万个学前教育学位、67.3万个公办义务教育学位、11万个公办普通高中学位。

《规划》要求，深圳原则上新建公办学校全部纳入集团化管理，集团化办学覆盖全市公办中小学校。

深圳：幼儿园办托班每班不超过20人

（《中国教育报》2022年2月20日第1版　杨　瑾　唐娅辛　刘　盾）

日前，深圳市教育局印发《深圳市幼儿园托班开设与管理暂行办法》（以下简称"《办法》"），对深圳市内幼儿园托班的设立、保育教育工作、人员配备等方面，予以了规范。

《办法》规定，幼儿园能够满足片区3~6岁幼儿入园需求，且具备为2~3岁幼儿开展照护服务的班级教室和师资资源的，可开设托班。每个托班不超过20名幼儿，且托班数不超过该园核定班级数的15%。

《办法》适用于深圳市内各级各类幼儿园举办的面向2~3岁幼儿实施保育教育活动的全日制、半日制托班。《办法》指出，幼儿入托年龄应为24个月及以上，托班班级应配足专任教师和保育员，幼儿与保教人员的配比不高于7∶1，每个班级至少配备2名专任教师。

在收费方面，《办法》指出，民办园托班保教费实行市场调节，由幼儿园根据办园成本、办园质量、社会承受能力、财政补贴等合理制定，依法报区教育和物价部门备案，服务性收费和代收费参照深圳市幼儿园收费管理政策执行。

全国人大代表、深圳大学党委书记李清泉：

持续为大湾区高等教育发展鼓与呼

（《光明日报》2022年2月19日03版　严圣禾　李世卓）

"作为高等教育领域的全国人大代表，使命光荣、责任重大。我一定要为教育事业的发展多思考、多代言、多建议。"这是全国人大代表、深圳大学党委书记李清泉在履职之初给自己定下的"硬要求"。

在过去4年，李清泉带着这份使命，用科学家的专业精神，深入调研充分思考，结合自己20多年的高校管理经验，从体制机制层面为国家教育事业发展献计献策。

近年来，粤港澳大湾区的发展生机勃勃，让人们对这里的未来充满期待，而人才是大湾区所有愿景实现的必然支撑。李清泉说："人才竞争最终是要靠教育，如果我们的教育上不去，大湾区的建设和发展可能要打折扣。"

"在调研中，在与深圳多所高校校长的探讨交流中，我发现大家有着相同的思考。在高等教育领域，深圳是一个'后起步者'，虽然这些年发展迅速，但其水平还不足以支撑大湾区的建设需要，深圳的高等教育还需要在'加速''提质'上做文章。同时，一所大学不可能支撑所有的'点'，需要深圳的高等教育百花齐放，多元发展，一同演奏出各自精彩又彼此和谐的'交响乐'。"李清泉表示。

为此，4年间，李清泉持续为大湾区高等教育更好发展鼓与呼。他先后围绕推动粤港澳大湾区高等教育创新协同发展，加大对地方高校支持，创建深圳高等教育特区、推动深圳高等教育"先行先试"，扩大深圳高校办学自主权，促进内地、香港两地高等教育双向互补合作等内容提交了7份提案。这些建议引起了社会各界的广泛关注，并很快得到国家有关部门的积极回应，一些前所未有的"创新设想"也收到了多方支持、可行性探讨和持续推进。

在去年举行的东京奥运会上，深大学生和深大校友在游泳、乒乓球等项目上取得了三金两银的傲人战绩，甚至将奥运会女乒单打决赛变成了"深大德比"。

"高水平运动员培养一直是世界著名高校的重要办学特色。近年来，深圳大学在国内外赛场屡创佳绩，在探索高校高水平运动员培养模式上发挥了先行示范效应。"李清泉说。

今年，李清泉将目光聚焦到了高校高水平体育人才的培养。

"北京2022年冬奥会正在如火如荼举行。我们注意到不少参赛运动员都是在校大学生，其中不乏世界顶级名校的学生。相比之下，我国参赛运动员中在国内大学就读的为36人，其中来自综合性大学的只有5人。如何利用高校资源培养高水平运动员参与国际竞争、为国争光是亟待关注的问题。"李清泉说。

针对目前影响我国普通高校培养国际顶级运动员的一些因素，李清泉建议，建立高水平运动员协同培养机制，通过共建职业/专业体育俱乐部以及青少年体育俱乐部等形式，构建"从小学到博士"的全周期培养模式，确保不错过有天赋的好苗子；发挥普通高校综合学科优势，在有条件的普通高校，利用所在城市建设国际著名体育城市等机遇及相关资源，成立重点服务国家队及青少年后备人才的体育科技实验室和科学训练中心；创新高校体育联赛体系，提升大学生联赛价值；完善高水平运动员长效激励机制；构建全周期高水平教练员体系；加强校企合作，提供定制化培养，为高校高水平运动员提供更多职业选择等。

快速检测病毒、连续监测体温、研发防治药物：

深圳高校用科研创新"智斗"疫情

(《中国教育报》2022年4月8日第1版　黎鉴远　刘　盾)

首次观察到新冠病毒经灭活后的真实形貌、开发新材料抗疫产品、研发大数据和人工智能推演平台……近段时间，深圳全力打好疫情防控硬仗，坚持"向科学要答案、要方法"，与病毒竞速，智战疫情。深圳高校发挥人才科技优势和多学科综合交叉优势，重点聚焦病毒入侵机制、防疫产品、疫情监测预警等方面，加强科研攻关和成果产业化，迅速将一批科研成果转化为产品，精准应用在疫情防控链条上，多举措、多角度推动科技赋能防疫抗疫，为战"疫"持续注入高校科技力量。

尽快扑灭疫情，快速检测病毒是关键一环。深圳大学附属华南医院邹和群教授团队联合深圳国盛医学科技有限公司等，开展"一种新型超快速新型冠状病毒核酸检测全自动系统开发和产业化"项目研究。该项目采用一步法 RT-PCR 技术，开发一种新型超快速病毒核酸检测全自动系统。该系统实测显示从上机到检测结束，全程在 25 分钟内完成。在与市面上其他检测仪器系统的性能比对测试中，该系统在检测的准确度和灵敏度上表现优异。

新冠肺炎疫情的发生，对人体温度的集中监控提出了高要求。基于此，深圳大学教授张学记带领团队攻坚，开发出连续监测体温的医疗级电子体温计（2g），通过 APP 将温度信号进行处理、显示和存储。同时，团队开发的系统还具备远程监测、温度高温提醒、事件记录等功能。这样一来，就不再需要护士们连夜、定时去为多个病人测量体温，从而大大降低了医护人员的工作强度。

在新冠病毒解析方面，冷冻电镜是发挥重要作用的"神器"。南方科技大学冷冻电镜中心科研人员在做好日常消杀和实验人员备案的基础上，保持对校内用户全面开放，各项工作有条不紊地进行着。在此期间，南科大博士后刘升等利用冷冻电镜中心雄厚的科研优势，解析了奥密克戎刺突 S 蛋白与抗体的复合物高分辨率电镜结构，详细揭示了这个抗体阻断病毒入侵的分子机制，为防控奥密克戎提供了新的靶标。

病毒防治药物是抗击疫情的重要武器。在南科大坪山生物医药研究院院长张绪穆带领下，团队与南科大第二附属医院院长卢洪洲团队等开展联合攻关，研发抗新冠口服小分子候选药物 SHEN26，并在近期取得阶段性进展。目前团队已完成实验室开发，正在进行临床前药学和工艺开发，并提交了相关专利申请。

素质赋能中心助力培养大国工匠

——深圳信息职业技术学院破解高职育人难题

(《光明日报》2022年6月26日04版　严圣禾)

为破解高职学生文化基础薄弱、综合素养欠缺的育人难题，深圳信息职业技术学院于 2021 年 6 月挂牌成立素质赋能中心，以立德树人为赋能核心，设置"信息技术与科学、数理逻辑与训练、艺术鉴赏与美育、语言文化与交流、创新创业与工匠、社科基础与体商"六大赋能育人版块，全方位建构了包含"素质赋能基础课程"和"素质赋能拓展课程"两大系列的课程体系。一年来，中心推行"博学、勤业、笃行、筑基"赋能实施工程，初见成效。

让传统课更实用

2020年8月，毕业于厦门大学的王涛博士成为深信院公共课教学部的一名教师。实用语文是他负责的一门公共基础必修课。"就是传统的教学方法，感觉就像中学语文的升级版。"回想走上讲台的第一年，有一件事令王涛难以释怀，"一个会计专业的学生请我帮他看一下奖学金申请书，从内容可以看出，这个学生专业能力非常过硬，但文字表达太糟糕了，完全没做到文从字顺"。

2021年6月，公共课教学部升级为素质赋能中心，王涛依然讲授实用语文，但方法有了很大变化。"过去我侧重课名里的'语文'两个字，按照大纲给学生讲。现在我更重视'实用'两个字，将'听、说、读、写'四种语言文字的基本技能，与学生的专业培养结合起来。不再泛泛而谈例文有多优美，而是通过让学生评析一段创意文案来学会精准表达、提高自己的文笔。我还尝试让学生在课上阐释自己的设计理念，发现有些过去不爱说话的学生，逐步散发出自信的光芒。"

数学也有变化。任静儒等数学老师通过下沉二级学院调研各专业的差异化数学教学需求，重构数学知识模块，定制化搭建积木式课程，灵活适配专业特点，赋能学生数理逻辑素养精准提升。通过采撷元宇宙、数字人、深度学习、奥运经济等学生感兴趣的专业案例来引入数学问题，帮助学生理解如微分、积分等较难的抽象数学概念，并加入 Python、Matlab 等工具软件来训练学生的数据分析能力，让学生从完成一个专业案例或解决一个专业问题来进行基础理论的学习，在培养学生数学思维的同时，掌握对接专业需求的数据分析和应用建模技能。

让学生更自信

"我们就是要把素质赋能中心建成学生人生发展的加油站，职场进步的加速器，为我校11个二级学院49个办学专业培养'技能好、素质好，实践能力强、适应能力强'的技术技能人才提供坚实可持续的素养保障。"深信院党委副书记、校长王晖说，高职院校的学生在中学阶段不是成绩最优秀的，往往缺乏自信。深信院通过开设大量素质赋能课程，让学生在学好专业知识的同时，学会沟通、学会演讲、学会写作、学会调查，综合能力提高了，学生们的自信心也

明显增强。

据该校素质赋能中心主任谭旭教授介绍，目前深信院已建成以全国高校中华优秀传统文化传承基地、国家级众创空间为代表的一流素质赋能校内外实践教学基地群，孵化了包括深信演讲团、深信合唱团等全国百强社团在内的近150个学生精品社团，以多种形式面向海内外开展赋能活动620余场。

让公共课更精彩

"过去有些公选课，老师只图挣工分，学生只想混学分，既浪费教学资源，更耽误学生成长成才。今后，赋能中心致力于整合校内外优质赋能资源，深化赋能内涵、推行赋能课标、孵化赋能精课，这种现象将得到彻底改观。"谭旭介绍说。

以中心成立后重点打造的素质赋能课程"工匠精神与创新实践"为例。这门课以"理论＋案例＋实践"的方式实施，让学生从实践中培育专注、创新、精益、敬业的大国工匠精神。实践部分以折纸为主题，通过项目化方式展开。这门课的折纸与传统工艺折纸不同，而是要加入数学几何知识和 Geogebra、Orihime 等信息化工具来进行推演实操，基于信息、数理、美育等多学科跨界融合开展，将工匠精神入脑、入心、入行。

负责这门课的任静儒博士说，她正在让学生们完成一个梦想小屋项目。前期学生要分组完成房屋、树木、花草、人物等的折纸小项目，锻炼专注和精益精神。后期学生则要分组合作，共同制造一个包含以上元素的房屋，她相信在这一过程中，学生们的团队协作能力和创新精神都将得到提升。

"我们就是要打造一批职业院校素质赋能精品课程、培养一支职业院校优秀赋能教师、出版一套职业院校素质赋能优秀教材、构建一组职业院校素质赋能品牌活动、孵化一个职业院校素质赋能阵地平台。"6月20日，随着深信院素质赋能中心1200余平方米的实践教学主基地正式落成，谭旭的干劲更足了。

"素质赋能遵循了我校'始终与新时代党的教育方针同心同向，始终与特区改革开放事业同呼吸共命运，始终与信息技术发展同频共振'的办学理念。我们将继续积极探索，为职业教育面向本科层次高端发展，贡献具有鲜明类型教育特征的深信解决方案。"深信院党委书记刘锦说。

广东省深圳市发布学前教育条例——

立法护航学前教育高质量发展

（《中国教育报》2022年7月18日 第2版 黎鉴远 刘 盾）

近日，《深圳经济特区学前教育条例》（以下简称《条例》）经深圳市人大常委会表决通过，将于今年9月1日起施行。

《条例》如何为深圳学前教育学位资源进一步扩容提质保驾护航？如何更好地保障幼儿园保教人员的薪酬待遇？如何让更多特殊儿童接受更加公平、更有质量的学前教育？

为幼儿园用地、建设提供坚实制度保障

深圳现有在园儿童约60万人，学前教育已基本形成广覆盖、保基本的普惠发展格局。"深圳学前教育从数量增长、结构调整，转向了质量提升和内涵发展，但是学前教育区域发展还不够均衡，教师待遇有待进一步提高。"深圳市教育局学前教育处处长王巍认为，《条例》的出台正当时，从立法上解决制约深圳学前教育发展的瓶颈问题。

土地资源紧张困扰着深圳学前教育发展。《条例》提出，幼儿园建设用地应当纳入全市国土空间规划统筹安排。普惠性幼儿园的建设，应当符合全市幼儿园发展规划和国土空间规划。纳入公共管理和公共服务设施建设规划的公共服务配套幼儿园，应当按照规定办理土地供应手续，并在国有建设用地划拨决定书、土地使用权出让合同书中，明确幼儿园的用地面积、建设期限、产权归属等内容。

"这些具体举措不仅明确了界限，也提供了科学可执行的重要路径。"南京师范大学学前教育政策研究中心主任王海英表示，在部分地区，学前教育用地问题处于立法的模糊地带，难以获得强有力的保障。而《条例》以明确的制度化设计，让深圳幼儿园在用地上，有了规划、建设方面的坚强后盾。

《条例》明确，规划和自然资源部门应当在居住区用地规划条件中，明确宗地内公共服务配套园的建设规模。公共服务配套园应当与所在项目同步规划、设计、建设、验收。而原来部分楼盘开发商由于不太

了解儿童的认知特点等，配套园建筑设计规范、建设标准、装修风格不太符合要求，导致后期改造延长了建设周期，怎么破解？

王巍介绍，《条例》明确提出，相关部门在核发建设工程规划许可证前，幼儿园建筑设计方案需征求教育部门意见。公共服务配套园由开发单位装修后移交，装修方案应当征求教育部门意见，交付时应当符合装修标准和幼儿园的使用要求。

"这不但明确要求开发商将配套园建成'交钥匙工程'，还从立法上保障教育部门的专业团队提前介入，让装修设计更加符合孩子的年龄特点。这有效避免了二次装修和污染，节省资源、缩短建设周期等一举多得。"王巍举例说，"交钥匙工程"在龙华区等区试点时，幼儿园建设周期至少缩短了一个学期。

提升保教人员工资待遇增强职业吸引力

"原来我们精心培养培训的一些幼教名师，因收入低等原因，到其他地区发展，或转行到其他收入更高的行业。"深圳市教育学会副会长满晶是广东省政府督学，在深圳从事学前教育工作20多年。她发现，非编教师收入偏低、职业吸引力不强、人才流失率较高，制约着深圳学前教育进一步高质量发展。

深圳先行先试，破解难题。《条例》明确，市教育部门会同有关部门，制定幼儿园保教工作人员工资指导标准。公办园保教人员工资纳入财政保障范围。

在王海英看来，深圳专门将公办幼儿园教师工资纳入立法考量和制度设计的视野，可为其他地方提供借鉴。

"拿出和城市发展相匹配的待遇，是深圳吸引、凝聚、稳定优秀保教人才的重要前提。"满晶表示，公办园保教人员工资由财政保障，能让深圳更好地吸引、留住学前教育人才。

收入提高了，任职门槛也相应提高。《条例》要求，幼儿园园长应当具有本科以上学历、五年以上幼

儿园教师或者幼儿园管理工作经历。《条例》还创设了对幼儿园举办者的禁止性规定，增设学前教育行业信用惩戒机制。有被剥夺政治权利或者有犯罪记录、被依法依规纳入严重失信主体名单等五种情形之一的，不得举办幼儿园。

让学前教育普惠阳光温暖每个儿童

"有能力、有需求的特殊儿童，都有随班就读等接受学前教育的权利。专业的心理教师和资源教室，对他们的早期干预、健康成长非常有效。他们一旦错过了早期干预，后期干预的效果就会大打折扣。"一位不愿具名的专家发现，在部分地区，特殊儿童跟班就读等权利未能得到保障。

为让学前教育普惠阳光温暖每个儿童，《条例》强调，市、区政府应当根据特殊需要学前儿童的类型、数量及分布情况，制定学前特殊教育保障政策措施，鼓励、支持特殊教育学校、儿童福利机构和康复机构，提供学前教育服务。普惠园不得拒绝接收具有接受普通教育能力的特殊需要学前儿童入园。普惠园应当根据需要，配备特殊教育师资及资源教室，为适合随班就读的特殊需要学前儿童设置适宜的课程，科学开展融合教育。

《条例》还明确提出，幼儿园应当配备兼职或者专职心理健康教育教师。"《条例》里虽然就一句话，但'应当'这个词从法律语言来说，已是非常明确了。幼儿园如不配备，就涉嫌违法。"王巍表示，公办园在核定人员总量时，相关部门就要根据《条例》，给幼儿园核定兼职或专职的心理教师名额。

王海英对深圳这一探索很赞许，"这对以往学前教育领域的特殊教育和心理健康教育进行了较大的创新"。

深圳公办普通高中增量扩优：

今秋新增学位4.3万个

（《中国教育报》2022年7月9日第1版　刘文玲　陈宋釜　刘　盾）

今年秋季，依托"融合共享"的创新办学模式和优质资源，深圳龙岗区、坪山区、光明区3个高中园各3所公办普高学校即将开学，成为深圳本年度公办普高大幅增量扩优的主要推动力。今秋，深圳市计划新开公办普通高中18所、新增公办普通高中学位4.3万个。

3个高中园分别由深圳高级中学等学校集团办学，共享课程、师资以及活动等资源，充分发挥优质教育资源的辐射和带动引领作用。

据介绍，近3年来，深圳累计新增公办普高学位6.7万个，高中学位增量扩大。今年，深圳市安排普通高中招生计划7.8万人，其中公办普高招生计划5.9万人，较2021年增加1.28万人。

为给学生提供优质学位，深圳探索高中和大学一体化培养，鼓励高校来深圳办附属学校，如南方科技大学、深圳技术大学、深圳北理莫斯科大学等。为发展多样化、特色化高中，深圳市着力推动理工特色、人文社科特色、艺术特色以及体育特色4种类型特色高中建设。

人才培养，关键在教师。深圳市打通非师范类综合院校毕业生进入中小学任教渠道，高素质优秀毕业生成批流入新建高中；以高中新课程新教材实施为契机，统筹谋划，组织开展全员研修和骨干教师轮训；按照赛研训一体的培养模式，引导教师以赛促研、以赛促教。深圳市普通高中现有专任教师1.4万人，其中39.01%具有研究生以上学历。到2025年，深圳将建成50个省一级名师工作室、500个市一级名师工作室、1000个区一级名师工作室。

中山大学党委书记陈春声：

加快建成大湾区首所中国特色世界一流大学

（2022年7月13日《南方日报》A05版　吴少敏　汪祥波）

不久前，随着国内最大的"中山大学"号海洋综合科考实习船驶向深蓝、戴永久院士工作站在海南三沙市揭牌，中山大学海洋学科群进一步经略南海、向海图强，更好服务国家海洋强国战略。

中大由孙中山先生亲手创立。办学98年，中大始终坚持与国家同行、与时代同向，赓续红色血脉、培养一流人才。进入新时代，中大坚持胸怀"国之大者"，扎根粤港澳大湾区，积极探索中国特色、世界一流大学建设新路，成为全国改革发展速度最快的"双一流"建设高校之一。

"百年中大始终紧跟党和国家的发展步伐，形成'三校区五校园'办学新格局，学科布局、办学空间、教师储备奠定了下一个百年蓬勃发展的基业。"近日，中山大学党委书记陈春声在接受《南方日报》专访时说，在实现第二个百年奋斗目标的新征程上，中大将努力实现内涵式高质量发展，加快建成大湾区首所中国特色、世界一流大学。

扎根大湾区三座城市办学

《南方日报》：习近平总书记强调，扎根中国大地办大学，走出一条建设中国特色、世界一流大学的新路。您怎么理解这句话？

陈春声：办好中国特色、世界一流大学，关键在于坚持党的全面领导，培养堪当民族复兴大任的时代新人。

在"双一流"建设中，我们始终坚持党建与育人工作深度融合，加强思想政治理论课建设，加强中国特色哲学社会科学研究，强力支撑高水平科技自立自强，加强新时代教师队伍建设，为党和国家源源不断地输送能担当时代重任、德智体美劳全面发展的社会主义建设者和接班人。

《南方日报》：中大大力度改革，发展速度瞩目。怎么做到的？

陈春声：在国家和省、市的支持下，中大实现了跨越式的改革发展，整体实力稳居国内高校前列，若干指标已经进入国内高校第一方阵。我自己有三点深刻感受：

我们更加明确牢记"国之大者"、扎根中国大地办大学的意识。这几年中大人明白了肩上沉甸甸的责任，打造了"中山大学"号海洋综合科考实习船、"中山大学极地"号科考船、天琴中心、中大谱仪等一批"国之重器"，并加快建设高水平生物医学实验室，科研经费从7年前的10多亿元增长到40多亿元，加快解决"卡脖子"技术难题，服务国家重大战略。

我们更加明白立德树人是大学的根本任务，探索具有中大特色的人才培养模式。通识教育与专业教育相结合，大一新生集中在广州校区南校园学习生活，感受百年中大的深厚精神底蕴和文化传统。扩大研究生招生规模，研究生招生人数超过本科生，在校本科生超70%读研深造，让更多优秀学生接受更长时间的高等教育，成长为国家社会需要的高层次人才。

我们立足粤港澳大湾区建设，更扎实有效地服务地方经济社会发展。新建深圳校区，按照世界一流大学建设标准布局新医科、新工科、新农科，在珠海校区布局深海、深空、深地、深蓝学科，在广州校区优化文、理、医、工布局协调发展，形成了"三校区五校园"统筹发展、合力支撑的办学新格局。

《南方日报》：调整后，中大学科结构有大变化，比如新增工科、农科、艺术学科等，学科门类更齐全。背后有什么考量？

陈春声：进入新时代以来，中大加快"双一流"建设，对学科重新规划布局，努力建设一所学科门类齐全的综合性大学。

我们在深圳办新工科、新医科，培养创新人才，支撑粤港澳大湾区的科技创新发展，服务人民生命健康；办新农科，瞄准水稻、小麦、玉米、大豆四大主粮种业安全，努力把中国人的饭碗牢牢端在自己手上；

在珠海布局大海洋学科群，服务国家海洋强国战略；在广州新办艺术学科，完善新时代高校美育工作，塑造良好的大学育人氛围。

目前，中大学科门类覆盖面广，研究生教育涵盖了除军事学外的所有学科门类，工科相对落后的局面也得到根本转变，学科结构进一步优化，综合性办学优势愈发凸显。

构建以学生成长为中心的人才培养体系

《南方日报》：您连续两年在毕业典礼上讲了李太生、韦慧晓、万雅文、陈星灿、李敏、黄思薇 6 位优秀校友的故事，是出于什么考虑？

陈春声：去年开始，我在毕业典礼上分别讲了 3 位校友的故事，他们无论是身处繁华都市，还是乡野田间，都能扎根本职、服务国家、追求卓越。正如今年高松校长所说，要练就强大的学习力、思想力和行动力，成为富有创造力的能够引领未来的卓越人才。

建校 98 年来，一代代中大学子用不懈奋斗铸造中大的精神内核，引领后来学子前赴后继、生生不息。我也希望新一代中大人要立志做奋进新征程的担当者、建功新时代的笃行者、建功新发展的先行者。

《南方日报》：您曾讲过，中大与国际一流大学最难缩小的差距是本科人才培养质量。这一观点是否有变化？

陈春声：这些年，我们在本科人才培养上下了很多功夫，生师比从 2015 年的 28∶1 降低到现在的 17∶1，未来有望到 14∶1。如此一来，学生们小班上课，老师们则可以精心批改作业，做更多个性化辅导。

但我现在依然认为，中大与国际一流大学最难缩小的差距是本科人才培养质量，特别是课堂质量还要下一番苦功夫、用较长时间追赶，更需要所有人把学生成长放在第一位。

《南方日报》：怎么进一步把学生放在第一位？

陈春声：在我看来，重塑以学生成长为中心的人才培养体系，最重要的是尊重高等教育规律，深刻把握国际化办学和扎根中国大地办学的辩证关系。接下来，我们将重点做好三方面工作：通识教育与专业教育相融合，是研究型大学本科教育发展之路；深化教师人事制度改革，着力打造高素质教师队伍；稳步推进学部制改革，健全学术治理体系，激发院系活力，促进学科交叉。

为大湾区输送高水平创新人才

《南方日报》：中大扎根粤港澳大湾区三座城市，如何为"双区"建设提供更有力的支撑？

陈春声：新征程中，我们将紧紧把握"双区"、两个合作区建设等重大国家战略机遇，在大湾区建设世界重要人才中心和创新高地中充分发挥中大作用，持续为大湾区输送高水平创新人才，支撑大湾区经济、科技和产业发展，提供一流医疗卫生服务，促进大湾区高等教育结构布局的持续优化和交流合作的不断深化，为推动香港和澳门融入国家发展大局作出贡献。

《南方日报》：再过两年，中大将迎来百年校庆。在您心目中，百年中大应该是一个怎样的中大？

陈春声：中大由孙中山先生亲手创办。中大是一所具有光荣革命传统的大学，是马克思主义在中国传播与实践的重要发源地；是具有爱国奋斗精神的大学，为国家现代化建设培养了大批卓越人才；是具有深厚学术传统、追求卓越品格的大学。

现在我们确立了扎根中国大地，坚持社会主义办学方向，建设世界一流大学的战略目标。回望百年路，我认为新时代的中大无比接近这个目标。

《南方日报》：展望第二个百年，中大将有什么新作为？

陈春声：这几年，中大的办学格局、学科布局、队伍建设等都驶上了快车道，为下一个中大百年奠定坚实的硬件基础，接下来要更加注重内涵式高质量发展。我们将大湾区建设的政策优势转化为学校的发展动能，全面提升办学质量和水平，加快建成大湾区首所中国特色、世界一流大学。

到 2049 年，我国将实现全面建成社会主义现代化强国的第二个百年奋斗目标。那时，中国应有若干所一流大学跻身世界前 20 强，我希望中大能占有一席之地，我们有这个信心，也有这个决心！

案例

大一新生在南校园浸润一年

中大加快推进人才培养高质量发展，探索具有中大特色的培养模式。从 2021 年起，大一新生在广州校区南校园学习生活，感受百年中大的精神底蕴和文化传统。

经过几年建设，南校园的教学空间、住宿空间、餐饮及运动空间等都得到显著优化。历史底蕴深厚的美丽校园结合现代化的设施条件，带给学生全新的学习体验。

服务国家需求能力不断提升

中大面向世界科技前沿、服务国家需求能力不断提升。

学校大力推进智库建设，提升文科影响力。粤港澳发展研究院、国家治理研究院、"一带一路"研究院等智库和教育部人文社科重点研究基地，为国家重大政策的制定与实施贡献中大智慧。

国家超级计算广州中心、天琴中心等重大平台和重大科技基础设施集群建设取得突破性进展，支撑未来发展的创新体系正在形成。

数读

办学总经费增长迅速，2021年学校决算总收入99.74亿元。

根据国家公布的"双一流"学科名单，学校11个学科入选，入选学科数全国并列第八。

现有院士（含双聘）21人，高层次人才数量居国内高校前列。

10个专业入选强基计划（基础学科招生改革试点）；11个学科专业入选教育部基础学科拔尖学生培养计划2.0基地，总数全国并列第四；58个专业入选国家级一流本科专业建设点，总数全国并列第五。

获批国家社科基金年度项目以及教育部人文社科研究一般项目（不含专项）立项项目数之和，连续6年保持全国高校前二；国家自然科学基金集中接收期立项数连续5年位居全国第二。

文件选编

Document Selections

深圳市教育局关于印发《关于推进学前教育学区化治理的实施意见》的通知

各区（新区）教育行政部门：

为推进学前教育治理体系和治理能力现代化，促进我市学前教育优质均衡发展，根据有关法律法规及相关政策规定，我局制定了《关于推进学前教育学区化治理的实施意见》，现予以印发，请遵照执行。

深圳市教育局

2022 年 1 月 28 日

深圳市教育局关于推进学前教育学区化治理的实施意见

为贯彻落实《中共中央国务院关于学前教育深化改革规范发展的若干意见》《深圳市人民政府办公厅关于进一步深化改革促进学前教育普惠优质发展的意见》等文件精神，促进我市学前教育优质均衡发展，现就推进学前教育学区化治理提出如下意见。

一、总体要求

（一）指导思想

以习近平新时代中国特色社会主义思想为指导，按照我市建设中国特色社会主义先行示范区的总体要求，立足深圳实际，深化学前教育管理体制改革，推进学前教育治理体系和治理能力现代化，充分激发幼儿园的生机和活力，推动学前教育优质均衡发展，高标准办好学前教育，加快实现幼有善育。

（二）发展目标

坚持党对教育事业的全面领导，全面推进全市幼儿园学区化治理，充分发挥优质资源的辐射带动作用，激发各类幼儿园的积极性和创造性，扩大优质资源的覆盖面和受益面，促进公办幼儿园（以下简称"公办园"）、民办幼儿园（以下简称"民办园"）协同发展，力争在构建高质量发展的管理机制上在全国先行示范。

到 2022 年底，全市设立 200 个左右学区，实现学前教育学区化治理全覆盖，初步构建起学前教育现代化治理体系。到 2025 年，学前教育现代化治理体系运行更加顺畅，学前教育优质均衡发展水平整体提高。

二、主要任务

（一）明确功能定位，健全治理体系

1. 功能定位。学区化治理是以促进学前教育管理

过程精细化、师资队伍专业化、办园水平优质化为目的，党建、行政、研训、督导"四位一体"的现代学前教育治理模式。学区由不同类型、不同水平的幼儿园组合而成，多园协同、抱团发展，帮扶提升薄弱园，强化建设优质园，缩小园际差距，实现公办、民办幼儿园优质均衡发展。

2. 组建方式。区教育行政部门按照地理位置相对就近、合理配置教育资源的原则，将辖区内各类幼儿园组合划分为若干学区。每个学区幼儿园数量原则上不超过 16 所，各区根据辖区内公办园、普惠性民办园、民办园的比例结构和分布情况合理组合。每个学区选定一所优质公办园担任学区中心园，其他幼儿园统筹安排为学区成员园。市属公办园可以接受所在区教育行政部门的委托，担任学区中心园。学区不设为独立法人机构，学区内各类幼儿园原有行政隶属关系不变，各自独立行使办园自主权。

3. 治理结构。学区成立学区治理委员会，为学区议事机构，负责协调处理学区治理事务。学区治理委员会主要负责人由学区中心园园长担任，成员由学区内全体幼儿园园长出任。学区治理委员会下设若干个分支部门，各部门负责人由学区治理委员会在本学区择优遴选。学区治理委员会办公室设在中心园，各部门日常办事机构设在部门负责人所在幼儿园。每个学区配备 1 名专职责任督学和 8 名兼职责任督学，由区教育督导部门聘任、委派、考核。学区内每所幼儿园应配备 1 名兼职视导员，负责联络和信息传递、配合督学工作等。每个学区还应配备至少 1 名兼职教研员和 1 名兼职培训师，负责学区内研训跟进工作。

学区应切实加强基层党组织建设和党员队伍建设，充分发挥党组织的政治核心作用，加强对工会、共青团、妇联等群团组织的领导，保证党的路线方针政策在幼儿园的贯彻执行。

（二）健全运行机制，促进共建共治

1. 学区治理委员会职责。学区治理委员会在区教育行政部门的领导下开展工作，主要职能是牵头制定学区工作制度；建立学区运行机制；定期向教育部门报告本学区幼儿园办学情况；协助区教育行政部门统计幼儿园相关信息、处理学区内幼儿园突发事件；接受教育部门委托开展相关活动。

2. 学区内设部门职责。学区内设部门主要履行以下职责：

（1）负责学区党组织建设工作。引领幼儿园深化学习型党组织建设；择优发展优秀教职工进入党员队伍；搭建丰富多彩的党建活动平台，加强党建宣传工作。

（2）总结、交流、分享、推广幼儿园管理经验，促进学区内幼儿园全面提高管理水平；组织开展幼儿园文化建设，创建学区文化品牌。

（3）建立本学区幼儿园档案，制定并组织落实幼儿园帮扶提升计划。

（4）组织学区内幼儿园开展教育教学、保教工作、课程建设等研究；建立学区联合教研组，开展教师联合备课、联合教研、合作科研、教学竞赛等活动。

（5）构建科学完善的学区教职工分层分类培训体系，统筹开展学区教职工培训工作；充分发挥学区名园长、名教师和骨干教师的示范引领作用，通过共建名园长（名师）工作室、骨干教师研修共同体等方式，开展各类教研、科研、培训活动，搭建教师成长平台。

（6）组织分享交流课程、教学先进经验，联合开展学区幼儿园特色课程建设；推广优秀教科研成果。

3. 学区责任督学职责。学区专职责任督学和兼职责任督学（以下简称"责任督学"）向区教育行政和督导部门负责，独立行使督导职能，重在发现问题、诊断问题、督促整改。责任督学负责对学区幼儿园党建工作、内部管理、教育教学、师德师风、教育收费、安全稳定、立德树人等情况进行经常性督导，并根据需要开展专项督导、综合督导和随机督导；对督导中发现的问题及时向督导对象和学区治理委员会书面反馈，提出整改要求；对督导中发现的重大问题和难点问题，及时书面上报区教育督导部门和教育行政部门，由教育行政部门下达整改通知，限期整改；督查、复查整改情况。

将整改情况纳入督导对象年度考核和积分制管理，防止问题反弹；指导学区幼儿园建立自我督导体系，优化园所内部治理。制定学区督导工作计划上报区教育督导部门，按学期上报督导报告，定期向督导对象、学区治理委员会书面反馈督导结果。

4.学区管理运行机制。每个学区都应制订学区管理章程，明确学区治理委员会的组织与成员、职责、运行、委员权利和义务等事项，学区要将党建工作要求纳入章程。学区管理章程模板由各区教育行政部门根据管理需要制定。建立学区例会制度，学区治理委员会应定期召开反馈交流会，由中心园召集，一般每月召开一次会议，听取学区各内设部门工作汇报，对责任督学提出的问题进行研究，提出切实有效的整改措施。

（三）加强资源共享，整体提升质量

1.建立健全资源共建共享机制。搭建优质资源共享平台，完善学区优质资源开发、共享、利用机制，分类建设学区优质资源库，丰富优质资源供给，切实做好学区管理经验辐射、课程资源共建、优质师资流动、教研科研互通等核心环节。整合学区内幼儿园、家庭、社区及其他社会力量资源，相关的社会场馆资源、社区文体资源、社会专业团体资源，逐步形成以学区为依托的幼儿园、家庭、社会协同育人格局，保障学区整体质量提升。鼓励各学区充分运用现代信息技术，积极探索"教育＋互联网"资源共享模式，通过优质课程资源网上共享、一体化网上教研和教师培训等，实现优质教育资源动态实时共享。

2.统筹学区内优秀教师资源。通过骨干教师柔性流动、开展联合教研、示范跟岗学习等形式，加强学区内幼儿园教学科研研讨与交流，充分发挥学区内优秀人才示范引领作用，促进教师专业成长，整体提升学区教育质量。

3.共创学区文化，优质特色发展。各学区要积极统合区域文化资源，组织开展园际间文化、艺术等交流活动，形成鲜明的学区育人特色，打造学区文化品牌，增强幼儿园教职工对学区的认同感、归属感和荣誉感，激发学区合作共进的创新活力。充分发挥学区的集体智慧，集中学区专业力量，大力推进优质幼儿园创建活动，帮助各园在规范办园、优质发展的同时，凝练办园特色，整体提升学区办园品质，形成"和而不同"的发展特色。

（四）强化考核评价，提高管理效能

1.完善学区考核评价制度。区教育行政部门负责对学区进行年度考核和评价，学区中心园应协助区教育行政部门对学区进行考核评价。把学区内每所幼儿园的发展进步情况作为对中心园园长年度绩效考核的重要依据。

2.建立考核评价激励机制。对考核优秀的学区，积极参与学区建设、办学水平提升明显的幼儿园，由区教育行政部门予以通报表扬。对学区化治理工作中的先进单位和个人在年度考核、职称评聘、评先评优等方面予以倾斜。

三、推进措施

（一）建立市、区联动机制

市教育局成立学前教育学区化治理视导工作组，组织专家组对各区学区化治理工作进行巡视指导。各区教育行政部门是学区化治理工作的管理和实施主体，应结合本区管理实际，制定推进学区化治理具体实施方案。各区应建立学区化治理联席会议制度，联席会议应至少每月召开一次，由区教育行政部门主要领导或分管领导负责召集，专题研究学区工作中行政管理、督导检查、教科研及培训等相关事宜，构建党建引领、行政统筹、督导推动、研训跟进的运行机制。

（二）定期开展交流展示

各区应建立学区交流机制，定期开展学区化治理工作交流展示活动，分享典型经验，研究解决推进过程中的具体问题。市教育局将每年开展1次经验交流会，分享交流各区经验，对实践效果较好的经验，将在全市推广。各区要充分发挥新闻媒体的舆论引导作用，加强宣传力度，引导全社会关心、支持学前教育管理改革创新，为学区化治理工作营造良好的氛围。

四、保障措施

（一）组织保障

区教育行政部门负责统筹管理学前教育学区化治理工作，成立专门领导小组，区教育行政部门主要领导或分管领导任组长，研究解决学区化治理工作推进过程中的问题。

各区要建立健全责任督学选聘标准，健全责任督学遴选程序和退出机制，创新责任督学聘用方式，为每个学区配齐配强专职责任督学和兼职责任督学，不断提高责任督学专业化水平。进一步完善学前教育责任督学挂牌督导制度，落实常态督导，规范反馈制度，强化整改制度，健全复查制度，不断提高督导的针对性和实效性。

（二）经费保障

区教育行政部门为学前教育学区化治理提供专项工作经费，具体由各区根据学区管理规模和年度任务予以核定。专项工作经费主要用于开展师资培训、教科研活动、课题研究、专题研讨会、专家讲座、日常工作经费等支出。专项工作经费按规定用途使用，专款专用，独立核算，不得与幼儿园日常办学经费混用，定期接受审计。

（三）专业支持

市、区教科研机构将学区化治理的专业指导纳入工作范围进行专题研究，组织开展以学区为平台的各类教育教学科研和培训活动，为学区发展提供专业支持。联合本市高等院校开展学区化治理相关研究，参与相关专业指导。

本实施意见自 2022 年 2 月 1 日起实施，有效期5 年。

深圳市校园疫情防控工作专班关于印发深圳市各级各类学校2022年春季学期返校工作方案的通知

各高校，各区（大鹏新区、深汕特别合作区）新冠肺炎疫情防控指挥部，市教育局直属各学校（幼儿园），其他部门属学校：

为贯彻落实国家和省、市关于新冠肺炎疫情防控工作部署，科学、精准制定学生返校方案，细致抓好学生返校各项准备工作，确保 2022 年春季学期返校工作平稳有序开展，市校园疫情防控工作专班制定了《深圳市各级各类学校 2022 年春季学期返校工作方案》，现印发给你们，请遵照执行。

深圳市校园疫情防控工作专班

（深圳市教育局代章）

2022 年 4 月 2 日

深圳市各级各类学校 2022 年春季学期返校工作方案

为贯彻落实国家和省、市关于新冠肺炎疫情防控工作部署，切实保障师生生命安全和身体健康，确保全市各级各类学校（以下学校均含幼儿园）2022 年春季学期师生员工分级、分区、分批，安全、有序、错峰返校，在已印发《深圳市教育局关于做好中小学幼儿园 2022 年春季学期开学准备工作的通知》《深圳市校园疫情防控工作专班关于做好全市高校 2022 年春季学期开学准备工作的通知》的基础上，根据最新情况，制定本工作方案。

一、总体原则

本次返校工作坚决贯彻"外防输入、内防反弹"总策略和"动态清零"总方针，按照压实属地、行业、单位、个人"四方责任"，"分级、分区、分批"的原则开展，确保学校安全和师生健康。

分级：市校园疫情防控工作专班负责制定全市各级各类学校学生返校工作方案，组织有关部门研究提出全市高校、高中学校（含中职学校）、义务教育阶段初三年级学生返校时间，并报市新冠肺炎疫情防控指挥部审核批准。

各区（含大鹏新区，深汕特别合作区，下同）校园疫情防控工作专班负责制定本区学校学生返校总体方案，组织有关部门研究提出本区义务教育阶段初二年级及以下学生和幼儿园儿童的返校时间，经区新冠肺炎疫情防控指挥部审核批准后报市校园疫情防控工作专班备案。

各学校按照市、区要求，"一校一策"制定本校学生返校方案，报所在区校园疫情防控工作专班审核批准；各高校返校方案须报所在区校园疫情防控工作专班审核批准后，报市校园疫情防控工作专班批准。

分区：本次学生返校由各区疫情防控指挥部根据本区疫情形势，统筹做好辖区内学校的学生返校工作，组织卫生健康部门落实核酸检测，组织对辖区内所有学校（含高校、市区属中小学校幼儿园、外籍人员子女学校、中职技工学校等）是否符合返校条件进行检查验收，切实压实各区属地管理责任。

分批：

中小学校（幼儿园）：高一、高二学生4月8日第一批返校；义务教育阶段初三年级学生4月11日第二批返校；各区根据情况自行确定义务教育阶段其他年级学生和幼儿园儿童的返校时间，原则上不早于4月8日。

高校：专科、本科、硕士、博士毕业生4月11日第一批返校；其他学生4月18日第二批返校。

二、返校条件

（一）从高风险地区（含境内外）、中风险地区、高风险地区所在县（市、区）、有社区暴发疫情的地市、有明显社区传播的地市返深师生，未能执行深圳隔离防疫政策的不能返校。

（二）不属于《深圳市学校2022年春季学期返校负面清单》（附件1）中任何一种情况。

（三）学校疫情防控条件达到属地疫情防控要求、学校各项防控措施落实到位、应急预案和演练落实到位，经检查验收合格。

（四）各学校建立"白名单"。建立分别以班级、年级、部门、教职工家属、第三方特殊作业人员等为单元的"白名单"，全覆盖、无遗漏分类管理，所有入校人员均纳入"白名单"管理，"白名单"外的人员未经批准不得进入学校。

（五）中小学（幼儿园）师生员工的返校条件。第一批返校人员（高一、高二）及共同居住人严格落实健康监测，返校前连续3天在深圳完成核酸检测，返校人员健康申报合格并持24小时内核酸检测阴性证明、粤康码绿码、核验行程卡返校。其他批次人员返校条件参照第一批。

（六）高校师生员工返校条件。在深第一批返校人员及共同居住人严格落实健康监测，返校前连续3天在深圳完成进行核酸检测，返校人员健康申报合格并持24小时内核酸检测阴性证明、粤康码绿码、核验行程卡返校；其他批次返校人员返校条件参照第一批。对离深返校第一批师生员工，学校安排班主任（辅导员）逐一核实师生员工居住地疫情状态，并告知在高风险地区（含境内外）、中风险地区、高风险地区所在县（市、区）、有社区暴发疫情的地市的师生，须严格执行深圳隔离防疫政策后返校。其他批次

离深返校人员返校条件参照第一批。

（七）各区能按本方案要求保障返校前后核酸检测需求和频次。

三、返校前准备工作

各区、各学校要按照方案要求，提前部署、精细安排师生员工返校前各项准备工作，确保"责任到岗、任务到人"，做到思想认识到位、防控措施精准到位、应急预案落实到位、免疫屏障巩固到位、联防联控机制高效到位、服务和关怀充分到位。

（一）强化返校条件验收

方案下发后，各学校立即开展返校准备工作并尽快落实到位，准备就绪后向所属区校园防控专班报送《深圳市学校（幼儿园）返校疫情防控工作承诺书》（附件3）、《深圳市学校（幼儿园）返校疫情防控工作备案表》（附件4）。各区校园防控专班对照《深圳市学校疫情防控工作清单》（附件5），对中小学幼儿园逐校检查验收后，可组织学生返校。各区校园防控专班对高校检查验收，审核通过后，报市校园疫情防控工作专班审批，审批通过后可组织返校。

（二）加强返校人员健康管理

1.加强重点人员管理。全覆盖、无遗漏、精准掌握返校师生员工（含保安、保洁、食堂工作人员、宿舍管理员、校车司机、保教人员等重点人员）的健康状况，及时动态更新市内"封控区、管控区、防范区、集中隔离、居家隔离、红黄码师生台账"、"离深人员返深（校）台账"［从高风险地区、中风险地区及高风险地区所在县（市、区）、有社区暴发疫情的地市、有明显社区传播的地市（或县、区、旗）返深］，切实做到底数清、情况明。学校相关负责人、班主任（辅导员）在师生员工返深前分别对教职工及学生逐一电话沟通联系，精准掌握每个人的行程动态，认真细致解释返深疫情防控措施，确保师生员工严格执行相关指令。

2.市外师生员工提前返深。师生员工近期非必要不离深，尚在市外的师生员工至少提前3天返深，返深后24小时内做一次核酸检测，返回深圳当天向学校报备，学生健康监测情况每日报班主任，教职员工健康监测情况每日报学校相关负责人。在校内居住的师生员工，返深前24小时在当地进行核酸检测，乘坐飞机、高铁等交通工具落地核酸检测后须保留相关

证明，无落地核酸证明的当天在社区或校内（有核酸检测条件）核酸检测，入校后核酸3天3检。

3. 加强健康监测管理。各学校安排专人每日登录"深圳市教育管理公共服务平台－健康数据系统""深圳市学生健康监测信息系统"，在教育管理平台中查看本学校师生员工的红黄码人数及变化情况，积极引导红黄码师生员工主动配合属地相关部门落实健康管理措施。通过健康监测信息系统及时报送、收集师生员工健康信息，实行疫情防控"日报告""零报告"机制，发现异常情况迅速上报，确保迅速准确处置突发情况。

（三）组织开展健康申报

中小学幼儿园师生员工在返校前2天，联系学校（各班主任）获取本校/本班的专属申报二维码，进行线上填写和签署，提交成功后由学校（各班主任）审核是否符合返校条件。学校（各班主任）生成本校/本班的专属申报二维码将另行发文指引；师生员工可关注"深圳教育"公众号，点击下方"疫情防控→返校健康申报"获取申报指引。不符合条件者须在班主任及校医的指导下，根据疫情防控要求符合条件后再行申报。各高校返校前2天组织返校师生员工通过本校管理系统上报，学校安排专人审核是否符合返校条件。

（四）织密联防联控网络

加强联防联控，充分发挥卫生副校长在校园疫情防控的专业指导、应急演练、突发事件处置的关键职能作用，进一步完善学校与辖区卫健、疾控部门、社区防控机构和基层医疗机构的对口协作机制，建立发热师生员工定点医疗机构就诊绿色通道。充分发挥辖区卫健、疾控部门的指导作用，协助指导常态化防控工作，确保防控措施到位。密切配合公安、交通、市场监管等部门，开展校园周边环境整治、交通管理和食品安全检查。

（五）做好防疫物资及设备设施保障

各学校按要求配备疫情防控物资，及时维修更换不适用的防疫设备，各学校在校门外就近设置临时等候区和健康观察区，在校内相对远离学生班级及学生活动区域设置隔离室，具备通风、采光等条件。鼓励使用高科技手段提升防疫工作的精准度。加强酒精等消毒物品的存放和使用管理，严防发生安全事故。

（六）加强校园环境整治

坚持人、物、环境同防，对教室、办公室、实验室、图书馆、活动室、厨房、餐厅、宿舍、会议室等重点场所和校车等重点设施进行清洁消毒及开窗通风。由卫健、疾控部门联合教育部门出台校园环境监测指引，各学校主动联系辖区卫健、疾控部门，定期开展校园内物品、环境和污水等疫情防控监测工作。在市场监管部门的指导下，严格做好校园食堂检查、食材配送和食品安全管理，重点针对学校食堂低温储存食品及冷冻冷藏设备开展传染源检测排查和消杀工作。

（七）开展疫情防控演练

返校前一周，各学校应按照深圳市学校新冠肺炎疫情应急响应流程（见附件2），扎实开展一次学生返校演练和校园疫情防控应急处置演练，各学校在卫生健康副校长的专业指导下，组织本校相关人员并协调相关任务单位、疾控部门、医疗机构等参与，确保一旦发生疫情，能迅速启动应急处置机制，以最快的速度做好校园封闭管理、师生员工隔离管控、流调转运、核酸检测、环境消杀、健康监测、后勤保障等应急措施，短时间有效遏制疫情传播蔓延。

（八）家校协同开展心理健康教育

返校前各学校制定学生返校心理健康教育工作方案。各中小学班主任应做好跟进式家访，提前通过电话或微信等方式与学生家长一一沟通联系；返校前一周按照线上主题班会课、家长会的相关指引召开在线班会课、家长会，加强对学生的心理疏导和抗疫常识引导，指导家长做好返校准备和排查学生心理状况。对筛查异常学生要建立台账，及时报告并精准施策，开展持续有效心理辅导。

四、返校当日及返校后工作要求

（一）保障返校秩序

市、区校园疫情防控工作专班按照本方案确定的分级原则分别安排各学校返校工作，学生不得提前返校。待确定返校时间后，各学校校领导、行政人员、校医、后勤人员等应提前到校做好准备工作，组织开展返校第一课校园疫情防控专题培训，确保学生返校秩序正常。

（二）严格入校核验

学校须安排专门人员核验返校师生员工的24小时核酸检测阴性证明、粤康码绿码、行程卡、健康信息申报卡等信息，符合条件方可入校，确保入校人员都是事先审核通过人员。同时校门口设测温卡点，所有人员进校须检测体温，入校后应立即洗手或使用免洗手消毒剂消毒。

（三）落实核酸检测要求

各学校在区疫情防控指挥部的统筹安排下，组织安排好核酸进校检测工作，所有师生员工在校内完成每周三检（周一、周三、周五），不漏一人。后勤、食堂、保安、保洁等岗位人员严格落实每日一检，来自防范区的师生员工每日一检，防范区内的学校所有师生员工落实每日一检。各学校储备一定量的新冠抗原检测试剂盒，根据实际情况及时对有发热等十大症状人员在校医指导下及时开展检测。

（四）校园实行封闭式管理

教职员工上下班严格实行"两点一线"，非"白名单"内人员未经批准不得入校。师生员工校内佩戴口罩（体育课、就餐等除外），快递、包裹一律进行无接触配送，禁止外卖进入校园。师生员工进入校门核验核酸检测、粤康码、行程卡等信息，并检测体温。高校学生非必要不离校，离校前须经过学校审批同意，校园实行网格化、区块化管理，食堂、宿舍、教学楼等人员活动场所相对固定，非必要不举办跨班级活动，最大限度缩小人员活动范围，减少人员交叉流动。

（五）做好应急处置工作

学校做好应急预案，针对发生普通发热病例、可疑病例、阳性检测者（包括确诊病例和无症状感染者）、密切接触者、次密切接触者、重点人群、学校聚集性疫情等校园突发疫情情况，科学制定完善应急处置方案，明确职责分工，落实应急保障，加强监督管理。联合属地联防联控机制各成员单位，组织校内各有关部门，分层次、分形式、多场景反复组织演练，充分检验应急预案的实用性、高效性和可操作性，确保校园一旦发生疫情，应急预案能够即时启动，迅速采取最彻底的措施，以最快速度采取校园封闭管理、师生员工隔离转运、流调溯源、核酸检测、环境消杀、健康监测、就医治疗、线上教学、心理安抚等应急措施，最短时间遏制疫情传播蔓延。

（六）实施专项督导检查

返校后，市、区教育行政部门联合同级卫生、疾控等部门，按照本方案工作要求，对各学校落实情况进行专项督查，对于落实不到位的，责令其限期整改。

深圳市"双减"工作领导小组办公室关于开展义务教育阶段学科类校外培训治理"回头看"工作的通知

各区政府（大鹏新区、深汕特别合作区管委会），市"双减"工作领导小组各成员单位：

"双减"工作部署开展以来，在市委、市政府坚强领导以及各方共同努力下，义务教育阶段学科类校外培训治理取得阶段性成效，但学科类培训防反弹、防变异、防风险的任务依然艰巨。根据教育部办公厅《关于开展义务教育阶段学科类校外培训治理"回头看"工作的通知》（教监管厅函〔2022〕7号）和广东省教育厅《关于开展义务教育阶段学科类校外培训治理"回头看"工作的通知》（粤教监管〔2022〕1号）

要求，为巩固我市义务教育阶段学科类校外培训治理成果，经研究，决定于2022年6月底前开展一次"回头看"工作。现就有关事项通知如下：

一、主要任务

各区全面对照中央、省"双减"文件及校外培训治理各项政策要求，对辖区内面向义务教育阶段学生已经压减和转为非营利性的所有线上、线下学科类校外培训机构（含省、市教育行政部门审批的校外培训机构，下同）进行一次全面排查，从机构运营、收费管理、培训内容、从业人员资质等各方面，系统查找问题并坚决进行整改，切实巩固义务教育阶段学科类培训治理成果。

二、重点内容

各区全面对照中央、省"双减"文件及校外培训治理各项政策要求，对辖区内面向义务教育阶段学生已经压减和转为非营利性的所有线上、线下学科类校外培训机构（含省、市教育行政部门审批的校外培训机构，下同）进行一次全面排查，从机构运营、收费管理、培训内容、从业人员资质等各方面，系统查找问题并坚决进行整改，切实巩固义务教育阶段学科类培训治理成果。

（一）看培训机构压减。是否存在"假注销、真运营"现象，重点核查已经注销的培训机构仍在利用原师资、生源等继续开展学科培训等情况。

（二）看"营转非""备改审"。是否存在"名有非营利外壳，实为营利性行为"现象，重点核查抽逃开办资金、私设账外资金、违规关联交易、虚增业务成本等情况。

（三）看培训收费监管。是否存在培训机构预收费资金未纳入监管及监管不到位情况，重点核查违规收费、使用不规范合同、未规范执行政府指导价管理要求等情况。

（四）看隐形变异治理。是否存在各种违规开展学科培训现象、打"擦边球"，重点核查无证无照机构违规培训、个人以"家政服务""家庭教育指导""众筹私教"等名义违规开展培训等情况。

（五）看材料和人员规范。是否存在培训材料内容不合规、从业人员不符合资质等现象，重点核查前期专项排查发现问题整改落实等情况。

（六）看数据信息填报。是否落实全国校外教育培训监管与服务综合平台使用要求，重点核查填报数据信息及时性、完整性、准确性等情况。

（七）看风险防范。是否能及时发现并有效防范、化解各类风险隐患，重点核查解决退费难问题、校外

培训监管执法、防范化解劳动用工风险等机制建立及落实等情况。

三、工作要求

（一）加强组织领导。各区（单位）要充分认识校外培训治理的长期性、艰巨性、复杂性，深刻领会"回头看"对于巩固成果、深化治理的重大意义，加强工作部署，制定工作方案，精心组织实施，确保工作效果。

（二）压实工作责任。按照职责分工，各区要全面开展辖区内培训机构摸排工作，聚焦问题、突出重点、不留死角。各区要在自查基础上开展抽查，发现问题要及时指导处理，务求实效。市教育局将在各区全面摸排处理的基础上适时组织抽查、暗访，对发现因不作为而导致隐形变异反弹严重、人民群众反映强烈的区，予以严肃问责。

（三）健全长效机制。各区要以"回头看"为契机，进一步完善校外培训监管长效机制，健全党委和政府统一领导、部门齐抓共管的格局，推动日常监管、巡查暗访、违规查处等制度建设，确保"有人管、有人查、有人巡、管得住、管得好"。

请各区教育行政部门从即日起，每月 10 日和 25 日前，填写《义务教育阶段学科类校外培训治理"回头看"排查表》（附件），报送至"全国校外教育培训监管与服务综合平台"，并发送电子版至市教育局邮箱：pxjg@sz.edu.cn；2022 年 6 月 10 日前完成"回头看"所有任务，并于 6 月 15 日前将本区"回头看"正式报告及附件纸质版报送至市教育局，电子版一并发送至市教育局邮箱。

附件：义务教育阶段学科类校外培训治理"回头看"排查表

深圳市"双减"工作领导小组办公室

（深圳市教育局代章）

2022 年 4 月 15 日

义务教育阶段学科类校外培训治理"回头看"排查表

教育局：____（加盖公章）　　　　填报联系人及电话：_____

项目		"回头看"重点内容	累计排查数	累计整改完成数
排查进展	1	排查机构数（个）		
	2	排查材料数（份）		
	3	排查从业人员数（人）		
	4	启动"回头看"工作县数（个）		
	5	完成"回头看"工作县数（个）		
发现并处置违规情况	6	"假注销、真运营"机构数（个）		
	7	已压减机构未消课或未退费金额数（万元）		
	8	违规收费机构数（个）		
	9	违规收费金额数（万元）		
	10	未执行政府指导价的机构数（个）		
	11	隐形变异查处数（个/次）		
		其中 违规开展培训的学科类培训机构数（个）（包括违反培训内容、时间、地点等有关规定）		
		证照不全的违规机构数（个）		
		个人违规开展学科培训（次）（包括有偿家教、众筹私教等）		
	12	不合规的培训材料数（份）		
	13	不具备相应资质的教学、教研人员数（人）		
	14	从业人员中有违法犯罪记录人员数（人）		
	15	未使用全国校外教育培训监管与服务综合平台的机构数（个）		
	16	未全面建立风险防范机制的区数（个）		

填表说明：每月10日、25日前定期填报进展情况；16项"全面建立"是指退费难问题解决、校外培训监管执法、劳动用工风险三项均建立相应机制。

深圳市教育局　中共深圳市委机构编制委员会办公室　深圳市财政局　深圳市人力资源和社会保障局关于印发深圳市公办中小学集团化办学实施方案的通知

各区（含新区，深汕特别合作区，下同）教育、编制、财政、人力资源保障部门，市属各中小学：

经市政府同意，现将《深圳市公办中小学集团化办学实施方案》印发给你们，请认真贯彻执行。

深圳市教育局
中共深圳市委机构编制委员会办公室
深圳市财政局
深圳市人力资源和社会保障局
2022 年 4 月 29 日

深圳市公办中小学集团化办学实施方案

为进一步推进我市公办中小学集团化办学，更好地满足人民群众对"学有优教"的关切，切实增强市民群众的获得感和幸福感，根据中共中央、国务院印发《关于深化教育教学改革全面提高义务教育质量的意见》，中共中央办公厅、国务院办公厅印发《关于深化教育体制机制改革的意见》，以及广东省教育厅等四部门联合印发《关于推进中小学幼儿园集团化办学的指导方案》等文件精神，结合我市实际，特制定本实施方案。

一、总体要求

（一）工作思路

以习近平新时代中国特色社会主义思想为指导，以办人民满意的教育为目标，深入推进公办中小学集团化办学，充分发挥优质学校的辐射带动作用，深化基础教育管理体制和办学模式改革，优化教育资源均衡配置，整体提升全市基础教育发展的平衡性和协调性，推动我市基础教育高质量发展，让每个孩子享有更加公平更高质量的教育，努力打造民生幸福标杆。

（二）工作目标

坚持"统筹布局，分步实施，规范管理，确保质量"的原则，推动我市公办中小学集团化办学，依托现有的优质教育资源，打造一批优质教育集团，努力实现"家门口的学校就是好学校"，加快实现"学有优教"的目标。

——到2022年，全市立项不少于30个公办中小学教育集团，集团化办学覆盖至全市所有区；

——到2023年，全市新增立项不少于25个公办中小学教育集团，集团化办学覆盖至全市所有街道；

——到2024年，全市新增立项不少于15个公办中小学教育集团，集团化办学覆盖全市所有薄弱学校；

——到2025年，全市新增立项不少于10个公办中小学教育集团，集团化办学覆盖全市所有新建义务教育学校。

2022—2025年，以广东省优质基础教育集团创建评估指标为标准，对成熟的立项集团分批进行验收，评选80个优质公办中小学教育集团。每两年对优质集团进行复核。

二、主要任务

（一）优化集团化办学布局

1.统筹推进集团化办学。按照"市级统筹、以区为主、分步实施"的原则，到2025年，市直属学校（含高校附属学校）培育孵化公办中小学优质教育集团7~9个，福田、罗湖、南山、宝安、龙岗各培育孵化公办中小学优质教育集团9~11个，光明、坪山、龙华各培育孵化公办中小学优质教育集团4~7个，盐田、大鹏各培育孵化公办中小学优质教育集团1~2个。各区新增集团数量均不包含市直属学校和高校附属学校（见附件）。

2.优化教育集团规划布局。坚持"试点先行、稳步扩大"的原则，不断优化集团化办学规划布局，组建各种跨区域教育集团。探索与大学区管理相结合同步推进的集团化办学模式。市直属学校（含高校附属）和有条件的区属优质学校可跨区组建教育集团，原则上应优先考虑在原特区外教育薄弱、学位建设任务重以及市属学校优质办学资源少的区域开展集团化办学。鼓励高校和市、区教育科学研究院举办附属中小学，组建教育集团。原则上新建公办义务教育学校全部纳入集团化管理，各区建立薄弱学校清单，逐步将薄弱学校纳入集团化管理。积极发挥粤港澳大湾区核心城市作用，支持对口帮扶地区开展集团化办学，促进大湾区基础教育协同发展。

3.探索多种集团化办学模式。鼓励以"直管学校+委托管理学校"模式为主开展紧密型集团化办学，同时积极探索联盟型、云端型、合作型及多校协同、区域组团、单法人多校区、多法人组合等多种集团化办学模式。整合优质办学资源，充分发挥区域内优质学校的带动引领作用，因地制宜采用适合本区集团化发展的办学模式。

（二）健全集团化办学机制

4.构建集团现代治理体系。各集团应制定集团总章程，作为指导和规范成员学校办学行为的纲领性文件，从人事、教育教学、后勤、学生管理等方面对集团与各成员学校的责、权、利进行规范，明确集团的办学理念、发展目标、管理体制。各集团实施党组织领导的校长负责制。集团总校可以在机构编制部门核定的内设机构总量内，根据工作需要，调整机构设置。

5.推动集团内部教师交流制度化。各集团要出台集团教师管理办法，加强集团内教师统一管理、轮岗交流和考核评价，形成与集团发展相适应的教师招聘、职称评聘、绩效考核、薪酬待遇、评先评优、培养培训、选拔任用等制度体系。探索通过统筹编制、统一职称评审、盘活存量等方式优化教师资源，鼓励集团成员校之间符合条件的教师以交流或调入的方式轮岗交流任职，新纳入集团管理学校教师数量的15%以上应由集团从集团原成员校中选派，实现各成员校教师年龄、职称、骨干教师比例等结构相对均衡。

6. 强化集团干部培养。集团派出不少于5名干部至新增集团成员学校任职，派出的干部应以调入为主。凡集团（含委托管理学校）干部均纳入集团统筹培养使用。将1~2年的交流轮岗工作经历作为提任校级干部的重要因素。对成员校校长及相关管理人员进行年度考核和干部提拔时，应当充分听取集团总校校长的意见。

7. 建立集团化办学溢出机制。成立教育集团及变更办学规模须经主管教育行政部门批准。教育集团内成员校达到一定条件后，经过主管教育行政部门同意，可以脱离原教育集团。鼓励成熟的成员校溢出成为独立法人学校，作为牵头校组建新的教育集团，或吸纳新的校区，带动新的成员校共同发展，不断扩大优质教育资源增量。

（三）提高集团化办学质量

8. 促进集团内场地设施共享。统筹集团内场地设施设备资源，探索资源共建机制，搭建资源共享平台，促进集团内资源多元供给、充分共享，不断提升资源使用效率和效益。

9. 整合集团课程资源。集团内要统筹课程规划，丰富课程供给，打造特色化、多样化、优质化集团学校课程体系，促进集团内共享优质特色课程、教学和教科研成果等资源。集团成员校每年应组织开展高质量共用共享课程建设活动。鼓励跨学段教育集团开设幼小衔接课程、小初衔接课程、初高衔接课程。

10. 加强集团共研共育。集团内要积极推动集团教师共同开展教研活动，充分发挥集团内部骨干教师的示范引领作用，带动新加入学校提高教育教学水平，促进集团内干部教师整体素质提升、专业化发展。鼓励探索实施部分特色项目的学生交流、联合培养、学段之间的衔接，形成可持续发展的人才培养体系。鼓励联合开展学生活动、家庭教育指导、课后服务运作，整体提升集团五育并举及家校合作等水平。

11. 打造集团办学特色。在尊重各成员校办学实际和文化传统的前提下，集团要充分发挥品牌影响力和文化辐射力，凝聚发展共识，丰富文化价值，共谋发展愿景，发掘培育集团办学特色，推动集团内各成员共同发展，彰显集团化办学的优势，激发成员校主动发展的积极性、创造性，提高成员校的整体水平。

（四）加强集团化办学考核与激励

12. 建立集团化办学考核评价机制。各级教育行政部门要加强对集团化办学的监管，将集团内各校的发展情况、办学质量作为对集团总校长年度绩效考核的重要内容，把参与集团共建及成效作为对成员校校长年度绩效考核的重要内容。鼓励各区制定完善集团化办学发展性评价制度及考核评价指标。对办学成效好、质量高、社会满意度高的集团给予一定的奖励，在区内职称评聘、评先评优、提拔任用等方面进行优先考虑。鼓励探索开展集团化办学第三方绩效评估制度。集团内部应建立考核评价体系，将考核评价结果纳入个人绩效工资、职称评聘、评优评先的依据。

13. 优化激励机制。支持教育集团在教学、科研、课程、招生、师生管理、文化建设等方面深化改革，并根据改革需要和成效，给予更多条件和资源保障。各类市级以上奖励分配指标时，教育集团的成员校均按照独立学校计算指标。建立健全校领导班子薪酬激励机制，进一步促进校长队伍专业化发展，其中校长奖励性绩效工资实行单列管理。探索建立同级教育行政部门对集团总校长工资待遇分配机制，不断提高总校长待遇。对于优质集团予以奖励时，在高级职称评定及人才房申请等方面优先保障。

（五）规范集团化办学行为

14. 合理控制办学规模。开展集团化办学的学校应综合考虑区域教育发展需求、资源条件、辐射范围、保障能力及实际效果等因素，合理控制教育集团规模。同一集团直管学校原则上不超过5所（含校区），委托管理等形式的集团化办学覆盖学校4~7所（含校区），教育集团办学规模原则上不超过10所（含校区）。集团可根据实际发展情况适时提出变更成员（含新加入和退出）的申请，并报辖区教育行政部门备案。

15. 规范集团选址命名。各市直属学校集团化办学选址，应经主管教育行政部门同意后，优先考虑保障房和街道大学区，不能与任何小区捆绑，不能与任何房地产挂钩。禁止以房地产开发商命名学校，杜绝与商业利益挂钩。集团化办学成员学校命名要坚持名实相符、准确规范，体现办学理念，突出内涵特色，避免单一贴标签。各区义务教育集团应当使用带区域名称。

16. 优化集团招生政策。集团内成员校的义务教育阶段招生范围、招生计划、招生方式须严格按照市、区有关招生政策规范执行，严禁以任何形式进行"掐尖"招生。

三、保障措施

17. 加强党的领导。各区要制定符合本区实际的集团化办学实施方案，把集团化办学工作摆上党委的议事日程，正确把握集团化办学的政治方向，切实解决集团化办学中遇到的各种难题。各教育集团要加强集团党组织对集团的全面领导，负责对集团发展规划、重要改革、财务预决算和教学科研、招生录取、基本建设、意识形态等方面的重大事项以及涉及师生员工切身利益的重要问题进行集体讨论并做出决定。

18. 加强经费保障。加大市、区财政对集团化办学投入力度，按照隶属关系由同级财政部门给予一定数额的集团化办学专项经费。制定集团化办学专项经费管理办法，明确专项经费主要用于集团教学改革、课程实施、质量评估、队伍建设、特色发展。优化集团化办学经费支出结构，提高集团化办学经费绩效。对评上优质教育集团的，给予一定的经费奖补。

19. 加强人员保障。教育行政部门与同级机构编制、人力资源社会保障等部门共同研究，采取多种形式，解决集团化办学发展中人力资源不足、结构性缺员等问题。集团内校级领导职数不足、编制紧缺、岗位职数偏低的，由教育行政部门商同级机构编制、人力资源社会保障等部门对集团内各校进行动态调整、及时配置。强化非独立法人校区管理力量，对办学规模较大，办学层次较高的，可以参照相应独立法人学校标准配置校级领导和中层管理干部，并在校长职级等方面给予非独立法人学校（或校区）校级领导相当于独立法人学校的同等待遇。

20. 加强宣传引导。充分发挥各类媒体作用，宣传报道集团化办学优秀典型，大力推广好的经验做法，引导社会各界理解支持集团化办学，关心基础教育改革发展，为集团化办学营造良好环境氛围，确保工作平稳推进。

附件：深圳市公办中小学集团化办学推进计划表

深圳市公办中小学集团化办学推进计划表

行政区域	2022年立项集团数	2023年立项集团数	2024年立项集团数	2025年立项集团数
市直属（含高校附属）	≥4	≥3	≥1	≥1
福田区	≥5	≥3	≥2	≥1
罗湖区	≥4	≥3	≥2	≥1
南山区	≥5	≥3	≥2	≥1
盐田区	≥1	≥1	≥0	≥0
宝安区	≥3	≥3	≥2	≥2
龙岗区	≥3	≥3	≥2	≥2
光明区	≥1	≥2	≥1	≥0
坪山区	≥1	≥1	≥1	≥1
龙华区	≥2	≥2	≥2	≥1
大鹏新区	≥1	≥1	≥0	≥0
合计	≥30	≥25	≥15	≥10

深圳市教育局关于做好2022年生源地信用助学贷款工作的通知

深教函〔2022〕49号

各市属高校，各区（新区）教育行政部门，市属各普通高中，市属各中职学校：

根据上级有关文件精神，为进一步巩固拓展脱贫攻坚成果同乡村振兴有效衔接，有效发挥国家助学贷款的教育帮扶、精准资助作用，实现国家助学贷款"应贷尽贷"的政策目标，助力提高高等教育新生报到率和毛入学率，现就做好我市2022年生源地信用助学贷款工作通知如下：

一、生源地信用助学贷款基本政策

（一）生源地信用助学贷款政策

生源地信用助学贷款是指国家开发银行等金融机构向符合条件的家庭经济困难高校新生和在校生发放、在学生入学前户籍所在地办理的助学贷款。生源地信用助学贷款为信用贷款，学生和家长（或其他法定监护人）为共同借款人，共同承担还款责任。贷款优先用于支付在校期间学费和住宿费，超出部分可用于弥补日常生活费。本专科学生、预科生的贷款额度每人每年最高不超过1.2万元，研究生最高不超过1.6万元。学生在校期间的贷款利息由国家承担。贷款期限按照学制加15年，最长不超过22年、最短6年确定。助学贷款利率按照同期同档次贷款市场报价利率（LPR）减30个基点执行。借款学生同一学年内不能同时申请生源地信用助学贷款和校园地国家助学贷款。

（二）生源地信用助学贷款对象

申请生源地助学贷款的学生必须同时符合以下条件：

1. 具有中华人民共和国国籍；

2. 已被根据国家有关规定批准设立、实施高等学历教育的全日制普通本科高校、高等职业学校和高等专科学校（含民办高校和独立学院，学校名单以教育部公布的为准，并包含科研院所、党校、行政学院、会计学院等培养单位）正式录取或在读的预科生、本专科学生、研究生或第二学士学位学生；

3. 学生本人入学前户籍、其父母（或其他法定监护人）户籍在深圳市；

4. 家庭经济困难，所能获得的收入不足以支付在校期间完成学业所需的基本费用。

二、生源地信用助学贷款首贷工作程序

（一）政策宣传

各区教育行政部门、各高中学校（含普通高中学校和中等职业学校，下同）通过毕业班年级（班）会、微信群、播放宣传片、印发《深圳市2022年生源地信用助学贷款申请指南》（附件1，拟在"深圳教育"微信公众号发布）等形式做好生源地信用助学贷款宣传工作，确保高中毕业生和家长知悉贷款政策和办理流程。

（二）高中预申请

1. 学生申请。首次贷款学生原则上均应通过所在高中进行预申请。预申请对象为高中阶段任一学年获得过国家助学金的学生或经学校认定有贷款需求的家庭经济困难学生。有贷款需求的高中毕业生于6月30日前向所在高中学校提交《深圳市2022年生源地信用助学贷款预申请表》（附件2）。对遭遇自然灾害、家庭变故、受疫情影响等特殊情况的学生预申请时间可延至贷款办理前。

2. 高中学校认定贷款资格。各高中学校按照教育部等六部门印发的《关于做好家庭经济困难学生认定工作的指导意见》（教财〔2018〕16号）对学生进行家庭经济情况认定，填写《生源地信用助学贷款预申请信息采集表》（附件3，以下简称《采集表》），加盖学校公章后报区学生资助部门；各区学生资助部门于7月8日前汇总本区预申请信息，将加盖区教育部门公章的《采集表》扫描件和电子版发送至电子邮箱：jiangshp@sz.edu.cn（市属学校直接报送），学生

个人申请表由学校留存备查。

（三）正式受理

1. 网上申请。接到录取通知书的大学新生和首贷在校大学生登录国家开发银行生源地信用助学贷款学生在线系统（https://sls.cdb.com.cn/）注册，并按指引填写相关信息，打印《国家开发银行生源地信用助学贷款申请表》（以下简称"《申请表》"）。

2. 合同签订。首次贷款学生（包括高校录取新生、在校生）携带《申请表》、录取通知书（或高校学生证）和身份证明材料，与共同借款人前往市教育事务综合保障中心（以下简称"市教育事务中心"）办理申贷手续，签订借款合同，签收《国家开发银行生源地信用助学贷款受理证明》（以下简称"《受理证明》"）。市教育事务中心现场集中受理时间为 8 月 25 日至 9 月 9 日（工作日）。

3. 上交《受理证明》。已办理生源地信用助学贷款的学生，入学后须及时将《受理证明》上交高校学生资助中心。

4. 高校确认信息。高校收到学生《受理证明》后，应及时核对学生学籍和欠缴费用信息，于 10 月 10 日前将本校学生生源地信用助学贷款回执录入管理系统。

（四）助学贷款发放

高校录入《受理证明》相关信息后，学生贷款正式生效，国家开发银行深圳市分行按程序将贷款拨付至学生专用账户，再划扣到各学校学费账户，用于缴纳学费和住宿费，剩余资金作为学生生活费。

三、工作要求

（一）提高思想认识，加大宣传力度

生源地信用助学贷款是国家运用金融手段解决家庭经济困难学生学费和住宿费的重要手段，是我国学生资助政策体系的重要组成部分。各区、各学校要充分认识国家助学贷款巩固教育扶贫成果的重要意义，安排专人负责该项工作，利用多种渠道，不断加大政策宣传力度。

（二）重视新冠肺炎疫情影响，主动排查

新冠肺炎疫情对很多学生的家庭经济情况造成了影响，各区、各学校要主动排查，及时、准确掌握受新冠肺炎疫情影响的学生及其家庭经济情况，重点做好该类学生的预申请工作，免除他们的后顾之忧。

（三）实现精准认定，提高学生资助工作水平

高中预申请是实现精准认定的重要措施，是为高校"准新生"提供的贷款资格认定。通过高中预申请的学生可直接进入贷款合同签订环节，大大简化了办理流程。各区、各学校要切实做好高中阶段家庭经济困难学生认定和预申请受理工作，努力实现"应贷尽贷"，确保国家助学贷款政策精准落地。对于非户籍学生要做好解释工作，指引其在户籍所在地申请办理。

特此通知。

附件：深圳市 2022 年生源地信用助学贷款申请指南

深圳市教育局

2022 年 6 月 2 日

深圳市2022年生源地信用助学贷款申请指南

一、政策介绍

1. 什么是生源地信用助学贷款？生源地信用助学贷款是指国家开发银行等金融机构向符合条件的家庭经济困难的普通高校新生和在校生发放的、在学生入学前户籍所在地办理的助学贷款。生源地贷款为信用贷款，学生和家长（或其他法定监护人）为共同借款人，共同承担还款责任。

2. 贷款额度？目前全日制普通本专科学生（含第二学士学位、高职学生）、预科生每人每年申请贷款额度上限为 1.2 万元，全日制研究生（含硕士研究生、

博士研究生）申请贷款额度上限为 1.6 万元。

3. 贷款期限？贷款期限按学制加 15 年、最长不超过 22 年、最短 6 年确定。

4. 利率如何确定？利率按照同期同档次贷款市场报价利率（LPR）减 30 个基点执行。

二、申请条件

申请学生应同时满足以下条件：

1. 具有中华人民共和国国籍；

2. 已被根据国家有关规定批准设立、实施高等学历教育的全日制普通本科高校、高等职业学校和高等专科学校（含民办高校和独立学院，学校名单以教育部公布的为准，并包含科研院所、党校、行政学院、会计学院等培养单位）正式录取或在读的预科生、本专科学生、研究生或第二学士学位学生；

3. 学生本人入学前户籍、其父母（或其他法定监护人）户籍在深圳市；

4. 家庭经济困难，所能获得的收入不足以支付在校期间完成学业所需的基本费用。

三、首次贷流程及申贷材料

1. 预申请。有助学贷款需求的学生于 6 月 30 日前填写《深圳市 2022 年生源地信用助学贷款预申请表》向所在高中学校提出申请，对遭遇自然灾害、家庭变故、受疫情影响等特殊情况学生预申请时间可延至贷款办理前。

2. 网上申请。接到录取通知书的大学新生和首贷在校大学生登录国家开发银行生源地信用助学贷款学生在线系统（https://sls.cdb.com.cn/）注册，并按指引填写相关信息，打印《国家开发银行生源地信用助学贷款申请表》（以下简称"《申请表》"）。

3. 合同签订。首次贷款学生（包括高校录取新生、在校生）携带《申请表》、录取通知书（或高校学生证）和身份证明材料，与共同借款人前往市教育事务综合保障中心受理窗口办理申贷手续，签订借款合同，签收《国家开发银行生源地信用助学贷款受理证明》（以下简称"《受理证明》"）。现场集中受理时间为 8 月 25 日至 9 月 9 日（工作日）。

4. 上交《受理证明》。已办理生源地信用助学贷款的学生，入学后须及时将《受理证明》上交高校学生资助中心，高校确认入学信息和欠费信息。

四、受理机构及联系方式

1. 国家开发银行生源地信用助学贷款全国统一服务热线：95593；

2. 深圳市生源地信用助学贷款咨询热线：0755-82386753。

深圳市教育局关于印发《深圳市基础教育系统教育科研专家工作室建设和管理办法》的通知

深教规〔2022〕6号

各区（大鹏新区、深汕特别合作区）教育行政部门，市局直属各单位（学校）：

为进一步做好我市教育科研专家工作室建设和管理工作，我局制定了《深圳市基础教育系统教育科研专家工作室建设和管理办法》，现印发给你们，请遵照执行。

深圳市教育局

2022 年 11 月 22 日

深圳市基础教育系统教育科研专家工作室建设和管理办法

第一章　总　则

第一条　为适应新时期我市基础教育科研事业发展需要，加快建设高素质专业化创新型教育科研人才队伍，进一步规范教育科研专家工作室建设与管理工作，制定本办法。

第二条　教育科研专家工作室（以下简称"专家工作室"）是"名师工程"的重要组成部分，承担以教育科研专家为引领、以课题研究为载体、以先进的教育思想为指导，建立促进教育科研骨干教师成长的培养机制，提升教育科研服务教育教学改革的能力，产出一批在全国或者全市具有一定影响力的高水平教育科研团队及成果，推动我市教育高质量发展的职责。

第三条　专家工作室由教育科研专家组建，人员包括1名主持人、7~20名成员和10~15名学员。

教育科研专家担任专家工作室的主持人，全面主持工作室的各项工作，负责带领团队围绕基础教育教学实践问题开展深入系统的高水平研究，促使工作室成为我市高水平科研骨干的集聚地和教育科研专家的孵化地。

成员包括教育科研骨干和其他成员。教育科研骨干是教育科研专家的培养对象，在相应的工作室接受周期培养，成长为致力于基础教育教学实践创新的高水平科研型专家，总数不超过10名。

第四条　市教育行政部门是专家工作室的主管部门，负责统筹管理、监督检查和考核验收等工作。

市教育科学研究院（以下简称"市教科院"）负责开展专家工作室的具体业务管理和指导工作。

区教育行政部门负责对本区域专家工作室进行日常管理和指导。

第二章　申报组建

第五条　申报教育科研专家的，应当同时满足下列基本条件：

（一）具有国家教育行政部门认可的本科以上学历。

（二）连续从事教育工作8年以上，在深圳连续从事教育工作5年以上；对2014年以来引进的省级（含副省级城市）以上名校长、名教师（或学科带头人）、特级教师、正高级教师在深任教年限放宽至1年以上。

（三）年龄不超过55周岁，且能够完成一个周期的工作室建设。

（四）受聘副高级及以上专业技术职务或中小学三级及以上正、副校长职级。

（五）近五年主持并完成1项市级及以上教育行政部门或科研部门立项的教育科研课题。

（六）近五年出版所属研究领域教育教学专著1部以上（主笔或第一作者）；或发表专业论文（独立或第一作者完成）5篇以上，其中至少在核心刊物上发表2篇。

（七）近三年完成规定的教师继续教育任务，且经相关主管部门验证合格。

（八）任职以来没有发生教师行为准则和《中小学教师违反职业道德行为处理办法》（教师〔2018〕18号）规定的禁止行为；未受过刑事处分、党纪政纪处分，不处于正在接受有关部门审查并尚未作出结论的情形。

（九）不属于近三年发生重大师德师风事件、安全责任事故，或违反收费、有偿家教等规定的学校的校长或相关责任人。

第六条　申报教育科研骨干的，应当同时满足下列基本条件：

（一）具有国家教育行政部门认可的本科以上学历。

（二）连续从事教育工作5年以上，并且在深圳连续从事教育工作3年以上。

（三）年龄在50周岁以下。

（四）受聘中级及以上专业技术职务（按照校长职级制管理的中小学正副校长不受专业技术职务聘任限制）。

（五）近五年主持或作为主要成员（排名前三）参与1项区级以上教育行政部门或科研部门立项的教育科研课题。

（六）近五年内在市级以上公开刊物独立发表教育教学论文1篇以上，或出版独立撰写的教育教学类著作1部以上，或在市级以上教育行政、业务部门举办的教育教学专业学术交流会中获奖。

（七）近三年完成规定的教师继续教育任务，且经相关主管部门验证合格。

（八）任职以来没有发生教师行为准则和《中小学教师违反职业道德行为处理办法》（教师〔2018〕18号）规定的禁止行为；未受过刑事处分、党纪政纪处分，不处于正在接受有关部门审查并尚未作出结论的情形。

（九）不属于近三年发生重大师德师风事件、安全责任事故，或违反收费、有偿家教等规定的学校的校长或相关责任人。

第七条　申报人在符合相应的申报基本条件基础上，同时满足以下条件之一的，申报人所在单位可以优先推荐申报人申报教育科研专家或者骨干：

（一）省级（含副省级城市）名校长、名教师（或学科带头人）、特级教师、正高级教师，且当前未担任市级以上名校长、名教师、名班主任工作室主持人任务的。

（二）近五年获得市级以上哲学社会科学奖或教育教学科研成果奖二等奖以上，本学科领域研究在市内具有较高知名度和影响力的。

（三）近五年获得市级以上教育行政部门或教研部门组织的教师教学能力大赛等专业比赛二等奖及以上，且教育教学业绩在市内学科领域有较大影响力的。

（四）近五年围绕基础教育高质量发展某一领域探索形成了具有一定区域影响力的教学实践模型，并对推动学校教育教学质量提升具有显著作用，在我市基础教育领域发挥示范引领和辐射带动作用的。

（五）具有 3 年以上在中小学全职交流轮岗经历的。

第八条　教育科研专家与教育科研骨干的申报评审按照以下程序进行：

（一）发布通知。在市教育行政部门统筹指导下，市教科院负责起草并发布教育科研专家与教育科研骨干申报的通知。

（二）人员申报。具备条件的教师或研究人员自愿向所在单位申请，所在单位审核后向区教育行政部门报送。

（三）遴选推荐。区教育行政部门组织材料审核、推荐评选和审查公示，并在规定名额范围内向市教育行政部门推荐；市教育行政部门直属单位的申请人员由单位向市教育行政部门推荐。

（四）组织评审。市教科院在市教育行政部门的指导下组织评审专家组对申报的教师或研究人员进行分别评审。

（五）公示认定。市教科院将教育科研专家和教育科研骨干拟选人员名单在市教科院网站向社会公示不少于 7 个工作日。公示有异议且查证属实的，取消其资格。公示无异议或者异议不成立的，市教育行政部门审议同意后，授予"教育科研专家"或"教育科研骨干"称号。

第九条　专家工作室以主持人姓名及其专业特色命名，由市教育行政部门颁发牌匾。

教育科研骨干与教育科研专家在双向选择基础上，自愿加入一个专家工作室。

其他成员由主持人从全市中小学和教科研机构遴选，并报市教科院备案。

学员由主持人从全市中小学和教科研机构遴选。

第十条　专家工作室可聘请本研究领域的知名专家组成指导团队，指导工作室开展课题研究，培养高水平科研团队。

第三章　周期建设

第十一条　专家工作室应当承担下列职责：

（一）结合本工作室特点，制定周期建设规划与成员、学员培养计划，系统开展建设工作。

（二）围绕我市教育教学改革热点、难点问题开展课题研究，周期内至少完成 1 项市级以上课题，形成一批具有先行示范价值的研究成果，以及可推广共享的优质教育资源（含教学案例集、编著、汇编、课程、软件等）。

（三）每学期至少举办一次全体工作室成员、学员参加的集中研讨活动；每月至少举行一次专题研讨活动，培养一批致力于基础教育教学改革和教育科研创新的高水平科研人才后备力量。

（四）承担教育科研骨干教师培训任务，参与各级专业研讨、专题讲座和对口帮扶等活动；周期内至少开发 1 门市级教师继续教育主讲课程，提升中小学骨干教师科研能力。

（五）围绕本工作室课题形成高水平专业成果，周期内带领团队完成 2 篇以上高水平专题研究报告、公开发表 6 篇以上研究论文（核心期刊发表论文不少于 3 篇，其中主持人独立发表不少于 2 篇），或出版 1 部专著（不含编著、汇编），或获得市级以上教育教学成果奖。

（六）围绕本工作室课题研究成果，举办区域和跨区域开放性专题讲座、报告会、研讨会和示范课等，推广优秀科研成果，发挥工作室示范引领作用。

教育科研专家是专家工作室周期建设工作的责任人。

第十二条 教育科研骨干应当承担下列职责：

（一）根据工作室培养计划，确定自身发展目标，制定周期内学习和研究计划，并按要求积极参与课题研究，完成规定研究任务。

（二）积极协助主持人开展工作室建设和管理工作，在工作室其他成员、学员成长中发挥示范引领作用。

（三）在周期内完成个人专业成长报告，紧密围绕工作室课题研究独立撰写1篇高水平研究报告、独立公开发表2篇研究论文（其中核心期刊不少于1篇），并在课题主要成果的研究中作出重要贡献。

第十三条 其他成员、学员应当承担下列职责：

（一）确立自身发展目标，制定周期内学习计划，积极参与课题研究。

（二）虚心接受专家工作室主持人的指导，完成专家工作室主持人安排的学习和研究任务。

（三）在周期内完成个人专业成长报告。

第四章 保障措施

第十四条 市教育局在专家工作室周期内为每个工作室按年度分批拨付资助经费共25万元，并纳入年度部门预算。

市、区教育行政部门自行决定本单位（区）所属专家工作室的配套资助经费，并分别纳入年度部门预算。

第十五条 专家工作室资助经费用于支付专家工作室建设过程中发生的下列费用：

（一）资料费：资料收集、录入、复印、翻拍、翻译等费用，以及必要的图书和专用软件购置费等。

（二）数据采集费：问卷调查、数据跟踪采集、案例分析等费用。

（三）差旅费：开展国内调研、学习培训活动或参加学术会议发生的交通费、食宿费及其他相关费用。

（四）会议费：为组织开展学术研讨、咨询交流，以及课题研究及成果鉴定、展示和推广等活动而召开小型会议或参加学术会议的费用。

（五）专家咨询（评审）费：支付给临时聘请的咨询专家的费用。此项费用不得支付给包括本工作室在内的任何专家工作室人员，以及负有管理专家工作室职责的单位的人员。

（六）劳务费：支付给临时参与课题研究的聘用人员的劳务性费用。此项费用不得支付给本专家工作室人员。

（七）材料购置费：指购置所需小型设备与耗材等支出的费用。购买的非一次性小型设备与耗材等，由工作室主持人所在单位统一管理使用。

（八）印刷费：相关成果的打印费、印刷费和誊写费等。

（九）其他支出：除上述费用之外的其他支出，包括办公用品费、视频拍摄制作费、出版（补助）费等。

第十六条 资助经费由专家工作室主持人所在单位管理，专款专用，经费收支账目和票据由单位财务部门妥善保存，并接受上级财务、审计部门的监督和检查。

第十七条 专家工作室资助经费及配套科研经费编报部门预算时同步编制绩效目标，并由市、区教育行政部门做好绩效评价管理工作。

第十八条 专家工作室所在单位应当提供独立办公室与其他相应的办公条件；有条件的，应当配备信息化设备和系统。

第十九条 专家工作室周期内承担的研究课题经申请，立项为市级教育科学规划课题的，不再享受市级教育科学规划课题经费资助。

第二十条 教育科研专家、成员和学员经考核完成年度工作任务的，按照我市中小幼教师继续教育学分相关管理办法分别折算相应的继续教育学分。

第五章 指导管理与监督

第二十一条 市教科院对专家工作室开展下列指导管理与监督工作：

（一）指导各专家工作室制定课题研究方案并且统一组织课题开题工作，培养计划和年度活动安排。

（二）组织开展教育科研专家和教育科研骨干业务培训，提高相关人员的专业水平。

（三）检查指导专家工作室课题研究和培训工作的开展情况。

（四）对教育科研专家和教育科研骨干进行考核评估。

（五）组织开展专家工作室科研成果交流、展示和推广活动。

（六）总结全市专家工作室建设经验，提出改进办法。

第二十二条　专家工作室每3年为一个周期，每年进行1次年度考核，每周期结束后进行周期考核，年度和周期考核结果在市教科院网站公布。

第二十三条　教育科研专家的考核内容包括以下五个方面：

（一）课题研究。包括课题研究情况、实践情况、研究成果（研究报告、论文论著、教育教学改革成果等）等。

（二）工作室成员培养。包括工作室建设规划及实施情况、成员培养计划及实施情况，以及成员教育科研水平提升情况等。

（三）骨干教师培训与指导。包括教师继续教育课程开发讲授、承担市区骨干教师教育科研见习和培训情况及对口帮扶辐射情况等。

（四）研究成果推广应用。包括开设开放性专题讲座或报告会或研讨会的情况、实验校（点）实践成果及效果、影响力等。

（五）其他情况。包括专家工作室管理制度、优质教育资源开发，以及经费使用与绩效评价等与专家工作室管理与建设相关情况。

第二十四条　教育科研骨干的考核内容包括以下三个方面：

（一）学习和研究计划制定与完成情况、参与工作室课题研究的情况，以及规定研究任务的完成情况。

（二）协助主持人开展工作室建设和管理工作的情况，以及在工作室团队中发挥示范引领作用的情况。

（三）个人专业成长报告、论文，以及其他重要课题研究成果的完成情况。

第二十五条　主持人负责对其他成员、学员进行考核评估，考核评估的内容包括以下四个方面：

（一）制定学习和研究计划的情况，以及参与课题研究的情况。

（二）完成专家工作室主持人安排的学习和研究任务的情况。

（三）个人专业成长报告。

（四）其他课题研究成果的完成情况。

第二十六条　考核可通过查看原始材料、听取专家工作室相关人员的汇报、听取专家工作室相关人员的自我评价与对其他相关人员的评价、深入教育科研专家和骨干等所在单位实地考察等方式进行。

第二十七条　年度考核和周期考核结果分为"优秀""合格""不合格"3个等级，其中考核结果为"优秀"的比例不超过总数的15%。

专家工作室人员所在单位可参考年度考核与周度考核结果对其进行教学科研工作管理和绩效考核。

第二十八条　教育科研专家的考核结果为"不合格"的，应当在3个月内完成整改；整改后仍不合格的，撤销教育科研专家称号（收回已颁发牌匾、证书）及工作室建制，同时取消下一周期深圳市基础教育系统"名师工程"的申报资格，并终止拨付剩余工作室资助经费。其中，考核为"合格"的原专家工作室教育科研骨干加入其他专家工作室。

教育科研骨干考核结果为"不合格"的，应当在3个月内完成整改；整改后仍不合格的，撤销教育科研骨干称号（收回已颁发证书）并退出工作室，同时取消下一周期深圳市基础教育系统"名师工程"的申报资格。

其他成员、学员考核结果为"不合格"的，应当退出专家工作室。

第六章　附　则

第二十九条　本办法实施前认定的新一轮教育科研专家、教育科研骨干，以及组建的教育科研专家工作室适用本办法的规定。

第三十条　本办法所称的"以上""以下""不超过"，包括本数。

第三十一条　本办法自2022年12月5日起施行，有效期5年。《深圳市教育科研专家工作室建设和管理办法（试行）》（深教〔2012〕465号）同时废止。

教育统计
Educational Statistics

表1

2017—2022年学校数

（单位：所）

	2017年	2018年	2019年	2020年	2021年	2022年	2022年比2021年增减数	2022年比2017年增减数
各类学校总计	2437	2551	2642	2713	2766	2862	96	425
一、高等教育	13	14	14	15	15	15	0	2
1.普通高等学校	12	13	13	14	14	14	0	2
2.成人高等学校	1	1	1	1	1	1	0	0
二、高中阶段教育	104	107	109	114	131	152	21	48
1.中等职业教育	25	25	26	26	26	27	1	2
中等职业学校	15	15	15	15	15	16	1	1
技工院校	10	10	11	11	11	11	0	1
2.普通高中	79	82	83	88	105	125	20	46
高级中学	21	22	23	23	36	55	19	34
完全中学	24	24	23	26	24	25	1	1
十二年一贯制学校	34	36	37	39	45	45	0	11
三、初中	289	308	334	347	370	396	26	107
初级中学	48	47	46	53	55	56	1	8
九年一贯制学校	241	261	288	294	315	340	25	99
四、小学	342	344	340	347	343	353	10	11
五、学前教育	1683	1771	1836	1881	1896	1935	39	252
六、特殊教育学校	5	6	8	8	10	10	0	5
七、专门学校	1	1	1	1	1	1	0	0

说明：1.2022年中等职业学校16所，另有2所非独立法人的办学机构。

　　　2.根据全国教育事业统计口径，九年一贯制学校数量纳入初中阶段学校统计；十二年一贯制学校、完全中学学校数量纳入普通高中阶段学校统计。

表2

2017—2022年毕业生数

（单位：人、%）

	2017年	2018年	2019年	2020年	2021年	2022年	2022年比2021年		2022年比2017年	
							增加数	增长率	增加数	增长率
各类学校总计	457743	500235	514859	544134	564886	596186	31300	5.54	138443	30.24
一、高等教育	30081	35594	33885	39358	41492	45648	4156	10.02	15567	51.75
1.普通高等学校	25279	27935	25926	28033	28512	33847	5335	18.71	8568	33.89
研究生及以上	4336	4864	4652	5694	5774	6712	938	16.25	2376	54.80
本科	7106	9140	8727	9100	9841	11470	1629	16.55	4364	61.41
专科	13837	13931	12547	13239	12897	15665	2768	21.46	1828	13.21
2.成人高等学校	4802	7659	7959	11325	12980	11801	−1179	−9.08	6999	145.75
本科及以上	720	2403	3033	2627	4694	5322	628	13.38	4602	639.17
专科	4082	5256	4926	8698	8286	6479	−1807	−21.81	2397	58.72
二、高中阶段教育	58710	62213	63863	62221	67590	75124	7534	11.15	16414	27.96
1.中等职业教育	19343	20882	22124	19935	22872	26473	3601	15.74	7130	36.86
中等职业学校	12205	12743	12861	12057	12519	13448	929	7.42	1243	10.18
技工院校	7138	8139	9263	7878	10353	13025	2672	25.81	5887	82.47
2.普通高中	39367	41331	41739	42286	44718	48651	3933	8.80	9284	23.58
三、初中	80276	82775	91131	99669	106840	114661	7821	7.32	34385	42.83
四、小学	119948	130388	139895	150726	155758	161004	5246	3.37	41056	34.23
五、学前教育	168600	189124	185842	192007	192965	199375	6410	3.32	30775	18.25
六、特殊教育学校	107	91	224	132	232	352	120	51.72	245	228.97
七、专门学校	21	50	19	21	9	22	13	144.44	1	4.76

说明：按照教育事业统计口径，幼儿园招生数包含初次就读幼儿园托班、小班、中班及大班人数（不含转学插班人数），下同。

表3

2017—2022年招生数

（单位：人、%）

	2017年	2018年	2019年	2020年	2021年	2022年	2022年比2021年		2022年比2017年	
							增加数	增长率	增加数	增长率
各类学校总计	600800	636289	639694	662279	693233	703202	9969	1.44	102402	17.04
一、高等教育	40513	46445	53248	63496	56009	64015	8006	14.29	23502	58.01
1.普通高等学校	31390	33662	38045	52394	43171	45551	2380	5.51	14161	45.11
研究生及以上	5787	6550	8090	10789	11115	12134	1019	9.17	6347	109.68
本科	11191	12959	12774	14701	16596	16126	−470	−2.83	4935	44.10
专科	14412	14153	17181	26904	15460	17291	1831	11.84	2879	19.98
2.成人高等学校	9123	12783	15203	11102	12838	18464	5626	43.82	9341	102.39
本科及以上	2938	4966	5467	5129	6070	7755	1685	27.76	4817	163.96
专科	6185	7817	9736	5973	6768	10709	3941	58.23	4524	73.14

（续表）

	2017年	2018年	2019年	2020年	2021年	2022年	2022年比2021年		2022年比2017年	
							增加数	增长率	增加数	增长率
二、高中阶段教育	67240	71586	77370	83347	95484	106721	11237	11.77	39481	58.72
1.中等职业教育	23665	25549	28164	27320	30552	31205	653	2.14	7540	31.86
中等职业学校	13005	12875	13835	12504	14144	15507	1363	9.64	2502	19.24
技工院校	10660	12674	14329	14816	16408	15698	−710	−4.33	5038	47.26
2.普通高中	43575	46037	49206	56027	64932	75516	10584	16.30	31941	73.30
三、初中	108820	118051	124848	137214	143846	151060	7214	5.02	42240	38.82
四、小学	181516	206327	203957	190742	204514	204997	483	0.24	23481	12.94
五、学前教育	202474	193675	179844	187135	192791	175744	−17047	−8.84	−26730	−13.20
六、特殊教育学校	187	195	424	343	583	656	73	12.52	469	250.80
七、专门学校	50	10	3	2	6	9	3	50.00	−41	−82.00

表4　　　　　　　　　　　　　2017—2022年在校学生数

（单位：人、%）

	2017年	2018年	2019年	2020年	2021年	2022年	2022年比2021年		2022年比2017年	
							增加数	增长率	增加数	增长率
各类学校总计	2082672	2209249	2322438	2421574	2562113	2662124	100011	3.90	579452	27.82
一、高等教育	120318	131836	149530	169334	179739	195943	16204	9.02	75625	62.85
1.普通高等学校	96702	103829	113214	136184	145181	155264	10083	6.95	58562	60.56
研究生及以上	16089	17584	21005	26198	28702	33724	5022	17.50	17635	109.61
本科	38791	44018	46702	51624	56943	61439	4496	7.90	22648	58.38
专科	41822	42227	45507	58362	59536	60101	565	0.95	18279	43.71
2.成人高等学校	23616	28007	36316	33150	34558	40679	6121	17.71	17063	72.25
本科及以上	9276	10467	14862	15031	18182	20331	2149	11.82	11055	119.18
专科	14340	17540	21454	18119	16376	20348	3972	24.26	6008	41.90
二、高中阶段教育	201219	207130	217531	232149	255586	283407	27821	10.89	82188	40.85
1.中等职业教育	74120	76028	79992	81860	86053	88672	2619	3.04	14552	19.63
中等职业学校	39234	38922	39442	39134	40186	41829	1643	4.09	2595	6.61
技工院校	34886	37106	40550	42726	45867	46843	976	2.13	11957	34.27
2.普通高中	127099	131102	137539	150289	169533	194735	25202	14.87	67636	53.22
三、初中	290542	316902	339851	367341	393641	421585	27944	7.10	131043	45.10
四、小学	964510	1027969	1068992	1091179	1133041	1166852	33811	2.98	202342	20.98
五、学前教育	504955	524193	545032	559674	597569	591691	−5878	−0.98	86736	17.18
六、特殊教育学校	1050	1187	1462	1873	2498	2622	124	4.96	1572	149.71
七、专门学校	78	32	40	24	39	24	−15	−38.46	−54	−69.23

表5

2017—2022年教职工数

（单位：人、%）

	2017年	2018年	2019年	2020年	2021年	2022年	2022年比2021年		2022年比2017年	
							增加数	增长率	增加数	增长率
各类学校总计	190657	207224	219390	232841	251874	263471	11597	4.60	72814	38.19
一、高等教育	11732	14392	15173	17616	21226	22052	826	3.89	10320	87.96
1.普通高等学校	11242	13948	14875	17276	20850	21668	818	3.92	10426	92.74
2.成人高等学校	490	444	298	340	376	384	8	2.13	−106	−21.63
二、中学阶段教育	73031	80794	87907	94137	104173	111247	7074	6.79	38216	52.33
1.中等职业教育	5608	5802	6052	6379	6915	7210	295	4.27	1602	28.57
中等职业学校	3447	3505	3584	3767	3985	4282	297	7.45	835	24.22
技工院校	2161	2297	2468	2612	2930	2928	−2	−0.07	767	35.49
2.普通中学	67423	74992	81855	87758	97258	104037	6779	6.97	36614	54.30
三、小学	31098	32665	33069	33573	33642	34916	1274	3.79	3818	12.28
四、学前教育	74366	78890	82647	86711	91756	93976	2220	2.42	19610	26.37
五、特殊教育学校	374	427	565	729	1002	1197	195	19.46	823	220.05
六、专门学校	56	56	29	75	75	83	8	10.67	27	48.21

表6

2017—2022年专任教师数

（单位：人、%）

		2017年	2018年	2019年	2020年	2021年	2022年	2022年比2021年		2022年比2017年	
								增加数	增长率	增加数	增长率
各类学校总计		130250	140374	148622	156086	166197	175474	9277	5.58	45224	34.72
一、高等教育		5725	6796	7187	8248	8654	9080	426	4.92	3355	58.60
1.普通高等学校		5572	6644	6999	8047	8426	8840	414	4.91	3268	58.65
其中	正高级	1068	1453	1516	1806	1874	1862	−12	−0.64	794	74.34
	副高级	1975	2334	2570	2928	2852	3045	193	6.77	1070	54.18
2.成人高等学校		153	152	188	201	228	240	12	5.26	87	56.86
其中	正高级	5	5	4	4	4	4	0	0.00	−1	−20.00
	副高级	51	50	39	39	43	45	2	4.65	−6	−11.76
二、高中阶段教育		14724	15601	16134	17279	19115	21417	2302	12.04	6693	45.46
1.中等职业教育		3914	4096	4204	4488	4771	4849	78	1.63	935	23.89
中等职业学校		2636	2694	2747	2888	2886	2962	76	2.63	326	12.37
技工院校		1278	1402	1457	1600	1885	1887	2	0.11	609	47.65
2.普通高中		10810	11505	11930	12791	14344	16568	2224	15.50	5758	53.27
三、初中		21780	24039	26431	28763	31526	33840	2314	7.34	12060	55.37
四、小学		50805	55160	58511	60900	63640	66513	2873	4.51	15708	30.92
五、学前教育		36904	38431	39912	40348	42408	43597	1189	2.80	6693	18.14
六、特殊教育学校		283	318	418	522	828	1003	175	21.14	720	254.42
七、专门学校		29	29	29	26	26	24	−2	−7.69	−5	−17.24

表7

2022年各级各类学校基本情况表

学校类别	学校数（所）			毕业生数（人）			招生数（人）			在校学生数（人）						教职工数（人）			专任教师数（人）		
	计	其中:社会力量办学校		计	其中:社会力量办学校		计	其中:社会力量办学校		计	其中:非户籍生		其中:社会力量办学校			计	其中:社会力量办学校		计	其中:社会力量办学校	
	（所）	（所）	占比例（%）	（人）	（人）	占比例（%）	（人）	（人）	占比例（%）	（人）	（人）	占比例（%）	（人）	非户籍生	在校生占比例（%）	（人）	（人）	占比例（%）	（人）	（人）	占比例（%）
各类学校总计	2862	1297	45.32	596186	215312	36.11	703202	205599	29.24	2662124	1209827	45.45	850823	656910	31.96	263471	89050	33.80	175474	54313	30.95
普通教育合计	2861	1297	45.33	584385	215224	36.83	684738	200777	29.32	2621445	1209827	46.15	844711	656910	32.22	263087	89050	33.85	175234	54313	30.99
普通教育 普通高等学校	14	1	7.14	33847	1413	4.17	45551	1568	3.44	155264			6648		4.28	21668	343	1.58	8840	248	2.81
中等职业教育 合计	27	11	40.74	26473	11764	44.44	31205	14472	46.38	88672	69443	78.31	38636	32865	43.57	7210	2170	30.10	4849	1496	30.85
中等职业教育 中等职业学校	16	2	12.50	13448	2016	14.99	15507	3143	20.27	41829	29389	70.26	7203	5729	17.22	4282	483	11.28	2962	363	12.26
中等职业教育 技工院校	11	9	81.82	13025	9748	74.84	15698	11329	72.17	46843	40054	85.51	31433	27136	67.10	2928	1687	57.62	1887	1133	60.04
普通高中	125	52	41.60	48651	13165	27.06	75516	16749	22.18	194735	71222	36.57	48400	28810	24.85	38332	14899	38.87	16568	4233	25.55
义务教育 合计	749	212	28.30	275665	90169	32.71	356057	94301	26.48	1588437	817796	51.48	482939	433342	30.40	100621	29324	29.14	100353	28959	28.86
义务教育 普通初中	396	159	40.15	114661	29839	26.02	151060	38508	25.49	421585	222444	52.76	108437	94972	25.72	65705	24959	37.99	33840	8418	24.88
义务教育 小学	353	53	15.01	161004	60330	37.47	204997	55793	27.22	1166852	595352	51.02	374502	338370	32.10	34916	4365	12.50	66513	20541	30.88
专门学校	1			22			9			24	15	62.50				83			24		
特殊教育学校	10			352			656			2622	41	1.56				1197			1003		
学前教育	1935	1021	52.76	199375	98713	49.51	175744	73687	41.93	591691	251310	42.47	268088	161893	45.31	93976	42314	45.03	43597	19377	44.45
成人教育 成人教育合计	1			11801	88	0.75	18464	4822	26.12	40679			6112		15.02	384			240		
成人教育 成人高等学校	1			11801	88	0.75	18464	4822	26.12	40679			6112		15.02	384			240		

说明：1. 在教育事业统计报表中普通高校、成人教育没有非户籍生指标。

2. 中等职业学校16所，另有2所非独立法人的办学机构。

3. 根据全国教育事业统计口径，九年一贯制学校教职工纳入初中阶段学校统计；十二年一贯制学校、完全中学学校教职工纳入普通高中阶段学校统计。

4. 根据全国教育事业统计口径，小学专任教师含九年一贯制学校、十二年一贯制学校小学部的专任教师；初中专任教师含九年一贯制学校、十二年一贯制学校初中部专任教师；高中专任教师含十二年一贯制学校、完全中学学校高中部专任教师。

表8

2022年各级各类学校数增减变化情况

（单位：所、%）

	2021年			2022年			2022年比2021年		2022年比2021年（公办）		2022年比2021年（民办）	
	小计	公办	民办	小计	公办	民办	增加数	增长率	增加数	增长率	增加数	增长率
各类学校总计	2766	1457	1309	2862	1565	1297	96	3.47	108	7.41	-12	-0.92
一、高等教育	15	14	1	15	14	1	0	0.00	0	0.00	0	0.00
1.普通高等学校	14	13	1	14	13	1	0	0.00	0	0.00	0	0.00
2.成人高等学校	1	1		1	1		0	0.00	0	0.00	0	0.00
二、高中阶段教育	131	71	60	152	89	63	21	16.03	18	25.35	3	5.00
1.中等职业教育	26	15	11	27	16	11	1	3.85	1	6.67	0	0.00
中等职业学校	15	13	2	16	14	2	1	6.67	1	7.69	0	0.00
技工院校	11	2	9	11	2	9	0	0.00	0	0.00	0	0.00

（续表）

	2021年			2022年			2022年比2021年		2022年比2021年（公办）		2022年比2021年（民办）	
	小计	公办	民办	小计	公办	民办	增加数	增长率	增加数	增长率	增加数	增长率
2.普通高中	105	56	49	125	73	52	20	19.05	17	30.36	3	6.12
高级中学	36	22	14	55	39	16	19	52.78	17	77.27	2	14.29
完全中学	24	18	6	25	19	6	1	4.17	1	5.56	0	0.00
十二年一贯制学校	45	16	29	45	15	30	0.00	0.00	−1	−6.25	1	3.45
三、初中	370	209	161	396	237	159	26	7.03	28	13.40	−2	−1.24
初级中学	55	53	2	56	54	2	1	1.82	1	1.89	0	0.00
九年一贯制学校	315	156	159	340	183	157	25	7.94	27	17.31	−2	−1.26
四、小学	343	287	56	353	300	53	10	2.92	13	4.53	−3	−5.36
五、学前教育	1896	865	1031	1935	914	1021	39	2.06	49	5.66	−10	−0.97
六、特殊教育学校	10	10		10	10		0	0.00	0	0.00	0	
七、专门学校	1	1		1	1		0	0.00	0	0.00	0	

说明：2022年中等职业学校16所，另有2所非独立法人的办学机构。

表9 　　　　　　　　　　2022年各级各类毕业生数增减变化情况

（单位：人、%）

	2021年			2022年			2022年比2021年		2022年比2021年（公办）		2022年比2021年（民办）	
	小计	公办	民办	小计	公办	民办	增加数	增长率	增加数	增长率	增加数	增长率
各类学校总计	564886	357041	207845	596186	380874	215312	31300	5.54	23833	6.68	7467	3.59
一、高等教育	41492	40025	1467	45648	44147	1501	4156	10.02	4122	10.30	34	2.32
1.普通高等学校	28512	27158	1354	33847	32434	1413	5335	18.71	5276	19.43	59	4.36
研究生及以上	5774	5774		6712	6712		938	16.25	938	16.25		
本科	9841	9841		11470	11470		1629	16.55	1629	16.55		
专科	12897	11543	1354	15665	14252	1413	2768	21.46	2709	23.47	59	4.36
2.成人高等学校	12980	12867	113	11801	11713	88	−1179	−9.08	−1154	−8.97	−25	−22.12
本科及以上	4694	4694		5322	5322		628	13.38	628	13.38		
专科	8286	8173	113	6479	6391	88	−1807	−21.81	−1782	−21.80	−25	−22.12
二、高中阶段教育	67590	48191	19399	75124	50195	24929	7534	11.15	2004	4.16	5530	28.51
1.中等职业教育	22872	14238	8634	26473	14709	11764	3601	15.74	471	3.31	3130	36.25
中等职业学校	12519	11029	1490	13448	11432	2016	929	7.42	403	3.65	526	35.30
技工院校	10353	3209	7144	13025	3277	9748	2672	25.81	68	2.12	2604	36.45
2.普通高中	44718	33953	10765	48651	35486	13165	3933	8.80	1533	4.52	2400	22.29
三、初中	106840	76180	30660	114661	84822	29839	7821	7.32	8642	11.34	−821	−2.68
四、小学	155758	95832	59926	161004	100674	60330	5246	3.37	4842	5.05	404	0.67
五、学前教育	192965	96572	96393	199375	100662	98713	6410	3.32	4090	4.24	2320	2.41
六、特殊教育学校	232	232		352	352		120	51.72	120	51.72		
七、专门学校	9	9		22	22		13	144.44	13	144.44		

表10　　　　　　　　　2022年各级各类招生数增减变化情况

（单位：人、%）

	2021年			2022年			2022年比2021年		2022年比2021年（公办）		2022年比2021年（民办）	
	小计	公办	民办	小计	公办	民办	增加数	增长率	增加数	增长率	增加数	增长率
各类学校总计	693233	463628	229605	703202	497603	205599	9969	1.44	33975	7.33	-24006	-10.46
一、高等教育	56009	52359	3650	64015	57625	6390	8006	14.29	5266	10.06	2740	75.07
1.普通高等学校	43171	40819	2352	45551	43983	1568	2380	5.51	3164	7.75	-784	-33.33
研究生及以上	11115	11115		12134	12134		1019	9.17	1019	9.17	0	
本科	16596	16596		16126	16126		-470	-2.83	-470	-2.83	0	
专科	15460	13108	2352	17291	15723	1568	1831	11.84	2615	19.95	-784	-33.33
2.成人高等学校	12838	11540	1298	18464	13642	4822	5626	43.82	2102	18.21	3524	271.49
本科及以上	6070	6070		7755	7755		1685	27.76	1685	27.76	0	
专科	6768	5470	1298	10709	5887	4822	3941	58.23	417	7.62	3524	271.49
二、高中阶段教育	95484	61532	33952	106721	75500	31221	11237	11.77	13968	22.70	-2731	-8.04
1.中等职业教育	30552	15207	15345	31205	16733	14472	653	2.14	1526	10.03	-873	-5.69
中等职业学校	14144	11454	2690	15507	12364	3143	1363	9.64	910	7.94	453	16.84
技工院校	16408	3753	12655	15698	4369	11329	-710	-4.33	616	16.41	-1326	-10.48
2.普通高中	64932	46325	18607	75516	58767	16749	10584	16.30	12442	26.86	-1858	-9.99
三、初中	143846	103965	39881	151060	112552	38508	7214	5.02	8587	8.26	-1373	-3.44
四、小学	204514	141125	63389	204997	149204	55793	483	0.24	8079	5.72	-7596	-11.98
五、学前教育	192791	104058	88733	175744	102057	73687	-17047	-8.84	-2001	-1.92	-15046	-16.96
六、特殊教育学校	583	583		656	656		73	12.52	73	12.52	0	
七、专门学校	6	6		9	9		3	50.00	3	50.00	0	

表11　　　　　　　　　2022年各级各类在校生数增减变化情况

（单位：人、%）

	2021年			2022年			2022年比2021年		2022年比2021年（公办）		2022年比2021年（民办）	
	小计	公办	民办	小计	公办	民办	增加数	增长率	增加数	增长率	增加数	增长率
各类学校总计	2562113	1679118	882995	2662124	1811301	850823	100011	3.90	132183	7.87	-32172	-3.64
一、高等教育	179739	171718	8021	195943	183183	12760	16204	9.02	11465	6.68	4739	59.08
1.普通高等学校	145181	138560	6621	155264	148616	6648	10083	6.95	10056	7.26	27	0.41
研究生及以上	28702	28702		33724	33724		5022	17.50	5022	17.50	0	
本科	56943	56943		61439	61439		4496	7.90	4496	7.90	0	
专科	59536	52915	6621	60101	53453	6648	565	0.95	538	1.02	27	0.41
2.成人高等学校	34558	33158	1400	40679	34567	6112	6121	17.71	1409	4.25	4712	336.57
本科及以上	18182	18182		20331	20331		2149	11.82	2149	11.82	0	

（续表）

	2021年			2022年			2022年比2021年		2022年比2021年（公办）		2022年比2021年（民办）	
	小计	公办	民办	小计	公办	民办	增加数	增长率	增加数	增长率	增加数	增长率
专科	16376	14976	1400	20348	14236	6112	3972	24.26	−740	−4.94	4712	336.57
二、高中阶段教育	255586	171343	84243	283407	196371	87036	27821	10.89	25028	14.61	2793	3.32
1.中等职业教育	86053	48998	37055	88672	50036	38636	2619	3.04	1038	2.12	1581	4.27
中等职业学校	40186	33772	6414	41829	34626	7203	1643	4.09	854	2.53	789	12.30
技工院校	45867	15226	30641	46843	15410	31433	976	2.13	184	1.21	792	2.58
2.普通高中	169533	122345	47188	194735	146335	48400	25202	14.87	23990	19.61	1212	2.57
三、初中	393641	287914	105727	421585	313148	108437	27944	7.10	25234	8.76	2710	2.56
四、小学	1133041	737845	395196	1166852	792350	374502	33811	2.98	54505	7.39	−20694	−5.24
五、学前教育	597569	307761	289808	591691	323603	268088	−5878	−0.98	15842	5.15	−21720	−7.49
六、特殊教育学校	2498	2498		2622	2622		124	4.96	124	4.96	0	
七、专门学校	39	39		24	24		−15	−38.46	−15	−38.46	0	

表12　　　　　　　　　2022年各级各类教职工数增减变化情况

（单位：人、%）

	2021年			2022年			2022年比2021年		2022年比2021年（公办）		2022年比2021年（民办）	
	小计	公办	民办	小计	公办	民办	增加数	增长率	增加数	增长率	增加数	增长率
各类学校总计	251874	160133	91741	263471	174421	89050	11597	4.60	14288	8.92	−2691	−2.93
一、高等教育	21226	20918	308	22052	21709	343	826	3.89	791	3.78	35	11.36
1.普通高等学校	20850	20542	308	21668	21325	343	818	3.92	783	3.81	35	11.36
2.成人高等学校	376	376		384	384		8	2.13	8	2.13	0	
二、中学阶段教育	104173	62056	42117	111247	69219	42028	7074	6.79	7163	11.54	−89	−0.21
1.中等职业教育	6915	4691	2224	7210	5040	2170	295	4.27	349	7.44	−54	−2.43
中等职业学校	3985	3528	457	4282	3799	483	297	7.45	271	7.68	26	5.69
技工院校	2930	1163	1767	2928	1241	1687	−2	−0.07	78	6.71	−80	−4.53
2.普通中学	97258	57365	39893	104037	64179	39858	6779	6.97	6814	11.88	−35	−0.09
三、小学	33642	29080	4562	34916	30551	4365	1274	3.79	1471	5.06	−197	−4.32
四、学前教育	91756	47002	44754	93976	51662	42314	2220	2.42	4660	9.91	−2440	−5.45
五、特殊教育学校	1002	1002		1197	1197		195	19.46	195	19.46	0	
六、专门学校	75	75		83	83		8	10.67	8	10.67	0	

表13 　　　　　　　　　2022年各级各类专任教师数增减变化情况

（单位：人、%）

	2021年			2022年			2022年比2021年		2022年比2021年（公办）		2022年比2021年（民办）	
	小计	公办	民办	小计	公办	民办	增加数	增长率	增加数	增长率	增加数	增长率
各类学校总计	166197	110705	55492	175474	121161	54313	9277	5.58	10456	9.44	−1179	−2.12
一、高等教育	8654	8421	233	9080	8832	248	426	4.92	411	4.88	15	6.44
1.普通高等学校	8426	8193	233	8840	8592	248	414	4.91	399	4.87	15	6.44
其中　正高级	1874	1861	13	1862	1845	17	−12	−0.64	−16	−0.86	4	30.77
副高级	2852	2811	41	3045	3002	43	193	6.77	191	6.79	2	4.88
2.成人高等学校	228	228		240	240		12	5.26	12	5.26	0	
其中　正高级	4	4		4	4		0	0.00	0	0.00	0	
副高级	43	43		45	45		2	4.65	2	4.65	0	
二、高中阶段教育	19115	13617	5498	21417	15688	5729	2302	12.04	2071	15.21	231	4.20
1.中等职业教育	4771	3227	1544	4849	3353	1496	78	1.63	126	3.90	−48	−3.11
中等职业学校	2886	2541	345	2962	2599	363	76	2.63	58	2.28	18	5.22
技工院校	1885	686	1199	1887	754	1133	2	0.11	68	9.91	−66	−5.50
2.普通高中	14344	10390	3954	16568	12335	4233	2224	15.50	1945	18.72	279	7.06
三、初中	31526	23447	8079	33840	25422	8418	2314	7.34	1975	8.42	339	4.20
四、小学	63640	42446	21194	66513	45972	20541	2873	4.51	3526	8.31	−653	−3.08
五、学前教育	42408	21920	20488	43597	24220	19377	1189	2.80	2300	10.49	−1111	−5.42
六、特殊教育学校	828	828		1003	1003		175	21.14	175	21.14	0	
七、专门学校	26	26		24	24		−2	−7.69	−2	−7.69	0	

表14 　　　　　　　　　2022年中小学、幼儿园非户籍生变化情况

（单位：人、%）

	2020年	2022年	2022年比2020年	
			增加数	增长率
总计	1240665	1209771	−30894	−2.49
幼儿教育	270157	251310	−18847	−6.98
小学	626373	595352	−31021	−4.95
初中	212090	222444	10354	4.88
普通高中	63478	71222	7744	12.20
中等职业学校（包括技工学校）	68567	69443	876	1.28

表15　　　　2022年义务教育阶段进城务工人员随迁子女就读人数情况

（单位：人、%）

	2021年	2022年	2022年比2021年	
			增加数	增长率
义务教育阶段学校总计	649627	631074	−18553	−2.86
小学	484772	458758	−26014	−5.37
初中	164855	172316	7461	4.53

表16　　　　　　　　2022年高等学校基本情况

（单位：所、人、平方米）

学校名称	学校数	毕业生数					招生数					在校生数						占地面积	建筑面积
		合计	博士	硕士	本科	专科	合计	博士	硕士	本科	专科	合计	女	博士	硕士	本科	专科		
深圳市普通教育合计	14	33847	496	6216	11470	15665	45551	1670	10464	16126	17291	155264	68278	5655	28069	61439	60101	8549524	4262007
深圳大学	1	9432	77	2367	6988		11839	244	4389	7206		41162	18561	721	11971	28470		2717508	2007407
南方科技大学	1	1583	1	612	970		3074	428	1360	1286		9244	2399	1374	3130	4740		1231259	698408
深圳技术大学	1	0					3955			3955		9261	3064			9261		593791	146012
香港中文大学（深圳）	1	1115			1115		1381			1381		5330	2719			5330			
深圳北理莫斯科大学	1	112			112		541			541		1446	605			1446			
中山大学（深圳校区）	1	1938	133	525	1280		1404	394	1010			9248	3634	1217	2326	5705			
哈尔滨工业大学（深圳）	1	1703	94	922	687		2923	257	1263	1403		10016	2300	1241	3572	5203			
深圳职业技术学院	1	8045				8045	9638				9638	34598	18803				34598	3006318	791857
深圳信息职业技术学院	1	6207				6207	6085				6085	18855	10209				18855	956120	584805
清华大学深圳国际研究生院	1	1104	105	999			1602	207	1395			4753	1524	671	4082				
北京大学深圳研究生院	1	808	86	722			889	138	751			2855	1318	429	2426				
暨南大学深圳校区	1	329		11	318		498	2	142	354		1549	958	2	263	1284		44527	33517
天津大学佐治亚理工深圳学院	1	58		58			154		154			299	80			299			
广东新安职业技术学院	1	1413				1413	1568				1568	6648	2104				6648		
深圳市成人教育合计（非全日制/业余）	1	11801		841	4481	6479	18464	57	1012	6686	10709	40679	23401	217	2894	17220	20348	6493	18080
深圳开放大学	1	4				4	109				109	248	144				248	6493	18080
深圳大学		8824		451	4481	3892	9843		579	6686	2578	26862	16088		1718	17220	7924		
中山大学（深圳校区）		13		13			9		9			21	8		21				
深圳职业技术学院		1143				1143	1971				1971	3519	1803				3519		
深圳信息职业技术学院		1352				1352	1229				1229	2545	1346				2545		
清华大学深圳国际研究生院		59		59			150	45	105			537	165	187	350				
北京大学深圳研究生院		227		227			281		281			606	291		606				
哈尔滨工业大学（深圳）		88		88			12	12				157	44	30	127				
暨南大学深圳校区		3		3			38		38			72	44		72				
广东新安职业技术学院		88			88		4822				4822	6112	3468				6112		

说明：1. 占地面积及建筑面积不包含学校非产权面积。
　　　2. 高教数据由各高校根据高等教育基层统计报表填写报送。
　　　3. 国内合作办学高校5所：哈尔滨工业大学（深圳）、中山大学（深圳校区）、清华大学深圳国际研究生院、北京大学深圳研究生院、暨南大学深圳校区。
　　　4. 中外/深港合作办学高校3所：香港中文大学（深圳）、深圳北理莫斯科大学、天津大学佐治亚理工深圳学院（非独立设置中外合作办学机构）。

表16 　　　　　　　　　　　2022年高等学校基本情况（续）

（单位：人、万元、万册）

学校名称	教职工数	女教职工	专任教师												固定资产值		学校藏书
			小计	其中：女	学历				职称					合计	其中：教学科研实习仪器设备	
					博士研究生	硕士研究生	本科	专科及以下	正高级	副高级	中级	初级	无职称			
深圳市普通教育合计	21668	9798	8840	3461	6339	1940	556	5	1862	3045	3271	253	409	3701564	1586217	1201.88
深圳大学	5908	2558	2519	1002	2112	353	54		543	806	1133	25	12	1406622	410172	449.55
南方科技大学	4094	1753	629	127	599	25	5		361	225	36	7		894331	482506	27.52
深圳技术大学	1046	527	553	228	387	135	30	1	95	143	258	10	47	193640	102264	53.05
香港中文大学（深圳）	1478	867	444	146	413	31			118	193	133			76603	34398	16.58
深圳北理莫斯科大学	202	118	62	40	44	18			3	23	21	1	14	22770	9760	11.65
中山大学·深圳	1242	438	743	217	652	68	23		179	387	145	20	12	88898	49549	140.3
哈尔滨工业大学（深圳）	1193	449	641	172	624	16	1		199	221	217	4		151881	137173	
深圳职业技术学院	2663	1266	1572	749	616	724	229	3	172	543	685	151	21	295974	142771	280.44
深圳信息职业技术学院	1540	719	946	502	431	430	85		57	287	349	10	243	368291	94418	164.64
清华大学深圳国际研究生院	936	437	210	35	206	4			50	100	60			86785	77334	1.12
北京大学深圳研究生院	811	362	206	43	201	5			56	51	99	0	0	97507	41706	0.22
暨南大学深圳校区	142	52	59	26	40	19			12	22	17	1	7	12342	1279	12.15
天津大学佐治亚理工深圳学院	70	40	8	2	8				0	1	7	0	0	1123	310	0.08
广东新安职业技术学院	343	212	248	172	6	112	129	1	17	43	111	24	53	4796	2577	44.57
深圳市成人教育合计	384	232	240	161	5	103	131	1	4	45	65	35	91	11434	1312	6.45
深圳开放大学	384	232	240	161	5	103	131	1	4	45	65	35	91	11434	1312	6.45

说明：固定资产不包含学校非产权部分。

表17 　　　　　　2022年教育部门主管的中等职业教育基本情况（分区）

（单位：所、人）

学校类别	学校数		毕业生数	招生数	在校学生数	预计毕业生数	教职工数	
	独立学校	其他机构					计	其中：专任教师
深圳市	16	2	13448	15507	41829	11578	4282	2962
市本级	7	2	6603	7801	21056	5259	2065	1261
福田区	1		963	1132	3229	1035	251	213
罗湖区	1		215	324	752	209	238	221
南山区	1		945	1051	2885	953	255	204
盐田区	1		814	671	2081	705	195	160
宝安区	2		1929	1931	5658	1839	525	417
龙岗区	2		1979	1953	5524	1578	709	449
龙华区	1		0	644	644	0	44	37

表18　　　　　　　　2022年教育部门主管的中等职业教育基本情况（分学校）

（单位：人）

学校名称	毕业生数	招生数		在校生数			教职工数		专任教师职称		
		计	应届毕业生	计	其中		计	专任教师	副高级及以上	中级	初级
					女生	非户籍生					
合计	13448	15507	14946	41829	19583	29389	4282	2962	707	1073	436
全日制小计	13448	15470	14909	41829	19582	29389	4282	2962	707	1073	436
市本级	6603	7764	7215	21056	9184	15618	2065	1261	197	389	198
深圳市第一职业技术学校	1043	975	975	3014	1461	2357	286	194	56	59	35
深圳市第二职业技术学校	1103	1284	1284	3625	1791	3256	286	215	46	113	22
深圳市新鹏职业高级中学★	195	228	228	601	219	464	103	47	14	14	13
深圳市第三职业技术学校	949	810	810	2388	1066	1812	206	142	14	45	39
深圳市开放职业技术学校★	1078	990	990	3188	1356	1639	154	138	1	34	29
深圳艺术学校	117	179	179	519	369	62	216	125	23	42	17
深圳市体育运动学校	102	145	145	508	205	299	331	22	2	7	4
深圳市奋达职业技术学校	1401	1905	1356	4510	1541	3545	327	228	37	52	33
深圳市中嘉职业技术学校	615	1238	1238	2693	1170	2184	156	135	0	19	0
深圳元平特殊教育学校★	0	10	10	10	6	0	—	15	4	4	6
福田区	963	1132	1120	3229	1724	2242	251	213	81	100	27
深圳市福田区华强职业技术学校	963	1132	1120	3229	1724	2242	251	213	81	100	27
罗湖区	215	324	324	752	507	403	238	221	90	55	47
深圳市行知职业技术学校	215	324	324	752	507	403	238	221	90	55	47
南山区	945	1051	1051	2885	1521	1842	255	204	71	83	13
深圳市博伦职业技术学校	945	1051	1051	2885	1521	1842	255	204	71	83	13
盐田区	814	671	671	2081	1097	1321	195	160	40	90	21
深圳市盐港中学	814	671	671	2081	1097	1321	195	160	40	90	21
宝安区	1929	1931	1931	5658	2567	4126	525	417	136	155	75
深圳市宝安职业技术学校	1360	1363	1363	3983	1938	2774	368	285	104	103	43
深圳市沙井职业高级中学	569	568	568	1675	629	1352	157	132	32	52	32
龙岗区	1979	1953	1953	5524	2675	3837	709	449	90	189	53
深圳市龙岗职业技术学校	1027	1014	1014	2801	1209	1884	401	249	59	106	14
深圳市龙岗区第二职业技术学校	952	939	939	2723	1466	1953	308	200	31	83	39
龙华区	0	644	644	644	307	0	44	37	2	12	2
深圳市龙华职业技术学校	0	644	644	644	307	0	44	37	2	12	2
非全日制小计	0	37	37	0	1		—	—	—	—	—
深圳市第三职业技术学校★	0	37	37	0	1		—	—	—	—	—

说明：1. 全市有中等职业学校16所，表中所列的带"★"为不计学校数的办学机构。

2. 深圳市奋达职业技术学校、深圳市中嘉职业技术学校为民办中等职业学校。

3. 深圳元平特殊教育学校教职工纳入特殊教育阶段统计。

表18   2022年教育部门主管的中等职业教育基本情况（分学校）（续）

（单位：人、平方米、台）

学校名称	专任教师学历			校舍情况		计算机
	研究生	本科	专科	占地面积	建筑面积	
合计	765	2118	77	1334629	1242092	30103
全日制小计	765	2118	77	1334629	1242092	30103
市本级	306	884	69	761883	753181	14558
深圳市第一职业技术学校	66	127	1	40538	72532	1570
深圳市第二职业技术学校	69	139	5	117371	109543	3257
深圳市新鹏职业高级中学★	14	31	2	155589	52676	1600
深圳市第三职业技术学校	41	101	0	86832	85441	2565
深圳市开放职业技术学校★	45	92	1	27527	84861	711
深圳艺术学校	36	85	4	61673	61673	325
深圳市体育运动学校	2	19	1	150828	141333	292
深圳市奋达职业技术学校	11	194	23	68000	98333	3586
深圳市中嘉职业技术学校	16	87	32	53525	46789	652
深圳元平特殊教育学校★	6	9	0	—	—	—
福田区	59	154	0	98696	70707	1859
深圳市福田区华强职业技术学校	59	154	0	98696	70707	1859
罗湖区	66	153	2	26527	27631	1085
深圳市行知职业技术学校	66	153	2	26527	27631	1085
南山区	65	139	0	81606	63626	2323
深圳市博伦职业技术学校	65	139	0	81606	63626	2323
盐田区	58	102	0	41940	27123	971
深圳市盐港中学	58	102	0	41940	27123	971
宝安区	100	316	1	159323	147332	5018
深圳市宝安职业技术学校	75	210	0	124933	113820	4008
深圳市沙井职业高级中学	25	106	1	34390	33512	1010
龙岗区	96	348	5	141436	137040	4078
深圳市龙岗职业技术学校	42	202	5	77960	74363	1745
深圳市龙岗区第二职业技术学校	54	146	0	63476	62677	2333
龙华区	15	22	0	23218	15452	211
深圳市龙华职业技术学校	15	22	0	23218	15452	211
非全日制小计	—	—	—	—	—	—
深圳市第三职业技术学校★	—	—	—	—	—	—

说明：1. 全市有中等职业学校16所，表中所列的带"★"为不计学校数的办学机构。

2. 深圳市奋达职业技术学校、深圳市中嘉职业技术学校为民办中等职业学校。

3. 该表占地面积及建筑面积含非学校产权面积。深圳元平特殊教育学校校舍面积及计算机台数纳入特殊教育阶段统计。

表19　　　　　　　　　　2022年人社部门主管的技工院校基本情况

（单位：人）

学校名称	毕业生数	招生数		在校生数			教职工数			
		计	应届初中毕业生	计	其中：		计	女教职工	专任教师	
					女生	非户籍生			计	女专任教师
深圳市合计	13025	15698	13045	46843	17968	40054	2928	1467	1887	1045
公办	3277	4369	2971	15410	6268	12918	1241	597	754	397
深圳技师学院（深圳高级技工学校）	2321	3126	2017	10435	4676	8452	865	411	571	287
深圳鹏城技师学院（深圳第二高级技工学校）	956	1243	954	4975	1592	4466	376	186	183	110
民办	9748	11329	10074	31433	11700	27136	1687	870	1133	648
深圳市深德技工学校	1714	1603	1364	5071	1619	4359	272	120	165	75
深圳市宝山技工学校	2221	1797	1279	4819	1258	4295	287	127	200	82
深圳市携创高级技工学校	1629	2861	2472	7198	2695	6196	331	179	196	137
深圳市科迪技工学校	386	408	408	1342	603	1163	65	37	54	30
深圳市宝民技工学校	181	347	347	710	273	642	67	21	39	13
深圳市华夏技工学校	501	631	631	2143	1051	1938	105	62	94	58
深圳市智理技工学校	544	916	916	2668	1213	2148	144	97	88	59
深圳市深科技工学校	2335	2526	2417	6679	2626	5652	363	193	263	174
深圳市中特技工学校	237	240	240	803	362	743	53	34	34	20

表19　　　　　　　　　2022年人社部门主管的技工院校基本情况（续）

（单位：人、平方米、台）

学校名称	专任教师职称			专任教师学历			校舍情况		计算机
	副高级及以上	中级	初级	研究生	本科	专科及以下	占地面积	建筑面积	
深圳市合计	293	593	340	444	1266	177	952708	1610007	20907
公办	176	285	63	370	357	27	439844	343291	13271
深圳技师学院（深圳高级技工学校）	155	201	44	291	270	10	370522	259264	8780
深圳鹏城技师学院（深圳第二高级技工学校）	21	84	19	79	87	17	69322	84027	4491
民办	117	308	277	74	909	150	512864	1266716	7636
深圳市深德技工学校	5	85	45	5	140	20	78706	829937	700
深圳市宝山技工学校	55	55	17	19	162	19	67067	66588	1000
深圳市携创高级技工学校	32	83	25	21	139	36	118756	122828	2439
深圳市科迪技工学校	4	16	8	3	41	10	36200	33658	326
深圳市宝民技工学校	1	0	0	1	21	17	16000	16000	380
深圳市华夏技工学校	2	15	33	4	80	10	33260	32530	405
深圳市智理技工学校	3	4	8	2	74	12	28824	32475	520
深圳市深科技工学校	15	46	131	19	221	23	104051	114500	1586
深圳市中特技工学校	0	4	10	0	31	3	30000	18200	280

说明：该表占地面积及建筑面积含非学校产权面积。

表20

2022年普通中学基本情况

（单位：所、班、人）

	学校数						班数			毕业生数			招生数			毕业班学生数		
	计	初级中学	九年一贯制	高级中学	完全中学	十二年一贯制	计	初中	高中	计	初中	高中	计	初中	高中	计	初中	高中
全 市	521	56	340	55	25	45	13697	9353	4344	163312	114661	48651	226576	151060	75516	184625	129291	55334
市本级	27	0	0	17	5	5	1606	377	1229	15782	5197	10585	31151	6086	25065	18719	4745	13974
福田区	37	9	19	3	1	5	1256	947	309	15579	11501	4078	18112	13939	4173	18380	13756	4624
罗湖区	39	11	22	1	5		929	724	205	13019	10051	2968	14424	11370	3054	14232	11154	3078
南山区	42	5	30	3	1	3	1276	1008	268	16490	13006	3484	18791	15115	3676	18273	14426	3847
盐田区	8	3	2	2	1		244	161	83	2900	1948	952	3464	2280	1184	3265	2183	1082
宝安区	95	4	66	6	5	14	2755	2029	726	34197	24989	9208	45766	33059	12707	37489	27685	9804
龙岗区	130	7	104	8	3	8	2759	2022	737	35495	25170	10325	46285	34013	12272	38558	28400	10158
光明区	32	4	24	1	2	1	692	497	195	7446	5314	2132	11827	8561	3266	8836	6338	2498
坪山区	30	3	21	4		2	540	373	167	5456	4017	1439	9084	6218	2866	6289	4421	1868
龙华区	72	7	49	8	2	6	1448	1094	354	14639	12050	2589	24837	18719	6118	18038	14626	3412
大鹏新区	9	3	3	2			192	121	71	2309	1418	891	2835	1700	1135	2546	1557	989

说明：按照教育事业统计口径，毕业生数是指上学年度具有学籍的学生完成教学计划规定课程，考试合格并且取得毕业证书的学生数，下同。

表20

2022年普通中学基本情况（续）

（单位：人、平方米、万元、台）

	在校学生数			教职工数	专任教师数			校舍建筑面积			固定资产总值	计算机		
	计	初中	高中		计	初中	高中	计	初中	高中		计	初中	高中
全 市	616320	421585	194735	104037	50408	33840	16568	19340960	10773004	8567956	3773830	336477	217777	118700
市本级	72270	16129	56141	7872	5956	1467	4489	2695445		2695445	868014	27827		27827
福田区	54271	41035	13236	7327	4565	3384	1181	1172968	687606	485362	142198	23316	15300	8016
罗湖区	42928	33934	8994	4971	3382	2600	782	773911	615456	158455	149974	18724	14602	4122
南山区	55392	44110	11282	9731	4518	3474	1044	1689108	1181161	507947	577672	28369	18975	9394
盐田区	9977	6619	3358	1073	863	536	327	352472	200009	152463	21456	3713	2470	1243
宝安区	124720	91808	32912	22627	9914	7075	2839	3588693	1669719	1918974	412744	54789	27241	27548
龙岗区	128318	93893	34425	25151	10323	7446	2877	3770881	2687559	1083322	972014	103486	79669	23817
光明区	31619	22523	9096	6146	2595	1891	704	1143622	842100	301522	130994	16270	13032	3238
坪山区	23171	16300	6871	4556	2071	1445	626	1512299	1205603	306696	243962	15005	12448	2557
龙华区	65579	50289	15290	13470	5502	4069	1433	2399890	1585787	814103	235029	41239	32102	9137
大鹏新区	8075	4945	3130	1113	719	453	266	241671	98004	143667	19772	3739	1938	1801

说明：1.九年一贯制学校的校舍建筑面积和计算机台数纳入初中统计；十二年一贯制学校、完全中学的校舍建筑面积和计算机台数纳入高中统计。

2.九年一贯制学校教职工纳入初中阶段学校统计；十二年一贯制学校、完全中学教职工纳入普通高中阶段学校统计。

3.初中专任教师含九年一贯制学校、十二年一贯制学校初中部专职教师；高中专任教师含十二年一贯制学校、完全中学高中部专任教师。

表21

2022年小学基本情况

（单位：所、班、人、平方米、万元、台）

	学校数	班数	毕业生数	招生数	在校学生数	毕业班学生数	教职工数	专任教师数	校舍建筑面积	固定资产总值	计算机
全　市	353	25946	161004	204997	1166852	168302	34916	66513	5235186	993605	127814
市本级	2	263	1422	2279	10826	1480	248	739	25532	9190	722
福田区	53	2819	16187	19753	116229	16251	5855	7263	1025493	103136	17098
罗湖区	48	1946	12602	14538	87583	13109	4551	5174	553241	147762	19579
南山区	36	2927	16269	20210	120232	17298	3681	6888	599714	193640	11332
盐田区	11	345	2152	2658	15270	2259	769	833	171157	12947	2917
宝安区	67	5730	38261	45547	262422	39424	6589	14553	1007597	115597	19643
龙岗区	71	5796	37910	48440	275951	39766	6532	15013	770488	248721	35170
光明区	15	1452	8516	12438	66374	9232	1493	3861	236924	36244	4138
坪山区	18	1102	6530	8322	46816	6812	1581	2786	342595	41235	5529
龙华区	25	3296	19607	28899	154073	20933	2994	8651	419338	62304	9845
大鹏新区	7	270	1548	1913	11076	1738	623	752	83108	22830	1841

说明：1. 教职工数不含九年一贯制、十二年一贯制小学部的教职工数，专任教师含九年一贯制学校、十二年一贯制学校小学部的专任教师。

2. 九年一贯制、十二年一贯制学校的校舍建筑面积、固定资产总值、计算机台数纳入初中及高中统计。

表22

2022年幼儿园、特殊教育基本情况

（单位：所、班、人）

	幼儿园							特殊教育（含特教、专门学校）			
	园数	班数	毕业生数	招生数	在园幼儿数	教职工数	专任教师数	校数	在校学生数	教职工数	
										计	专任教师
全　市	1935	19319	199375	175744	591691	93976	43597	11	5640	1280	1027
市本级	22	279	2637	2685	8936	1721	913	3	780	472	331
福田区	158	1500	14973	12371	42173	7603	3664	1	615	88	66
罗湖区	147	1236	11953	10942	35077	6337	2929	1	534	47	45
南山区	234	2164	21451	16181	59078	10791	5229	1	674	140	125
盐田区	33	259	2463	2451	7630	1302	573	0	95	0	3
宝安区	387	4308	44876	36241	138108	19725	9325	1	940	232	198
龙岗区	505	4877	51373	48479	152539	24019	10432	1	1067	88	85
光明区	92	1113	11225	8786	32578	5313	2500	1	204	51	37
坪山区	80	768	7643	7222	23609	3633	1639	1	109	46	24
龙华区	258	2646	28996	28475	86118	12629	6000	1	586	116	113
大鹏新区	19	169	1785	1911	5845	903	393	0	36	0	0

说明：该表特殊教育包括在普通学校随班就读及送教上门学生。

表23 **2022年基础教育学生户籍调查情况**

（单位：人）

	学前教育						小 学						
	小计	托班	小班	中班	大班	混合班	小计	一年级	二年级	三年级	四年级	五年级	六年级
合计：在校学生	591691	908	152362	189823	242435	6163	1166852	205002	204737	191564	200536	196711	168302
1.深圳户籍	340381	611	94843	107235	132488	5204	571500	115973	110294	100313	96248	84416	64256
2.非深圳户籍	251310	297	57519	82588	109947	959	595352	89029	94443	91251	104288	112295	104046
其中：省外户籍	143546	184	33887	47403	61608	464	327897	49307	51403	49761	56094	62551	58781
公办：在校学生	323603	0	93446	106687	119806	3664	792350	149208	143046	133245	133453	125673	107725
1.深圳户籍	234186	0	69851	75598	85434	3303	535368	110382	103923	94269	89895	78200	58699
2.非深圳户籍	89417	0	23595	31089	34372	361	256982	38826	39123	38976	43558	47473	49026
其中：省外户籍	53513	0	14361	18554	20401	197	136385	20630	20469	20226	22573	25546	26941
民办：在校学生	268088	908	58916	83136	122629	2499	374502	55794	61691	58319	67083	71038	60577
1.深圳户籍	106195	611	24992	31637	47054	1901	36132	5591	6371	6044	6353	6216	5557
2.非深圳户籍	161893	297	33924	51499	75575	598	338370	50203	55320	52275	60730	64822	55020
其中：省外户籍	90033	184	19526	28849	41207	267	191512	28677	30934	29535	33521	37005	31840

表23 **2022年基础教育学生户籍调查情况（续）**

（单位：人）

	初 中				普通高中			
	小计	初一	初二	初三	小计	高一	高二	高三
合计：在校学生	421585	151076	141218	129291	194735	75522	63879	55334
1.深圳户籍	199141	70710	65564	62867	123513	48660	39650	35203
2.非深圳户籍	222444	80366	75654	66424	71222	26862	24229	20131
其中：省外户籍	114953	42229	39058	33666	38748	14043	13687	11018
公办：在校学生	313148	112567	104066	96515	146335	58772	46532	41031
1.深圳户籍	185676	66255	61095	58326	103923	41849	32976	29098
2.非深圳户籍	127472	46312	42971	38189	42412	16923	13556	11933
其中：省外户籍	63310	23515	21371	18424	21638	8376	7222	6040
民办：在校学生	108437	38509	37152	32776	48400	16750	17347	14303
1.深圳户籍	13465	4455	4469	4541	19590	6811	6674	6105
2.非深圳户籍	94972	34054	32683	28235	28810	9939	10673	8198
其中：省外户籍	51643	18714	17687	15242	17110	5667	6465	4978

表24　　　　　　　　　　　　2022年公办普通中小学基本情况

（单位：所、人）

	中小学合计				小学					普通中学								
	学校数	在校学生		教职工		学校数	在校学生		教职工		学校数	在校学生						教职工	
												计		初中		高中			
		计	其中:非深户籍	计	专任教师		计	其中:非深户籍	计	专任教师		计	其中:非深户籍	计	其中:非深户籍	计	其中:非深户籍	计	专任教师
深圳市	610	1251833	426866	94730	83729	300	792350	256982	30551	45972	310	459483	169884	313148	127472	146335	42412	64179	37757
市本级	28	82044	18774	8030	6620	1	9774	1693	158	664	27	72270	17081	16129	2481	56141	14600	7872	5956
福田区	77	153942	55761	11238	10434	51	105856	37835	5636	6462	26	48086	17926	37444	15177	10642	2749	5602	3972
罗湖区	66	111254	44306	7434	7106	42	72947	28160	4097	4188	24	38307	16146	30383	13540	7924	2606	3337	2918
南山区	64	161917	46300	11496	10210	32	110542	30684	3460	6141	32	51375	15616	41465	13172	9910	2444	8036	4069
盐田区	17	24715	11886	1612	1553	11	15270	7542	769	833	6	9445	4344	6372	3451	3073	893	843	720
宝安区	98	207311	66228	15363	13891	56	139178	43024	5555	8214	42	68133	23204	49705	16214	18428	6990	9808	5677
龙岗区	119	234370	66947	18904	15465	52	157524	36703	5009	8929	67	76846	30244	60508	25479	16338	4765	13895	6536
光明区	34	68022	38501	5206	4671	14	41943	23521	1371	2512	20	26079	14980	18605	12696	7474	2284	3835	2159
坪山区	29	51305	27245	4350	3549	13	33858	17005	1275	2024	16	17447	10240	13546	8900	3901	1340	3075	1525
龙华区	67	141479	42390	9789	9064	21	96543	25463	2598	5390	46	44936	16927	35408	14044	9528	2883	7191	3674
大鹏新区	11	15474	8528	1308	1166	7	8915	5352	623	615	4	6559	3176	3583	2318	2976	858	685	551

说明：1. 九年一贯制学校教职工纳入初中阶段学校统计；十二年一贯制学校、完全中学学校教职工纳入普通高中阶段学校统计。
　　　2. 小学专任教师含九年一贯制学校、十二年一贯制学校小学部的专任教师；初中专任教师含九年一贯制学校、十二年一贯制学校初中部专任教师；高中专任教师含十二年一贯制学校、完全中学学校高中部专任教师。

表25　　　　　　　　　　　　2022年民办普通中小学基本情况

（单位：所、人）

	中小学合计				小学					普通中学								
	学校数	在校学生		教职工		学校数	在校学生		教职工		学校数	在校学生						教职工	
												计		初中		高中			
		计	其中:非深户籍	计	专任教师		计	其中:非深户籍	计	专任教师		计	其中:非深户籍	计	其中:非深户籍	计	其中:非深户籍	计	专任教师
深圳市	264	531339	462152	44223	33192	53	374502	338370	4365	20541	211	156837	123782	108437	94972	48400	28810	39858	12651
市本级	1	1052	190	90	75	1	1052	190	90	75	0	0	0	0	0	0	0	0	0
福田区	13	16558	11459	1944	1394	2	10373	7223	219	801	11	6185	4236	3591	2675	2594	1561	1725	593
罗湖区	21	19257	15376	2088	1450	6	14636	11545	454	986	15	4621	3831	3551	3169	1070	662	1634	464
南山区	14	13707	8573	1916	1196	4	9690	6375	221	747	10	4017	2198	2645	1474	1372	724	1695	449
盐田区	2	532	159	230	143	0	0	0	0	0	2	532	159	247	98	285	61	230	143
宝安区	64	179831	162030	13853	10576	11	123244	113773	1034	6339	53	56587	48257	42103	38098	14484	10159	12819	4237
龙岗区	82	169899	144697	12779	9871	19	118427	106437	1523	6084	63	51472	38260	33385	28271	18087	9989	11256	3787
光明区	13	29971	28946	2433	1785	1	24431	24113	122	1349	12	5540	4833	3918	3849	1622	984	2311	436
坪山区	19	18682	16182	1787	1308	5	12958	12240	306	762	14	5724	3942	2754	2458	2970	1484	1481	546
龙华区	30	78173	72759	6675	5089	4	57530	55161	396	3261	26	20643	17598	14881	14416	5762	3182	6279	1828
大鹏新区	5	3677	1781	428	305	0	2161	1313	0	137	5	1516	468	1362	464	154	4	428	168

说明：1. 盐田区无民办小学。
　　　2. 九年一贯制学校教职工纳入初中阶段学校统计；十二年一贯制学校、完全中学学校教职工纳入普通高中阶段学校统计。
　　　3. 小学专任教师含九年一贯制学校、十二年一贯制学校小学部的专任教师；初中专任教师含九年一贯制学校、十二年一贯制学校初中部专任教师；高中专任教师含十二年一贯制学校、完全中学学校高中部专任教师。

表26   **2022年中小学学生与教职工、专任教师比**

	学生与教职工比		学生与专任教师比			
	普通中小学	幼儿园	小学	初中	普通高中	幼儿园
深圳市	12.83	6.30	17.54	12.46	11.75	13.57
市本级	10.23	5.19	14.65	10.99	12.51	9.79
福田区	12.93	5.55	16.00	12.13	11.21	11.51
罗湖区	13.71	5.54	16.93	13.05	11.50	11.98
南山区	13.09	5.47	17.46	12.70	10.81	11.30
盐田区	13.71	5.86	18.33	12.35	10.27	13.32
宝安区	13.25	7.00	18.03	12.98	11.59	14.81
龙岗区	12.76	6.35	18.38	12.61	11.97	14.62
光明区	12.83	6.13	17.19	11.91	12.92	13.03
坪山区	11.40	6.50	16.80	11.28	10.98	14.40
龙华区	13.34	6.82	17.81	12.36	10.67	14.35
大鹏新区	11.03	6.47	14.73	10.92	11.77	14.87

表27   **2022年普通中小学专任教师学历情况**

（单位：%）

	专任教师学历合格率				小学教师专科学历达到率	初中教师本科学历达到率	普通高中教师研究生学历达到率
	幼儿园	小学	初中	普通高中			
深圳市	99.99	100.00	100.00	99.75	99.96	99.11	43.16
市本级	100.00	100.00	100.00	99.82	100.00	99.52	63.49
福田区	99.92	100.00	100.00	99.58	100.00	99.41	28.96
罗湖区	100.00	100.00	100.00	99.74	100.00	99.38	37.47
南山区	100.00	100.00	100.00	100.00	99.97	99.63	43.77
盐田区	100.00	100.00	100.00	99.69	100.00	99.44	47.40
宝安区	100.00	100.00	100.00	99.68	100.00	99.32	32.30
龙岗区	100.00	99.99	100.00	99.72	99.97	98.93	31.11
光明区	100.00	100.00	100.00	99.86	99.79	97.88	39.35
坪山区	100.00	100.00	100.00	99.52	99.96	98.20	30.51
龙华区	99.98	100.00	99.98	99.72	99.90	99.04	43.13
大鹏新区	100.00	100.00	100.00	100.00	99.87	97.79	58.27

说明：1. 高中专任教师学历在本科以上（含本科）为合格；初中专任教师学历在大专以上（含大专）为合格；小学和幼儿园专任教师学历在高中以上（含高中、中专、中师）为合格。

     2. 数值取两位小数点，四舍五入。

表28　　　　　　　2022年市教育局直属中、小、职、特、工读学校基本情况

（单位：班、人、%）

学校名称	班数			毕业生数			招生数			在校学生数			教职工数	专任教师数			教师学历合格率	
	合计	初中	高中	计	初中	高中	计	初中	高中	合计	初中	高中	合计	计	初中	高中	初中	高中
中学	1590	361	1229	15539	4954	10585	30983	5918	25065	71734	15593	56141	7872	5921	1432	4489	100	99.82
深圳中学	173	45	128	1730	901	829	2664	830	1834	8080	2087	5993	769	622	164	458	100	100
深圳实验学校	171	75	96	1935	1048	887	2834	1331	1503	7967	3476	4491	1089	658	303	355	100	100
深圳外国语学校	176	48	128	1989	444	1545	2269	625	1644	6756	1765	4991	705	636	202	434	100	100
深圳市高级中学	198	82	116	3023	1229	1794	3249	1358	1891	9655	3831	5824	1169	820	324	496	100	100
深圳市第三高级中学	90	30	60	1333	425	908	1262	366	896	3671	1026	2645	416	336	119	217	100	100
深圳大学附属中学	75	36	39	1093	537	556	1142	547	595	3409	1635	1774	380	277	124	153	100	99.35
深圳市第二实验学校	54	21	33	810	370	440	735	285	450	2250	872	1378	371	303	115	188	100	100
深圳科学高中	112	14	98	880	0	880	2010	362	1648	5249	632	4617	530	401	47	354	100	100
深圳外国语学校湾区学校	7	6	1	0	0	0	34	20	14	89	75	14	81	19	14	5	100	100
广东实验中学深圳学校	32	4	28	0	0	0	892	194	698	1579	194	1385	161	126	20	106	100	100
深圳市第二高级中学	60		60	950		950	999		999	2986		2986	286	234	0	234	—	100
深圳第二外国语学校	60		60	861		861	900		900	2670		2670	306	244	0	244	—	100
深圳市第七高级中学	60		60	836		836	994		994	2918		2918	270	208	0	208	—	100
南方科技大学附属中学	46		46	0		0	795		795	2273		2273	199	168	0	168	—	100
深圳大学附属实验中学	26		26	0		0	595		595	1183		1183	104	84	0	84	—	100
东北师范大学附属中学深圳学校	24		24	0		0	598		598	1193		1193	120	85	0	85	—	100
深圳技术大学附属中学	24		24	0		0	598		598	1195		1195	84	82	0	82	—	100
深圳市高级中学创新高中	16		16	0		0	798		798	798		798	89	55	0	55	—	100
深圳市高级中学理慧高中	18		18	0		0	892		892	892		892	88	59	0	59	—	100
深圳市高级中学文博高中	38		38	0		0	997		997	997		997	148	69	0	69	—	98.55
深圳实验学校明理高中	20		20	0		0	991		991	991		991	82	64	0	64	—	90.63
深圳实验学校崇文高中	18		18	0		0	842		842	842		842	72	56	0	56	—	100
深圳实验学校卓越高中	16		16	0		0	630		630	630		630	70	55	0	55	—	100
深圳外国语学校致远高中	12		12	0		0	584		584	584		584	58	44	0	44	—	100
深圳外国语学校弘知高中	20		20	0		0	991		991	991		991	84	70	0	70	—	100
深圳外国语学校博雅高中	18		18	0		0	894		894	894		894	81	66	0	66	—	100
深圳市第二高级中学深汕实验学校	14		14	0		0	698		698	698		698	60	40	0	40	—	100
深圳市第一职业技术学校（附设班）	12		12	99		99	96		96	294		294	—	40		40	—	100
小学	255			1352			2275			10744			248	697			100	
深圳小学	48			322			405			2342			158	145			100	
深圳实验学校（小学）	80			557			661			3486			—	232			100	

（续表）

学校名称	班数			毕业生数			招生数			在校学生数			教职工数				教师学历合格率	
	合计	初中	高中	计	初中	高中	计	初中	高中	合计	初中	高中	合计	专任教师数				
														计	初中	高中	初中	高中
深圳市高级中学（小学）	61			287			649			2729			—	158			100	
深圳科学高中（小学）	13			0			133			600			—	37			100	
深圳外国语湾区学校（小学）	22			25			103			355			—	38			100	
广东实验中学深圳学校（小学）	4			0			180			180			—	12			100	
深圳外国语小学	27			161			144			1052			90	75			100	
中等职业学校	164			2341			2497			7250			675	471			97.99	
深圳市第一职业技术学校	63			1043			975			3014			286	194			99.48	
深圳市第二职业技术学校	86			1103			1284			3625			286	215			96.74	
深圳市新鹏职业高级学校	14			195			228			601			103	47			95.74	
深圳市元平特殊教育学校（附设班）	1			0			10			10			—	15			100	
特殊教育、专门学校	92			241			185			748			417	290			100	
深圳市元平特殊教育学校	85			219			176			724			334	266			100	
深圳市第二特殊教育学校	4			0			16			25			55	41			100	
深圳市育新学校	3			22			9			24			83	24			100	

说明：1. 深圳实验学校（小学）、深圳高级中学（小学）、深圳科学高中（小学）、深圳外国语湾区学校（小学）、广东实验中学深圳学校（小学）的教职工数包含在初中、高中合计中。

2. 中等职业学校的教师学历合格率为学历本科以上（含本科）教师所占比例；特殊教育学校的教师学历合格率为学历高中阶段以上（含高中）教师所占比例。

表29

2022年市本级幼儿园基本情况

（单位：班、人、%）

幼儿园名称	学校等级	班数	毕业生数	招生数	在园幼儿数	教职工数		教师学历合格率
						合计	专任教师	
合计		279	2637	2685	8936	1721	913	100
深圳市第一幼儿园	省一级	11	95	103	368	67	37	100
深圳市第二幼儿园	省一级	13	119	125	430	76	44	100
深圳市第三幼儿园	省一级	18	220	177	593	114	63	100
深圳市第四幼儿园	省一级	12	137	97	357	64	30	100
深圳市第五幼儿园	省一级	12	50	100	360	75	36	100
深圳市第六幼儿园	省一级	12	127	139	427	66	30	100
深圳市第七幼儿园	省一级	12	104	94	337	65	38	100
深圳市第八幼儿园	省一级	11	146	98	374	80	42	100
深圳市第九幼儿园	省一级	12	118	98	363	59	33	100
深圳市第十幼儿园	省一级	10	26	87	311	66	34	100

（续表）

幼儿园名称	学校等级	班数	毕业生数	招生数	在园幼儿数	教职工数 合计	专任教师	教师学历合格率
深圳市第十一幼儿园	省一级	9	99	83	270	62	34	100
深圳市第十二幼儿园	省一级	10	153	102	316	63	32	100
深圳幼儿园	省一级	12	61	114	357	72	38	100
深圳实验幼儿园	省一级	27	294	237	911	169	90	100
深圳市梅林一村幼儿园	省一级	13	207	170	490	80	56	100
深圳市莲花二村幼儿园	省一级	12	64	128	401	80	39	100
深圳市彩田幼儿园	省一级	12	172	118	415	79	33	100
深圳市华富幼儿园	省一级	9	93	91	284	60	24	100
深圳市莲花北幼儿园	省一级	10	106	90	316	60	32	100
深圳市教育幼儿园	省一级	27	246	202	777	140	79	100
深圳市滨苑幼儿园	省一级	15	0	232	479	88	46	100
深圳市南华幼儿园	省一级	0	0	0	0	36	23	100

表30　　2022年深汕特别合作区各级各类学校基本情况表

学校类别		学校数 计	学校数 社会力量办学校（所）	学校数 社会力量办学校 占比例(%)	毕业生数 计	毕业生数 社会力量办学校（人）	毕业生数 社会力量办学校 占比例(%)	招生数 计	招生数 社会力量办学校（人）	招生数 社会力量办学校 占比例(%)	在校学生数 计	在校学生数 非深汕特别合作区户籍生（人）	在校学生数 非深汕特别合作区户籍生 占比例(%)	在校学生数 社会力量办学校（人）	在校学生数 社会力量办学校 非深汕特别合作区户籍生	在校学生数 社会力量办学校 在校生占比例(%)	教职工数 计	教职工数 社会力量办学校（人）	教职工数 社会力量办学校 占比例(%)	专任教师数 计	专任教师数 社会力量办学校（人）	专任教师数 社会力量办学校 占比例(%)
各类学校总计		37	10	27.03	2718	947	34.84	3499	739	21.12	11844	1686	14.24	3152	520	26.61	1112	318	28.60	859	182	21.19
义务教育	小计	23	1	4.35	1671	394	23.58	2524	365	14.46	9362	1423	15.20	1644	142	17.56	779	113	14.51	683	74	10.83
义务教育	普通初中	6	1	16.67	890	394	44.27	1829	365	19.96	4836	851	17.60	1644	142	34.00	430	113	26.28	364	74	20.33
义务教育	小学	17	0	0.00	781	0	0.00	695	0	0.00	4526	572	12.64	0	0	0.00	349	0	0.00	319	0	0.00
学前教育		14	9	64.29	1047	553	52.82	975	374	38.36	2482	263	10.60	1508	378	60.76	333	205	61.56	176	108	61.36

说明：1. 深汕特别合作区无高等教育学校、高中、特殊教育学校及专门学校。

2. 学校数中初级中学4所，九年一贯制学校2所。

3. 根据全国教育事业统计口径，九年一贯制学校教职工纳入初中阶段学校统计；十二年一贯制学校、完全中学学校教职工纳入普通高中阶段学校统计。

4. 根据全国教育事业统计口径，小学专任教师含九年一贯制学校、十二年一贯制学校小学部的专任教师；初中专任教师含九年一贯制学校、十二年一贯制学校初中部专任教师；高中专任教师含十二年一贯制学校、完全中学学校高中部专任教师。

主题索引
Index

说　明

一、本索引采用主题分类法，款目按汉语拼音字母（同音字按声调）顺序排列。

二、文中的类目题、分目题、子分目题用黑体字标明，其余用宋体字排印。

三、索引款目后的数字表示内容所在的页码，数字后的拉丁字母（a、b、c）表示该页自左至右的栏别。

四、同一主题的内容在文中多处出现的，在其款目后用不同的页码标明。

五、本索引对特载、年度报告、大事记、媒体聚"教"、文件选编、教育统计等不作索引。

SHENZHEN EDUCATION YEARBOOK

图书在版编目(CIP)数据

深圳教育年鉴. 2023 / 深圳市教育局编. — 北京：
商务印书馆，2024
ISBN 978-7-100-23566-2

Ⅰ. ①深… Ⅱ. ①深… Ⅲ. ①教育事业－深圳－
2023－年鉴 Ⅳ. ①G527.653-54

中国国家版本馆CIP数据核字(2024)第062307号

深圳教育年鉴 2023
深圳市教育局 编

商 务 印 书 馆 出 版
（北京王府井大街 36 号　邮政编码 100710）
商 务 印 书 馆 发 行
艺堂印刷（天津）有限公司印刷
ISBN　978-7-100-23566-2

2024 年 5 月第 1 版	开本 889 × 1194　1/16
2024 年 5 月第 1 次印刷	印张 33 ½

定价：220.00 元